MEYERS
TASCHEN
LEXIKON

Band 3

MEYERS
TASCHEN
LEXIKON

in 12 Bänden

Herausgegeben und bearbeitet
von Meyers Lexikonredaktion

Band 3: Deli–Fels

B.I.-Taschenbuchverlag
Mannheim · Leipzig · Wien · Zürich

Redaktionelle Leitung:

Dr. Joachim Weiß

Redaktion:

Sabine-Walburga Anders,
Dipl.-Geogr. Ellen Astor,
Ariane Braunbehrens, M. A.,
Ursula Butzek,
Dipl.-Humanbiol. Silke Garotti,
Dr. Dieter Geiß,
Jürgen Hotz, M. A.,
Dr. Erika Retzlaff,
Barbara Schuller,
Marianne Strzysch

Bildredaktion:

Gabriela Horlacher-Zeeb,
Ulla Schaub

Die Deutsche Bibliothek – CIP-Einheitsaufnahme

Meyers Taschenlexikon: in 12 Bänden / hrsg. und bearb. von Meyers Lexikonredaktion. [Red. Leitung: Joachim Weiß. Red.: Sabine-Walburga Anders ...]. – [Ausg. in 12 Bd.]. – Mannheim; Leipzig; Wien; Zürich: BI-Taschenbuchverl. ISBN 3-411-12201-3
NE: Weiß, Joachim [Red.]
[Ausg. in 12 Bd.]
Bd. 3. Deli–Fels. – 1996
ISBN 3-411-12231-5

Satz: Grafoline T·B·I·S GmbH, L.-Echterdingen
Druck: Klambt-Druck GmbH, Speyer
Bindearbeit: Röck Großbuchbinderei GmbH, Weinsberg
Papier: 80 g/m², Eural Super Recyclingpapier matt gestrichen der Papeterie Bourray, Frankreich
Printed in Germany
Gesamtwerk: ISBN 3-411-12201-3
Band 3: ISBN 3-411-12231-5

Delikt

Delikt [lat.], rechtswidriges, schuldhaftes Verhalten, das im *Zivilrecht* eine Schadenersatzpflicht begründet und im *Strafrecht* mit einer Straffolge bedroht ist (Straftat). Je nachdem, ob das rechtswidrige Verhalten in einem positiven Tun oder einem Unterlassen besteht, unterscheidet man im Strafrecht zwischen *Begehungs-* (Tätigkeits-) und *Unterlassungsdelikt*. Dem Begehungs-D. steht das *Erfolgs-D.* gegenüber, bei dem nicht nur das aktive Tun als solches, sondern ein durch die Handlung verursachter Erfolg zur D.verwirklichung gehört. Beim *Gefährdungs-D.* genügt zur Tatbestandverwirklichung bereits die Gefährdung eines geschützten Rechtsguts. Bei *eigenhändigen D.* kann nur der Täter selbst die im Straftatbestand umschriebene Handlung verwirklichen (z. B. Meineid). *Sonder-D.* können nur von bestimmten Personengr., z. B. von Beamten oder Soldaten, begangen werden.
Deliktfähigkeit, Voraussetzung der Verantwortlichkeit für eine strafbare oder unerlaubte Handlung (z. B. Volljährigkeit, Strafmündigkeit).
Delila [de'li:la, deli'la:] (Dalila), Philisterin, Geliebte des ↑Simson.
delineavit [lat. »er (sie) hat gezeichnet«, Abk. **del.**, bezeichnet auf alten Kupferstichen den Zeichner.

Delinquent [lat.], Straftäter.
Delirium [lat.] (Delir, delirantes Syndrom), schwere Bewußtseinstrübung, die sich u. a. in Sinnestäuschungen, Wahnvorstellungen, opt. Halluzinationen äußert, z. B. bei akuter Vergiftung (z. B. mit Alkohol), bei verschiedenen schweren Krankheiten (z. B. Hirnhautentzündung); Sonderform *Delirium tremens* (Alkoholdelir, Säuferwahn), bei chron. Alkoholmißbrauch, aber auch durch plötzl. Alkoholabstinenz *(Entziehungsdelir)* ausgelöste akute Alkoholpsychose (Gefahr des Kreislaufversagens).
delisches Problem [nach einem würfelförmigen Apollonaltar auf Delos, der nach einem Orakelspruch verdoppelt werden sollte], das Problem, die Kantenlänge eines Würfels zu konstruieren, der das doppelte Volumen eines gegebenen Würfels haben soll. Diese Konstruktion ist mit Zirkel und Lineal allein nicht möglich.
Delitzsch, 1) Franz, *Leipzig 23. 2. 1813, † ebd. 4. 3. 1890, dt. luth. Theologe. Vater von Friedrich D.; bed. exeget. Arbeiten zum AT; gründete 1886 das Institutum Judaicum [Delitzschianum].
2) Friedrich, *Erlangen 3. 9. 1850, † Langenschwalbach (heute Bad Schwalbach) 19. 12. 1922, dt. Altorientalist. Schuf die Grundlagen für die wiss. Altorientalistik.
Delius, Frederick [engl. 'di:ljəs], *Bradford 29. 1. 1862, † Grez-sur-Loing

Andrea Della Robbia.
Madonna mit Kind und Heiligen (undatiert; Florenz, Santa Croce)

deliziös

(Dép. Seine-et-Marne) 10. 6. 1934, brit. Komponist. Komponierte Opern, Chorwerke, sinfon. Dichtungen, Konzerte in spätromant. Stil.

deliziös [lat.-frz.], köstlich, fein.

Delkredere [lat.-italien.], **1)** *Bankwesen:* Wertberichtigung für voraussichtliche Ausfälle von Außenständen (uneinbringliche und zweifelhafte Forderungen).
2) *Handelsrecht:* Haftung für den Eingang einer Forderung aus Handelsgeschäften.

Dell'Abate, Nicolò, *Modena zw. 1509 und 1512, † Fontainebleau 1571, italien. Maler. Aus Modena und Bologna brachte er 1552 den italien. Manierismus nach Fontainebleau.

Della Porta, Giacomo, *Rom um 1540, † ebd. 1602, italien. Baumeister. Vollendete Bauvorhaben Michelangelos (1573 ff. die Kuppel der Peterskirche, die er erhöhte); frühbarocke Kirchenfassaden.

Jacques Delors

Delos. Löwenskulpturen an der Prozessionsstraße zwischen dem Tempel der Leto und dem heiligen See (7. Jh. v. Chr.)

Della Quercia, Iacopo [italien. dɛla ˈkuɛrtʃa] ↑Iacopo della Quercia.
Della Robbia, Luca, *Florenz 1400, † ebd. 14. 2. 1482, italien. Bildhauer. Vertreter der Florentiner Frührenaissance: marmorne Sängerkanzel (1431 bis 1439, Dommuseum), Terrakottareliefs (mit Email- und Bleiglasur überzogene weiße oder mehrfarbige Skulpturen). – Abb. S. 685.
Delon, Alain [frz. dəˈlõ], *Sceaux bei Paris 8. 11. 1935, frz. Filmschauspieler. Verkörpert oft den Typ des Zynikers; erfolgreich in den Filmen »Rocco und seine Brüder« (1960), »Der eiskalte Engel« (1967), »Eine Liebe von Swann« (1984), »Nouvelle vague« (1990).
Delorme (de l'Orme), Philibert [frz. dəˈlɔrm], *Lyon zw. 1510 und 1515, † Paris 8. 1. 1570, frz. Baumeister. Bedeutendster Vertreter der frz. Renaissancearchitektur, u. a. Bauleiter des Schlosses Fontainebleau; auch einflußreiche theoret. Schriften.
Delors, Jacques [frz. dəˈlɔːr], *Paris 20. 7. 1925, frz. Politiker (Parti Socialiste). 1979–81 Mgl. des Europ. Parlaments; 1981–84 Wirtschafts- und Finanz-Min.; 1985–95 Präs. der EU-Kommission.
Delos, griech. Insel sw. von Mikonos, eine der Kykladen; 3,6 km², bis 113 m hoch.
Ausgrabungen seit 1873: Reste u. a. des Apollonheiligtums an der W-Küste (drei Tempel des 6. und 5. Jh. v. Chr., Schatzhäuser, monumentale Votive), der Löwenterrasse des Letotempels (6. Jh.) und der Prozessionsstraße, hellenist. Häuser mit Mosaiken. – Die Stadt Delos ist seit dem 2. Jt. v. Chr. nachweisbar; spätestens ab dem 7. Jh. religiöses Zentrum der ion. Inselgriechen; ab 477 Zentrum des Att.-Del. Seebundes; eine der wichtigsten hellenist. Handelsstädte (größter Sklavenmarkt der antiken Welt).
Delp, Alfred, *Mannheim 15. 9. 1907, † Berlin-Plötzensee 2. 2. 1945, dt. kath. Theologe und Soziologe. Ab 1926 Jesuit; ab 1942 im ↑Kreisauer Kreis Mitarbeit am Entwurf einer christl. Sozialordnung für Deutschland, im Juli 1944 verhaftet, im Jan. 1945 vom Volksgerichtshof zum Tode verurteilt und später hingerichtet.
Delphi, griech. Dorf 120 km wnw. von Athen, 2 400 E. Archäolog. Museum. Durch die im 6. Jh. v. Chr. ummauerte Anlage des Apollonheiligtums (135 m × 190 m) führt die einst von Schatzhäusern (restauriert: Schatzhaus der Athener, 5. Jh.) gesäumte hl. Straße zum Apollontempel (4. Jh. v. Chr.) empor, oberhalb davon weitere hl. Bezirke (u. a. der Athena, die Kastalische Quelle) sowie Theater, Stadion u. a.
Ab dem 2. Jt. v. Chr. Siedlung und Kultstätte (urspr. Verehrung der Erdmutter Gäa, ab dem 9./8. Jh. Apollonkult). Das Apollonheiligtum, die Pyth. Spiele, v. a. aber das Orakel, machten D. zu einer

der bedeutendsten Kultstätten der Antike. Das Orakel, das wichtige polit. Entscheidungen treffen half und sozial- und individualeth. Normen verkündete, wirkte in der griech. Kleinstaatenwelt als verbindendes Element. Das Verbot der heidn. Kulte durch Kaiser Theodosius I. (um 390) bedeutete das Ende des Heiligtums; 1892–1903 ausgegraben. Im Apollontempel befand sich der Erdspalt, dem »Dämpfe« entstiegen, die die Orakelpriesterin Pythia, auf ehernem Dreifuß über dem Erdspalt sitzend, zur Prophetie anregten.

Delphin [griech.] ↑Sternbilder (Übersicht).

Delphine, 1) (Delphinidae) Fam. 1–9 m langer Zahnwale mit etwa 30 Arten in allen Meeren; Schnauze meist mehr oder weniger schnabelartig verlängert; Rückenfinne meist kräftig entwickelt. Die geselligen, oft in großen Gruppen lebenden D. sind sehr lebhaft und flink und außerordentl. intelligent; sie verständigen sich durch akust. Signale. – Der bis 2,5 m lange *Delphin* kommt in allen warmen und gemäßigten Meeren vor. Vertreter der Gatt. *Tümmler* leben v. a. in warmen Meeren. Am bekanntesten ist der *Große Tümmler* (bis 3,6 m lang). Die Unter-Fam. *Glatt-D.* hat je eine Art im N-Pazifik und in den südl. Meeren; 1,8–2,5 m lang. Die drei 3,6–8,5 m langen Arten der Gatt. *Grindwale* kommen in allen Meeren vor. Der etwa 4,3–8,5 m lange *Gewöhnl. Grindwal* ist weltweit (Ausnahme Polarmeere) verbreitet. Der *Große Schwertwal* (Mörderwal) ist 4,5–9 m lang.
2) ↑Flußdelphine.

Delphinus [griech.] ↑Sternbilder (Übersicht).

Delsberg ↑Delémont.

Delta, 1) [griech.] vierter Buchstabe des griech. Alphabets: *Δ, δ.*

2) [nach der Form des griech. Buchstabens Delta: *Δ*], meist fächerförmiger Mündungsbereich eines Flusses.

Deltawerke, 1950–86 geschaffene Anlage zum Schutz vor Meereseinbrüchen im SW der Niederlande, im Delta von Rhein, Maas und Schelde. Die Maßnahmen reichen von vollständiger Abriegelung der Wasserarme bis zum Bau eines bewegl. Sturmflutwehres mit 62 Fluttoren in der *Oosterschelde.*

Deltoid [griech.] (Ochsenkopf, Windvogelviereck), ein im Ggs. zum Drachenviereck nichtkonvexes Viereck mit zwei Paaren gleich langer Nachbarseiten.

Delvaux, Paul [frz. dɛl'vo], *Antheit bei Huy 23. 9. 1897, *Veurne 20. 7. 1994, belg. Maler. Surrealist; Hauptmotiv sind isolierte Figuren in kulissenhafter Architektur.

Demagoge [griech.], **1)** *allg.:* seit dem 5. Jh. v. Chr. Bez. für Persönlichkeiten, die Einfluß auf den Willen des Volkes zu nehmen verstanden.
2) *histor.-polit.* Schlagwort für Volksaufwiegler.

Demagogenverfolgung, die reaktionären Maßnahmen der Gliedstaaten des Dt. Bundes im Vollzug der Karlsbader Beschlüsse (1819) gegen die nat. und liberale Bewegung.

Demarche [de'marʃ[ə]; frz.], diplomat. Schritt, [mündl.] vorgetragener diplomat. Einspruch.

Demarkationslinie, eine meist durch einen Demarkationsvertrag festgelegte Grenzlinie zw. Staaten oder Bürgerkriegsparteien, die völkerrechtl. nicht als Staatsgrenze gilt, sondern als vorläufige Abgrenzungslinie von gegenseitigen Hoheitsbefugnissen oder Einflußsphären.

Dementi [lat.-frz.], [amtl.] Richtigstellung; Widerruf; **dementieren,** eine Be-

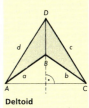

Deltoid

Delphine.
Gemeiner Delphin
(Länge 2,1–2,6 m)

hauptung oder Nachricht [offiziell] berichtigen oder widerrufen.

Demenz [lat.] (Dementia, Anoia, Verblödung), erworbene, auf organ. Hirnschädigungen beruhende dauernde Geistesschwäche.

Demeter, griech. Göttin des Ackerbaus und der Feldfrucht, Schwester des Zeus, Mutter der Persephone; Hauptkultstätte war Eleusis. Bei den Römern entsprach ihr Ceres.

Demetrios I. Poliorketes (»der Städtebelagerer«), *etwa 336, † Apameia am Orontes um 282. Mit seinem Vater Antigonos I. Herrscher (ab 306 König) über dessen asiat. Diadochenreich, König von Makedonien (294–287); Einsatz gewaltiger Belagerungsmaschinen vor Rhodos (305/304).

Demetrios I.
Poliorketes
(Bildnis auf einer
Tetradrachme)

Demetrius ↑Dmitri Iwanowitsch.
Demilitarisierung ↑Entmilitarisierung.
De Mille, Cecil B[lount] [engl. dəˈmɪl], *Ashfield (Mass.) 12. 8. 1881, † Hollywood 21. 1. 1959, amerikan. Filmregisseur. Drehte monumentale Ausstattungsfilme, u. a. »Die Zehn Gebote« (1923, Remake 1956); Mitbegründer der Filmstadt Hollywood.
Demimonde [frz. dəmiˈmõːd], svw. ↑Halbwelt.
Deminutiv ↑Diminutiv.
Demirel, Süleyman, *İslâmköy bei Isparta 6. 10. 1924, türk. Politiker. 1964–80/81 Vors. der Gerechtigkeitspartei; 1965–71, 1975–77, 1977 und 1979/80 Min.-Präs.; durch Militärputsch gestürzt; 1991–93 Min.-Präs.; seit 1993 Staatspräsident.
demi-sec [frz. dəmiˈsɛk], nicht ganz trocken (bei Schaumwein).
Demission [lat.-frz.], der freiwillige oder erzwungene Rücktritt einer Regierung oder hoher Staatsbeamter.

Demiurg [griech.], in der *Religionsgeschichte* der »Baumeister« der Welt, der die chaot. Materie nach ewigen Ideen zum geordneten Kosmos formt.
Democrazia Cristiana, Abk. **DC,** ehemalige christl.-demokrat. Partei Italiens; ging, orientiert an der kath. Soziallehre, 1942/43 unter Führung De Gasperis (»Ideen zum Wiederaufbau«, 1943/44 illegal verbreitet) aus dem antifaschist. Widerstand hervor; hatte als kath. Massenpartei in allen Nachkriegsregierungen den bestimmenden Einfluß; löste sich unter dem Vorwurf parteipolit. Verflechtungen mit der organisierten Kriminalität und der Korruption gegen führende Politiker im Jan. 1994 auf, aus ihr gingen der *Partito Popolare Italiano (PPI)* und das *Centro Democratico Cristiano (CDC)* hervor.
Demodulation (Empfangsgleichrichtung), in der *Funktechnik* die Trennung einer die zu übermittelnden Signale enthaltenden niederfrequenten Schwingung (Sprache, Musik) von der hochfrequenten Trägerschwingung.
Demographie [griech.], Untersuchung und Beschreibung von Zustand und zahlenmäßiger Veränderung einer Bevölkerung.
Demokratie [griech. »Herrschaft des Volkes«], die Staatsform, die in der klass. Staatsformenlehre (seit der Antike) als Alternative zur ↑Monarchie und ↑Aristokratie begriffen wurde, heute jedoch v. a. als Gegensatz zur ↑Diktatur begriffen wird.
Der D.begriff ist v. a. an die Idee der *Volkssouveränität* (Volk als Inhaber der Staatsgewalt) gebunden: Die Regierung wird nach allg. freien und geheimen Wahlen direkt oder indirekt vom Volk für eine bestimmte Zeitdauer gewählt *(Volkswahl).* Bei der Ausübung der ihr anvertrauten Macht wird die Regierung durch das Volk oder durch die von ihm befugten Organe kontrolliert. Alle Handlungen des Staates müssen mit der Mehrheit des Volkswillens *(Mehrheitsprinzip)* sowie mit Verfassung und Gesetzen übereinstimmen *(Rechtsstaatsprinzip).* Ausgehend von der Gleichheit aller Bürger, hat der Staat die Menschen- und Bürgerrechte als Grundrechte des Bürgers zu achten, zu gewährleisten und zu schützen. Gewaltenteilung und Unabhängigkeit der Gerichte gelten ebenso

als Merkmale der D. wie eine wirksame Opposition als Alternative zur Regierung; konstitutiv für die D. sind v. a. die Meinungs- und Organisationsfreiheit *(Pluralismus)* sowie vom Staat unabhängige Organe der öffentl. Meinung *(Pressefreiheit).* Zw. einzelnen Elementen der D. herrscht oft ein Spannungsverhältnis: D. verlangt einerseits die Durchsetzung des Mehrheitswillens, andererseits sucht sie durch Grundrechte, Minderheitenschutz, Gewaltenteilung, Rechts- und Sozialstaatlichkeit die Folgen von Mehrheitsentscheidungen zu mildern. Zahlr. Verfassungen berücksichtigen dies durch die Errichtung von Teilgewalten (Föderalismus), durch Differenzierung der Volkssouveränität (Mehrkammersystem) sowie durch eine unabhängige Verfassungsgerichtsbarkeit.

Formen: In der *direkten Demokratie* übt das Volk in Gestalt einer Volksversammlung die Staatsgewalt unmittelbar aus. Es entscheidet in Volksabstimmungen *(Plebiszit)* über alle Gesetze und polit. Maßnahmen sowie über die Bestallung aller wichtigen Amtsträger; diese sind weisungsgebundene Vollstreckungsorgane *(imperatives Mandat);* zudem gibt es keine Aufspaltung der Staatsgewalt auf verschiedene unabhängige Staatsorgane. Eine historisch bes. Form der direkten D. ist die Rätedemokratie (↑Rätesystem). Die *repräsentative Demokratie,* in der das souveräne Volk die Herrschaft im Staat mittelbar (indirekt) über Abg., verstanden als Repräsentanten des Volkes, ausübt, ist die Form, die heute überwiegt. Die in freier, geheimer und allg. Wahl bestimmten Abg. handeln gemäß eigener Verantwortung *(freies Mandat).* Die Zeit ihres Wirkens ist begrenzt, ihr Auftrag muß periodisch in Wahlen erneuert werden. Auf der Grundlage von Verfassungsnorm und Rechtsstaatlichkeit kontrollieren die Abg. die Regierung und beschließen Gesetze und polit. Maßnahmen. In der *Präsidialdemokratie* besteht eine bes. strenge Gewaltenteilung zw. Exekutive (Regierungsgewalt) und Legislative (Gesetzgebungsgewalt). Die Ämter des vom Volk direkt gewählten Staatsoberhaupts und des Regierungschefs sind meist in einer Person vereinigt. Regierungsmitglieder dürfen nicht zugleich Abg. des Parlaments sein

(Inkompatibilität). In der *parlamentarischen Demokratie* ist die Regierung vom Vertrauen des Parlaments abhängig. Das Amt des Staatsoberhaupts ist von dem des Regierungschefs getrennt. Dieser wird vom Parlament gewählt und stützt sich auf die Mehrheit des Parlaments, das ihm das Vertrauen aussprechen oder entziehen kann. Ein Abg. kann zugleich Mgl. der Regierung sein. Viele Verfassungen demokrat. Staaten sind eine Mischung verschiedener D.formen. So ist die Verfassung der Schweiz und ihrer Kantone eine Verbindung direkter und indirekter D. In der Verfassung des Dt. Reiches von 1919 (Weimarer Reichsverfassung) ergänzten plebiszitäre Elemente das repräsentative Grundmuster. Das System der 5. Republik in Frankreich mit einem vom Volk gewählten Präsidenten unter Beibehaltung einer dem Parlament verantwortl. Regierung ist eine Mischform aus Präsidial-D. und parlamentar. D. Eine wesentliche Rolle bei allen Formen der repräsentativen D. spielen die Parteien (»Parteiendemokratie«). ↑Volksdemokratie.

Demokratische Partei (Democratic Party), polit. Partei in den USA; geht zurück auf die Antiföderalisten und die Republikaner unter T. Jefferson; bildete sich 1828 unter Führung von A. Jackson; sie stellte die Präs. S. G. Cleveland, T. W. Wilson, F. D. Roosevelt, H. S. Truman, J. F. Kennedy, L. B. Johnson, J. E. Carter und W. J. Clinton und besaß ab 1933 fast ununterbrochen die Mehrheit im Kongreß; weist kaum ideolog. Unterschiede zu den Republikanern auf; zeigt größere Bereitschaft zur nat. Sozial-, Schul- und Wirtschaftspolitik auch im Interesse der unteren Schichten der amerikan. Gesellschaft.

demokratischer Sozialismus, Richtung innerhalb des Sozialismus, betont unter Abkehr von marxist. Grundvorstellungen (u. a. Klassenkampf, proletar. Revolution, Diktatur des Proletariats) den demokrat. Weg zum Sozialismus und dessen freiheitl. Ausgestaltung. ↑Sozialdemokratie.

demokratischer Zentralismus, ab 1917/20 für alle kommunist. Parteien verbindl. Leitungs- und Organisationsprinzip: Leitung der Partei (des Staates und der gesellschaftl. Organisationen)

Demosthenes
(Marmorkopie einer griechischen Bronzestatue)

Denar
(Spanien; 19–15 v. Chr.)

Vorderseite mit dem Bildnis des Augustus

Rückseite

von der Spitze her, Wählbarkeit aller leitenden Organe von unten nach oben, straffe Disziplin und Unterordnung der Minderheit unter die Mehrheit, unbedingte Verbindlichkeit der Beschlüsse der höheren für die unteren Organe.

Demokratische Volkspartei, Abk. **DVP,** 1945 gegr. liberal-demokrat. Partei in Württemberg-Baden; ab 1948 für Württemberg und Baden FDP/DVP.

Demokrit, *Abdera (Thrakien) (?) um 460, † um 380, griech. Philosoph. Arbeitete eine Atomtheorie aus, derzufolge alle Eigenschaften der Dinge auf Form, Lage und Größe von undurchdringl., unsichtbaren und unveränderl. Atomen zurückgeführt werden, die sich im leeren Raum bewegen.

Demonetisierung [lat.], Verlust der Geldeigenschaft von Metallen (v. a. Gold) in Währungssystemen.

Demonstration [lat.], anschaul. Beweisführung, [polit.] Protest-, Massenkundgebung; **Demonstrant,** Teilnehmer an einer [Protest-] Kundgebung.

Demonstrationsfreiheit, das Recht, seine Meinung in einer Veranstaltung (Demonstration, Kundgebung) unter freiem Himmel kundzutun. Das Bundesverfassungsgericht wertet die D. als unentbehrl. Funktionselement des demokrat. Gemeinwesens (Entscheidungen vom 23. 7. 1985).

Demonstrativpronomen (Demonstrativum) [lat.], hinweisendes Fürwort, z. B. dieser, jener, derjenige, derselbe, solcher.

Demontage [...'ta:ʒə; frz.], Abbau von Anlagen, Maschinen (z. B. als Reparationen); gradweiser Abbau von etwas Bestehendem (z. B. »soziale D.«, D. einer Persönlichkeit).

Demos [griech.] (Mrz. Demoi; dt. Demen), im alten Griechenland das Volk; in vorklass. und klass. Zeit die durch die Volksversammlung repräsentierte Gesamtgemeinde.

Demoskopie [griech.], svw. ↑Meinungsforschung.

Demosthenes, *Paiania (Attika) 384, † auf Kalaureia (heute Poros) 322 (Selbstmord), griech. Redner und Staatsmann. Verfolgte stets das Ziel, die polit. Freiheit der Griechen gegen die sich unter Philipp II. herausbildende makedon. Großmacht zu verteidigen (u. a. Reden gegen Philipp II., sog.

»Philippika«); brachte 339 einen Bund Athens mit Theben u. a. zustande, der jedoch 338 von Philipp bei Chaironeia vernichtet wurde.

demotische Schrift, die jüngste Phase (etwa zw. 600 v. Chr. und 400 n. Chr.) der altägypt. Schrift (↑ägyptische Schrift).

Demut, die sich seiner Grenzen bewußte Selbstbescheidung des Menschen gegenüber den Göttern bzw. Gott.

Demutsgebärde (Demutsstellung), Körperhaltung, die ein Tier annimmt, wenn es sich – z. B. im Rivalenkampf – geschlagen gibt. D. verhindern die ernsthafte Schädigung oder gar Tötung von Artgenossen; sie sind angeboren. – Auch in menschl. Verhaltensweisen zeigt sich die D., ritualisiert z. B. in bestimmten Begrüßungsformen: Verbeugung, Niederknien, Niederwerfen.

Denar [lat.], wichtigste röm. Silbermünze, urspr. 10, seit 130 v. Chr. 16 Assen entsprechend; 25 D. = 1 Aureus. Im MA Bez. des Pfennigs.

denaturieren [lat.], Stoffe (z. B. Alkohol, Kochsalz) durch Zusätze für Genußzwecke unbrauchbar machen, meist als staatl. Maßnahme aus steuerl. Gründen; z. B. wird das als Brennsprit bestimmte Äthanol durch Zusatz von 0,2 bis 2 % Pyridin, Benzol, Methanol, Petroläther usw. ungenießbar gemacht *(vergällt)*.

Dendriten [griech.], 1) *Anatomie:* ↑Nervenzelle.
2) *Mineralogie:* verästelte Kristallbildungen auf Schichtfugen von Gesteinen aus eisen- und manganhaltigen Lösungen.

Dendrochronologie [griech.], Altersbestimmung archäolog. Funde auf Grund der Jahresringe von zugehörigen Holzfunden.

Dendrologie [griech.] (Gehölzkunde), Wissenschaftszweig, der sich v. a. mit Fragen der Züchtung und des Anbaus von Nutz- und Ziergehölzen befaßt.

Deneuve, Cathérine [frz. də'nœːv], eigtl. C. Dorléac, *Paris 22. 10. 1943, frz. Filmschauspielerin. Bed. Charakterdarstellerin des internat. Films, u. a. »Ekel« (1965), »Belle de Jour« (1966), »Allein zu zweit« (1977), »Die letzte Metro« (1980), »Indochine« (1991).

Denguefieber ['dɛŋgə] (Fünftagefieber, Siebentagefieber), akute Infektionskrankheit in trop. und subtrop. Gebieten, deren Erreger Dengueviren sind, die durch Aedesmücken auf den Menschen übertragen werden.

Deng Xiaoping (Teng Hsiao-p'ing), *Guang'an (Prov. Sichuan) 22. 8. 1904, chin. Politiker. Wurde 1952 stellv. Min.-Präs., 1954 Generalsekretär des ZK der KPCh, 1955 Mgl. des Politbüros der KPCh; während der Kulturrevolution 1967 politisch ausgeschaltet (1973 rehabilitiert); ab 1973 stellv. Min.-Präs., ab 1975 stellv. Vors. des ZK und Generalstabschef; als »Anhänger eines kapitalist. Weges« 1976 aller Ämter enthoben (1977 erneut rehabilitiert). Nach der Wiedereinsetzung in seine Ämter stieg D. zum führenden Politiker der VR China auf; er reformierte die Wirtschaft und betrieb eine Politik der »Öffnung« gegenüber dem Westen, unterband jedoch eine polit. Liberalisierung. 1980 trat er von seinen Staats-, 1987 von seinen Parteiämtern zurück, blieb jedoch politisch weiterhin eminent einflußreich. Als Vors. (1981–89) der Zentralen Militärkommission des ZK und Vors. (1983–90) der staatl. Zentralen Militärkommission (Oberbefehlshaber) war er mitverantwortlich für den blutigen Militäreinsatz gegen die Demokratiebewegung im Juni 1989.

Den Haag ↑Haag, Den.

Den Helder ↑Helder, Den.

Denikin, Anton Iwanowitsch [russ. dɪˈnikin], *bei Warschau 16. 12. 1872, † Ann Arbor (Mich.) 8. 8. 1947, russ. General. 1917 Oberbefehlshaber der W-Front; brachte im russ. Bürgerkrieg als Führer eines antibolschewist. Kampfverbandes Lenins Sowjetregime 1918/19 in Bedrängnis.

De Niro, Robert [engl. dəˈnaɪərəʊ], *New York 17. 8. 1943, amerikan. Filmschauspieler. Internat. Durchbruch in Filmen von F. F. Coppola und M. Scorsese, u. a. »Der Pate, 2. Teil« (1974), »Taxi Driver« (1975), »Die durch die Hölle gehen« (1979), »Es war einmal in Amerika« (1984), »Good Fellas« (1990), »Zeit des Erwachens« (1991), »Frankenstein« (1994).

Denis, Maurice [frz. dəˈni], *Granville 25. 11. 1870, † Saint-Germain-en-Laye 13. 11. 1943, frz. Maler. Theoretiker der ↑Nabis. Großflächige helle Figurenkompositionen, Glasfenster, Buchillustrationen im Jugendstil.

Denitrifikation (Nitratatmung), in Böden und Gewässern von bestimmten Bakterienarten durchgeführte Atmung, bei der statt Sauerstoff Nitrate, Nitrite oder Stickstoffoxide verwendet werden.

Denken, die den Menschen auszeichnende psych. Fähigkeit bzw. Tätigkeit, sich mit der Menge der aus Wahrnehmungen gewonnenen oder mittels Sprache vermittelten Informationen über Wirklichkeiten (Realitäten) auseinanderzusetzen, sie unter bestimmten Gesichtspunkten und zu bestimmten Zwecken zu unterscheiden, sie miteinander und mit [in vorausgegangenen Denk- und Lernprozessen verarbeiteten und im *Gedächtnis* gespeicherten] Informationen zu vergleichen, zu werten und zu ordnen, um durch weitere Denkoperationen das jeweils Wesentliche, Allgemeingültige, Zusammenhängende und Gesetzmäßige auszusondern. Dabei ist zu unterscheiden zw. dem auf Erkenntnis ausgerichteten *spekulativen* bzw. *reflexiven D.* und dem *konstruktiven D.,* das ein entsprechendes Instrumentarium (z. B. Methoden und Verfahren in Technik, Medizin, Geistes-Wiss.) entwirft und bereitstellt, um Handlungen zu planen, Handlungsnormen (z. B. für das Zusammenleben in der Gemeinschaft) zu entwickeln und gesetzte Handlungsziele zu erreichen. *Intuitives D.* ist sprunghaft und durch plötzl. Einfälle gekennzeichnet, steht unter geringer Bewußtseinskontrolle, ist teils unbewußt; bei *diskursivem* (zer-

Demutsgebärde

Deng Xiaoping

Cathérine Deneuve

gliederndem) *D.* erfolgen die vom Bewußtsein kontrollierten Denkoperationen planvoll, methodisch und systematisch; *divergentes* bzw. (produktives bzw. schöpfer.) *D.* kommt zu neuartigen, vom Gewohnten abweichenden (divergierenden) Erkenntnissen; *konvergentes D.* ist ein reproduktives *D.*: Probleme werden durch Übernahme bzw. Anwendung von bereits Gedachtem (Erinnerung) gelöst.

D. als psych. Prozeß setzt die Darstellung der eingegangenen Information als Denkgegenstand oder -inhalt voraus. Dies erfolgt in Form unterschiedlich strukturierter bzw. leistungsfähiger Codes. Beim *vorsprachl. D.* erfolgen Codierung und Speicherung von situationsbezogenen Handlungsmustern durch senso-motor. Codes; durch Übertragung auf neue Situationen oder Veränderung schon bestehender Handlungsmuster sind bereits einfache Denkleistungen (z. B. bei den Primaten) möglich; im *anschaul. D.* werden die Denkinhalte in Form bildhafter Vorstellungen dargestellt. Im *abstrakten* (begriffl.) *D.* erfolgt die Darstellung der Denkgegenstände durch symbol. (sprachl., numer.) Codes bzw. Zeichen[systeme], die relativ frei nach bestimmten Regelsystemen kombiniert werden können. – Über den Ablauf der Denkprozesse im einzelnen sind unterschiedl. philosoph. und psycholog. Theorien entwickelt worden.

Denkmal, 1) jedes Objekt, das von der Kulturentwicklung Zeugnis ablegt (Bau-, Boden-, Kultur-D.).
2) ein zur Erinnerung an Personen oder Ereignisse errichtetes Werk der Bau- oder Bildhauerkunst (Monument).

Denkmalpflege (Denkmalschutz), die kulturell begründete, auch gesetzlich geregelte Erhaltung von historisch bedeutenden Gegenständen, an deren Erhaltung ein öffentliches Interesse besteht. Die D. wird in der BR Deutschland von den Bundesländern bzw. den Landesämtern für D. wahrgenommen. ↑Restaurierung.

Denomination [lat.], *Konfessionskunde:* aus dem angelsächs. Bereich stammende Bez. für die einzelnen christl. Religionsgemeinschaften (v. a. in den USA); entspricht dem im dt. Sprachraum übl. Begriff »Konfession«.

Denkmal 2). Reiterstandbild Mark Aurels (um 173; Rom, Kapitolsplatz)

Denotation [lat.], die Grundbedeutung eines Wortes im Unterschied zur ↑Konnotation.
Densität [lat.], svw. ↑Dichte.
dental [lat.], zu den Zähnen gehörend, die Zähne betreffend; in der *Phonetik* auch von Lauten gesagt, die mit Zunge und Zähnen erzeugt werden, z. B. [t, d] (Dentale).
Dentin [lat.], svw. Zahnbein.
Dentist [lat.-frz.], bis 1952 Berufsbez. für Zahnheilkundige ohne akadem. Ausbildung.
Denunziation [lat.], die (aus unehrenhaften Beweggründen erfolgende) Anzeige, durch die jemand einer strafbaren Handlung beschuldigt wird.
Denver [engl. 'dɛnvə], Hauptstadt des Staates Colorado, USA, am O-Abfall der Rocky Mountains, 468 000 E. Zwei Univ.; Münzanstalt; bed. Handels- und Ind.-Zentrum; internat. ✈.
Deodorant [lat.-engl.] ↑Desodorans.
Deo gratias [lat. »Gott sei Dank«], Dankesformel aus jüd. und frühchristl. Zeit, in der kath. Liturgie v. a. nach den Lesungen.
Depardieu, Gérard [dəpar'djø], * Châteauroux 27. 12. 1948, frz. Theater- und Filmschauspieler. Durch Filme international bekannt, u. a. »1900« (1976), »Danton« (1982), »Zu schön für dich« (1989), »Cyrano von Bergerac« (1990), »Green Card« (1990), »1492– Die Er-

oberung des Paradieses« (1992), »Germinal« (1993).

Departement [departə'mã:, schweizer. ...'mɛnt; lat.-frz.], **1)** in *Frankreich* seit 1740 svw. Verwaltungskreis, dem ein Präfekt mit einem gewählten Generalrat vorsteht.
2) in der *Schweiz* nach Sachgebieten gegliederte Verwaltungseinheiten, auf welche die der Regierung übertragenen Geschäfte verteilt werden.

Department [engl. dɪ'pɑ:tmənt; lat.], in den USA Bez. für Ministerium.

Dépendance [frz. depã'dã:s; lat.], **1)** Niederlassung, Zweigstelle.
2) Nebengebäude, bes. bei Hotels.

Depersonalisation [lat.] (Entpersönlichung), Zustand der Entfremdung gegenüber dem eigenen Ich und seiner Umwelt. Die Handlungen und Erlebnisse des Ich werden wie aus einer Zuschauerrolle beobachtet (v. a. bei psych. Erschöpfung).

Depesche [frz.], ältere Bez. für die Schriftstücke (Instruktionen und Berichte), die ohne jede völkerrechtl. Einschränkung zw. einem Außenministerium und seinen diplomat. Vertretern gewechselt werden.

Depilation [lat.], Enthaarung.

Depolarisation, die Aufhebung des Polarisationszustands beim Licht.

Deponens [lat.], Klasse von Verben in einigen indogerman. Sprachen, bes. im Lat. und Griech., mit passiven Formen, aber aktiver Bedeutung.

Deponiegas, beim mikrobiellen Abbau organ. Abfälle auf Deponien entstehendes, sehr geruchsintensives Gas; besteht hauptsächlich aus brennbarem Methan und Kohlendioxid; wird wegen seines hohen Heizwerts u. a. auch örtlich zur Stromerzeugung genutzt.

Deportation [lat.], die zwangsweise Verschickung von Menschen, einzeln oder in Massen, aus ihren Wohnsitzen in vorbestimmte Aufenthaltsorte durch ihren eigenen Staat oder eine fremde Besatzungsmacht.

Depositen [lat.], bei einem Verwahrer (z. B. einem Kreditinstitut) hinterlegte Wertsachen und -schriften; im engeren, gebräuchlicheren Sinne: bei einem Kreditinstitut zum Zwecke der Aufbewahrung oder zur Abwicklung von Zahlungsverpflichtungen eingelegte Gelder *(Bringgelder),* soweit sie nicht Spareinla-

gen sind. D. werden eingeteilt in *Sichteinlagen* (täglich fällige Gelder) und *befristete Einlagen* (Termingelder, Kündigungsgelder).

Depositenversicherung, Form der Einlagensicherung, die dem Schutz der bei Kreditinstituten eingelegten Gelder dient.

Deposition [lat.], im *Umweltschutz* Bez. für die Ablagerung von Schadstoffen (z. B. Schwefeldioxid) aus der Luft in Boden, Wasser und Vegetation.

Depot [de'po:; frz.], **1)** *allg.:* Aufbewahrungsort von bewegl. Sachen, insbes. von wertvollen Gegenständen; Lager, Magazin.
2) bei einem *Kreditinstitut* bankmäßig verwahrte Wertsachen und -schriften. Das *verschlossene D.* umfaßt 1. verschlossene Verwahrstücke, die der Bank von ihrem Kunden zur Verwahrung im Tresor übergeben worden sind; 2. gemietete Schrank- und Schließfächer zur Aufbewahrung von Wertgegenständen (Tresorgeschäft). Im *offenen D.* werden nur Wertpapiere verwahrt, die der Bank unverschlossen übergeben worden sind. Bei der *Sonderverwahrung* muß der Verwahrer die Wertpapiere jedes Hinterlegers gesondert und auch von seinen eigenen Beständen getrennt aufbewahren (meist gebündelt als sog. *Streifbanddepot).* Bei der *Sammelverwahrung* darf das Kreditinstitut vertretbare Wertpapiere ein und derselben Art ungetrennt von seinen eigenen Effektenbeständen und denen anderer Hinterleger aufnehmen oder einem Dritten zur Sammelverwahrung anvertrauen. Der Hinterleger verliert bei Übergabe seiner Papiere das Eigentum an den betreffenden Stücken und erwirbt statt dessen Miteigentum zu Bruchteilen an dem Sammelbestand derselben Art.

Depotfunde [de'po:], vorgeschichtl. Sammelfunde von Gegenständen, die aus unterschiedl. Material (Stein, Metall, Ton) sein können; wichtige vorgeschichtl. Quellengattung für die Zeit seit dem Neolithikum.

Depotpräparate [de'po:], Arzneimittel, die verzögert aufgenommen, abgebaut oder ausgeschieden werden.

Depotstimmrecht [de'po:] (Bankenstimmrecht), Bevollmächtigung eines Kreditinstituts, das Stimmrecht aus den bei ihm im Depot befindl. Aktien für

Depravation

Thomas De Quincey

André Derain.
Landschaft: Die blaue Eiche

den Kunden in der Hauptversammlung auszuüben.

Depravation [lat.], Verschlechterung eines Krankheitszustandes; Persönlichkeitsverfall, v. a. als Suchtfolge.

Depression [lat.-frz.], 1) *Geomorphologie:* eine in sich geschlossene Hohlform der Landoberfläche, speziell für eine unter dem Meeresspiegelniveau liegende Einsenkung.
2) *Psychiatrie:* als häufigste Form der seel. Störung Zustand gedrückter Stimmungslage, die u. a. mit verminderter Reizansprechbarkeit verbunden ist; durch äußere Anlässe oder Psychosen ausgelöst.
3) *Wirtschaft:* Konjunkturphase, die durch bes. starke Abnahme der Produktion, der Beschäftigung, der Einkommen einschließlich der Gewinne und eventuell auch der Preise gekennzeichnet ist (↑Rezession).

Deputat [lat.], lohnsteuer- und sozialversicherungspflichtiges Arbeitsentgelt in Form von Sachleistungen, sog. Naturallohn.

Deputation [lat.], Abordnung, Entsendung einiger Mgl. aus einer größeren Versammlung zur Erledigung einzelner Angelegenheiten in deren Auftrag; **Deputierter,** Mgl. einer Deputation.

De Quincey, Thomas [engl. dǝ'kwɪnsɪ], *Manchester 15. 8. 1785, †Edinburgh 8. 12. 1859, engl. Schriftsteller. Wurde bekannt durch »Bekenntnisse eines engl. Opiumessers« (1822, erweitert 1856), einer sensiblen autobiograph. Studie; auch bed. Essays.

Derain, André [frz. dǝ'rɛ̃], *Chatou bei Paris 10. 6. 1880, †Garches bei Paris 8. 9. 1954, frz. Maler. Mitbegr. des ↑Fauvismus; beeinflußt von Cézanne und dem Kubismus; nach 1918 Vertreter eines klass. Realismus; auch Illustrationen, Kostümentwürfe sowie Plastiken.

Derby [engl. 'dɑːbɪ], Stadt in Mittelengland, Verwaltungssitz der Gft. D.; 215 700 E. Flugzeug-Ind., Porzellanmanufaktur.

Derby ['dɛrbɪ, engl. 'dɑːbɪ], nach dem 12. Earl of Derby, dem Veranstalter des ersten Rennens (1780), ben. Flachrennen für dreijährige Pferde in Epsom and Ewell; urspr. über 1 800 m, seit 1784 über 2 400 m; später wurden Rennen für Dreijährige auch in anderen Ländern D. genannt; z. B. in Deutschland (seit 1869 in Hamburg-Horn).

Deregulierung [lat.], Bez. für wirtschaftspolit. Maßnahmen, deren Ziel es ist, den staatl. Einfluß auf die Wirtschaft zu verringern und Entscheidungsspielräume für Unternehmen zu schaffen (v. a. für Investitionen), um insgesamt wirtschaftl. Wachstum zu begünstigen und die Schattenwirtschaft einzudämmen. Dazu zählen u. a. Maßnahmen der (Re-)Privatisierung, die Abschaffung wettbewerbl. Ausnahmebereiche sowie der Abbau »bürokrat. Hemmnisse«.

Derfflinger, Georg Freiherr von (seit 1674), *Neuhofen an der Krems 20. 3. 1606, †Gusow bei Frankfurt (Oder) 14. 2. 1695, brandenburg. Generalfeldmarschall (ab 1670). Baute eine Artillerie auf; siegte bei Fehrbellin (1675) und Tilsit (1679) über die Schweden.

Derivat [lat.], *Chemie:* Abkömmling einer Verbindung, bei der ein oder mehrere Atome durch andere Atome oder Atomgruppen ersetzt sind.

Derivation [lat.], *Sprachwissenschaft:* ↑Ableitung.

Dermatitis [griech.], Hautentzündung.

Dermatologie [griech.], Lehre von den Hautkrankheiten, i. w. S. einschließlich der Lehre von den sich oft an der Haut manifestierenden Geschlechtskrankheiten *(Dermato-Venerologie).*

Dermatomykosen [griech.], Hautpilzerkrankungen.

Dermatosen [griech.], svw. ↑Hautkrankheiten.

Dermoplastik [griech.], die in den Körperformen und der Körperhaltung möglichst naturgetreue Darstellung eines Tieres; auf eine Kunststofform wird die gegerbte Tierhaut aufgeklebt.

Dernier cri [frz. dɛrnjeˈkriː, »letzter Schrei«], letzte Neuheit, v. a. in der Mode.

Derry [engl. ˈdɛrɪ], 1613–1984 amtlich **Londonderry**, Stadt in Nordirland, 51 200 E. Textil- und Möbel-Ind., Schiffbau; Hafen am Foyle. – Anglikan. Kathedrale (1633 und 19. Jh.), kath. Kathedrale (1873); Stadtmauer mit Bastionen und Toren (1614). – Um 546 Klostergründung durch den hl. Columban; im 12. Jh. Sitz eines Bistums; 1613 an die City of London. Am 30. 1. 1972 (»Bloody Sunday«) fielen in D. 13 nordirische Demonstranten den Schüssen brit. Soldaten zum Opfer; dieses Ereignis markierte die Unversöhnlichkeit zw. der kath. Minderheit und der prot. Mehrheit der Bevölkerung.

Derschawin, Gawrila Romanowitsch [russ. dɪrˈʒavin], *im Gouvernement Kasan 14. 7. 1743, † Gut Swanka (Gouvernement Nowgorod) 20. 7. 1816, russ. Dichter. 1791–93 Sekretär Katharinas II.; gilt als der bedeutendste russ. Lyriker des 18. Jh., v. a. Oden.

Derwall, Josef (»Jupp«), *Würselen 10. 3. 1927, dt. Fußballtrainer. 1978–84 Bundestrainer des DFB (1980 Europameister).

Derwisch [pers.] (arab. Fakir), Angehöriger eines religiösen islam. Ordens (*Derwischorden;* seit dem 12. Jh.). Die D. suchen durch geistige Versenkung, asket. Übungen und andere Exerzitien die myst. Vereinigung mit Gott. Eine bed. Rolle spielen auch die gemeinsamen, in den einzelnen Orten unterschiedl. Riten, die oft mit Musik und Tanz *(tanzende Derwische)* verbunden sind. Die D. sind heute wegen ihres Widerstands gegen polit.-soziale Reformen fast in allen arab. Ländern und in der Türkei verboten.

Déry, Tibor [ungar. ˈdeːri], *Budapest 18. 10. 1894, † ebd. 18. 8. 1977, ungar. Schriftsteller. 1919 Mgl. der KP, 1953 aus der Partei ausgeschlossen, 1957–61 in Haft. Autor realist. Romane, z. T. mit autobiograph. Zügen (»Der unvollendete Satz«, 1947) und Erzählungen. Satirisch zu verstehen sind die utop. Romane »Herr G. A. in X.« (1964) und »Ambrosius« (1966).

Des, Tonname für das um einen chromat. Halbton erniedrigte D.

des., Abk. für †**des**ignatus.

des..., Des... [lat.-frz.], Vorsilbe von Zusammensetzungen mit der Bedeutung »ent..., Ent...«, z. B. Des-illusion.

Desargues, Gérard (Girard) [frz. deˈzarg], ≈ Lyon 2. 3. 1593, † ebd. 1662, frz. Mathematiker und Ingenieur. Freund von R. Descartes; entwickelte die Grundzüge einer projektiven Geometrie.

Desaster [italien.-frz.], Unglück, Zusammenbruch, katastrophaler Mißerfolg.

Descartes, René [frz. deˈkart], latinisiert Renatus Cartesius, *La Haye-Descartes (Touraine) 31. 3. 1596, † Stockholm 11. 2. 1650, frz. Philosoph, Mathematiker und Naturwissenschaftler. Lebte ab 1629 in den Niederlanden, ab 1649 in Stockholm. Auf Grund des Gesamtaufbaus eines Systems und seiner Naturauffassung gilt D. als erster systemat. Denker der Neuzeit. Als einzige Gewißheit gilt ihm die durch method. Zweifel gewonnene Einsicht des »Cogito ergo sum« (»ich denke, also bin ich«), d. h. die Selbstgewißheit und Selbständigkeit im Denken. – Die Unterscheidung zweier Substanzen: »Res extensa« (Ausdehnung, Körper, Außenwelt) und »Res cogitans« (Geist, Innenwelt), der sog. metaphys. Dualismus Descartes', wird im neuzeitl. Denken zur Grundlage der (idealist.) Unterscheidung von Subjekt und Objekt. In der Physik formulierte D. einen der ersten Erhaltungssätze der Physik überhaupt. In der Optik ist D. u. a. Mitentdecker des Brechungsgesetzes. Von großer Wirkung sind seine Leistungen in der Mathematik, insbes. seine Grundlegung der analyt. Geometrie und sein Beitrag zur Theorie der Gleichungen. – *Werke:* Discours de la méthode (Abhandlung über die Methode; 1637), Principia philosophiae (Grundlagen der Philosophie; 1644), Traité de l'homme (Über den Menschen; postum 1662).

Deschamps, Eustache [frz. deˈʃɑ̃], *Vertus bei Épernay um 1344, † 1404, frz. Dichter. Schrieb v. a. Balladen, auch Fabeln und Satiren u. a.; verfaßte die älteste frz. Poetik (1392).

René Descartes

Tibor Déry

Vittorio De Sica

Desiderio da Settignano.
Büste eines jungen Mädchens

Camille Desmoulins

Deschnjow, Semjon Iwanowitsch, *um 1605, † Moskau 1673, russ. Seefahrer. Durchfuhr 1648 als erster Europäer die Beringstraße und umschiffte die NO-Spitze Asiens (Kap D.).

Desensibilisierung (Desallergisierung), *Medizin:* Schwächung oder Aufhebung der allerg. Reaktionsbereitschaft durch stufenweise gesteigerte Zufuhr des die Allergie verursachenden Reizstoffes.

Deserteur [...'tör; lat.-frz.], Fahnenflüchtiger; ein Soldat, der seine Truppe oder militär. Dienststelle eigenmächtig verläßt oder ihr fernbleibt; **Desertion,** Fahnenflucht.

Desertifikation [lat.], Bezeichnung für die permanente Ausbreitung von Wüsten.

De Sica, Vittorio, *Sora 7. 7. 1902, † Paris 13. 11. 1974, italien. Schauspieler und Regisseur. Exponent des neorealist. Films, u. a. »Fahrraddiebe« (1948), »Umberto D.« (1952); bed. auch »Die Eingeschlossenen« (1962), »Die Reise nach Palermo« (1974).

Desiderat [lat.], etwas Gewünschtes, z. B. ein vermißtes und zur Anschaffung in Bibliotheken vorgeschlagenes Buch.

Desiderio da Settignano [italien. settiɲ'ɲa:no], *Settignano (heute zu Florenz) um 1430, † Florenz 16. 1. 1464, italien. Bildhauer. Vertreter der Frührenaissance: zarte marmorne Kinder- und Mädchenbüsten, Grabmal des Carlo Marsuppini (*1398, † 1453) in Santa Croce in Florenz (1455 ff.).

Desiderius, † Corbie 774, letzter König der Langobarden (757–774). Von Karl d. Gr. bei Pavia besiegt und ins Kloster verbannt.

Design [engl. dɪ'zaɪn; lat.-engl.], Entwurf bzw. Gestaltgebung eines Gebrauchsgegenstandes (einschließl. Farbgebung); insbes. die moderne, zweckmäßige, funktional-schöne Formgebung industrieller Produkte (↑Industriedesign).

Designation [lat.], die Bestimmung einer Person für ein Amt, das erst mit Ausscheiden oder Tod des Inhabers übernommen werden kann.

designatus [lat.], Abk. **des.,** designiert; für ein Amt, eine Würde bestimmt.

Designer [engl. dɪ'zaɪnə], Gestalter von Gebrauchsgegenständen: Graphik-, Industrie- oder Modedesigner.

Designerdrogen [dɪz'aɪnə..., engl.], synthetisch hergestellte Rauschgifte, chemisch Abkömmlinge bekannter Suchtstoffe mit gleichen (z. T. stärkeren) suchterzeugenden Eigenschaften, oft von unberechenbarer, häufig schon in geringster Menge tödl. Wirkung.

Desinfektion, Maßnahmen zur Abtötung oder zur Behinderung des Wachstums krankheitserregender Bakterien oder krankheitsübertragender Kleinlebewesen. Die gebräuchlichste Art der D. ist die Anwendung geeigneter Chemikalien, die die Bakterien durch ihre oxidierende (Chlorkalk, Wasserstoffperoxid, Kaliumpermanganat, Ozon u. a.) oder reduzierende Wirkung (z. B. Schwefeldioxid) bzw. durch Eingriff in den Stoffwechsel (Sulfonamide, gewisse Antibiotika) der betreffenden Mikroorganismen abtöten oder aber ihre Vermehrung behindern. Weiterhin wirken Schwermetallverbindungen, v. a. die des Quecksilbers und des Silbers, Derivate des Phenols und Alkohol in höheren Konzentrationen in der gleichen bakteriostat. Weise.

Désirée, Eugénie Bernardine [frz. dezi're], geb. Clary, als schwed. Königin **Desideria,** *Marseille 8. 11. 1777, † Stockholm 17. 12. 1860, schwedische Königin. Mit Napoléon Bonaparte verlobt; heiratete 1798 Jean-Baptiste Bernadotte, den späteren schwed. König Karl XIV. Johann.

Deskription [lat.], allg. svw. Beschreibung; **deskriptiv,** beschreibend, z. B. deskriptive Wissenschaften, deskriptive Grammatik.

Desktop-Publishing ['desktɔp 'pʌblɪʃɪŋ; engl. (»Publikationserstellung am Schreibtisch«)], Abk. **DTP,** Bez. für die Verwendung von Arbeitsplatzrechnern für die Herstellung von Publikationen aller Art. Der Autor erstellt dabei unter Einsatz eines Textverarbeitungssystems und entsprechender Graphik-Software den fertig umbrochenen Text einschließlich der druckreifen Abbildungen. Das komplette satzfertige Manuskript wird dann auf Diskette gespeichert und dem Verlag bzw. direkt der Setzerei übergeben.

Desmoulins, Camille [frz. demu'lɛ̃], *Guise bei Saint-Quentin 2. 3. 1760, † Paris 5. 4. 1794, frz. Revolutionär. Einer der Anstifter des Sturms auf die Bastille (1789); radikaler Jakobiner; trat seit Ende 1793 der jakobin. Schreckensherrschaft entgegen; auf Betreiben Robespierres mit Danton guillotiniert.

Desodorans (Deodorant) [frz./lat.], geruchstilgender Stoff, häufig als Spray.

desolat [lat.], öde, trostlos, miserabel.

Desorganisation, Auflösung, Zerrüttung der Ordnung.

Desorientierung, vorübergehende oder dauernde Störung des normalen Raum- und Zeitempfindens.

Desoxyribonukleinsäure ↑DNS.

Desperado [lat.-span.], zu jeder Verzweiflungstat entschlossener polit. Abenteurer.

Despot [griech.], 1) unrechtmäßiger Gewaltherrscher.

2) herrischer, tyrann. Mensch.

Despotie [griech.], urspr. griech. Herrschaftsbezeichnung; heute Bez. für eine Regierungsform, in der der unumschränkte Wille eines Machthabers entscheidet; **Despotismus,** schrankenlose Gewaltherrschaft.

Desprez, Josquin [frz. de'pre] ↑Josquin Desprez.

Dessau, Paul, *Hamburg 19. 12. 1894, † Berlin (Ost) 28. 6. 1979, dt. Komponist. Emigrierte 1933, lebte ab 1939 in New York und Hollywood, ab 1948 wieder in Berlin (Ost); vertonte Texte seines Freundes Brecht, u. a. Opern »Die Verurteilung des Lukullus« (1951, Neufassung 1968) und »Puntila« (1966); auch Kantaten, Chöre und Lieder sowie Filmmusiken, Orchesterwerke und Kammermusik.

Dessau, Stadt an der Mulde und Elbe, Sa.-Anh., 95 800 E. Waggon-, Maschinenbau, chem. Industrie. Wiederaufgebaut wurde nach dem 2. Weltkrieg u. a. die Stadtbibliothek (18. Jh.) und das Landestheater. – 1603 Hauptstadt von Anhalt-Dessau, 1863 Hauptstadt des vereinigten Anhalt. 1925–32 bestand in D. das B'auhaus unter W. Gropius.

Dessauer, Friedrich, *Aschaffenburg 19. 7. 1881, † Frankfurt am Main 16. 2. 1963, dt. Biophysiker und Philosoph. 1924–30 MdR (Zentrum); aus polit. Gründen zur Aufgabe seines Lehrstuhls gezwungen; er gehört zu den Pioniere der Röntgenmedizin und Strahlenbiophysik; widmete sich zahlr. philos. Fragen, insbes. der Einordnung der naturwiss.-techn. Erkenntnisse in das philos. Den-

ken sowie der Stellung des Menschen zur Technik und Religion.

Dessert [dɛ'se:r; lat.-frz.], Nachtisch.

Dessin [dɛ'sẽ:; lat.-frz.], Plan, Entwurfszeichnung; fortlaufendes Muster (Stoffe u. a.).

Dessous [dɛ'su:, frz. »darunter«], Damenunterwäsche.

Destillation [lat.], ein Verfahren zur Trennung oder Reinigung von Flüssigkeitsgemischen. Sie umfaßt die Verdampfung einer Flüssigkeit und die Kondensation der Dämpfe zum *Destillat,* das zusammen *(einfache D.)* oder nacheinander nach Siedebereichen getrennt *(fraktionierte D.)* aufgefangen wird. Temperaturempfindliche Stoffe werden bei Unterdruck destilliert *(Vakuum-D.).* Bei der *Trocken-D.* werden feste Stoffe unter völligem Luftabschluß erhitzt und die flüchtigen Zersetzungsprodukte aufgefangen.

Paul Dessau

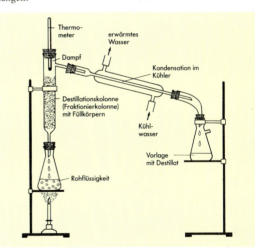

Thermometer

erwärmtes Wasser

Dampf

Kondensation im Kühler

Destillationskolonne (Fraktionierkolonne) mit Füllkörpern

Kühlwasser

Rohflüssigkeit

Vorlage mit Destillat

Destillation.
Schematische Darstellung einer Destillationsapparatur für fraktionierte Destillation im Laboratorium

destilliertes Wasser [lat./dt.], svw. ↑Aqua destillata.

Destruktion [lat.], Zerstörung; **destruktiv,** zerstörend, zersetzend.

Destur [arab.], nationalist. Unabhängigkeitsbewegung in Tunesien; 1920 formte sich die *Destur-Partei.* Der 1934 unter H. Bourguiba abgespaltene radikale Flügel *(Neo-Destur-Partei)* wurde von den Franzosen unterdrückt. 1964 Neugründung als *Parti Socialiste Destou-*

rien (PSD), 1987 umgewandelt in den *Rassemblement Constitutionnel Démocratique* (RCD).

DESY ['de:zy, 'de:zi], Abk. für ↑Deutsches Elektronen-Synchrotron.

Deszendent [lat.], in der Genealogie Nachfahre (Abkömmling) einer Person; Ggs.: Aszendent; **Deszendenz,** Verwandtschaft in absteigender Linie; Zusammenstellung aller Nachkommen einer Person: *Deszendenztafel,* ↑Stammtafel.

Deszendenztheorie (Abstammungslehre, Evolutionstheorie), Theorie der Biologie über die Herkunft der zahlreichen unterschiedl. Pflanzen- und Tierarten, nach der die heute existierenden Formen im Verlauf der erdgeschichtl. Entwicklung aus einfacher organisierten Vorfahren entstanden sind. Nach der D. vollzog sich in langen Zeiträumen ein Artenwandel, wobei Mutation, Rekombination, die natürl. Auslese und die Isolation als wichtigste Evolutionsfaktoren wirksam waren. Die D. vereinigte erstmals Botanik und Zoologie zur Biologie und erklärt auch die Menschwerdung. Wissenschaftlich untermauert wurde die Deszendenztheorie von C. R. Darwin.

Detail [de'tai; frz.], einzelner Teil eines größeren Ganzen; **detaillieren,** im einzelnen darlegen.

Detektiv [lat.-engl.] (Privatdetektiv), Person, die sich in privatem Auftrag mit der Aufdeckung von Straftaten und mit Ermittlungen in zivilrechtl. Angelegenheiten beschäftigt. Für den Betrieb von D.büros *(Detekteien)* haben in der BR Deutschland die Länder größtenteils Rechtsverordnungen erlassen. In Großbrit. und den USA bezeichnet D. v. a. den Kriminalbeamten.

Detektor [lat.-engl.], Nachweis- oder Anzeigegerät, z. B. für Strahlungen oder Elementarteilchen.

Detergenzien [lat.-engl.], grenzflächenaktive, hautschonende, seifenfreie ↑Tenside.

Determinante [lat.], mathemat. Ausdruck zur Auflösung linearer Gleichungssysteme. Die einfachste Form einer D. ist die aus 2^2 Zahlen bestehende *zweireihige D.* Es gilt:

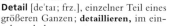

$$\begin{vmatrix} a & b \\ c & d \end{vmatrix} = ad - bc$$

Determination [lat.], das Festgelegtsein, Bedingtsein, z. B. in der *Psychologie* das Bedingtsein aller psych. Phänomene durch genet. Faktoren, durch physiolog., soziale (z. B. Milieu) oder innerpsych. (z. B. Motivation) Gegebenheiten.

Determinismus [lat.], im Ggs. zum Indeterminismus Lehrmeinung, nach der alles Geschehen in der Welt durch Gesetzmäßigkeiten oder göttl. Willen [vorher]bestimmt ist.

Detmold, Verwaltungssitz des Reg.-Bez. Detmold und des Kreises Lippe, NRW, an der Werre, 70 700 E. Bundesforschungsanstalt für Getreideverarbeitung, Landestheater, Staatsarchiv, Landes-, Freilichtmuseum; u. a. Möbel-, Metall-, Elektroindustrie. Spätgot. Stadtkirche (1547), Residenzschloß (z. T. 1555 bis 1557); nahebei das Hermannsdenkmal (Nationaldenkmal für Arminius; 1835–75).

Detonation [lat.], chem. Reaktion explosiver Gemische (auch Kernreaktion), die sich – im Ggs. zur Explosion – mit extrem hoher Geschwindigkeit im Gemisch fortpflanzt (1 000 bis 10 000 m/s) und eine Stoßwelle bildet.

Detritus [lat.], frei im Wasser schwebende, allmähl. absinkende Stoffe aus abgestorbenen, sich zersetzenden Tier- und Pflanzenresten.; dient zahlr. Saprozoen als Nahrung.

Detroit [engl. dɪ'trɔɪt], Hafenstadt am Detroit River, Mich., USA, 1,03 Mio. E (Agglomeration 4,67 Mio. E). Zwei Univ., Museen; Zoo. Größte Automobilindustriestadt der Erde (Ford, General Motors, Chrysler); größter Binnenhafen der USA, ⚓. – 1701 frz. Fort, 1760 von den Briten erobert; 1796 an die USA abgetreten.

Deus ex machina [lat. »der Gott aus der Maschine«], im antiken Theater der durch eine besondere Maschine herabgelassene Gott, der die dramatischen Verwicklungen löste; heute übertragen: im richtigen Moment, unerwartet auftauchender Helfer in einer Notlage; überraschende Lösung einer Schwierigkeit.

deuter..., Deuter..., deutero..., Deutero... [griech.], Bestimmungswort von Zusammensetzungen mit der Bedeutung »zweiter, nächster, später«; gelegentlich zu *deut..., Deut...* verkürzt.

Ernst Deutsch

Deuterium [griech.], Zeichen D oder ^{2}H, schwerer Wasserstoff, Wasserstoffisotop mit der doppelten Atommasse des gewöhnl. Wasserstoffs; sein Kern ist das ↑Deuteron.

deutero..., Deutero... ↑deuter...

deuterokanonische Schriften, Bücher der Septuaginta, die im hebr. AT nicht enthalten sind; haben in der kath. Theologie kanon. Ansehen; gelten in der ev. Theologie als unkanonisch (»Apokryphen«).

Deuteromyzeten [griech.] (Deuteromycetes), systemat. Kategorie, in der diejenigen Pilze (rd. 20 000 aller bisher bekannten Pilzarten) ohne Rücksicht auf ihre Verwandtschaft) zusammengefaßt werden, die fast nur noch die ungeschlechtl. Nebenfruchtformen ausbilden oder diese nicht bekannt sind. Bedeutende Arten u. a. *Penicillium* und *Aspergillos.*

Deuteron [griech.], physikal. Zeichen d; Atomkern des ↑Deuteriums, aus einem Proton und einem Neutron bestehend; einfachster zusammengesetzter Atomkern.

Deuteronomium [griech. »zweites Gesetz«], in der Bibel-Wiss. Bez. für das 5. Buch Mose.

Deuterostomier [griech.] (Zweitmünder, Neumünder, Deuterostomia), Stammgruppe der bilateralsymmetr. gebauten Tiere (z. B. ↑Chordatiere), bei denen der Urmund im Verlauf der Keimesentwicklung zum After wird, während die Mundöffnung als Neubildung am anderen Ende des Urdarms nach außen durchbricht.

deutsch, Sprach- und Volksbezeichnung, die als einzige in Europa nicht auf einen Landes- oder Stammesnamen zurückgeht. Etymologisch geht das Adjektiv d. (mittelhochdt. diut[i]sch, althochdt. diutisc) auf das german. Substantiv »thiot« (»Volk«) zurück und bedeutet »zum Volk gehörig«. Es bezeichnete in erster Linie die Sprache und wurde dann (erstmals im »Annolied«, wahrscheinlich zw. 1080 und 1085) auf die Träger der Sprache, das Volk, übertragen; ein Substantiv für das polit. Staatswesen wurde erst spät gebildet.

Deutsch, Ernst, * Prag 16. 9. 1890, † Berlin (West) 22. 3. 1969, dt. Schauspieler. Großer Charakterdarsteller; nach Engagements in Wien, Prag und Dresden ab 1916 von M. Reinhardt in Berlin verpflichtet; 1933 Emigration in die USA, 1947 Rückkehr in die Theatern; auch Filmrollen, u. a. »Der Golem« (1920), »Das alte Gesetz« (1923), »Der Prozeß« (1947), »Der dritte Mann« (1949), »Symphonie in Wien« (1953).

Deutsch-Britisches Flottenabkommen 1935, Abkommen, das dem Dt. Reich eine maritime Aufrüstung bis zu 35 % der Gesamttonnage der brit. Kriegsflotte erlaubte; 1939 von Hitler gekündigt.

Deutsch-Dänische Kriege, 1) 1848–50: Krieg zw. dem Dt. Bund und Dänemark; entzündete sich an dem (letztlich erfolgreichen) Versuch Dänemarks, das mit Holstein verbundene, nicht zum Dt. Bund gehörende Schleswig zu annektieren.
2) 1864: Krieg Preußens und Österreichs gegen Dänemark; führte nach dem Fall der starken Befestigungen von Düppel 1864 zum Frieden von Wien (preuß.-österr. Kondominium über Schleswig-Holstein bis 1866).

Deutsche Akademie für Sprache und Dichtung, Vereinigung dt. Schriftsteller, Sprach- und Geisteswissenschaftler zur Pflege und Vermittlung dt. Sprache und Dichtung; gegr. 1949; Sitz Darmstadt; verleiht u. a. den Georg-Büchner-Preis.

Deutsche Angestellten-Gewerkschaft, Abk. **DAG,** dt. Gewerkschaftsverband für Angestellte, Sitz Hamburg; 1949 gegr.; rd. 580 000 Mitglieder.

Deutsche Angestellten-Krankenkasse, Abk. **DAK,** gesetzl. Krankenkasse (ehem. Ersatzkasse für Angestellte); Name seit 1930; Sitz Hamburg.

Deutsche Arbeitsfront, Abk. **DAF,** nat.-soz. Einheitsverband der Arbeitnehmer und Arbeitgeber, der 1933 an die Stelle der aufgelösten Gewerkschaften trat; unterstand dem Reichsorganisationsleiter R. Ley; 1936 etwa 20 Mio. Mgl.; Trägerin der nat.-soz. Gemeinschaft »Kraft durch Freude« (KdF) zur Gestaltung von Urlaub und Reisen; 1945 aufgelöst.

Deutsche Bahn AG, Abk. **DB AG,** im Zuge der Reform der dt. Bahnen (»Bahnreform«) durch Zusammenlegung der Sondervermögen Dt. Bundesbahn (DB) und Dt. Reichsbahn (DR) zum 1. 1. 1994 entstandenes Unterneh-

Detmold
Stadtwappen

Deutsche Bahn AG

Deutsche Bank AG

men; Sitz: Berlin, Sitz der Verwaltung: Frankfurt am Main. Tätigkeitsgebiete der DB AG sind die Erbringung und Vermarktung von Eisenbahnverkehrsleistungen (Personenverkehr, Güterverkehr), der Betrieb und die Vermarktung der Eisenbahninfrastruktur (Planung, Bau, Unterhaltung sowie Führung der Betriebsleit- und Sicherheitssysteme, Fahrweg) sowie alle Aktivitäten in eisenbahnverkehrverwandten Bereichen. Die 1949 gegr. *Deutsche Bundesbahn (DB)* entstand als wirtschaftl. Einheit durch Zusammenschluß der in der brit.-amerikan. und der frz. Besatzungszone getrennt verwalteten Vermögensteile der Dt. Reichsbahn. Sie war bis 31.12. 1993 ein nicht rechtsfähiges ↑Sondervermögen des Bundes mit eigener Wirtschafts- und Rechnungsführung. Die *Deutsche Reichsbahn (DR)* entstand 1920 als Reichseisenbahn durch Staatsvertrag mit den acht Ländern mit Staatsbahnbesitz. 1924 kam es zu der Umwandlung der DR zum selbständigen Wirtschaftsunternehmen unter Aufsicht des Reichsverkehrsministers. In der sowjet. Besatzungszone bzw. der DDR bestand sie unter diesem Namen als staatl. Unternehmen des öffentl. Eisenbahnverkehrs fort und firmierte ab 1990 bis zu der Zusammenführung mit der DB übergangsweise noch als Dt. Reichsbahn.

Deutsche Bank AG, größte dt. private Kreditbank; gegr. 1870; Sitz Frankfurt am Main; Universalgroßbank im nat. und im internat. Bankgeschäft.

Deutsche Bergwacht ↑Bergwacht.

Deutsche Bibliothek, die nat. Bibliothek der BR Deutschland, die 1991 aus der Vereinigung der D.B. in Frankfurt am Main und der Dt. Bücherei in Leipzig unter Beibehaltung beider Standorte (Hauptsitz Frankfurt am Main) hervorgegangen ist; Präsenzbibliothek; Ablieferungspflicht der Verleger; Hg. der »Dt. Bibliographie«. – Die *Deutsche Bücherei* wurde 1912 als Einrichtung des Börsenvereins der Dt. Buchhändler in Leipzig als Gesamtarchiv des deutschsprachigen Schrifttums eröffnet; sie verzeichnete u.a. das gesamte seit 1913 in Deutschland erscheinende Schrifttum und die Musikalien mit dt. Titeln und Texten (seit 1943), die Übersetzungen deutschsprachiger Werke (seit 1941)

sowie fremdsprachige Werke über Deutschland. – Die *Deutsche Bibliothek* war die 1947 gegr. zentrale Archivbibliothek (seit 1969 Anstalt des öffentl. Rechts) in Frankfurt am Main; sie sammelte und verzeichnete u.a. die nach dem 8.5. 1945 in Deutschland verlegten und die im Ausland erschienenen deutschsprachigen Veröffentlichungen, die Übersetzungen dt. Werke in andere Sprachen, fremdsprachige Werke über Deutschland und die dt. Emigrantenliteratur 1933–45. – Musiknoten und -tonträger werden durch die Außenstelle der D.B., das *Deutsche Musikarchiv* in Berlin, verzeichnet.

Deutsche Bücherei ↑Deutsche Bibliothek.

Deutsche Bucht, Teil der sö. Nordsee zw. der W-Küste Jütlands und den Westfries. Inseln; in ihrem Zentrum liegt Helgoland.

Deutsche Bundesbahn ↑Deutsche Bahn AG.

Deutsche Bundesbank, Zentralnotenbank der BR Deutschland, begründet durch das Gesetz über die D.B. vom 26.7. 1957, Sitz Frankfurt am Main. Die D.B. ging aus der Bank dt. Länder hervor. Sie ist eine bundesunmittelbare jurist. Person des öffentl. Rechts. Ihr Grundkapital steht dem Bund zu. Sie unterhält als Hauptverwaltungen Landeszentralbanken (LZB) in den Bundesländern. Organe der D.B. sind der Zentralbankrat (Präs., Mgl. des Direktoriums und die Präs. der Landeszentralbanken), das Direktorium (Präs., Vize-Präs. und bis zu acht weitere Mgl.) und die Vorstände der Landeszentralbanken. Die D.B. regelt mit Hilfe der währungspolit. Befugnisse den Geldumlauf und die Kreditversorgung der Wirtschaft mit dem Ziel, die Währung zu sichern, und sorgt für die bankmäßige Abwicklung des Zahlungsverkehrs im Inland und mit dem Ausland. Sie ist bei der Ausübung ihrer Befugnisse von Weisungen der Bundesregierung unabhängig. Die D.B. hat das ausschließl. Recht, Banknoten (nicht aber ↑Münzen) in der BR Deutschland auszugeben. Mit Hilfe der *Diskont-, Kredit-, Offenmarkt-* und *Mindestreservepolitik* beeinflußt sie die Geldmenge, die Höhe der verschiedenen Inlandszinssätze und die Möglichkeit zur Geldschöpfung.

Deutsche Bundespost, Abk. **DBP,** am 1. 4. 1950 gegründetes, in unmittelbarer Bundesverwaltung geführtes und vom Bundes-Min. für Post und Telekommunikation (1953–89 Bundes-Min. für das Post- und Fernmeldewesen) geleitetes öffentl. Unternehmen des Nachrichtenverkehrs; Sitz Bonn. Mit der Neuordnung der D. B. (»Postreform«) von 1989 und 1995 wurde die D. B. in die Bereiche *Deutsche Post AG* (»gelbe Post« für Briefe, Päckchen und Pakete), *Deutsche Postbank AG* (Bankwesen) und *Deutsche Telekom AG* (Fernmeldewesen) aufgeteilt, die unter dem Dach der öffentlichrechtl. Holding *Bundesanstalt Deutsche Bundespost* (unter Leitung des Ministeriums für Post und Telekommunikation) jeweils als eigenständige Unternehmen geführt werden.

Deutsche Christen, Abk. **DC,** Bewegung, die die »Gleichschaltung« der ev. Kirche mit dem Dritten Reich zum Ziel hatte. Als organisierte Bewegung *(Kirchenbewegung DC)* trat sie bereits 1927 in Thüringen in Erscheinung. 1932 bildete sich in Preußen mit Unterstützung der preuß. NSDAP ein neues Zentrum in der »Glaubensbewegung DC«. Die DC, die u. a. das AT ablehnten und einer »held. Jesus-Gestalt als Grundlage eines artgemäßen Christentums« das Wort redeten, sahen im Nat.-Soz. ein Ergebnis des Heilshandelns Gottes und versuchten, in einer »Reichskirche« (am 27. 9. 1933 Wahl Ludwig Müllers zum Reichsbischof) die Zersplitterung des dt. Protestantismus durch das »Führerprinzip« zu überwinden. Mit dem Untergang des Dritten Reiches fanden auch die DC ihr Ende. ↑Bekennende Kirche, ↑Kirchenkampf.

Deutsche Demokratische Partei, Abk. **DDP,** 1918 gegr. linksliberale Partei; maßgebl. Einfluß auf die Weimarer Verfassung; 1919–32 in fast allen Reichskabinetten vertreten; 1930 Fusion mit der »Volksnationalen Reichsvereinigung« zur erfolglosen *Deutschen Staatspartei (DSTP)*, die sich nach Zustimmung zum Ermächtigungsgesetz 1933 selbst auflöste.

Deutsche Demokratische Republik, Abk. **DDR,** Staat in M-Europa, bestand 1949–90 aus den heutigen Ländern Brandenburg, Mecklenburg-Vorpommern, Sachsen, Sachsen-Anhalt und Thüringen der BR Deutschland (↑Deutschland, ↑deutsche Geschichte).

Staat und Recht: Die DDR war von ihrer Grün-dung (Verfassung vom 7. 10. 1949) an ein Staat, der sich als Diktatur des Proletariats verstand und nach sowjet. Modell eine sozialist. Gesellschaft unter Führung der Staatspartei SED zu verwirklichen suchte; dies führte zum Ausbau eines bürokratisch-administrativen Systems, das alle gesellschaftl. Bereiche (Politik, Wirtschaft, Kultur, Sport) durchdrang. In der Verfassung vom 6. 4. 1968 (am 7. 10. 1974 revidiert) verankerte die SED auch verfassungsrechtlich ihre Führungsrolle in Staat und Gesellschaft. Ökonom. Basis war die weitgehend verstaatlichte Wirtschaft mit einem zentralistisch gelenkten Mechanismus der Planung und Leitung. Auf dem Gebiet von Kultur und Wiss. wurde der Marxismus-Leninismus herrschende Ideologie, verbunden mit Unterdrückung und Verfolgung Andersdenkender. Durch Mitgliedschaft im Warschauer Pakt (ab 1955) und im RGW (ab 1959) sowie u. a. durch den Truppenstationierungsvertrag mit der UdSSR vom 12. 3. 1957 und kraft der ↑Breschnew-Doktrin war die DDR in den sowjet. Hegemonialverband der »sozialist. Staatengemeinschaft« eingegliedert.

Kollektives Staatsoberhaupt war der von der Volkskammer gewählte und ihr verantwortl. Staatsrat. De facto galt jedoch der Generalsekretär der SED als oberster Repräsentant des Staates und das Politbüro als entscheidende polit. Instanz. Der Ministerrat, die Regierung der DDR, war oberstes Organ der Exekutive; ihm oblag die einheitl. Durchführung der Staatspolitik im Auftrag der Volkskammer. Der Vors. des Ministerrats wurde von der stärksten Fraktion der Volkskammer (SED-Fraktion) vorgeschlagen und erhielt von ihr den Auftrag zur Bildung des Ministerrats, der daraufhin in seiner Gesamtheit für 5 Jahre von der Volkskammer gewählt wurde. Nach der Verfassung war die Volkskammer (400 Abg., für 5 Jahre gewählt) das oberste staatl. Machtorgan der DDR; bei ihr lag die Legislative, sie wählte den Vors. und die Mgl. des Staatsrats und des Ministerrats, den Vors. des Nat.

Deutsche Dogge

Verteidigungsrats, den Präs. und die Richter des Obersten Gerichts sowie den Generalstaatsanwalt.

Nach dem Muster der ↑Volksdemokratie war die Sozialist. Einheitspartei (SED) bis 1989 die allein bestimmende polit. Kraft. Die anderen Parteien, die Christl.-Demokrat. Union (CDU), Liberaldemokrat. Partei Deutschlands (LDPD), die Demokrat. Bauernpartei Deutschlands (DBD) und die Nationaldemokrat. Partei Deutschlands (NDPD), bildeten unter der SED den »Demokrat. Block«. Der Zusammenschluß der Parteien und Massenorganisationen (u. a. Freier Deutscher Gewerkschaftsbund [FDGB], Freie Deutsche Jugend [FDJ]) in der Nationalen Front der DDR war ebenfalls eine Konsequenz des Führungsanspruchs der SED. 1989 bildete sich eine Vielzahl polit. Parteien: u. a. Neues Forum, Sozialdemokrat. Partei Deutschlands, Demokrat. Aufbruch, Dt. Soziale Union, Freie Demokrat. Partei, die z. T. für die Volkskammerwahlen 1990 Wahlbündnisse schlossen.

Es bestand allg. Wehrpflicht mit 12monatiger Dienstzeit in der Nat. Volksarmee (NVA). Die Gesamtstärke der NVA betrug 172 000 Mann (Heer 120 000, Luftwaffe 37 000, Marine 15 000) zuzüglich 47 000 Mann Grenztruppen.

Deutsche Dogge, Rasse bis 90 cm schulterhoher Doggen; Körper dicht und kurz behaart, kräftig, mit langgestrecktem, eckig wirkendem Kopf, deutl. Stirnabsatz, langen Stehohren und eckiger Schnauze mit vollen Lef-

Deutsche Dogge.
Rüde (Widerristhöhe mindestens 80 cm)

zen; Schwanz ziemlich lang, rutenförmig.

deutsche Farben, die Nationalfarben des Dt. Reiches und der ihm nachfolgenden Staaten. Die in Anlehnung an die Bundesfarben der Jenaischen Burschenschaft (Rot und Schwarz, mit Gold durchwirkt) während des Vormärz enstandene »Trikolore« Schwarz-Rot-Gold wurde 1848 als Sinnbild der nationalstaatl. und republikan. Bewegung zu den Bundesfarben erklärt. Der Norddt. Bund wählte jedoch Schwarz-Weiß-Rot, abgeleitet aus den Farben Preußens (Schwarz-Weiß) und der Hansestädte (Weiß und Rot), zu seinen Farben, die 1892 zur Nationalflagge erklärt wurden. Zu den Reichsfarben der Weimarer Republik wurde noch 1918 Schwarz-Rot-Gold bestimmt (nach heftigem »Farbenstreit« Handelsflagge ab 1919 jedoch Schwarz-Weiß-Rot mit Reichsfarben im inneren oberen Geviert). 1933–45 war die Hakenkreuzfahne (nat.-soz. Parteifahne) Nationalflagge (bis 1935 neben Schwarz-Weiß-Rot). Die Staatsfarben der BR Deutschland sind Schwarz-Rot-Gold.

Deutsche Forschungsgemeinschaft e. V., Abk. DFG, 1951 gegründete zentrale gemeinnützige Einrichtung der dt. Wiss. zur Förderung der Forschung in der BR Deutschland und zur Sicherung der internat. Zusammenarbeit auf wissenschaftlichem Gebiet; Sitz: Bonn-Bad Godesberg.

Deutsche Fortschrittspartei, ehem. dt. Partei, in Preußen durch verschiedene linksliberale und demokrat. Gruppen 1861 gegr. liberale Partei, in deren Führung Rittergutsbesitzer und Bildungsbürgertum dominierten; 1866 spaltete sich der rechte Flügel ab und wurde Kern der Nationalliberalen Partei; fusionierte 1884 mit der Liberalen Vereinigung in der Dt. Freisinnigen Partei.

deutsche Frage, 1) der zw. den Befürwortern eines dt. Nationalstaates unter preuß. *(Kleindeutsche)* und österr. *(Großdeutsche)* Führung ausgetragene Streit, in dem sich der preußisch.-österr. Dualismus widerspiegelte und der nach 3 Einigungskriegen 1871 durch Preußen im Sinne der kleindt. Lösung entschieden wurde.

2) die Frage eines Anschlusses Deutschösterreichs an das Dt. Reich, der vom nationalsoz. Dtl. 1938 gewalttätig durchgeführt wurde.

3) der im Grundgesetz der BR Deutschland niedergelegte Auftrag, die nat. und staatl. Einheit zu wahren und in Selbstbestimmung zu vollenden (durch den Einigungsvertrag vom 31. 8. 1990 zw. der BR Deutschland und der DDR in Zusammenarbeit mit den Westmächten und der Sowjetunion gelöst).

Deutsche Freisinnige Partei, ehem. dt. Partei, entstand 1884 durch Zusammenschluß der Dt. Fortschrittspartei mit der Liberalen Vereinigung; vertrat Interessen von Bank- und Handelskreisen und bed. Teilen des gewerbl. Mittelstandes; spaltete sich 1893 in die Freisinnige Vereinigung und die Freisinnige Volkspartei.

Deutsche Friedensgesellschaft – Vereinigte Kriegsdienstgegner e. V., Abk. **DFG-VK,** 1892 gegr. pazifist. Vereinigung (Dt. Friedensgesellschaft); 1933–45 aufgelöst, 1968/74 Vereinigung mit Verbänden der Kriegsdienstgegner; Sitz Essen; Präs. 1957–76 M. Niemöller.

deutsche Geschichte,

Entstehung und frühe Entwicklung des »Reichs der Deutschen«: Aus den zahlr. german. Kleinstämmen der Zeit um Christi Geburt bildeten sich größere Stammesverbände neu (z. B. Sachsen, Franken, Alemannen). Sie besetzten auch Gebiete innerhalb der röm. Reichsgrenze und übernahmen Grundelemente der lat. Kultur sowie Reste der spätantiken Verwaltungs- und Wirtschaftsstrukturen. Die dt. Stämme, mit anderen Völkerschaften im Reichsverband Karls d. Gr. vereinigt, lösten sich aus diesem Verband in den Verträgen der Reichsteilungen von Verdun (843), Meerssen (870) und Ribemont (880). Ludwig der Deutsche erhielt 843 das Ostfränk. Reich, 880 war mit dem Erwerb auch der W-Hälfte Lothringens im wesentlichen die (bis 1648 gültige) Grenze zw. Frankreich und Deutschland festgelegt. Um 900 erstarkten im Abwehrkampf gegen Ungarn und Slawen die dt. Stammes-Hzgt.: Franken, Schwaben, Bayern und Sachsen. Mit der Wahl eines gemeinsamen Königs der dt. Stämme, Konrads I. (☖ 911–918), wurde die Unteilbarkeit des Ostfränk. Reiches festgelegt. 920 tauchte der Begriff Regnum teutonicum (»dt. Reich«) auf. Seit dem 11. Jh. wurde der noch nicht zum Röm. Kaiser gekrönte Herrscher Rex Romanorum (Röm. König) genannt; staatsrechtlich war durch die Nachfolge der im dt. Reich gewählten Könige im röm. Kaisertum das (Sacrum) Romanum Imperium (Hl. Röm. Reich) entstanden, das Deutschland, Reichsitalien (ab 962) und Burgund (ab 1032/33) umfaßte.

Ottonisch-salische Zeit (919–1137): Heinrich I. (☖ 919–936), nur von Sachsen und Franken zum König erhoben, erlangte allmählich nach seiner Erfolge nach außen (Sieg über die Ungarn bei Riade 933) die Anerkennung auch in Schwaben und Bayern. Otto I., d. Gr. (☖ 936–973), führte die Sicherung des Reiches nach außen und innen fort (Errichtung von zwei Marken 936/937, Sieg über die Ungarn auf dem Lechfeld 955). Stütze des Königs im Innern war der Episkopat (↑Reichskirchensystem). Die polit. Macht der Reichskirche führte im Zusammenhang mit der kluniazensischen Reformbewegung zum Widerstand des Papsttums gegen jede Art des Einflusses von Laien auf kirchl. Angelegenheiten, schließlich auch gegen die königl. Kirchenherrschaft. Im ↑Investiturstreit gipfelte diese Entwicklung (1077 Gang Heinrichs IV. [☖ 1056–1106] nach Canossa. Erst Heinrich V. (☖ 1106–25), dem letzten König aus dem Haus der Salier, gelang mit dem Wormser Konkordat 1122 die Beendigung des Investiturstreites mit unterschiedl. Regelungen in Deutschland und Italien.

Zeit der Staufer (1138–1254): 1138 wurde der Staufer Konrad III. gegen den von Lothar III. von Supplinburg (☖ 1125–37) designierten Welfen Heinrich den Stolzen zum König gewählt, was den stauf.-welf. Ggs. begründete. Friedrich I. Barbarossa (☖ 1152–90) gelang 1178 die Unterwerfung der Welfen (Lehnsenthebung Heinrichs des Löwen). Seine größte territoriale Ausdehnung fand das Reich unter Heinrich VI. (☖ 1190–97), als diesem das Kgr. Sizilien zufiel. Die durch seinen Tod ausgelösten Thronstreitigkeiten (welf.-stauf. Doppelwahl 1198) fanden erst 1212 ihr Ende, als sein Sohn Friedrich II. (☖ 1212–50) zum dt. König gewählt

deutsche Geschichte.
Otto I., der Große

wurde. Friedrichs Bemühungen um Wiederherstellung und Ausbau des Reichsgutes wurden durch die Fürstenprivilegien (1220, 1231/32) eingeschränkt, aber auch der Territorialpolitik der Reichsfürsten waren damit Grenzen gesetzt. Die Wiederaufnahme der stauf. Politik in Oberitalien führte zur Entstehung der Parteien von Guelfen und Ghibellinen, die erneuerte Auseinandersetzung mit dem Papsttum zur Wahl von Gegenkönigen (Heinrich Raspe 1246; Wilhelm von Holland 1247). Die Erben Friedrichs II. unterlagen im Kampf um die Herrschaft; der letzte Staufer, Konradin, wurde 1268 in Neapel hingerichtet.

Spätmittelalter (1254–1517): Nach einer Doppelwahl 1257 konnte sich erst Rudolf I. von Habsburg (⚭ 1273–91) wieder in Deutschland durchsetzen. Mit dem Erwerb der Hzgt. Österreich, Steiermark und Krain im O legte er den Grund der habsburg. Hausmacht. Heinrich VII. von Luxemburg (⚭ 1308–13) gelang 1310 der Erwerb Böhmens. Das Ausgreifen des Wittelsbachers Ludwig IV., des Bayern (⚭ 1314–47), nach Italien (1323) führte zur letzten großen Auseinandersetzung zw. Kaisertum und Papsttum. Die Ansprüche auf päpstl. Bestätigung ihrer Königswahl wiesen die Kurfürsten im Kurverein von Rhense 1338 zurück. Der gegen die rigorose Hausmachtpolitik Ludwigs gerichtete Luxemburger Karl IV. (⚭ 1346–78) machte Böhmen zum Kernland des Reiches. Die Goldene Bulle (1356) gewährleistete feststehende Regeln der Königswahl und schuf mit der Sicherung der Vorzugsstellung der Kurfürsten eine starke Klammer des Reichsverbandes. Unter den Königen Wenzel (⚭ 1378–1400) und Ruprecht III. von der Pfalz (⚭ 1400–10) erfolgte eine weitere Schwächung der Königsmacht. Das Konstanzer Konzil (1414–18) unter Vorsitz König Sigismunds (⚭ 1410–37) rettete zwar die Reichseinheit, löste aber die Hussitenkriege aus (1419–36), die erst nach einem Vergleich beendet wurden (Prager Kompaktaten 1433). Die gegen Türken und Ungarn erforderl. Reichshilfen führten unter Maximilian I. (⚭ 1493–1519) zu direkten Verhandlungen mit den Reichsständen. Neben

deutsche Geschichte.
Rudolf I. von
Habsburg

dem Ewigen Landfrieden war die Übernahme der Friedensgewalt im Reich durch die Reichsstände die wichtigste Änderung. Durch die Eheverbindungen seiner Enkel sicherte Maximilian den Anspruch auf künftigen Erwerb Böhmens und Ungarns für sein Haus.

Reformation und Gegenreformation (1517–1648): Den Ausgangspunkt der Reformation bildeten Luthers 95 Thesen vom 31. 10. 1517, zu deren rascher Verbreitung v. a. die Humanisten beitrugen; neben Luthers Lehre breitete sich im oberdt. Raum diejenige Zwinglis aus. 1521 verhängte das Wormser Edikt über Luther und seine Anhänger die Reichsacht. Während Karl V. (⚭ 1519–56) vier Kriege gegen Franz I. von Frankreich führte (1521–26, 1527–29, 1534–36 und 1542–44), fielen im Reich wichtige Entscheidungen: Das Landesfürstentum ging gestärkt aus dem ↑Bauernkrieg (1524/25) hervor. Gegen den Beschluß der Durchführung des Wormser Edikts auf dem Reichstag zu Speyer 1529 unterzeichneten die ev. Reichsstände unter Führung Philipps I.

von Hessen eine Protestation (nach dieser seither Protestanten gen.). Der Ausgang des Reichstags in Augsburg 1530 gab den letzten Ausschlag zum Abschluß des Schmalkald. Bundes (1531) der prot. Stände, gegen den Karl V. 1546/47 militärisch siegreich vorging. Am Ende der großen religiösen und polit. Bewegung der Reformation stand der Augsburger Religionsfriede von 1555 und damit die endgültige konfessionelle Spaltung Deutschlands.

Gegen den in Lutheraner und Kalvinisten geteilten Protestantismus erfolgte die Gegenreformation, als deren polit. Zentrum Österreich und Bayern einen geschlossenen Block im S des Reiches bildeten. Im Anschluß an den Reichstag von 1608 bildete sich unter kurpfälz. Leitung die prot. Union, der 1609 – unter bayr. Führung – die kath. Liga gegenübertrat. Auch Kaiser Matthias (⚭ 1612–19) konnte die konfessionellen Ggs. nicht abbauen, die entschieden kath. Haltung Ferdinands II. (⚭ 1619–37) führte 1618/19 zum Ausbruch des ↑Dreißigjährigen Krieges. Beendet wurde dieser durch den 1648 unter Garantie Frankreichs und Schwedens geschlossenen ↑Westfälischen Frieden, dessen Bedeutung v. a. darin bestand, daß die Territorialisierung des Reiches in fast 300 landeshoheitl. Einzelstaaten legalisiert wurde.

Zeitalter des Absolutismus (1648 bis 1789): Der Überwindung der sozialen und wirtschaftl. Katastrophe (v. a. der Bevölkerungsverluste) dienten u. a. staatlich gelenkte Bevölkerungspolitik, landwirtschaftl. Förderungsprogramme, Wiederbelebung des Handwerks in den Städten und Verbesserungen für den Handel. Der zentral regierte, antiständ. Staat fand in Brandenburg seit Friedrich Wilhelm, dem Großen Kurfürsten (⚭ 1640–88), seine Verwirklichung. Der Friede von Oliva (1660) garantierte die Souveränität des Kurfürsten von Brandenburg und Preußen; 1701 erhob sich Friedrich III. von Brandenburg als Friedrich I. zum König in Preußen (⚭ 1701–13). Gleichzeitig stieg Österreich nach dem Siege über die Türken 1683 zur europ. Großmacht auf. Damit war die Ausgangsbasis für das europ. Gleichgewichtssystem des 18.Jh. und seine krieger. Verwicklungen er-

reicht. In der Zeit Kaiser Leopolds I. (⚭ 1657–1705) wurde das Reich durch die Wechselwirkung zw. der Türkengefahr und der Expansionspolitik König Ludwigs XIV. von Frankreich bedroht. Nach dem Pfälz. Erbfolgekrieg konnte das Reich 1697 im Frieden von Rijswijk den erreichten Besitzstand in der Hauptsache wahren, der Verlust des Elsaß wurde sanktioniert. Der Ggs. Bourbon-Habsburg erreichte einen neuen Höhepunkt im Span. Erbfolgekrieg (1701–13/14) und mündete nach dem Erlöschen des habsburg. Mannesstamms in den Österr. Erbfolgekrieg (1740–48). Zwar behielt schließlich das habsburg. Erbhaus durch die Kaiserwahl des Gemahls der Maria Theresia, Franz I. Stephan (⚭ 1745–65), die vornehme Stellung im Reich, doch der preuß.-österr. Dualismus verfestigte sich im Siebenjährigen Krieg (1756–63) und brach im Fürstenbund von 1785 und in den Poln. Teilungen erneut aus.

Das Ende des Reiches, die Napoleonische Epoche und die Gründung des Deutschen Bundes (1789–1815): Angesichts der polit.-sozialen Bedrohung durch die Frz. Revolution trat der preuß.-österr. Ggs. zurück. Die von Kaiser Leopold II. (⚭ 1790–92) und König Friedrich Wilhelm II. von Preußen (⚭ 1786–97) 1791 vereinbarte Pillnitzer Konvention rief zur Intervention in Frankreich auf. 373 Unter dem Druck der Koalitionskriege wurde die Auflösung des Reiches eingeleitet, dessen polit. und rechtl. Grundlagen der ↑Reichsdeputationshauptschluß 1803 weitgehend zerstörte (Gründung des ↑Rheinbunds 1806). Das frz. Ultimatum zwang Franz II. (⚭ 1792–1806) zur Niederlegung der Kaiserkrone (6. 8. 1806); damit hörte das Hl. Röm. Reich auf zu existieren. Nach dem 4. Koalitionskrieg (1806/07), mit der Katastrophe Preußens nach Jena und Auerstedt und dem Frieden von Tilsit, sah sich der Großteil Deutschlands der europ. Hegemonie Frankreichs unterworfen. Die als Reaktion auf die Niederlagen durchgeführten ↑preuß. Reformen verwirklichten nur bruchstückhaft den Umbau von Staat und Gesellschaft. Den Befreiungskriegen folgte im ↑Wiener Kongreß mit der Gründung des Dt. Bundes eine Neuordnung Mitteleuropas.

deutsche Geschichte.
Martin Luther

Restauration und Revolution (1815 bis 1949): Mit den Ideen der Restauration, der Grundlage des sozial-konservativen »Systems Metternich«, suchten die monarchisch-konservativ orientierten Politiker des Dt. Bundes der zur Mitbestimmung drängenden bürgerl. Gesellschaft die Stirn zu bieten. Der Gedanke der nat. Einheit und der Ruf nach Verwirklichung des Rechts- und Verfassungsstaats wurden durch die ↑Vormärz wurden durch die Karlsbader Beschlüsse (1819) unterdrückt, erhielten aber durch die französische Julirevolution (1830) neue Impulse. Das Übergreifen der mit der frz. Februarrevolution 1848 einsetzenden Bewegung auf Deutschland in Gestalt der v. a. vom bürgerlichen Mittelstand getragenen Märzrevolution mündete in die ↑Frankfurter Nationalversammlung. Die Ablehnung der Kaiserkrone durch König Friedrich Wilhelm IV. von Preußen bedeutete das Scheitern der bürgerl. Revolution.

Industrialisierung und bürgerliche Nationalbewegung (1850–71): Während v. a. in den süddt. Staaten die Reaktion nur zögernd einsetzte, wurde in der Habsburgermonarchie der Scheinkonstitutionalismus errichtet. In dieser Situation verfassungspolit. Rückschritts gingen entscheidende Änderungsimpulse von der Wirtschaftsentwicklung und dem zw. Preußen und Österreich erneut aufbrechenden dt. Dualismus aus. Die Führung in der dt. Frage beanspruchte auf Grund seines wirtschaftl. und militär. Potentials Preußen, wo das Erstarken des Liberalismus im Kampf um Reorganisation und Kontrolle der preuß. Armee zum preuß. Verfassungskonflikt zw. Krone und Abg.haus führte. Auf dem Höhepunkt der Krise wurde 1862 Bismarck zum Min.-Präs. berufen. Er zielte auf den Bruch des Dt. Bundes und eine Neugründung durch Preußen. Die schleswig-holstein. Frage und der Dt.-Dän. Krieg 1864 führten die beiden dt. Vormächte noch einmal zusammen. Preußens Vorgehen im Konflikt um Schleswig-Holstein (Besetzung Holsteins) und das von Bismarck dem Bundestag vorgelegte Reformprogramm (Neubildung des Bundes ohne Österreich) führten zum Dt. Krieg 1866, zu dessen wichtigsten innerdt. Folgen die Ausschließung Österreichs aus der dt. Politik und die Bildung des Norddt. Bundes gehörten. Eine diplomat. Prestigefrage, die span. Thronkandidatur eines Hohenzollernprinzen, gab im Juli 1870 Anlaß zum Dt.-Frz. Krieg 1870/71, der die kleindt. Reichsbildung durch Beitritt der süddt. Staaten (Kaiserproklamation 18. 1. 1871) vollendete.

Das Kaiserreich (1871–1918): Die Wirtschafts- und Innenpolitik nach 1871 setzte den Weg der liberalen Kompromisse fort. Bismarck regierte mit den liberal-konservativen Mehrheiten im Reichstag und im preuß. Abgeordnetenhaus, ohne von ihnen abhängig zu werden. Die große Depression seit 1873 brachte die organisierten Interessen des Großgrundbesitzes und der Schwerindustrie hinter Bismarcks Kurs der Orientierung auf das konservative Preußen, der Abwehr von Liberalismus und Parlamentarismus und der repressiven Lösung der sozialen Frage (Sozialistengesetz, 1878). Die Folgen dieser Politik konnte auch die konstruktive Sozialpolitik der 1880er Jahre nicht mehr rückgängig machen. Grundlage der Außenpolitik Bismarcks war die Idee des Gleichgewichts der europ. Mächte, wechselseitiger Sicherheit und des Interessenausgleichs; auf dieser Basis ist sein Bündnissystem zu verstehen (Dreikaiserbund 1873 und 1881, Zweibund 1879, Dreibund 1882, Mittelmeerabkommen und Rückversicherungsvertrag 1887).

Dem Tod Kaiser Wilhelms I. folgten die Regierung der 99 Tage Friedrichs III. und die Thronbesteigung Wilhelms II. (1888). Der Sturz Bismarcks (1890) markierte v. a. außenpolitisch das Ende einer Epoche. Die Verfassungskrise der 1890er Jahre, gekennzeichnet durch die Diskussion um das »persönl. Regiment« Wilhelms II., verwies auf jenen unbewältigten gesellschaftl. Wandlungsprozeß, den der Übergang vom Agrar- zum Ind.staat hervorrief. Ein konstruktiver Ansatz zu innerer Entspannung lag anfangs in dem »Neuen Kurs« der Innenpolitik (Fortsetzung staatl. Sozialpolitik zur Lösung der sozialen Frage). Dieser Kurs konnte sich auf Dauer jedoch nicht durchsetzen; während sich in Preußen die konservativen Mehrheiten (Sammlungspolitik J. von Miquels) durchsetzen konnten, mußten im Reich die Kräfte des allg. Wahlrechts (Zentrum, Aufstieg der ↑Sozialdemokratie) berücksichtigt werden. Die Reformansätze des Reichskanzlers T. von Bethmann Hollweg kamen jedoch zu spät. Die weltpolitische Gruppierung wurde seit der Jh.wende v. a. durch die Einbeziehung Großbrit. und Deutschlands (dt.-brit. Flottenrivalität) in zwei gegensätzl. Lager gekennzeichnet: Entente cordiale (später Tripelentente) bzw. Zweibund (der Dreibund wurde durch die stille Teilhaberschaft Italiens an der Tripelentente zur hohlen Form). Die Marokkokrisen 1905 und 1911 zeigten die Isolierung der dt. Diplomatie. Aus der bosn. Annexionskrise (1908/09) und den Balkankriegen entstand (1912/13) die Krisensituation, aus der nach dem Mord von Sarajevo der 1. ↑Weltkrieg (1914–18) ausgelöst wurde. Während die parlamentarische Linke seit 1916 die Beendigung des Krieges verlangte und auf Einlösung des Versprechens verfassungspolitische »Neuorientierung« pochte, sahen die Gruppierungen der Rechten bis in das Zentrum hinein im Anschluß an die halbdiktator. 3. Oberste Heeresleitung (Hindenburg, Ludendorff) die Alternative zum Kurs innerer Reform. Erst 1918 änderte sich die innere Kräfteverteilung in Deutschland. Die Ausweglosigkeit der militär. Lage, verbunden mit den Friedensversprechungen der Vierzehn Punkte des amerikan. Präs. W. Wilson, führte Ende Sept. 1918 zur Bildung einer erstmals aus Parlamentariern bestehenden Regierung unter Prinz Max von Baden, deren Hauptaufgabe die Beendigung des Krieges wurde. Die ↑Novemberrevolution war Ergebnis des Zusammenbruchs und beschleunigte nur in geringem Maß dessen Verlauf. Doch täuschte das Bild einer Revolution: Auf der Grundlage gegenseitiger Absicherung mit der Armee schaltete der Rat der Volksbeauftragten die mit ihm konkurrierende polit. Willensbildung des Systems der Arbeiter-und-Soldaten-Räte aus. In den Wahlen zur Nat.versammlung erhielten die Partner der Weimarer Koalition eine $^{3}/_{4}$-Mehrheit und konnten weitgehend die Kompromißstruktur der Weimarer Reichsverfassung (11. 8. 1919) festlegen.

Deutsche Geschichte. Staatsoberhäupter

Dt. Reich – **Reichspräsidenten**:	
Friedrich Ebert	1919–25
Paul von Hindenburg	1925–34
Adolf Hitler (»Führer und Reichskanzler«)	1934–45
Karl Dönitz	Mai 1945
Dt. Demokrat. Republik	
Wilhelm Pieck (**Präsident**)	1949–60
Vorsitzender des Staatsrats	
Walter Ulbricht	1960–73
Willi Stoph	1973–76
Erich Honecker	1976–89
Egon Krenz	Okt. 1989–Dez. 1989
Manfred Gerlach	Dez. 1989–März 1990
amtierend:	
Sabine Bergmann-Pohl	März 1990 – 2. 10. 1990
BR Deutschland – **Bundespräsidenten**	
Theodor Heuss	1949–59
Heinrich Lübke	1959–69
Gustav Heinemann	1969–74
Walter Scheel	1974–79
Karl Carstens	1979–84
Richard von Weizsäcker	1984–94
Roman Herzog	seit 1994

Die Weimarer Republik (1918–33): Im Ablauf der Geschichte der ersten dt. Republik lassen sich drei Phasen unterscheiden: 1. Die Periode der Rekonstruktion, im Innern geprägt von der Schwäche der die Republik tragenden Parteien und von bürgerkriegsähnl. Angriffen auf die Republik von links (1919–23) und rechts (Kapp-Putsch 1920, Hitlerputsch 1923), begleitet von (ab 1922) galoppierender Inflation, Kapitalmangel und Zerrüttung der Wirtschaft. Außenpolitisch bestimmte v. a. der ↑Versailler Vertrag (28. 6. 1919) die Behandlung des besiegten Deutschland. Das Verhältnis zu Sowjetrußland wurde im Rapallovertrag 1922 bereinigt. 2. Die Periode der Stabilisierung auf der Grundlage der Währungsreform 1923 (Rentenmark) und der Neuordnung der Reparationen entsprechend der wirtschaftlichen Leistungsfähigkeit Deutschlands (Dawesplan 1924). 1925 schuf der Locarnopakt (G. Stresemann) die Basis eines Systems kollektiver Sicherheit. Der als endgültige Regelung der Reparationen gedachte Youngplan 1929 führte dann zur verschärften Aktion des Rechtsradikalismus. 3. Die Periode der Auflösung der Republik 1930–33, gekennzeichnet durch autoritäre, auf das Notverordnungsrecht des Reichs-Präs. gestützte, parlamentarisch zunächst durch SPD und Zentrum tolerierte (H. Brüning), ab 1932 v. a. vom Vertrauen Hindenburgs und durch die

deutsche Geschichte. Inflationsgeld von 1922 (mit späterem Aufdruck)

Unterstützung seitens der Reichswehr und der organisierten Interessen des Großgrundbesitzes getragene Regierungen (F. von Papen und K. von Schleicher). Verlauf und Ergebnis dieser Staats- und Gesellschaftskrise standen vor dem Hintergrund der Weltwirtschaftskrise, die ab 1929 das dt. Wirtschaftsleben lähmte, die Zahl der Arbeitslosen auf über 6 Mio. hinaufschnellen ließ und v. a. die Radikalisierung der polit. Gegensätze vorantrieb. Nach dem Scheitern der Regierung Schleicher wurde A. Hitler am 30. 1. 1933 Chef eines Präsidialkabinetts.

Das Dritte Reich (1933–45): Das Präsidialkabinett Hitler wurde mit Hilfe scheinlegaler Maßnahmen und offener Rechtsbrüche in drei Stufen zur Einparteien- und Führerdiktatur des ↑Nationalsozialismus: 1. enorme Machtsteigerung der Exekutive mit Mitteln des Präsidialregimes: u. a. erneute Auflösung des Reichstags; Einschränkung der Pressefreiheit; endgültige Gleichschaltung Preußens; Ausnahmezustand und Aufhebung der Grundrechte nach dem Reichstagsbrand; Ermächtigungsgesetz vom März 1933 als Legalitätsfassade. 2. Liquidierung des Rechtsstaats: u. a. »Säuberung« des Beamtenapparats und

der Justiz von Demokraten und Deutschen jüd. Abstammung; Zerschlagung der Gewerkschaften, demokrat. Berufsverbände und aller nicht nat.-soz. Parteien. 3. Aufbau des totalitären Staats. Der Reichswehr gelang es zwar, ihr Monopol als Waffenträger gegen die SA durchzusetzen, doch mit dem von ihr gedeckten Vorgehen beim sog. Röhm-Putsch (30. 6. 1934) und mit ihrer Vereidigung auf Hitler verlor sie ihre bisherige polit. Kontroll- und Garantiefunktion. Im Zuge der Krise um Reichswehr-Min. Blomberg und den Oberbefehlshaber des Heeres, Generaloberst Fritsch, erfolgte 1938 die endgültige Gleichschaltung der aus der Reichswehr hervorgegangenen Wehrmacht.

Von Anfang an war die Herrschaft der Nationalsozialisten mit der Verfolgung der Juden verbunden. Diskriminierende Gesetze, die im April 1933 mit dem »Gesetz zur Wiederherstellung des Berufsbeamtentums« begannen, steigerten sich 1935 zu den ↑Nürnberger Gesetzen. Mit der »Arisierung« der Wirtschaft schloß Hitler die Juden aus dem Wirtschaftsleben aus und beraubte viele von ihnen ihres Eigentums. Der schon 1933/34 einsetzende Straßenterror der SA gegen Juden erreichte in der sog. Reichspogromnacht (9./10. 11. 1938) einen vorläufigen Höhepunkt. Die terrorist. Züge des nat.-soz. Regierungssystems steigerten sich im Verlauf des Krieges. Die auf der ↑Wannseekonferenz (1942) beschlossene »Endlösung der Judenfrage« führte zur bestialischen Ermordung großer Teile des europ. Judentums im gesamten von Deutschland beherrschten Bereich in den Vernichtungslagern in Polen. Die Unterdrückungsmethoden gegen die Widerstandsbewegungen in den besetzten Gebieten sowie die Zwangsdeportation von »Fremdarbeitern« ins Dt. Reich verschärften die Grausamkeit des Kriegs. Unter den Eindrücken des Krieges verstärkten sich auch in Deutschland die Proteste gegen den nat.-soz. Totalitarismus (↑Widerstandsbewegung). 1938 und seit 1942/43 standen Militärs im Zentrum konspirativer Planungen zur Beseitigung des Systems (Attentat vom 20. 7. 1944).

Die Rückgewinnung des Saargebietes (1935), die Besetzung der entmilitarisierten Rheinlande (1936) und die Schaffung der Achse Berlin–Rom (1936; förml. Bündnis im Stahlpakt [1939]; Antikominternpakt [1936] mit Japan, 1937 durch Italiens Beitritt erweitert) täuschten im Innern eine erfolgreiche Außenpolitik des Hitlerstaates vor, die (eingeleitet vom Austritt aus dem Völkerbund 1933) im wesentlichen Kriegspolitik war und seit 1935 in unverhüllt aggressive Politik überleitete. Die Einführung der Wehrpflicht (16. 3. 1935), der Anschluß Österreichs (Einmarsch 12. 3. 1938) und die Einverleibung des Sudetenlands, gedeckt durch das ↑Münchner Abkommen vom 29. 9. 1938, gehörten bereits zur unmittelbaren Kriegsvorbereitung (Annexion der Tschechoslowakei 16. 3. 1939). Mit dem trotz brit. Garantieerklärung (31. 3. 1939), aber mit Rückendeckung durch den Deutsch-Sowjetischen Nichtangriffspakt (23. 8. 1939) unternommenen Angriff auf Polen entfesselte Hitler den 2. ↑Weltkrieg.

Der Kriegsausgang (Gesamtkapitulation der deutschen Wehrmacht am 7./8. 5. 1945) besiegelte das Ende des deutschen Nationalstaats in der Form, die er 1867/71 erhalten hatte. Die Ermordung von mindestens 5,5 Mio. Juden, mehr als 20 Mio. Tote in der UdSSR, 4,5 Mio. in Polen, 1,7 Mio. in Jugoslawien, 800 000 in Frankreich, 400 000 in Großbritannien, 7,6 Mio. Tote in Deutschland, mehr als doppelt so viele Flüchtlinge, Verstümmelung und Teilung des Landes waren die Bilanz des NS-Staates.

Die Teilung Deutschlands (1945–49): Gemäß den Vereinbarungen der Konferenz von Jalta (Februar 1945) verkündete die Berliner Viermächteerklärung vom 5. 6. 1945 die »Übernahme der obersten Regierungsgewalt hinsichtlich Deutschlands« durch die USA, die UdSSR, Großbrit. und Frankreich, die Einteilung in vier Besatzungszonen und die Bildung des Alliierten Kontrollrats als oberstes Organ der Regierung Deutschlands durch die vier Siegermächte. Die Grundlinien der alliierten Deutschlandpolitik legte das ↑Potsdamer Abkommen (2. 8. 1945) fest, in dem die USA, die UdSSR und Großbrit. u. a. die Abtrennung der dt. Ostgebiete festlegten. Bestimmend wurde je-

deutsche Geschichte. Hitler begrüßt den Reichspräsidenten von Hindenburg am 31. März 1933 in Potsdam

doch der sich verschärfende Ost-West-Ggs., der in den kalten Krieg mündete und ab 1945 zur Entstehung zweier getrennter sozioökonom. Systeme in der SBZ und in den Westzonen führte. Die Folgen von Flucht und Vertreibung 16,5 Mio. Deutscher aus Osteuropa, v. a. aus den dt. Ostgebieten, warfen weittragende Probleme der Eingliederung, v. a. in die westdt. Gesellschaft, auf. Dem Potsdamer Abkommen gemäß ging die Entnazifizierung – jeglicher Einfluß des Nat.-Soz. sollte ausgeschaltet, aktive Unterstützung des Nat.-Soz. sollte bestraft werden – einher mit der Verurteilung der Hauptkriegsverbrecher während der Nürnberger Prozesse. Außerdem beschlossen die Alliierten demokrat. Reedukationsmaßnahmen. In der SBZ initiierte die sowjetische Militäradministration in Deutschland (SMAD) im Juni/Juli 1945 die Bildung eines Blocksystems mit der Zulassung von vier Parteien (KPD, CDU, LDPD, SPD), denen sich die Gründungen kommunist., christl., liberaler und so-

deutsche Geschichte

deutsche Geschichte. Ein Soldat der Roten Armee hißt die sowjetische Flagge am 2. Mai 1945 auf dem Reichstag in Berlin

zialdemokrat. Parteien in allen Zonen noch 1945 zuordneten, ohne daß es zur Entstehung gesamtdt. Parteiorganisationen gekommen wäre. Im April 1946 erfolgte die Vereinigung von KPD und SPD der SBZ zur Sozialist. Einheitspartei Deutschlands (SED). In den Westzonen entstand ein pluralist. Parteiensystem, in dem die CDU/CSU und SPD dominierten. Nach dem Scheitern des Versuchs, gemeinsame Maßnahmen der Siegermächte zur Bewältigung der dt. Wirtschaftsprobleme zu vereinbaren, schritten die USA und Großbrit. zur wirtschaftl. Vereinigung ihrer Besatzungszonen in Gestalt der Bizone (1. 1. 1947; am 8. 4. 1949 durch Anschluß der frz. Besatzungszone zur Trizone erweitert), der durch Konstituierung eines Wirtschaftsrats (25. 6. 1947), später eines Exekutiv- und eines Länderrats, Elemente der Staatlichkeit verliehen wurden. Auf Gründung und Ausbau der Bizone antwortete die SED im Dezember 1947 mit dem Dt. Volkskongreß für

Einheit und gerechten Frieden, der als verfassunggebende Körperschaft den Dt. Volksrat (März 1948) bildete; mit der Dt. Wirtschaftskommission (14. 6. 1947) war in der SBZ bereits ein zentrales Exekutivorgan geschaffen worden. Das von dem im September 1948 konstituierten Parlamentar. Rat am 8. 5. 1949 verabschiedete, am 12. 5. 1949 von den Militärgouverneuren genehmigte Grundgesetz (GG) für die BR Deutschland wurde am 23. 5. 1949 verkündet. Die östl. Seite zog nach: Die vom Verfassungsausschuß des Dt. Volksrats ausgearbeitete Verfassung der DDR wurde vom 3. Dt. Volkskongreß angenommen (30. 5. 1949) und vom 2. Dt. Volksrat verabschiedet (7. 10. 1949). 1949–90 vollzog sich die d. G. in getrennten Bahnen.

Die Deutsche Demokratische Republik (DDR; 1949–90): Die Einsetzung des Volksrats als Provisor. Volkskammer und die Verabschiedung der Verfassung (7. 10. 1949) sowie die Einsetzung der Regierung Grotewohl bildeten den Abschluß der »antifaschist.-demokrat. Revolution« und leiteten über zur Periode der »sozialist. Revolution«. Die Gesellschaft wurde trotz der bürgerlich-demokrat. Verfassung nach sowjet. Vorbild organisiert. Parteien und Massenorganisationen schlossen sich für die Volkskammerwahlen 1950 zur Nat. Front zusammen, die eine Einheitsliste unter Führung der SED aufstellte. Für den Abschnitt des sozialist. Aufbaus, dem im Mai 1952 mit der Aufstellung nat. Streitkräfte, zunächst als kasernierte Volkspolizei, das entscheidende Machtmittel gegeben wurde, galten im Sinne des sowjet. Grundmodells die Zielpunkte: v. a. vorrangige Entwicklung der Schwer-Ind., Bildung von landwirtsch. Produktionsgenossenschaften, verschärfter Klassenkampf gegen bürgerl. Mittelstand, Intelligenz, Bauern und Kirchen.

Im Zuge der Verwaltungsreform vom 23. 7. 1952 wurden die fünf Länder Sachsen, Sachsen-Anhalt, Thüringen, Brandenburg und Mecklenburg aufgelöst und durch 14 Bezirke ersetzt. Die Politik des sozialist. Aufbaus wurde weder durch den Neuen Kurs (9. 7. 1953) noch durch den Aufstand des Siebzehnten Juni (1953) entscheidend verlangsamt. Ab 1956 beschleunigte die polit. Führung die Sozialisierung des Mittelstandes (Produktionsgenossenschaften des Handwerks, staatl. Beteiligung an Privatbetrieben, Kommanditgesellschaften des Handels) und verstärkte die Eingliederung in den RGW. Die ungünstigen Ausgangsbedingungen (schmale Energie- und Rohstoffbasis, Reparationen, Demontagen), zu hoch gesteckte Planziele v. a. in der Schwer-Ind., die bürokrat. Wirtschaftsordnungspolitik, die einseitige Ausrichtung des Außenhandels auf die »sozialist. Staatengemeinschaft« und politische Faktoren hatten den 1. Fünfjahrplan (1951–55) mit erhebl. Rückständen abschließen lassen und den 2. Fünfjahrplan so belastet, daß er abgebrochen und durch einen Siebenjahrplan (1959–65) ersetzt werden mußte. Mit der 1960 abgeschlossenen »Vollkollektivierung« der Landwirtschaft und der Abriegelung O-Berlins (13. 8. 1961; Bau der Berliner Mauer) – und der DDR gegenüber der BR Deutschland insgesamt – infolge der Massenflucht aus der DDR, sah W. Ulbricht, der 1960 größte Machtfülle erlangt hatte, die Voraussetzungen für den Sieg »der sozialist. Produktionsverhältnisse« gegeben.

Mit der Akzeptierung der Oder-Neiße-Linie im Görlitzer Abkommen (6. 7. 1950), der Mitgliedschaft im RGW (29. 9. 1950) und der Mitbegründung des Warschauer Paktes (14. 5. 1955) gewann die DDR an polit. Gewicht im Rahmen der Ostblockstaaten. Dem entsprach die schrittweise Aufwertung der DDR durch die Sowjetunion: Die sowjet. Kontrollkommission wurde (28. 5. 1953) durch einen Hochkommissar ersetzt, am 25. 3. 1954 und 20. 9. 1955 wurde die Souveränität der DDR von der Sowjetunion anerkannt und am 12. 3. 1957 der Vertrag über die Stationierung der sowjet. Truppen in der DDR unterzeichnet. Gleichzeitig wurde die Zweistaatentheorie formuliert, die die Deutschland- und Außenpolitik der DDR und der osteuropäischen Staaten lange geprägt hat. 1963 begann mit dem Neuen Ökonom. System der Planung und Leitung der Volkswirtschaft (NÖSPL) eine Phase v. a. wirtschaftl. Reformexperimente. In ihr wurde die DDR eine Art Modell für die sozialist. Nachbarländer und stieg zum wirtschaftlich am höchsten entwickelten Land des Ostblocks nach der Sowjetunion auf.

Die im April 1968 durch Volksentscheid genommene neue Verfassung glich mit mehreren Gesetzeswerken einer sozialist. Rechtsreform (1961–68) das bis dahin weitgehend noch bürgerl.-demokrat. Verfassungsrecht der Verfassungswirklichkeit in der DDR an. Parallel zur Eingliederung in das sozialist. Bündnissystem entwickelte die DDR ein System bilateraler »Freundschaftsverträge« (1964 mit der Sowjetunion, 1967 mit Polen, der Tschechoslowakei, Ungarn und Bulgarien), auf deren Grundlage weitere Abkommen über Handel, Verkehr, wiss. und kulturelle Verbindungen geschlossen worden sind. Internat. diplomat. Anerkennung blieb trotz einzelner Erfolge bis zum Ende der 1960er Jahre v. a. wegen der Hallsteindoktrin versagt. Am 3. 5. 1971 übernahm E. Honecker von Ulbricht das Amt des 1. Sekretärs der SED.

Im Zuge der neuen Ostpolitik der BR Deutschland (Dt.-Sowjet. und Dt.-Poln. Vertrag 1970; Berlinabkommen 1971; Grundvertrag 1972) wurde die DDR von fast allen Staaten diplomatisch anerkannt und 1973 zusammen mit der BR Deutschland in die UN aufgenommen. Die von der DDR letztlich auch in Reaktion auf die neue Ostpolitik verstärkt verfolgte Politik der Abgrenzung gegen die BR Deutschland führte seit 1971 zu zahlr. Namensänderungen von Institutionen, bei denen der Bestandteil »deutsch« ersetzt wurde, schließlich zum Verzicht auf den Begriff »dt. Nation« in der geänderten Verfassung von 1974, in der auch die unwiderrufl. Verbindung der DDR mit der Sowjetunion festgestellt war.

Nach Jahren eines ziemlich entspannten Verhältnisses zw. den beiden dt. Staaten verschärfte sich das Klima einige Zeit nach dem sowjet. Einmarsch in Afghanistan im Zusammenhang mit der Entwicklung um die freien Gewerkschaften in Polen seit 1980 erneut. Die Forderung nach voller völkerrechtl. Anerkennung der DDR durch die BR Deutschland wurde wieder verstärkt erhoben. In der Ost-West-Auseinandersetzung um die Stationierung amerikan. Mittelstreckenraketen in Europa (1983) versuchte die DDR-Führung das innerdt. Verhältnis ohne Rücksicht auf den Regierungswechsel in der BR Deutschland intakt zu halten. Zahlr. Rahmen- und Einzelvereinbarungen zeigten die Weiterentwicklung des dt.-dt. Verhältnisses (Kulturabkommen, hohe Kredite an die DDR, Verkauf der S-Bahn an den Senat von Berlin [West]. Ausbau der Straßenverbindung Berlin–Hamburg usw.). Der Staatsbesuch des Staatsratsvors. und SED-Generalsekretärs E. Honecker in der BR Deutschland im Sept. 1987 wurde weithin als endgültige Anerkennung der Eigenstaatlichkeit der DDR gewertet.

Mit dem Ausbleiben von den in der Sowjetunion von M. Gorbatschow vorangetriebenen Reformen und den offensichtlich manipulierten Kommunalwahlen vom Mai 1989 verschlechterte sich das innenpolitische Klima rapide. Politische Drangsalierung, wirtschaftl. Mangel und niedriger Lebensstandard ließen im Sommer 1989 immer mehr DDR-Bürger in den Botschaften der BR Deutschland in Polen, der Tschechoslowakei und Ungarn Zuflucht suchen. Diese Massenflucht und Protestdemonstrationen in zahlr. Großstädten erzeugten einen wachsenden Druck auf die Staats- und Parteiführung, die noch während der mit großem Aufwand begangenen Jubiläumsfeiern aus Anlaß des 40jährigen Bestehens der DDR im Okt. 1989 das Festhalten am hergebrachten Kurs bekräftigt hatte. Am 18. 10. 1989 trat E. Honecker als Staats- und Parteichef zurück, E. Krenz wurde zum neuen Generalsekretär der SED bestimmt und übernahm am 24. 10. auch das Amt des Staatsrats-Vors. (bis 6. 12. 1989). Der anhaltende Druck der Demonstrationen, die weitergehende Fluchtbewegung und das Scheitern eines neuen Reisegesetzes führten schließlich zur Öffnung der Grenzen zur BR Deutschland am 9. 11. 1989.

Die Volkskammer wählte am 13. 11. 1989 den SED-Bezirkschef von Dresden, H. Modrow, zum Nachfolger W. Stophs als Vors. des Min.rats; Modrow führte eine Regierungskoalition aus SED und den bisherigen Blockparteien CDU (bis Jan. 1990), LDPD, NDPD und DBP. Am 1. 12. 1989 strich die Volkskammer die führende Rolle der SED aus der Verfassung der DDR, den im Verlauf des Dez. auf den Montagsdemonstrationen erhobenen Forderungen nach der dt. Einheit suchte die Reg. Modrow mit dem Konzept einer engen Vertragsgemeinschaft zu begegnen. Am 3. 12. 1989 traten das ZK und das Politbüro der SED geschlossen zurück. Auf einem vorgezogenen Sonderparteitag zw. dem 8. und 17. 12. 1989 gab sich die SED ein neues Statut und benannte sich in SED-Partei des Demokrat. Sozialismus (SED-PDS) um (seit Febr. 1990 nur noch PDS). Zur Kontrolle der Regierungsarbeit konstituierten sich am 7. 12. 1989 Vertreter der Oppositionsgruppen (u. a. Neues Forum, Demokrat. Aufbruch, Sozialdemokrat. Partei [SDP]), der Blockparteien und der SED unter der Gesprächsleitung der Kirchen zu einem sog. Runden Tisch. Dieses Gremium bestimmte Volkskammerwahlen für den 6. 5. 1990 (später auf 18. 3. 1990 vorgezogen) und setzte die Auflösung des in Amt für Nat. Sicherheit umbenannten Ministeriums für Staatssicherheit durch. Bei der Volkskammerwahl am 18. 3. 1990 wurde die »Allianz für Deutschland« (CDU, Dt. Soziale Union [DSU], Demokrat. Aufbruch [DA]) überlegener Sieger: Die CDU erreichte 40,8 % und 163 Mandate, die Anfang Febr. in SPD umbenannte SDP 21,9 % (88 Mandate), die PDS 16,4 % (66 Mandate); die Liberalen zogen mit 21 Mandaten, die DSU mit 25 Abg., das Bündnis 90 mit zwölf Abg., die Demokrat. Bauernpartei mit neun Abg., der DA mit vier Abg. und der Demokrat. Frauenbund mit einer Abg. in die Volkskammer ein. Dem Vors. der CDU, L. de Maizière, gelang es, auch die SPD (Austritt aus der Koalition Ende Juli 1990) in eine Koalition aus Liberalen und Allianz für Deutschland einzubinden. Am 12. 4. 1990 wählte die Volkskammer L. de Maizière zum neuen Vors. Die Wirtschafts-, Währungs- und Sozialunion mit der BR Deutschland trat am 1. 7. 1990 in Kraft, am 31. 8. 1990 wurde der Einigungsvertrag unterzeichnet. Nachdem auch die Sowjetunion und die Westalliierten im Zwei-plus-Vier-Vertrag ihr Einverständnis zur Vereinigung der beiden dt.

Staaten gegeben hatten, endete die historische Existenz der DDR mit deren Beitritt zur BR Deutschland am 3. 10. 1990.

Die Bundesrepublik Deutschland (»Bonner Republik«; 1949–89): Nach der Währungsreform (20. 6. 1948), der Verkündigung des im Parlamentarischen Rat erarbeiteten Grundgesetzes (23. 5. 1949) gewann die CDU/CSU die erste Bundestagswahl (14. 8. 1949) und bildete unter K. Adenauer als erstem Bundeskanzler eine kleine Koalition unter Einbeziehung von FDP und der Dt. Partei (DP); am 12. 9. 1949 wurde T. Heuss zum ersten Bundes-Präs. gewählt. Adenauer erstrebte außenpolitisch die feste Integration der BR Deutschland in W-Europa und in das westl. Bündnissystem, um v. a. die volle Souveränität des neuen Staates zu erreichen und gleichzeitig die Sowjetunion zur »Herausgabe« der DDR zu zwingen (»Politik der Stärke«). Etappen der Erlangung der Souveränität waren das Petersberger Abkommen (1949), die Revision des Besatzungsstatus (1951), der Beitritt zur Europ. Gemeinschaft für Kohle und Stahl (Montanunion, 1951/52) sowie die Unterzeichnung des Vertrages über die Europäische Verteidigungsgemeinschaft (EVG) und des Deutschlandvertrags (1952), die die Sowjetunion vergeblich zu verhindern suchte; erst auf Grund der 1955 in Kraft getretenen Pariser Verträge, die u. a. die Mitgliedschaft in der Westeurop. Union und in der NATO vorsahen, erhielt die BR Deutschland die (durch Vorbehaltsrechte der Westmächte eingeschränkte) Souveränität. Der innenpolit. Einfluß Adenauers wurde in der 2. (1953) und 3. (1957, absolute Mehrheit der CDU/CSU) Bundestagswahl entscheidend gegenüber der SPD gestärkt, die sowohl Adenauers Westorientierung als auch die Wiederbewaffnung der BR Deutschland strikt ablehnte. Darüber hinaus führten Verbote der rechtsextremen Sozialist. Reichspartei (SRP, 1952) und der KPD (1956), die Einführung der Fünfprozentklausel (1953) sowie der Mindestanzahl von drei Direktmandaten (1956) als Voraussetzung zum Einzug einer Partei in den Bundestag zur Verringerung des Parteienspektrums und zu einem Dreiparteiensystem (CDU/CSU, SPD, FDP). Wichtigste Ursache der Wahlerfolge der CDU/CSU und der innenpolit. Stabilität war ein durch die Marshallplanhilfe in Gang gesetzter und durch die Währungsre-

Deutsche Geschichte. Kabinette der Bundesrepublik Deutschland			
Kabinette	konstituiert am	Zusammensetzung	Bundeskanzler
1. Kabinett	15. 9. 1949	Koalition CDU, CSU, FDP, DP	K. Adenauer, CDU
2. Kabinett	20. 10. 1953	Koalition CDU, CSU, FDP, DP, GB/BHE, nach Umbildung des Kabinetts am 16. 10. 1956 CDU, CSU, FVP, DP	K. Adenauer, CDU
3. Kabinett	28. 10. 1957	Koalition CDU, CSU, DP, seit 1. 7. 1960 CDU, CSU	K. Adenauer, CDU
4. Kabinett	14. 11. 1961	Koalition CDU, CSU, FDP	K. Adenauer, CDU
5. Kabinett	14. 12. 1962	Koalition CDU, CSU, FDP	K. Adenauer, CDU
6. Kabinett	17. 10. 1963	Koalition CDU, CSU, FDP	L. Erhard, CDU
7. Kabinett	26. 10. 1965	Koalition CDU, CSU, FDP	L. Erhard, CDU
8. Kabinett	1. 12. 1966	Koalition CDU, CSU, SPD	K. G. Kiesinger, CDU
9. Kabinett	21. 10. 1969	Koalition SPD, FDP	W. Brandt, SPD
10. Kabinett	15. 12. 1972	Koalition SPD, FDP	W. Brandt, SPD
11. Kabinett	16. 5. 1974	Koalition SPD, FDP	H. Schmidt, SPD
12. Kabinett	15. 12. 1976	Koalition SPD, FDP	H. Schmidt, SPD
13. Kabinett	5. 11. 1980	Koalition SPD, FDP	H. Schmidt, SPD
14. Kabinett	4. 10. 1982	Koalition CDU, CSU, FDP	H. Kohl, CDU
15. Kabinett	30. 3. 1983	Koalition CDU, CSU, FDP	H. Kohl, CDU
16. Kabinett	11. 3. 1987	Koalition CDU, CSU, FDP	H. Kohl, CDU
17. Kabinett	18. 1. 1991	Koalition CDU, CSU, FDP	H. Kohl, CDU
18. Kabinett	17. 11. 1994	Koalition CDU, CSU, FDP	H. Kohl, CDU

form unterstützter jahrelanger wirtschaftl. Aufschwung, der sich in dem privatkapitalist. Wirtschaftssystem der sozialen Marktwirtschaft entwickelte und in den Jahren des Wiederaufbaus zu einem ungeahnten quantitativen Wachstum (»deutsches Wirtschaftswunder«) und relativem Wohlstand breiter Bevölkerungsschichten führte. Der Wirtschaftsaufschwung der 1950er Jahre erleichterte die soziale Eingliederung der Vertriebenen und Flüchtlinge, die Beseitigung der Kriegsfolgelasten sowie die Rentenreform 1957 und bewirkte, daß sich die SPD in ihrem Godesberger Programm 1959 marktwirtschaftl. Argumenten öffnete.

Außenpolitisch beharrte Adenauer auf dem Alleinvertretungsanspruch der BR Deutschland für Deutschland als Ganzes sowie der Nichtanerkennung der DDR und verhinderte mit Hilfe der Hallsteindoktrin die Aufnahme diplomat. Beziehungen der DDR mit westl. Staaten, blockierte aber gleichzeitig eine Öffnung der BR Deutschland gegenüber östl. Staaten. Die 2. Berlinkrise 1958–61 und der Bau der Berliner Mauer (1961) zeigten das Scheitern dieser Politik auf. Bei der Bundestagswahl 1961 verlor die CDU/CSU ihre absolute Mehrheit, 1963 erzwang die FDP Adenauers Rücktritt. Sein Nachfolger als Bundeskanzler wurde der als Wirtschafts-Min. populäre L. Erhard (CDU), dem jedoch eine Überwindung der innen- und außenpolit. Stagnation nicht gelang und der bereits im Nov. 1966 am Rücktritt der FDP-Min. scheiterte.

Daraufhin kam es zur Bildung einer Großen Koalition aus CDU/CSU und SPD unter K. G. Kiesinger (CDU) als Bundeskanzler und W. Brandt (SPD) als Außenminister. Gegen den Widerstand von ↑außerparlamentarischer Opposition (APO) und FDP verabschiedete die Große Koalition 1968 die Notstandsgesetzgebung und stellte bereits 1966 die Weichen für eine neue, der amerikan. Entspannungspolitik angemessenen Außenpolitik gegenüber Osteuropa (Ostpolitik).

Die Wahl G. Heinemanns zum Bundespräs. mit den Stimmen von SPD und FDP deutete im März 1969 einen »Machtwechsel« an. Die nach der Bundestagswahl vom Sept. 1969 gebildete Koalitionsregierung von SPD und FDP unter W. Brandt als Bundeskanzler (sozialliberale Koalition) stand im Zeichen äußerer und innerer Reformen. Sie überwand die außenpolit. Erstarrung, indem sie gegen den erbitterten Widerstand der CDU/CSU-Opposition auf Alleinvertretungsanspruch und Hallsteindoktrin verzichtete, die Grenzen zu Polen bzw. zwischen der BR Deutschland und der DDR respektierte, worauf ihr 1970 der Abschluß des Deutsch-Sowjet. Vertrags und des Deutsch-Poln. Vertrags sowie das Berlinabkommen gelangen. Darüber hinaus kam es zu intensiveren Kontakten zwischen den beiden dt. Staaten, die schließlich zum 1973 in Kraft getretenen ↑Grundvertrag und daraufhin zur Aufnahme beider Staaten in die UN (Sept. 1973) führten. Im Dez. 1973 wurde der Deutsch-Tschechoslowakische Vertrag unterzeichnet. Die wichtigsten innenpolit. Vorhaben des Programms »Mehr Demokratie wagen« (v. a. Bildungsreform, Mitbestimmungsgesetzgebung) konnten jedoch nur ungenügend vorangebracht werden. Nachdem ein konstruktives Mißtrauensvotum des Bundestags gegen Brandt (27. 4. 1972) gescheitert war, wurde die Bundestagswahl auf Nov. 1972 vorgezogen; die SPD wurde erstmals stärkste Fraktion. Im Mai 1974 trat Brandt zurück, nachdem ein wichtiger Mitarbeiter im Bundeskanzleramt, Günter Guillaume, als Spion entlarvt worden war (Guillaume-Affäre).

Bundeskanzler wurde H. Schmidt, der zus. mit dem neuen Außen-Min. und Vizekanzler H.-D. Genscher eine stärker pragmatisch ausgerichtete Politik verfolgte, und v. a. Wirtschaftskrise, Inflation und Arbeitslosigkeit sowie den Terrorismus nat. und internat. zu bekämpfen suchte. Die Bundestagswahl 1976 gewann die SPD/FDP-Koalition nur knapp, sie bildete aber wiederum eine Koalitionsregierung unter Schmidt, die bei einer deutl. Stärkung der FDP bei der Bundestagswahl von 1980 erneut bestätigt wurde.

Bei den Beratungen über den Bundeshaushalt 1983 brach die sozialliberale Koalition auf Grund der wirtschafts- und sozialpolit. Differenzen auseinander und wurde nach dem Sturz Schmidts durch ein konstruktives Mißtrauensvotum des Bundestags (1. 10. 1982) von einer christl.-liberalen Koalition unter H. Kohl abgelöst, die durch die vorgezogene Bundestagswahl vom 6. 3. 1983 und die Wahl von 1987 bestätigt wurde. Die im Wahlkampf versprochene »geistig-moralische Wende« und der angekündigte wirtschaftliche Aufschwung zeigten sich zunächst nur in bescheidenen Ansätzen, während die Arbeitslosigkeit weiter stieg; zum Abbau der Staatsverschuldung folgten weitere empfindl. Einschnitte im sozialen Bereich. Zur Belastung der Regierung entwickelte sich ab Ende 1983 die †Parteispendenaffäre, die im Juni bzw. Okt. 1984 zum Rücktritt von Wirtschafts-Min. O. Graf Lambsdorff und von Bundestags-Präs. R. Barzel führte. Außenpolitisch betonte die Koalition die Kontinuität der Außen-, Deutschland- und Sicherheitspolitik. Im Nov. 1983 billigte der Bundestag, begleitet von zahlr. Protestkundgebungen der Friedensbewegung, die Stationierung von amerikan. Mittelstreckenraketen in der BR Deutschland. Nach dem Verzicht auf die Stationierung von Pershing-I-A-Raketen in der BR Deutschland wurde der Weg für die im sowjet.-amerikan. Mittelstreckenabkommen (Dez. 1987) erzielte »doppelte Nullösung« freigemacht. Der Besuch des SED-Generalsekretärs E. Honecker 1987 wurde als Impuls für eine Verbesserung der innerdt. Beziehungen gewertet. Im Sommer 1989 wurden die Botschaften der BR Deutschland in Prag, Budapest, Warschau und die Ständige Vertretung in Berlin (Ost) von DDR-Flüchtlingen besetzt, die so ihre Ausreise aus der DDR erzwingen wollten. Die Öffnung der ungar. Grenze zu Österreich führte zu einer Massenflucht in die BR Deutschland; nach Einlenken der DDR-Führung konnten auch die Flüchtlinge aus den Botschaften in Prag und Warschau in die BR Deutschland ausreisen.

Der deutsch-deutsche Einigungsprozeß (1989/90): Mit der Öffnung der Grenzen zw. DDR und BR Deutschland (9. 11. 1989) trat in der öffentl. Diskussion − national und international − die Frage eines einheitl. dt. Staates auch in seiner histor.-polit. Problematik immer stärker in den Vordergrund. Der Min.-Präs. der DDR, H. Modrow, forderte eine Vertragsgemeinschaft als Ziel einer dt.-dt. Zusammenarbeit. Ausgehend von diesen Vorstellungen stellte Bundeskanzler Kohl einen Zehn-Punkte-Plan auf (28. 11. 1989), wonach die dt. Einheit über eine Konföderation erreicht werden sollte. Die aus den ersten freien Wahlen in der DDR (18. 3. 1990) hervorgegangene Regierung einer großen Koalition unter L. de Maizière strebte − in Übereinstimmung mit der Bundesregierung − eine zügige Vereinigung an. In einem Staatsvertrag zwischen der BR Deutschland und der DDR (in Kraft seit 1. 7. 1990) wurde eine Wirtschafts-, Währungs- und Sozialunion vereinbart. Dem zw. den Regierungen der DDR und der BR Deutschland ausgehandelten und am 31. 8. 1990 unterzeichneten Einigungsvertrag stimmte der Bundestag nach heftigen Kontroversen am 20. 9. 1990 zu, so daß der Beitritt zum 3. 10. 1990 erfolgen konnte. Der dt.-dt. Einigungsprozeß wurde begleitet von Verhandlungen der vier Siegermächte und der beiden dt. Staaten (Zwei-plus-Vier-Vertrag), um eine Einbettung in ein europ. Sicherheitskonzept zu erreichen; der Bundestag und die Volkskammer der DDR betonten die Endgültigkeit der poln. Westgrenze.

Das vereinte Deutschland (seit 1990): Die ersten Landtagswahlen in den neuen Bundesländern am 14. 10. 1990 konnte außer in Brandenburg, wo die SPD gewann, die CDU für sich entscheiden. Mit Polen wurde im November 1990 ein Grenzvertrag ausgehandelt, der im Frühjahr 1991 durch einen Vertrag über die Grundlagen der Beziehungen zw. Deutschland und Polen ergänzt wurde. Bei den ersten gesamtdeutschen Bundestagswahlen am 2. 12. 1990 erhielt die CDU/CSU 43,8 %, die SPD 33,5 %, die FDP 11,0 %, die Grünen 3,8 %, das nur in den neuen Bundesländern angetretene Bündnis 90/Grüne 1,2 % und die PDS 2,4 % der Zweitstimmen; Bündnis 90/Grüne (6,0 %) und PDS (11,1 %) überschritten jedoch im (von den alten Bundesländern getrennten) Wahlgebiet der neuen Bundesländer die Fünfprozentklausel und zogen in den Bundestag ein. Mit 398 von 662 Sitzen ausgestattet, konnte die bürgerl. Regierungskoalition von CDU/CSU und FDP fortgesetzt werden. Am 20. 6. 1991 beschloß der Bundestag die Verlegung des Regierungssitzes von Bonn nach Berlin.

Für den neuen vereinigten Staat standen in Folge insbes. die Angleichung der Lebensbedingungen in beiden Teilen Deutschlands, die Bewältigung der ökonom. Probleme in den neuen Bundesländern, die Anpassung der neuen Bundesländer an die föderale Struktur der BR Deutschland (Verabschiedung von Landesverfassungen), die Überwindung der wirtschaftl. Rezession, die Eindämmung des zunehmenden Rechtsextremismus und die in Angriff genommenen gesetzgeber. Reformvorhaben (Vereinheitlichung des Abtreibungsrechts, Einschränkung des Asylrechts, Einrichtung einer Pflegeversicherung, Privatisierung von Dt. Bundesbahn und Dt. Bundespost) im Mittelpunkt der polit. Auseinandersetzungen. Daneben galt es, die sich aus der gewandelten außenpolit. Einschätzung der BR Deutschland ergebenden Fragen, z. B. nach Einsätzen der Bundeswehr im Rahmen von UN-Missionen, rechtlich und politisch zu lösen.

Im Mai 1994 wurde nach dem Ende der zweiten Amtszeit R. von Weizsäckers R. Herzog zum ersten gesamtdt. Bundes-Präs. gewählt. Bei den Bundestagswahlen am 16.10. 1994 konnte die christl.-liberale Regierungskoalition ihre Mandatsmehrheit mit 341 von 672 Sitzen knapp behaupten; die CDU/CSU erhielt 41,5% und die SPD unter Kanzlerkandidat R. Scharping 36,4% der Zweitstimmen, dem Bündnis 90/Die Grünen gelang mit 7,3%, der FDP mit 6,9% und der PDS (auf Grund von vier gewonnenen Direktmandaten) mit 4,4% der Zweitstimmen der Einzug in den Bundestag. Nach der Wahl H. Kohls zum Bundeskanzler am 15.11. 1994 wurde das neue Bundeskabinett, bestehend aus Ministern der CDU, CSU und FDP, am 17.11. 1994 vereidigt.

Deutsche Gesellschaft für Luft- und Raumfahrt e.V., Abk. **DGLR,** 1967 entstandene Fachvereinigung zur Förderung von Großforschungsprojekten auf den Gebieten der Luft- und Raumfahrt und der Weltraumforschung; Sitz Berlin.

Deutsche Gesellschaft zur Rettung Schiffbrüchiger

Deutsche Gesellschaft für technische Zusammenarbeit GmbH, Abk. **GTZ,** 1974 gegr. gemeinnützige bundeseigene Gesellschaft zur Unterstützung der Entwicklungspolitik der dt. Bundesregierung; Sitz: Eschborn (bei Frankfurt am Main). Die GTZ ist weltweit im Rahmen der techn. Zusammenarbeit tätig (Planung und Durchführung von Projekten und Programmen; Beratung anderer Entwicklungsorganisationen; Auswahl, Aus- und Fortbildung von Fachkräften).

Deutsche Gesellschaft zur Rettung Schiffbrüchiger, Abk. **DGzRS,** 1865 gegr. Gesellschaft, alleinige Trägerin des zivilen Seenotrettungsdienstes an der Nord- und Ostseeküste der BR Deutschland; Sitz Bremen.

deutsche Kolonien, die überseeischen Besitzungen des Dt. Reiches, die in der damaligen Berichterstattung als *Schutzgebiete* bezeichnet wurden. Als erste Kolonie entstand *Dt.-Südwestafrika* (1884 zum Schutzgebiet erklärt). Der 1. Gouverneur von *Kamerun* und *Togo* wurde 1885 ernannt (getrennte Verwaltung seit 1891), von *Dt.-Ostafrika* 1891. Weitere Kolonien: *Dt.-Neuguinea* (Kaiser-Wilhelms-Land [Nordostneuguinea] und *Bismarckarchipel*) und die *Marshallinseln* (1885), *Nauru* (1888) sowie die *Marianen, Karolinen, Palauinseln* und ein Teil der *Samoainseln* (1899). *Kiautschou* wurde 1898 für 99 Jahre von China gepachtet. Nach dem 1. Weltkrieg waren die d. K. rechtlich Mandatsgebiete des Völkerbundes, faktisch jedoch Kolonialbesitz der Mandatsmächte Großbritannien, Frankreich, Südafrika, Australien, Japan und Neuseeland.

Deutsche Krebshilfe e. V., auf Initiative von Mildred Scheel (* 1932, † 1985) 1974 gegr., sich v. a. aus Spenden, Erbschaften, Bußgeldern finanzierende Organisation; Sitz Bonn. Neben der Information der Bevölkerung über alle Fragen und Probleme im Zusammenhang mit Krebs unterstützt sie Forschungsprogramme in der Krebsforschung, -früherkennung, -therapie sowie zur Rehabilitation Krebskranker.

deutsche Kunst, Mittelalter: Die Anfänge der d. K. formten sich mit der Ausbildung des Hl. Röm. Reichs unter den Ottonen. Die otton. Kunst löste sich weitgehend von spätantiken Tradi-

deutsche Kunst.
Imad-Madonna (um
1060)

biet die frz. Kathedralgotik aufgegriffen, begleitet von einer Blüte der dt. Glasmalerei (v. a. im 14. Jh.), der auch die Hallenkirchen der Bettelorden Raum gaben (Regensburg, 1248 ff., Erfurt, Freiburg im Breisgau, Colmar, Greifswald). Der Ostseeraum wurde im 13./14 Jh. v. a. von der Backsteingotik geprägt (Lübecker Marienkirche, Stralsund, Doberan, Schwerin, Chorin, Neubrandenburg, Prenzlau, Danzig). Die westfäl. Hallenkirchen nahmen ihren Ausgang in Soest (1331 ff.), die südtl. Baukunst von dem Hallenchor der Heiligkreuzkirche in Schwäbisch Gmünd (H. Parler, 1351 ff.): Landshut (St. Martin, 1387 ff.) und in der 2. Hälfte des 15. Jh. Dinkelsbühl, Nördlingen, München (Frauenkirche). P. Parler schuf die ersten monumentalen Sterngewölbe (Prager Dom). Ein bed. Bauvorhaben stellte (ab Ende des 14. Jh. unter Leitung von U. von Ensingen) das Ulmer Münster dar, ab Anfang des 15. Jh. der Wiener Stephansdom (Flamboyantstil). Städt. Repräsentationsbauten (Patrizierhäuser, Zunft- und Rathäuser, Tore, Türme und Stadtmauern) sind Zeugen aufstrebender Bürgerkultur (Aachen, Braunschweig, Breslau, Lüneburg, Stralsund, Tangermünde, Thorn u. a.). – Die got. Plastik des 13./14. Jh. übernahm die Portalpro-

tionen, führte aber Elemente der ↑karolingischen Kunst weiter und stellt den ersten Höhepunkt der Romanik dar. Der karoling. Kirchentypus der dreischiffigen Basilika, oft mit Doppelchoranlagen und Zweiturmfassade (Westbau) wurde übernommen; eine bed. Neuerung stellte der Stützenwechsel, u. a. Sankt Michael in Hildesheim (1007 ff.), dar. Eine Blütezeit erlebten die Buch- und Wandmalerei (Reichenauer Schule), die Goldschmiedekunst und die Bronzebildnerei (Bernwardin. Kunst). Unter den Saliern entstand der Kaiserdom in Speyer (1030 ff.; Einwölbung [Kreuzgratgewölbe] um 1080 ff.), in der roman. Plastik der Salierzeit finden sich monumentale Tendenzen (Imad-Madonna in Paderborn, um 1060). In der Stauferzeit blieb die Geschlossenheit des Baukörpers bestehen (Wormser Dom, 1171 ff.; Abteikirche Maria Laach, 1093 bis um 1230), das Rippengewölbe wurde 1120/30 aus Frankreich übernommen. Bereits im Übergang von der Romanik zur Gotik steht die spätstauf. Plastik: Figurenzyklen in Straßburg (Südportal und Engelspfeiler, um 1230), Bamberg (Adamspforte, Bamberger Reiter, vor 1237) und Naumburg (Stifterfiguren und Lettner, um 1249 ff.). In der Baukunst setzte die Gotik mit der Marburger Elisabethkirche (um 1235 ff.) ein, an der frz. Frühgotik orientiert. Mit der Trierer Liebfrauenkirche (um 1235 ff.), v. a. aber dem Kölner Dom (1248 ff.) und dem Straßburger Münster (Langhaus 1235 ff.) wurde auch im Reichsge-

deutsche Kunst. Abteikirche Maria Laach (um 1230 vollendet)

deutsche Kunst

deutsche Kunst.
Gottfried Schadow.
Kronprinzessin Luise
von Preußen und ihre
Schwester Friederike
(1795–97)

gramme der frz. Kathedralen (Straßburg, Köln, Regensburg, Freiburg im
Breisgau), das Andachtsbild (z.B. Pieta)
entstand. In der 2. Hälfte des 14.Jh. ver-
lieh P. Parler der Bauskulptur einen
neuen Realismus. Den Übergang zum
15. Jh. bestimmte die internat. Strömung des »Weichen Stils« (Schöne
Madonnen). Das 15.Jh. wurde zu einer
der produktivsten Epochen der dt.
Bildhauerei: N. Gerhaert von Leiden
(Nördlingen, Straßburg, Baden-Baden), G. Erhart, A. Krafft, B. Notke, H.
Backoffen, H. Leinberger. Der spätgot.
Schnitzaltar blühte in S-Deutschland
(H. Multscher, M. Pacher, N. Hagno-
wer, V. Stoß, T. Riemenschneider und
Meister H. L.). In der Malerei hatte in
der 2. Hälfte des 14. Jh. Prag (Meister
Theoderich) bes. Bedeutung, die böhm.
Tafelmalerei wirkte u. a. auf Meister
Bertram in Hamburg. Andere Zentren
waren Köln (S. Lochner) und der Ober-
rhein (K. Witz). In der 2. Hälfte des
15. Jh. machte sich – wie schon bei L.
Moser – niederl. Einfluß bemerkbar:
Meister des Marienlebens (Köln), Haus-
buchmeister, M. Schongauer, H. Pley-
denwurff, M. Wolgemut. M. Pacher
brachte Elemente der italien. Renaissance ein. Einen wichtigen Beitrag lieferte die d. K. mit der Entwicklung der
Druckgraphik (Meister der Spielkarten,
Hausbuchmeister, Meister E. S., M.
Schongauer).

Renaissance: Der Begriff wird für die
d. K. des 16. Jh. mit Vorbehalt gebraucht, da die Kunst auch weiterhin
stark vom got. Stilelementen durchsetzt
blieb und vielfach manieriert. Züge trägt,
z. B. in der profanen Baukunst (Rat-
und Bürgerhäuser). Als einer der rein-
sten Renaissancebauten gilt der Ott-
heinrichsbau (1556–66) des Heidelber-
ger Schlosses, in der Bildhauerkunst das
Sebaldusgrab von P. Vischer d. Ä. in
Nürnberg (1507–19); daneben wirken
A. Pilgram, H. Daucher. Die Maler dieser Zeit gehören zu den schöpferisch-
sten Künstlern der d.K. überhaupt.
Grünewald schuf Altarwerke von visio-
närer Ausdrucksgewalt, die noch stark
aus der got. Vorstellungswelt erwuchsen. Dürer brachte von seinen Italien-
reisen die neuartige Auffassung von
Kunst und Künstlertum mit; von gleichem Rang ist sein malerisches und sein

druckgraph. Werk. Zahlreiche weitere
Künstler sorgten für den künstler.
Reichtum der ersten Jahrzehnte des
16.Jh. (L. Cranach d.Ä., H. Baldung,
H. Holbein d.J. und A. Altdorfer, das
Haupt der sog. Donauschule). Niederl.
und italien. Strömungen sind Grund-
lage der dt. manierist. Malerei an den
Höfen von München (F. Sustris, P.
Candid) und Prag (H. von Aachen, J.
Heintz, B. Spranger) sowie auch der im
Übergang von Manierismus zum Früh-
barock stehenden Plastik (H. Gerhard,
H. Reichle, J. Zürn und L. Münster-
mann).

Barock: Ansätze dt. Barockkunst im
frühen 17.Jh. in der Architektur durch
E. Holl (Augsburger Rathaus, 1615 bis
20), in der Plastik durch G. Petel, in der
Malerei durch A. Elsheimer in Rom
(Landschaften), J. Liss, J. H. Schönfeld
(Figurenbild), G. Flegel (Stilleben),
wurden durch den Dreißigjährigen
Krieg unterbrochen. Die Bauten der
österreichischen Baumeister J. B. Fischer von Erlach (Karlskirche in Wien,
1716–22), J. L. von Hildebrandt (Oberes Belvedere in Wien, 1721–23), J.
Prandtauer (Stift Melk, 1702 ff.) sowie
A. Schlüters Berliner Schloß (1698 ff.)
entstanden in Auseinandersetzungen
mit dem röm. Hochbarock. C. und K. I.
Dientzenhofer prägten das barocke

deutsche Kunst.
Johann Joachim
Kändler. »Schäferin«
(Porzellan, 1745)

Stadtbild Prags (Sankt Nikolaus auf der Kleinseite, 1703 ff.), die Brüder Asam erbauten Weltenburg (1716–18), J. Dientzenhofer errichtete für Fürstbischof L. F. von Schönborn Pommersfelden und die Klosterkirche in Banz (1710–19). B. Neumann fand unübertroffene Lösungen in der Durchdringung von Lang- und Zentralbau (Vierzehnheiligen, 1743 ff., Neresheim, 1750 ff.), einen Höhepunkt der Raumgestaltung stellt auch sein Treppenhaus in der Würzburger Residenz dar. Bed. auch J. M. Fischer (Zwiefalten, 1739 ff., Ottobeuren, 1748 ff.). Dem Rokoko (v. a. Innenausstattung) zuzurechnen sind das von G. W. von Knobelsdorff 1745–47 errichtete Schloß Sanssouci bei Potsdam, die Wieskirche von D. Zimmermann (1745 ff.), die Münchner Amalienburg von F. Cuvilliés d. Ä. (1734–39). Die barocken Bauwerke verbanden sich mit Plastik und Malerei zu grandiosen Gesamtkunstwerken (Dresdner Zwinger von D. Pöppelmann, 1711 ff., plastischer Schmuck von B. Permoser). Einige Baumeister waren auch selbst als Bildhauer tätig (z. B. A. Schlüter), im südt. Raum widmete sich eine Fülle von Talenten dem Stuckdekor (J. B. Zimmermann, E. Q. Asam, P. Egell, J. M. Feuchtmayer, J. B. Straub, I. Günther), der Deckenmalerei (u. a. J. M. Rottmayr, F. A. Maulpertsch, C. D. Asam, J. Zick, J. B. Zimmermann, G. B. Tiepolo [Treppenhaus der Würzburger Residenz, 1715–53]) und der Ausstattung der Gebäude (J. J. Kändler). Neben dem Rokoko werden früh klassizistische Strömungen deutlich (G. R. Donner, Wien, Neumarktbrunnen, 1737 ff.; A. R. Mengs, »Parnaß«, Rom, Villa Albani, 1760/61).

19. Jahrhundert: F. W. von Erdmannsdorff, sein Schüler F. Gilly (Entwürfe), C. G. Langhans (Brandenburger Tor, 1788 ff.) bereiteten in Berlin den Klassizismus vor. In München wirkte L. von Klenze, in Karlsruhe F. Weinbrenner; K. F. Schinkel verwendete in Berlin beliebig klassizist. oder got. Formverkleidungen für seine Bauten, er vertrat damit den sog. Historismus, der für das weitere 19. Jh. charakterist. blieb. Die Plastik beschränkte sich auf Porträtbüsten, Grab- und Denkmäler (G. von

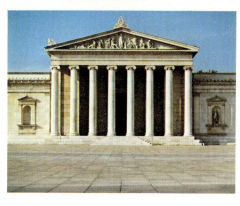

deutsche Kunst. Leo von Klenze, Glyptothek in München (1816–30)

Schadow, C. D. Rauch, A. von Hildebrand). Für die klassizistischen Maler (Deutschrömer, Nazarener) wurde Rom Ausbildungs- und Wirkungszentrum. Die Malerei im Umkreis von C. D. Friedrich und P. O. Runge wurde durch ein von der literar. Romantik beeinflußtes Naturgefühl getragen. Bei M. von Schwind zeigte sich Romantik märchenhaft, bei L. Richter und C. Spitzweg biedermeierlich. In der Mitte des Jh. setzen realist. Auffassungen ein (A. von Menzel, W. Leibl, H. Thoma). Idealist. und symbolist. Tendenzen überwogen bei A. Böcklin, A. Feuerbach, H. von Marées. Der Realismus mündet gegen das Jahrhundertende in einen dt. Impressionismus (M. Slevogt, M. Liebermann und L. Corinth).

20. Jahrhundert: Jugendstilarchitekten wie P. Behrens, J. M. Olbrich, Josef Hoffmann (*1870, †1956), Bernhard Pankok (*1872, †1943), R. Riemerschmid und der in Deutschland arbeitende Belgier H. C. van de Velde schufen durch ihre funktionale Auffassung die Voraussetzung für die dt. Werkbundausstellungen: 1914 in Köln (B. Taut) und 1927 in Stuttgart die Weißenhofsiedlung vom ↑Bauhaus, mit dessen Ideen die dt. Architektur internat. Bedeutung errang (W. Gropius). Den Anschluß an den internat. Standard fand die dt. Architektur erst wieder mit H. Scharoun (Berliner Philharmonie, 1960–63), G. Böhm, Frei Otto (*1925) und G. Behnisch. Die dt. Malerei vollzog zu Beginn des Jh. mit dem Expres-

deutsche Kunst. Georg Kolbe. »Tänzerin« (1912)

deutsche Kunst

Deutsche Lebens-Rettungs-Gesell-schaft e. V.

sionismus eine entscheidende Wendung, getragen von der »Brücke« (E. L. Kirchner, E. Heckel, K. Schmidt-Rott-luff, M. Pechstein, Otto Mueller [* 1874, † 1930], E. Nolde), auch dem »Blauen Reiter« (F. Marc, W. Kandinsky und G. Münter). Kandinsky vollzog den Schritt zur abstrakten Kunst (um 1910). Die expressionist. Bildhauerei vertreten E. Barlach, K. Kollwitz, W. Lehmbruck oder G. Kolbe. Nach dem 1. Weltkrieg entfalteten sich künstler. Protestbewegungen (Dadaismus) und gesellschafts- und sozialkrit. Kunst (Neue Sachlichkeit); im Kontakt mit internat. Entwicklungen (Konstruktivismus, De Stijl) entstand die strenge Formwelt des Bauhauses (Kandinsky, L. Feininger, O. Schlemmer, P. Klee). Dt. Surrealisten (u. a. M. Ernst) wirkten v. a. in Paris. Nur wenige Künstler (z. B. Arno Breker [* 1900, † 1991]) sahen sich im Dritten Reich in ihren Möglichkeiten nicht beengt; viele der verfemten Künstler (»entartete Kunst«) und Architekten mußten emigrieren. Nach 1945 wurde in der BR Deutschland die abstrakte Kunst wieder aufgenommen (W. Baumeister), wobei internat. Kontakte Einfluß gewannen (H. Hartung, Wols, Karl Fred Dahmen [* 1917, † 1981], Gerhard Hoehme [* 1920], Karl Otto Götz [* 1914]). Neben der figürl. Plastik (Emil Cimiotti [* 1927], Gustav Seitz [* 1906, † 1969]) suchten konstruktivist. Ansätze Raum, Umraum und Zeit zu definieren (O. H. Hajek, Erich Hauser [* 1930], Norbert Kricke [* 1922,

deutsche Kunst.
Horst Antes. Figur auf Steinwellen (1969)

† 1984]), auch mit kinet. Mitteln wie Bewegung, Licht, Wasser (Heinz Mack [* 1931]). Plakative (H. Antes) und neokonstruktivist. Malerei (Karl Georg Pfahler [* 1926], G. Fruhtrunk), Objektkunst (Horst Egon Kalinowski [* 1924]; Gotthard Graubner [* 1930]) und von amerikan. Pop-art und Photorealismus beeinflußter Neuer Realismus (Konrad Klapheck [* 1935], M. Lüpertz) entwickelten sich neben- und nacheinander, in die 1960er Jahre reichten auch Konzept- und Aktionskunst zurück, deren bekannteste dt. Vertreter J. Beuys, Jochen Gerz (* 1940) und Sigmar Polke (* 1942) sind. Ende der 1970er Jahre traten die ↑Neuen Wilden in Erscheinung. Auf dem Gebiet der Graphik sind u. a. HAP Grieshaber, J. Grützke, H. Antes, H. Janssen, K. Staeck und J. Immendorff von Bedeutung.

Die Kunst der DDR stand unter der Parteirichtlinie des ↑sozialistischen Realismus, was dazu führte, daß bed. Vertreter der abstrakten Kunst und eines krit. Realismus (u. a. Hermann Glöckner [* 1889, † 1979], Oskar Nerlinger [* 1893, † 1969], Hans Theo Richter [* 1902, † 1964] und Willy Wolff [* 1905, † 1985]) als verfemte »Formalisten« in Vergessenheit gerieten. Zu der Generation, die zunächst den ↑Bitterfelder Weg einschlugen, um sich dann auch kritisch mit der Doktrin des sozialist. Realismus im Sinne einer Lockerung auseinanderzusetzen, gehörten B. Heisig, W. Mattheuer, W. Sitte und W. Tübke. Demgegenüber führten die im Westen nicht unbekannten Künstler wie Gerhard Altenbourg (* 1926), Gerhard Kettner (* 1928, † 1993) und Carl-friedrich Claus (* 1930) ein in der DDR kaum registriertes Außenseiterdasein; ihre vom sozialist. Realismus unberührten (teilweise experimentellen) Werke entstanden ebenso wie die Bilder von A. R. Penck, Peter Graf (* 1937), Peter Herrmann (* 1937), Jürgen Böttcher (* 1931, veröffentlichte unter dem Pseudonym Strawalde) sowie Arno Rink (* 1940), Sighard Gille (* 1941), Wolfgang Peuker (* 1945) und Volker Stelzmann (* 1940) in Auseinandersetzung mit den Entwicklungen der zeitgenöss. Kunst im Westen. Neben dem im Ausland recht bekannten G. Baselitz verließen 1983 Helge Leiberg (* 1954) und Ralf Kerbach (* 1956) sowie 1984 Cornelia Schleime (* 1953; Pseudonym C. M. P.) die DDR.

Deutsche Lebens-Rettungs-Gesellschaft e. V., Abk. **DLRG,** gemeinnützige Einrichtung mit freiwilligen Helfern; Aufgaben: Schaffung und Förderung aller Möglichkeiten zur Bekämpfung des Todes durch Ertrinken (Ausbildung von Rettungsschwimmern, Rettungswachtdienst), auch Natur- und Umweltschutz; Sitz: Essen.

deutsche Literatur, in der Frühzeit der dt. Literaturgeschichte alles in dt. Sprache Geschriebene, heute die lyr., ep. und dramat. Gattungen.

Frühes Mittelalter (750–1150): Der Verfall der Laienschulen in der Zeit der letzten Merowinger führte zum Bildungsmonopol der röm. Kirche; die Autoren der folgenden Epoche waren v. a. Mönche, Literatursprache das Lateinische; Schriften in ahd. Sprache entstanden als Hilfen für die Beschäftigung mit der antiken Literatur (Glossare) und als Versuche, christl. Gedankengut zu vermitteln (»Wessobrunner Gebet«, 770/90; »Muspilli«, Anfang des 9. Jh.; in altsächs. Sprache das Leseepos »Heliand«, um 830). Nur das »Ältere Hildebrandslied« (810/820) ist noch weitgehend unberührt vom neuen Glauben. Erst im 11. Jh. setzte die Überlieferung von volkssprachl. Dichtung wieder ein: neben dem frühmhd. »Ezzolied« sind v. a. die (bibl.) Verslegenden zu nennen, so das »Leben Jesu« der Frau Ava (der ältesten namentlich bekannten Dichterin dt. Sprache) und das »Annolied«. Den Abschluß dieser Epoche bilden größere Geschichtsdichtungen, durch die sich ein Umschwung in der dt. Literaturgeschichte anbahnt: Neben der »Kaiserchronik« (vollendet um 1150) tauchen mit dem Rolandslied (um 1170) des Pfaffen Konrad und dem »Alexanderlied« (um 1150) des Pfaffen Gumbrecht zum ersten Mal Werke auf, die frz. Vorbildern folgten.

Hohes Mittelalter (1170–1250/1300): Sozialer Aufstieg und internationale Kommunikation durch die Kreuzzüge (ab 1096) ermöglichten dem Ritterstand Emanzipation von kirchl. Vorherrschaft und v. a. die Ausbildung einer eigenen ritterl. Kultur. In diesem Sinne wurden auch altgerman. Stoffe umge-

deutsche Literatur. Die Ermordung Siegfrieds, Illustration einer Szene aus dem Nibelungenlied in einer Bilderhandschrift des 15. Jh. (Berlin, Staatsbibliothek Preußischer Kulturbesitz)

dichtet (»Nibelungenlied«, um 1200), die ebenso wie die Epen von Hartmann von Aue (»Iwein«, 1200), Wolfram von Eschenbach (»Parzival«, 1200/10) und Gottfried von Straßburg (»Tristan und Isolt«, um 1210) in möglichst dialektfreier Sprache verfaßt wurden. War die Minne in der mhd. Epik wesentliches Thema, so wird sie für die Lyrik zum namengebenden Zentrum. Unter dem Einfluß der provenzalischen Troubadourdichtung entwickelte sich der hohe Minnesang, dessen Repräsentanten v. a. Hartmann von Aue, Heinrich von Morungen und Reinmar der Alte waren. Höhepunkt war die Lyrik Walthers von der Vogelweide, der neben Lied (Wechsel, Tagelied, Kreuzlied) und Leich die

polit. Spruchdichtung weiterentwik-
kelte. Schon Walthers Wendung zur
niederen Minne kann ebenso wie die
Parodien Neidharts (von Reuental) als
Hinweis auf den beginnenden Niedergang der ritterl. Idealkultur gedeutet
werden. Freidank, der Stricker und
Wernher der Gartenaere befaßten sich
in ihren Dichtungen auch mit den
nichtadligen Ständen.

Spätes Mittelalter (1300–1500): In dieser Zeit wurden sowohl höf. Traditionen weitergeführt als auch neue Formen
weltl. und geistl. Literatur entwickelt.
In der Nachfolge der höf. Epik reicht die
Palette von Minneallegorien bis hin zu
Abenteuerkompilationen (u. a. Ulrich
Füetrers »Buch der Abenteuer«, zw.
1473 und 1478); gleichzeitig erschien
der erste Druck mhd. Epen (»Parzival«
und »Jüngerer Titurel«, 1477); die
Handschrift des »Ambraser Helden-
buchs« enthält zehn wichtige mhd.
Werke. Die didakt. Tendenz der Lyrik
führte auf den Meistersang hin (1450
soll die erste Singschule in Augsburg
gegr. worden sein); daneben standen die
Werke des letzten deutschsprachigen
Minnesängers Oswald von Wolken-
stein. Bed. sind v. a. auch die ersten vollständigen Bibelübersetzungen in Prosa
Ende des 14. Jh. Als erste Form des
weltl. Dramas in Deutschland entstanden die (satir.) Fastnachtsspiele (Hans
Folz, Hans Rosenplüt). Die myst. Literatur (Eckhart, Seuse, Tauler), berei-
cherte mit ihren Sprachschöpfungen die
dt. Literatursprache. Als Höhepunkt der
spätmittelalterl. Prosa gilt das Streitgespräch des Ackermanns mit dem Tod
(»Der Ackermann aus Böhmen«, um
1400).

**Renaissance, Humanismus und Refor-
mation (1470–1600):** Neben der neulat.
Gelehrtendichtung der Humanisten
(Celtis, Frischlin, Reuchlin) entwik-
kelte sich die volkstüml. Literatur
(S. Brant, Volksbücher wie »Till Eulenspiegel«, 1515, und »Historia von D. Johann Fausten«, 1587) lebhaft. Hans
Sachs verschmolz mittelalterl. Fastnachtsspiel und Humanistendrama zum
Meistersingerdrama. U. von Hutten,
T. Murner und der Satiriker J. Fischart
waren Vertreter eines agitatorisch-kir-
chenpolit. Elements. Luthers dialekt-
ausgleichende Bibelübersetzung (1522

bis 1533) wurde grundlegend für die
neuhochdt. Kunstprosa.

Barock (1600–1700): Den entscheidenden Beginn der dt. Barockliteratur markieren zahlr. Poetiken; die der gleichbe-
rechtigten Stellung der dt. Literatur im
Rahmen der europ. Literatur gelten:
nach dem »Buch von der dt. Poeterey«
(1624) von M. Opitz folgten zahlr. weitere poetolog. Werke, u. a. von Ph. von
Zesen (1640), G. Ph. Harsdörffer
(1647–53) und D. G. Morhof (1682);
die Poetiken enthalten v. a. normative
Bestimmungen für die Unterscheidung
der verschiedenen literar. Gattungen. –
Das wirkungskräftigste Literaturwerk
des 17. Jh. schuf J. Ch. Grimmelshau-
sen mit seinem Roman »Der Abenteu-
erl. Simplicissimus Teutsch« (1669);
weitere Vertreter des *Romans* sind:
J. Beer, Ch. Weise, Ch. Reutter, D. C.
von Lohenstein sowie Heinrich Anselm
von Zigler und Kliphausen (* 1663,
† 1696; »Die Asiatische Banise ...«,
1689). Exponent des *Dramas* ist A. Gryphius: er gab nicht nur Anstöße für das
dt. Trauerspiel (u. a. »Leo Armenius«,
1650), sondern begründete mit seinen
»Scherz- und Schimpfspielen« v. a. das
dt. Lustspiel (u. a. »Horribilicribifax«,
1663); weitere Vertreter des Dramas:
D. C. von Lohenstein, Ch. Reuter (satir. Komödien) und Ch. Weise (didakt.
Komödien). Die *Lyrik* lebte v. a. durch
das geistl. Lied (M. Opitz, S. Dach,
P. Fleming, J. von Rist, P. Gerhardt,
A. Gryphius); das weltl. Lied hatte seine
Zentren in Leipzig und Königsberg
(S. Dach); Gryphius und Fleming fanden darüber hinaus im Sonett die Ideal-
form der antithet. Aussage; weitere Ver-
treter der Lyrik: Angelus Silesius, F. von
Logau, F. Spee von Langenfeld sowie
Ch. Hofman von Hofmannswaldau.

18. Jahrhundert: Die vielfältigen, auch
kontroversen (literar.) Tendenzen des
Jh. der Aufklärung zielen auf die Entwicklung eines Kulturbegriffs, der die
Bildung der Menschheit zur Humanität
ins Zentrum rückt. Die gemeinsamen
Bemühungen um die Entwicklung einer
lebendigen Literatur(sprache) ging in
eins mit dem Versuch, das Poetische
vom Moralischen zu befreien, dies mit
der Perspektive der Autonomisierung
der Kunst (die schließlich bei den Ro-
mantikern zum Programm wurde). Ent-

scheidend für diese Entwicklung waren (um die Mitte des Jh.) F. G. Klopstock, Lessing und Ch. M. Wieland sowie J. G. Hamann, J. G. Herder und G. Ch. Lichtenberg. Zuvor wirkte J. Ch. Gottsched als Protagonist einer dt. Poetik sowie einer Theaterreform, die (gegen die Verwahrlosung der zeitgenöss. Wanderbühnen) ein literar. Sprechtheater mit Berufsschauspielern zu fördern versuchte, dies eingebunden in ein literatur- und bildungspolit. Programm einer Sprachreform (die Fehde mit den schweizer. Theoretikern J. J. Bodmer und J. J. Breitinger ist heute nur noch von histor. Bedeutung). Die Bemühungen um ein nat. Theater im Dienst der »Erziehung des Menschengeschlechts« fanden ihren Höhepunkt in den Dramen sowie den dramaturg. Schriften Lessings (u. a. »Hamburgische Dramaturgie«, 1767–69). Während F. G. Klopstock u. a. in seinem Epos »Der Messias« (1748–73) sowie v. a. in seiner Odendichtung die Ausdrucksfähigkeit der dt. Sprache zu bisher ungekanntem Niveau führte, kultivierte C. F. Gellert die lyr. Fabel bzw. Erzählung und J. E. Schlegel in Berufung auf Shakespeare das Lustspiel. Im Werk von C. M. Wieland wurde der Roman zur zentralen Gattung: die »Geschichte des Agathon« (2 Bde., 1766/67) steht am Beginn des dt. Bildungsromans; Wieland eröffnete auch mit seiner Prosaübersetzung von 22 Shakespeare-Stücken die Geschichte der dt. Shakespeare-Rezeption. Mit und neben Wieland begann der Aufstieg des dt. Romans; weitere Vertreter: M. A. von Thümmel, F. Nicolai (satir. Roman), J. Wezel, J. K. A. Musäus, J. T. Hermes (humorist. Roman) sowie Sophie von La Roche. In der ersten dt. romantheoret. Abhandlung definierte Christian Friedrich von Blankenburg (* 1744, † 1796) den Roman als die ep. Form der Moderne, die die »innere« Geschichte eines Menschen in seiner individuellen Besonderheit beschreibt. – Die Bewegung des sog. ↑Sturm und Drang bedeutet nicht das Ende der Ideen der Aufklärung, sondern eine Erweiterung um neue Formen und Stoffe. **Zeit der Klassik und Romantik:** Als Weimarer Klassik wird die Zeit der Wirkungsgemeinschaft Schillers und Goethes 1794–1805 bezeichnet. Auf

Darstellung des Allgemeinen durch Herausarbeitung des Typischen in der Erscheinung des Einzelnen zielen die klass. Dramen Goethes (»Iphigenie auf Tauris«, 1787; »Torquato Tasso«, 1790; »Faust I«, 1808) wie auch die Ideendramen Schillers (»Wallenstein«-Trilogie, 1800; »Maria Stuart«, 1801; »Wilhelm Tell«, 1804). Keinen Erfolg zu Lebzeiten hatte H. von Kleist mit seinen Erzählungen (»Michael Kohlhaas«, gedr. 1810) und Dramen (»Der zerbrochene Krug«, Buchausgabe 1811; »Prinz Friedrich von Homburg«, gedr. 1821). Den hohen Anspruch der Dichtung als Einheit von Religion, Kunst, Wissenschaft und Philosophie versuchte F. Hölderlin in seinem lyr. Roman »Hyperion« (1797–99) und seinen Oden, Elegien und Hymnen zu erfüllen. Jean Paul leitet in seinem umfangreichen Prosawerk eine Erzählweise ein, die, in der Tradition des humorist. engl. Romans stehend, als experimentell bezeichnet werden kann. Wesentlich für das Verständnis der in sich uneinheitl. ↑Romantik ist die Unterscheidung zw. einer kosmopolit., kulturrevolutionären (Früh)romantik und der Spätphase der Romantik, in der sich eine Wende zum Nationalismus vollzog. In der Frühromantik wird das alle Kunstgattungen zusammenfassende Gesamtkunstwerk angestrebt (L. Tieck, Novalis und F. von Schlegel). Werke der Weltliteratur werden übersetzt (A. W. von Schlegel, L. Tieck). Das Außergewöhnliche der Künstlerexistenz (L. Tieck, Novalis und Wackenroder) ist, ebenso wie das Interesse an »Gespenstern«, an den Dimensionen des Unbewußten, Dämonischen und Magischen (E. T. A. Hoffmann, L. Tieck, Bonaventura, Z. Werner), ein vielbehandeltes Thema. – Das Sammeln von Volksliedern, Märchen, Sagen, Mythen und »Volksbüchern« (A. von Arnim, C. Brentano, J. und W. Grimm, J. von Görres) wurde später nationalistisch zu kollektiven Schöpfungen eines »unverdorbenen Volksgeistes« verklärt (J. Grimm, J. von Görres). **19. Jahrhundert:** Die erste Hälfte des 19. Jh. ist durch Strömungen (unterschiedl. Ranges) gekennzeichnet, die in der Literaturgeschichtsschreibung mit den verschiedensten Bezeichnungen belegt worden sind (u. a. ↑Biedermeier,

↑Junges Deutschland). Das Werk H. Heines sowie die Dramen G. Büchners und F. Hebbels entziehen sich jedoch jegl. Einordnung in eine literarhistor. Rubrik. Nach 1848 wurde der literar. Realismus zur bestimmenden Stilrichtung mit erhebl. Wirkungsgeschichte für die Prosa in Roman und Novelle; neben A. Stifter, C. F. Meyer und J. Gotthelf sind als herausragende Vertreter des deutschsprachigen Realismus v. a. T. Fontane, G. Keller, W. Raabe und T. Storm zu nennen. Der dt. Naturalismus artikuliert sich in den letzten zwei Jahrz. des 19. Jh. v. a. in der Dramatik (Hauptvertreter: G. Hauptmann; ferner A. Holz, J. Schlaf, M. Halbe, H. Sudermann, H. Bahr).

Von der Jahrhundertwende bis 1945: Die Literatur der Jahrhundertwende (Fin de Siècle) wird von Schriftstellern getragen, die weit ins 20. Jahrhundert wirken: H. von Hofmannsthal, A. Schnitzler, R. M. Rilke, S. George, R. Dehmel, F. Wedekind sowie T. und H. Mann (↑Dekadenz, ↑Impressionismus, ↑Symbolismus). Um 1910 entstand die kurze und stürmische Bewegung des ↑Expressionismus sowie des Dadaismus (↑Dada). Mit den Romanen von F. Kafka, R. Musil, T. Mann, H. Broch, H. H. Jahnn und A. Döblin entstanden in den Ländern der deutschsprachigen Literatur Werke, die, ebenso wie die Dramen B. Brechts, heute längst als Klassiker der Moderne in die Literaturgeschichte eingegangen sind. – In den Jahren des *Dritten Reiches* ist die Tradition einer die Staatsgrenzen überschreitenden deutschsprachigen Kulturnation zerstört worden. Die Geschichte der deutschsprachigen Literatur war in den Jahren 1933–45 im wesentlichen eine Geschichte der ↑Exilliteratur. Insgesamt gingen schätzungsweise 1 500 Schriftsteller in die Emigration, viele wurden von den Faschisten getötet (E. Mühsam, C. von Ossietzky, Jura Soyfer [* 1912, † 1939], Adam Kuckhoff [* 1887, † 1943]) oder begingen auf der Flucht Selbstmord (W. Hasenclever, E. Toller). Zu den Schriftstellern, die den Weg zur sog. inneren Emigration wählten, gehören u. a. Reinhold Schneider, M. Fleißer, W. Bergengruen, E. Langgässer, O. Loerke, R. Hagelstange und H. Fallada.

1945 bis zur Gegenwart: Mit der Gründung zweier dt. Staaten (1949) schlug die Geschichte der dt. Literatur zwei (vorübergehend) getrennte Wege ein. Die gezielte Kulturpolitik in der DDR schuf eine liter. Landschaft, die für längere Zeit von der internat. Moderne abgeschottet war. Demgegenüber vollzog sich die literar. Entwicklung in der (alten) BR Deutschland, in Österreich und in der deutschsprachigen Schweiz in Auseinandersetzung mit den literar. Strömungen des Auslands weitgehend aufeinander bezogen (↑österreichische Literatur, ↑schweizerische Literatur). Während die Autoren der Exilliteratur (T. Mann, A. Döblin, B. Brecht, L. Feuchtwanger, H. Hesse, K. Mann, Ö. von Horváth, C. Zuckmayer) zunächst nur teilweise rezipiert wurden, bezog sich das unmittelbare Nachholbedürfnis bes. auf die Vertreter der englischsprachigen und frz. Literatur. Relativ spät bekannt wurden die Werke deutschsprachiger Schriftsteller aus dem Ausland (u. a. N. Sachs, ab 1940 in Stockholm; E. Canetti, seit 1938 in London; P. Celan, ab 1948 in Paris). Die Entwicklung der deutschsprachigen Gegenwartsliteratur in den westl. Ländern (die meisten Autoren der Generation, die nach 1945 mit ihren Werken an die Öffentlichkeit traten, sammelten sich in der ↑Gruppe 47. Das Lebenswerk von Schriftstellern wie U. Johnson (bis 1959 in der DDR), W. Koeppen, H. Böll, G. Grass, S. Lenz, W. Hildesheimer, P. Weiss, Arno Schmidt, G. Benn, P. Celan, R. Ausländer, Hilde Domin, M. Walser, P. Härtling, H. M. Enzensberger, Ror Wolf, P. Rühmkorf, B. Kronauer, A. Kluge, E. Henscheid, R. Hochhuth, B. Strauß, T. Dorst, F. X. Kroetz, H. Achternbusch oder R. Goetz prägte die literar. Produktion in der BR Deutschland. Wesentliche Impulse der Literatur- und Kulturkritik gingen u. a. von A. Kantorowicz (bis 1957 in der DDR), E. Bloch (bis 1961 in der DDR), den Autoren der ↑Frankfurter Schule und Hans Mayer (bis 1961 in der DDR) aus.

Die Geschichte der DDR-Literatur beginnt mit der Rückkehr zahlr. Emigranten (u. a. B. Brecht, A. Seghers, W. Herzfelde, S. Heym, F. Wolf, A. Zweig, L. Renn, W. Bredel, J. R. Becher) und erfuhr mit der Ausbürgerung W. Biermanns (1976) sowie mit der weiteren Ausbürgerung und Emigration von gut über 100 Schriftstellern einen tiefen Einschnitt. Zu den Exponenten der Generation, die (u. a. über den ↑Bitterfelder Weg) eine Literatur des »anderen Deutschland« schaffen wollten, gehören neben C. Wolf, Heiner Müller u. a. H. Kant, S. Hermlin, E. Strittmatter, F. Fühmann und Karl-Heinz Jakobs (* 1929; bis 1981 in der DDR). Das Werk von Heiner Müller, C. Wolf, I. Morgner und Jurek Becker (ab 1977 in Westberlin) fand weit über die Grenzen der DDR hinaus internat. Anerkennung; die Komödien von P. Hacks wurden in den 1960er Jahren stark beachtet; auch Schriftsteller wie G. de Bruyn, V. Braun, U. Plenzdorf, O. Pastior und C. Hein können in ihrer Auswirkung nicht auf eine spezif. DDR-Literatur beschränkt werden. Von den Schriftstellern der zweiten Generation haben u. a. S. Kirsch (1977), R. Kunze (1977), H. J. Schädlich (1977), G. Kunert (1979), Klaus Poche (* 1927, 1981), Klaus Schlesinger (* 1937, 1980), Rolf Schneider (* 1932, 1979) und E. Loest (1981) die DDR verlassen [müssen]; ihnen folgten (zum Teil unfreiwillig) die Schriftsteller der dritten Generation, u. a. Bernd Jentzsch (* 1940, 1976–86 in der Schweiz, seitdem in der BR Deutschland), T. Brasch (1976), Jürgen Fuchs (1977), W. Hilbig, Stefan Schütz (* 1944, 1984), K. Lange–Müller (1984), Sascha Anderson (* 1955, 1986) und M. Maron (1988).

Deutsche Lufthansa AG, Abk. **DLH,** deutsches Luftverkehrsunternehmen, Sitz Köln; 1926 aus der Junkers Luftverkehrs AG und der Deutschen Aero Lloyd entstanden; 1953 als AG für Luftverkehrsbedarf wieder gegr., seit 1954 heutige Firma; Sitz der Werft ist Hamburg, die Betriebsbasis Frankfurt am Main.

Deutsche Mark, Abk. **DM,** Währungseinheit der BR Deutschland, die nach der Währungsreform (20. 6. 1948) an die Stelle der ↑Reichsmark trat.

deutsche Mundarten: Das dt. Sprachgebiet ist in viele kleine oder größere Mundarträume untergliedert. Gegenüber der Hochsprache spielen sie v. a. im oberdt. Raum (Süddeutschland, Österreich und Schweiz) noch eine größere

Rolle; eine scharfe Trennung zw. Hochsprache und Mundart findet man im Niederdt., ebenso in der Schweiz, wo die Mundart auch im öffentl. Leben verwendet wird. Manche mitteldt. Mundarten nähern sich sehr stark der Hochsprache, während in Österreich sich immer mehr ein oft auch als literar. Stilmittel benutzter fließender Übergang zw. Hochsprache und Mundart herausbildet.

Entstehung der deutschen Mundarten: Die Ursprünge der heutigen Mundartlandschaften sind in der Völkerwanderungszeit zu suchen, als sich die großen Stämme der Franken, Alemannen, Sachsen, Thüringer und Baiern herausbildeten. Die alten Stammeslandschaften stimmen aber mit den heutigen Mundartlandschaften nicht mehr überein. Die wichtigste Grenze zw. den d. M. entstand durch die zweite oder hochdt. ↑Lautverschiebung. Sie ist das wichtigste Einteilungsprinzip der Mundarten: die *niederdeutschen* Mundarten haben die Lautverschiebung nicht mitgemacht, die *mitteldeutschen* wurden nur z. T. von ihr betroffen, die *oberdeutschen* Mundarten haben sie vollständig durchgeführt. Die Grenze zw. Niederdt. und Mitteldt. verläuft nördlich Aachen, Köln, Kassel, Nordhausen, Dessau, Wittenberg, Frankfurt/Oder. Mitteldt. und Oberdt. werden durch die Linie nördlich Zabern, Karlsruhe, Heilbronn, südlich Heidelberg, Würzburg, Meiningen, Coburg, Plauen, Eger getrennt. – Eine weitere Erscheinung, die die dt. Dialektlandschaft gestaltet hat, ist die binnenhochdt. (oder binnendt.) Konsonantenschwächung, durch die p und b, t und d, k und g zusammengefallen sind. Sie ist v. a. im Ostmitteldt. verbreitet und kennzeichnet das Obersächsische und Schlesische. Die neuhochdt. Diphthongierung nahm im äußeren SO des dt. Sprachraums ihren Anfang und erfaßte die ober- und mitteldt. Mundarten mit Ausnahme des Alemannischen. Heute reichen die Mundartlandschaften über die Staatsgrenzen hinaus, das Niederfränkische wird in N-Deutschland und den Niederlanden, Alemannisch in SW-Deutschland, der Schweiz und W-Österreich, Bairisch in Bayern, Österreich und Südtirol gesprochen. – Übersicht S. 726.

Deutsche Lufthansa AG

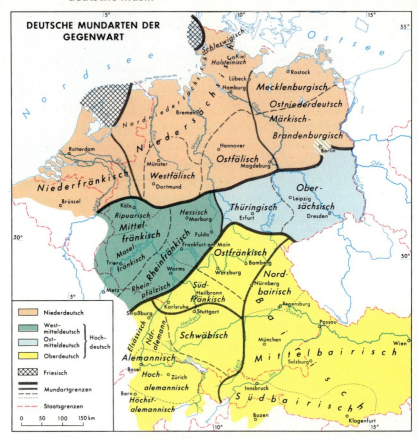

DEUTSCHE MUNDARTEN DER
GEGENWART

Niederdeutsch

Westmitteldeutsch
Ostmitteldeutsch } Hochdeutsch
Oberdeutsch

Friesisch

Mundartgrenzen

Staatsgrenzen

0 50 100 150 km

deutsche Musik, die Musik und Musikpflege im dt.sprachigen Raum.

Mittelalter: Ab dem 8. Jh. fand mit der Christianisierung das Melodiengut des Gregorian. Gesangs Verbreitung. Der um 1150 einsetzende höf. Minnesang hatte seinen Höhepunkt um und kurz nach 1200. Im Bereich der geistl. und weltl. Mehrstimmigkeit stellte der Dichter und Sänger Oswald von Wolkenstein die Verbindung zur westl. Chansonkunst her. Bereits seit dem MA läßt sich eine lebhafte Praxis der Instrumentalmusik v. a. bei den sog. Spielleuten nachweisen. Bes. Bedeutung hatte v. a. das Orgelspiel. Als Liedkomponi-

sten traten um und nach 1500 u. a. Adam von Fulda, H. Isaac, H. Finck und P. Hofhaimer hervor. Meister der Reformationszeit waren u. a. L. Senfl, S. Dietrich und J. Walter, der zus. mit Luther das erste ev. Kirchengesangbuch schuf. Der Übergang zur Kunst der im 15./16. Jh. hervortretenden Meistersinger kennzeichnet die Wende von der Hof- zur Stadtkultur.

Barock: Noch in der Spannung zw. (niederl.) polyphoner und (italien.) homophoner Gestaltung standen die Kompositionen des späten 16. Jh., u. a. von L. Lechner und Orlando di Lasso, während der Einfluß italien. Musik in den Werken von H. L. Haßler klar zu Tage tritt. Die Herrschaft der Vokalpolyphonie ging im 16. Jh. zu Ende. Als erster dt. Beitrag zu der in Florenz entstandenen Oper gilt die verlorene szenische Komposition »Dafne« (1627) von H. Schütz (Text nach italien. Vorbild: M. Opitz). In den süddt. Musikzentren Wien und München, aber auch in Dresden (J. A. Hasse) beherrschte die italien. Oper weitgehend die Bühnen. In Mittel- und Norddeutschland war man dagegen um die Ausbildung einer nat. dt. Oper bemüht. Wichtige Vertreter waren J. Theile, J. S. Kusser, R. Keiser und J. Mattheson. Eine spezif. dt. Eigenleistung war im 17. Jh. die Orchester-Tanzsuite (mit Beiträgen von M. Praetorius, J. H. Schein, M. Franck und S. Scheidt). Die Orgelmusik nahm entscheidenden Aufschwung durch den Niederländer J. P. Sweelinck, auf dessen Schüler sich die norddt. Schule mit J. Praetorius, S. Scheidt, H. Scheidemann gründete. Über D. Buxtehude und G. Böhm wirkte diese Schule ebenso wie J. Pachelbel auf J. S. Bach. Einflüsse der engl. Virginalisten und von Frescobaldi werden im Klavierwerk von J. Froberger sichtbar. Weitere Vertreter dieser süddt. Tradition waren J. K. Kerll, Georg und Gottlieb Muffat sowie J. C. F. Fischer. – Die Wende vom 17. zum 18. Jh. brachte für die europ. Musik einen Höhepunkt mit den Werken von J. S. Bach (Kirchenkantaten, Passionen, Instrumentalmusik) und G. F. Händel (Opern, Oratorien, Instrumentalmusik); daneben G. P. Telemann (Kantaten, Passionen, Instrumentalmusik).

Vorklassik: Zwischen der Art von Musik, für die Bach repräsentativ war, und der Musik der Wiener Klassik liegt eine Zeit des Umbruchs und Übergangs. Wie J. A. Hasse u. a. ging auch C. W. Gluck von der italien. Operntradition aus, gelangte jedoch später zu einer frz.-klassizist. Haltung. Gluck forderte eine dem Sinngehalt adäquate Aussage ohne virtuosem Beiwerk. Während Glucks Opernreform noch bis zu R. Wagner weiterwirkte, blieben andere Versuche zunächst ohne Fortsetzung. Dafür eroberte sich das Singspiel breite Volksschichten. Ansätze zu einem neuen Musikempfinden zeigten sich auch in dem Komponistenkreis am Hof Friedrichs

d. Gr., so bei J. J. Quantz, K. H. Graun, F. Benda und v. a. C. P. E. Bach, die von der Strenge des Barockstils zu galanter und expressiver Empfindsamkeit führten. Entscheidender noch waren die ab Mitte der 1740er Jahre von der †Mannheimer Schule ausgehenden Anregungen. In die Richtung der kommenden Klassik weist ferner J. C. Bach mit dem in seiner Musik hervorgekehrten kantablen Element, dem »singenden Allegro«, das auf den jungen Mozart einwirkte. Übergangscharakter trägt auch die Musik einer Anzahl Wiener »Kleinmeister« (G. C. Wagenseil u. a.).

Klassik: Die Wiener Klassik, die Musik J. Haydns, W. A. Mozarts und L. van Beethovens, ist gekennzeichnet durch die Entwicklung und Vollendung der neuen Gattungen des Instrumentalmusik, der Sinfonie, des Streichquartetts und der Klaviersonate. Haydn legte mit seinen 107 Sinfonien und seinen 68 Streichquartetten den Grund für die durchgearbeitete klass. Instrumentalstil, bes. des Sonatenhauptsatzes, der auf der Verarbeitung (Durchführung) der in der Exposition vorgestellten beiden (gegensätzl.) Themen beruht. Mozart verlebendigte und beseelte den Stil und erweiterte die Gattungen der Instrumentalmusik (Klavier-, Violinkonzerte u. a.). Darüber hinaus bedeutet sein Werk einen Höhepunkt in der Geschichte der Oper. Beethoven erreichte mit seinen Sinfonien, Konzerten und Ouvertüren, Streichquartetten, Klavier- und Violinsonaten eine neue, wegweisende Intensität des kompositor. Denkens, das für das 19. Jh. das beständige Vorbild blieb. Das Werk F. Schuberts gründet auf der klass. Formenwelt und öffnet zugleich den Blick in die frühe Romantik, v. a. im klavierbegleitenden Sololied, ebenso aber auch in seiner Instrumentalmusik (Sinfonien, Streichquartette, -quintette und Klaviersonaten).

Romantik: Auf literar. Gebiet war E. T. A. Hoffmann ab etwa 1810 ein Kronzeuge romant. Musikauffassung. Als Komponisten sind v. a. C. M. von Weber, F. Mendelssohn Bartholdy und R. Schumann zu nennen. Sie übernahmen das klass. Formengehäuse (Sinfonie, Sonate usw.), füllten es aber mit neuen Ausdrucksgehalten. Weber lei-

tete mit dem »Freischütz« (1821) die Zeit der romant. Oper ein, die L. Spohr und H. Marschner fortsetzten; schon bald entwickelte sich aus ihr auch die biedermeierl. Spieloper (A. Lortzing, O. Nicolai, F. von Flotow). In der Instrumentalmusik und Liedkunst führten Mendelssohn Bartholdy und Schumann zur Hochromantik. In der Klaviermusik kam das einsätzige lyr. Klavierstück (↑Charakterstück) auf, das bes. bei Schumann, neben seinen großen zykl. Werken, romant. Stimmungsgehalt zum Ausdruck bringt. Mit dem Tod Mendelssohn Bartholdys und Schumanns erreichte die musikal. Hochromantik ihr Ende. Innerlich an der Klassik orientiert und zugleich der romant. Vorstellungswelt verhaftet war J. Brahms mit seinem alle Gattungen außer der Oper umfassenden Schaffen. R. Wagner wurde zum Schöpfer eines musikalischdramat. Gesamtkunstwerks, während A. Bruckner die Sinfonik einer Spätblüte zuführte. H. Wolf erschloß der Liedkunst neue Stilformen. Starke Wirkung ging von der neudt. Richtung F. Liszts aus. In das neue Jh. hinein reichen G. Mahler mit seinem sinfon. Werk, das aus einer ethisch-subjektiven Grundhaltung die Tradition seines Lehrers Bruckner weiterführt und verwandelt, sowie M. Reger, der die Kontrapunktik Bachs neu aufleben ließ.
In der direkten Nachfolge von Liszt und Wagner ist R. Strauss zu sehen. Eine fruchtbare Zusammenarbeit mit H. von Hofmannsthal fand ihren Niederschlag in der Weiterführung des großen Musikdramas und in der lyr. Spieloper über Wagner hinaus. Sein Gegenpol war H. Pfitzner, in dessen Hauptwerk, der spätroman. Oper »Palestrina«, die Erfahrung des polyphonen Klanges des 16. Jh. eingeschmolzen ist.
Moderne: Das 20. Jh. brachte eine Neuorientierung der musikal. Satzweise und des Klangempfindens. In Wien fand A. Schönberg nach Auflösung der bisherigen harmon. Normen zur atonalen Kompositionstechnik und um 1920 zur gebundenen Atonalität der ↑Zwölftontechnik, eine Entwicklung, die seine Schüler A. Webern und A. Berg schöpferisch abwandelten. Berg wurde mit seiner Oper »Wozzeck« (1925) zum bedeutendsten Opernkomponisten seiner

Zeit. Webern gilt, mehr noch als Schönberg, als Wegbereiter abermals neuartiger Kompositionsweisen nach dem Zweiten Weltkrieg. Auf völlig anderem Weg gewann P. Hindemith der d. M. Neuland: er formte einen von romant. Subjektivismus befreiten, dem Ideal vorklass. Handwerklichkeit zustrebenden Musikstil, der ebenfalls die überkommenen harmon. Grundlagen zu überwinden trachtete. Weitere Vertreter der d. M. dieser Generation sind u. a. C. Orff, E. Křenek, W. Egk, B. Blacher und vor allem W. Fortner.
Während eine Reihe von jüngeren Komponisten nach 1945, wie H. W. Henze, trotz aller Neuerungen an traditionellen Satztypen festhielt, verzichteten die Komponisten der seit 1950 entwickelten ↑seriellen Musik und der elektron. Musik auf wesentl. Elemente des überkommenen Tonsatzes wie Thematik und Durchführung. Dies führte u. a. zu neuartigen Notationsweisen bis zur musikal. Graphik. Zunehmend wurde bei der Suche nach neuen Tonmaterialien und kompositor. Verfahrensweisen auch empirisch-experimentell vorgegangen. Dies gilt z. B. für die Aleatorik, die die Ausführung weitgehend dem Interpreten und damit zu fälliger, improvisator. Gestaltungsweise überläßt. Mitunter wird auch der Umgang mit vorgegebenen Elementen dem Computer überlassen. Weitere Impulse gehen von Raumklangeffekten und verfremdeten Sprachlauten aus. Vertreter der Neuen Musik nach dem Zweiten Weltkrieg sind u. a. B. A. Zimmermann, der aus Ungarn stammende G. Ligeti, K. Stockhausen, D. Schnebel sowie der in Argentinien geborene M. Kagel.
Zur Vielfalt der neueren dt. Musikentwicklung gehören ferner die seit der Mitte der 1970er Jahre anzutreffenden Bemühungen einer jüngeren Komponistengeneration, die die von ihr als zu wenig aussagefähig empfundenen postseriellen und aleator. Kompositionsverfahren durch Hinwendung zu einer neuen Ausdrucksmusik expressiver, teils lyr. Art zu überwinden sucht, wobei auch tonalitätsbezogene harmon. Strukturen sowie außereurop. Musik und Jazzelemente einbezogen werden. Neben der reinen Instrumentalmusik

wurde (bes. durch K. Stockhausen) die szen. Musik (instrumentales Theater) in jüngster Zeit weiterentwickelt; als bed. Vertreter des zeitgenöss. Musiktheaters ist u. a. W. Rihm zu nennen.

Deutsche Nationalstiftung, 1993 von H. Schmidt u. a. gegr. private Stiftung zur Förderung der öffentl. Darstellung und Erforschung der dt. Kultur sowie der Festigung der Beziehungen Deutschlands zu seinen europ. Nachbarn; Sitz Weimar.

deutsche Ostgebiete, nach 1945 entstandene Bez. für die östlich der Oder-Neiße-Linie gelegenen Gebiete des ehemaligen Dt. Reiches in den Grenzen von 1937, die 1945 von der UdSSR und Polen annektiert wurden: Ostpreußen, Posen-Westpreußen sowie Teile von Pommern, Brandenburg, Schlesien und Sachsen (24% des Reichsgebietes von 1937 mit einer Bevölkerung von rd. 9,8 Mio. [1944]). Die unter poln. Verwaltung stehenden Teile wurden im ↑Deutsch-Polnischen Grenzvertrag als zu Polen gehörig anerkannt.

deutsche Ostsiedlung, im MA die Besiedlung sowie die wirtschaftl. und kulturelle Erschließung der Gebiete östlich von Elbe und Saale und des Böhmerwaldes bis zum Finn. Meerbusen und Schwarzen Meer, südlich über die Ostalpen bis zum Karst und zur Save durch dt. Fürsten, Ritter, Mönche, Bauern, Bürger, Kaufleute und Bergleute. Im NO integrierte das Karolingerreich westlich von Elbe und Saale die eingedrungenen Slawen; die Marken jenseits der Flüsse gingen nach ihrer Erneuerung durch die Ottonen im N infolge der Slawenaufstände (983/1066) verloren. Östlich der Saale begann die d. O. erst im 12. Jh.; die sich dem Reich anschließenden Fürsten von Mecklenburg und Rügen öffneten im 13. Jh. ihre Länder dt. Siedlern. Weiter im O waren es einheim. Fürsten, die durch polit. und familiäre Anlehnung an Deutschland ihre Herrschaft und Selbständigkeit zu sichern suchten (Pommern, Schlesien). In dem stets dem Reich zugerechneten Böhmen, in dem bereits im 11. Jh. Deutsche in beträchtl. Zahl belegt werden können, erfolgte im 13. Jh. eine neue Siedlungswelle. In Polen und Ungarn fand im 13. Jh. ein starker Zustrom dt. Bürger und Bauern statt (in Ungarn

siedelten die sog. Zipser und Siebenbürger Sachsen). Durch Hzg. Konrad I. von Masowien wurde 1225 der Dt. Orden ins Culmer Land gerufen. Mit Beginn der Neuzeit wurde die Besiedelung des dt. NO von Brandenburg-Preußen aus planmäßig staatl. gelenkt, v. a. durch den Großen Kurfürsten (Havelland, Pommern, Ostpreußen) und Friedrich II. (Schlesien, Westpreußen, Urbarmachung des Oder-, Warthe- und Netzebruchs), wobei der Aufnahme von Glaubensflüchtlingen (Hugenotten, Salzburger) besondere Bedeutung zukam. In Ungarn löste das Zurückweichen der Türken nach 1718 eine großangelegte staatl. Siedlungspolitik aus (dt. Siedlungen in der sog. Schwäb. Türkei zw. unterer Drau und Donau sowie im Gebiet um Satu Mare [Sathmarer Schwaben]).

Deutsche Pfandbriefanstalt, führende dt. Grundkreditanstalt des öffentl. Rechts zur Förderung des Wohnungsbaus und zur Finanzierung öffentl. Investitionen beim Wohnungs- und Städtebau; Sitz Wiesbaden und Berlin.

Deutsche Post AG, im Zuge der Reform der ↑Deutschen Bundespost zum 1. 1. 1995 aus der Deutschen Bundespost Postdienst hervorgegangenes Unternehmen; Sitz Bonn.

Deutsche Postbank AG, im Zuge der Reform der ↑Deutschen Bundespost zum 1. 1. 1995 aus der Deutschen Bundespost Postbank hervorgegangenes Unternehmen; Sitz Bonn.

Deutscher Akademischer Austauschdienst e. V., Abk. **DAAD,** Selbstverwaltungsorganisation der dt. wiss. Hochschulen zur Förderung des internat. Austauschs von Wissenschaftlern und Studenten; Sitz Bonn.

Deutscher Aktienindex, Abk. **DAX®** seit 1. 7. 1988 an der Frankfurter Börse errechneter Aktienindex; spiegelt die Kursentwicklung der Aktien von 30 Aktiengesellschaften wider, die gemäß dem an der Börse zugelassenen Aktienkapital gewichtet sind.

Deutscher Alpenverein e. V. ↑Alpenvereine.

Deutscher Bauernverband e. V., Abk. **DBV,** freiwillige Vereinigung der landwirtschaftl. Erzeuger; Sitz Bonn; Spitzenverband der Landesbauernverbände und der landwirtschaftl. Fachverbände.

Deutsche Post AG

Deutsche Postbank AG

Deutscher Beamtenbund, Abk. **DBB,** gewerkschaftl. Spitzenorganisation der Beamten in der BR Deutschland; Sitz Bonn.

Deutscher Bund, 1815–66 bestehender Zusammenschluß der dt. Fürsten und freien Städte zu einem Staatenbund; gegr. auf dem Wiener Kongreß 1815; zunächst 38, zuletzt 33 Mgl., die nach innen souverän, jedoch an die Mehrheitsbeschlüsse des D. B. gebunden waren. Unter dem Einfluß Metternichs wurde der D. B. ab 1819 ein Instrument zur Unterdrückung der Einheits- und Verfassungsbewegung.

Deutscher Bundesjugendring, Abk. **DBJR,** 1949 gegr. gemeinnützige Arbeitsgemeinschaft von 22 großen, auf Bundesebene tätigen Jugendverbänden, drei Anschlußverbänden und 16 Landesjugendringen (Stand 1991).

Deutscher Caritasverband e. V., Abk. **DCV,** die institutionelle Zusammenfassung und Vertretung der kath. Karitas in Deutschland; Sitz Freiburg im Breisgau; 1897 in Köln gegr.; widmet sich allen Aufgaben sozialer und karitativer Hilfe (Krankenhäuser u. a. Anstalten, Heime, Kindergärten, Fürsorgeeinrichtungen u. a.).

Deutsche Reichsbahn ↑Deutsche Bahn AG.

Deutsche Reichspost, 1871–1945 Träger des Postwesens im Dt. Reich mit Ausnahme der Postreservate Bayern und Württemberg, deren Postverwaltungen bis 1919 ihre Selbständigkeit behielten.

Deutscher Entwicklungsdienst, Abk. **DED,** gemeinnützige, 1963 gegr. GmbH mit Sitz in Berlin zur Entsendung von Entwicklungshelfern.

Deutscher Evangelischer Kirchentag, Bez. für Großveranstaltungen der ev. Kirchen (seit 1949). Der D. E. K. ist v. a. Organ der Laienbewegung.

deutsche Revolution ↑Märzrevolution.

Deutscher Fußball-Bund, Abk. **DFB,** gegr. 1900 in Leipzig, wiedergegr. 1949 in Stuttgart; Sitz Frankfurt am Main.

Deutscher Gemeindetag ↑kommunale Spitzenverbände.

Deutscher Genossenschafts- und Raiffeisenverband, Dachverband der genossenschaftl. Spitzenverbände; Sitz Bonn.

Deutscher Caritas-
verband e. V.

Deutscher Fußball-
Bund

Deutscher Gewerkschaftsbund, Abk. **DGB,** Name von Gewerkschaften: **1)** (1919–33) Dachorganisation der christlich-nat. Gewerkschaften.

2) (seit 1949) Dachverband von (1996) 15 Einzelgewerkschaften; Sitz Düsseldorf; (1995) 9,4 Mio organisierte Mgl.; 1949 in München mit dem Ziel gegr., eine einheitl. und kampfstarke, parteipolitisch unabhängige Gewerkschaftsbewegung zu schaffen, gegliedert nach dem Industrieverbandsprinzip (»ein Betrieb – eine Gewerkschaft«). Höchstes Organ ist der Bundeskongreß (»Parlament der Arbeit«; alle 3 Jahre); der Bundesvorstand (9 Mgl. des Geschäftsführenden Bundesvorstandes, 16 Vors. der Einzelgewerkschaften, Bundesausschuß und Revisionskommission) vertritt den DGB nach außen und innen. Vors. des DGB: H. Böckler (1949–51), Christian Fette (* 1895, † 1971; 1951–52), Walter Freitag (* 1889, † 1958; 1952–56), Willi Richter (* 1894, † 1972; 1956–62), Ludwig Rosenberg (* 1903, † 1977; 1962–69), H. O. Vetter (1969–82), Ernst Breit (* 1924; 1982–90), Heinz-Werner Meyer (* 1932, † 1994; 1990–94), seit 1994 D. Schulte. ↑Gewerkschaften.

Deutscher Handwerkskammertag, Spitzenverband der Handwerkskammern; Sitz Bonn.

deutscher Idealismus, histor. Begriff, der die von I. Kant, J. G. Fichte, Schelling und Hegel vertretene Philosophie bezeichnet.

Deutscher Industrie- und Handelstag, Abk. **DIHT,** Dachorganisation der 81 Industrie- und Handelskammern in der BR Deutschland, Sitz Bonn. 1861 als *Dt. Handelstag* gegr., 1949 neu gegründet.

Deutscher Jugendliteraturpreis (bis 1980 Dt. Jugendbuchpreis), Literaturpreis, der seit 1956 jährlich von einer vom »Arbeitskreis Jugendliteratur« (München) eingesetzten Jury vergeben wird; Trägerin ist das Bundes-Min. für Familie, Senioren, Frauen und Jugend.

Deutscher Juristentag e. V., 1860 gegr., 1949 neu gegr. Verein mit Sitz in Bonn, der v. a. den Zweck verfolgt, »auf wiss. Grundlage die Notwendigkeit von Änderungen und Ergänzungen der dt. Rechtsordnung zu untersuchen …«; veranstaltet die Dt. Juristentage.

Deutscher Kaiser ↑Kaiser.

Deutscher Kinderschutzbund e. V., Abk. **DKSB,** 1953 gegr. Nachfolgeorganisation des »Vereins zum Schutze der Kinder vor Ausnützung und Mißhandlung« (1898–1933), Sitz Hannover.

Deutscher König ↑König.

Deutscher Krieg 1866, Krieg Preußens (mit Italien, einigen norddt. Kleinstaaten) gegen Österreich mit Hannover, Sachsen, beiden Hessen, Nassau und allen süddt. Staaten im Juni/Juli 1866. Veranlaßt durch die Auseinandersetzungen um Schleswig-Holstein, wurde dieser Kampf um die Vorherrschaft in Deutschland durch den preuß. Sieg über die österr. Nordarmee bei Königgrätz (3. 7. 1866) entschieden: Österreich wurde aus der dt. Politik ausgeschlossen; Preußen übernahm die polit.-militär. Führung.

deutscher Michel, seit den 1830er Jahren gebrauchter Spottname für den gutmütigen, aber langsam denkenden und verschlafenen Deutschen. In der Karikatur wird der d. M. meist in Bauernkleidung und mit Zipfelmütze dargestellt.

Deutscher Naturschutzring e. V. – Bundesverband für Umweltschutz, Abk. **DNR,** 1950 gegr. Dachverband, der zahlr. sich mit Naturschutz, Landschaftsschutz, Landschaftspflege und der Erhaltung der natürl. Umwelt befassende Organisationen zusammenfaßt; Sitz Bonn.

Deutscher Orden (Deutschritterorden, Deutschherrenorden), geistl. Ritterorden, entstanden aus einem 1190 während der Belagerung von Akko gestifteten Krankenpflegeorden dt. Kaufleute; 1198/99 in einen geistl. Ritterorden umgewandelt (Ordenszeichen: schwarzes Kreuz auf weißem Mantel). Oberhaupt des D. O. war der *Hochmeister.* Ihm politisch vielfach nebengeordnet waren die Provinzialoberen, u. a. der Deutschmeister; dieser, ab 1494 Reichsfürst, war ab 1525 Administrator des Hochmeisteramts und wurde später – ab 1834 offiziell – *Hoch- und Deutschmeister* genannt.

Zentrum seiner Wirksamkeit (v. a. Kampf gegen die »Heiden«) war zunächst das Hl. Land. 1291 wurde der Sitz des Hochmeisters von Akko nach Venedig verlegt, 1309 nach Marienburg

Deutscher Gewerkschaftsbund. 1 Deutscher Gewerkschaftsbund; **2** Industriegewerkschaft Bau-Steine-Erden; **3** Industriegewerkschaft Bergbau und Energie; **4** Industriegewerkschaft Chemie-Papier-Keramik; **5** Industriegewerkschaft Medien; **6** Gewerkschaft der Eisenbahner Deutschlands; **7** Gewerkschaft Erziehung und Wissenschaft; **8** Gewerkschaft Gartenbau, Land- und Forstwirtschaft; **9** Gewerkschaft Handel, Banken und Versicherungen; **10** Gewerkschaft Holz und Kunststoff; **11** Gewerkschaft Leder; **12** Industriegewerkschaft Metall; **13** Gewerkschaft Nahrung-Genuß-Gaststätten; **14** Gewerkschaft Öffentliche Dienste, Transport und Verkehr; **15** Gewerkschaft der Polizei; **16** Deutsche Postgewerkschaft; **17** Gewerkschaft Textil-Bekleidung. – Seit 1. 1. 1996 IG Bauen – Agrar – Umwelt (Fusion von 2 und 8)

Deutscher Paritätischer Wohlfahrtsverband

Deutscher Sportbund

(Westpr.). Unter dem bed. Hochmeister Hermann von Salza (1209–39) war der Grund zum Deutschordensstaat gelegt worden, als Hzg. Konrad I. von Masowien dem D. O. 1225 als Gegenleistung für die Bekämpfung der heidn. Pruzzen (Preußen) das Culmer Land schenkte (↑Ostpreußen, Geschichte). Durch Vereinigung mit dem Schwertbrüderorden (1237) faßte der D. O. auch in Livland Fuß. 1309 erwarb er Pomerellen mit Danzig, 1346 Estland, 1398 Gotland, 1402 die Neumark. Nach der Christianisierung Litauens geriet der D. O. in zunehmende Feindschaft zu Polen, dem das Ordensheer bei Tannenberg 1410 unterlag (Abtretung des Landes Dobrzyń und Schamaitens im 1. Thorner Frieden 1411). Der 2. Thorner Friede (1466) beschränkte das der poln. Lehnshoheit unterstellte Ordensterritorium auf den östl. Teil Preußens (Hochmeistersitz Königsberg [Pr]). Dieser wurde 1525/61 in die zum poln. Lehnsverband gehörigen weltl. Hzgt. Preußen und Kurland umgewandelt. – Im Hl. Röm. Reich bestanden die Ordensbesitzungen unter dem Deutschmeister bis zur Aufhebung des D. O. durch Napoleon I. 1809 weiter; 1834 in Österreich erneuert, 1929 in einen geistlichen Orden umgewandelt, 1933/38–45 aufgehoben.

Deutscher Schäferhund. Rüde (Widerristhöhe 60–65 cm)

Deutscher Paritätischer Wohlfahrtsverband, Abk. **DPWV,** 1924 gegr., konfessionell und polit. neutrale Dachorganisation der freien Wohlfahrtspflege, Sitz Frankfurt am Main.

Deutscher Presserat, von Journalisten und Verlegern gebildetes Organ der freiwilligen Selbstverwaltung und Selbstkontrolle der dt. Presse, gegr. 1956; Sitz Bonn.

Deutscher Schäferhund, Rasse bis 65 cm schulterhoher, wolfsähnl. Schäferhunde mit kräftigem, langgestrecktem Körper, langer, keilförmiger Schnauze, dreieckig zugespitzten Stehohren und buschig behaartem Schwanz; Schutz-, Polizei-, Blindenhund.

Deutscher Sportbund, Abk. **DSB,** 1950 in Hannover gegr. Dachorganisation aller Sportverbände und Landessportbünde; Sitz Berlin, Verwaltungssitz Frankfurt am Main.

Deutscher Sprachverein (Allg. Dt. Sprachverein), 1885 gegr. Verein für die Normbildung der dt. Sprache; neu gegr. 1947 unter der Bez. *Gesellschaft für dt. Sprache,* Sitz Wiesbaden.

Deutscher Städtetag ↑kommunale Spitzenverbände.

Deutscher Tierschutzbund e. V., Abk. **DTSchB,** 1948 gegr. Spitzenorganisation aller Tierschutzvereine in Deutschland; Sitz Bonn.

Deutscher Werkbund, Abk. **DWB,** 1907 in München gegr. zur Förderung von moderner Architektur und Design; Ausstellungen u. a. 1914 in Köln, 1927 in Stuttgart (Weißenhofsiedlung), 1930 in Paris; 1947 wiedergegr., Sitz Düsseldorf.

Deutscher Wetterdienst, Abk. **DWD,** seit 1952 bestehende, zum Geschäftsbereich des Bundes-Min. für Verkehr gehörende Bundesanstalt, Sitz Offenbach am Main. Der DWD unterhält einen Wetterbeobachtungs- und -meldedienst, einen Vorhersagedienst, einen Flugwetterdienst sowie einen klimatolog. Dienst.

Deutscher Zollverein, im 19. Jh. Zusammenschluß deutscher Bundesstaaten mit dem Ziel einer wirtschaftlichen Einigung durch Abbau von Zöllen und anderen wirtschaftlichen Hemmnissen. Nach Vorstufen (Zollvertrag, Süddt. Zollverein, Mitteldt. Handelsverein, Steuerverein) trat 1834 der D. Z. unter Führung Preußens in Kraft. Bis 1854 traten die meisten Mitgliedsstaaten des Dt. Bundes (Ausnahme v. a. Österreich) bei. Der D. Z. (ab 1868 mit einem Zollparlament und Zollbundesrat) wurde eine Vorstufe des Dt. Reichs von 1871.

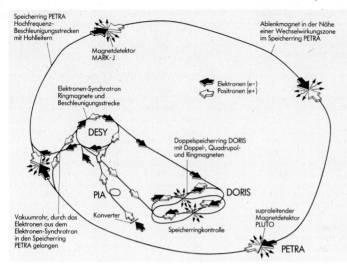

Speicherring PETRA
Hochfrequenz-
Beschleunigungsstrecken
mit Hohlleitern

Magnetdetektor
MARK-J

Elektronen-Synchrotron
Ringmagnete und
Beschleunigungsstrecke

DESY

Elektronen (e–)
Positronen (e+)

Ablenkmagnet in der Nähe
einer Wechselwirkungszone
im Speicherring PETRA

Doppelspeicherring DORIS
mit Doppel-, Quadrupol-
und Ringmagneten

PIA

DORIS

Vakuumrohr, durch das
Elektronen aus dem
Elektronen-Synchrotron
in den Speicherring
PETRA gelangen

Konverter

Speicherringkontrolle

supraleitender
Magnetdetektor
PLUTO

PETRA

Deutsches Elektronen-Synchrotron. Die in je vier Teilchenpaketen umlaufenden Elektronen und Positronen werden an vier Stellen des Speicherrings PETRA, den Wechselwirkungszonen, aufeinander geschossen. Die dabei entstehenden Kollisionsprodukte werden mit verschiedenartigen Detektoren registriert, z. B. mit dem Magnetdetektor (MARK-J) und dem supraleitenden Magnetdetektor (PLUTO)

Deutsches Bundespatent ↑Patentrecht.

deutsche Schrift, die ↑Fraktur.

Deutsches Eck, Landzunge in Koblenz am Zusammenfluß von Rhein und Mosel, mit Kaiser-Wilhelm-Denkmal (1897–1944, auf Privatinitiative 1992 wiedererrichtet).

Deutsches Elektronen-Synchrotron, Abk. **DESY,** Großforschungseinrichtung für Elementarteilchen- und Hochgeschwindigkeitsphysik in Hamburg, gegr. 1959 als gleichnamige Stiftung der BR Deutschland und der Freien und Hansestadt Hamburg. 1964 wurde ein 7-GeV-Elektronen-Synchrotron *(DESY)* in Betrieb genommen, 1974 ein 10-GeV-**D**oppel**r**ingspeicher *(DORIS),* 1979 eine 38-GeV-**P**ositron-Elektron-**T**andem-**R**ingbeschleuniger-**A**nlage *(PETRA;* Umfang 2304 m). Mit der 1990 fertiggestellten **H**adron-**E**lektron-**R**ing-**A**nlage *(HERA)* können Protonen auf 820 GeV und Elektronen auf 30 GeV beschleunigt werden.

Deutsches Grünes Kreuz, 1950 gegr. gemeinnütziger Verein, der sich v. a. für planmäßige Schadensverhütung auf dem Gebiet des Gesundheitswesens einsetzt; Sitz Marburg.

Deutsches Jugendherbergswerk ↑Jugendherbergen.

Deutsches Krebsforschungszentrum, Abk. **DKFZ,** 1964 als Stiftung des öffentl. Rechts gegr. Forschungsstätte in Heidelberg, die die Aufgabe hat, Ursachen, Entstehung, Verhütung und Bekämpfung der Krebskrankheit zu erforschen.

Deutsches Literaturarchiv ↑Schiller-Nationalmuseum/Deutsches Literaturarchiv.

Deutsches Musikarchiv ↑Deutsche Bibliothek.

Deutsches Patentamt ↑Bundesämter (Übersicht).

Deutsche Sporthochschule Köln, 1947 gegr., seit 1970 wiss. Hochschule des Landes Nordrhein-Westfalen (mit Promotions- und Habilitationsrecht).

deutsche Sprache, zur german. Gruppe der indogerman. Sprachen gehörende Sprache, die außer in Deutschland, in Österreich und der dt.sprachigen Schweiz auch in Südtirol, im Elsaß, in Luxemburg und kleineren Gebieten Belgiens gesprochen wird; zudem gibt es auch in O-Europa noch Gebiete mit dt.sprachiger Bevölkerung; auch bei Auswanderergruppen hat sich die d.S. teilweise erhalten, z. B. in N-Amerika (Pennsylvania-Deutsch) und Namibia; die Zahl der Sprecher beträgt heute rd. 100 Millionen.

Deutsches Jugendherbergswerk

deutsche Sprache

Althochdeutsch (750–1050): Die Gründung des Frankenreichs durch Karl d. Gr. schuf die Voraussetzung für die Entstehung der d. S. aus mehreren german. Dialekten. Es waren v. a. Mönche wie Hrabanus Maurus, Otfrid, Notker Labeo, die durch Neuprägungen die sprachl. Mittel für die Übersetzungen kirchl. Texte aus dem Lateinischen schufen. In der sprachl. Form des Ahd. ist die Klangfülle der Wörter auffallend, die durch die volltönenden Vokale der Nebensilben bedingt ist und eine Vielfalt im Formensystem ermöglicht. Das wichtigste Ereignis in der ahd. Lautentwicklung ist die 2. oder hochdt. ↑Lautverschiebung,

Mittelhochdeutsch (1050–1350): Für die Sprachentwicklung sind in dieser Zeit das höf. Rittertum und die Mystik von bes. Bedeutung. Die engen Beziehungen zum frz.-provenzal. Rittertum und die Kreuzzüge fördern die Übernahme einer großen Zahl von Lehnwörtern (Lanze, Tanz, Flöte, Turnier) und frz. Wortbildungselementen, z. B. die Suffixe -ieren und -ie (parlieren, Partie). Die Mystiker müssen erst für das »Unsagbare«, das Verhältnis des Menschen zu Gott, sprachl. Mittel finden, z. B. Wörter wie Einkehr, Einfluß, einförmig, gelassen. Bes. die Abstraktbildungen mit -heit, -keit, -ung und -lich sowie Substantivierungen (das Sein) haben die d. S. stark beeinflußt. – Die sprachl. Struktur des Mhd. weist deutl. Unterscheidungsmerkmale gegenüber dem Ahd. auf. Die Vokale der Nebensilben werden zu -e- abgeschwächt (geban : geben); die Vokale der Tonsilben werden umgelautet, wenn i oder j folgt (mahtig : mähtec »mächtig«). Durch die Abschwächung der Nebensilbenvokale können viele Flexionsformen nicht mehr unterschieden werden. Die Funktion der Endungen geht nun auf den Artikel und das Pronomen über.

Frühneuhochdeutsch (1350–1650): In den Territorien des Reiches entstanden fürstl. Kanzleien, die durch die zunehmende Umstellung der Verwaltung und Rechtsprechung auf schriftl. Urkunden an Bedeutung gewannen. Von der Kanzleisprache gehen Impulse zu einer neuen schriftsprachl. Einheit aus. Der städt. Bürger ist Hauptträger der frühneuhochdt. Sprache. Für die Verbreitung der neuen Sprachformen war die Erfindung des Buchdrucks entscheidend. Auf der Höhe der frühneuhochdt. Zeit bringt Luther seine Bibelübersetzung heraus. Wenn Luther auch viele oberdt. Elemente aufnimmt, so ist seine sprachl. Heimat doch das Ostmitteldeutsche. Das meißn. Dt. hatte die Führung übernommen. – Die sprachl. Struktur des Frühneuhochdt. unterscheidet sich vom Mhd. durch einige Lautveränderungen: die neuhochdt. Diphthongierung (hûs : Haus); die Monophthongierung der alten Diphthonge (guot : gut); die Vokale der kurzen offenen Stammsilben werden gedehnt (lĕben : lēben). Durch die Abschwächung der Endsilbenvokale werden die Deklinationsklassen immer mehr verwischt, was zu einer Vernachlässigung der Kasus (Fälle) zugunsten präpositionaler Fügungen führt.

Neuhochdeutsch (seit 1650): Die sprachpflegerische und sprachpuristische Tätigkeit der Sprachgesellschaften, Grammatiker (J. G. Schottel, Gottsched, J. Bödiker) und Wörterbücher (J. C. Adelung, J. H. Campe) dokumentieren Bestrebungen des 17. und 18. Jh., eine vereinheitlichte d. S. zu schaffen. Als mit Wieland, Lessing, Klopstock und Goethe nord- und mitteldt. Dichter eine allg. angesehene Literatur schufen, setzte sich die von ihnen gebrauchte Sprachform durch. Die sich die ganze neuhochdt. Epoche hinziehenden Bemühungen um eine Regelung der dt. Rechtschreibung hatte 1901 Erfolg, nachdem K. Duden mit seinem Wörterbuch bahnbrechend gewirkt hatte. – Die Strukturveränderungen des Neuhochdt. gegenüber dem Frühneuhochdt. betreffen v. a. die Flexionsformen, während die Laute nahezu unverändert blieben bzw. nur orthograph. anders wiedergegeben werden. Die Entwicklung im Frühneuhochdt. fortsetzend, steht beim Substantiv die Unterscheidung Singular–Plural weiter im Vordergrund, ebenso der Ersatz des Genitivs und Dativs durch die Akkusativ- oder Präpositionalgefüge. Beim Verb schwinden die Konjunktivformen immer mehr; wo der Konjunktiv nötig ist, wird er durch Modalverben ausgedrückt. Die schwache Konjugation ist auf dem Vormarsch.

Rechtschreibung: Die dt. Rechtschreibung birgt in ihrer Mischung aus histor. und phonolog. Schreibung viele Inkonsequenzen. Hauptprobleme sind die Kennzeichnung der Vokallänge, Vokalkürze und Vokalqualität, die Zusammenschreibung und die Großschreibung der Substantive. ↑Rechtschreibung.

Morphologie: Im Dt. gibt es vier Fälle und zwei Numeri (Singular und Plural). Für die *Deklination* des Substantivs gibt es drei Gruppen, eine sog. *starke,* eine *schwache* und eine *gemischte* Deklination. Die Deklinationsklassen des Substantivs reichen zur Kennzeichnung der Funktion des Wortes im Satz nicht mehr aus, diese Aufgabe haben daher die Artikel und Attribute übernommen. Bei den Verben unterscheidet man sog. *starke, schwache* und *unregelmäßige* Verben. Die starken Verben verändern im Präteritum den Stammvokal und bilden das 2. Partizip auf -en, die schwachen bilden bei gleichbleibendem Stammvokal das Präteritum mit -t und das 2. Partizip auf -(e)t.

Syntax: Im Dt. können mehrere Hauptsätze als Satzreihe nebengeordnet werden. Es können aber auch Nebensätze in einem Satzgefüge einem Hauptsatz oder einem anderen Nebensatz untergeordnet werden; das Abhängigkeitsverhältnis wird dabei von der Konjunktion – und nicht mehr von der Verbform – gekennzeichnet.

Deutsches Reich, 1) umgangssprachl. Bez. für ↑Heiliges Römisches Reich. **2)** amtl. Bez. des dt. Staates von 1871 bis 1945 (↑deutsche Geschichte).

Deutsches Rotes Kreuz, Abk. **DRK,** nat. Rotkreuzgesellschaft des Internat. Komitees vom Roten Kreuz (↑Rotes Kreuz) in der BR Deutschland; entstanden 1863–66; (1994) 4,3 Mio. Mgl.; Sitz Bonn. Das DRK ist ein föderativ gegliederter Verein mit 19 Landesverbänden (im Bundesland Bayern: Bayerisches Rotes Kreuz [BRK]) und dem Verband der Schwesternschaften vom DRK; das Jugendrotkreuz (JRK) führt v. a. an die Aufgaben des DRK heran. Die Aufgaben des DRK ergeben sich aus der Doppelfunktion als nat. Rotkreuzgesellschaft im Sinne der Genfer Rotkreuz-Abkommen und als Spitzenverband der freien Wohlfahrtspflege. Das DRK hat einen Suchdienst, Rettungsdienst und Krankentransport, Blutspendedienst, Katastrophenschutz, ferner Wasserwacht und Bergwacht; es unterhält eigene Krankenhäuser, Ausbildungsstätten (für Fachpersonal) und soziale Einrichtungen (z. B. Seniorenheime, ambulante soziale Dienste).

Deutsches Sportabzeichen, vom Dt. Sportbund verliehenes Leistungsabzeichen (als »Dt. Sportabzeichen«, »Dt. Jugendsportabzeichen« und »Dt. Schülersportabzeichen«) in Gold, Silber, Bronze.

Deutsche Staatspartei ↑Deutsche Demokratische Partei.

Deutsches Wörterbuch, Abk. **DWB,** von Jacob und Wilhelm Grimm begonnenes Wörterbuch, das den dt. Wortschatz seit dem 16. Jh. mit Bedeutungsangaben, Etymologien und Belegstellen in alphabetischer Reihenfolge verzeichnet. Nach 1838 begonnenen Vorarbeiten erschien 1852 die erste Lieferung. Seit 1946 wird das DWB von der Dt. Akademie der Wissenschaften Berlin und einer Arbeitsstelle in Göttingen bearbeitet. 1960 wurde es vollendet (in 32 Bänden). 1971 erschien als 33. Band das Quellenverzeichnis; die Neubearbeitung des DWB erscheint seit 1965.

Deutsche Telekom AG, im Zuge der Reform der ↑Deutschen Bundespost zum 1. 1. 1995 aus der Deutschen Bundespost Telekom hervorgegangenes Unternehmen; Sitz Bonn. Tätigkeitsgebiete sind die Erbringung und Vermarktung von Telekommunikationsleistungen (u. a. Telefon, Telefax, Datex, Mobilfunk, Rundfunk- und Fernsehübertragung).

Deutsche Volkspartei, Abk. **DVP,** 1918 als Nachfolgerin der Nationalliberalen Partei gegr. rechtsliberale Partei; vertrat die Revision des Versailler Friedensvertrags; 1933 aufgelöst.

Deutsche Welthungerhilfe e. V., 1962 als »Dt. Ausschuß für den Kampf gegen den Hunger« gegr. Entwicklungshilfeorganisation (heutiger Name seit 1967), Sitz Bonn; unterstützt Selbsthilfeprogramme von Entwicklungsländern und beteiligt sich an der internat. Katastrophenhilfe.

Deutsche Zentrumspartei ↑Zentrum.

Deutsch-Französischer Krieg 1870/71, aus diplomat. Anlaß (span. Thronkan-

Deutsche Telekom AG

Deutsches Rotes Kreuz

Deutsch Kurzhaar
(Widerristhöhe
62–64 cm)

didatur eines Hohenzollern, Emser Depesche) entstandener, durch die nach
dem preuß. Sieg im Dt. Krieg 1866 zu
Frankreichs Ungunsten verschobenen
Machtverhältnisse in Europa und innenpolit. Schwierigkeiten in Preußen
und Frankreich verursachter Krieg (frz.
Kriegserklärung: 19. 7. 1870). Der dt.
Sieg von Sedan (2. 9. 1870) bedeutete
das Ende des Frz. Kaiserreiches. Nach
Ausrufung der frz. Republik (4. 9.) er-

Deutsch-Französischer Vertrag. Unterzeichnung des Vertrags am 22. 1. 1963 durch
den französischen Staatspräsidenten Charles de
Gaulle (dritter von links) und den deutschen
Bundeskanzler Konrad Adenauer (zweiter von
links) im Élysée-Palast; links Außenminister
Gerhard Schröder, zweiter von rechts Ministerpräsident Georges Pompidou und rechts
Außenminister Maurice Couve de Murville

folgte die endgültige militär. Entscheidung im Jan. 1871 vor dem eingeschlossenen Paris. Noch vor dem Vorfrieden
von Versailles (26. 2. 1871) war König
Wilhelm I. von Preußen zum Dt. Kaiser
proklamiert worden (18. 1. 1871); am
10. 5. 1871 wurde der Frankfurter Friedensvertrag unterzeichnet: frz. Kriegs-
entschädigung von 5 Mrd. Francs, Abtretung von Elsaß und Lothringen.

Deutsch-Französischer Vertrag (Ély-
sée-Vertrag), 1963 von Adenauer und
de Gaulle unterzeichneter Freund-
schaftsvertrag (u. a. regelmäßige Konferenzen der Außen-Min., Konsultatio-
nen der Außen-Min. vor allen wichtigen außenpolit. Entscheidungen, wirtschaftspolit. und militär. Zusammenarbeit).

Deutsch-Französisches Jugendwerk,
Abk. **DFJW,** auf Grund des Dt.-Frz.
Vertrages 1963 errichtete Organisation
zur Förderung der Beziehungen zw. der
dt. und der frz. Jugend.

Deutsch-Hannoversche Partei (Wel-
fenpartei), Abk. **DHP,** konservativ-fö-
deralist. Partei 1869–1933; bekämpfte
die Annexion von Hannover
(1866); nach 1918 Einsatz für ein selb-
ständiges Hannover.

Deutschherrenorden ↑Deutscher Orden.

Deutsch Kurzhaar, Rasse bis 70 cm
schulterhoher, kurzhaariger, tempera-
mentvoller Jagdhunde (Gruppe Vorstehhunde); Kopf mit deutlichem Stirn-

absatz, kräftiger Schnauze und Schlappohren; Fell meist grauweiß mit braunen Platten und Abzeichen oder hell- bis dunkelbraun.

Deutschland (amtlich Bundesrepublik Deutschland), Staat in Mitteleuropa, grenzt im N an Nordsee, Dänemark und Ostsee, im O an Polen und die Tschech. Rep., im S an Österreich und die Schweiz, im W an Frankreich und im NW an Luxemburg, Belgien und die Niederlande. Zu D. gehören in der Nordsee die Ostfries. Inseln, Helgoland und der überwiegende Teil der Nordfries. Inseln, in der Ostsee Fehmarn, Rügen sowie der größte Teil von Usedom.

Staat und Recht: *Staatsform und Gesellschaftsordnung:* Deutschland ist ein demokratischer, sozialer und föderativer Bundesstaat, der die Länder ↑Baden-Württemberg, ↑Bayern, ↑Berlin, ↑Brandenburg, ↑Hessen, ↑Mecklenburg-Vorpommern, ↑Niedersachsen, ↑Nordrhein-Westfalen, ↑Rheinland-Pfalz, ↑Saarland, ↑Sachsen, ↑Sachsen-Anhalt, ↑Schleswig-Holstein, ↑Thüringen sowie die Stadtstaaten ↑Bremen und ↑Hamburg umfaßt. Die verfassungsrechtliche staatliche Ordnung wird durch das ↑Grundgesetz (GG) bestimmt. Die Festlegung des Grundgesetzes auf die parlamentarische Demokratie als Staatsform, auf das Mehrparteienprinzip, auf die Gewähr der Chancengleichheit für alle politischen Parteien und ihr Recht auf verfassungsmäßige Bildung und Ausübung einer Opposition wird zusammenfassend als freiheitlich-demokratische Grundordnung bezeichnet. Allen Bürgern werden vom Grundgesetz wichtige Grundrechte, insbes. das Recht auf Leben, auf körperliche Unversehrtheit und die Freiheit der Person, garantiert. Obwohl die Länder Staaten mit eigener Staatsgewalt und eigenem Staatsgebiet sind, liegt die Souveränität allein beim Bund.

Regierungssystem: Staatsoberhaupt ist der von der ↑Bundesversammlung auf 5 Jahre gewählte ↑Bundespräsident. Die ↑Bundesregierung unter Vors. des ↑Bundeskanzlers ist neben dem Bundespräsidenten oberstes Organ der Exekutive (↑Bundesministerien). Legislative Gewalt haben der ↑Bundestag als Bundesparlament sowie die Länderpar-

lamente; durch den ↑Bundesrat wirken die Länder bei der ↑Gesetzgebung und Verwaltung des Bundes mit.

Parteien und Verbände: Nach dem GG sollen die polit. Parteien bei der polit. Willensbildung des Volkes mitwirken. 1961–83 waren nur die ↑Christlich Demokratische Union (CDU), die ↑Christlich Soziale Union (CSU), die zus. seit 1949 eine gemeinsame Fraktion bilden, die ↑Freie Demokratische Partei (FDP) und die ↑Sozialdemokratische Partei Deutschlands (SPD) im Bundestag vertreten. Neugegründete Parteien scheiterten bis zu den Wahlerfolgen der ↑Grünen (1983 und 1987), der Gruppierung ↑Bündnis 90/Grüne (1990), des ↑Bündnis 90/Die Grünen (1994) und der ↑Partei des Demokratischen Sozialismus (PDS; 1990 unter Sonderregelungen auf Grund des Einigungsvertrages, 1994 auf Grund des Gewinns von vier Direktmandaten) bei Bundestagswahlen an der Fünfprozentklausel. Da seit 1961 keine Partei die absolute Mehrheit der Bundestagsmandate gewinnen konnte, waren seither Koalitionsregierungen notwendig. Neben den Parteien nehmen Interessenverbände Einfluß auf die individuelle Meinungs- und die polit. Willensbildung. Wichtigste Spitzenverbände sind der Bundesverband der Deutschen Industrie e. V.

Deutschland

Fläche:	356 959 km²
Einwohner:	80,975 Mio.
Hauptstadt:	Berlin
Amtssprache:	Deutsch
National-feiertag:	3. 10.
Währung:	1 Deutsche Mark (DM) = 100 Deutsche Pfennig
Zeitzone:	MEZ

Deutschland

Staatsflagge

Staatswappen

81,0   23030

7401

1970 1992   1970 1992
Bevölkerung   Bruttosozial-
(in Mio.)   produkt je E
(in US-$);
nur alte
Bundesländer

□ Stadt   Land □

14%
86%

Bevölkerungsverteilung
1992

■ Industrie
■ Landwirtschaft
□ Dienstleistung

37%   62%
1%

Bruttoinlandsprodukt
1992

Deutschland

(BDI), der Deutsche Industrie- und Handelstag (DIHT) sowie die Bundesvereinigung der Deutschen Arbeitgeberverbände e. V. (BDA), denen als zentrale Organisationen der Arbeitnehmer der ↑Deutsche Gewerkschaftsbund (DGB) sowie die Deutsche Angestellten-Gewerkschaft (DAG) und der Deutsche Beamtenbund (DBB) u. a. kleinere Organisationen gegenüberstehen.

Rechtswesen: Durch die Verankerung des Rechtsstaatsprinzips wird in D. staatl. Handeln den Gesetzen unterworfen und durch eine umfassende Rechtsschutzgarantie und durch die Unabhängigkeit der Gerichte sichergestellt. Es besteht die Möglichkeit, zur Überprüfung polit. Entscheidungen und Vereinigungen auf ihre Verfassungsmäßigkeit hin das ↑Bundesverfassungsgericht anzurufen. Seit 1949 wurden die größtenteils Ende des 19. Jh. kodifizierten Gesetze den neuen Bestimmungen des GG angepaßt.

Landesverteidigung: ↑Bundeswehr.

Deutschland.
Außenminister Hans-Dietrich Genscher, Hannelore Kohl, Bundeskanzler Helmut Kohl und Bundespräsident Richard von Weizsäcker (von links nach rechts) auf der Freitreppe des Berliner Reichstags am 3. Oktober 1990 kurz nach Mitternacht

Landesnatur: D. hat Anteil an vier Naturräumen: Norddt. Tiefland, Mittelgebirgsschwelle, Alpenvorland und Alpen. Das Norddt. Tiefland umfaßt die Marschen und die Geest. Mit weiten Buchten (Niederrhein. Tiefland, Münsterland, Leipziger Tieflandsbucht) greift es in den Niederungen von Rhein, Ems und Weser tief in die Mittelgebirgsschwelle ein, deren Nordfuß mächtige Lößaufwehungen (Bördenzone) besitzt. An die Ostseeküste schließt das Jungmoränengebiet des Balt. Höhenrückens mit zahlr. Seen

(Mecklenburg. Seenplatte) an. Nach S geht es in das Altmoränenland mit Niederungen, Urstromtälern und Hochflächen über. Der südl. Landrücken mit dem Erdmoränenzug des Fläming begrenzt diesen Raum. Die Mittelgebirge zerfallen in eine Vielzahl kleiner Landschaftseinheiten. Einen zusammenhängenden Gebirgskörper bildet das beiderseits des Mittelrheins gelegene Rhein. Schiefergebirge. Ihm gliedern sich im O das Hess., das Weser- und das Leinebergland sowie der Harz, der Thüringer Wald und das Fichtelgebirge an. Die östl. Gebirgsumrandung reicht vom Elstergebirge über das Erzgebirge mit dem Fichtelberg (1214 m) bis zum Elbsandsteingebirge mit dem Durchbruchstal der Elbe, im S bis zum Böhmerwald mit dem Oberpfälzer und Bayer. Wald. Von den östl. Randhöhen des Oberrheingrabens (Spessart, Odenwald, Schwarzwald) erstreckt sich eine Schichtstufenlandschaft bis hin zur Donau und zum Bayer. Wald im O. Jenseits des Rheins findet sie ihre Fortsetzung im Pfälzer Wald. Zw. der Schwäb. Alb, dem Bayer. Wald und den Nördl. Kalkalpen, mit der Zugspitze (2962 m) als höchstem Berg D., erstreckt sich der westl. Teil des Alpenvorlandes. Donau, Rhein, Weser und Elbe mit ihren Nebenflüssen entwässern Deutschland. Das Klima ist feucht-gemäßigt, wobei der W des Landes stärkeren ozean. Einflüssen unterliegt, der mitteldt. Raum hingegen bereits kontinentale Züge aufweist. Niederschläge fallen zu allen Jahreszeiten. Das Temperaturmaximum liegt im Juli, das Minimum im Januar. D. liegt in der Zone der sommergrünen Laubwälder. Im N herrschen Eichen-Birken-Wälder vor. Von Menschen zerstörte Waldgebiete werden heute v. a. von Nutzland und Heide eingenommen (Lüneburger Heide). Die Waldgebiete der Mittelgebirge sind mit Mischwäldern und reinen Laub- und Nadelwaldbeständen bestockt. Die Mischwälder setzen sich in den Nördl. Kalkalpen fort mit Buche, Bergahorn und Fichte, die bis zur natürl. Waldgrenze bei etwa 1800 m immer stärker in den Vordergrund tritt. Über 1800 m folgen

Deutschland. Karte von Deutschland ▶
(die Landeshauptstädte sind rot unterstrichen)

Deutschland

Deutschland-
Übersicht

Nordsee

Nordfries. Inseln

Sylt

Ostsee

Helgoland

Ostfries. Inseln

Fehmarn

Rügen

Usedom

Schleswig-Holstein

Flensburg
Husum · Schleswig
Rendsburg · ◼ Kiel
Heide · Neumünster · Eutin
Itzehoe
Gr. Plöner See
Schwerin See

Mecklenburg-Vorpommern

Bad Doberan · Rostock
Stralsund
Bergen
Grimmen · Greifswald
Demmin · Anklam

Cuxhaven
Wilhelmshaven
Wittmund · Jever
Aurich · Emden
Leer (Ostfriesland)
Nordhorn · Meppen

Bremerhaven
Brake (Unterweser)
Osterholz-Scharmbeck
Oldenburg (Oldenburg)
Delmenhorst
Westerstede

Stade · Pinneberg
Bad Oldesloe
Hamburg · Ratzeburg
Lübeck

Grevesmühlen
Wismar · Schwerin
Güstrow
Parchim · Waren (Müritz)
Ludwigslust
Neubrandenburg
Neustrelitz
Pasewalk
Prenzlau

Hamburg

Bremen

Niedersachsen

Vechta · Diepholz
Steinhuder Meer
Nienburg (Weser)
Verden (Aller)
Celle · Uelzen
Lüchow · Salzwedel
Lüneburg

Perleberg
Rathenow
Stendal
Eberswalde
Neuruppin
Seelow

Brandenburg

Berlin

Berlin
Brandenburg an der Havel
◼ Potsdam
Frankfurt (Oder)
Oder-Spree-Kan.

Nordrhein-Westfalen

Bocholt · Kleve
Wesel · Recklinghausen
Oberhausen · Bottrop · Dortmund
Duisburg · Essen · Bochum · Hamm
Krefeld · Wuppertal · Hagen
Mönchengladbach · Remscheid
Düsseldorf · Lüdenscheid
Köln · Leverkusen
Aachen · Düren · Siegburg
Euskirchen · Bonn · Siegen

Steinfurt · Münster
Osnabrück · Bielefeld · Gütersloh
Herford · Detmold
Paderborn · Höxter
Arnsberg

Minden
Hannover · Hildesheim
Braunschweig · Salzgitter
Wolfsburg
Hamelin · Hameln
Herford

Sachsen-Anhalt

Magdeburg
Halberstadt · Zerbst
Quedlinburg · Dessau
Wittenberg

Belzig
Luckenwalde
Beeskow
Lübben (Spreewald)
Forst (Lausitz)
Senftenberg · Cottbus
Herzberg (Elster)
Torgau · Hoyerswerda
Riesa · Meißen · Bautzen
Döbeln · Görlitz
Dresden · Pirna
Zittau

Hessen

Kassel · Göttingen
Northeim · Goslar
Eschwege
Homberg (Efze)
Bad Hersfeld
Marburg · Gießen
Limburg a.d. Lahn
Montabaur · Friedberg (Hessen)
Fulda

Thüringen

Nordhausen
Sondershausen
Mühlhausen / Thüringen
Gotha · Weimar
Eisenach · Jena
◼ Erfurt · Gera · Altenburg
Suhl · Greiz
Saalfeld / Saale · Zwickau
Schleiz · Plauen
Hildburghausen · Aue
Oelsnitz · Chemnitz

Halle (Saale)
Naumburg (Saale)
Leipzig · Grimma

Sachsen

Rheinland-Pfalz

Bad Neuenahr-Ahrweiler
Daun · Cochem
Bitburg · Wittlich
Trier · Koblenz
Bad Kreuznach
Wiesbaden · Mainz
Frankfurt am Main
Hanau · Offenbach am Main
Darmstadt · Aschaffenburg
Alzey · Erbach · Miltenberg
Worms · Tauberbischofsheim

Saarland

St. Wendel
Saarlouis · Neunkirchen
◼ Saarbrücken

Kaiserslautern
Neustadt a.d. Weinstraße
Pirmasens · Landau i.d. Pfalz

Pfalz

Mannheim · Heidelberg
Speyer · Heilbronn
Künzelsau · Schwäb. Hall
Karlsruhe

Baden-Württemberg

Pforzheim · Ludwigsburg
Stuttgart · Esslingen a. Neckar
Rastatt · Aalen
Baden-Baden · Sindelfingen · Schwäb. Gmünd
Göppingen
Offenburg · Tübingen · Reutlingen
Ulm · Neu-Ulm
Emmendingen · Balingen
Rottweil
Villingen-Schwenningen
Freiburg im Breisgau
Sigmaringen · Biberach an der Riß
Waldshut-Tiengen · Ravensburg
Konstanz · Friedrichshafen
Lörrach

Bodensee

Bayern

Coburg · Kronach · Hof
Lichtenfels · Kulmbach
Schweinfurt · Bamberg · Bayreuth · Wunsiedel
Bad Kissingen
Bad Neustadt a.d. Saale
Würzburg · Kitzingen
Weiden i.d. OPf.
Erlangen · Amberg
Fürth · Nürnberg · Schwandorf
Ansbach · Neumarkt i.d.OPf. · Cham
Weißenburg i. Bay. · Regensburg · Regen
Kelheim · Deggendorf
Donauwörth · Straubing
Ingolstadt · Passau
Augsburg · Freising · Landshut · Pfarrkirchen
Dachau · Erding · Altötting
Landsberg a. Lech · München
Memmingen · Weilheim i. OB.
Kaufbeuren · Rosenheim · Traunstein
Kempten (Allgäu) · Chiemsee
Sonthofen · Garmisch-Partenkirchen · Berchtesgaden

Ammersee
Starnberger See
Chiemsee

Legende:
— Staatsgrenze
— Landesgrenze
— Regierungsbezirks-grenze
— Stadt- oder Landkreisgrenze
□ Sitz des Regierungs-Präs.
◼ Landeshauptstadt
▣ Landeshauptstadt u. Sitz des Reg.-Präs.

0 25 50 75 km

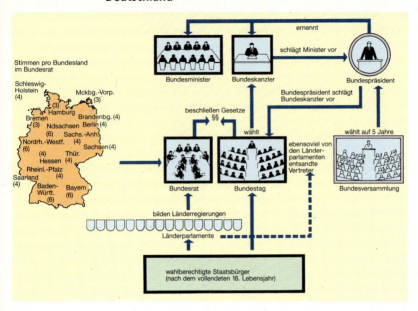

Stimmen pro Bundesland
im Bundesrat

Schleswig-Holstein (4)
Mckbg.-Vorp. (3)
Hamburg (3)
Bremen (3)
Brandenbg. (4)
Ndsachsen (6)
Berlin (4)
Sachs.-Anh. (4)
Nordrh.-Westf. (6)
Thür. (4)
Sachsen (4)
Hessen (4)
Rheinl.-Pfalz (4)
Saarland (4)
Baden-Württ. (6)
Bayern (6)

ernennt

Bundesminister
Bundeskanzler
schlägt Minister vor
Bundespräsident

Bundespräsident schlägt
Bundeskanzler vor

beschließen Gesetze §§

wählt

wählt auf 5 Jahre

Bundesrat
Bundestag
ebensoviel von
den Länder-
parlamenten
entsandte
Vertreter
Bundesversammlung

bilden Länderregierungen

Länderparlamente

wahlberechtigte Staatsbürger
(nach dem vollendeten 18. Lebensjahr)

Deutschland. Schematische Darstellung des politischen Systems

Krummholzgürtel, Zwergstrauchstufe und alpine Matten.

Bevölkerung: Die Bev. besteht zu über 90 % aus Deutschen; unter den (1993) 6,9 Mio. Ausländern (8,5 % der Bev.) stellen die Türken (1,91 Mio.) und die Staatsangehörigen aus dem ehem. Jugoslawien (1,23 Mio.) die stärksten Gruppen. Einheim. ethn. Minderheiten bilden die ↑Sorben in der Ober- und Nieder-Lausitz sowie die Dänen in Schleswig. Bis Ende der 1960er Jahre zeigte die Bevölkerungsentwicklung in der BR Deutschland eine positive Bilanz, bis 1961 (Bau der Berliner Mauer) bedingt durch Zuwanderung aus der DDR und konjunkturbedingte Zuwanderung ausländ. Arbeitnehmer. Die Bevölkerungsabnahme nach 1973 läßt sich auf die Abwanderung ausländ. Arbeitnehmer und die Geburtenabnahme zurückführen; 1976 ergab sich erstmals keine weitere Abnahme der Geburtenrate. Wirtschaftl. und städt. Ballungsräume sind das Ruhrgebiet, die Räume Halle-Leipzig, Chemnitz-Zwickau und Dresden, das Rhein-Neckar-Gebiet, das Rhein-Main-Gebiet, Stuttgart, Hannover, München und Nürnberg/Fürth. 35,2 % der Bevölkerung sind röm.-kath., 45,4 % der Bevölkerung protestantisch; daneben leben in D. rd. 1,7 Mio. Muslime und 33 000 Juden. Das Bildungswesen unterliegt der Kulturhoheit der Länder. Die allg. Schulpflicht beträgt je nach Bundesland neun bzw. zehn Jahre. D. verfügt über mehr als 300 Hochschulen, darunter 104 Univ. (einschließlich Gesamthochschulen, TU und TH).

Wirtschaft, Verkehr: Nach seinem Bruttosozialprodukt steht D. an vierter Stelle in der Welt. Mit der Umstrukturierung der Rechts-, Wirtschafts- und Sozialordnung in den neuen Bundesländern nach 1990 ergaben sich – trotz zahlr. Bemühungen um einen sozial verträgl. Ablauf dieses Prozesses – schwerwiegende Probleme, insbesondere eine stark anwachsende Arbeitslosigkeit infolge Umstellung oder Liquidation von Betrieben in Ind. und Landwirtschaft (↑Treuhandanstalt). Weitere

Schwierigkeiten erwuchsen aus unge-klärten Eigentumsfragen auch in Ver-bindung mit dem Grundsatz »Rückgabe vor Entschädigung« und durch den Zu-sammenbruch der Ostmärkte (Auflö-sung des RGW 1991). In den westl. Bundesländern weist die regionale wie auch die sektorale Entwicklung erhebl. Wachstumsunterschiede auf.

Zur Entstehung des Bruttoinlandspro-dukts 1992 trugen die Land- und Forst-wirtschaft sowie die Fischerei nur noch zu 1,2 % bei. Die Eigenversorgung ist bei Fetten, Zucker und Frischmilch ge-sichert, bei Weizen und Kartoffeln be-trägt sie jeweils 90 %. Angebaut werden Weizen, Gerste, Hafer, Roggen, Zuk-kerrüben, Futterrüben, Kartoffeln, Hopfen, Gemüse, Obst und Wein. Bergbau, Energiewirtschaft, verarbei-tende Industrie und Baugewerbe er-brachten 1992 36,7 % des Brutto-inlandsprodukts. Abgebaut werden Stein- und Braunkohle, Schwerspat, Kalisalze sowie Eisen-, Blei- und Zink-erz. Die Erdöl- und Erdgasförderung ist unbedeutend. Am industriellen Ge-samtumsatz gemessen ergibt sich fol-gende Reihenfolge: Maschinenbau (mit Fahrzeugbau), Nahrungs- und Genuß-mittel-Ind., chem. Ind., elektrotechn. Ind., Mineralölverarbeitung sowie Tex-til- und Bekleidungsindustrie. Wichtig-ste Exportprodukte sind nichtelektr. Maschinen, Fahrzeuge, chemische Er-zeugnisse, elektrische Maschinen, Ap-parate und Geräte, Eisen und Stahl, Garne, Gewebe, Textilwaren, Beklei-dung, Kunststoffe und Kunstharze. Das Eisenbahnnetz betrug (1993) 40 457 km, das Straßennetz des überörtl. Verkehrs hatte (1992) 226 282 km (10 955 km Au-tobahnen). Wichtigste Binnenwasser-straße ist der Rhein, seine wichtigsten Binnenhäfen sind Duisburg, Köln, Mannheim, Ludwigshafen und Karls-ruhe. Etwa ein Drittel der Binnenschiff-fahrt entfällt auf künstliche Wasserstra-ßen. Größte Überseehäfen sind Ham-burg, Wilhelmshaven, Bremen, Ro-stock. Internat. ✈ sind Frankfurt am Main, Düsseldorf, Köln/Bonn, Mün-chen, Berlin, Hamburg, Hannover und Stuttgart.

Geschichte: ↑deutsche Geschichte.

Deutschlandlied, auf Helgoland ge-dichteter Text (»Deutschland, Deutsch-land über alles...«) von A. H. Hoffmann von Fallersleben (1841), verbunden mit der Melodie von J. Haydn (1797; [spä-tere] Kaiserhymne »Gott erhalte Franz den Kaiser«). 1922 zur dt. National-hymne erklärt (1933–45 nur in Verbin-dung mit dem Horst-Wessel-Lied ge-spielt), in der BR Deutschland wird seit 1952 als offizielle Hymne die 3. Strophe (»Einigkeit und Recht und Freiheit...«) gesungen. – Abb. S. 742.

Deutschland. Verwaltungsgliederung (Stand 1992)			
Land	km²	E in 1 000	Hauptstadt
Baden-Württemberg	35 751	10 149	Stuttgart
Bayern	70 554	11 770	München
Berlin	889	3 466	Berlin
Brandenburg	29 476	2 543	Potsdam
Bremen	404	686	Bremen
Hamburg	755	1 689	Hamburg
Hessen	21 114	5 923	Wiesbaden
Mecklenburg-Vorpommern	23 421	1 865	Schwerin
Niedersachsen	47 438	7 578	Hannover
Nordrhein-Westfalen	34 072	17 679	Düsseldorf
Rheinland-Pfalz	19 846	3 881	Mainz
Saarland	2 570	1 084	Saarbrücken
Sachsen	18 408	4 641	Dresden
Sachsen-Anhalt	20 443	2 797	Magdeburg
Schleswig-Holstein	15 732	2 680	Kiel
Thüringen	16 176	2 546	Erfurt

Deutschlandlied.
Autograph August Heinrich von Fallerslebens vom 26. August 1841

DeutschlandRadio, dt. Rundfunkanstalt des öffentl. Rechts, gegr. durch Staatsvertrag vom 17. 6. 1993 zw. dem Bund und den Ländern; faßt die Hörfunkanstalten Deutschlandfunk, Deutschlandsender Kultur (DS Kultur) und RIAS Berlin seit 1. 1. 1994 zusammen; getragen von ARD und ZDF.

Deutschlandsender, 1) ab 1928 Bez. für das Abendprogramm der Deutschen Welle mit repräsentativen Beiträgen der regionalen Rundfunkgesellschaften, von 1931–45 Langwellendienst der Reichs-Rundfunk-Gesellschaft zur Verbreitung eines Reichsprogramms.
2) ab 1948 Sendergruppe des Staatl. Komitees für Rundf. beim Ministerrat der ehemaligen DDR; hieß ab 1971 »Stimme der DDR«, 1991–93 »D. Kultur«.

Deutschlandvertrag, Vertrag über die Beziehungen zw. der BR Deutschland und den drei westl. Besatzungsmächten, abgeschlossen am 26. 5. 1952 in Bonn, in Kraft getreten mit dem Beitritt der BR Deutschland zur NATO am 5. 5. 1955. Der D. gab der BR Deutschland die Rechte eines souveränen Staates (eingeschränkt durch die Besatzungsvorbehalte). Er wurde ergänzt durch den *Truppenvertrag* (Rechte und Pflichten der ausländ. Streitkräfte), den *Finanzvertrag* (Unterhalt dieser Streitkräfte) sowie den *Überleitungsvertrag* (Regelung aus Krieg und Besatzung entstandener Fragen).

Deutsch Langhaar, Rasse bis 70 cm schulterhoher, kräftiger, langhaariger Jagdhunde (Gruppe Vorstehhunde) mit langgestrecktem Kopf, Schlappohren und lang behaartem Schwanz; Fell meist einfarbig braun oder weiß mit braunen Platten oder Flecken.

Deutschleder, schweres Baumwollgewebe, ↑Moleskin.

Deutschmeister ↑Deutscher Orden.

deutschnationale Bewegung, Bez. für die v. a. am dt. Nationalgedanken ausgerichteten polit. Gruppen in Österreich-Ungarn, die nach 1866/71 radikalisierte nat. Vorstellungen vertraten.

Deutschnationale Volkspartei, Abk. **DNVP,** im Nov. 1918 als Sammelbecken verschiedener antiparlamentar. und antisemit. Gruppierungen gegr. nat.-konservative Partei; forderte die Wiederherstellung der Monarchie und den Wiedererwerb von Kolonien. 1924–28 stärkste bürgerl. Reichstagsfraktion; 1931 unter Führung Hugenbergs Bündnis mit Hitler (Harzburger Front); nach dem Eintritt in das Kabinett Hitler im Jan. 1933 Selbstauflösung im Juni 1933.

Deutsch-Ostafrika ↑deutsche Kolonien.

Deutschösterreich, Bez. für das dt. Siedlungsgebiet in der zisleithan. Hälfte Österreich-Ungarns: Nieder-, Oberösterreich, Salzburg, Vorarlberg, Tirol, Kärnten und Steiermark.

Deutsch-Polnischer Grenzvertrag, im Zusammenhang mit dem Beitritt der DDR zur BR Deutschland und dem Zwei-plus-vier-Vertrag am 14. 11. 1990 in Warschau abgeschlossener Vertrag zw. Polen und der BR Deutschland. Der D.-P. G. bestätigt die im Görlitzer Abkommen vom Juli 1950 und dessen Folgevereinbarungen zw. der DDR und Polen getroffenen Grenzmarkierungen an Oder und Neiße. Der Grenzverlauf wird von beiden Vertragspartnern als unverletzlich betrachtet, beide Seiten verpflichten sich zur Wahrung der territorialen Integrität und verzichten auf gegenseitige Gebietsansprüche.

Deutsch-Polnischer Nichtangriffspakt, von Hitler herbeigeführtes Verständigungsabkommen vom 26. 1. 1934, das die Vertragspartner zunächst auf zehn Jahre zum direkten friedl. Ausgleich der dt.-poln. Differenzen verpflichtete; von Hitler am 28. 4. 1939 gekündigt.

Deutsch-Polnischer Vertrag (Warschauer Vertrag), im Zusammenhang mit dem Dt.-Sowjet. Vertrag am 7. 12. 1970 unterzeichneter und am 3. 6. 1972 in Kraft getretener Vertrag über »die Grundlagen der Normalisierung« der Beziehungen zw. der BR Deutschland und Polen, demzufolge bei einer Gewaltverzichtsklausel die Oder-Neiße-Linie die »westl. Staatsgrenze der VR Polen« bildet, und in dem u. a. die »Unverletzlichkeit« der »bestehenden Grenzen« der beiden Staaten »jetzt und in der Zukunft« bekräftigt wird. Trat nach der Ratifizierung durch den Bundestag am 3. 6. 1972 in Kraft.

Deutsch-Sowjetischer Nichtangriffspakt, am 23. 8. 1939 in Moskau für zehn Jahre abgeschlossener und sofort in Kraft gesetzter Vertrag mit geheimem Zusatzprotokoll; beinhaltete auch wechselseitige Neutralität bei einem Angriff eines der beiden Partner auf einen Dritten; im geheimen Zusatzprotokoll Möglichkeit der Teilung Polens, der Einbeziehung Finnlands, Estlands, Lettlands und Bessarabiens in die sowjet., der Litauens mit Wilna in die dt. Macht- und Interessensphäre; erleichterte Hitler die Entfesselung des 2. Weltkriegs und öffnete der UdSSR den Weg nach M-Europa; mit dem Überfall auf die UdSSR am 22. 6. 1941 von Deutschland gebrochen.

Deutsch-Sowjetischer Vertrag (Moskauer Vertrag), am 12. 8. 1970 in Moskau im Zuge der Entspannungspolitik abgeschlossener, 1972 in Kraft getretener Vertrag zw. der BR Deutschland und der UdSSR. Die Vertragspartner verpflichten sich in Übereinstimmung mit der UN-Charta zum Verzicht auf Gewaltanwendung und -androhung »in ihren gegenseitigen Beziehungen«; sie stellen fest, daß sie »die territoriale Integrität aller Staaten in Europa in ihren heutigen Grenzen uneingeschränkt«

achten, »keine Gebietsansprüche gegen irgend jemand haben und solche in Zukunft auch nicht erheben werden«. Der Vertrag bot der BR Deutschland die polit. Grundlage für den Abschluß der Verträge mit Polen, der DDR und der ČSSR sowie für das Berlinabkommen der Vier Mächte.

Deutsch-Südwestafrika ↑deutsche Kolonien.

deutschvölkische Bewegung, polit. Bewegung, die sich in verschiedenen nationalist. und antisemit. Parteien und Gruppierungen entwickelte, gegen die Weimarer Republik kämpfte u. a. für eine »germanische Erneuerung« eintrat. Die (z. T. verbotenen) Nachfolgeorganisationen der 1914 gegr. Deutschvölkischen Partei bildeten eine der Vorstufen des Nationalsozialismus.

Deutsch-Wagram, niederösterreich. Marktgemeinde 20 km nö. von Wien, 6100 E. Am 5./6. 7. 1809 Schlacht bei Wagram (↑Napoleonische Kriege).

Deutzie (Deutzia) [nach dem Amsterdamer Ratsherrn Jan van der Deutz, *1743, † 1788 (?)], Gatt. der Steinbrechgewächse mit etwa 60 Arten in O-Asien und dem südl. N-Amerika; auch Gartensträucher.

de Valera, Eamon ↑Valera, Eamon de.

Deventer, niederl. Stadt an der IJssel, 66 900 E. Museum; chem., Metallwaren- und Kunststoff-Ind.; Hafen. Spätgot. Sankt-Lebuinus-Kirche (15./ 16. Jh.; im 20. Jh. restauriert) mit roman. Krypta (11. Jh.).

Devise [lat.-frz.], Denk-, Sinn- oder Wahlspruch.

Devisen [lat.-frz.], auf fremde Währung lautende, von Inländern unterhaltene Guthaben einschließl. in fremder Währung ausgeschriebener Wechsel und Schecks, jedoch ohne ausländ. Münzen und Banknoten (Sorten). Die *Devisenbilanz* ist das Ergebnis aller Auslandsaktivitäten einer Volkswirtschaft, die sich in Leistungsbilanz, Kapitalbilanz, Rest- und Ausgleichsposten einer Zentralbank niederschlagen. Dabei ist eine aktive (passive) D.bilanz gleichbedeutend mit einer Erhöhung (Verminderung) des Bestandes einer Volkswirtschaft an internat. Zahlungsmitteln (*Devisenreserven,* Währungsreserven).

Devolutionskrieg [lat./dt.], erster Eroberungskrieg Ludwigs XIV. von

Frankreich (1667/68) mit dem Ziel, einen Teil der span. Niederlande zu annektieren; ben. nach dem sog. Devolutionsrecht (erbrechtl. Vorrecht der Kinder aus erster Ehe). Ludwig XIV. mußte sich im Aachener Frieden 1668 mit Eroberungen im Hennegau und in Flandern begnügen.

Devon [nach der engl. Gft. Devonshire], geolog. System des Erdaltertums (↑Geologie, Übersicht, Erdzeitalter).

devot [lat.], ganz und gar unterwürfig.

Devotionalien [lat.], Gebrauchsgegenstände der persönl. Frömmigkeit, z. B. Heiligenbildchen, Kerzen, Rosenkränze.

Dewanagari [Sanskrit], ↑indische Schriften.

Dewar, Sir James ['dju:ə], *Kincardine of Forth 20.9. 1842, † London 27.3. 1923, brit. Chemiker und Physiker. Verspiegelte das von A. F. Weinhold hergestellte Vakuummantelgefäß (Thermosflasche) zur Aufbewahrung tiefgekühlter Materialien.

Dewey, John [engl. 'dju:ɪ], *Burlington (Vt.) 20. 10. 1859, † New York 1. 6. 1952, amerikan. Philosoph, Pädagoge und Psychologe. Protagonist des amerikan. Pragmatismus: Denken und Wiss. sind demokratiebezogene Mittel zur sozialbezogenen Problem- und Lebensbewältigung. In der Psychologie war er Mitbegründer des ↑Funktionalismus.– *Werke:* Demokratie und Erziehung (1916), Die menschl. Natur (1922).

John Dewey

Dextrine [lat.], höhermolekulare Kohlenhydrate; entstehen beim unvollständigen Abbau von Stärke, Zellulose u. a. Polysacchariden.

Dextrose [lat.], svw. ↑Glucose.

Dezember [lat., zu decem »zehn«], der 12. Monat des Jahres mit 31 Tagen; urspr. der 10. Monat der röm. Jahresordnung.

Dezemvirn [lat.], im antiken Rom Beamten- oder Priesterkollegium von zehn Mgl.; bes. das 451 v. Chr. zur Aufzeichnung des Zwölftafelgesetzes eingesetzte Kollegium.

Dezennium [lat.], Jahrzehnt.

dezent [lat.], zurückhaltend, unauffällig.

Dezentralisation, die Übertragung von staatl. Verwaltungsaufgaben auf Körperschaften mit Selbstverwaltungsrecht, z. B. auf örtl. Behörden.

Dezernat [lat.], Teil einer Behörde mit bes. Sachzuständigkeit; von einem *Dezernenten* geleitet.

Dezi... ↑Vorsatzzeichen.

Dezibel [...'bɛl, ...'be:l] ↑Bel.

dezidiert [lat.], entschieden, bestimmt.

Dezimalbruch, Bruch, dessen Nenner 10 oder eine Potenz von 10 ist; z. B. $^3/_{10}$, $^9/_{1000}$. Man kann ihn mit Hilfe eines Kommas als Dezimalzahl schreiben (z. B. 0,3; 0,009).

Dezimalen [lat.], die Stellen einer Dezimalzahl rechts vom Komma.

Dezimalsystem (dekad. System, Zehnersystem), Stellenwertsystem auf der Basis »Zehn«, in dem die Zahlen mit Hilfe der zehn Zahlzeichen (Ziffern)

$$0, 1, 2, 3, 4, 5, 6, 7, 8, 9$$

dargestellt werden; jede dieser Ziffern hat außer ihrem Eigenwert *(Ziffernwert)* noch einen von ihrer Stellung abhängigen *Stellenwert;* diese Stellenwerte nehmen von rechts nach links jeweils um den Faktor »Zehn« zu; ganz rechts stehen (bei ganzen Zahlen) die Einer, z. B.

$$20\,457 = 7 \cdot 1 + 5 \cdot 10 + 4 \cdot 100 \\ + 0 \cdot 1\,000 + 2 \cdot 10\,000.$$

Die dezimale Schreibweise kann man auf alle reellen Zahlen ausdehnen; man setzt dazu von rechts von den Einern ein Komma und schreibt die Bruchteile der Zahlen als Zehntel, Hundertstel usw. auf der ersten, zweiten usw. Stelle rechts vom Komma; z. B.

$$5,708 = 5 \cdot 1 + 7 \cdot 10^{-1} + 0 \cdot 10^{-2} \\ + 8 \cdot 10^{-3}$$

Dezimalzahl, Zahl des dezimalen Zahlensystems (↑Dezimalsystem).

Dezime [lat.], 1) *Literatur:* (span.) Strophenform aus zehn trochäischen Vierhebern.
2) *Musik:* Intervall von 10 diaton. Stufen (Oktave und Terz).

Dezimeterwellen, elektromagnet. Wellen mit Wellenlängen zw. 1 m und 10 cm bzw. mit Frequenzen zw. 300 MHz und 3 GHz (Ultrahochfrequenz, UHF); sie werden v. a. bei Fernsehübertragungen und beim Radar verwendet.

Dezisionismus [lat.], Weigerung, das eigene unbedingte Wollen (ethisch oder rechtlich) zu begründen.

DFB, Abk. für ↑Deutscher Fußball-Bund.

Dhaka. Prunkgrabmal der Bibi Pari (gestorben 1684)

DFG, Abk. für ↑Deutsche Forschungsgemeinschaft e. V.

DGB, Abk. für ↑Deutscher Gewerkschaftsbund.

Dhahran [dax'ra:n], Stadt in Saudi-Arabien, am Pers. Golf, 40 000 E. Hochschule für Erdöl- und Montan-Wiss., Erdölzentrum; internat. ✈.

Dhaka (früher Dacca), Hauptstadt von Bangladesh, im Ganges-Brahmaputra-Delta, 4,47 Mio. E. Zwei Univ., TU, Forschungsinstitute, Museen. Ind.- und Wirtschaftszentrum, größter Binnenhafen des Landes; internat. ✈. Bed. Bauten sind u. a. das unvollendete Fort (17. Jh.), die Kleine und Große Karawanserei (17. Jh.); zahlr. Moscheen.

Dharma [Sanskrit »Halt, Gesetz«] (Pali Dhamma), zentraler mehrdeutiger Begriff der ind. Religionen und Philosophie: tragendes Prinzip; Wahrheit, Lehre, Gesetz u. a.; im Buddhismus: Lehre des Buddha und Daseinselement.

d'Hondtsches Höchstzahlverfahren (d'Hondtsches System) [niederl. tɔnt], von dem Prof. der Rechtswissenschaft an der Univ. Gent, Victor d'Hondt (* 1841, † 1901), entwickelter Berechnungsmodus für die Verteilung der Sitze in Vertretungskörperschaften (Parlamenten o. ä.) bei der Verhältniswahl. Seit 1985 gilt für die Bundestagswahlen in der BR Deutschland das ↑Hare-Niemeyer-Verfahren.

Dia, Kurzwort für Diapositiv.

dia..., Dia... (di..., Di...) [griech.], Vorsilbe mit der Bedeutung »durch, hindurch, zwischen, auseinander«.

Diabas [griech.], dem Basalt entsprechendes altes Ergußgestein; Hauptbestandteile: Plagioklas und Augit, durch Chloritisierung grünlich gefärbt.

Diabetes [griech.], oft Kurz-Bez. für *Diabetes mellitus* (↑Zuckerkrankheit); **Diabetiker,** an Zuckerkrankheit Leidender.

Diabolus [griech.], der ↑Teufel.

Diachronie [griech.], Darstellung der histor. Entwicklung einer Sprache; Ggs. ↑Synchronie.

Diadem [griech.], hinten offener Stirn- oder Kopfreif aus Edelmetall, altes Herrschafts-, Hoheits- und Siegeszeichen (urspr. ein Band).

Diadochen [griech.], Bez. für die auf Alexander d. Gr. folgenden Mgl. der ersten hellenist. Herrschergeneration (Ende der D.zeit 301 bzw. 281 v. Chr.); ihre Rivalitäten führten ab 323 zu den *Diadochenkriegen* und zur Schaffung voneinander unabhängiger Monarchien (ab 306), der sog. *Diadochenreiche.*

Diaghilew, Sergei, * Selischtschew (Kaserne im Gouv. Nowgorod) 31. 3. 1872, † Venedig 19. 8. 1929, russischer Ballettimpresario. Gründete 1909 die in Paris und Monte Carlo stationierten »Ballets Russes«, bei deren Aufführungen bedeutende Tänzer und Choreographen (Nijinski, Balanchine), Komponisten (Debussy, Strawinski, R. Strauss, Milhaud, Prokofjew), Maler (Picasso, Matisse, Utrillo) und Autoren (Cocteau) mitwirkten.

Diagnose [griech.], *Medizin:* das Erkennen einer Krankheit durch den Arzt.

Diagonale

Diagonale [griech.], im Vieleck (Polygon) die Verbindungsstrecke zweier nicht benachbarter Ecken; bei Vielflächnern (Polyedern) unterscheidet man *Raum-D.*, durch das Innere eines Körpers verlaufende Verbindungslinien zweier Ecken, und *Flächen-D.*, die D. einer Begrenzungsfläche.

Diagramm [griech.], graph. Darstellung von Größenverhältnissen in leicht überblickbarer Form.

Diakon ['di:ako:n; griech.], im NT und in der altchristl. Kirche dem Bischof untergeordneter Gehilfe beim Gottesdienst und Armenpfleger; seit dem MA nur ein Weihegrad. Seit der Reformation erfolgte in den ev. Kirchen eine Neubelebung des diakon. Amtes (heute Tätigkeit v. a. in der kirchl. Sozial- und Jugendarbeit). In der kath. Kirche ist der D. befugt, alle liturg. Handlungen vorzunehmen, mit Ausnahme der dem geweihten Priester vorbehaltenen Eucharistiefeier und der Spendung des Bußsakraments. Nach dem 2. Vatikan. Konzil wurde das Amt des D. erneuert: Es können nun auch verheiratete Männer (mindestens 35 Jahre alt) zum D. geweiht werden.

Diakonisches Werk der Evangelischen Kirche in Deutschland e. V., 1957 durch Fusion von Hilfswerk der EKD (gegr. 1945) und Innerer Mission (gegr. 1849 als »Centralausschuß für Innere Mission der dt. ev. Kirche«) entstanden. Aufgaben: Gemeindediakonie; Anstaltsdiakonie; ökumen. Diakonie: Dienste in Übersee, »Brot für die Welt« usw.; Sitz Stuttgart.

Diakonisse [griech.], sozialpflegerisch ausgebildete, in Schwesterngemeinschaft lebende Frau.

diakritisches Zeichen (Diakritikum), Zeichen über oder unter einem Buchstaben (auch innerhalb eines Buchstabens); z. B. Akut (é), Gravis (è), Zirkumflex (ê).

Dialekt [griech.], Mundart. ↑deutsche Mundarten.

Dialektdichtung ↑Mundartdichtung.

Dialektik [griech.], eigtl. die »Kunst der Unterredung«, die Logik des Widerspruchs oder die Methode des krit., Gegensätze bedenkenden Philosophierens, die im Verlauf der Philosophiegeschichte unterschiedl. Bestimmungen erfuhr.

dialektischer Materialismus ↑Marxismus, ↑Materialismus.

dialektische Theologie, theolog. Richtung im Protestantismus, die nach dem 1. Weltkrieg u. a. von den Theologen K. Barth, E. Brunner und R. Bultmann begründet wurde. Im Anschluß an die Existenzphilosophie S. Kierkegaards wird der unaufhebbare Gegensatz zw. Gott und Mensch, Zeit und Ewigkeit hervorgehoben. Die Überschreitung dieser Grenze, vor die sich der Mensch gestellt sieht, ist ihm weder durch Anstrengung seines Intellekts noch durch eth. Vervollkommnung möglich.

Dialog [griech.], das in Frage und Antwort, Rede und Gegenrede geführtes Gespräch im Unterschied zum ↑Monolog. Als *literar. Gestaltungselement* ist der D. v. a. für das Drama charakteristisch. In der Epik gehört der D. zu den Grundformen des Erzählens.

Dialyse [griech.], 1) *Chemie:* Abtrennung niedermolekularer Stoffe von hochmolekularen aus Lösungen mit Hilfe einer semipermeablen Membran: in der *Dialysierzelle* ist die Lösung durch das *Diaphragma* vom vorbeifließenden Wasser getrennt; die niedermolekularen Stoffe diffundieren ins Wasser, die hochmolekularen bleiben zurück.

2) *Medizin:* svw. Blutwäsche, ↑künstliche Niere.

Diamant [griech.], härtestes und sehr wertvolles Mineral, chem. die kub. Modifikation reinen Kohlenstoffs; Mohshärte 10; Dichte $3,47-3,56$ g/cm³. Die wertvollsten D. sind völlig durchsichtige, farblose und stark lichtbrechende Kristalle; auch bräunl., grau, grünl., seltener blau oder rot angefärbt; die bekanntesten sind die dunkelgrau bis schwarz gefärbten sog. *Karbonados.* Die Gewichtseinheit ist das *Karat* (1 Kt = 200 mg). Der größte bisher gefundene (für Schmuckzwecke geeignete) Roh-D. (Cullinan-D.) wog 3 106 Karat. – Zur Verwendung als Schmuckstein erhält der D. Brillantschliff (↑Brillant), wonach ihn starke Lichtbrechung und funkelnder Glanz auszeichnen. Ca. 95 % der natürl. D. können nur als Bohr- und Schleifmaterial *(Bort)* verwendet werden. *Synthet. D.* (künstl. D. bzw. Bortkristalle) werden aus Graphit bei hohen Temperaturen (3 000 °C) und höchsten Drücken (100 000 atm, rd. 10 GPa)

Stabdiagramm

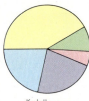

Kreisdiagramm

Diagramm

Diakonisches Werk der Evangelischen Kirche in Deutschland e. V.

hergestellt; Höchstgewicht 0,1 Karat (=20 mg).

Diamantbarsche, Gatt. bis etwa 10 cm langer Sonnenbarsche in klaren Gewässern des östl. und sö. N-Amerikas; Kaltwasseraquarienfisch.

diametral [griech.], an den Endpunkten eines Durchmessers durch einen Kreis oder eine Kugel gelegen; entgegengesetzt, gegenüberliegend.

Diana, röm. Göttin der Jagd, der griech. Artemis gleichgesetzt.

Diapause, meist erblich festgelegter, jedoch durch äußere Einflüsse (u. a. Temperaturerniedrigung, Abnahme der Tageslänge) ausgelöster Ruhezustand (stark herabgesetzter Stoffwechsel, Einstellung sämtl. äußerer Lebenserscheinungen) während der Entwicklung vieler Tiere.

Diaphragma [griech.], 1) *Chemie:* halbdurchlässige Membran, für Dialysen und Diffusionsverfahren.
2) *Anatomie:* 1. Scheidewand in Körperhöhlen; 2. svw. Zwerchfell.
3) (Scheidendiaphragma) ↑Empfängnisverhütung.

Diapositiv (Dia), transparentes photograph. Positiv zur Projektion oder Betrachtung in durchfallendem Licht.

Diaprojektor ↑Projektionsapparate.

Diärese (Diäresis) [griech.], **1)** Bez. für die getrennte Aussprache von 2 nebeneinanderstehenden, scheinbar einen Diphthong bildenden Vokalen, z. B. naiv, Zaire.
2) *Medizin:* Zerreißung eines Blutgefäßes mit Blutaustritt in die Umgebung.

Diarrhö [griech.], svw. ↑Durchfall.

Dias, Antônio Gonçalves, *Caxias (Brasilien) 10. 8. 1823, † an der brasilianischen Küste 3. 11. 1864 (Schiffsunglück), brasilian. Dichter. Bed. Lyriker der brasilian. Romantik.

Diaspora [griech.], religiöse (auch nat.) Minderheit sowie deren Situation.

Diastole [dias'to:lǝ, di:'astole; griech.], *Physiologie:* die mit der Systole rhythmisch wechselnde Erschlaffung der Herzmuskulatur.

Diät [griech.], von der übl. Ernährung abweichende Kostform, bei der die Nahrung zur Vermeidung oder Behandlung von Krankheiten den jeweiligen Erfordernissen angepaßt ist.

Diäten [lat.-frz.], finanzielle Entschädigung der Parlamentsabgeordneten. D.

gelten nicht als Entgelt oder Gehalt, sondern sind eine [zu versteuernde] pauschalierte Aufwandsentschädigung, die den Verdienstausfall ausgleichen und die Unabhängigkeit der Abg. sichern soll.

Diätetik [griech.], Lehre von der vernunftgemäßen, d. h. gesunden körperl. und seelisch-geistigen Lebensweise.

Diathermie [griech.] (Wärmedurchdringung), therapeut. Anwendung hochfrequenter Wechselströme zur intensiven Erwärmung bestimmter Gewebsabschnitte im Körperinneren, u. a. zur Schmerzbekämpfung.

Diäthyläther (Äthyläther, Äther), wichtigster Äther; Lösungsmittel; früher Narkosemittel.

Diäthylenglykol (Diglykol), farblose, süßlich schmeckende Flüssigkeit; wird u. a. als Feuchthaltemittel (z. B. für Tabak), als Lösungsmittel und als Bestandteil von Frostschutzmitteln verwendet.

Diamant.
Rohdiamant

Diatretglas.
Prunkbecher (4. Jh.)

Diatonik [griech.], die Einteilung der Oktave in fünf Ganz- und zwei Halbtonschritte, wie z. B. in der Dur- und Mollskala und in den Kirchentonarten. Intervalle, die sich aus diaton. Skalen ableiten lassen, werden *diatonische Intervalle* genannt: reine Quarte, Quinte, Oktave, große und kleine Sekunde, Terz, Sexte und Septime.

Diatretglas [griech.-lat./dt.], Prunkglas, das von einem ausgeschliffenen Glasnetz überzogen ist.

Diaz, Bartolomeu [portugies. 'diɐʃ] (Dias), *um 1450, † nahe dem Kap der Guten Hoffnung Ende Mai 1500, por-

Bartolomeu Diaz

tugies. Seefahrer. Umsegelte 1487/88 die von ihm Kap der Stürme gen. S-Spitze Afrikas (Kap der Guten Hoffnung).

Díaz del Castillo, Bernal [span. 'diað ðɛl kas'tiʎo], *Medina del Campo (Kastilien) um 1496, † Guatemala um 1584, Chronist der span. Eroberung Mexikos. Kam 1514 in die neue Welt; nahm an Eroberungszügen teil; schrieb ein bed. Werk über die Eroberung von Mexiko (1519–21) durch H. Cortes (hg. 1632).

Diazotierung [Kw.], die Umsetzung primärer aromat. Amine mit salpetriger Säure zu Diazoniumverbindungen, Zwischenprodukte bei der Herstellung der wichtigen Gruppe der Azofarbstoffe.

Dibelius, Otto, *Berlin 15. 5. 1880, † ebd. 31. 1. 1967, dt. ev. Theologe. 1933 als Mgl. der Bekennenden Kirche suspendiert; 1945–66 Bischof der Ev. Kirche von Berlin-Brandenburg, 1949–61 Vors. des Rates der EKD.

Dichotomie [griech.], **1)** *Botanik:* gabeliger Typus der Verzweigung bei Algen, Moosen und Farnen.
2) *Philosophie:* die Unterteilung eines Begriffs in ein zweipoliges Begriffspaar, z. B. Seele: Bewußtes – Unbewußtes.

Dichromasie (Dichromatopsie) [griech.] ↑Farbenfehlsichtigkeit.

Dichte, 1) *Physik:* (Massendichte, spezifische Masse) Formelzeichen ρ, der Quotient aus Masse und Volumen eines Körpers. Außer vom Material des Körpers hängt die D. auch von Druck und Temperatur ab (insbes. bei Gasen und Flüssigkeiten). SI-Einheit der D. ist kg/m³; weitere Einheiten sind g/cm³, für Gase häufig g/l. Als *Norm-D.* bezeichnet man die auf den Normzustand (0 °C; 1,01325 bar = 760 Torr) bezogene Dichte.

Dichte einiger fester und flüssiger Stoffe in g/cm³ bei 20 °C: Aluminium 2,699, Beton 1,5–2,4, Blei 11,35, Eis (bei 0 °C) 0,917, Eisen 7,86, Fette 0,90–0,95, Gold 19,3, Holz (trocken) 0,4–0,8, Quecksilber 13,54, Sand (trocken) 1,5–1,6, Schaumstoff 0,02–0,05, Uran 18,7, Wasser 0,998, Wasser (bei 4 °C) 1,000. *Normdichte einiger Gase in g/l:* Helium 0,1785, Luft 1,2930, Methan 0,7168, Sauerstoff 1,42895, Stickstoff 1,2505, Wasserstoff 0,08988.

2) *Photographie:* (Densität) Maß für die Schwärzung bzw. Anfärbung (Farbdichte) entwickelter photographischer Schichten; ausdrücklich als der Logarithmus der Opazität *O* an der betreffenden Schichtstelle.

3) (Dichtezahl, Dichteziffer) Angabe in der *Statistik,* die das Verhältnis von statist. Massen zu Flächeneinheiten oder anderen Einheiten im Mittel angibt (z. B. *Bevölkerungs-D.* als Einwohnerzahl je km², *Kraftfahrzeug-D.* als Zahl der Kfz je 1 000 E).

Dichtung, die Kunst der fiktionalen Sprachschöpfung (Dichtkunst); auch das einzelne sprachl. Kunstwerk. Im Unterschied zur alltägl. Mitteilungssprache oder zu Zweckformen der Literatur zeichnet sich D. v. a. durch Metaphorik (↑Metapher) und Vieldeutigkeit sprachl. Strukturen aus. – Seit dem 18. Jh. (Gottsched) unterscheidet man im allg. drei Grundgattungen: Lyrik, Epik, Dramatik oder Lyrische, Epische und Dramatische (z. B. lyr. Drama, ep. Lyrik, dramat. Epik). Seit Mitte des 20. Jh. wird das Essayistische ebenfalls zur D. gezählt.

Dichtung, in der *Technik* Vorrichtung zur Verhinderung des Übertritts von gasförmigen, flüssigen oder festen Stoffen durch Fugen. Zum Abdichten

Otto Dibelius

Dichtung.
Links: Flachdichtung (Zylinderkopfdichtung) ◆ Rechts: Radialdichtung (Simmering)

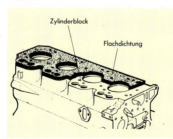

Zylinderblock

Flachdichtung

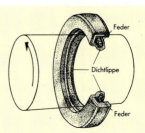

Feder

Dichtlippe

Feder

ruhender Teile werden *Berührungs-D.* als ebene *Flach-D.* (*Weich-D.* z. B. aus Gummi, Kunststoff, Leder; *Hart-D.* z. B. aus Blei, Kupfer, Aluminium) verwendet. Zum Abdichten von Wellen benutzt man z. B. *Stopfbuchsdichtungen.* *Radialdichtringe* (für drehbewegte Teile) besitzen Manschetten aus Gummi oder Kunststoff, deren Dichtlippen sich an die abzudichtende Welle pressen *(Simmerringe).*

Dickfußröhrling

Dickblatt, Gatt. der Dickblattgewächse mit etwa 300 Arten, v. a. in S-Afrika (in M-Europa drei Arten); beliebte Zierpflanzen.

Dickblattgewächse (Crassulaceae), Fam. der zweikeimblättrigen Pflanzen mit über 400 Arten, v. a. in trockenen Gebieten, bes. S-Afrikas, Mexikos und der Mittelmeerländer; bekannte Gatt. Dickblatt, Fetthenne, Hauswurz.

Dickdarm ↑Darm.

Dickdarmentzündung (Kolitis, Colitis) ↑Darmkrankheiten.

Dickens, Charles [engl. 'dıkınz], Pseudonym Boz, *Landport bei Portsmouth 7. 2. 1812, † Gadshill Place bei Rochester 9. 6. 1870, engl. Schriftsteller. Urspr. Advokatenschreiber und Parlamentsberichterstatter; wurde bei seinen Zeitgenossen durch den humorist. Roman »Die Pickwickier...« (1836/37 in Fortsetzungen erschienen) bekannt; erschloß mit seinem sozialkrit. Roman »Oliver Twist« (1838) der Literatur die Welt der kleinen Leute im frühindustriellen England. – *Weitere Werke:* Ein Weihnachtslied in Prosa (E., 1843), David Copperfield (R., 1850), Zwei Städte (R., 1859), Große Erwartungen (R., 1861).

Dickenwachstum, die Vergrößerung des Durchmessers von Sproß und Wurzeln der höheren Pflanzen. Das *primäre D.* beruht auf zeitlich begrenzten Zellteilungen, die vom Vegetationspunkt ausgehen und die Sproßachse verbreitern. *Sekundäres D.* schließt sich stets an das primäre D. an und endet erst mit dem Absterben der Pflanze. Es beruht auf der Tätigkeit eines (im Querschnitt) ringförmig angeordneten Bildungsgewebes, das durch Zellteilungen nach innen (Holz) und außen (Bast) neue Zellen abgibt.

Dickfußröhrling (Roßpilz, Boletus calopus), Röhrenpilz; Fruchtkörper (im Sommer und Herbst) bitter, schwach giftig; mit braunem Hut und gelbem Stich.

Dickhäuter, veraltete Sammel-Bez. für Elefanten, Nashörner, Tapire und Flußpferde.

Dickinson, Emily [Elizabeth] [engl. 'dıkınsn], *Amherst (Mass.) 10. 12. 1830, † ebd. 15. 5. 1886, amerikan. Lyrikerin. Ihr durch streng puritan. Denken geprägtes Werk lebt aus einer undogmat. Gläubigkeit; u. a. »Poems« (hg. 1890, 1891 und 1896).

Dickmilch, svw. ↑Sauermilch.

Dick-Read, Grantly [engl. dık'ri:d], *Beccles (bei Norwich) 26. 1. 1890, † Wroxham bei Norwich 11. 6. 1959, brit. Gynäkologe. Propagierte die körperl.-seel. Vorbereitung der schwangeren Frau auf die Entbindung zur Erleichterung des Geburtsvorgangs, u. a. mit seinem Buch »Der Weg zur natürl. Geburt« (1944).

Didaktik [griech.], allg. Wiss. und Lehre vom Lehren und Lernen, i. e. S. Theorie der Lehr- bzw. Bildungsinhalte, ihrer Struktur, Auswahl und Zusammensetzung.

Diderot, Denis [frz. di'dro], *Langres 5. 10. 1713, † Paris 31. 7. 1784, frz. Schriftsteller und Philosoph. Vermittelte als Hg. und Autor der frz. »Encyclopédie« (1751–72) der Aufklärung wesentl. Impulse; schrieb neben ästhet. und literaturtheoret. Schriften zahlr. philosoph. Abhandlungen sowie philosoph. Dialoge; auch Meister der Erzählkunst bes. in erot. Romanen (u. a. »Die indiskreten Kleinode«, 1748); schuf mit seinen Schauspielen »Der natürl. Sohn« (1757), »Der Hausvater« (1758) in Frankreich die Gattung des bürgerl. Trauerspiels.

Dido, Gestalt der röm. Mythologie, Prinzessin von Tyros in Phönikien. Aus der Heimat vertrieben, gelangt sie nach

Charles Dickens

Grantly Dick-Read

Nordafrika, wo sie das spätere Karthago errichtete; gab sich selbst den Tod, als sie von Äneas verlassen wurde.

Didot [frz. di'do], frz. Buchdrucker-, Verleger- und Schriftgießerfamilie des 18. und 19. Jh. François Ambroise Didot (* 1730, † 1804) gilt als Schöpfer der Didotantiqua. Sein Sohn Firmin Didot (* 1764, † 1836) gab der D.antiqua die endgültige Gestalt.

Didyma, antike Kultstätte unweit Milet, W-Türkei. Altes Orakel und Apollonheiligtum der Branchiden.

Diebskäfer (Ptinidae), mit etwa 600 Arten weltweit verbreitete Fam. 1–5 mm großer, meist rotbrauner bis brauner, nachtaktiver Käfer; Schädlinge v. a. an Getreide, Lebensmitteln und Textilien (u. a. der goldgelb behaarte *Messingkäfer*).

Diebstahl, Wegnahme einer fremden bewegl. Sache in der Absicht, sie sich rechtswidrig zuzueignen. – Der *einfache D.* ist mit Freiheitsstrafe bis zu fünf Jahren oder mit Geldstrafe bedroht. Die D.handlung besteht in der Wegnahme; Wegschaffen vom Tatort ist nicht erforderlich, Verstecken (wie häufig beim Laden-D.) unter den eigenen Kleidern genügt. Ein *schwerer D.* – Freiheitsstrafe von drei Monaten bis zu zehn Jahren – liegt i. d. R. vor, wenn der Täter in einen umschlossenen Raum einbricht *(Einbruch-D.),* einsteigt *(Einsteig-D.),* mit einem falschen Schlüssel oder einem ähnl. Werkzeug eindringt, eine Sache stiehlt, die durch ein Behältnis oder eine andere Schutzvorrichtung bes. gesichert ist, gewerbsmäßig stiehlt, einen *Kirchen-* oder einen *Ausstellungs-D.* begeht, Hilflosigkeit, einen Unglücksfall oder eine allg. Notlage ausnutzt. Als bes. Form des D. werden der *räuber. D.* (der ertappte Dieb übt gegen eine Person Gewalt aus, um das gestohlene Gut zu behalten), der *Banden-D.* (begangen von mindestens zwei Personen) und der D. unter Mitführung einer Waffe oder eines sonstigen zur Überwindung von Widerstand geeigneten Werkzeugs mit einer Freiheitsstrafe von sechs Monaten bis zu zehn Jahren bedroht. Der *Haus-* und *Familien-D.* sowie der *D. geringwertiger Sachen* (früher sog. *Mundraub* oder *Notentwendung*) werden nur auf Antrag verfolgt. *Feld-* und *Forstdiebstahl* werden nach landesrechtl. Feld- und Forstpoli-

Otto Diels

Carl Diem

zeigesetzen geahndet. – Ähnl. rechtl. Bestimmungen gelten in *Österreich* und in der *Schweiz.*

Diedenhofen ↑Thionville.

Diederichs, Luise ↑Strauß und Torney, Lulu von.

Diego Garcia [span. 'dịeɣo gar'θia] ↑British Indian Ocean Territory.

Diele, 1) langes, schmales [Fußboden]brett.
2) hinter der Wohnungstür gelegener Vorraum.

Dielektrikum [di-e'lɛk...; griech.], elektrisch nicht leitender Stoff (Isolator), der ein elektr. Feld im Ggs. zu einem geerdeten Metallplatte nicht abschirmt, sondern hindurchläßt. Ein D. zw. den Platten eines Kondensators vergrößert dessen Kapazität um einen vom Material des D. abhängigen Faktor (relative ↑Dielektrizitätskonstante).

Dielektrizitätskonstante [di-e'lɛk...; griech.] (Permittivität), Stoffwert eines ↑Dielektrikums, der angibt, in welchem Maße ein äußeres elektr. Feld durch Polarisation im Inneren des Dielektrikums abgeschwächt wird. Läßt sich als Produkt $\varepsilon = \varepsilon_0 \cdot \varepsilon_r$ darstellen, wobei ε_r die auch als *relative D. (relative Permittivität)* bezeichnete *Dielektrizitäts-* oder *Permittivitätszahl* und ε_0 die elektr. Feldkonstante *(absolute D. des Vakuums)* mit dem Wert $\varepsilon_0 = 8{,}854 \cdot 10^{-12}$ F/m ist. Dielektrizitätszahlen einiger Stoffe: Luft 1,000592, Glas 2–16, Hartgummi 2,5–3,5, Holz 2,5–6,8, Wasser 80,8, keramische Werkstoffe 100–10000.

Diels, Otto, * Hamburg 23. 1. 1876, † Kiel 7. 3. 1954, dt. Chemiker. Entdeckte u. a. das Kohlensuboxid (1906) und das Grundskelett der Steroide; entwickelte 1928 zus. mit K. Alder die für die Synthese carbocycl. Verbindungen wichtige *Diensynthese,* wofür beide 1950 den Nobelpreis für Chemie erhielten.

Diem, Carl, * Würzburg 24. 6. 1882, † Köln 17. 12. 1962, dt. Sportwissenschaftler. Mitbegründer der Dt. Hochschule für Leibesübungen Berlin (1920), Begründer der Dt. Sporthochschule Köln (1947); Organisator der Olymp. Spiele 1936 in Berlin.

Điên Biên Phu [vietnames. dịən biən fu], Ort in Vietnam, im Bergland des westl. Tonkin. Die Kapitulation der hier von den Vietminh eingeschlossenen frz. Truppen 1954 gilt als die entscheidende frz. Niederlage in der 1. Phase des Vietnamkriegs.

Diene [griech.], ungesättigte aliphat. Kohlenwasserstoffe mit 2 C=C-Doppelbindungen; bed. bei der Kunststoffherstellung.

Dienst, in der *got. Baukunst* Stütze für das Gewölbe, einer Wand oder Pfeilern vorgelagert.

Dienstag, 2. Tag der Woche, abgeleitet von dem latinisiert als Mars Thingsus bezeugten Beinamen des german. Kriegsgottes (als Heger des Things).

Dienstalter, die von einem Beamten im öffentl. Dienst zurückgelegte Dienstzeit.

Dienstaufsicht, in der öffentl. Verwaltung der BR Deutschland das Recht und die Pflicht der höheren Behörde und des Dienstvorgesetzten, die Tätigkeit der nachgeordneten Behörde bzw. der ihm unterstellten Angehörigen des öffentl. Dienstes zu überwachen.

Dienstaufsichtsbeschwerde (Aufsichtsbeschwerde), in der BR Deutschland ein formloser, bei der übergeordneten Behörde einzulegender Rechtsbehelf (ohne aufschiebende Wirkung), der sich gegen das Verhalten der untergeordneten Behörde richtet.

Dienstbarkeit (Servitut), dingl. Recht zur [zeitl. oder inhaltl.] beschränkten Nutzung eines Grundstücks, beim ↑Nießbrauch auch einer bewegl. Sache oder eines Rechts. Arten der D. sind neben dem Nießbrauch *Grund-D.* (ein dem jeweiligen Eigentümer eines Grundstücks zustehendes Recht zur begrenzten Nutzung eines anderen Grundstücks), Dauerwohnrecht, Dauernutzungsrecht.

Dienstgerichte, bes. Verwaltungsgerichte zur Ausübung der Disziplinargerichtsbarkeit über Richter und Staatsanwälte.

Dienstgrad, persönlich verliehene militär. Rang-Bez., kenntlich gemacht an der Uniform durch D.*abzeichen* (Rangabzeichen).

Dienstherr, jurist. Person des öffentl. Rechts mit eigener Personalhoheit: Bund, Länder, Gemeinden und Gemeindeverbände sowie sonstige Körperschaften, Anstalten und Stiftungen des öffentl. Rechts.

Dienstleistungen, ökonom. Güter, die wie Waren (Sachgüter) der Befriedigung menschl. Bedürfnisse dienen. Im Unterschied zu den Sachgütern sind D. jedoch nicht lagerfähig; Produktion und Verbrauch von D. fallen zeitlich zusammen. Im Rahmen der volkswirtschaftl. Gesamtrechnung werden D. neben den Sektoren Land- und Forstwirtschaft und warenproduzierendes Gewerbe als 3. Wirtschaftsbereich erfaßt *(tertiärer Sektor)*: u. a. Handel und Verkehr, private D. (z. B. Banken, Versicherungen, Beherbergungsgewerbe), öffentl. Verwaltung.

Dienst nach Vorschrift, Wahrnehmung der dienstl. Obliegenheiten unter peinlich genauer Beachtung der dienstl. Vorschriften mit der Folge, daß die Leistungen sinken und Verzögerungen eintreten (»Bummelstreik«); rechtlich umstritten.

Dienstvergehen, schuldhafte Verletzung der einem Beamten, Richter oder Soldaten obliegenden Dienstpflichten; kann mit Disziplinarmaßnahmen geahndet werden.

Dienstverhältnis, Inbegriff der personenrechtl. Beziehung zw. Dienstnehmer (Arbeitnehmer, öffentl. Bediensteter) und Dienstgeber (Arbeitgeber, Dienstherr). Zu unterscheiden sind privatrechtl. D., die auf Vertrag beruhen und auch inhaltl. durch Vertrag bestimmt werden, und öffentl.-rechtl. D., die nur durch Verwaltungsakt begründet und auch inhaltlich nicht durch Vertrag bestimmt werden können.

Dienstverpflichtung, durch Art. 12a GG im Rahmen der Notstandsverfassung vorgesehene Inanspruchnahme unterschiedl. Personenkreise zu bestimmten Diensten, z. B. Wehrdienst, Zivildienst.

Dienstvertrag, der gegenseitige Vertrag, durch den sich der eine Teil zur Leistung körperl. oder geistiger Arbeit, der andere Teil zur Leistung einer Vergütung verpflichtet. – *Rechte und Pflichten:* 1. Der zum Dienst Verpflichtete hat die Arbeit regelmäßig persönlich zu leisten. Er muß die Weisungen des Dienstherrn beachten. Neben der eigtl. Dienstleistungspflicht (Arbeitspflicht) besteht bei dauernden Dienstverhältnissen eine Treuepflicht. Bei schuldhafter Nichterfüllung der Dienstleistungs- oder der Treuepflicht kann der Dienstherr die Lohnfortzahlung ganz oder teilweise verweigern, auf Erfüllung klagen, Schadenersatz verlangen und u. U. fristlos kündigen; 2. Die Vergütung besteht regelmäßig in Geld. Bei Verletzung der Fürsorgepflicht des Dienstherrn kann der Dienstverpflichtete auf Erfüllung klagen, die Arbeit verweigern, bei Verschulden des Dienstherrn Schadenersatz verlangen, in schweren Fällen fristlos kündigen.

Dienstweg, im *öffentl. Recht* der für die Weiterleitung amtl. Mitteilungen und Weisungen vorgeschriebene Weg innerhalb von Behörden und von Behörde zu Behörde.

Dientzenhofer, Baumeisterfamilie des 17./18 Jh. aus Bad Feilnbach, tätig in Böhmen und Franken (barocker Sakralbau): **1)** Johann, *Sankt Margarethen 25. 5. 1663, † Bamberg 20. 7. 1726. Erbaute 1704–12 den Dom von Fulda.
2) Kilian Ignaz, *Prag 1. 9. 1689, † ebd. 18. 12. 1751. Schuf bes. Zentralbauten; Villa Amerika (1730) und Sankt Johann am Felsen in Prag (1731 ff.), Kirchen in Karlsbad (1732–35), Kuttenberg (1737 ff.), Chor, Kuppel und Turm von Sankt Nikolaus auf der Kleinseite in Prag (1737–52).
3) Leonhard, *Sankt Margarethen 20. 2. 1660, † Bamberg 26. 11. 1707. Baute Residenz (1695–1703) sowie Sankt Michael (1696–1702) in Bamberg.

Diepgen, Eberhard, *Berlin 13. 11. 1941, dt. Politiker (CDU). Rechtsanwalt; seit 1971 Mgl. des Berliner Abgeordnetenhauses; seit 1983 CDU-Landes-Vors.; 1984–89 und seit 1991 Regierender Bürgermeister von Berlin.

Dieppe [frz. djɛp], frz. Hafenstadt und Seebad an der Normandieküste, Dép. Seine-Maritime, 36 500 E. Fährverkehr nach England; Werften, Pharma- und fischverarbeitende Industrie. Schloß (14.–17. Jh., heute Museum). – D. war im 16. Jh. eines der Zentren des frz. Protestantismus. Bei D. am 19. 8. 1942 verlustreicher, sogleich zurückgeschlagener Landungsangriff von 5 000 Mann alliierter Truppen.

Dies [lat.], *Rechtssprache:* Tag, Termin; **Dies academicus,** an der Univ. vorlesungsfreier Tag, an dem akadem. Feiern und öffentl. Vorträge stattfinden.

Diesel, Rudolf, *Paris 18. 3. 1858, † zw. Antwerpen und Horwich 29. 9.

Eberhard Diepgen

1913 (ertrunken), dt. Ingenieur. Entwickelte 1893–97 in Zusammenarbeit mit der Maschinenfabrik Augsburg und der Firma F. Krupp den Dieselmotor.

Dieselkraftstoff [nach R. Diesel], durch Erdöldestillation gewonnenes Gemisch aus schwer entflammbaren Kohlenwasserstoffen; siedet zw. 180 und 350 °C; Cetanzahl mindestens 45.

Dieselmotor [nach R. Diesel], Verbrennungskraftmaschine (Zwei- und Viertakter), die mit Dieselkraftstoff betrieben wird; hohe Verdichtung der Luft im Zylinder (bis 25:1) erzeugt Temperaturen von 700–900 °C. In die erhitzte Luft wird fein zerstäubter Kraftstoff eingespritzt, der sich sofort entzündet und

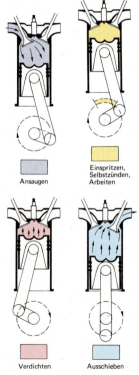

Ansaugen

Einspritzen, Selbstzünden, Arbeiten

Verdichten

Ausschieben

Dieselmotor. Ventil-, Kolben-, Pleuel- und Kurbelwellenstellung beim Viertaktverfahren; ein Arbeitsspiel umfaßt zwei Umdrehungen der Kurbelwelle

den Kolben abwärts treibt. Unterschiede in der Konstruktion ergeben sich bes. durch die unterschiedl. Zusammenführungen von Kraftstoff und Luft *(Direkteinspritzung, Wirbelkammer-, Vorkammermotoren)*.

Dieselöl, svw. ↑Dieselkraftstoff.

Dies irae, dies illa [lat. »Tag des Zornes, jener Tag«], Sequenz in Messen (für Verstorbene).

Dießen a. Ammersee, Marktgemeinde am SW-Ufer des Ammersees, Bayern, 8 800 E. Kirche des ehem. Augustiner-Chorherren-Stifts von J. M. Fischer (1732–39), bed. Ausstattung.

Diesterweg, Adolph, *Siegen 29. 10. 1790, † Berlin 7. 7. 1866, dt. Pädagoge. 1847 aus polit. Gründen vom Dienst suspendiert; ab 1858 Mgl. der Fortschrittspartei im preuß. Abg.haus, wo er bes. die volksschulfeindliche preuß. Regulative von 1854 bekämpfte; kämpfte für die Hebung der Volksbildung, Vereinheitlichung und Verbesserung der Lehrerausbildung sowie für die Unabhängigkeit der Schule von Kirche und Staat.

Diether von Isenburg, *um 1412, † Aschaffenburg 6. 5. 1482, Erzbischof und Kurfürst von Mainz (ab 1459). Unterlag 1463 in der Mainzer Stiftsfehde seinem Rivalen Adolf von Nassau; nach dessen Tod 1475 als Erzbischof bestätigt; gründete 1477 die Univ. Mainz.

Dietmar von Merseburg ↑Thietmar von Merseburg.

Dietrich, Marlene, eigtl. Maria Magdalena von Losch, *Berlin 27. 12. 1901, † Paris 6. 5. 1992, amerikan. Filmschauspielerin und Sängerin dt. Herkunft. Berühmt geworden mit dem Film »Der blaue Engel« (1930); lebte ab 1930 meist in den USA (ab 1937 amerikan. Staatsbürgerschaft); spielte dort u. a. in den Filmen »Marokko« (1930), »Shanghai-Expreß« (1932), »Zeugin der Anklage« (1957), »Das Urteil von Nürnberg« (1961); engagierte sich gegen den Nat.-Soz.; in den 1950er und 1960er Jahren weltweite Tourneen mit Chansons.

Dietrich von Bern, german. Sagengestalt, überliefert in trag. Umdichtung des Schicksals des Ostgotenkönigs Theoderich d. Gr. (»Bern« entstand aus »Verona«); in zahlr. Epen Idealgestalt des Rittertums.

Dießen a. Ammersee. Westfassade der ehemaligen Augustinerchorherren-Stiftskirche Sankt Maria von Johann Michael Fischer (1732–39)

Diez, Stadt an der Mündung der Aar in die Lahn, Rheinl.-Pf., 9 200 E. u. a. Kalkwerk, Glühlampenfabrik. Schloß (14./15. Jh.) mit roman. Bergfried, Schloß Oranienstein (1672–84). – Vom 11. bis 14. Jh. Mittelpunkt der selbständigen Gft. Diez.

Diffamierung (Diffamation) [lat.], üble Verleumdung; **diffamieren,** verleumden.

Differentialgeometrie, Teilgebiet der *Mathematik;* beschreibt und untersucht geometr. Sachverhalte mit Hilfe der Differentialrechnung.

Differentialgetriebe, in Kraftfahrzeugen verwendetes Kegelrad- oder Stirnradplanetengetriebe zur gleichmäßigen Verteilung des Eingangsdrehmoments auf die beiden Antriebsräder einer Achse *(Ausgleichsgetriebe, Differential),* so daß diese bei Kurvenfahrt trotz unterschiedlicher Drehzahl schlupffrei abrollen.

Differentialgleichung, Bestimmungsgleichung für eine Funktion, in der außer der gesuchten Funktion selbst mindestens eine ihrer Ableitungen vorkommt. Handelt es sich um eine Funktion einer Variablen, so spricht man von *gewöhnl. D.,* bei Funktionen mehrerer Veränderlicher von *partiellen Differentialgleichungen.*

Differentialrechnung, Teilgebiet der *Mathematik,* in dem auf der Grundlage

Marlene Dietrich

Differenz

des Grenzwertbegriffs und der Theorie der reellen Zahlen die Eigenschaften von Funktionen untersucht werden. Eine reellwertige Funktion $y = f(x)$ der reellen Variablen x, die in der Umgebung von x_0 definiert ist, nennt man an der Stelle x_0 *differenzierbar* und $f'(x_0)$ die *Ableitung* der Funktion $f(x)$ an der Stelle x_0, wenn gilt:

$$\lim_{x \to x_0} \frac{f(x) - f(x_0)}{x - x_0} = f'(x_0).$$

Den im Intervall $\Delta x = x - x_0$ linearen Anteil des Zuwachses bezeichnet man als *Differential* df der Funktion f. Den Ausdruck

$$f' = \frac{\mathrm{d}f}{\mathrm{d}x} = \frac{\mathrm{d}y}{\mathrm{d}x}$$

bezeichnet man als *Differentialquotienten* der Funktion $f(x)$. Da $f'(x)$ selbst wieder eine Funktion ist, kann sie gegebenenfalls weiter differenziert werden, das führt auf die *zweite Ableitung* $f''(x) = y''$, schließlich auf die *n-te Ableitung*.

$$f^{(n)}(x) = y^{(n)} = \frac{\mathrm{d}^n y}{\mathrm{d}x^n}.$$

Geometrisch läßt sich $f'(x)$ deuten als die Steigung der Tangente des Graphen von $y = f(x)$ an der Stelle x gegen die Abszissenachse. Hat man reelle Funktionen zweier reeller Veränderlicher ($z = f(x, y)$) zu differenzieren, so bildet man *partielle Differentialquotienten,* indem man jeweils eine Veränderliche bei der Ableitung als konstant betrachtet. Für die *partiellen Ableitungen* der Funktion $z = f(x, y)$ an der Stelle $P_0 = (x_0, y_0)$ schreibt man

$$f_x(P_0) = \lim_{x \to x_0} \frac{f(x, y_0) - f(x_0, y_0)}{x - x_0} + \frac{\partial f}{\partial x}(P_0)$$

$$f_y(P_0) = \lim_{y \to y_0} \frac{f(x, y_0) - f(x_0, y_0)}{y - y_0} + \frac{\partial f}{\partial y}(P_0).$$

Als *vollständiges (totales) Differential* bezeichnet man dabei den Ausdruck

$$\mathrm{d}f = \frac{\partial f}{\partial x}\mathrm{d}x + \frac{\partial f}{\partial y}\mathrm{d}y.$$

Die Grundlagen der D. gehen zurück auf G. W. Leibniz, I. Newton und James Gregory (* 1638, † 1675).

Differenz [lat.], **1)** *allg.:* Meinungsverschiedenheit; Uneinigkeit, Unstimmigkeit, Streit.
2) *Mathematik:* Ergebnis einer Subtraktion; mathemat. Ausdruck der Form $a - b$.

Differenzenquotient, Bez. für den Quotienten

$$\left(\frac{\Delta y}{\Delta x} \right)_{x = x_0} = \frac{y_1 - y_0}{x_1 - x_0} = \frac{f(x_0 + h) - f(x_0)}{h},$$

wobei $y = f(x)$ eine in der Umgebung von x_0 stetige Funktion ist.
differenzieren [lat.], **1)** *allg.:* unterscheiden; abstufen, trennen, verfeinern. **2)** *Mathematik:* den Differentialquotienten einer Funktion bilden.
Differenzierung [lat.], **1)** Unterscheidung, Abweichung, Abstufung, Verfeinerung.
2) *Entwicklungsphysiologie:* Bez. für den Vorgang während des Wachstums bzw. der Entwicklung eines Lebewesens, durch den sich zwei gleichartige embryonale Zellen, Gewebe oder Organe in morphologischer und physiologischer Hinsicht in verschiedene Richtungen entwickeln.
3) *Soziologie:* (soziale D.) Auflösung eines relativ homogenen Gesellschaftsganzen in eine Vielzahl von Teilsystemen mit speziellen Funktionen.
Diffraktion [lat.], svw. ↑Beugung.
diffus [lat.], **1)** *Optik:* unregelmäßig zerstreut, nicht scharf begrenzt, ohne bevorzugte Ausbreitungs- oder Strahlenrichtung.
2) unklar, ungeordnet.
Diffusion [lat.], physikal. Ausgleichsprozeß, in dessen Verlauf Teilchen (Atome, Moleküle, Kolloidteilchen) infolge ihrer Wärmebewegung von Orten höherer zu solchen niederer Konzentration gelangen, so daß Dichte- bzw. Konzentrationsausgleich erfolgt. Die D. von Teilchen tritt auch in Flüssigkeiten und festen Körpern auf sowie als *Oberflächen-D.* an ihrer Oberfläche, allg. an der Grenze zweier Phasen *(Grenzflächen-D.).*

Diffusionsatmung, Gasaustausch bei Lebewesen durch Diffusionsvorgänge (z. B. bei Pflanzen).

Digenea (Digena) [griech.], etwa 4 800 Arten umfassende Ordnung bis 40 mm langer Saugwürmer.

Digest [engl. 'daɪdʒest], periodisch erscheinende Veröffentlichung, die durch Nachdruck von Aufsätzen, Artikeln und Buchauszügen über allg. Wissenswertes oder ein Wissensgebiet informiert.

Digesten [lat.] ↑Corpus Juris Civilis.

Digestiva [lat.], verdauungsfördernde Mittel.

digital [lat.], 1) *Medizin:* mit dem Finger, die Finger oder Zehen betreffend. 2) *Datenverarbeitung, Meßtechnik:* Daten oder Meßwerte in Ziffern, d. h. in Schritten darstellend; im Ggs. zu analog, stufenlos, stetig.

Digital-Analog-Wandler (Digital-Analog-Umsetzer), Abk. D/A-Wandler, elektron. Anordnung, die digitale Signale (z. B. Ausgangsdaten eines Computers) in Analogsignale umsetzt, um sie der Weiterverarbeitung durch analog arbeitende Komponenten (z. B. Stellglieder bei numer. Steuerung) zuzuführen.

Digitalanzeige, Darstellung physikal. oder sonstiger Größen in Form von direkt ablesbaren Ziffern oder Symbolen, z. B. als Digitaluhr, -voltmeter, Taschenrechner. Die D. erfolgt u. a. mittels Glimmanzeigeröhren, Leuchtdioden (LED), Flüssigkristallzellen (LCD).

Digitalanzeige

Digitaldarstellung, jede Form einer Darstellung von Daten, insbes. von Zahlen, durch eine geordnete Folge diskreter Symbole aus einem endl. Alphabet. Jede D. einer Zahl *(digitale Zahlendarstellung)* wird durch eine natürl. Zahl $p \geq 2$, genannt die *Basis,* charakterisiert und durch ein aus p Zeichen beste-

hendes Alphabet erzeugt, dessen Zeichen als *Ziffern* bezeichnet werden. Die wichtigsten D. (digitale Zahlensysteme) sind jene zur Basis 2 *(Dualsystem)* und 10 *(Dezimalsystem).*

Digitalis [lat.], svw. ↑Fingerhut.

Digitalisglykoside, starke, herzwirksame Drogen aus den Blättern verschiedener Arten des Fingerhuts, die zus. mit den ↑Digitaloiden als *Herzglykoside* bezeichnet werden.

Digitaloide [lat./griech.], pflanzl. Substanzen, die u. a. in Strophanthusarten, im Maiglöckchen, in der Meerzwiebel und im Adonisröschen vorkommen (↑Digitalisglykoside).

Digitalrechner, allg. Bez. für jedes Gerät zur Lösung mathematisch formulierbarer Aufgaben, in dem die Rechengrößen digital dargestellt werden und ihre Darstellung und Verknüpfung in schrittweisen, voneinander getrennten (diskreten) Operationen erfolgt. Heute werden fast ausschließlich programmgesteuerte elektron. D. verwendet, bei denen sowohl die Daten als auch die Programme für die Rechenprozesse digital dargestellt werden.

Digitaltechnik, Teilgebiet der Informationstechnik und Elektronik zur Erfassung, Darstellung, Verarbeitung und Übertragung digitaler Größen. Mit D. arbeiten u. a. Fernsprechverbindungen, Compact Discs, DAT, Rundfunk und Fernsehen.

digitigrad [lat.], auf den Zehen gehend; von Tieren *(Zehengängern)* gesagt, die den Boden nur mit den Zehen berühren; z. B. Hunde, Katzen.

Digitus [lat.], *Anatomie:* Bez. für Finger bzw. Zehe.

DIHT, Abk. für ↑Deutscher Industrie- und Handelstag.

Dijon [frz. di'ʒõ], frz. Stadt 260 km sö. von Paris, 141 000 E. Verwaltungssitz des Dép. Côte-d'Or; Hauptstadt der Region Burgund; Univ.; Museen, botan. Garten; gastronom. Messe. Wichtiger Verkehrsknotenpunkt, Handels- und Marktzentrum mit Nahrungsmittel-, Fahrzeug-, Flugzeug- und Musikinstrumenten-Ind.; Hafen am Kanal von Burgund, ⚓. Got. Pfarrkirche Notre-Dame (Baubeginn um 1230), Kathedrale Saint-Bénigne (1281–1394), Kirche Saint-Michel (15./16. Jh.), ehem. Palais der Hzg. von Burgund

Dijon.
Renaissancefassade
(16. Jh.) von Saint-
Michel (begonnen
Ende des 15. Jh.)

Dijon
Stadtwappen

Dauerherrschaft ist verbunden mit der Unterdrückung der Opposition, der Aufhebung der Gewaltenteilung, der Ausschaltung oder Behinderung der Öffentlichkeit bei der Kontrolle politischer Macht sowie der weitgehenden Einschränkung der verfassungsmäßigen Grund- und Mitwirkungsrechte der Bürger. Sie stützt sich meist auf eine bevorrechtigte Partei, auf das Militär, das Proletariat. Die national- und sozialrevolutionären Bewegungen des 20. Jh. (Faschismus, Nationalsozialismus, Kommunismus) entwickelten die Form der totalitären D. (↑Totalitarismus).

Diktatur des Proletariats, von L. A. Blanqui 1837 geprägter Begriff; von K. Marx zur Kennzeichnung der Übergangsphase zw. der proletar. Revolution und der klassenlosen Gesellschaft übernommen.

Diktion [lat.], Ausdrucksweise, Stil.

Diktum [lat.], pointierter Ausspruch.

Đilas (Djilas), Milovan [serbokroat. 'dzilas], *Polja bei Kolašin (Montenegro) 12. 6. 1911, † Belgrad 20. 4. 1995, jugoslaw. Politiker und Schriftsteller. Ab 1938 Mgl. des ZK der KPJ; 1945 Min., Sekretär und 1953 Vize-Präs. des Politbüros; Theoretiker des Titoismus; 1954–66 wiederholt in Haft wegen Kritik am kommunist. System; schrieb u. a. »Die neue Klasse« (1957), »Gespräche mit Stalin« (1962), »Welten und Brücken« (R., 1987).

Dilatation [lat.], 1) svw. Dehnung. 2) *Medizin:* krankhafte oder künstl. Erweiterung eines Hohlorgans.

dilatorisch [lat.], aufschiebend, schleppend, hinhaltend.

Dilemma [griech.], Zwangslage, Wahl zw. zwei [unangenehmen] Möglichkeiten.

Dilettant [lat.-italien.], Nichtfachmann, Laie, der sich mit Kunst oder Wiss. beschäftigt; **dilettantisch,** unfachmännisch, nicht gekonnt.

Dill (Anethum), Gatt. der Doldengewächse mit zwei vom Mittelmeer bis Indien verbreiteten Arten, darunter der als Gewürz- und Heilpflanze häufig angebaute *Echte Dill* (Blätter als Gewürz für Salate, Suppen, Soßen).

Dillenburg, hess. Stadt im Dilltal, 24500 E. Nassau-Oran. Museum; Hess. Landesgestüt. u. a. Edelstahlwerke, Maschinenfabrik. – Ab 1290 Residenz der

(1682 ff., heute Kunstmuseum). – D. kam 1016 von den Bischöfen von Langres an die Herzöge von Burgund, die es zu ihrer Hauptstadt machten (bis 1477).

Dike [griech.], bei Hesiod Göttin der Gerechtigkeit.

Diklinie [griech.], Getrenntgeschlechtigkeit bei Blüten, die nur Staubblätter oder nur Fruchtblätter tragen, d. h. eingeschlechtig sind.

dikotyl [griech.], zwei Keimblätter aufweisend, zweikeimblättrig (bei Pflanzen).

Diktator [lat.], 1) im republikan. Rom außerordentl. Magistrat zur Überwindung von (militär.) Notsituationen; mußte von einem der beiden Konsuln für ein halbes Jahr ernannt werden und durfte nicht länger amtieren als der Konsul, der ihn ernannt hatte (längstens sechs Monate). 2) der Inhaber diktator. Gewalt (↑Diktatur).

Diktatur [lat.], Herrschaftsform mit unbeschränkter Macht einer Person oder Gruppe; bes. als Gegensatz zur ↑Demokratie verstanden. Zu unterscheiden sind die vorübergehende Vereinigung außerordentl. Machtbefugnisse zur Überwindung von Notlagen (z. B. das Amt des altröm. ↑Diktators) und die dauernde Konzentration der gesamten Macht in der Hand eines einzelnen oder einer Gruppe, häufig mit ideolog. Begründung (eigtl. D.). – Die D. als

Grafen von Nassau (später der Linie Nassau-Dillenburg).

Dillingen a.d. Donau, Kreisstadt am N-Rand des Donaurieds, Bayern, 16200 E. u. a. Herstellung von Haushaltsgeräten und Werkzeug. Studienkirche (1610–17), Peterskirche (17. Jh.), Schloß (15. bis 18. Jh.). – 15.–18. Jh. Residenz und Verw.sitz der Bischöfe von Augsburg; Univ. (1554–1804, bis 1971 Philosophisch-Theologische Hochschule); 1803 an Bayern.

Dilthey, Wilhelm, *Biebrich (heute zu Wiesbaden) 19. 11. 1833, † Seis bei Bozen 1. 10. 1911, dt. Philosoph. Suchte die method. und erkenntnistheoret. Selbständigkeit der Geisteswiss. gegenüber der Naturwiss. zu sichern; einer der Hauptvertreter der ↑Hermeneutik. – *Werke:* Einleitung in die Geistes-Wiss. (1883), Der Aufbau der geschichtl. Welt in den Geistes-Wiss. (1910).

diluvial [lat.], das Diluvium betreffend.

Diluvium [lat. »Überschwemmung, Sintflut«], frühere Bez. für das ↑Pleistozän.

dim. (dimin.), *Musik:* Abk. für ↑diminuendo.

Dill

Dimension [lat.], **1)** *allg.:* Ausmaß (im Hinblick auf seine räuml., zeitl., begriffl. Erfaßbarkeit).
2) *Geometrie:* die kleinste Anzahl von Koordinaten, mit denen die Punkte der geometr. Grundgebilde beschrieben werden können; ein Punkt hat die D. 0, eine Linie die D. 1, eine Fläche die D. 2, der gewöhnl. Raum die D. 3; die Punkte eines n-dimensionalen Raumes benötigen n Koordinaten $(x_1, ..., x_n)$ zu ihrer Beschreibung.

Dimethylsulfoxid, Abk. **DMSO,** farb- und geruchlose, ungiftige Flüssigkeit, die sich durch ein hohes Lösungsvermögen u. a. für organische Stoffe und Kunststoffe auszeichnet; Lösungsmittel, Frostschutzmittel.

diminuendo [italien.], Abk. **dim.,** musikal. Vortrags-Bez.: schwächer werdend; Zeichen: ⟩.

Diminutiv (Diminutivum, Deminutiv[um]) [lat.], Verkleinerungsform eines Substantivs, in der dt. Hochsprache gebildet durch die Suffixe »...chen« und »...lein«.

Dimitrow, Georgi Michailowitsch, *Kowatschewiza bei Radomir 18. 6. 1882, † Moskau 2. 7. 1949, bulgar. Politiker. 1933 in Berlin in den Prozeß um den Reichstagsbrand verwickelt, 1934 freigesprochen; 1935–43 Generalsekretär der Komintern in Moskau, 1937–45 Abg. des Obersten Sowjets; ließ 1946 die VR Bulgarien ausrufen; 1946–49 Min.-Präs.; 1948–49 Generalsekretär der bulgar. KP.

Dimmer [engl.], svw. ↑Helligkeitsregler.

Dimorphismus [griech.], das Auftreten derselben Tier- oder Pflanzenart in zwei verschiedenen Formen (Morphen); z. B. ↑Geschlechtsdimorphismus, ↑Saisondimorphismus.

Wilhelm Dilthey

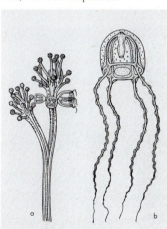

Dimorphismus. Sexualdimorphismus; Weibchen (a) mit drei Zwergmännchen (b) des Tiefseeanglerfischs

DIN

Mircea Dinescu

Dinar 1)
(Syrien; 729)

Vorderseite

Rückseite

DIN ↑DIN Deutsches Institut für Normung e.V.

Dinar [arab.], **1)** Goldeinheit arab. Münzsysteme (7.–15. Jh.).
2) pers. Rechnungsmünze (17.–19. Jh.).
3) in Zusammensetzungen Bez. für Währungseinheiten verschiedener Staaten (u. a. in N-Afrika).

Dinariden (Dinarische Alpen), stark verkarstetes Gebirgssystem in Slowenien, Kroatien, Bosnien und Herzegowina, Montenegro und Albanien, erstreckt sich als Fortsetzung der Ostalpen von Ljubljana bis zum Drin, im Durmitor 2522 m hoch.

DIN Deutsches Institut für Normung e.V., nat. Normenorganisation für die BR Deutschland, Sitz Berlin; erarbeitet zus. mit den interessierten Kreisen (Hersteller, Handel, Wiss., Verbraucher, Behörden) Normen, die der Rationalisierung, der Sicherheit, Qualitätssicherung u. a. in Wirtschaft, Technik und Wiss. dienen. Die Arbeitsergebnisse werden als *DIN-Normen* in das Dt. Normenwerk aufgenommen.

Diner [frz. di'ne:], frz. Bez. für die Hauptmahlzeit, im allg. abends eingenommen; festl. Essen.

Diners Club Inc. [engl. 'daɪnəz 'klʌb ɪn'kɔ:pəreɪtɪd], weltweit verbreitete Kreditkartenorganisation, Sitz New York. ↑Kreditkarten.

Dingo

Dinescu, Mircea, *Slobazia 11. 12. 1950, rumän. Lyriker. Schreibt an R. M. Rilke und T. S. Eliot orientierte Lyrik; rief als exponierter Bürgerrechtler am 22. 12. 1989 über Radio Bukarest das Ende der Ceaușescudiktatur aus; seit 1990 Vors. des Schriftstellerverbandes.

Dingi (Dinghi) [Hindi], **1)** kleines Beiboot auf Kriegsschiffen und Jachten.
2) kleines Sportsegelboot (↑Finn-Dingi).

dingliche Rechte (Sachenrechte, Rechte an Sachen), Vermögensrechte, die eine unmittelbare Herrschaft über eine Sache (ausnahmsweise ein Recht) gewähren. Im Ggs. zu den obligator. (schuldrechtl.) Rechten sind sie [von jedermann zu achtende] absolute Rechte (z. B. Eigentum).

Dingo [austral.] (Warragal), austral. Wildhund von der Größe eines kleinen Dt. Schäferhundes, vermutl. eine verwilderte primitive Haushundeform; heute in freier Wildbahn fast ausgerottet.

Dingolfing, Kreisstadt an der unteren Isar, Bayern, 14 900 E. u. a. Automobilindustrie. Gut erhaltene mittelalterl. Altstadt; Pfarrkirche (1467 ff.), Herzogsburg (15. Jh.).

Dingwort, svw. ↑Substantiv.

Dini, Lamberto, *Florenz 1.3. 1931, italien. Finanzfachmann und Politiker (parteilos). 1979–94 Generaldirektor der italien. Nationalbank; 1994 Finanz-Min.; 1995–96 Min.-Präsident.

Dinkel ↑Weizen.

Dinkelsbühl, Stadt an der Wörnitz, Bayern, 10 800 E. Museum; Pinselherstellung, Holz-, Leder-, Textil-Ind.; Fremdenverkehr. Spätmittelalterliche Altstadt; Stadtmauer mit Wehrgang, vier Toren, Mauertürmen, Doppelgraben und Zwinger; altes Rathaus (14. Jh.), Adlerapotheke (1747), Deutschordenshaus (1761–64); Stadtpfarrkirche Sankt Georg (1448–99).

DIN-Kraftstoffverbrauch ([Kraftstoff]-normverbrauch), der unter bestimmten Bedingungen (z. B. halbe Nutzlast, $^3/_4$ der Höchstgeschwindigkeit [maximal 110 km/h], Hin- und Rückfahrt auf einer Meßstrecke von 10 km Länge bei Windstille) ermittelte Kraftstoffverbrauch eines Kfz (vermehrt um einen Zuschlag von 10 %) in Liter pro 100 km.

DIN-Leistung, bei einer Verbrennungskraftmaschine die am Schwungrad unter normalen Betriebsbedingungen verfüg-

bare Nutzleistung, wobei alle Ausrüstungsteile (Lüfter, Wasserpumpe bzw. Kühlluftgebläse, Kraftstoffpumpe, unbelastete Lichtmaschine, Auspuffanlage) vom Motor selbst betrieben werden müssen.

Dinner [engl. ˈdɪnə], engl. Bez. für die Hauptmahlzeit, im allg. abends.

Dinoflagellaten [griech./lat.] (Peridiniales), meist einzellige, begeißelte Organismen mit Chloroplasten; in der *Zoologie* Ordnung der Flagellaten; in der *Botanik* als *Dinophyta* Abteilung der Algen; wichtiger Teil des marinen Phytoplanktons.

Dinosaurier [griech.-nlat.] (Riesensaurier, Drachenechsen, Dinosauria), zusammenfassende Bez. für die beiden ausgestorbenen Kriechtierordnungen Saurischier und Ornithischier. Die D. sind seit der Trias bekannt; ihre größte Verbreitung hatten sie zur Jura- und Kreidezeit, gegen Ende der Kreidezeit starben sie aus. Ihre Gesamtlänge betrug 30 cm bis 35 m. Der Körper hatte meist einen kleinen Kopf sowie langen Hals und Schwanz. – Die D. waren urspr. räuber. Fleischfresser, die sich auf den Hinterbeinen fortbewegten; erst im späteren Verlauf der Entwicklung wurden viele Arten zu Pflanzenfressern, die sich wieder auf vier Beinen fortbewegten.

Dinslaken, Stadt im Kreis Wesel an der Mündung der Emscher in den Rhein, NRW, 65 600 E. Steinkohlebergbau,

stahlerzeugende und -verarbeitende Ind.; Burghofbühne, Trabrennbahn.

Diode [griech.], elektron. Bauelement, dessen Widerstand in so hohem Grade von der Polarität der angelegten elektr. Spannung abhängt, daß ein Stromfluß prakt. nur in einer Richtung erfolgen kann. D. dienen als elektr. Ventile (Gleichrichter); techn. Ausführung: Hochvakuumröhren oder Halbleiterbauelemente mit (mindestens) einer Sperrschicht.

Diodor (Diodorus Siculus), griech. Geschichtsschreiber des 1. Jh. v. Chr. aus Sizilien. Verfaßte eine Weltgeschichte in 40 Büchern (15 erhalten).

Diogenes von Sinope, gen. der »Kyniker«, *um 400, † wohl zw. 328 und 323, griech. Philosoph. Vertreter des Kynismus; durch Anekdoten bekannt (D. in der Tonne); kritisierte gesellschaftl. Zwänge.

Diokletian (Gaius Aurelius Valerius Diocletianus), *in Dalmatien um 240, † Salona (= Solin bei Split) 313/316, röm. Kaiser (284–305). Suchte das Reich zu stabilisieren; u. a.: 293 Bildung der Tetrarchie; Steuer-, Münz-, Heeres-, Verwaltungsreform (Teilung der Provinzen); Festsetzung von Höchstpreisen; Verbot des Christentums (303); dankte am 1. 5. 305 ab.

Dion, *409, † 354 (ermordet), syrakusan. Politiker. Schwager und Schwiegersohn Dionysios' I., Regent Dionysios' II.; scheiterte bei dem Versuch ei-

Diokletian
(Rom, Villa Doria Pamphili)

Dionysios

ner Staatsreform (nach 367) im Sinne seines Freundes Platon.

Dionysios, Name von Herrschern:
1) Dionysios I., *etwa 430, † im Frühjahr 367, Tyrann von Syrakus (ab 405). Brachte im Krieg gegen Karthago Sizilien bis zum Halykos (heute Platani) in seine Hand; dehnte bis 386 seinen Machtbereich auf S-Italien aus; suchte seinen Hof zum geist. Mittelp. der griech. Welt zu machen (u. a. Besuch Platons).
2) Dionysios II., *etwa 397, Todesjahr unbekannt, Tyrann von Syrakus (ab 367). Zunächst von Platon unterwiesen, 361/360 Bruch mit diesem wegen der Verbannung Dions (366–357), von Timoleon 344 vertrieben.

Dionysios Areopagita, angeblich erster Bischof von Athen (im 1. Jh.). Mgl. des Areopags; von Paulus bekehrt. – Unter dem Namen D. A. veröffentlichte ein griech. schreibender christl. Schriftsteller des 5. oder 6. Jh., der *Pseudo-D. A.,* eine Reihe theologisch-myst. Schriften.

dionysisch, nach dem Gott Dionysos geprägte Bez. für rauschhaft, verzückt; Ggs. ↑apollinisch.

Dionysius (Diniz, Dinis), *Lissabon 9. 10. 1261, † Santarém 7. 1. 1325, König von Portugal (ab 1279). Stiftete die Univ. Lissabon 1290; schuf die Grundlagen der Nationalsprache.

Dionysos (auch Bakchos; lat. Bacchus), griech. Gott des Weines und der Fruchtbarkeit, Sohn des Zeus und der Semele. In seinem ekstat. und orgiast. Kult zerreißen seine Anhängerinnen, die *Mänaden* (auch *Bacchantinnen*), junge Tiere und verzehren deren rohes Fleisch.

diophantische Gleichung [nach Diophantos von Alexandria], eine Gleichung $f(x_1, x_2, ..., x_n) = 0$, für die nur ganzzahlige Lösungen $x_1, x_2, ..., x_n$ gesucht werden.

Diophantos von Alexandria, griech. Mathematiker der 2. Hälfte des 3. Jh. n. Chr. Der bedeutendste Algebraiker der Antike; begründete die mathemat. Symbolik durch Einführung fester Zeichen für die Unbekannte und ihre Potenzen sowie für die Subtraktion.

Dioptrie [griech.], gesetzl. Einheit der Brechkraft von opt. Systemen; Einheitenzeichen *dpt. Festlegung:* 1 Dioptrie ist gleich der Brechkraft eines opt. Systems mit der Brennweite 1 m in einem Medium der Brechzahl 1.

Dior, Christian [frz. djɔːr], *Granville 21. 1. 1905, † Montecatini 24. 10. 1957, frz. Modeschöpfer. Vertreter der Haute Couture von Paris; kreierte den »New Look« (1947).

Diorit [griech.], körniges, meist helles, grünlichgraues Tiefengestein; Hauptbestandteile sind Plagioklas, Hornblende, z. T. auch Biotit, Quarz und Augite.

Dioskuren [griech. »Söhne des Zeus«], in der griech. Mythologie die göttl. Zwillinge Kastor (lat. Castor) und Polydeukes (lat. Pollux).

Diouf, Abdou [frz. djuf], *Louga 7. 9. 1935, senegales. Politiker. 1962 und 1968–70 Planungs- und Ind.-Min.; 1970–80 Min.-Präs.; seit 1981 Staats-Präs. (1982–89 auch Präs. der Föderation Senegambia).

Dioxan [griech.], farblose, brennbare Flüssigkeit; wichtiges Lösungsmittel für Zelluloseprodukte, Fette, Öle, Harze.

Dioxide, Verbindungen, in deren Molekülen jeweils ein Atom eines Elements mit zwei Atomen Sauerstoff verbunden ist (z. B. CO_2).

Dioxine, chem. Verbindungen, die sich von einer [hypothet.] sechsgliedrigen heterocycl. Verbindung Dioxin herleiten, insbes. die chlorierten Derivate des Dibenzodioxins, die als Nebenprodukte bei der Herstellung bestimmter Herbizide und Desinfektionsmittel anfallen; als *Seveso-Gift* bekannt wurde das 2,3,7,8-Tetrachlordibenzo-p-dioxin (TCDD), das zu den giftigsten organ. Verbindungen gehört.

Diözese, **1)** röm. Verwaltungsbezirk zw. Prov. und Präfektur.
2) *kath. Kirche:* (Bistum) als Organisationsform der röm.-kath. Kirche eine von einem Bischof geleitete Gemeinschaft von Gläubigen, die wesentl. Teil der Kirche ist.

Diözie [griech.] (Zweihäusigkeit), Form der Getrenntgeschlechtigkeit (Diklinie) bei [Blüten]pflanzen: die Ausbildung der ♂ und ♀ Blüten ist auf zwei verschiedene Individuen einer Art verteilt.

Diphenyl [griech.], $C_6H_5-C_6H_5$, aromat. Verbindung im Steinkohlenteer; verwendet zur Konservierung v. a. von Zitrusfrüchten.

Diphtherie [griech.-lat.] (Diphtheria, Diphtheritis), anzeigepflichtige akute Infektionskrankheit (bes. bei Kindern)

Abdou Diouf

Dionysos.
Rotfigurige Malerei auf einer Spitzamphora (um 500 v.Chr)

mit entzündl., membranartigen Belägen auf den Schleimhäuten v. a. des Nasen-Rachen-Raums, toxische Allgemeinerscheinungen (Blässe, Erbrechen, Ödeme) und Neigung zu Herzkomplikationen, bei Kleinkindern zum Erstikken. − Erreger der D. ist ein Bakterium. Die Ansteckung erfolgt gewöhnlich durch Tröpfcheninfektion. Nach einer Inkubationszeit von 2−5 Tagen beginnt die D. mit allg. Krankheitsgefühl, leichtem Fieber und Schluckbeschwerden. Bei der *lokalisierten D.* kommt es zu umschriebenen Entzündungserscheinungen an den Mandeln, im Rachen und in den oberen Luftwegen (Rachen- und Kehlkopf-D.). Zu den Spätfolgen der D. zählen v. a. die häufigen Herzmuskelschäden in der zweiten bis dritten Krankheitswoche, ferner Nierenschäden und Nervenlähmungen. Vorbeugung ist durch aktive Immunisierung mit entgiftetem Toxin möglich.

Diphthong [griech.] (Doppellaut), Verbindung zweier unmittelbar aufeinanderfolgender Vokale derselben Silbe, z. B. der D. au [aʊ] in Haut [haʊt].

Diplohaplonten [griech.] (Haplodiplonten), Organismen, bei denen eine diploide Generation mit einer haploiden abwechselt.

diploid [griech.], mit doppeltem Chromosomensatz versehen, einen Chromosomensatz aus Paaren homologer Chromosomen besitzend (nämlich denen der mütterl. und väterl. Keimzelle).

Diplom [griech.-lat.], **1)** in der *Geschichtswiss.* ↑Urkunde.
2) heute allg. verbreiteter akadem. Grad mit entsprechender Berufs-Bez. (z. B. Dipl.-Ingenieur).
3) Ehrenurkunde für besondere Leistungen.

Diplomat [griech.-frz.], höherer Beamter im auswärtigen, diplomat. Dienst.

Diplomatie [griech.-frz.], i. w. S. Bez. für internat. Beziehungen oder Außenpolitik; i. e. S. Tätigkeit, die der Vorbereitung außenpolit. Entscheidungen und ihrer Durchführung auf friedl. Wege dient.

Diplomatik [griech.-frz.] ↑Urkundenlehre.

diplomatische Beziehungen, im *Völkerrecht* der ständige Kontakt zw. Völkerrechtssubjekten durch diplomat. Vertretungen. Inhalt der d. B. ist die Vertre-

Dioxin   Dibenzodioxin

2,3,7,8-Tetrachlor-dibenzodioxin, 2,3,7,8-TCDD

tung der auswärtigen Politik der Staaten untereinander im weitesten Sinne (auch handelspolit., militär. und kulturpolit. Kontakte).

diplomatischer Dienst, Bez. für den Teil der Staatsorganisation, der die auswärtigen Angelegenheiten wahrzunehmen hat *(auswärtiger Dienst).*

diplomatischer Schutz, im *Völkerrecht* jene Tätigkeit, durch die einem Staatsangehörigen, gewöhnlich durch seinen Heimatstaat, Hilfe bei völkerrechtswidrigem Handeln eines anderen Staates gewährt wird.

diplomatisches Korps [ko:r] (frz. Corps diplomatique, Abk. C. D.), seit der Zeit Maria Theresias (1754) gebräuchl. Bez. für die Gesamtheit der bei einem Staatsoberhaupt akkreditierten (beglaubigten) Chefs diplomatischer Missionen; an seiner Spitze steht der ↑Doyen.

Diplonten (Diplobionten) [griech.], Bez. für Tiere und Pflanzen, deren Zellen mit Ausnahme der haploiden Gameten zeitlebens einen diploiden Chromosomensatz aufweisen.

Dipodie [griech.], Bez. für zwei zu einer metr. Einheit zusammengefaßte Versfüße.

Dipol, allg. jede Anordnung zweier gleich großer elektr. Ladungen *(elektr. D.)* oder magnet. Pole *(magnet. D.)* entgegengesetzter Polarität, deren Ladungs- bzw. Polschwerpunkte nicht in einem Punkte zusammenfallen. Als D. wird auch eine in der Mitte gespeiste, stabförmige Antenne bezeichnet *(Dipolantenne).*

Dipsomanie [griech.], period. Trunksucht.

Diptam

Diptam [mittellat.] (Brennender Busch, Dictamnus albus), von M- und S-Europa bis N-China verbreitetes, in Deutschland selten auf Trockenhängen vorkommendes Rautengewächs; bis 1 m hohe, zitronenartig duftende Staude.

Diptam

Diptychon [griech.], **1)** zusammenklappbares Paar von Schreibtäfelchen aus Elfenbein, Holz oder Metall, innen mit Wachs überzogen.
2) seit dem MA zweiflügeliger reliefierter oder bemalter kleiner Altar.

Dipylon [griech. »Doppeltor«], Haupttor im NW des alten Athens, überlagert Teile der Kerameikosnekropole, Fundort der *Dipylonvasen.*

Dirac, Paul Adrien Maurice [engl. dı'ræk], *Bristol 8. 8. 1902, † Tallahassee (Fla.) 20. 10. 1984, brit. Physiker. Führend an der Begründung und am Ausbau der Quantentheorie beteiligt. Nobelpreis für Physik 1933 zus. mit E. Schrödinger.

direkte Aktion (frz. action directe), vom ↑Syndikalismus propagierte Taktik des permanenten polit. und sozialen Konflikts (passiver Widerstand, Boykott, Demonstration, Streik).

direkte Rede (Oratio recta), unmittelbare und unveränderte Wiedergabe der Aussage eines Sprechenden, durch Anführungszeichen gekennzeichnet.

direkter Speicherzugriff (engl. **D**irect **M**emory **A**cces, Abk. **DMA**), der Datenaustausch zwischen Speicher und Peripherie eines Computers unter Umgehung der Zentraleinheit; die schnellste Möglichkeit des Informationsaustausches, bei der die periphere Stelle die ↑CPU kurzzeitig abschaltet und für den Augenblick des Datentransports die Busverwaltung (↑Bus) übernimmt.

Direktionsrecht (Weisungsrecht), aus dem Arbeitsverhältnis entspringendes Recht des Arbeitgebers, dem Arbeitnehmer hinsichtlich des Inhalts der Arbeitsleistung (Art, Umfang, Ort und Zeit) und der Ordnung des Betriebes Weisungen zu erteilen.

Direktive [lat.-frz.], Weisung, Verhaltensregel.

Direktmandat ↑Wahlen.

Direktorialsystem [lat./griech.], Regierungsform, in der ein weitgehend von der Legislative unabhängiges Kollegium an der Spitze der Exekutive steht (z. B. Schweiz).

Direktorium [lat.] (frz. Directoire), oberste, fünfköpfige Regierungsbehörde in Frankreich 1795–99. Die Verfassung von 1795 verwirklichte eine Gewaltenteilung und führte erstmals eine Legislative mit zwei Kammern ein.

Dirham [griech.-arab.], Abk. DH, Währungseinheit in Marokko.

Dirigismus [lat.], Wirtschaftsordnung, die Eingriffe des Staates zuläßt; i. e. S.: ein System mit nicht marktgerechten Lenkungsmaßnahmen.

Dirks, Walter, *Hörde (heute zu Dortmund) 8. 1. 1901, † Wittnau (bei Freiburg im Breisgau) 30. 5. 1991, deutscher Publizist. 1935–43 Redakteur der »Frankfurter Zeitung«; nach 1945 Mitbegründer und Mitherausgeber der »Frankfurter Hefte«; 1956–67 Leiter der Hauptabteilung Kultur am Westdeutschen Rundfunk.

Dirt-Track-Rennen [engl. 'dɔ:ttræk] ↑Speedwayrennen.

dis..., Dis... [lat.], Vorsilbe von Zusammensetzungen mit der Bedeutung »zwischen, auseinander, weg«, auch in verneinendem Sinn gebraucht.

Dis, Tonname für das um einen chromat. Halbton erhöhte D.

Disaccharide ↑Kohlenhydrate.

Disagio [dıs'a:dʒo; italien.] (Abgeld, Abschlag), Spanne, um den ein Kurs von Nennbetrag oder Parität nach unten abweicht; Ggs. ↑Agio.

Paul Adrien Maurice Dirac

Discountgeschäft [dɪsˈkaʊnt; engl.], Einzelhandelsgeschäft, das den Verkauf nicht preisgebundener Produkte, insbes. von Lebensmitteln, mit hohen Rabatten unter Fortfall des Kundendienstes betreibt.

Discovery [engl. dɪsˈkʌvərɪ »Entdeckung«], Name eines amerikan. ↑Raumtransporters.

Disengagement [engl. dɪsɪnˈgeɪdʒmənt], schlagwortartige Bez. aller Pläne, die ab Ende der 1950er Jahre ein Auseinanderrücken der westl. und östl. Streitkräfte in M-Europa bewirken sollten.

Disentis (amtlich Disentis/Mustèr), Kurort im schweizerischen Kanton Graubünden, im Tal des Vorderrheins, 2200 E. Barocke Abteikirche, radioaktive Quelle. – Älteste, seit dem 7. Jh. bestehende Benediktinerabtei der Schweiz (1048 reichsunmittelbar).

Diseuse [diˈzøːzə; lat.-frz.], Sprecherin, Vortragskünstlerin im Kabarett; männl. Form: **Diseur**.

Disharmonie, Mißklang; Uneinigkeit, Unstimmigkeit.

Diskant [mittellat.], vom 15. Jh. bis zum 17. Jh. die oberste Stimme eines mehrstimmigen Vokalsatzes.

Diskette (Floppy disk), *elektron. Datenverarbeitung:* kleiner Datenspeicher; eine in einer Schutzhülle eingebrachte, beidseitig mit einer magnetisierbaren Beschichtung versehene flexible Magnetplatte mit genormtem Durchmesser von 3 $\frac{1}{2}$ oder 5 $\frac{1}{4}$ Zoll; Speicherkapazität bis 10 Megabytes; v. a. als Direktzugriffsspeicher für kleinere Datenverarbeitungsanlagen, zur Datenerfassung und -speicherung bei der Textverarbeitung verwendet.

Diskont [lat.-italien.], der beim Verkauf einer zu einem späteren Zeitpunkt fälligen Forderung vom Nominalbetrag vorweg abgezogene Zinsbetrag. Er stellt eine spezielle Form des Zinses dar, der dem Käufer in Form des Abzugs vom Nominalwert sofort gutgeschrieben wird, v. a. beim Verkauf bzw. Ankauf *(Diskontierung)* von Wechseln, Schatzwechseln, unverzinslichen Schatzanweisungen und Währungsschecks. – Der von den Banken in Rechnung gestellte *Diskontsatz* liegt meistens 0,5 % bis 1,5 % über dem D.satz der Landeszentralbank.

Diptychon 1). Konsul Stilicho (links) mit Frau und Sohn; Konsulardiptychon (um 400; Monza, Tesoro della Basilica di San Giovanni)

Diskontinuität, Ablauf von Vorgängen mit zeitl. oder räuml. Unterbrechung; Ggs. ↑Kontinuität.

Diskontpolitik, wirtschaftspolit. Instrument der Zentralbank, durch Veränderung des Diskontsatzes und der Höhe des den Banken eingeräumten Diskontkredits (↑Rediskontkontingente) die volkswirtsch. verfügbare Geldmenge zu beeinflussen.

Diskordanz [lat.], **1)** in der *Genetik* das Nichtübereinstimmen von Merkmalen und Verhaltensweisen bei Zwillingen, auf Grund dessen eine Eineiigkeit ausgeschlossen werden kann. **2)** in der *Musik* svw. Mißklang.

Diskos von Phaistos, 1908 im Palast von Phaistos (Kreta) gefundene runde Tonscheibe. Seite A enthält 123 Stempelungen in 31 Zeichengruppen, Seite B 119 Stempelungen in 30 »Wörtern« in spiraliger Anordnung. Nicht entziffert, datiert um 1600 v. Chr. – Abb. S. 764.

Diskothek [griech.-nlat.], **1)** Schallplattensammlung, -archiv. **2)** (Disko) Tanzlokal (bes. für Jugendliche).

Diskrepanz [lat.], Mißverhältnis.

diskret [lat.-frz.], verschwiegen; rücksichtsvoll, taktvoll; **Diskretion**, Verschwiegenheit, Takt.

Walter Dirks

Diskos von Phaistos. Seite B der Tonscheibe mit 119 Stempelungen in 30 Gruppen; Durchmesser 15,8–16,5 cm (um 1600 v. Chr.)

Radius = 0,6 cm

Holzdiskus

Raum zum Nachtarieren

A und B = 5,0–5,7 cm
B = 18,0–18,2 cm
A = 21,9–22,1 cm

A = 4,4–4,6 cm
B = 3,7–3,9 cm
Gewicht A = 2 kg B = 1 kg
A = Männer
B = Frauen und weibl. Jugend

Diskus. Aufbau und Maße des Diskus

Walt Disney

diskriminieren [lat.], herabwürdigen, verächtlich machen; **Diskriminierung, Herabwürdigung**, Verächtlichmachung.

Diskurs [lat.], erörternder Vortrag; eine methodisch aufgebaute Abhandlung.

diskursiv [lat.], (in der Philosophie) von Begriff zu Begriff fortschreitend; schlußfolgernd; Ggs.: intuitiv.

Diskus [griech.], scheibenförmiges Wurfgerät, heute meist ein Holzkörper mit Metallreifen und Metallkern (Durchmesser 22 cm, Gewicht 2 kg für Herren, bzw. 18 cm und 1 kg für Damen). Beim *Diskuswurf* wird der D. aus einem Wurfkreis (Durchmesser 2,50 m) geschleudert.

Diskusfische (Diskusbuntbarsche, Pompadourfische), Gatt. bunt gefärbter Buntbarsche von nahezu scheibenförmiger Körpergestalt in fließenden Gewässern S-Amerikas; anspruchsvolle Warmwasseraquarienfische. Bekannt u. a. *Diskus (Echter Diskus),* im Amazonas und Nebenflüssen, bis 20 cm lang, gelbbraun bis rostfarben mit neun Querbinden.

Disney, Walt [engl. 'dıznı], eigtl. Walter Elias D., * Chicago 5. 12. 1901, † Burbank (Calif.) 15. 12. 1966, amerikan. Filmproduzent. Produzierte ab 1922 Zeichentrickfilme, ab 1928 die »Mickey Mouse«-Serie, der 1934 »Donald Duck« (beide auch als Comics) folgte, danach »Schneewittchen« (1937), »Pinocchio« (1939/40), »Bambi« (1941/42), »Cinderella« (1949), »Alice im Wunderland« (1951); hatte auch großen Erfolg mit Dokumentarfilmen wie »Die Wüste lebt« (1953), »Wunder der Prärie« (1954) sowie Spielfilmen, u. a. »20 000

Meilen unter dem Meer« (1954). Das Disney-Studio arbeitete nach D. Tod weiter. 1955 wurde der nach seinen Plänen errichtete Vergnügungspark *Disneyland* in Kalifornien eröffnet, 1971 der Vergnügungspark *Walt Disney World* in Florida; neben weiteren derartigen Anlagen weltweit entstand 1992 *Euro Disney* bei Paris. Muttergesellschaft dieser Unternehmen ist die »Walt Disney Co.«, die weiterhin auch Zeichentrickfilme produzierte (u. a. »Das Dschungelbuch«, 1967; »Der König der Löwen«, 1994).

disparat [lat.], ungleichartig, sich widersprechend; **Disparität**, Ungleichheit.

Dispatcher [dıs'pætʃər; engl.], Inhaber einer bes. Koordinations-, Kontroll- und Steuerungsfunktion oder -stelle.

Dispens [lat.], **1)** (Dispensation) in der Schule die Befreiung eines Schülers von der Teilnahme am Unterricht.
2) Befreiung von zwingenden Vorschriften im Einzelfall (z. B. im Baurecht).

dispensieren [lat.], **1)** befreien, beurlauben.
2) eine Arznei zubereiten und abgeben.

Dispersion [lat.], **1)** *Physik:* (disperses System) ein aus zwei oder mehreren Phasen bestehendes Stoffsystem (Mischung), bei dem ein Stoff *(disperse Phase)* in einem anderen *(Dispersionsmittel, Dispergens)* in feinster Form verteilt (dispergiert) ist. Sowohl die disperse Phase als auch das D.mittel können dabei fest, flüssig oder gasförmig sein. Beispiele für D. sind Suspensionen, Emulsionen, Aerosole (Nebel) und Rauch.
2) *Wellentheorie:* die Abhängigkeit der Ausbreitungsgeschwindigkeit einer Welle von der Wellenlänge bzw. von der Frequenz, z. B. die D. des Lichts, die sich bei der Brechung von Licht als eine Zerlegung in einzelne Spektralfarben äußert.

Dispersionsfarbe (Binderfarbe), aus einer Bindemitteldispersion und Pigmenten hergestellter Anstrichstoff.

Dispertpräparate [lat.], im Trockenverfahren hergestellte, pulverförmige Auszüge aus Pflanzenteilen oder tier. Organen.

Display [engl. dıs'pleı; lat.-engl.], **1)** Aufsteller; Dekorationsmittel zur Schaufenstergestaltung.

2) in der *Datenverarbeitung* Gerät oder Bauteil zur opt. Darstellung einer Information in Form von Ziffern, Buchstaben, Zeichen oder als graph. Darstellung (↑Datensichtgerät).

Disponent [lat.], kaufmänn. Angestellter in gehobener Stellung.

disponieren [lat.], verfügen, anordnen; **disponiert,** aufgelegt, gestimmt zu..., empfänglich (für Krankheiten); **disponibel,** verfügbar.

Dispositio Achillea, hohenzoller. Hausgesetz, 1473 von Kurfürst Albrecht Achilles erlassen, das die Unteilbarkeit Brandenburgs im Hause Hohenzollern brachte.

Disposition [lat.], **1)** das Verfügenkönnen; Planung; (jemanden) *zur Disposition stellen,* in den einstweiligen Ruhestand versetzen.
2) in der *Medizin* svw. Neigung des Organismus für bestimmte Erkrankungen.

Dispositionskredit (»Überziehungskredit«), Kontokorrentkredit auf einem Lohn- oder Gehaltskonto, der dem Kunden meist formlos eingeräumt wird.

Dispositionsmaxime (Verfügungsgrundsatz), die Prozeßmaxime, daß die Parteien über Beginn, Gegenstand und Ende des Prozesses bestimmen (disponieren; bes. im Zivilprozeß). Das Gericht wird nur tätig, wenn (durch Klageerhebung), soweit (im Rahmen der gestellten Anträge) und solange (also nicht mehr nach Klage- oder Rechtsmittelrücknahme, Vergleich, beiderseitiger Erledigungserklärung) die Parteien Rechtsschutz begehren.

Diskusfische. Brauner Diskus

dispositives Recht [lat./dt.] (nachgiebiges, abänderl., ergänzendes Recht; ius dispositivum), Rechtsvorschriften, die nur gelten, wenn die Beteiligten eine andere Regelung nicht getroffen haben, z. B. die Vorschriften über die gesetzl. Erbfolge.

Disproportion, Mißverhältnis.

Disput [lat.], Wortwechsel.

Disputation [lat.], gelehrtes [öffentl.] Streitgespräch (v. a. im MA).

Disqualifikation, Untauglichkeitserklärung; Ausschluß von sportl. Wettkämpfen wegen regelwidrigen Verhaltens; **disqualifizieren,** [vom Wettkampf] ausschließen.

Disraeli, Benjamin [engl. dɪz'reɪli], Earl of Beaconsfield (ab 1876), * London 21. 12. 1804, † ebd. 19. 4. 1881, brit. Staatsmann und Schriftsteller. Ab 1837 als Tory im Unterhaus. 1852, 1858/59 und 1866–68 Schatzkanzler. Seine bedeutendste innenpolit. Leistung war die weitreichende Wahlrechtsreform von 1867. Seine Amtszeit als Premier-Min. (1868 und 1874–80) stand im Zeichen des aufkommenden Imperialismus: Sicherung Indiens und des Seewegs dorthin, Widerstand gegen die russ. Ansprüche auf dem Balkan, Erwerb Zyperns.

Benjamin Disraeli

Dissens [lat.], Meinungsverschiedenheit (in bezug auf bestimmte Fragen).

Dissenters [engl. dɪ'sɛntəz; lat.-engl.] (Nonconformists), im 17. und 18. Jh. in Großbrit. ev. Religionsgemeinschaften, die sich der Wiedereingliederung in die Kirche von England widersetzten; nach anfängl. Verfolgung ab 1689 freie Gottesdienstausübung.

Dissertation [lat.] (Inauguraldissertation), zur Erlangung des Doktorgrades verfaßte wiss. Abhandlung.

Dissident [lat.], Abweichler, Andersdenkender, Regimekritiker.

Dissimilation [lat.], in der *Biologie* energieliefernder Abbau körpereigener Substanz in lebenden Zellen der Organismen (z. B. Atmung, Gärung); Ggs. ↑Assimilation.

Dissipation [lat.], Übergang einer umwandelbaren Energieform in Wärmeenergie.

Dissonanz [lat.], eine [charakterist.] Tonverbindung, im Ggs. zur Konsonanz in der tonalen Musik ein Zusammenklang, der eine Auflösung fordert.

Hugo Distler

Dissoziation [lat.], in der *Chemie* Aufspaltung von Molekülen in kleinere Moleküle, Radikale, Ionen oder Atome.

distal [lat.], *Biologie und Medizin:* 1. weiter von der Körpermitte bzw. charakterist. Bezugspunkten entfernt liegend als andere Körper- oder Organteile; 2. bei Blutgefäßen weiter vom Herzen entfernt liegend.

Distanz [lat.], 1. räuml. Abstand; im *Sport* die zurückzulegende Strecke; 2. Zurückhaltung im Umgang mit anderen Menschen.

Di Stefano, Giuseppe, *Motta Sant' Anastasia bei Catania 24. 7. 1921, italien. Sänger (Tenor). Seit 1951 Mgl. der Mailänder Scala; Gast an den bed. Opernbühnen Europas und Amerikas.

Distel. Nickende Distel

Distel, 1) (Carduus) Gatt. der Korbblütler mit etwa 100 Arten in Eurasien (6 Arten in Deutschland) und Afrika; 0,3–2 m hohe Kräuter oder Stauden mit stacheligen Blättern; häufigste Art in M-Europa ist die *Nickende Distel* mit purpurfarbenen Blüten.
2) volkstüml. Bez. für stachelige Korbblütler aus verschiedenen Gatt. (z. B. Kratzdistel, Kugeldistel, Eberwurz).

Distelfalter, mit Ausnahme von S-Amerika weltweit verbreiteter, etwa 5 cm spannender Fleckenfalter. Die Raupe lebt bes. an Disteln.

Distelfink, svw. ↑Stieglitz.

Distichon [griech.], Gedicht oder Strophe von zwei Zeilen, v. a. das *eleg. Distichon,* die Verbindung eines daktyl. Hexameters mit einem daktyl. Pentameter.

Distelfalter

distinguiert [...'gi:rt; lat.-frz.], sich von anderen (vornehm) unterscheidend; **Distinktion,** Unterscheidung.

Distler, Hugo, *Nürnberg 24. 6. 1908, † Berlin 1. 11. 1942 (Selbstmord), dt. Komponist und Organist. Bed. für die moderne ev. Kirchenmusik; »Choral-Passion« (1933), »Mörike-Chorliederbuch« (1939).

Distorsion [lat.], *Medizin:* svw. ↑Verstauchung.

Distribution [lat.], Verteilung, Aufteilung; Auflösung; **distributiv,** verteilend, zerlegend.

Distributivgesetz, in der *Mathematik* Gesetz über die Gleichheit folgender mathemat. Terme für die Zahlen a, b, c. Es gilt $a \cdot (b+c) = (a \cdot b) + (a \cdot c)$. Man sagt, die Multiplikation von Zahlen ist bezüglich der Addition distributiv.

District of Columbia [engl. 'dɪstrɪkt əv kə'lʌmbɪə], Abk. **D. C.,** dem Kongreß der USA unmittelbar unterstehender Verwaltungsbezirk am linken Ufer des unteren Potomac River, 174 km², vom Gebiet der Bundeshauptstadt Washington eingenommen. – 1791 als neutrales, zu keinem Gliedstaat der USA gehörendes Territorium geschaffen.

Distrikt [lat.], Bezirk; Abteilung; abgeschlossener Bereich.

Disziplin [lat.], **1)** Wissenszweig, Fachgebiet.
2) das freiwillige Einhalten von vorgeschriebenen Verhaltensregeln; Ordnung, der man sich zu unterwerfen hat.
3) Teilbereich des Sports.

Disziplinargerichtsbarkeit [lat./dt.], Sondergerichtsbarkeit in Angelegenheiten des Disziplinarrechts. Die D. über Beamte obliegt bes. Verwaltungsgerichten, den unabhängigen *Disziplinargerichten,* über Richter wird sie von den ↑Dienstgerichten ausgeübt. Der *Bundesdisziplinaranwalt* hat die Aufgabe, die einheitl. Ausübung der Disziplinargewalt zu sichern. Die D. über Bundesbeamte wird ausgeübt durch das *Bundesdisziplinargericht* in Frankfurt am Main und die *Disziplinarsenate* des Bundesverwaltungsgerichts in Berlin. Als Disziplinargerichte der Länder fungieren in erster Instanz *Disziplinarkammern* oder *Disziplinarstrafkammern.*

Disziplinarmaßnahmen [lat./dt.] (früher: Disziplinarstrafen, Dienststrafen), Zucht- und Erziehungsmittel, die zu dem Zweck verhängt werden, die Integrität, das Ansehen und die Funktionsfähigkeit einer Einrichtung oder eines Berufsstandes zu wahren. Gegen einen Beamten, Richter oder Soldaten kann eine D. verhängt werden, wenn er sich eines Dienstvergehens schuldig gemacht hat. D. sind u. a.: Verweis (Tadel eines bestimmten Verhaltens), Geldbuße (bis zur Höhe der einmonatigen Dienstbezüge), Gehaltskürzung, Entfernung aus dem Dienst, Kürzung oder Aberkennung des Ruhegehalts.

Disziplinarrecht [lat./dt.] (früher: Dienststrafrecht), der Teil des Beamtenrechts, der die Frage regelt, wann ein Beamter ein Dienstvergehen begeht und welche Disziplinarmaßnahmen verhängt werden können sowie welches Verfahren bei der Aufklärung und Ahndung von Dienstvergehen einzuhalten ist.

Disziplinarverfahren [lat./dt.], Verfahren zur Aufklärung und Ahndung von Dienstvergehen von Beamten, Richtern und Soldaten. Das förml. D. gliedert sich in die Untersuchung und das Verfahren vor den Disziplinargerichten. Die Untersuchung wird durch einen zum Untersuchungsführer bestellten unabhängigen Beamten oder Richter durchgeführt. Die Hauptverhandlung ist grundsätzlich nicht öffentlich.

Ditfurth, Hoimar von, *Berlin 15. 10. 1921, † Freiburg i. Br. 1. 11. 1989, dt. Psychiater, Schriftsteller und Fernsehmoderator. Schrieb populärwiss. Bücher, u. a. »Kinder des Weltalls« (1970), »Im Anfang war der Wasserstoff« (1972), »Wir sind nicht nur von dieser Welt« (1981), »So laßt uns denn ein Apfelbäumchen pflanzen« (1985).

Dithmarschen ['dɪt..., 'diːt...], Landschaft an der W-Küste von Schlesw.-Holst., zw. Eider und Elbe. *Geschichte:* Die Bauernrepublik D. wahrte vom 13. Jh. an eine weitgehende Selbständigkeit (1500 Sieg des Volksheeres bei Hemmingstedt über ein dän. Heer). 1559 unterwarfen die dän. König und die beiden Gottorfer Herzöge das Land. 1581 in eine südl. dän. Hälfte und eine nördl. Gottorfer Hälfte (1773 ebenfalls dänisch) geteilt.

Dithyrambus [griech.], enthusiastisch-ekstat. Chorlied, verbunden mit dem Kult des Dionysos. – Als **dithyrambisch** werden hymnisch-ekstat. Verse in freien Rhythmen bezeichnet.

dito [lat.-italien.], Abk. do. oder dto., gleichfalls, dasselbe.

Ditters von Dittersdorf, Karl, *Wien 2. 11. 1739, † Schloß Rothlhotta bei Nové Dvory (Mittelböhm. Gebiet) 24. 10. 1799, österr. Komponist. Schrieb Oratorien, Sinfonien, Solokonzerte, Kammermusik sowie etwa 40 Opern und Singspiele.

Dittmann, Wilhelm, *Eutin 13. 11. 1874, † Bonn 7. 8. 1954, dt. Politiker. MdR ab 1912 für die SPD; Mitbegründer der USPD; Mgl. des Rats der Volksbeauftragten; führte die restl. USPD 1922 zur SPD zurück; emigrierte 1933 in die Schweiz.

Ditzen, Rudolf, dt. Schriftsteller, †Fallada, Hans.

Diu, Stadt auf der Insel D. vor der S-Spitze der Halbinsel Kathiawar, W-Indien, 8 000 E. – 1535–1961 portugies. Kolonie. Bildete mit Goa und Daman ein Unionsterritorium, aus dem †Goa 1987 ausgegliedert wurde.

Diurese (Diuresis) [griech.], i. w. S. die Harnausscheidung durch die Nieren; i. e. S. die (krankhaft) gesteigerte Harnausscheidung.

Diuretika [griech.], harntreibende Mittel.

Diva [lat.-italien. »die Göttliche«], gefeierte Schauspielerin oder Sängerin.

divergent [lat.], in der *Mathematik* gesagt von einer Folge oder Reihe, die keinem endl. Grenzwert zustrebt.

Divergenz [lat.], allg. Auseinandergehen, Abweichen; Meinungsverschiedenheit; **divergieren,** abweichen, anderer Meinung sein, auseinanderstreben.

Diversifikation (Diversifizierung) [lat.], gezielte Ausweitung des Produktionsund/oder des Absatzprogramms auf bisher nicht angebotene Erzeugnisse, die aber in sinnvollem Zusammenhang mit den bisher erzeugten bzw. abgesetzten Produkten stehen.

Divertikel [lat.], angeborene oder erworbene sackförmige Ausstülpung von Wandteilen eines Hohlorgans, z. B. des Magens.

Divertimento [lat.-italien.], suitenoder sonatenartiges 4- bis 10stimmiges Instrumentalwerk des 18. Jh. für solist. oder Kammerbesetzung (v. a. Haydn, Mozart).

Giuseppe Di Stefano

Divine Light Mission

d̲i̲vide et i̲mpera [lat. »teile und herr-
sche«], angeblich polit. Maxime des antiken Rom (Herrschaft durch Spaltung
der Gegner).

Divid̲e̲nd [lat.], die Zahl, die durch eine
andere (den **Divisor**) geteilt werden soll:
Dividend : Divisor = Quotient.

Divid̲e̲nde [lat.-frz.], aus dem Bilanzge-
winn einer Kapitalgesellschaft auf die
Kapitalanteile gezahlte Vergütung, insbes. Gewinnanteil der Aktie in Prozent
des Nennwertes *(Nominal-D.)*. Die
Höhe der D. wird nach dem Vorschlag
der Verwaltung von der Hauptversammlung (Gesellschafterversammlung) fest-
gesetzt.

Divid̲i̲vi [indian.-span.] (Libidibi), Bez.
für die kastanienbraunen, längl., Gerbstoffe liefernden Hülsenfrüchte eines im
trop. Amerika heim. Caesalpinien-
gewächses.

Div̲i̲na Comm̲e̲dia [italien. »Göttliche
Komödie«], Hauptwerk des italien.
Dichters ↑Dante Alighieri.

Divine Light Mission [dɪˈvaɪn ˈlaɪt
ˈmɪʃn; engl. »Göttliches-Licht-Mis-
sion«], 1960 gegr. hinduist. Reformbewegung. Im Mittelpunkt steht die Ver-

ehrung des Gurus Maharaj Ji (*etwa
1958). Bestimmend für das Leben der
Mgl. der D. L. M. ist die Meditation mit
antirationalen Tendenzen. 1974 wurde
eine *Divine United Organization* (Abk.
DUO) gegründet, die die religiösen
Ziele der D. L. M. durch kommerzielle
Betriebe ergänzt.

Divisi̲o̲n, 1) [zu lat. divisio »Teilung«],
Mathematik: eine der vier Grundrechen-
arten; kann als Umkehrung der Multiplikation gedeutet werden.

2) [lat.-frz.], *Militärwesen:* Großverband des Heeres (aus allen Waffengat-
tungen) zur Lösung takt. Aufgaben.

Divi̲s̲or [lat.] ↑Dividend.

Di̲w̲an [pers.-türk.], **1)** Sammlung oriental. Gedichte.

2) oberste Verwaltungsbehörden im Ka-
lifenreich.

3) Bez. für das Sofa.

Di̲x, Otto, *Untermhaus (heute zu
Gera) 2. 12. 1891, † Singen (Hohen-
twiel) 25. 7. 1969, dt. Maler und Graphiker. Bed. Vertreter der »Neuen Sachlichkeit«, der in seinen Werken Krieg,
polit. und soziale Mißstände und die
Entwürdigung des Menschen scho-

nungslos anprangerte; ab 1934 Ausstellungsverbot; u. a. Triptychon »Großstadt« (1927–28, Stuttgart, Galerie der Stadt), »Der Krieg« (1929–32, Dresden, Staatl. Kunstsammlungen).

Dixieland [engl. 'dıksılænd], [scherzhafter] Name für die Südstaaten der USA.

Dixieland-Jazz [engl. 'dıksılænd 'dʒæz], ein zu Ende des 19. Jh. aus der Nachahmung des ↑New-Orleans-Jazz durch weiße Musiker entstandener Jazzstil.

Diyarbakır [türk. di'jarba₊kır], türk. Stadt am oberen Tigris, 305 300 E. Zentrum eines Verw.- und Agrargebiets; Konsumgüterindustrie. 5,5 km lange Stadtmauer mit vier Toren und 78 Türmen, Große Moschee (um 1090), Karawanserei (1575). – Die byzantin. Festung *Amida* wurde 640 arabisch, 1507 persisch, 1515 osmanisch.

d. J., 1) Abk. für **d**er (bzw. **d**ie) **J**üngere. **2)** Abk. für **d**ieses **J**ahres.

Djelleh [austral.] ↑Lungenfische.

Djerba ['dʒɛrba], tunes. Insel im Mittelmeer, 514 km², Hauptort Houmt-Souk. Neben Berbern lebt eine jüd. Volksgruppe auf D.; Oasenwirtschaft; internat. ✈.

DJH, Abk. für **D**eutsche **J**ugend**h**erberge.

Djibouti [dʒi'buti] (Dschibuti), Hauptstadt der gleichnamigen Republik Djibouti, am Golf von Aden, 290 000 E. Handelszentrum, Endpunkt der Bahnlinie von Addis Abeba; Hafen; internat. ✈.

Djibouti [dʒi'buti] (Dschibuti), Staat in Afrika, grenzt im O an den Golf von Aden, im SO an Somalia, ansonsten an Äthiopien.

Staat und Recht: Präsidialrepublik; *Verfassung* von 1992. *Staatsoberhaupt* ist der Präs., der in allgemeinen Wahlen für 6 Jahre gewählt wird. Er übt gemeinsam mit dem Kabinett unter dem Min.-Präs. die *Exekutiv*gewalt aus. *Legislative* ist die Deputiertenkammer (65 Abg. für 5 Jahre gewählt). Die frühere Einheitspartei, der Rassemblement Populaire pour le Progrès (RPP), hält alle Parlamentssitze.

Landesnatur: D. umfaßt einen Teil des halbwüstenhaften Danakiltieflandes (im Lac Assal bis 153 m u. M.) und einen Teil der Danakilberge (bis 1 775 m ü. M.). Ausgesprochen trockenes Klima

Djibouti

Djibouti

Fläche:	23 200 km²
Einwohner:	467 000
Hauptstadt:	Djibouti
Amtssprache:	Arabisch, Französisch
Nationalfeiertag:	27. 6.
Währung:	1 Djibouti-Franc (FD) = 100 Centimes (c)
Zeitzone:	MEZ + 2 Std.

Staatsflagge

Staatswappen

1970 1990 1977 1991
Bevölkerung Bruttosozial-
(in Tausend) produkt je E
(in US-$)

☐ Stadt   Land ☐

81%   19%

Bevölkerungsverteilung 1992

☐ Industrie
☐ Landwirtschaft
☐ Dienstleistung

22%   3%   75%

Bruttoinlandsprodukt 1991

bei durchschnittlich 130 mm Niederschlag im Jahr.

Bevölkerung: Die im Norden lebenden Afar gehören zur Danakilgruppe, die im Süden lebenden Issa zur Somalgruppe. Die Mehrzahl der Einwohner sind Muslime.

Wirtschaft, Verkehr: Die Landwirtschaft dient nur der Selbstversorgung. Von größter Bedeutung ist die Funktion der Hauptstadt als Transithafen für Äthiopien. 106 km der Eisenbahnlinie Djibouti–Addis Abeba führen durch das Land. Internat. ✈ ist Djibouti.

Geschichte: Ab 1862 im frz. Einflußbereich; 1896 wurden die Protektorate Tadjoura und Obock zusammengelegt; 1967 erhielt das frz. Überseeterritorium als *Frz. Afar- und Issa-Küste* (zuvor *Frz. Somaliland*) weitgehende innere Autonomie; am 27. 6. 1977 Unabhängigkeit der Republik Djibouti. Durch Unruhen zw. Afar und Issa wurden 1977/78 zwei Regierungen gestürzt. 1981 wurden die ersten Verfassungsgesetze über Wahl und Amtszeit des Präs. verabschiedet, das Einparteiensystem gesetzlich verankert. 1992 erfolgte die Einführung des Mehrparteiensystems. 1993 wurde der seit 1977 regierende Präs., der Issa H. Gouled Aptidon, im Amt bestätigt.

Djidda [dʒ...] (Dschidda, Jidda, Jedda), saudi-arab. Hafenstadt am Roten Meer,

769

rd. 1,5 Mio. E. Univ.; Wirtschaftszentrum mit dem Haupthandelshafen des Landes; internat. ⚓. – Bed. als Hafen für Mekka (seit 646). Ab 1517 osmanisch, 1925 zu Saudi-Arabien.

Djihad [arab. dʒ...] (Dschihad), der Kampf der Muslime gegen nichtislam. Gebiet, oft »Heiliger Krieg« genannt. Ziel des D. ist nicht die Bekehrung der Ungläubigen, sondern die Verteidigung und Ausdehnung der islam. Herrschaft.

Djilas ↑Đilas.

Djinn [arab. dʒ...] (Dschinn), überird., unsichtbare (gute oder böse) Geister im islam. Volksglauben.

Djoser, ägypt. König (um 2600 v. Chr.) der 3. Dynastie. Erbauer der ältesten Pyramide, der Stufenpyramide von Sakkara.

Djouf [ˈdʒuf] (El-D.), flache Beckenlandschaft in der westl. Sahara; Salzmine (Tagebau).

dl, Einheitenzeichen für Deziliter ($^1/_{10}$ Liter).

DLRG, Abk. für Deutsche Lebens-Rettungs-Gesellschaft e. V.

dm, Einheitenzeichen für Dezimeter (10 cm).

DM, Abk. für Deutsche Mark.

d. M., Abk. für dieses Monats.

DMA, Abk. für engl. direct memory access (↑direkter Speicherzugriff).

DM-Eröffnungsbilanz, erste, in DM aufgestellte Bilanz nach der Währungsreform 1948 mit dem Ziel, eine neue Grundlage für geschäftl. Erfolgsrechnungen und Kreditverhandlungen zu schaffen.

Dmitri Iwanowitsch (Demetrius), *19. 10. 1582, † Uglitsch 15. 5. 1591, Sohn Iwans IV., von der russ.-orth. Kirche heiliggesprochen (1606). Sein rätselhafter Tod ermöglichte das Auftreten

falscher Thronprätendenten unter seinem Namen.

DNA, Abk. für engl. **D**esoxyribo**n**ucleic **a**cid (↑DNS).

Dnjepr, drittlängster Fluß Europas, 2200 km lang, in Rußland, Weißrußland und der Ukraine. Der D. entspringt in den Waldaihöhen und mündet in den *Dnjepr-Bug-Liman,* eine Bucht des Schwarzen Meeres, Einzugsgebiet: 503000 km², schiffbare Länge: 2075 km, mit Memel und Weichsel durch Kanäle verbunden.

Dnjepropetrowsk, Gebietshauptstadt der Ukraine, am Dnjepr, 1,19 Mio. E. Univ. u. a. Hochschulen. Bed. Zentrum der eisenschaffenden und eisenverarbeitenden Ind.; Hafen.

Dnjestr, Fluß in Moldawien und der Ukraine, 1352 km lang; entspringt in den Waldkarpaten, mündet in den *Dnjestrliman,* der durch eine Barre vom Schwarzen Meer getrennt wird.

DNS (DNA), Abk. für **D**esoxyribo**n**ukleinsäure (engl. desoxyribonucleic acid); in allen Lebewesen vorhandener Träger der ↑genetischen Information mit der Fähigkeit zur Autoreduplikation (↑DNS-Replikation); Molekülmasse 6–10 Mio.; besteht aus zwei spiralig angeordneten Ketten von Nukleotiden, die durch vier verschiedene, sich in unterschiedl. Reihenfolge wiederholende Basen über Wasserstoffbrücken (in der Kopplung Adenin-Thymin und Guanin-Zytosin) miteinander verbunden sind. Die Basenfolge bestimmt dabei den genet. Code (↑Proteinbiosynthese). Das Raummodell der DNS wurde 1953 von J. D. Watson, F. H. C. Crick und M. Wilkins aufgestellt.

DNS-Replikation (DNS-Reduplikation), ident. Verdopplung (Autoreduplikation) der genet. Substanz in lebenden Zellen. Der Verdopplungsmechanismus ist durch die Struktur des DNS-Moleküls in Form der Doppelhelix vorgegeben. Die beiden Stränge der DNS trennen sich voneinander, indem die Wasserstoffbrücken zw. den Basenpaaren gelöst werden. Jeder Einzelstrang dient als Matrize für die Synthese des komplementären Strangs. Nach Beendigung der DNS-R. besteht jeder Doppelstrang zur Hälfte aus altem und zur Hälfte aus neuem Material *(semikonservative Replikation).*

DNS.
Doppelhelix und die Bausteine der DNS:
1 Phosphorsäurerest;
2 Desoxyriboserest;
3 Adeninrest; **4** Thyminrest; **5** Guaninrest;
6 Zytosinrest

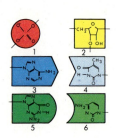

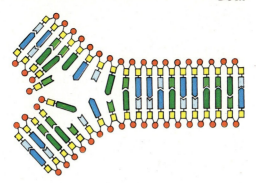

DNS. Verdoppelung der DNS (semikonservative Replikation)

DNVP, Abk. für ↑Deutschnationale Volkspartei.

Döbel (Aitel, Dickkopf, Rohrkarpfen), bis 60 cm langer und bis 3 kg schwerer Karpfenfisch, v. a. in den Fließgewässern Europas.

Döbereiner, Johann Wolfgang, *Bug bei Hof 13. 12. 1780, † Jena 24. 3. 1849, dt. Chemiker. Entdeckte die katalyt. Wirkung der Platinmetalle.

Dobermann [nach dem Hundezüchter Karl Friedrich Ludwig Dobermann, *1834, † 1894] (Dobermannpinscher), aus Pinschern gezüchtete Rasse bis 70 cm schulterhoher Haushunde.

Döblin, Alfred, *Stettin 10. 8. 1878, † Emmendingen 26. 6. 1957, dt. Schriftsteller. Arzt; 1933–45 Emigration über Frankreich in die USA (ab 1940); 1949 Mitbegründer der Akademie der Wiss. und der Literatur in Mainz; gehört mit seiner Erzähltechnik (Perspektivenwechsel, Simultantechnik, Reportage, Montage, Stream of consciousness) zu den Neuerern des Romans des 20. Jh.; Hauptwerk: »Berlin Alexanderplatz« (1929; verfilmt 1931, dazu eigenes Drehbuch; 1980 Fernsehfilm von R. W. Fassbinder). – *Weitere Werke:* Die Ermordung einer Butterblume (En., 1913), Die drei Sprünge des Wang-lun (R., 1915), Land ohne Tod (R.-Trilogie, 1937–48), November 1918 (R.-Trilogie, 1948–50), Hamlet oder Die lange Nacht nimmt ein Ende (R., 1956).

Dobrudscha, Gebiet zw. der untersten Donau und dem Schwarzen Meer in Rumänien und Bulgarien, gliedert sich in einen bis 467 m hohen N-Teil und ei-

nen 170–200 m hohen S-Teil, von Löß überdeckt; Steilabfall gegen das Schwarze Meer.

Geschichte: Im 1. Jh. n. Chr. von den Römern erobert; nach wechselnder Herrschaft 1388 der Walachei angeschlossen, ab 1417 osmanisch; 1878 fiel der nördl. (größere) Teil an Rumänien, der S an Bulgarien (1913–40 ebenfalls rumänisch).

Docht, meist aus Baumwolle gefertigte Brennstoffzuführung in Kerzen, Öllampen u. a.; Brennstofftransport durch Kapillarwirkung.

Dock [engl. oder niederl.], Großanlage zur Trockenlegung von Schiffen für Reparaturarbeiten: 1. *Trockendock,* ein durch D.tore verschließbares Becken; das einzudockende Schiff schwimmt ein, das geschlossene D. wird leergepumpt, das Schiff senkt sich auf die Kielpallen ab und liegt trocken;

Alfred Döblin
(Porträtskizze; 1926)

Dobermann
(Widerristhöhe bis 70 cm)

2. *Schwimmdock,* ein hohlwandiger Schwimmkörper; Boden- und Seitentanks werden geflutet, das Schiff schwimmt ein, das D. wird leergepumpt und hebt sich unter das Schiff.

Documenta, internat. Ausstellung aktueller Kunst in Kassel, die seit 1955 in Abständen von vier bis fünf Jahren stattfindet.

Dodekaeder [griech.] (Zwölfflach, Zwölfflächner), von zwölf Flächen begrenzter Körper; das von zwölf kongruenten, regelmäßigen Fünfecken begrenzte regelmäßige *Pentagon-Dodekaeder* (meist kurz D. genannt) ist einer der fünf platonischen Körper.

Dodekanes (Südl. Sporaden), griech. Inselgruppe im sö. Ägäischen Meer, von Patmos im N bis Kasos im S, von Astipaläa im W bis Rhodos im O, etwa 50 größere und kleinere, weitgehend gebirgige Inseln.

Doderer, Heimito von, * Weidlingau bei Wien 5. 9. 1896, † Wien 23. 12. 1966, österr. Schriftsteller. Befreundet mit A. P. Gütersloh; entwickelte eine Theorie der sog. ep. Objektivität (festgehalten in seinen Tagebüchern); schrieb u. a. die Romane »Die Strudlhofstiege« (1951), »Die Dämonen« (1956) sowie das grotesk-absurde Werk »Die Merowinger oder Die totale Familie« (R., 1962).

Döderlein, Albert, * Augsburg 5. 7. 1860, † München 10. 12. 1941, dt. Gynäkologe. Erkannte die für das Scheidenmilieu wichtigen Milchsäurebakterien *(Döderlein-Stäbchen).*

Dodoma [dəʊ'dəʊmɑː], Hauptstadt von Tansania, 203 800 E. Geolog. und bergwirtschaftl. Forschungsinstitut, meteorolog. Station; Handelszentrum an der Bahnlinie Daressalam–Kigoma; ✈.

Doesburg, Theo van [niederl. 'du:zbyrx], eigtl. Christian Emil Marie Küpper, * Utrecht 30. 8. 1883, † Davos 7. 3. 1931, niederl. Maler und Kunsttheoretiker. Mitbegründer der Gruppe »De Stijl«. Strebte eine Synthese von (geometr.) Malerei und Architektur an; prägte den Begriff »konkrete Kunst«; bed. Typograph.

Doge ['do:ʒə, italien. 'dɔ:dʒə], Bez. für das Staatsoberhaupt der ehem. Republiken Venedig und Genua. Das Amt bestand in *Venedig* vom 7. Jh. bis 1797 (1310 der Kontrolle des Rates der Zehn unterworfen), in *Genua* 1339–1797 und 1802–05 (ab 1528 nur noch für zwei Jahre aus den Reihen des Großen Rates wählbar und bis Anfang des 17. Jh. auf weitgehend repräsentative Funktionen eingeschränkt).

Dogenpalast ['do:ʒən...] (Palazzo Ducale), am Markusplatz in Venedig gelegener [Regierungs]palast (14.–17. Jh.).

Doggen [zu engl. dog »Hund«], Rassengruppe großer, kräftiger, meist einfarbig gelber oder gestromter, kurz- und glatthaariger Haushunde mit gedrungenem Körper, verkürztem, breitgesichtigem Kopf und fahnenloser Rute.

Doggerbank, in der zentralen Nordsee liegende Sandbank, die bis 13 m u. M. aufsteigt. – In der Seeschlacht auf der D. (24. 1. 1915) unterlagen die dt. Schlachtkreuzer den brit. Gegnern.

Dogma (Mrz. Dogmen) [griech.], verbindl., festgeprägte, normative Glaubensaussage. In der *kath. Theologie* wird ein D. als ein von Gott offenbarter Glaubenssatz angesehen, dessen Leugnung die Trennung von der kirchl. Gemeinschaft zur Folge hat. – Die *ev. Kirchen* gehen davon aus, daß nur die Bibel als von Gott geoffenbart zu gelten habe und somit dogmat. Rang besitze.

Dogmatik [griech.] (dogmatische Theologie), in der *Theologie* der christl. Kirchen die wiss. Beschäftigung mit den Dogmen.

Dohle

Dogmatismus [griech.], die unkritische, nicht begründete Behauptung von philosophischen oder religiösen Sätzen mit dem Anspruch unbedingter Anerkennung.

Doha (Ad-Dauha), Hauptstadt des Scheichtums Katar auf der Arab. Halbinsel, an der O-Küste der Halbinsel Katar, 217 300 E. Hafen, Fischerei; internat. ✈.

Dohle (Turmdohle), etwa 30 cm großer Rabenvogel, v. a. in parkartigen Land-

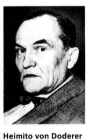

Heimito von Doderer

schaften und in lichten Wäldern Europas, W-Asiens und NW-Afrikas; Teilzieher.

Dohnanyi [do'na:ni], **1)** Hans von, *Wien 1. 1. 1902, † KZ Sachsenhausen (?) 8. oder 9. 4. 1945 (hingerichtet), dt. Jurist und Widerstandskämpfer. Sohn von E. von Dohnányi, Vater von K. von D. und C. von Dohnányi, Schwager D. Bonhoeffers. Führend an den Widerstandsaktionen 1939/40 und 1943 beteiligt. **2)** Klaus von, *Hamburg 23. 6. 1928, dt. Politiker (SPD). Sohn von H. von Dohnanyi. Jurist; 1981–88 Erster Bürgermeister von Hamburg.

Dohnányi [ungar. 'dɔxnanij], **1)** Christoph von, *Berlin 8. 9. 1929, dt. Dirigent. Sohn von H. von Dohnanyi; 1968–77 Generalmusikdirektor der Städt. Bühnen in Frankfurt am Main, 1977–84 Intendant der Hamburgischen Staatsoper, seit 1984 Chefdirigent des Cleveland Orchestra. **2)** Ernst (Ernö) von, *Preßburg 27. 7. 1877, † New York 9. 2. 1960, ungar. Pianist und Komponist. Vater von H. von Dohnanyi; spätromant., formal klass. Kompositionen aller Gattungen.

Doisy, Edward Albert [engl. 'dɔɪzɪ], *Hume (Ill.) 13. 11. 1893, † Saint Louis (Mo.) 23. 10. 1986, amerikan. Biochemiker. Arbeitete u. a. an der Konstitutionsaufklärung von Vitamin K; 1943 zus. mit C. P. H. Dam Nobelpreis für Physiologie oder Medizin.

Do it yourself! [engl. 'du: ɪt jɔ:'sɛlf »tu es selbst!«], Schlagwort für handwerkl. Selbsthilfe.

Dokkum [niederl. 'dɔkəm], niederl. Stadt in Friesland, 12 300 E. Sankt-Bonifatius-Kirche (15. Jh.). – 754 wurde Bonifatius bei D. ermordet. D. ging 1984 in die neugebildete Gemeinde Dongeradeel auf.

Doktor [lat.], Abk. Dr., akadem. Grad. Die Erlangung des D.grades erfolgt durch die Promotion, d. h. aus einer wiss. Abhandlung *(Dissertation)* und mündl. Prüfung *(Rigorosum)* bzw. öffentl. Verteidigung der Dissertationsthesen besteht. Die Doktorprüfung kann mit genügend (rite), gut (cum laude), sehr gut (magna cum laude) oder ausgezeichnet (summa cum laude) bewertet werden. – Die *Ehrendoktorwürde* (doctor honoris causa, Abk. Dr. h. c., doctor ex honore,

Abk. Dr. e. H., in der ev. Theologie Doktor mit der Abk. D.) wird auf Grund eines Fakultätsbeschlusses ohne Promotionsverfahren für hervorragende wiss. oder andere Leistungen verliehen. Der D.titel ist nicht Bestandteil des Namens.

Doktor Eisenbart (Doktor Eisenbarth) ↑Eisenbarth, Johann Andreas.

Doktorfische (Seebader, Chirurgenfische, Acanthuridae), Fam. der Knochenfische mit rd. 100 Arten in allen trop. Meeren, v. a. an Korallenriffen; auf der Schwanzwurzel meist beiderseits ein ungewöhnlich scharfer Dorn (»Doktormesser«) zur Verteidigung. Bekannt sind u. a. die Gatt. *Halfterfische* (Maskenfische) mit zwei bis 20 cm langen Arten; *Segelbader* (Segelfische), bis über 60 cm lang; *Nashornfische* (Einhornfische, Naso) mit zwölf Arten mit nach vorn gerichtetem Nasenhorn.

Christoph von Dohnányi

Doktorfische.
Paracanthurus theutis
(Länge 25 cm)

Doktrin [lat.], **1)** *allg.:* Lehre, Lehrsatz mit Allgemeingültigkeitsanspruch; **doktrinär,** einseitig auf einen bestimmten Standpunkt festgelegt. **2)** *Politik:* ein von einer Regierung oder einem Staatsmann öffentlich verkündetes Prinzip (z. B.: Monroe-D., Hallstein-D.).

Dokument [lat.], Urkunde, Schriftstück, Beweismittel.

Dokumentarfilm, Gattung des Films, der im Unterschied zum fiktiven Spielfilm mit dokumentar. Material die Realität unmittelbar berichtend wiedergibt.

Dokumentartheater, vom russ. Revolutionstheater beeinflußte Richtung des modernen Theaters, das durch die Verarbeitung von dokumentar. Material (Akten, Protokolle, zeitgenöss. Presseberichte, Einblendungen von Filmszenen, Photos, Tonbänder usw.) unmittelbar polit. Realitäten darstellen will. Höhepunkt in Deutschland Ende der 1920er Jahre durch E. Piscators Inszenierungen; später u. a. R. Hochhuths »Der Stellvertreter« (1963, Regie E. Piscator) und H. Kipphardts »In der Sache

Edward Albert Doisy

Dokumentation

Klaus Doldinger

Dolch.
1 Feuersteindolch aus Norddeutschland, um 2000 v. Chr.; **2** bronzene Dolchstabklinge (40 cm) mit Goldblechbeschlag und glockenförmigen Zierbuckeln, Bronzezeit, 1. Hälfte des 2. Jahrtsd. v. Chr.; **3** germanischer Dolch aus einem Verwahrfund, mittlere Bronzezeit, 2. Hälfte des 2. Jahrtsd. v. Chr.; **4** Dolchmesser des 13. Jh.; **5** Dolch aus dem 16. Jh.; **6** »Schweizer Dolch« mit reichverzierter Scheide aus dem 16. Jh.; **7** stilettartiger Dolch aus dem 16. Jh.; **8** Dolch aus dem 17. Jh.; **9** Degenbrecher aus dem 16. Jh.

Robert Oppenheimer« (1964, Regie E. Piscator).
Dokumentation [lat.], **1)** Zusammenstellung, Ordnung und Nutzbarmachung von Dokumenten. ↑Mikrodokumentation.
2) Ausdruck von etwas, beweiskräftiges Zeugnis.
Dokumentenfilm, feinstkörniger Film, v. a. zur Mikroverfilmung.
Dokumentenpapier, alterungsbeständiges Papier.
Dolby-Verfahren ®, ein von Ray M. Dolby erfundenes elektron. Verfahren zur *Rauschunterdrückung* bei magnet. Tonaufzeichnungen. Bei der Aufnahme werden schwache, d. h. »leise« Signale um so mehr verstärkt aufgezeichnet, je schwächer sie urspr. waren; die Dynamik, d. h. der Unterschied zw. größter und kleinster vorkommender Pegelgröße bzw. Lautstärke wird eingeengt *(Kompressorstufe).* Bei der Wiedergabe erfolgt in der *Expanderstufe* der umgekehrte Vorgang, wobei das leise, nur bei Pianostellen als bes. störend auftretende Bandrauschen weitgehend unterdrückt wird. Für hohe Pegel bzw. »laute« Signale bleibt die Originaldynamik erhalten. Das *Dolby-A-Verfahren* arbeitet mit 4 Frequenzbereichen (Anwendung bes. bei Studiogeräten), das techn. einfachere *Dolby-B-Verfahren* dagegen nur in einem Bereich über 1 000 Hz (Anwendung bes. bei Kassettenrecordern).
Dolce stil nuovo [italien. ˈdɔltʃe ˈstil ˈnuːvo »süßer neuer Stil«], eigtl. *dolce stil novo*, Stilrichtung der italien. Liebeslyrik in der 2. Hälfte des 13. Jh. (Bologna, v. a. Florenz); verband provenzal.-sizilian. Troubadourlyrik mit einer intellektuell-myst. Konzeption der Liebe;

Hauptvertreter u. a. Dante, G. Cavalcanti.
Dolce vita [ˈdɔltʃe ˈviːta, italien. »süßes Leben«], luxuriöses, ausschweifendes Leben.
Dolch, kurze Stoßwaffe mit feststehender, spitzer, meist zweischneidiger Klinge. Schon seit dem Jungpaläolithikum bezeugt; gehörte im MA zur Ritterrüstung.
Dolchstoßlegende, die ab Herbst 1918 in Deutschland verbreitete These, daß für den Kriegsausgang nicht das militär. Kräfteverhältnis an der Front, sondern das Versagen der Heimat (»Dolchstoß in den Rücken der siegreichen Truppen«) verantwortlich sei; von der konservativen und nat.-soz. Opposition als Propagandaparole gegen die Weimarer Republik verwandt.

Dolchwespen.
Gelbstirnige Dolchwespe (Länge bis 5 cm)

Dolchwespen (Scoliidae), Fam. bis 6 cm langer, wespenähnl. Hautflügler mit über 1 000 Arten, v. a. in den Tropen (zwei Arten in M-Europa).
Dolde ↑Blütenstand.
Doldenblütler (Umbelliflorae), Ordnung der Blütenpflanzen mit zykl., meist vier- bis fünfzähligen, kleinen Blüten, meist in Dolden oder Köpfchen.
Doldengewächse (Doldenblütler, Apiaceae, Umbelliferae), Fam. der zweikeimblättrigen Pflanzen mit etwa 300 Gatt. und über 3 000, weltweit in

1 2 3 4 5 6 7 8 9

außertrop. Gebieten verbreiteten Arten (z. B. Sellerie, Fenchel, Möhre, Anis, Kümmel, Liebstöckel).

Doldinger, Klaus, *Berlin 12. 5. 1936, dt. Jazzmusiker (Tenorsaxophon, Klarinette, Klavier). Verbindet Free Jazz und Popmusik.

Dole [frz. do:l], frz. Stadt sw. von Besançon, Dép. Jura, 28 000 E. Pasteur-Museum. – Seit dem 12. Jh. Hauptstadt der Franche-Comté, kam mit dieser 1384 zum Hzgt. Burgund.

Doline [slowen.] (Erdfall), schlot-, trichter- oder schüsselartige Vertiefung in Karstgebieten.

Dollar [engl.-amerikan.; zu niederdt., niederl. daler »Taler«], Zeichen $, seit dem ersten Münzgesetz der USA (2. 4. 1792) Hauptwährungseinheit der USA (US-$). – In Zusammensetzungen Bez. für die Währungseinheiten zahlr. Länder. ↑Währungssystem.

Dollarbonds (Dollaranleihen), außerhalb der USA aufgelegte und auf $ lautende Anleihen.

Dollart, Meeresbucht an der fries. Nordseeküste im Bereich der Emsmündung.

Dollbord [niederdt.], obere Planke auf dem Bootsbord; im D. ist die *Dolle* angebracht, eine drehbare eiserne Gabel zur Aufnahme der Riemen.

Dollfuß, Engelbert, *Texing (heute zu Texingtal bei Mank) 4. 10. 1892,

† Wien 25. 7. 1934, österr. Politiker (Christlich-soziale Partei). Ab 1932 Bundeskanzler und Außen-Min.; schuf nach Ausschaltung des Parlaments, Verbot der kommunist. und der nat.-soz. Partei 1933 ein autoritäres Regierungssystem; gewaltsame Ausschaltung der österr. Sozialdemokratie 1934; starb als Opfer eines gescheiterten nat.-soz. Putsches.

Döllinger, Ignaz von (ab 1860), *Bamberg 28. 2. 1799, † München 10. 1. 1890, dt. kath. Theologe und Kirchenhistoriker. Lehnte nach dem 1. Vatikan. Konzil insbes. das Dogma von der Unfehlbarkeit des Papstes ab. Damit gab er der Kirche der Altkatholiken ihre theolog. Grundlage. D. wurde 1871 exkommuniziert.

Dolmen [breton.-frz.], Grabtyp der Megalithkulturen, aus 4–6 senkrecht aufgestellten Trag- und 1–2 Decksteinen errichtet.

Dolomit [nach D. de Gratet de Dolomieu, *1750, † 1801], **1)** grauweißes, grünl. oder bräunl. Mineral, chem. $MgCO_3 \cdot CaCO_3$; als Gestein weit verbreitet. Dichte 2,8–2,9 g/cm³; Mohshärte 3,5–4,0.
2) aus D. bestehendes Sedimentgestein.

Dolomiten, Teil der Südl. Kalkalpen (Italien) mit bizarren Felstürmen, etwa 150 km lang und 80 km breit, in der Marmoladagruppe bis 3 342 m hoch.

Dolomit.
Kristalle

Dollar
(Silber, 1880)

Vorderseite

Rückseite

Gerhard Domagk

Hilde Domin

Plácido Domingo

dolore [italien.] (con dolore, doloroso), musikalische Vortrags-Bez.: mit Schmerz.

Dom [portugies. dõ], portugies. Titel vor männl. Taufnamen, urspr. der königl. Familie und dem Adel vorbehalten; weibl. Form: *Dona.*

Dom [lat.], große Kirche; Bischofskirche.

Domagk, Gerhard ['do:mak], *Lagow bei Zielenzig (Polen) 30. 10. 1895, † Burgberg (heute zu Königsfeld im Schwarzwald) 24. 4. 1964, dt. Pathologe und Bakteriologe. Führte die Sulfonamide in die Chemotherapie der bakteriellen Infektionen ein (zus. mit F. Mietzsch und J. Klarer) und entwickelte u. a. wirkungsvolle Tuberkulostatika; 1939 Nobelpreis für Physiologie oder Medizin.

Domäne [lat.-frz.], allg. Bez. für Herrschaftsgebiet; Staatsgut, Staatsbesitz. Die D. war seit der fränk. Landnahme das Königsgut; später landesherrl. Grundbesitz (vergrößert v. a. durch die Säkularisationen z. Z. der Reformation und 1803).

Domenichino [italien. domeni'ki:no], eigtl. Domenico Zampieri, *Bologna 21. 10. 1581, † Neapel 6. 4. 1641, italien. Maler. Fresken; bed. Landschaftsgemälde.

Domenichino. Diana und ihre Gefährtinnen (nach 1617; Rom, Galleria Borghese)

Domestik [lat.-frz.], *veraltend abwertend* für Dienstbote.

Domestikation [lat.-frz.], allmähliche Umwandlung von Wildtieren in Haustiere durch den Menschen. Der Mensch hält zu seinem Nutzen über Generationen hinweg Tiere, die veränderten Lebensbedingungen, z. B. durch die Ernährung oder die Beeinflussung der Partnerwahl, unterworfen sind. Durch letzteres ersetzt er die natürliche Selektion durch eine künstliche, nach bestimmten Richtlinien vorgenommene Auslese. Als Folge davon ergeben sich physiolog. und morpholog. Veränderungen, die sich im Laufe der Generationen genetisch fixieren. Auf Grund der bei der Domestikation auftretenden morphologischen Merkmalsänderungen kann man feststellen, seit wann Tiere domestiziert werden. Schaf und Ziege sind die ältesten Haustiere (ältester Fund: 8800 v. Chr., im Nahen Osten); es folgen Haushund (8420 v. Chr., in N-Amerika), Hausschwein (8000 v. Chr., Krim), Hausrind (6500 v. Chr., Griechenland), Hauspferd (3000 v. Chr., Ukraine).

domestizieren [lat.-frz.], Haustiere aus Wildformen heranzüchten (↑Domestikation).

Domfreiheit, im MA ein von der regulären Gerichtsbarkeit befreites Rechtsgebiet, in dem ein Domstift die Immunität innehatte.

Domin, Hilde, eigtl. H. Palm, *Köln 27. 7. 1912, dt. Schriftstellerin. Lebte 1932–39 in Italien, dann bis zu ihrer Rückkehr 1954 u. a. in Großbrit., in der Dominikan. Rep. (daher ihr Pseudonym) und den USA; schreibt v. a. Lyrik, u. a. »Nur eine Rose als Stütze« (1959), »Ich will dich« (1970); auch Essays »Wozu Lyrik heute« (1968); Roman »Das zweite Paradies« (1968).

dominant [lat.] ↑Dominanz.

Dominante [lat.], in der *Musik* einerseits der 5. Ton einer Dur- oder Molltonleiter, andererseits der über diesem Ton errichtete Durdreiklang (eine der Hauptfunktionen in der Kadenz).

Dominantseptakkord, Dreiklang auf der Dominante mit hinzugefügter dissonierender kleiner Septime.

Dominanz [lat.], **1)** *Psychologie:* Bez. für das Verhalten einer Person, das auf Beherrschung und Kontrolle anderer Personen gerichtet ist.
2) *Genetik:* Übergewicht eines (als *dominant* bezeichneten) Allels gegenüber der Wirkung des anderen (rezessiven) Allels; das dominante Allel wird somit weitgehend merkmalbestimmend.

Dominat [lat.], die sich aus dem röm. Prinzipat ab Ende des 1. Jh. entwickelnde Herrschaftsform; fand letzte Vollendung als absolute, göttlich sanktionierte Gewalt unter Diokletian.

Domingo, Plácido, *Madrid 21. 1. 1941, mex. Sänger span. Herkunft. Zählt seit 1966 zu den gefeierten Tenören, v. a. in Opern Verdis und Puccinis.

Dominica [engl. dɔmɪˈniːkə], Staat im Bereich der Westind. Inseln, umfaßt die gleichnamige Insel.
Staat und Recht: Parlamentar. Republik im Commonwealth; *Verfassung* von 1978. *Staatsoberhaupt* und oberster Inhaber der *Exekutive* ist der auf 5 Jahre gewählte Präs.; die *Legislative* liegt beim Parlament (Präs., 30 überwiegend auf 5 Jahre gewählte Mgl.). *Parteien:* Dominica Freedom Party, Labour Party of Dominica, Dominica United Worker's Party.
Landesnatur: Die gebirgige Insel ist vulkan. Ursprungs mit Höhen bis zu 1 447 m. Trop.-maritimes Klima mit immergrünem Regenwald.
Bevölkerung: Fast ausschließlich Schwarze und Mulatten sowie etwa 500 Indianer. Rd. 80 % sind Katholiken.

Dominica

Fläche:	751 km²
Einwohner:	72 000
Hauptstadt:	Roseau
Amtssprache:	Englisch
National-feiertag:	3. 11.
Währung:	1 Ostkarib. Dollar (EC $) = 100 Cents (c)
Zeitzone:	MEZ – 5 Std.

Wirtschaft, Verkehr: Der wichtigste Wirtschaftszweig ist die Landwirtschaft, die für den Export Bananen, Zitrusfrüchte und Vanille kultiviert. Wichtig ist die Küstenschiffahrt. Internat. ⚓ bei Marigot.
Geschichte: von Kolumbus 1493 entdeckt; im 17./18. Jh. zw. Briten und Franzosen umstritten; erst während der Napoleon. Kriege endgültig britisch; ab 1956 selbständige Kolonie, 1967–78 Mgl. der Westind. Assoziierten Staaten; seit 1978 unabhängige parlamentar. Republik im Commonwealth.

Dominica [lat., kurz für: dies dominica »Tag des Herrn«], in der lat. Kirchensprache der Sonntag.

Dominik, Hans, *Zwickau 15. 11. 1872, † Berlin 9. 12. 1945, dt. Schriftsteller. Schrieb populärwiss. techn. Bücher, Zukunftsromane, u. a. »Atlantis« (1925).

Dominikaner (lat. Ordo [Fratrum] Praedicatorum »Predigerorden«; Abk. OP), nach den Franziskanern der zweite Bettelorden, 1216 von dem Spanier Dominikus gegründet; Ziel: Predigt, wiss. Beschäftigung mit Theologie und Ketzerbekehrung; ab 1232 führend in der Inquisition tätig. – Die *Dominikanerinnen* leben in strenger Abgeschlossenheit und bilden einen Zweiten Orden neben den Dominikanern.

Dominica

Staatsflagge

Staatswappen

70	72	523	2520
1970	1992	1970	1992

Bevölkerung (in Tausend)   Bruttosozialprodukt je E (in US-$)

☐ Stadt   Land ☐

41%   59%

Bevölkerungsverteilung 1991

■ Industrie
■ Landwirtschaft
■ Dienstleistung

21%   53%
26%

Bruttoinlandsprodukt 1991

Dominikanische Republik

Dominikanische Republik

Fläche:	48 442 km²
Einwohner:	7,471 Mio.
Hauptstadt:	Santo Domingo
Amtssprache:	Spanisch
National-	
feiertag:	27. 2.
Währung:	1 Dominik. Peso (dom $) = 100 Centavos (cts)
Zeitzone:	MEZ – 6 Std.

1970 1992   1970 1992
Bevölkerung Bruttosozial-
(in Mio.)   produkt je E
             (in US-$)

☐ Stadt   Land ☐

Bevölkerungsverteilung
1992

☐ Industrie
☐ Landwirtschaft
☐ Dienstleistung

Bruttoinlandsprodukt
1992

Dominikạnische Republịk (amtlich spanisch República Dominicana), Staat im Bereich der Westind. Inseln, umfaßt den östl. Teil der Antilleninsel Hispaniola und grenzt im W an Haiti.
Staat und Recht: Präsidialdemokratie; *Verfassung* von 1966. *Staatsoberhaupt* und oberster Träger der *Exekutive* ist der vom Volk auf 4 Jahre gewählte Präsident. Die *Legislative* liegt beim Nationalkongreß (Senat mit 30 Mgl. und Abg.kammer mit 120 Abg.; Wahlen alle 4 Jahre). *Parteien:* v. a. Partido Reformista Social Cristiano (PRSC), Partido Revolucionario Dominicano (PRD), Partido de la Liberación Dominicana.
Landesnatur: Die D. R. ist durch NW–SO verlaufende Gebirgszüge gegliedert. In der Cordillera Central liegt die höchste Erhebung der Westindischen Inseln (Pico Santo Domingo, 3 175 m ü. M.). Das Klima steht unter dem Einfluß des Passats mit winterlicher Trocken- und sommerlicher Regenzeit. Die Vegetation reicht von Dornstrauchvegetation bis zum immergrünen Regenwald.
Bevölkerung: Rund 73 % der E sind Mulatten, 16 % Weiße, 11 % Schwarze. 95 % sind katholisch.
Wirtschaft, Verkehr: Exportorientierter Anbau von Zuckerrohr (16 Zuckerraffinerien), Bananen, Kaffee und Tabak. Gold, Silber, Nickel, Bauxit und Steinsalz werden abgebaut. Das gut ausgebaute Straßennetz ist 17 400 km, die staatl. Eisenbahnstrecke nur 142 km lang. Wichtigste Häfen sind Santo Domingo, Río Haina, San Pedro de Macorís und La Romana. Internat. ✈ in Santo Domingo.
Geschichte: Kolumbus entdeckte die Insel Hispaniola 1492, ab 1493 europ. Besiedlung; ab 1505/18 Import schwarzer Sklaven. 1697 mußte Spanien den westl. Teil an Frankreich abtreten (↑Haiti, Geschichte), 1795 auch den östl. Teil; 1844 wurden die Haitianer endgültig vertrieben. 1861–65 gehörte die D. R. wieder zu Spanien. 1865 erneut selbständig (1. Unabhängigkeitserklärung 1844), fand das Land unter steten inneren Krisen kaum Ruhe. 1916–24 besetzten und regierten die USA das Land, das 1930–62 R. L. Trujillo y Molina und seine Familie beherrschten. Der 1962 zum Präs. gewählte linksorientierte Exilpolitiker G. J. Bosch mußte 1963 wieder einer Militärjunta weichen. Der durch den Militärputsch von 1965 ausgelöste Bürgerkrieg wurde schließlich durch Militärintervention im Rahmen der OAS beendet. Der Führer der konservativautoritären PRSC, J. V. Balaguer, war 1966–78 Staats-Präs.; 1986, 1990 und 1994 (umstrittene Wahl) wurde er erneut in dieses Amt gewählt.
Domịnikus, hl., *Caleruega bei Aranda de Duero um 1170, †Bologna 6. 8. 1221, span. Ordensgründer. Schloß sich in Südfrankreich dem Bekehrungswerk für Katharer und Waldenser an, das er mit neuen Methoden weiterführte; daraus entwickelten sich die ↑Dominikaner. – Fest: 8. [7.] August.
Domịnion [engl. dɔˈmɪnjən; lat.], Bez. für brit. Kronländer mit besonderen staatsrechtl. Verhältnis zum Mutterland (volle innere Selbstregierung, Treueverhältnis zur brit. Krone); seit 1947 zunehmend ersetzt durch bloße Mitgliedschaft im Commonwealth.
Domịno, »Fats«, eigtl. Antoine D., *New Orleans 26. 2. 1928, amerikan. Rockmusiker (Pianist und Sänger). Rock-'n'-Roll-Interpret.
Domịno [italien.; lat.], **1)** *Mode:* weiter schwarzseidener Maskenmantel mit Kapuze.

2) *Spiel:* von zwei bis vier Spielern gespieltes Legespiel mit meist 28, seltener 36, 45 oder 55 rechteckigen *Dominosteinen,* die durch einen Strich in zwei Hälften geteilt sind. Jede der Hälften zeigt eine durch Punkte (Augen) ausgedrückte Zahl von 0 (Blank) bis 6.

Dominus [lat.], **1)** in der lat. Sprache der *kath. Kirche* Bez. für Gott, »den Herrn«. **2)** *röm. Antike:* im republikan. Rom jeder Inhaber einer Herrschaftsgewalt; nach Augustus mehr und mehr auf die kaiserl. Gewalt beschränkt; seit Diokletian offizielle Anrede des Kaisers.

Dominus vobiscum [lat. »der Herr sei mit euch«], in der *kath. Liturgie* der Gruß des Priesters an die Gemeinde.

Domitian (Titus Flavius Domitianus), *Rom 24. 10. 51, † ebd. 18. 9. 96 (ermordet), röm. Kaiser (ab 81). Begann den Bau des obergermanisch-rät. Limes; erhob Ober- und Untergermanien zu Prov.; verlustreiche Kämpfe an der unteren Donau gegen die Daker; Sicherung Pannoniens, Aufgabe Britanniens; Durchbruch des autokrat. Herrschaftsprinzips; Verfolgung der Senatsopposition u. a. oppositioneller Elemente (Stoiker, Christen).

Domizil [lat.], Wohnsitz; Zahlungsort bei Wechseln.

Dompfaff

Domkapitel, geistl. Kollegium an einer Dom- oder Kathedralkirche, das den Bischof in der Diözesanverwaltung unterstützt und berät, z. T. auch an der Bischofswahl beteiligt ist.

Dompfaff (Blutfink, Gimpel), in vielen Rassen vorkommender Finkenvogel in weiten Teilen Eurasiens; etwa 15 cm groß.

Dompteur [dɔmp'tøːr, frz. dõ'tœr; zu dompter (lat. domitare) »zähmen«]

(weibl. Form **Dompteuse**), Tierbändiger[in].

Domröse, Angelica, *Berlin 4. 4. 1941, dt. Schauspielerin. Spielte u. a. im Berliner Ensemble; in der DDR bes. populär durch DEFA-Filme (u. a. »Effi Briest«, 1968; »Die Legende von Paul und Paula«, 1973); seit 1980 v. a. an den Staatl. Schauspielbühnen in (West-) Berlin.

Domschulen, im MA zu Kathedralkirchen gehörende Schulen, v. a. zur Heranbildung von Geistlichen.

Don [span. »Herr«; lat.], **1)** *Spanien:* Höflichkeitstitel; weibl. Form: *Doña.* **2)** *Italien:* ehemals Ehrentitel des Papstes, später aller Geistlichen, dann auch vom Adel gebraucht; weibl. Form: *Donna.*

Donald Duck

Don, Fluß in Rußland, entspringt auf der Mittelruss. Platte, mündet bei Asow in das Schwarze Meer, 1870 km lang.

Donald Duck [engl. 'dɔnld 'dʌk], Trickfilmfigur aus der Disney-Produktion (seit 1934), seit 1938 auch als Comicfigur (Zeichner: Al Taliaferro [*1905, † 1969]). D. D., eine männl. Entenfigur in vermenschlichter Gestalt, verkörpert den Typ des kleinbürgerl., völlig mittellosen Pechvogels, der seine jähzorn. Enttäuschungen meist an seinen erfindungsreichen, listigen Neffen *Tick, Trick* und *Track* ausläßt. 1942–65 zeichnete Carl Barks (*1901) Donald-Duck-Hefte, in denen nach und nach die weiteren Figuren von »Entenhausen« entstanden, u. a. *Daisy, Onkel Dagobert, Gustav Gans,* die *Panzerknacker, Daniel Düsentrieb.*

Donar, altgerman. Gott, ↑Thor.

Donatello, eigtl. Donato di Niccolò di Betto Bardi, *Florenz um 1386, † ebd. 13. 12. 1466, italien. Bildhauer. Bahnbrechender Vertreter der Florentiner

Angelica Domröse

Donatoren

Donatello. Nischenstatue des heiligen Georg für Or San Michele in Florenz (zwischen 1411 und 1415; Original in Florenz, Bargello)

Frührenaissance mit Marmor- und Bronzearbeiten; schuf die erste freistehende Figur, das erste weltl. Porträt und das erste (profane) Reiterdenkmal seit der Antike. – *Werke* in Florenz: Heiligenfiguren für Or San Michele (ab 1411; Originale in Museen), David (um 1430; Bargello); Verkündigungstabernakel (um 1435; Santa Croce), Kanzeln in San Lorenzo; in der Domopera: sog. Zuccone (Hiob?) und Jeremias (1423–25 bzw. 1435), Sängertribüne (1433–39), Maria Magdalena (um 1454/55). Weitere Werke in Padua sind das Reiterdenkmal des Gattamelata (1447–53) und der Hochaltar des »Santo« (1446–50).

Donatoren [zu lat. donator »Spender«], in der *Halbleiterphysik* in einem Kristall aus vierwertigen Atomen (meist Si, Ge) eingebaute fünfwertige Fremdatome (z. B. As) mit je fünf Valenzelektronen, wovon nur vier zur Bindung benötigt werden; das fünfte Elektron ist frei beweglich; der so dotierte Kristall ist *n[egativ]-leitend*.

Donau, zweitgrößter Strom Europas, entsteht aus dem Zusammenfluß von Brigach und Breg bei Donaueschingen, Deutschland, mündet mit einem Delta in Rumänien in das Schwarze Meer, 2850 km (nach anderen Angaben 2860 km) lang. Anrainer sind außerdem Österreich, Ungarn, Kroatien, Serbien, Bulgarien und die Ukraine. Das Einzugsgebiet umfaßt etwa 817000 km². Der Lauf ist charakterisiert durch den Wechsel von Beckenlandschaften und Durchbruchstalstrecken. Im Oberlauf kommt es zur D.versickerung, bei der D.wasser dem Rhein unterirdisch zufließt. Die D. ist eine wichtige Wasserstraße (↑Rhein-Main-Donau-Großschiffahrtsweg).

Geschichte: Die D. *(Danubius)* bildete ab Augustus einen Teil der nördl. Grenzen des Röm. Reiches; Kreuzfahrerstraße; strategische Achse des Osman. Reichs, später Österreichs; 1830 Beginn der Dampfschiffahrt.

Völkerrecht: Völkerrechtlich ist die D. ein internationalisierter Fluß. Der Pariser Frieden von 1856 sicherte allen, auch den Nichtuferstaaten, das Recht der freien Schiffahrt auf der D. zu. Die Ostblockstaaten und Jugoslawien schlossen 1948 gegen die Stimmen der USA, Großbritanniens und Frankreichs die Belgrader Konvention, durch die allen nicht angrenzenden Staaten das Mitspracherecht in D.-Fragen entzogen wurde. Österreich trat der Konvention 1960 bei. Der Verkehr auf dem dt. Teil ist von bilateralen Abmachungen abhängig.

Donaueschingen, Stadt am Zusammenfluß von Brigach und Breg, Bad.-Württ., 18900 E. Fürstl.-Fürstenberg. Sammlungen, Hofbibliothek; u. a. Brauerei, Textil-Ind., jährl. Musiktage und Reitturnier. Pfarrkirche (18. Jh.) mit barocker Doppelturmfassade; das Schloß wurde 1893 ff. umgebaut; sog. »Donauquelle« im Schloßpark.

Donaufürstentümer, Bez. für die Ft. Moldau und Walachei.

Donaumonarchie, Bez. für das Kaisertum Österreich und Österreich-Ungarn.

Donaumoos, Niedermoorlandschaft südlich der Donau zw. Neuburg a. d. Donau und der Mündung der Ilm.

Donauried, von der Donau durchflossene Landschaft zw. Ulm und Donauwörth.

Donauschule (Donaustil), kunsthistor. Bez. für eine künstler. Stilentwicklung im 1. Drittel des 16. Jh. im bayr.-österr. Donauraum. Hauptvertreter: L. Cranach d. Ä., A. Altdorfer, Wolf Huber (* 1485, † 1553; Passau).

Donauschwaben, die Deutschen beiderseits der mittleren Donau im ehem. ungar. Staatsgebiet.

Donau-Schwarzmeer-Kanal, 1984 eingeweihter Schiffahrtskanal in Rumänien, zw. Cernavodă (Donau) und Constanţa (Schwarzes Meer), 64 km lang, bis zu 120 m breit, 7 m tief, zwei Schleusen.

Donauwörth, Kreisstadt an der Mündung der Wörnitz in die Donau, Bayern, 17 500 E. Metall-Ind., Puppenherstellung (Käthe Kruse). Spätgot. Stadtpfarrkirche (1444–61), Heiligkreuzkirche (1722), Rathaus (z. T. 1236), Stadtmauer mit zwei Toren. – 1030 erstmals genannt; 1049 Gründung des Klosters zum Hl. Kreuz; 1301/48 Reichsstadt; seit 1608 bayerisch.

Donawitz ↑Leoben.

Donbass, bedeutendes Steinkohlenbergbau- und Schwerindustriegebiet in der Ukraine und Rußland, im Bereich der Donezplatte.

Don Bosco ↑Bosco, Giovanni.

Don Carlos ↑Carlos, span. Infant.

Donez [russ. da'njɛts], rechter Nebenfluß des Don, in Rußland und der Ukraine, mündet nö. von Rostow am Don, 1 053 km lang.

Donezk [russ. da'njɛtsk], Gebietshauptstadt im O der Ukraine, 1,12 Mio. E. Univ. u. a. Hochschulen; bed. Kohlenbergbau- und Ind.zentrum (Mittelpunkt des Donbass).

Donezplatte [russ. da'njɛts...], Höhenzug südl. des mittl. und unteren Donez, Ukraine und Rußland, bis 367 m hoch.

Donau. Donaudurchbruch durch die Schwäbische Alb; in der Bildmitte das Kloster Beuron

Dönhoff, Marion Gräfin, *Schloß Friedrichstein bei Löwenhagen (Ostpreußen) 2. 12. 1909, dt. Publizistin. Ab 1946 Redakteurin der »Zeit«, deren Chefredakteurin 1968–72, Mithg. seit 1973. 1971 Friedenspreis des Börsenvereins des Dt. Buchhandels.

Dönitz, Karl, *Berlin 16. 9. 1891, † Aumühle (bei Hamburg) 24. 12. 1980, dt. Großadmiral (ab 1943). Im 1. Weltkrieg U-Boot-Kommandant; leitete ab 1936 Aufbau und strateg.-takt. Ausrichtung der dt. U-Boot-Waffe; als Oberbefehlshaber der Kriegsmarine (1943) enger Mitarbeiter Hitlers; bildete, von Hitler zum Nachfolger als Reichs-Präs. bestimmt, am 2. 5. 1945 in Schleswig-Holstein eine »Geschäftsführende Reichsregierung« unter der Leitung von J. L. Schwerin von Krosigk; mit diesem am 23. 5. 1945 verhaftet; 1946 vom Internat. Militärgerichtshof in Nürnberg zu 10 Jahren Gefängnis verurteilt.

Donizetti, Gaetano, *Bergamo 29. 11. 1797, † ebd. 8. 4. 1848, italien. Komponist. 74 Opern, u. a. »Der Liebestrank« (1832), »Lucia di Lammermoor« (1835).

Don Juan [dɔn xu'an], umgangssprachlich »Frauenheld«; urspr. eine literar. Gestalt, zuerst geprägt von Tirso de Molina unter dem Namen D. J. Tenorio in dem Drama »D. J., der Wüstling« (1630) als Typus des gottlosen Verführers und Mörders; spätere Gestaltungen u. a. von Molière, C. Goldoni, Lord Byron, C. D. Grabbe, J. Anouilh und M. Frisch; Oper von W. A. Mozart (»Don Giovanni«, 1787).

Marion Gräfin Dönhoff

Karl Dönitz

Donkosaken

Julius Döpfner

Doppeladler.
Oben: Reichsvikariats-
siegel Sigismunds
(1402) ◆ Unten:
Kaisersiegel Sigismunds
(1433–37)

Donkosaken ↑Kosaken.

Donna [lat.-italien.] ↑Don.

Donne, John [engl. dʌn, dɔn], * London im Jan. oder Febr. 1572, † ebd. 31. 3. 1631, engl. Dichter. Seine Lyrik (hg. 1633) ist vom Gedanken an die Todesverfallenheit des Lebens und von religiöser Sehnsucht geprägt; bed. Prediger.

Donner, Georg Raphael, * Eßling (heute zu Wien) 24. 5. 1693, † Wien 15. 2. 1741, österr. Bildhauer. Arbeitete in Wien, Salzburg und Preßburg. Hauptmeister einer klassizistisch bestimmten Richtung der Barockskulptur: Mehlmarktbrunnen (1737 bis 39; die Bleioriginale im Österr. Barockmuseum) in Wien.

Donner, krachendes und rollendes Geräusch als Folge eines Blitzes. Die äußerst starke Erhitzung der Luft im Blitzkanal bewirkt ihre explosionsartige Ausdehnung; die Druckwelle pflanzt sich als Schall mit rd. $^1/_3$ km/s fort.

Donnerkeil (Donnerstein, Donnerbeil), volkstüml. Bez. für das versteinerte, keilförmige Gehäuseende eines Belemniten.

Donnersberg, mit 686 m höchster Berg des Nordpfälzer Berglandes und der Pfalz mit einem Ringwall aus der La-Tène-Zeit.

Donnerstag, der vierte Tag der Woche, nach dem german. Gott Donar benannt.

Donoso, José, * Santiago de Chile 5. 10. 1925, chilen. Schriftsteller. Bed. Vertreter des lateinamerikan. Romans; lebte 1967–81 mit Unterbrechungen in Spanien, schrieb u. a. »Ort ohne Grenzen« (1966), »Der obszöne Vogel der Nacht« (R., 1970), »Die Toteninsel« (R., 1986).

Donquichotterie [dõkiʃɔtəˈriː; span.-frz.], Torheit aus weltfremdem Idealismus, aussichtsloses Unternehmen (nach Don Quijote).

Don Quijote [dɔn kiˈxoːte, span. dɔŋkiˈxote] (Don Quixote, Don Quichotte), Titelheld des Romans »Don Quixote...« von M. de ↑Cervantes Saavedra (2 Tle., 1605–15).

Doorn, niederl. Gemeinde sö. von Utrecht, 10 300 E. Im Schloß lebte 1919–41 der dt. Kaiser Wilhelm II. im Exil.

Doors [engl. ˈdɔːz], amerikan. Rockmusikgruppe (1965–73); ihre Musik umfaßte Blues, Hard-Rock und Acid-Rock; aggressiv-obszöne Bühnenshows des Songtexters und Sängers Jim Morrison (* 1943, † 1971).

Döpfner, Julius, * Hausen bei Bad Kissingen 26. 8. 1913, † München 24. 7. 1976, dt. kath. Theologe, Erzbischof von München und Freising. 1948 Bischof von Würzburg, 1957 Bischof von Berlin, 1958 Kardinal, 1961 Erzbischof von München und Freising und Vors. der Dt. Bischofskonferenz.

Doping [niederl.-engl.] (Dopen), unerlaubte Anwendung von Anregungsmitteln zur vorübergehenden Steigerung der sportl. Leistung.

Doppel, v. a. im Tennis, Tischtennis und Badminton aus zwei Spielern bestehende Mannschaft.

Doppeladler, stilisierter Adler mit zwei voneinander abgewandten Köpfen; Kaiserabzeichen u. a. im Hl. Röm. Reich.

Doppelaxt, Axt mit zwei symmetr., Rücken an Rücken angeordneten Schneiden mit mittelständigem Schaftloch, zumeist in Bronze; frühgeschichtl. Kultsymbol (z. B. auf Kreta).

Doppelbesteuerung (Mehrfachbesteuerung), mehrmalige Steuerveranlagung von Steuerpflichtigen auf Grund ein und derselben Aktivität innerhalb eines Staates oder durch mehrere Staaten. *Doppelbesteuerungsabkommen* zw. zwei oder mehreren Staaten werden abgeschlossen, um ein sachgemäßes, auf Gegenseitigkeit gegr. System von Steuerverzichten aufzustellen, das die Eigenarten der verschiedenen Steuersysteme berücksichtigt. Dabei werden verschiedene Prinzipien angewendet: 1. Besteuerungsrecht durch den Staat, in dem der Steuerpflichtige seinen Wohnsitz hat *(Wohnsitzprinzip);* 2. Besteuerungsrecht durch den Staat, dem das Steuerobjekt wirtschaftlich zugehört *(Ursprungsprinzip).*

Doppelbindung, chem. Bindung zw. zwei Atomen durch zwei, beiden Atomen angehörende Elektronenpaare.

Doppelbock, dunkles Starkbier mit mindestens 18 % Stammwürze und 6,5 Gew.-% Alkoholgehalt; gebraut im Frühjahr.

Doppelbrechung, Bez. für die bei vielen Kristallen auftretende Erscheinung, daß ein einfallender Lichtstrahl in zwei Teilstrahlen, den *ordentl.* und den *außerordentl. Strahl,* zerlegt wird. Beide Teilstrahlen sind senkrecht zueinander linear polarisiert und verlassen den Kristall getrennt.

Doppelbruch, in der *Mathematik* Bez. für einen Bruch, in dessen Zähler oder/ und Nenner wieder Brüche vorkommen.

Doppeldecker, Flugzeug mit zwei übereinander angeordneten Flügeln.

Doppelfehler, beim Tennis Fehler und damit verbundener Punktverlust durch Verschlagen der erlaubten beiden Aufschläge.

Doppelfüßer (Diplopoda), Unterklasse der Tausendfüßer mit über 7000, bis etwa 28 cm langen Arten; fressen fast ausschließlich totes pflanzliches Substrat.

Doppelgänger, Person, die einer anderen zum Verwechseln ähnlich sieht, bes. auch ein halluzinator. Phänomen. Im *Okkultismus* wird die Erscheinung der eigenen Person als Teil der vom Körper zeitweilig losgetrennten verstofflichten Seele aufgefaßt.

Doppelkapelle, Anlage zweier Kulträume übereinander.

Doppelkopf, dem Schafkopf ähnelndes Kartenspiel mit vier oder fünf Teilnehmern und zwei Spielen zu 24 Karten.

Doppelmonarchie, Bez. für ↑Österreich-Ungarn.

Doppelpunkt ↑Interpunktion.

Doppelschlag, musikal. Verzierung, bei der die Hauptnote in einer Viererfigur durch die Ober- und Untersekunde umspielt wird; Zeichen: ∞.

Doppelschleichen (Wurmschleichen, Amphisbaenidae), Fam. der Echsen mit rd. 100, etwa 8–80 cm langen Arten im trop. und subtrop. Amerika, in Afrika, S-Spanien und dem äußersten W Asiens; Körper sehr langgestreckt, Extremitäten fast immer fehlend.

Doppelschwänze (Diplura), Ordnung der Urinsekten mit etwa 500 Arten (in Deutschland etwa zehn); kleine, farblose, zarthäutige, versteckt lebende, etwa 5–50 mm große Bodentiere ohne Augen.

Doppelsterne, sehr nahe beieinander beobachtbare Sterne, *optische Doppelsterne,* oder Sterne, die durch gegenseitige Masseanziehung um einen gemeinsamen Schwerpunkt kreisen, *physische Doppelsterne.*

doppelte Buchführung ↑Buchführung.

doppelte Staatsbürgerschaft (Doppelstaatsangehörigkeit), Bez. für den Besitz der Staatsangehörigkeit zweier oder mehrerer (Mehrstaatsangehörigkeit) Staaten. Die d. S. ist in den meisten europ. Staaten eingeführt. In Deutschland ist sie nur in Ausnahmefällen möglich. Ihre generelle Einführung v. a. als Instrument zur Integration der im Land wohnenden Ausländer ist politisch heftig umstritten.

Doppeltsehen (Doppelsehen, Diplopie), Wahrnehmen von zwei Bildern ein und desselben Gegenstandes. *Beidäugiges D. (binokulares D.)* liegt vor, wenn der beobachtete Gegenstand nicht auf korrespondierenden Netzhautstellen beider Augen abgebildet wird, so z. B. bei verschiedenen Stellungsanomalien der Augen, v. a. bei Lähmungen äußerer Augenmuskeln.

Doppelversicherung, Mehrfachversicherung, bei der dasselbe Interesse gegen dieselbe Gefahr bei mehreren Versicherern versichert ist. Im Schadenfall haften die Versicherer jedoch nur in Höhe des entstandenen Schadens gesamtschuldnerisch.

Doppelschleichen. Maurische Netzwühle, 20 cm lang

Doppelzentner, in der BR Deutschland gesetzlich nicht mehr zugelassene Gewichtseinheit; Einheitenzeichen dz; 1 dz = 100 kg.

Doppler-Effekt [nach dem österr. Physiker Christian Doppler, *1803, † 1853], die Erscheinung, daß bei jeder Art von Welle (Schallwelle, elektromagnet. Welle, Licht) eine Änderung der Frequenz eintritt, sobald sich Beobachter und Wellenerreger relativ zueinander bewegen. So erscheint z. B. der Ton der Hupe eines sich nähernden Kraftfahrzeugs einem ruhenden Beobachter höher als beim stehenden Fahrzeug und umgekehrt tiefer, wenn sich das Kraft-

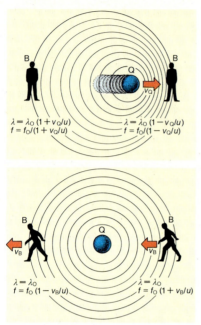

$$\lambda = \lambda_O \left(1 + v_Q/u\right)$$
$$f = f_O/(1 + v_Q/u)$$

$$\lambda = \lambda_O \left(1 - v_Q/u\right)$$
$$f = f_O/(1 - v_Q/u)$$

$$\lambda = \lambda_O$$
$$f = f_O \left(1 - v_B/u\right)$$

$$\lambda = \lambda_O$$
$$f = f_O \left(1 + v_B/u\right)$$

Doppler-Effekt. Oben: Bei bewegter Schallquelle (Q) ändern sich für den ruhenden Beobachter (B) Wellenlänge und Frequenz der an-
kommenden Schallwellen durch das Zusam-
men- oder Auseinanderrücken der Wellenflächen gleicher Phase ♦ Unten: Bei ruhender
Schallquelle haben diese Wellenflächen für den
bewegten Beobachter stets den gleichen Abstand, er durchquert aber in der Zeiteinheit bei
Bewegung auf die Schallquelle zu mehr, bei
Bewegung von ihr fort weniger Wellenflächen
gleicher Phase (Änderung der Frequenz)

fahrzeug entfernt. Ursache dieses *akust.*
D.-E. ist die Tasache, daß den Beobachter unterschiedlich viele Schwingungen
pro Zeiteinheit erreichen, je nachdem,
ob sich der Abstand zur Schallquelle
vergrößert, verkleinert oder gleich
bleibt. Der *opt.* D.-E. äußert sich z. B. in
einer Verschiebung der Spektrallinien
des Lichts, das von einem sich relativ zur
Erde bewegenden Stern ausgestrahlt
wird. Bewegt dieser sich auf den Beobachter zu, so tritt eine Verschiebung der
Spektrallinien zu Violett hin auf, bewegt
er sich von ihm weg, so beobachtet man
eine Rotverschiebung.

Dor, Milo, eigtl. Milutin Doroslovac,
*Budapest 7. 3. 1923, österr. Schrift-
steller serb. Herkunft. Jugend in Belgrad; 1943 (wegen seiner Widerstands-
aktivitäten) als Zwangsarbeiter nach
Wien gebracht; schreibt seit 1945 in dt.
Sprache Erzählwerke (u. a. »Alle meine
Brüder«, R., 1978; »Der letzte Sonntag«, R., 1982), Dramen und Hörspiele.
Dorado [span.] ↑Eldorado.
Dordogne [frz. dɔrˈdɔŋ], rechter Nebenfluß der Garonne, 490 km. Bildet
nach der Einmündung bei Bordeaux mit
der Garonne die *Gironde.*
Dordrecht, niederl. Stadt im Rhein-
Maas-Delta, 110 400 E. Vielseitige In-
dustrie; Museen; eine der ältesten
Hafen- und Handelsstädte der Nieder-
lande. Grote Kerk (13.–15. Jh.), klassi-
zist. Rathaus (19. Jh.), Wohn- und La-
gerhäuser mit got. und Renaissancefas-
saden.
Doré, Gustave [frz. dɔˈre], *Straßburg
6. 1. 1832, † Paris 23. 1. 1883, frz.
Zeichner für den Holzstich. Illustrationen (darunter 90 Bücher, u. a. Rabelais,
Balzac); näherte sich dem Symbolismus.
Dore, Mont [frz. mõˈdɔːr], höchster
Teil des Zentralmassivs, Frankreich, im
Puy de Sancy 1 886 m hoch.
Dorer ↑Dorier.
Dorf, eine ständig bewohnte, geschlossene Siedlung der Landbevölkerung mit
dazugehöriger Nutzfläche *(Dorfmark,
Dorfflur),* bes. Sozialstruktur sowie eigener Verwaltung *(Land-* oder *Dorf-
gemeinde).* – Die ältesten dt. D. liegen
im Altsiedelgebiet (W-Deutschland;
5.–8. Jh.). Diese Einzelhofsiedlungen,
Weiler oder *Drubbel* genannt, wurden in
nachkaroling. Zeit zum unregelmäßigen, dichter bebauten D. *(Haufen-D.)*
zusammengefaßt. Andere, durch Konzentration entstandene D.formen der
hochmittelalterl. Kolonisation sind v. a.
Waldhufen-D. und *Marschhufen-D.,* im
Bereich der dt. Ostsiedlung *Rundling*
und *Straßendorf.* Aus dem genossenschaftl. Nutzungsverband sowie aus der
Auseinandersetzung mit dem D.herrn
entwickelte sich die sog. *Realgemeinde.*
Als Rechte und Funktionen der D.herr-
schaft galten u. a. Bestellung oder Bestätigung der Amtsträger in der Gemeinde,
Polizeihoheit sowie Aufsicht über die
dörfl. Rechts- und Wirtschaftsordnung. Grundherrl. Amtsträger war der

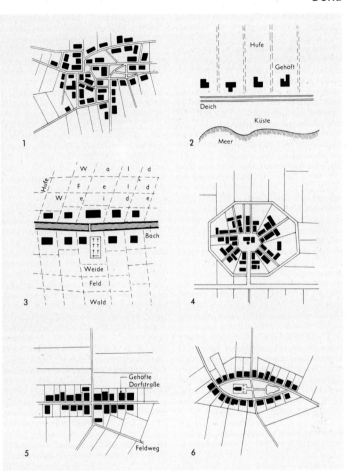

Dorf.
1 Haufendorf;
2 Marschhufendorf;
3 Waldhufendorf;
4 Rundling; **5** Straßendorf; **6** Angerdorf

Schultheiß (Schulze); Amtsträger der bäuerl. Gemeinde dagegen war der von der ganzen D.gemeinde gewählte D.meister oder Bürgermeister; er berief die D.versammlung ein und führte den Vorsitz im D.gericht. Neben den D.vorsteher trat das Kollegium der Vierer oder Zwölfer, die Vorläufer des heutigen Gemeinderates. Die Aufgaben der D.gemeinde, deren vollberechtigtes Mitglied der [Voll-]Bauer war, bestanden vorrangig in der Wahrnehmung ihrer Rechtsbefugnisse und in der Ausübung ihrer Selbstverwaltungsrechte, wie z. B. Wahrung des D.friedens, Überwachung von Maß und Gewicht. – Mit Einführung der Munizipalverfassung zur Napoleon. Zeit trat an die Stelle der Realgemeinde die bloße Einwohnergemeinde. Seit der Dt. Gemeindeordnung von 1935 gibt es das D. alten Typs nicht mehr.

Doria, bed. genues. Adelsfamilie, bekannt v. a. Andrea D., *Oneglia (heute zu Imperia) 30. 11. 1466, † Genua 25. 11. 1560, kaiserl. Großadmiral und

Dorier

Claude Dornier

Fürst von Melfi. Kämpfte (ab 1528) auf der Seite Kaiser Karls V. gegen Frankreich und bis in die 1550er Jahre gegen die Osmanen; ab 1528 diktatorgleiche Stellung in Genua.

Dorier (Dorer), Name des in der *dorischen Wanderung* vom 12. Jh. v. Chr. an in Griechenland wohl vom alban.-dalmatin. Küstengebiet aus eingewanderten Stammes; drangen von der Peloponnes über Kreta bis SW- und S-Kleinasien vor.

Doris, antike Landschaft in M-Griechenland im Quellgebiet des Kephisos.

DORIS, Abk. für Doppelringspeicher am DESY (↑Deutsches Elektronen-Synchrotron).

dorische Ordnung ↑Säulenordnung.

dorische Wanderung ↑Dorier.

Dormagen, Stadt am Niederrhein, NRW, 58 500 E. Chem., metallverarbeitende und Baustoffindustrie. Im Stadtteil *Zons* Zollfestung und mittelalterl. Stadtbefestigung. Nahebei ein Geopark.

Dorn, Dieter, *Leipzig 31. 10. 1935, dt. Theaterregisseur. Ab 1976 an den Münchner Kammerspielen; ab 1983 dort Intendant; auch Operninszenierungen.

Dorn, 1) *Technik:* zylindr. oder kegelförmiger Rundstahl, z. B. zum Aufweiten von Löchern.
2) ↑Dornen.

Dornach, schweizer. Bezirkshauptort bei Basel, Kt. Solothurn, 5 500 E. Goetheanum (Freie Hochschule für Anthroposophie) nach Plänen R. Steiners.

Dornbirn, österr. Bezirkshauptstadt in Vorarlberg, südl. von Bregenz, 40 700 E. Mittelpunkt des Vorarlberger Textilgewerbes mit Messen. Klassizist. Stadtpfarrkirche, Rotes Haus (17. Jh.). – 895 als *Torrinpuirron* erstmals genannt; seit 1901 Stadt.

Dornburg/Saale, Stadt an der Saale, Thür., 1 100 E. Drei Schlösser: das nördliche got. Schloß (10. und 15. Jh.), das mittlere Rokokoschlößchen (1736 bis 47) und das südl. Renaissanceschloß (1539; jetzt Goethe-Gedenkstätte).

Dornbusch, sehr dichte, 3–5 m hohe Gehölzformation der semiariden Tropen und Subtropen, u. a. bestehend aus Akazien und Sukkulenten.

Dornen, zu spitzen, an Festigungsgewebe reichen (häufig verholzten) Gebil-

Dornen.
Oben: Berberitze ♦
Unten: Weißdorn

den umgewandelte Pflanzenorgane (oder Teile von ihnen); man unterscheidet: *Sproß-D.* (Kurztriebe sind verdornt; z. B. bei Weißdorn, Schlehe), *Blatt-D.* (*D. blätter;* das ganze Blatt oder ein Teil davon verdornt; z. B. bei Berberitze), *Nebenblatt-D.* (*Stipular-D.;* Nebenblätter sind zu D. umgebildet, z. B. bei Kakteen und einigen Akazien).

Dornfortsatz (oberer D.), meist nach hinten gerichteter, unpaarer, dorsaler Fortsatz des oberen Wirbelbogens (Neuralbogens) der Wirbel von Mensch und Wirbeltieren; am Rücken längs der Wirbelsäule als Höckerreihe *(Rückgrat)* tastbar.

Dornhaie, 1) (Squalidae) Fam. langgestreckter, schlanker, weltweit verbreiteter Haie mit rund 50, etwa 25–120 cm großen Arten mit kräftigem Stachel vor jeder der beiden Rückenflossen; Afterflosse fehlt. Bekannte Arten: *Gemeiner D.* an den Küsten Europas (einschließl. westl. Ostsee und Mittelmeer), NW-Afrikas, Islands, Grönlands; Oberseite grau mit kleinen, hellen Flecken, Bauchseite weiß; *Schwarzer D.* im Atlantik und Mittelmeer; samtartig schwarz, Bauchseite infolge kleiner Leuchtorgane grünlich schimmernd.
2) (Unechte D., Dalatiidae) weltweit verbreitete Fam. der Haie mit etwa acht, rund 45–800 cm langen Arten mit nur einem (oft auch fehlenden), vor der ersten Rückenflosse gelegenen Stachel, ohne Afterflosse; bekannt ist der 3–4 m lange *Grönlandhai* (Eishai) in arkt. Meeren; Körper braungrau.

Dornier, Claude, gen. Claudius D. [dɔrn'je:], *Kempten (Allgäu) 14. 5. 1884, † Zug 5. 12. 1969, dt. Flugzeugkonstrukteur. Gründete 1914 eine Flugzeugwerft in Friedrichshafen; Bau v. a. von Ganzmetallflugzeugen, insbes. von Flugbooten: »Wal«, »Superwal«, Do 18, Do X. In den Dornier-Werken wurde ab 1970 in dt.-frz. Zusammenarbeit der Alpha Jet entwickelt und gebaut.

Dornschrecken (Tetrigidae), Familie der Heuschrecken mit etwa 700 Arten, v. a. in den Tropen (in M-Europa etwa sechs Arten); 7–15 mm groß, mit dornartigem Aufsatz.

Dornschwanzagamen (Dornschwänze), Gatt. etwa 30–80 cm langer, meist pflanzenfressender Agamen mit kurzem, sehr muskulösem Schwanz mit in Ringen angeordneten kräftigen Dornen: zwölf Arten im nördl. Afrika und in SW-Asien. Als Terrarientiere bekannt sind u. a.: *Afrikan. Dornschwanz, Ind. Dornschwanz* und *Ägypt. Dornschwanz.*

Dornstrauchsavanne, niedrige Vegetationsformation der Tropen, bestehend aus einer nicht geschlossenen Grasdecke und weit auseinander stehenden, etwa 1–3 m hohen Dornsträuchern und -bäumen.

Dornzikade ↑Buckelzikaden.

Dorpat (estn. und russ. Tartu), Stadt 170 km sö. von Reval, Estland, 114 000 E. Univ., Museen, Theater; botan. Garten. U. a. Landmaschinen-, Apparate- und Gerätebau. Nach Brand (1775) Wiederaufbau in klassizist. Stil. – Estn. Siedlung *Tarpatu* (10./11. Jh.); 1030 als russ. Stadt *Jurjew* erwähnt; 1215 vom Schwertbrüderorden erobert und in D. umbenannt; 13. bis 16. Jh. Hansestadt; im 16.–18. Jh. polnisch und schwedisch, 1920 zur Republik Estland.

Dörpfeld, Wilhelm, *Barmen (heute zu Wuppertal) 26. 12. 1853, † auf Levkas 25. 4. 1940, dt. Archäologe. Ausgrabungen in Olympia 1877–81, Troja, Pergamon und Tiryns; Begründer moderner Grabungsmethoden wie bauwiss. Forschung (antike Architektur).

Dörrie, Doris, *Hannover 26. 5. 1955, dt. Filmregisseurin und Schriftstellerin. Drehte u. a. »Mitten ins Herz« (1983), »Männer« (1985), »Ich und er« (1987), »Happy Birthday, Türke« (1991), »Keiner liebt mich« (1994); auch Erzählungen (u. a. »Für immer und ewig«, 1991; »Bin ich schön?«, 1994).

dorsal [lat.], in der *Anatomie:* zum Rücken, zur Rückseite gehörend, am Rücken, an der Rückseite gelegen; zur Rückseite, zum Rücken hin; Ggs. ↑ventral.

Dorsale [lat.] ↑Chorgestühl.

Dorsch, Käthe, *Neumarkt i. d. OPf. (in der Oberpfalz) 29. 12. 1890, † Wien 25. 12. 1957, dt. Schauspielerin. Ab 1940 am Burgtheater in Wien; auch Filme.

Dornhai
(Länge 1,0–1,2 m)

Dorsch [altisländ.] ↑Dorsche.

Dorsche (Schellfische, Gadidae), überwiegend in kalten und gemäßigt warmen Meeren vorkommende Fam. der Dorschfische mit über 50 bis 1,8 m langen Arten. Wirtschaftlich am bedeutendsten sind u. a.: *Kabeljau,* bis 1,5 m lang, im N-Atlantik bis in die arkt. Gewässer Europas; bis 40 kg schwer. Sein noch nicht geschlechtsreifes Jugendstadium sowie dessen kleinwüchsigere (bis etwa 60 cm lange und 3,5 kg schwere) Ostseeform *(Ostseedorsch)* werden als *Dorsch* bezeichnet; *Schellfisch,* bis 1 m lang, v. a. in den Schelfregionen des europ. und nordamerikan. N-Atlantiks; oberseits graubraun, seitlich und unterseits weiß; bis 12 kg schwer; *Köhler* (Gründorsch), bis 1,2 m lang, im N-Atlantik; mit dunkelgrünem bis schwärzl. Rücken und grauen bis weißen Körperseiten; kommt als *Seelachs* in den Handel; *Leng* (Langfisch), bis 2 m lang, im nö. Atlantik und in der westl. Ostsee; Oberseite braun bis grau, Bauch weißlich; *Pollack* (Steinköhler), bis 1 m lang, an den Küsten W-Europas bis N-Afrikas; Rücken dunkel graubraun, Seiten messingfarben, Bauch weißlich.

Dorsche. Kabeljau

Tankred Dorst

Dortmund
Stadtwappen

Dorschfische (Dorschartige, Gadiformes, Anacanthini), Ordnung der Knochenfische mit über 200, fast ausschließlich im Meer lebenden Arten.

Dorst, Tankred, *Sonneberg 19. 12. 1925, dt. Schriftsteller. Schreibt zeitkrit. Dramen, u. a. »Große Schmährede an der Mauer« (1962), »Toller« (1968), »Merlin oder das wüste Land« (1981), »Ich, Feuerbach« (1986), »Karlos« (1990). 1990 Georg-Büchner-Preis. − *Weitere Werke:* Dorothea Merz (R., 1976), Klaras Mutter (E., 1978).

Dorsten, Stadt am N-Rand des Ruhrgebietes, NRW, 78 200 E. Steinkohlenbergbau, Glasind.; Kanalhafen.

Dortmund, Stadt im östl. Ruhrgebiet, NRW, 599 900 E. Univ., Forschungsinstitute, Theater, Museen; Getreide- und Produktenbörse, Pferderennbahn; botan. Garten, Tierpark. Eisen- und stahlschaffende Ind., Großbrauereien, Großhandelsunternehmen; Steinkohle wird nur noch in einer Zeche gefördert; Hafen mit zehn Becken. Nach 1945 wiederaufgebaut wurden u. a. die Reinoldikirche (1260–80), die Marienkirche (um 1220), die Petrikirche (1320 ff.). Zu den modernen Bauten gehören u. a. die Westfalenhalle (1949–52), das Stadttheater (1956–65) und die Landesbibliothek (1949–51). − Vor 900 Marktrecht; 1152 befestigte städt. Siedlung; wurde einzige Reichsstadt im westfäl. Raum, Mgl. der Hanse, 1815 zu Preußen; ab Mitte des 19. Jh. rasche Entwicklung zur Ind.-Stadt.

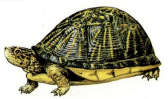

Dosenschildkröten. Karolina-Dosenschildkröte (Panzerlänge 10–20 cm)

DOS, Abk. für engl. **d**isc **o**perating **s**ystem (Plattenbetriebssystem), Teilsystem des ↑Betriebssystems eines Computers, das den Datenaustausch mit angeschlossenen Magnetplattenspeichern oder Disketten kontrolliert.

Dosenschildkröten, Gatt. landbewohnender Sumpfschildkröten in N-Amerika; Panzerlänge bis etwa 17 cm; Bauchpanzer mit Quergelenk, beide Hälften nach oben klappbar; u. a. die *Karolina-Dosenschildkröte.*

dosieren [griech.], eine bestimmte Menge ab- oder zumessen.

Dosimeter [griech.] (Dosismeßgerät), Gerät zur Bestimmung der Strahlendosis. Gebräuchlich ist v. a. das luftgefüllte *Ionisations-D. (Füllhalter-D.),* ein Elektrometer, das, auf etwa 150 V aufgeladen, durch den Grad seiner Entladung die Menge der aufgetroffenen radioaktiven Strahlung angibt. Das *Film-D. (Filmplakette)* enthält eine photograph. Schicht inter verschieden dicken, nebeneinanderliegenden Absorbern, so daß aus dem Grad der Schwärzung der Filmschicht die Menge und die Energie der während einer bestimmten Zeit aufgetroffenen Strahlung abgeschätzt werden kann.

Dosis [griech.], **1)** *Physik und Strahlenschutz:* Maß für die einem Körper zugeführte Strahlungsmenge. Die *absorbierte D.* oder *Energie-D.* ist diejenige Energie, die von der Strahlung auf das Material einer bestimmten Masse übertragen wird. Als *Äquivalent-D.* (für den Strahlenschutz) bezeichnet man das Produkt aus der Energie-D. und einem von Art und Energie der Strahlung abhängigen Faktor: 1 für Photonen und Elektronenstrahlen, 2 bis 10 für Neutronen (je nach Energie), 10 für Alpha-, Protonen- und Deuteronenstrahlen. SI-Einheit der Energie- oder Äquivalentdosis ist das Sievert (Einheitenzeichen Sv): 1 Sv = 1 J/kg. Die in der Biologie benutzte *relative biolog. Wirksamkeits-D. (RBW-Dosis)* ist die Energie-D. einer mit 250 kV erzeugten Röntgenstrahlung, die dieselbe biolog. Wirkung hervorruft wie die Energie-D. der untersuchten Strahlenart. Die *Toleranz-D.* ist die laut Strahlenschutzbestimmung festgelegte höchstzulässige D. für bestimmte Personen oder Arbeitsbereiche.

2) *Medizin:* die ärztlich bemessene oder verordnete Menge eines Stoffes, z. B. die Menge eines Arzneimittels oder einer Strahlung.

Dosisleistung (Energiedosisrate, Energiedosisleistung), *Physik* und *Strahlenschutz:* bei zeitlich konstanten Verhältnissen die auf die Zeiteinheit bezogene Strahlendosis.

Dos Passos, John [engl. dɔs 'pæsəʊs], *Chicago 14. 1. 1896, † Baltimore 28. 9. 1970, amerikan. Schriftsteller. Wurde als Exponent des amerikan. Romans durch den Antikriegsroman »Drei Soldaten« (1921) berühmt. In »Manhattan Transfer« (R., 1925) charakterisiert er Personen aus verschiedenen Gesellschaftsschichten; einen umfassenden Versuch der Gesamtdarstellung amerikan. Lebens machte er mit der gesellschaftskrit. Romantrilogie »USA« (»Der 42. Breitengrad«, 1930; »1919«, 1932; »Die Hochfinanz«, 1936). – *Weitere Werke:* Das hohe Ziel (R., 1949), Jahrhundertmitte (R., 1961), Die schönen Zeiten. Jahre mit Freunden und Fremden (Autobiogr., 1966).

Dossier [frz. do'sje; zu dos »Rücken« (nach der Beschriftung)], umfänglichere Akte; Schriftstück.

Dost [zu mittelhochdt. doste »Büschel«] (Origanum), Gatt. der Lippenblütler mit etwa zehn Arten, v. a. im Mittelmeergebiet; Stauden oder Halbsträucher. Einzige einheim. Art ist der *Gemeine D.* (Echter D., Wilder Majoran), bis 40 cm hoch.

Dotterblume.
Sumpfdotterblume
(Höhe 15–50 cm)

Dost. Gemeiner Dost

Dostojewski, Fjodor Michailowitsch, *Moskau 11. 11. 1821, † Petersburg 9. 2. 1881, russ. Dichter. Wegen Teilnahme an Treffen des utopisch-sozialist. Petraschweski-Kreises 1849 zum Tode verurteilt, vor der Hinrichtung zu vierjähriger Verbannung in Sibirien begnadigt (»Aufzeichnungen aus einem Totenhaus«, 1860–62); Forum seiner panslaw. Ideen wurde sein »Tagebuch eines Schriftstellers« (1873–81, ab 1876 als Zeitschrift); seine von [religions]philosoph. und v. a. soz. Fragen bestimmten Romane waren von bed. Einfluß auf die Weltliteratur, u. a. »Raskolnikow« (1866, auch u. d. T. »Schuld und Sühne« bzw. »Verbrechen und Strafe«; mehrmals verfilmt, u. a. 1935 von J. von Sternheim), »Der Idiot« (1868/69; mehrmals verfilmt, u. a. 1951 von A. Kurosawa), »Die Dämonen« (1873), »Die Brüder Karamasow (unvollendet, 1879/80; verfilmt 1957 von Richard Brooks), »Erniedrigte und Beleidigte« (1861), und »Der Spieler« (R., 1867; verfilmt 1939 von G. Lamprecht); auch Novellen (u. a. »Der Doppelgänger«, 1846).

John Dos Passos

dotieren [lat.], ausstatten, stiften, bezahlen (v. a. als Gehalt).

Dotierung [lat.], der Einbau von Fremdatomen in Halbleitermaterial zur gezielten Veränderung der elektr. Leitfähigkeit.

Dotter ↑ Ei.

Dotterblume (Caltha), Gatt. der Hahnenfußgewächse mit etwa 20 außertrop. Arten. Einzige in M-Europa auf feuchten Böden wachsende Art ist die *Sumpf-D.* (Butterblume), bis 50 cm hoch.

Dottersack, den Dotter umhüllendes kugeliges bis langgestrecktes Anhangsorgan bei Embryonen der Fische, Amphibien, Reptilien, Vögel, Kloaken- und Beuteltiere.

Dou, Gerard (Gerrit) [niederl. dɔu], *Leiden 7. 4. 1613, □ ebd. 9. 2. 1675, niederl. Maler. Schüler Rembrandts (1628–31).

Fjodor Michailowitsch Dostojewski

**Alexander Frederick
Douglas-Home**

Douglasie.
Zweig mit reifem
Zapfen

Conan Doyle

Douai [frz. du'ε], frz. Stadt südl. von Lille, Dép. Nord, 42 600 E. Zentrum des nordfrz. Kohlenreviers. Got. Kirche Notre-Dame (13. Jh. ff.), Rathaus (z. T. 15. Jh.) mit Glockenturm, Stadttor (14. Jh.).

Douala [du...] (Duala), Prov.hauptstadt in Kamerun, an der Kamerunbucht, 1,12 Mio. E; wichtigste Ind.- und Hafenstadt des Landes; Eisenbahnlinien ins Hinterland; ⚓.

Douane [frz. dwan], frz. Bez. für Zoll, Zollamt.

Douaumont [frz. dwo'mõ], im 1. Weltkrieg zerstörter ostfranzösische Ort bei Verdun; *Fort D.* war wegen seiner beherrschenden Lage in der Schlacht von Verdun hart umkämpft. Totengedenkstätte.

Double ['du:bəl; frz.], Ersatzdarsteller, bes. in gefährl. Szenen beim Film.

Doublé [du'ble:; lat.-frz.] (Dublee, Or doublé), durch galvan. Verfahren oder Plattierung dünn mit Feingold überzogene Kupferlegierung; vorwiegend in der Schmuckindustrie.

Doublon [frz. du'blõ], Goldmünze, ↑Dublone.

Doubs [frz. du], linker Nebenfluß der Saône, bildet z. T. die frz.-schweizer. Grenze, 430 km lang.

Douglas [engl. 'dʌɡləs], schott. Adelsgeschlecht, ab 1175 nachweisbar. Bed.:
1) Archibald, 6. Earl of Angus, *1489, † 1557, Vormund König Jakobs V. von Schottland, der ihn 1528–43 nach England verbannte (Ballade von T. Fontane, vertont von C. Loewe).
2) James, Earl of Morton (ab 1553), *um 1516, † Edinburgh 2. 6. 1581, Regent von Schottland (1572–78). Schlug als Führer der prot. Lords gegen Maria Stuart deren Heer 1568; 1571–78 Regent Schottlands; 1581 wegen angebl. Mitschuld an der Ermordung Darnleys hingerichtet.

Douglas ['dʌɡləs], **1)** Kirk [engl. 'dʌɡləs], eigtl. Issur Daniil Demski, *Amsterdam (N. Y.) 9. 12. 1916, amerikan. Filmschauspieler russ. Herkunft. Vater von Michael Kirk Douglas; Charakterdarsteller, spielte u. a. in »Die Glasmenagerie« (1950), »Reporter des Satans« (1951), »Vincent van Gogh« (1956), »Wege zum Ruhm« (1957), »Das Arrangement« (1969), »Archie & Harry« (1986).

2) Michael Kirk, *New Brunswick (N. Y.) 25. 9. 1944, amerikan. Filmproduzent und -schauspieler. Sohn von Kirk Douglas; erfolgreich mit Filmen wie »Einer flog über das Kuckucksnest« (Produzent, 1975), »Wall Street« (1987), »Der Rosenkrieg« (1989), »Basic Instinct« (1992), »Enthüllungen« (1994).

Douglas Aircraft Co. Inc. [engl. 'dʌɡləs 'eəkra:ft 'kʌmpəni in'kɔ:pəreitid], amerikan. Unternehmen der Flugzeug- und Raumfahrt-Ind.; gegr. 1920, Sitz Santa Monica (Calif.); seit 1967 McDonnell Douglas Corporation. Bekannt durch Verkehrsflugzeuge der DC-Reihe und Raketen, u. a. »Saturn«, »Delta«, »Nike«, »Zeus«.

Douglasfichte ['du:...], svw. ↑Douglasie.

Douglas-Home, Alexander Frederick (Alec), Earl of Home (1951–63), Baron (seit 1974) Home of the Hirsel [engl. 'dʌɡləs 'hju:m], *London 2. 7. 1903, † Coldstream 9. 10. 1995, brit. konservativer Politiker. 1960–63 und 1970–74 Außen-Min.; 1963/64 Premierminister.

Douglasie [du'gla:ziə; nach dem brit. Botaniker David Douglas, *1798, † 1834] (Douglastanne, Douglasfichte), bis 100 m hoch werdendes, raschwüchsiges Kieferngewächs im westl. N-Amerika; Krone kegelförmig mit quirligen, waagrechten Ästen; wertvoller Forst- und Parkbaum; das (helle) Holz wird als Bau- und Möbelholz *(Oregon pine)* genutzt.

Douglastanne ['du:...], svw. ↑Douglasie.

Douro [portugies. 'doru] ↑Duero.

do ut des [lat. »ich gebe, damit du gibst«], röm. Formel für gegenseitige Verträge, Austauschgeschäfte.

Douvermann, Heinrich ['dauver...], *Dinslaken um 1480, † wohl vor 1544, dt. Bildschnitzer der Spätgotik. Altäre u. a. Sankt Nikolai in Kalkar, 1519–22, Dom in Xanten, um 1535.

Dover [engl. 'dəuvə], engl. Stadt, Seebad an der Kanalküste, Gft. Kent, 32 800 E. Wichtigster brit. Hafen für den Transkanalverkehr. – Bis 1923 brit. Kriegshafen.

Dover, Straße von [engl. 'dəuvə] (Straße von Calais), stark befahrene Meeresstraße zw. Frankreich und England, verbindet den Ärmelkanal mit der

Nordsee, an der schmalsten Stelle 35 km breit, unterquert vom ↑Eurotunnel.

Dovifat, Emil ['do:vi...], * Moresnet (Belgien, bei Aachen) 27. 12. 1890, † Berlin 8. 10. 1969, dt. Publizistikwissenschaftler. Gründer und Direktor des Berliner Instituts für Publizistik; nach 1945 Mitbegründer der CDU in Berlin und der Freien Universität.

Dow-Jones-Index [engl. daʊ'dʒəʊnz], internat. beachteter Aktienindex der New Yorker Börse (seit 1897).

down [engl. daʊn], umgangssprachlich für: sich auf einem Tiefpunkt befindend.

Downing Street [engl. 'daʊnɪŋ 'striːt], nach dem engl. Diplomaten Sir George Downing (* 1623, † 1684) benannte Straße in London, in der sich der Amtssitz des brit. Premier-Min. (10 D. S.) befindet.

Down-Syndrom [engl. daʊn-...; nach dem brit. Arzt John Langdon Haydon Down, * 1828, † 1896] (Langdon-Down-Krankheit, Mongolismus, Mongoloidismus), angeborene, komplexe Entwicklungsstörung, die zumeist auf das dreifache Vorhandensein des Chromosoms 21 (Trisomie) zurückzuführen ist. Symptome der Erkrankung sind u. a. geistige Entwicklungsstörung, Organmißbildungen (Herz, Nieren), Schrägstellung der Lidachsen und Vierfingerfurche. Das D. erfordert eine sonderpädagog. Förderung, eine Behandlung ist nicht möglich.

Doxale [griech.-mittellat.], svw. Lettner, später das Gitter zw. Chor und Mittelschiff.

Doxologie [griech.], Lobspruch, Lobpreisung der Herrlichkeit Gottes.

Doyen [dwa'jɛ̃; frz.], im *Völkerrecht* derjenige diplomat. Vertreter in einem Staat, der bei dessen Staatsoberhaupt zeitlich am längsten akkreditiert ist; in Staaten, in denen ein Nuntius akkreditiert ist, übt dieser i. d. R. Funktionen des D. aus; vertritt das diplomat. Korps in bestimmten Fällen als Sprecher.

Doyle, Sir (ab 1902) Arthur Conan [engl. dɔɪl], * Edinburgh 22. 5. 1859, † Crowborough (Sussex) 7. 7. 1930, engl. Schriftsteller. Arzt; schrieb Detektivromane, in deren Mittelpunkt der Meisterdetektiv Sherlock Holmes und sein Freund Dr. Watson stehen (»Der Hund von Baskerville«, 1902).

Dozent [lat. »Lehrender«], Abk. Doz., Hochschullehrer oder im Weiterbildungsbereich Lehrender.

DP, Abk. für **D**eutsche **P**artei.

dpa, Abk. für **D**eutsche **P**resse-**A**gentur AG, dt. Nachrichtenagentur; gegr. 1949; Sitz Hamburg.

dpt, Einheitenzeichen für ↑Dioptrie.

Dr., Abk. für **D**okto**r**.

d. R., Abk. für **d**er **R**eserve.

Drach, Albert, * Wien 17. 12. 1902, † Mödling 27. 3. 1995, österr. Schriftsteller. Rechtsanwalt; 1938–47 im Exil in Frankreich (darüber der Bericht »Unsentimentale Reise«, 1966); schrieb Romane (»Das große Protokoll gegen Zwetschkenbaum«, entst. ab 1939, hg. 1964), Erzählungen (»Untersuchung an Mädeln. Kriminal-Protokoll«, 1971), Dramen und Lyrik. 1988 Georg-Büchner-Preis.

Drache (Drachen) ↑Sternbilder (Übersicht).

Drache, ein sowohl in der religiösen Vorstellungswelt als auch in den Sagen vieler Völker auftretendes übermenschliches Mischwesen, dessen tier. Gestalt Schlange, Krokodil, Pferd, Fisch und Vogel zugrunde liegen können. Der D., oft feuerspeiend gedacht, gilt meist als widergöttlich und menschenfeindlich.

Drachenbaum, Agavengewächs auf den Kanar. Inseln; Strauch oder bis etwa 20 m hoher, stark verzweigter, mehrere hundert Jahre alt werdender Baum. Das Harz *(Drachenblut)* wurde früher als roter

Drachenbaum.
Drachenblutbaum
(Höhe bis 20 m)

Farbstoff und als Arzneimittel verwendet.

Drachenboot, Kielboottyp der internat. Bootsklassen mit Kajüte, drei Mann Besatzung; Bootslänge 8,90 m, Besegelungsfläche 22–26 m².

Drachenechsen, svw. ↑Dinosaurier.

Drachenfels, Bergkuppe des Siebengebirges, sö. von Königswinter, 321 m ü. M., mit Burgruine; Zahnradbahn.

Drachenfische (Trachinidae), Familie bis etwa 45 cm langer Barschfische mit vier Arten im Pazifik und Atlantik.

Drachenfische.
Großes Petermännchen
(Länge bis 45 cm)

Drachenfliegen (Deltafliegen), Flugsportart mit sog. Hängegleitern; diese bestehen aus einem deltaförmigen, von einem Aluminiumgerüst gehaltenen Tragsegel und einem durch Stahlseile mit den Enden des Quer- und Längsholmes verbundenen Steuertrapez. Der in Gurten hängende Pilot kann durch Bewegungen des Trapezes Anstellwinkel und Seitenlagen des rd. 18–20 kg schweren *Flugdrachens* (oder auch *Deltafliegers*) variieren.

Drachenfliegen.
Deltaflieger

Drachenköpfe (Skorpionsfische, Seeskorpione, Scorpaenidae), mit zahlr. Arten in allen Meeren verbreitete Fam. der Knochenfische.

Drachenwurz (Schlangenkraut, Calla, Sumpfwurz), Gatt. der Aronstabgewächse mit der einzigen Art *Calla palustris,* v. a. in Waldsümpfen und an Teichrändern Eurasiens und N-Amerikas; niedrige, giftige Stauden.

Drachme [griech.], in der Antike Gewichts- und Rechnungseinheit sowie Bez. bes. für Silbermünzen; seit 1831 Währungseinheit Griechenlands.

Draco ↑Sternbilder (Übersicht).

Dracula, Titelheld eines Romans von B. Stoker, der in der Figur des D. dt. Berichte aus Siebenbürgen über Grausamkeiten des walach. Fürsten ↑Vlad Tepeş mit Vampirlegenden verknüpfte; Vorlage für F. W. Murnaus Film »Nosferatu« (1922); seit 1931 einer der Prototypen des Horrorfilms; bed. D.-Filme: »Vampyr« (1932; C. T. Dreyer), »Tanz der Vampire« (1966; R. Polanski), »Nosferatu – Phantom der Nacht« (1979; W. Herzog), »Dracula« (1992; F. F. Coppola).

Dragée [dra'ʒeː; frz.], mit einem Zukkerüberzug oder ähnl. versehene Arzneiform.

Dragonaden [frz.], von Ludwig XIV. angeordnete Maßnahmen zur gewaltsamen Bekehrung der Hugenotten ab 1681/85 (doppelte Anzahl an einquartierten Dragonern mit Plünderungsrecht).

Dragoner [frz.], im 17. Jh. mit Musketen bewaffneter, beritten gemachter Infanterist, seit dem 18. Jh. Kavallerietruppe.

Draht, metall. Erzeugnis, das aus Stangenmaterial durch Drahtziehen *(gezogener D.),* bei Drähten von mehr als 5 mm Durchmesser meist durch Walzen hergestellt wird *(Walz-D.).* Kunststoffdrähte werden nach dem Schmelzspinnverfahren aus Polyvinylchlorid (PVC-D.), aus Polyamiden (z. B. Perlon ®, Nylon ®), Polyurethanen u. a. hergestellt.

Drahtglas, aus Gußglas durch Einwalzen von Drahtgewebe in die noch heiße Glasmasse hergestelltes Sicherheitsglas.

Drahthaar, Bezeichnung für das rauhe, harte Haarkleid bestimmter Hunderassen (z. B. Deutsch Drahthaar); entsteht durch Ausbildung borstenähnlicher, starrer Deckhaare (Grannenhaare), die die dichte Unterwolle überragen.

Drahtseil, aus wendelförmig zusammengewundenen *(verseilten)* Drähten bestehendes Seil zur Übertragung von Zugkräften. Je nach Seilmachart sind die Litzen im D. mit einer Drehrichtung entgegengesetzt zu den Einzeldrähten *(Kreuzschlagseil)* oder im gleichen Drehrichtungssinn *(Gleichschlagseil)* gewikkelt. – Abb. S. 794.

Drahtseilbahn ↑Seilbahn.

Drain [drɛ:n, drɛ̃:; engl.-frz.] (Drän), Gummi- oder Glasröhrchen zur Ableitung *(Drainage)* von Wundabsonderungen, Flüssigkeiten und Gasen aus Körperhöhlen nach Verletzung, Operation oder Abszeßöffnung.

Drainage [drɛ'na:ʒə; engl.-frz.] (Dränage), svw. ↑Dränung.

Drais, Karl Frhr. D. von Sauerbronn, *Karlsruhe 29. 4. 1785, † ebd. 10. 12. 1851, dt. Erfinder. Konstruierte 1813/ 1814 einen vierrädrigen Wagen (Antrieb durch Muskelkraft) und 1817 ein Zweirad (Laufrad), beide unter dem Namen *Draisine* bekannt.

Drake, Sir (ab 1580) Francis [engl. drɛɪk], *Crowndale (Devonshire) zwischen 1539 und 1545, † vor Portobelo (Panama) 28. 1. 1596, englischer Admiral und Seeheld. Unternahm als Freibeuter und Führer des unerklärten engl. Kleinkrieges gegen Spanien Fahrten nach Guinea und kaperte die spanische Silberflotte. Umsegelte zw. 1577 und 1580 als erster Engländer die Erde; wehrte als Vizeadmiral 1588 den Versuch der Armada ab, England anzugreifen.

Drakensberge, Gebirge in Südafrika, etwa 1100 km lang, bis 3482 m hoch.

Drakestraße [engl. drɛɪk], Meeresstraße zw. Südamerika und den Süd-Shetland-Inseln, verbindet den S-Atlantik mit dem S-Pazifik.

Drakon, athen. Gesetzgeber des 7. Jh. v. Chr. Zeichnete um 624 v. Chr. das geltende Strafrecht auf (Unterscheidung zw. Mord und Totschlag, grundlegende Regelung des Sühne- und Prozeßverfahrens), das durch seine Härte sprichwörtlich wurde *(drakon. Strafen).*

Drall, 1) *Physik:* Verdrehung eines längl. Körpers; Drehbewegung (Rotation) um eine körpereigene Achse.
2) *Waffenwesen:* schraubenlinienförmige Züge im Lauf von Feuerwaffen.
3) *Technik:* svw. ↑Drehimpuls.

Dralon ® [Kw.], beständige, knitterfeste Polyacrylnitrilfaser.

Drama [griech. »Handlung«], Sammelbegriff für sämtl. Spielarten von Theaterstücken. Die Pfeiler der europ. Theatertradition sind die ↑Tragödie und die ↑Komödie; in dem Spektrum dieser beiden Möglichkeiten haben sich neben der Tragikomödie die verschiedensten Formen entwickelt, deren Benennungen eher histor. als klare genremäßige Unterschiede ausdrücken: u. a. Trauerspiel, Lustspiel, Schauspiel, Farce, Posse, Volksstück, Lehrstück, Antistück, Sprechstück, Spiel. Diese Formen sind Ausdruck einer jahrhundertelangen, auch im Experiment immer wieder auf tradierte Formen zurückgreifenden Gattungsgeschichte, die in Europa im 5. Jh. v. Chr. mit dem griech. Drama begann, und, nach langer Unterbrechung, mit dem D. des MA (↑geistliches Spiel) fortgesetzt wurde. Die Geschichte des neuzeitl. D. beginnt Ende des 15. Jh. in Italien mit der Wiederentdeckung des antiken D. – Allgemeinstes Kennzei-

Drama. Titelblatt der Erstausgabe des ersten Bandes der »Hamburgischen Dramaturgie« von Gotthold Ephraim Lessing (1767)

23

Drama

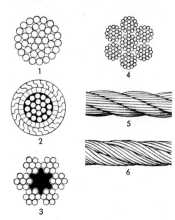

Drahtseil. 1 Spiralseil; **2** verschlossenes Seil; **3** und **4** Rundlitzenseile; **5** Kreuzschlagseil; **6** Längsschlagseil

chen des D. ist die unmittelbar im *Dialog* oder *Monolog* dargestellte, in Szene gesetzte Handlung, deren Verlauf von der Entwicklung eines zentralen *Konflikts* bestimmt wird. Die Art und Weise, wie der Konflikt gelöst wird, bestimmt den ins Tragische oder Komische oder Absurde weisenden Charakter eines D.; im Hinblick auf die äußere Form ist die Aufteilung in einzelne Abschnitte (Akt, Szene, Bild, Episode o. ä.) charakteristisch: das Drama der Neuzeit bevorzugt die Gliederung in drei oder fünf Akte. Im Unterschied zu den lyrischen und erzählerischen Gattungen der Literatur wendet sich das D. unmittelbar an den Zuschauer: das D. kann gelesen und will gesehen werden.

Theorie des Dramas: Am Anfang steht in Europa die »Poetik« des Aristoteles, dessen Aussagen über Wirkstruktur und Bauprinzipien der Tragödie in der Neuzeit z. T. in irrtüml. Interpretation wieder aufgegriffen und zu einem Kodex verbindl. Regeln umgestaltet wurden. Immer wieder erörtert wurden v. a. folgende Punkte: 1. Der Begriff der *Mimesis,* der in der Renaissance als bloße »Nachahmung« mißverstanden wurde. – 2. Die aristotel. Wirkungsästhetik der Tragödie mit ihren Grundstrukturen *Furcht und Mitleid* und *Katharsis,* deren Auslegung bis

heute umstritten ist. Bei Aristoteles ist Katharsis, indem sie »Jammer« und »Schaudern« auslöst, eine »Reinigung« des Zuschauers »von derartigen Affekten«. Die Wiedergabe durch lat. »misericordia« und »metus« (Mitleid und Furcht) bedeutet eine Neuinterpretation des Aristoteles. Der Begriff wurde ethisch gedeutet als Reinigung von Leidenschaften, die in der Tragödie dargestellt werden. Diese Umdeutung wurde von G. E. Lessing kritisiert. Für ihn ist der entscheidende Affekt, den die Tragödie beim Zuschauer auslöst, das Mitleid, dem die Furcht ledigl. untergeordnet ist. Unter Katharsis versteht er die Verwandlung der durch die Tragödie erregten Affekte in »tugendhafte Fertigkeiten«. In der Moderne kehrt W. Schadewaldt zur Auffassung des Aristoteles zurück, während Brechts Theorie des †epischen Theaters von der Deutung Lessings ausgeht. – 3. Die Regeln über die Ausdehnung und Gliederung der dramat. Handlung. Auf die Forderung nach Geschlossenheit (Einheit) und äußerer Begrenztheit der dramat. Handlung durch Aristoteles geht der zuerst von Ludovico Castelvetro (*1505, †1571) formulierte, z. T. auf einem Mißverständnis beruhende Grundsatz der *drei Einheiten* zurück. *Einheit des Ortes* bedeutet die Unverrückbarkeit des Schauplatzes einer Handlung, *Einheit der Zeit* die angestrebte Übereinstimmung von Spielzeit und gespielter Zeit, *Einheit der Handlung* die Geschlossenheit und Konzentration der Handlung selbst. Mit J. G. Herder und der Dramaturgie des Sturm und Drang, die sich auf Shakespeare und dessen Drama der *offenen Form* beruft, verliert die Forderung nach Einheiten des Ortes und der Zeit ihre normative Qualität. – 4. Die Regeln über die Charaktere, die nach Aristoteles der Handlung untergeordnet sind. Seine Forderung der Darstellung des Schicksals hervorragender Persönlichkeiten, an denen die trag. *Fallhöhe* (der trag. Fall eines Helden werde um so tiefer empfunden, je höher dessen sozialer Rang sei) sichtbar werden könne, führte zur *Ständeklausel* der Poetik der Renaissance und des Klassizismus: In der Tragödie können die Hauptpersonen nur von hohem, in der Komödie dagegen nur von niederem Stand sein.

Diese Forderung wurde durch das bürgerl. Trauerspiel überwunden.

Dramatik [griech.], **1)** die dramat. Dichtkunst.

2) Spannung, bewegter Ablauf.

Dramaturg [griech., eigtl. »Schauspielmacher«], künstler.-wiss. Berater am Theater, beim Film, Hörfunk und Fernsehen.

Dramaturgie [griech.], **1)** Lehre vom ↑Drama.

2) spezif. Struktur eines einzelnen Dramas, Films.

Dränage [...ʒə] ↑Dränung.

Dränung (Dränage, Drainage) [engl.-frz.], Entwässerung von Bodenschichten durch ein meist in 80 bis 180 cm Tiefe verlegtes System von *Dräns* (Tonrohre von 4 bis 20 cm Durchmesser, gelochte Betonrohre, geschlitzte Kunststoff-Dränrohre, Faschinen u. a.).

drapieren [frz.], kunstvoll in Falten legen; **Draperie,** Faltenwurf.

drastisch, sehr deutlich, wirksam, einschneidend, derb.

Drau, rechter Nebenfluß der Donau, in Italien, Österreich, Slowenien und Kroatien, 749 km lang, durch Engen gegliedert: *Pustertal* oberhalb von Lienz, *Oberdrautal* zw. *Tiroler Tor* und Sachsenburg, *Unterdrautal* oberhalb von Villach, *Rosental* zw. den Mündungen von Gail und Gurk, *Jauntal* bis zur österr.-slowen. Grenze.

Draufgabe (Draufgeld, Anzahlung, Aufgeld, Angeld, Handgeld, Arrha) Zahlung beim Abschluß eines Vertrages; gilt als Zeichen des Vertragsabschlusses (§ 336 BGB) und ist im Zweifel auf die vom Geber geschuldete Leistung anzurechnen.

Drawert, Kurt, * Hennigsdorf b. Berlin 15. 3. 1956, dt. Schriftsteller. Elektroniker, Bibliothekar; schreibt Lyrik (»Zweite Inventur«, 1987) und Prosa (»Spiegelland. Ein deutscher Monolog«, 1992).

drechseln, Holz, Elfenbein, Horn u. a. auf einer Drehmaschine ähnl. *Drechselbank* zu rotationssymmetr. Formen bearbeiten.

Drechsler, Heike, * Gera 16. 12. 1964, dt. Leichtathletin. Mehrfache Welt- und Europameisterin im Weitsprung bzw. 200-m-Lauf.

Dr. E. h., Abk. für **D**oktor **E**hren **h**alber, nur in Dr.-Ing. E. h.

Drehachse, der geometr. Ort aller Punkte, die bei einer Drehung in Ruhe bleiben.

Drehbank, svw. ↑Drehmaschine.

Drehbuch, textl. Grundlage für die Gestaltung eines Films oder einer Fernsehproduktion. Vorstufen: 1. das *Exposé* mit der Beschreibung der Filmidee und des Handlungsablaufs; 2. das *Treatment,* in dem der Handlungsablauf bereits szen. gegliedert ist und die wichtigsten opt. und akust. Vorstellungen aufgezeichnet sind; 3. das *Roh-D.,* das alle Details enthält.

Drehhornantilopen (Drehhornrinder, Tragelaphini), Gattungsgruppe der Horntiere (Unter-Fam. Waldböcke) mit acht Arten in Afrika; u. a.: *Nyala* in SO-Afrika, 1,3–1,6 m lang, bis 1,1 m schulterhoch; *Großer Kudu* in Z-, O- und S-Afrika, *Kleiner Kudu* in O-Afrika; *Elenantilope,* 2,3–3,5 m lang und 1,4 bis 1,8 m schulterhoch; *Bongo,* 1,7–2,5 m lang, 1,1 (♀) bis 1,4 (♂) m schulterhoch.

Drehimpuls (Drall, Impulsmoment), bei einem sich drehenden Körper das Produkt aus dem Trägheitsmoment bezügl. der Drehachse und der Winkelgeschwindigkeit. Der D. ist ein Vektor, dessen Richtung mit der der Drehachse zusammenfällt.

Drehkolbenmotor ↑Rotationskolbenmotor.

Drehkondensator, Kondensator mit stetig veränderbarer Kapazität.

Drehkrankheit (Drehsucht), durch die Blasenfinne (↑Drehwurm) des Quesenbandwurms verursachte, im allg. tödl. Erkrankung des Zentralnervensystems von Säugetieren (bes. bei Hausschafen) mit charakterist. Gleichgewichtsstörungen.

Drehleier (Radleier, frz. vielle), Streichinstrument, dessen Saiten (zwei oder vier Bordunsaiten und ein oder zwei durch Tangententasten verkürzbare Melodiesaiten) von einem Scheibenrad gestrichen werden.

Drehmaschine (Drehbank), Werkzeugmaschine, bei der das Werkstück in ein Drehfutter eingespannt oder zw. zwei Spitzen gelagert und in Drehung versetzt wird. Die rotationssymmetr. Bearbeitung erfolgt senkrecht oder parallel zur Drehachse durch Spanabhebung mittels eines scharfkantigen Werkzeugs; Antrieb durch Elektromotor.

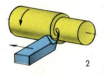

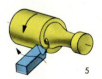

Drehmaschine.
Funktionsweisen:
1 Innendrehen; **2** Langdrehen; **3** Plandrehen;
4 Abstechen; **5** Nachformdrehen

Drehmoment

Drehmoment, Maß für die Drehwirkung einer an einem drehbaren starren Körper angreifenden Kraft. Der Betrag des Drehmomentes ist gleich dem Produkt aus dem Betrag der angreifenden Kraft und dem senkrechten Abstand ihrer Wirkungslinie vom Drehpunkt. SI-Einheit des D. ist das Newtonmeter (Nm).

Drehmomentschlüssel, Schraubenschlüssel, der infolge seiner Verformung beim Anziehen einer Schraube das aufgebrachte Drehmoment anzeigt. D. werden zum Anziehen von Schrauben benötigt, die eine festgelegte Vorspannung aufweisen müssen (z. B. Zylinderkopfschrauben).

Drehorgel (Leierkasten), kleine trag- oder fahrbare Orgel, bei der durch Betätigung einer Kurbel eine Lochscheibe oder Stiftwalze die Ventile zu den Pfeifen öffnet.

Drehscheibe, brückenartige Stahlkonstruktion mit einem Gleisstück, die in einer Grube drehbar gelagert ist. D. werden v. a. an Zuführungsgleisen von Lokomotivschuppen eingebaut.

Drehspiegel, schnell rotierender Mehrflächenspiegel zur Beobachtung schnell veränderl. Vorgänge.

Drehorgel. Von Giovanni Bacigalupo erbautes Instrument (um 1800; Berlin, Staatliche Museen)

Drehspulinstrument ↑elektrische Meßgeräte.

Drehstabfeder (Torsionsstab), stabförmiges Federelement, das sich bei Belastung elast. verdreht.

Drehstrom (Dreiphasenstrom), Verkettung dreier elektr. Wechselströme, die um 120° phasenverschoben sind. Der D. ist die in der Stromversorgung meist verwendete Stromart (häufig *Kraftstrom* gen.).

Drehung (Rotation), die Bewegung eines Körpers, bei der sich alle seine Punkte um konzentr. Kreisen um eine feststehende Achse *(Drehachse, Rotationsachse)* bewegen.

Drehwuchs (Spiralwuchs), Wachstumsweise vieler Holzpflanzen, bei denen die Holzfasern nicht parallel, sondern schraubig zur Stammachse verlaufen.

Drehwurm (Quese), Bez. für die bis hühnereigroße Blasenfinne des Quesenbandwurms; im Gehirn bes. von Hausschafen.

Drehzahlmesser, Meßgerät zur Bestimmung der Drehzahl *(Tourenzähler)* von rotierenden Körpern. *Mechan.* D. beruhen auf mechan. Koppelung (z. B. Tachometerwelle) mit dem rotierenden Teil. Beim *Wirbelstrom-D.* induziert ein rotierender Dauermagnet in einer ihn umhüllenden Glocke (aus Aluminium) Wirbelströme, die diese zu einer auf einen Zeiger übertragenen Verdrehung veranlassen. *Elektron.* oder *Transistor-D.* beruhen auf der Zählung elektr. Impulse, ausgelöst z. B. vom Unterbrecher von Kfz-Zündanlagen.

Drei, eine Primzahl; als »heiligste Zahl« im myth.-religiösen Bereich Bez. der Geschlossenheit und Vollkommenheit.

Dreibund, 1882 abgeschlossenes und bis zum 1. Weltkrieg mehrfach erneuertes geheimes Verteidigungsbündnis zw. dem Dt. Reich, Österreich-Ungarn und Italien; erweiterte den Zweibund und war gegen Frankreich sowie (unausgesprochen) gegen Rußland gerichtet, zerbrach schließl. mit der italien. Neutralitätserklärung 1914 und dem italien. Kriegseintritt an der Seite der Entente 1915; leitete die europ. Blockbildung ein, die er hatte verhindern sollen.

Dreieck, eine geometr. Figur, die entsteht, wenn man drei nicht auf einer Geraden gelegene Punkte *A, B, C* (die *Ek-*

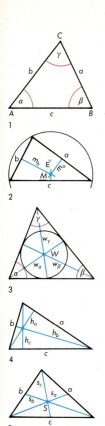

Dreieck. 1 Bezeichnung der Ecken, Seiten und Winkel; **2** Mittellote (m_a, m_b, m_c) und Mittelpunkt des Umkreises (M); **3** Winkelhalbierende (w_a, w_β, w_γ) und Mittelpunkt des Inkreises (W); **4** Höhenlinien (h_a, h_b, h_c); **5** Seitenhalbierende (s_a, s_b, s_c) und Schwerpunkt des Dreiecks (S)

ken) durch Strecken (die *Seiten*) verbindet. Mit *a, b, c* werden die den Ecken *A, B, C* gegenüberliegenden Seiten bezeichnet, mit *α, β, γ* die Innenwinkel an den Ecken *A, B, C.*
Es gelten stets die *Dreiecksungleichung* (zwei D.seiten sind zusammen länger als die dritte, $a + b < c$ usw.) und der Satz von der Winkelsumme: $α + β + γ = 180°$. Es kann mithin höchstens einer der drei Winkel ein stumpfer (d. h. 90°; *stumpf-*

winkliges *D.)* oder ein rechter *(rechtwinkliges D.)* sein; sind alle drei Winkel spitz, d. h. < 90°, so spricht man von einem *spitzwinkligen D.* Stets liegt der größeren zweier D.seiten der größere Winkel gegenüber und umgekehrt. Daraus folgt, daß bei Gleichheit zweier Seiten ($a = b$) auch die entsprechenden Winkel gleich sind ($α = β$) und umgekehrt *(gleichschenkliges D.).* Sind alle drei Seiten und mithin auch alle Winkel gleich ($α = β = γ = 60°$), so liegt ein *gleichseitiges D.* vor.

Dreieinigkeit (Dreifaltigkeit), svw. ↑Trinität.

Dreifachbindung, chem. Bindung zw. zwei Atomen durch drei, beiden Atomen angehörende Elektronenpaare.

Dreifaltigkeitssonntag (Trinitatis), der Sonntag nach Pfingsten.

Dreifelderwirtschaft, in Europa weitverbreitetes Fruchtfolgesystem, bei dem in dreijährigem Turnus Sommer-, Wintergetreide und Hackfrüchte (früher Brache) miteinander abwechseln und dabei jeweils $1/3$ der Fläche jährlich wechselnd einnehmen.

Dreifuß, in der Antike dreibeiniges bronzenes Gestell (für ein Gefäß); häufig als Siegespreis und Votivgabe.

Dreifuss, Ruth, *Sankt Gallen 9. 1. 1940, schweizer. Politikerin (Sozialdemokrat. Partei). Seit 1993 Bundesrätin (Innenressort).

Dreikaiserbund, informelles Bündnisverhältnis zw. dem Dt. Reich, Österreich-Ungarn und Rußland (1872); 1881 durch das *Dreikaiserbündnis* erneuert; scheiterte durch die Battenbergaffäre 1885–87.

Dreikaiserschlacht ↑Austerlitz.

Dreiklang, ein Akkord aus drei Tönen, die in ihrer Normallage Grundton, Terz und Quinte sind. Die tonale Musiklehre unterscheidet den Dur-D. (1), den Moll-D. (2) sowie den verminderten (3) und den übermäßigen D. (4):

Ein D. kann durch die Lage seines Spitzentons (5) und durch die Stellung seines Baßtons (↑Umkehrung) (6) variiert werden, ohne daß seine Eigenschaft sich wesentlich ändert.

Dreiklassenwahlrecht, nach Einkommen oder Steuerleistung abgestufte Sonderform des allg. Wahlrechts; 1849 in Preußen eingeführt; 1918 beseitigt.

Drei Könige (Heilige Drei Könige), nach dem NT die drei Weisen, die, dem Stern über Bethlehem folgend, aus dem Morgenland gekommen waren, um dem neugeborenen »König der Juden« zu huldigen und ihm Gold, Weihrauch und Myrrhe zu schenken. Von der Legende zu drei Königen erhoben, deren Namen Kaspar, Melchior und Balthasar im 9. Jh. aufkamen. Das Fest *Epiphanias* (Epiphanie; 6. Jan., Offenbarung der Göttlichkeit des Kindes vor den D. K.) wurde zum Dreikönigstag.

Dreikönigsschrein, Reliquienschrein im Kölner Dom, enthält der Überlieferung nach die Gebeine der Hl. Drei Könige; aus der Werkstatt des Nikolaus von Verdun (um 1181–1230), Propheten eigenhändig.

Dreimächtepakt, 1940 zw. Deutschland, Italien und Japan mit dem Zweck abgeschlossener Vertrag, die USA aus dem europ. und chin.-jap. Krieg herauszuhalten.

Dreimeilenzone ↑Küstenmeer.

Dreipaß, in der *got.* Baukunst eine aus drei Kreissegmenten zusammengesetzte Figur des ↑Maßwerks, die von einem Kreis umschlossen ist.

Dreiperiodensystem, Einteilung der menschl. Kulturgeschichte in Steinzeit, Bronzezeit und Eisenzeit.

Dreipunktgurt ↑Sicherheitsgurte.

Drei Sat (3sat), gemeinschaftl. [Satelliten-]Fernsehprogramm des Österr. (ORF) und des Schweizer. Rundfunks (SRG), des ZDF sowie seit Dez. 1993 der ARD, die gleichzeitig ihr Satellitenprogramm *Eins Plus* einstellte.

Dreisatzrechnung (Regeldetri), ein Rechenverfahren, bei dem man aus drei bekannten Größen eine vierte (unbekannte) Größe bestimmt; dabei wird von einer Mehrheit zunächst auf die Einheit und dann auf eine neue Mehrheit geschlossen (daher spricht man auch oft von *Schlußrechnung*). Beispiel einer einfachen Dreisatzaufgabe: 12 Knöpfe kosten 1,80 DM (1. Satz), wieviel kosten 5 Knöpfe? Schlußweise: 1 Knopf kostet 1,80 : 12 DM (2. Satz), 5 Knöpfe kosten also 5 · (1,80 : 12 DM) = 0,75 DM (3. Satz).

Dreiser, Theodore [engl. ˈdraɪzə], *Terre Haute (Ind.) 27. 8. 1871, †Los Angeles 28. 12. 1945, amerikan. Schriftsteller. Hauptwerk: »Eine amerikan. Tragödie« (R., 1925; verfilmt 1931 von J. von Sternheim). – *Weitere Werke:* Schwester Carrie (R., 1900), Jennie Gerhardt (R., 1911), »Die Tragik Amerikas« (Essays, 1931), »Das Bollwerk« (R., hg. 1946).

Dreispitz, Hut, dessen Krempe an drei Seiten hochgeschlagen ist (ab spätem 17. Jh.); wurde nach der Frz. Revolution zum Zeichen des Ancien régime.

Dreispitz

Dreisprung, Disziplin der Leichtathletik für Männer, in der drei Sprünge aufeinanderfolgen. Reihenfolge: links, links, rechts oder rechts, rechts, links.

Dreißigjähriger Krieg, europ. Religions- und Staatenkonflikt auf dt. Boden 1618–48. Ursachen: Ggs. zw. Katholiken und Protestanten (↑Liga, ↑Union), Streben der Reichsstände nach Erweiterung ihrer Macht. *Böhmisch-Pfälzischer Krieg (1618 bis 1623):* Aufstand der vorwiegend prot. Stände Böhmens (↑Prager Fenstersturz), Absetzung König Ferdinands II.; Wahl Kurfürst Friedrichs V. von der Pfalz zum König von Böhmen, 1620 bei Prag (Schlacht am Weißen Berg) von Kaiser Ferdinand und der Liga besiegt. *Niedersächsisch-Dänischer Krieg (1625–29):* Wegen drohender Rekatholisierung N-Deutschlands Eingreifen König Christians IV. von Dänemark im Bund mit niedersächs. Ständen; unterlag 1626 bei Lutter am Barenberge dem Heer der Liga unter ↑Tilly, der zus. mit dem in kaiserl. Diensten stehenden Söldnerheer unter ↑Wallenstein nach N-Deutschland vorgedrungen war; Frieden von Lübeck (1629), Restitutionsedikt (1629): Rückgabe aller ab 1552 durch die Protestanten eingezogenen geistl. Güter an die kath. Kirche. *Schwedischer Krieg (1630–35):*

Eingreifen des durch die kaiserl. Machtposition an der Ostsee beunruhigten Königs ↑Gustav II. Adolf von Schweden, der bis nach München und Augsburg vorstieß, 1632 aber bei Lützen fiel; 1634 Niederlage Schwedens und des Heilbronner Bundes bei Nördlingen; Prager Frieden 1635. *Schwedisch-Französischer Krieg (1635–48):* Kriegseintritt Frankreichs (Ggs. Bourbon–Habsburg) auf seiten Schwedens, unentschiedener Kampf gegen das Reich; nach Verhandlungen ab 1644 Abschluß des ↑Westfälischen Friedens (1648).

Folgen: Der konfessionelle Ggs. wurde in Deutschland endgültig staatsrechtlich fixiert. Am schwersten aber wog die soziale und wirtschaftl. Katastrophe. Die Bevölkerungsverluste betrugen etwa 40 % auf dem Land, etwa 33 % in den Städten, in den am ärgsten betroffenen Gebieten (z. B. Brandenburg, Pommern, Oberdeutschland) bis zu 80 %. Erst nach 100 Jahren wurde der Bevölkerungsstand von 1620 (16 Mio.) durch intensive Einwanderungspolitik der dt. Landesherren wieder erreicht.

Dreistadiengesetz, von A. Comte entwickelte Theorie zur Beschreibung des Entwicklungsprozesses der Menschheit in drei Stadien: 1. das »theolog. oder fiktive«, 2. das »metaphys. oder abstrakte«, 3. das »wiss. oder positive« Stadium.

Dreitagefieber, 1) svw. Malaria tertiana (↑Malaria).
2) svw. ↑Pappatacifieber.
3) (Exanthema subitum, sechste Krankheit), harmlose akute Infektionskrankheit bei Kindern (dreitägige Fieberperiode).

Dreiteilungsproblem (Trisektion des Winkels), die Aufgabe, einen Winkel nur mit Zirkel und Lineal in drei gleiche Teile zu teilen; im allg. nicht lösbar.

Dreiwegekatalysator ↑Abgaskatalysator.

Dreizehn alte Orte, der Staatenbund der schweizer. Eidgenossen von 1513: dem Bund der Zehn Orte (Zürich, Bern, Luzern, Uri, Schwyz, die beiden Unterwalden, Glarus, Freiburg, Solothurn und Zug) schlossen sich 1501 Basel und Schaffhausen, 1513 Appenzell an; blieb drei Jahrhunderte unverändert.

Drei Zinnen, Felstürme der Sextener Dolomiten, Südtirol, 2999 m, 2973 m und 2857 m ü. M.

Drell [niederdt.] (Drillich), sehr dichte köperbindige Baumwoll- oder Leinengewebe; für Matratzenbezüge, Markisen.

Drente, Prov. in den Niederlanden, 2655 km², 444000 E, Hauptstadt Assen.

Drescherhaie (Alopiidae), Fam. der Haie in den Meeren der trop. und gemäßigten Zonen. Bekannteste der fünf Arten ist der *Fuchshai* (Drescher, Seefuchs), bis 6 m lang.

Drescherkrankheit (Dreschfieber, Drescherlunge, Farmerlunge), durch Einatmung giftiger Zerfallsprodukte oder Sporen von Schimmelpilzen beim Dreschen schimmelnden Getreides hervorgerufene Staublunge; anerkannte Berufskrankheit.

Dreschflegel, Handgerät zum Dreschen; mit einem starken Stiel beweglich verbundener Hartholzknüppel.

Dreschmaschine, Maschine zum Trennen der Getreidekörner von Spreu und Stroh. Anstelle stationärer D. werden heute vielfach ↑Mähdrescher eingesetzt.

Dresden, Hauptstadt von Sachsen, beiderseits der Elbe, 488000 E. TU, Hoch-

Theodore Dreiser

Drescherhaie. Fuchshai oder Drescher (Länge bis 6 m)

Dresdner Bank AG

Dresden
Stadtwappen

Eugen Drewermann

schulen für Verkehrswesen und für Musik, Gemäldegalerie, Museen (u. a. Dt. Hygiene-Museum), mehrere Theater; Philharmonie, Kreuzchor; jährl. internat. Musikfestspiele; botan. Garten, Zoo. U. a. opt. Werke, Textil- und Nahrungsmittelindustrie.
Stadtbild: Nach dem 2. Weltkrieg wurden u. a. die Hofkirche (1739 ff.), die Kreuzkirche (1764–92), der für Hoffeste errichtete barocke Zwinger (1709–28) und das Opernhaus von G. Semper (19. Jh.) wiederaufgebaut, zuletzt das Taschenbergpalais (1707–11) und das Residenzschloß (ab 16. Jh.). Als Mahnmal blieb die Ruine der barocken Frauenkirche (begonnen 1726, geweiht 1734) stehen (Wiederaufbau seit Mai 1994). Zu den Bauten des 19. Jh. gehören die Gemäldegalerie sowie die Kunstakademie und Museen an der Brühlschen Terrasse. Flußaufwärts an der Elbe befindet sich die Schloß- und Parkanlage Pillnitz. Im Stadtteil Hellerau wurde erstmals der Plan einer Gartenstadt verwirklicht.
Geschichte: 1206/16 Gründung der Stadt; als Residenz der Albertin. Linie (1485–1918) wurde D. zu einem weltbekannten kulturellen Mittelpunkt; 1519–29 zu einer Festung umgebaut. In der Nacht vom 13./14. Febr. 1945 mit (1939) 630 000 E und rd. 500 000 schles. Flüchtlingen trotz militär. Bedeutungslosigkeit Opfer dreier brit.-amerikan.

Luftangriffe. – Der *Frieden von D.* (25. 12. 1745) beendete den 2. Schles. Krieg.
Dresdner Bank AG, zweitgrößte dt. Kreditbank, gegr. 1872 in Dresden, Sitz Frankfurt am Main.
Dreß [frz.-engl.], Kleidung für einen bestimmten Anlaß, bes. Sportdreß.
Dressman [ˈdrɛsmən; engl.], männl. (Photo-)modell.
Dressur [frz.], Abrichtung zu bestimmtem Verhalten bei Haus- und Wildtieren. Die D. dient v. a. sportl. und wirtschaftl. Zwecken (so werden z. B. Hunde und Pferde für den Polizeidienst und für die Jagd *abgerichtet* [dressiert]).
Dressurprüfung ↑Reitsport.
Drewermann, Eugen, *Bergkamen 20. 6. 1940, dt. kath. Theologe und Psychoanalytiker. Priester; 1979–91 Dozent für Dogmatik an der Kath. Theolog. Fakultät in Paderborn. Sein in der kath. Kirche umstrittenes Werk (u. a. »Tiefenpsychologie und Exegese«, 1988; »Kleriker – Psychogramm eines Ideals«, 1989) ist dem Versuch gewidmet, die Erkenntnis der Psychoanalyse für eine lebensnahe Moraltheologie und Schriftauslegung produktiv zu machen. 1991 wurde ihm die kirchl. Lehrerlaubnis entzogen, 1992 wurden ihm die Predigt und die priesterl. Tätigkeit verboten.
Drewitz, Ingeborg, *Berlin 10. 1. 1923, † ebd. 26. 11. 1986, dt. Schriftstellerin.

Setzte sich mit der Situation der Frau auseinander, z. B. »Oktoberlicht« (R., 1969), »Wer verteidigt Katrin Lambert?« (R., 1974), »Gestern war heute« (R., 1978; Dr. 1985).

Dreyfusaffäre ['draifu:s, frz. drɛ'fys], schwerste innenpolit. Krise der dt. Dritten Republik. Nach von antisemit. Einstellung bestimmter kriegsgerichtl. Verurteilung des jüd. Hauptmanns im Generalstab Alfred Dreyfus (* 1859, † 1935) zu Degradierung und lebensläng. Verbannung in jurist. unhaltbarem Verfahren (1894) kam 1896 die frz. Abwehr auf die Spur des wahren Schuldigen, des Generalstabsoffiziers Charles Ferdinand Walsin Esterházy (* 1847, † 1923). Der Kampf der »Dreyfusards« (darunter Jaurès, Zola und Clemenceau) um die Rehabilitierung von Dreyfus wurde zum innenpolit. Machtkampf der bürgerl. Mitte und Linken gegen die Rechtsparteien; Generalstab und Kriegsministerium hielten starr an seiner Schuld fest. Im Revisionsprozeß wurde Dreyfus 1899 in offenem Rechtsbruch zu zehn Jahren Festung verurteilt, dann aber begnadigt, doch erst 1906 voll rehabilitiert.

Dr. h. c., Abk. für lat. **D**octor **h**onoris **c**ausa, ehrenhalber verliehener Titel (Ehrendoktor).

dribbeln [engl.], den Ball durch kurze Stöße vorwärts treiben (bes. beim Fußball).

Driesch, Hans, * Bad Kreuznach 28. 10. 1867, † Leipzig 16. 4. 1941, dt. Biologe und Philosoph. Stützte seine vitalist. Philosphie auf biolog. Experimente. – *Werke:* Der Vitalismus als Geschichte und als Lehre (1905), Philosophie des Organischen (1909).

Drift [niederdt.], 1) *Seefahrt: Trift,* durch den Wind erzeugte Meeresströmung; unkontrolliertes Treiben eines Schiffes oder durch Strömung fortbewegtes Treibgut. 2) *Geologie:* Verschiebung der Kontinente auf der Asthenosphäre.

Drill, Hundsaffe (Fam. Meerkatzenartige) in den Regenwäldern W-Afrikas; Körper bis 85 cm lang.

Drill, im militär. Bereich mechan. Einüben von Fertigkeiten.

Drillich, svw. ↑Drell.

Drilling (Dreiläufer), Jagdgewehr mit zwei Kugelläufen und einem Schrotlauf.

Drillinge, drei gleichzeitig ausgetragene, kurz nacheinander geborene Kinder. D. können ein-, zwei- oder dreieiig sein. 0,013 % aller Schwangerschaften sind Drillingsschwangerschaften.

Drillmaschine [engl./dt.], Sämaschine, die das Saatgut in Reihen und in gleichmäßiger Tiefe in den Boden bringt.

Drin, längster Fluß Albaniens, 285 km lang, entsteht aus dem Zusammenfluß von *Weißem D.* und *Schwarzem D.,* mündet in zwei Armen in das Adriat. Meer.

Drink [engl.], alkoholhaltiges Getränk.

Dritte Internationale ↑Internationale.

Dritte Republik (Troisième République), Bez. für das polit. System Frankreichs 1870–1940.

Dritter Orden (Terziaren, Tertiarier), nach dem *kath. Kirchenrecht* Männer und Frauen, die unter Leitung eines Ordens nach einer anerkannten Regel, aber nicht in Klöstern leben.

dritter Stand (frz. tiers état), in Frankreich bis zur Frz. Revolution 1789 Bez. für die im Gegensatz zu Geistlichkeit und Adel nicht privilegierte Schicht der Bürger, Handwerker und Bauern.

Drittes Reich, 1) Begriff aus der Ideenwelt des ↑Chiliasmus, geprägt von der Vorstellung der Abfolge dreier Zeitalter (dasjenige des Vaters, des Sohnes und des Hl. Geistes). **2)** von A. Moeller van den Bruck (»Das Dritte Reich«, 1923) formuliertes polit Schlagwort: Er prophezeite nach dem Hl. Röm. Reich und dem Kaiserreich in D. R. aus dem »Geist der Rassenseele«. Der Nat.-Soz. übernahm den Begriff nur zeitweilig; er wurde dennoch allg. Bez. für die Jahre der nat.-soz. Herrschaft in Deutschland.

Drittes Rom, zentraler geschichtstheolog. Begriff der russ. Reichsideologie, wonach Moskau (nach Konstantinopel und Rom) das D. R. und damit Erbe, Zentrum und legitimer Träger der christl. Reichsidee sei.

dritte Welt, umstrittene Bez. für Staaten Afrikas, Asiens und Lateinamerikas, die im Ggs. zu den Ind.ländern (»erste« und »zweite« Welt) im einzelnen unterschiedl. innerer Struktur durch wirtschaftl. und sozialen Entwicklungsrückstand charakterisiert sind und seit der Bandungkonferenz (1955) als ↑blockfreie Staaten (»dritte Kraft«) hervortraten (↑Entwicklungsländer).

Ingeborg Drewitz

Dreyfusaffäre.
Alfred Dreyfus
(anonymer Holzschnitt; 1896)

Hans Driesch

Drittschuldner

Drittschuldner ↑Pfändung.

Drittwiderspruchsklage (Widerspruchsklage, Interventionsklage), der Rechtsbehelf zur Abwehr der Zwangsvollstreckung in einen dem Vollstreckungszugriff des Gläubigers nicht unterliegenden Vermögensgegenstand. Klageberechtigter: wer nicht Vollstreckungsschuldner, sondern Dritter ist und an dem Vollstreckungsgegenstand (etwa der gepfändeten Sache) ein die Vollstreckung hinderndes Recht hat, z. B. Eigentum.

Drittwirkung der Grundrechte, Pflicht der nichtstaatl. Machtträger (insbes. der Verbände) und Privatpersonen, die Grundrechte zu beachten.

Drive [engl. draɪv »Antrieb«], 1) *Sport:* Treibschlag im Tennis und Golf.
2) *Jazz:* vorantreibende Dynamik des Spiels, die aus der Spannung zw. Beat und Off-Beat entsteht.

Drive-in... [engl. draɪvˈɪn], Bez. für Dienstleistungseinrichtungen, die so eingerichtet sind, daß der Kunde sein Auto nicht verlassen muß (z. B. Autoschalter einer Bank oder Autokino).

DRK, Abk. für ↑**D**eutsches **R**otes **K**reuz.

Drobeta-Turnu Severin, rumän. Stadt unterhalb des Eisernen Tors, 107 000 E. Schiffswerft, Waggonbau, Hafen. Bed. Reste des röm. *Drobeta.*

Drogen [frz.], Präparate pflanzl., tier. und mineral. Ursprungs, die als Heilmittel, Stimulanzien oder Gewürze Verwendung finden; heute oft ungenau im Sinne von engl. drug (»Arzneimittel«) oder aber im Sinne von Rausch-D., Sucht-D. verwendet. ↑Rauschgifte.

Drogenabhängigkeit ↑Rauschgifte.

Drogenpflanzen, svw. ↑Heilpflanzen.

Droguett, Carlos [span. droˈɣet], * Santiago de Chile 1912, chilen. Schriftsteller. Ging 1973 ins Exil; gestaltet in Romanen (»Eloy«, 1960) und Erzählungen polit. und soziale Probleme seines Landes.

Drohgebärde ↑Drohverhalten.

Drohne, 1) ↑Honigbienen.
2) *Militär:* unbemannter Flugkörper, der zu seinem Ausgangspunkt zurückkehren kann.

Drohstellung ↑Drohverhalten.

Drohung, 1) im *Zivilrecht* die Ausübung jedes psych. Zwangs.
2) im *Strafrecht* gleichbedeutend mit Bedrohung; die rechtswidrige Ankündigung eines Übels, auf dessen Eintritt der Ankündigende wirkl. oder angebl. Einfluß hat, für den Fall, daß der Bedrohte sich nicht fügt; Tatbestandsmerkmal z. B. der Erpressung.

Drohverhalten, abweisendes Verhalten mit aggressiver Motivation, das Tiere gegen Artgenossen oder artfremde Tiere zeigen. Das D. ist angeboren und charakterist. für die Art. Es enthält stets Komponenten des Angriffs-, oft auch des Fluchtverhaltens. Beim D. wird eine charakteristisch Körperhaltung *(Drohstellung, Drohgebärde)* eingenommen, die den Körper gewöhnl. in voller Größe präsentiert. Auch drohende Lautäußerungen und das Präsentieren der Geschlechtsorgane bei zahlr. Primaten stellen eine Form des D. dar.

Drohverhalten. Drohgebärde beim Menschen (Kabuki-Schauspieler) und Mandrillmännchen

Droit [frz. drwa], in Frankreich und im Völkerrecht Bez. für Recht.

Drolerie [frz.], phantastisch-groteske menschl. Figuren, Tiere und Fabelwesen.

Dromedar [griech.-lat.-frz. »Renner, Rennkamel«] ↑Kamele.

Drolerie.
Gespräch einer Gans mit einem Fuchs, der sich als Geistlicher verkleidet hat; Miniatur aus einer theologischen Handschrift des 15. Jh. in Originalgröße (Ausschnitt)

Dronten. Raphus cucullatus (Größe etwa 80 cm)

Dronten [indones.], im 17./18. Jh. ausgerottete Fam. flugunfähiger Kranichvögel mit drei Arten auf Inseln östl. von Madagaskar.

Drontheim ↑Trondheim.

Dropkick [engl.], Schuß, bei dem der Ball in dem Augenblick gespielt wird, in dem er auf dem Boden aufprallt.

Droschke [russ.], urspr. zwei- bis viersitziges russ. Pferdefuhrwerk; ab Ende des 18. Jh. auch Mietwagen mit Kutscher *(Pferde-D.),* später auch mietbare Kraftwagen mit Chauffeur *(Kraft-D.).*

Drosselbeeren, volkstüml. Bez. für die Früchte des Vogelbeerbaums und des Schneeballs.

Drosselgrube, natürl. Einsenkung an der Vorderseite des Halses zw. den Halsmuskeln, der Schultermuskulatur und den Schlüsselbeinen.

Drosselklappe, verstellbare Scheibe in Rohrleitungen, die eine Verkleinerung (Drosselung) des Rohrquerschnitts erlaubt; z. B. in Vergasern von Ottomotoren.

Drosseln (Turdidae), mit etwa 300 Arten weltweit verbreitete Fam. 12–33 cm großer Singvögel; meist Zugvögel, z. B. Amsel, Nachtigall, Singdrossel.

Drosselspule (Drossel), Spule zur Begrenzung von Wechselströmen.

Drosselvenen (Drosseladern), paarige Venen an den Halsseiten der Wirbeltiere (einschließlich Mensch); sie führen das venöse Blut aus der Kopf- und Halsregion zur vorderen Hohlvene.

Droste-Hülshoff, Annette Freiin von, eigtl. Anna Elisabeth Freiin D. zu H.,

*Schloß Hülshoff bei Münster 10. 1. 1797, †Meersburg 24. 5. 1848, dt. Dichterin. Begann um 1820 mit Gedichten für den Zyklus »Das geistl. Jahr« (1820 abgebrochen, 1839 vollendet, hg. 1851), in dem die Motive des Bösen, der Angst und der Schuld, des Verlassenseins von Gott und der Gnade anklingen, die ihr ganzes Werk, bes. die Kriminalnovelle »Die Judenbuche« (entstanden 1837–41, erschienen 1842), durchziehen. – *Weitere Werke:* Das Hospiz auf dem Großen Sankt Bernhard (E., 1828–34), Des Arztes Vermächtnis (E., 1834), Die Schlacht im Loener Bruch (1837/38).

Drottningholm [schwedisch »Königininsel«], schwed. Königsschloß im Mälarsee, westlich von Stockholm (1662 ff.), mit Rokokotheater (um 1750).

Droysen, Johann Gustav, *Treptow a./ Rega 6. 7. 1808, †Berlin 19. 6. 1884, dt. Historiker. Prof. u. a. in Berlin; vertrat als Mgl. der Frankfurter Nationalversammlung eine kleindt. Lösung. – *Werke:* Geschichte Alexanders d. Gr. (1833/34), Geschichte des Hellenismus (1836–43), Geschichte der preuß. Politik (14 Bde., 1855–86).

DRP, Abk. für **D**eutsches **R**eichs**p**atent.

Druck, 1) *Physik:* Quotient aus dem Betrag einer senkrecht auf eine Fläche wirkenden Kraft und der Größe dieser Fläche. SI-Einheit des Druckes ist das *Pascal* (Einheitenzeichen Pa). Festlegung: 1 Pa ist gleich dem Druck, bei dem senkrecht auf die Fläche 1 m^2 die Kraft 1 N (Newton) ausgeübt wird. Weitere Druckeinheiten: Bar (bar), Millibar (mbar), Torr (Torr), physikal. Atmosphäre (atm) und techn. Atmosphäre (at).

2) *graph. Technik:* Druckvorgang, Druckverfahren, Druckerzeugnis, Auflage eines Buches.

Druckbehälter, unter Überdruck stehender Behälter, z. B. Gasflasche. D. für verdichtete, verflüssigte oder unter Druck gelöste Gase *(Druckgasbehälter, Druckgasflaschen)* haben genormte Abmessungen, Farbkennzeichnungen (Blau für Sauerstoff, Gelb für Acetylengas, Rot für brennbare Gase) und unterschiedl. Anschlüsse.

Druckbogen, svw. ↑Bogen (Papierbogen).

Annette Freiin von Droste-Hülshoff

Drucken

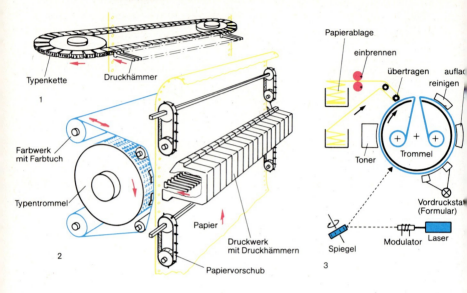

Typenkette — **Druckhämmer**

1

Farbwerk mit Farbtuch

Typentrommel

Papier

Druckwerk mit Druckhämmern

Papiervorschub

2

Papierablage

einbrennen

übertragen   aufla

reinigen

Toner   **Trommel**

Vordrucksta (Formular)

Spiegel   **Modulator**   **Laser**

3

Drucker.

Funktionsprinzipien eines Ketten- (**1**), eines Trommel- (**2**) und eines Laserdruckers (**3**)

Drucken, die Vervielfältigung textl. und/oder bildl. Darstellungen durch Übertragung von Druckfarben auf einen Bedruckstoff mit Hilfe einer Druckform. *Druckformen* bestehen aus Druckplatte (Unterlage), Druckelementen (z. B. Drucktypen, Rasterpunkte) und nichtdruckenden Teilen. Die *Druckverfahren* werden eingeteilt in Hochdruck, Flachdruck, Tiefdruck und Durchdruck.

Der *Hochdruck* erfolgt von einer erhabenen Druckform, deren nichtdruckende Teile tiefer liegen; nur hochstehende Teile übertragen Farbe auf Papier. Dazu zählen z. B. Holz- und Linolschnitt sowie insbes. der Buchdruck. Als Druckformen beim *Bogendruck* dienen *Bleisatz, Galvanos* (galvanoplastisch von Matern abgeformte, mit Blei oder Kunststoff hintergossene Druckplatten), *Stereos* (durch Blei-, Gummi- oder Kunststoffabformungen vom Satz hergestellte Duplikatplatten). Verwendung findet dies bei Tiegeldruckpressen, Automaten zur Herstellung von Kleindrucksachen, Prospekten, Büchern, Zeitschriften. Beim *Rotationsdruck* arbeitet man mit Rundstereoplatten auf Rotationsmaschinen; Herstellung von Zeitungen,

Büchern, Katalogen in hohen Auflagen. Als Druckformen beim *Prägedruck* dienen Stahlstiche (Herstellung von Geschäftskarten, von Briefbogen und von anderen Vordrucken auf Tiegeldruckpressen oder Automaten), Messingstempel oder Prägegalvanos (Herstellung von Bucheinbanddecken auf Prägepressen).

Der *Flachdruck* erfolgt im Prinzip von einer Platte, deren druckende und nichtdruckende Teile in einer Ebene liegen; druckende Stellen übernehmen Farbe, nichtdruckende stoßen Farbe ab. Dazu zählen Steindruck oder Lithographie, Lichtdruck und insbes. der *Offsetdruck*. Als Druckformen dienen beim Offsetdruck Zink- oder Aluminiumplatten, auf die Schrift und Bild photolithographisch aufkopiert werden; Druck über einen mit Gummituch überzogenen Zylinder auf Papier. Druckmaschinen: Kleinoffsetmaschinen (Rotaprint), moderne Offsetmaschinen aller Formate, Schön- und Widerdruckmaschinen, Zwei- und Vierfarbenmaschinen, Rotationsmaschinen. Herstellung von Büchern und Zeitschriften, Farbdrucken, Faksimilewiedergaben, Landkartendrucken, Noten.

Der *Tiefdruck* erfolgt von einer Druckform, deren druckende Teile tiefer liegen als die Oberfläche; näpfchenartige Vertiefungen nehmen Farbe auf und geben sie an das saugfähige Papier ab. Kupferstich, Radierung und Heliogravüre sind typ. Tiefdruckverfahren. Beim *Rakeltiefdruck* benutzt man als Druckformen Kupferzylinder, die eine Kopie des Bildes eingeätzt tragen. Die Zylinder werden eingefärbt, das *Rakelmesser* streicht die Farbe von der Oberfläche ab; Farbe bleibt nur in den Vertiefungen zurück und wird beim Druck an das saugfähige Papier abgegeben. Auf Bogen- und Rotationstiefdruckmaschinen werden illustrierte Zeitungen, Prospekte, Bildkataloge und Bildbände hergestellt.

Der *Durchdruck* ist ein Verfahren, bei dem Farbe durch eine Schablone auf den Druckträger gedruckt wird. Beim *Siebdruck* wird bei der Druckformenherstellung eine geschnittene oder geätzte Schablone in ein Sieb eingelegt. Farbe wird über die Schablone gestrichen und dringt durch das Sieb auf den Druckträger. Auf Siebdruckmaschinen werden kleine Auflagen von Plakaten, Bucheinbandstoffe, farblich kräftige Buchumschläge hergestellt.

Für den *Farbdruck* werden bei allen Verfahren monochrom eingefärbte Druckformen verwendet. Vom Mehrfarbendruck zu unterscheiden ist der farbige Druck *(Buntdruck)* mit einer oder mehreren Druckfarben ohne Farbsatz. Der *Dreifarbendruck* erfolgt nach Farbauszügen in den Farben Gelb, Purpur (Magenta) und Blaugrün (Cyan) – beim *Vierfarbendruck* noch zusätzl. Schwarz –, die für den Hoch-, Tief- und Offsetdruck wie alle Halbtonvorlagen gerastert werden. Die Farben ergeben sich durch subtraktive Mischung der (lasierend) übereinandergedruckten Auszugsfarben.

Drucker (Printer, Schnelldrucker), Ausgabegerät von Datenverarbeitungsanlagen, das die zum Druck aufbereiteten Daten in Klarschrift auf Papier darstellt. Bei den *seriellen D.* werden die einzelnen Zeichen nacheinander auf das Papier gebracht, häufig nicht mit einzelnen festen Drucktypen, sondern mosaikartig zusammengesetzt *(Matrix-D.)* mit Hilfe von Drahtstiften *(Draht- oder Nadel-D.)* oder mit Hilfe feinster Farbstrahltröpfchen *(Farbstrahl-D., Tintenstrahl-D.).* *Zeilen-D. (Parallel-D.)* arbeiten vorwiegend mit walzenförmig nebeneinander angeordneten Typenrädern *(Typenrad-, Trommel-, Walzen-D.)* bzw. mit Ketten mit mehreren Sätzen der benötigten Drucktypen *(Ketten-D.).* Mit *Zeilen-D.* lassen sich bis zu 100000 Zeilen je Stunde ausdrucken. Um noch höhere Druckgeschwindigkeiten zu erzielen, wurden *nichtmechanische D.* entwickelt, meist *Seiten-D.;* neben dem *Thermo-D.,* bei dem das Schriftbild durch kurzzeitiges Erwärmen des mit dem Papier in Kontakt stehenden Mosaikpunkte in ein Spezialpapier eingebrannt wird, wird v. a. der *Laser-D.* angewendet, bei dem ein programmgesteuerter Laserstrahl die Zeichen auf eine Spezialfolie »schreibt« (Druckgeschwindigkeit über 1,2 Mio. Zeilen je Stunde).

Drückerfische (Balistidae), Fam. bis 60 cm langer Knochenfische mit etwa zehn Arten in warmen Meeren; Körper seitlich abgeplattet, hochrückig; u. a. *Picassofisch* (bis 30 cm lang) und *Leopardendrückerfisch* (bis 50 cm lang).

Druckfallkrankheit (Dekompressionskrankheit), durch zu rasche Dekompression (Senkung) des auf den Organismus wirkenden Drucks hervorgerufene Krankheitserscheinungen (Symptome sind u. a. Muskel- und Gelenkschmerzen, Schwindel, Nasenbluten); kommt bei Tauchern vor *(Taucherkrankheit),* die aus großen Tiefen auftauchen, ohne die vorgeschriebenen Dekompressionspausen einzuhalten, bei Arbeitern, die zu rasch aus Taucherglocken, Caissons oder ähnl. unter Überdruck stehenden Kammern entschleust werden *(Caissonkrankheit),* und bei Fliegern, die ohne Druckausgleichsgerät schnell in große Höhen aufsteigen.

Druckgebilde, in der *Meteorologie* die Formen der Luftdruckverteilung in Isobarendarstellung. Neben dem *Hochdruckgebiet (Hoch)* gibt es den *Hochdruckkeil* (Auswölbung des Hochs; Hochdruckausläufer), die *Hochdruckbrücke* oder den *Hochdruckrücken* (langgestreckte Verbindung zweier Hochs); neben dem *Tiefdruckgebiet (Tief)* tritt der *Tiefausläufer* (Ausbuchtung des Tiefs), das *Randtief* (abgespaltener Tiefkern) und die *Tiefdruckrinne* (langgestreckte

Verbindung zweier Tiefs) auf. Der *Sattel* bezeichnet das Gebiet zw. zwei Tief- oder Hochdruckzentren.

Druckkabine, in Luft- und Raumfahrzeugen verwendeter, gegenüber der Umgebung hermetisch abgeschlossener Raum mit höherem Innendruck.

Druckkammer, geschlossener Raum, in dem hohe Drücke erzeugt werden können; dient u. a. dem Training von Tauchern.

Druckluft (Preßluft), im Kompressor verdichtete Luft als Betriebsm. für D.-werkzeuge (D.hämmer, D.bohrer usw.) und D.geräte (Spritzpistolen usw.).

Druckluftwerkzeug, mit Druckluft betriebene Werkzeuge, z. B. zum Bohren, Schleifen, [Schlag]schrauben usw.

Druckmaschinen, Maschinen, mit denen eine Druckvorlage durch eine Druckform in beliebiger Auflagenhöhe auf einen Bedruckstoff (meist Papier) übertragen wird. Je nach Gestalt des Gegendruckkörpers und des Druckformträgers unterscheidet man folgende Klassen: flach/flach *(Tiegel-D.),* rund/ flach *(Zylinder-D., Schnellpresse)* und rund/rund *(Rotations-D.,* und zwar entweder als *Rollen-* oder als *Bogenrotations-D.).* Bei der Rollenrotations-D. läuft der Bedruckstoff als zusammenhängende Bahn durch die ganze Maschine und wird erst nach dem Bedrukken und Trocknen zerschnitten, gefalzt und maschinell verpackt (Zeitungsproduktion). Bei Bogenrotations-D. wird das Papier in fertig geschnittenen Bogen durch die Maschine geleitet und bedruckt. D. für den Mehrfarbendruck (Vierfarbendruck) sind i. d. R. Rotations-D., bei denen der Bedruckstoff nacheinander vier Farbwerke durchläuft.

Druckschrift ↑Schrift.

Drucksinn, Fähigkeit bei Tier und Mensch, mit Hilfe in der Haut gelegener Rezeptoren *(Druckpunkte)* Druckreize wahrzunehmen. Sie führen zur *Druckempfindung.* Die Druckpunkte treten gehäuft auf den Lippen und an Zungen-, Finger- und Zehenspitzen auf. Der Mensch hat etwa 500 000 Druckpunkte.

Drucktype (Letter), zur Herstellung des Satzes dienende Hochdruckform, deren oberer Teil (Kopf) ein erhabenes, spiegelbildl. Schriftbild trägt.

Drudenfuß

Druckumlaufschmierung, Schmiersystem v. a. bei Kfz-Viertaktmotoren, bei dem das Motorenöl aus der Ölwanne des Kurbelgehäuses über ein Sieb durch eine [Zahnrad]pumpe angesaugt, in einer Filterpatrone gefiltert und über Rohrleitungen und Bohrungen den Schmierstellen, insbes. den Kurbelwellenlagern, zugeführt wird.

Druckwasserreaktor ↑Kernreaktor.

Druckwelle, allg. die Ausbreitung einer Druck- oder Dichteänderung (z. B. bei einer Explosion); speziell die von einem mit Überschallgeschwindigkeit fliegenden Flugzeug ausgehenden Stoßwellenfronten (Überschallknall).

Drude, Hexe, weibl. Nachtgeist, der Alpdrücken verursachen soll.

Drudenfuß (Alpfuß), Fünfwinkelzeichen (Pentagramm), schon in der Antike gebrauchtes mag. Zeichen; diente zur Abwehr von Druden.

Drugstore [engl. 'drʌgstɔː; engl.-amerikan.], aus den USA stammende Betriebsform des Einzelhandels; bezeichnete anfangs Drogerien, jetzt Verkaufsgeschäfte für alle Artikel des tägl. Bedarfs, z. T. mit einer Imbißecke.

Druiden [kelt.], kelt. Priesterklasse in Gallien und auf den Brit. Inseln. Mit den Barden und Vaten bildeten die D. den das kulturelle Leben der kelt. Völker bestimmenden Gelehrtenstand.

Drummer [engl. 'drʌmə], [Jazz]schlagzeuger.

Drums [engl. drʌmz] (Drum-Set), im *Jazz* Bez. für das Schlagzeug.

Druse, rundl. oder ovaler Hohlraum im Gestein, dessen Wände mit kristallisierten Mineralien bedeckt sind.

Drusen, pseudoislam. Sekte, deren etwa 180 000 Anhänger im Libanon, Antilibanon und um Damaskus leben. Sie bekennen sich zu dem Fatimidenherrscher Al Hakim († 1021), der auf geheimnisvolle Weise verschwunden sein und einst zurückkehren soll.

Drüsen, 1) *Anatomie:* (Glandulae) bei *Tieren* und beim *Menschen* als einzelne Zellen *(D.zellen),* Zellgruppen oder Organe vorkommende Strukturen, die verschiedenartige Sekrete produzieren und absondern. *Exokrine D.* sondern ihr Sekret nach außen bzw. in Körperhohlräume ab, während *endokrine D.* (Hormon-D.) ihr Sekret ins Blut oder in die Lymphe abgeben. Nach der Art des Se-

Drüsen 1).
1 Schweißdrüsen;
2 Speicheldrüse;
3 Talgdrüse;
4 Haarbalgdrüse

gabe der D.zellen spricht man von *holokrinen D.*, wenn ganze Zellen in Sekret umgewandelt und abgestoßen werden, z. B. Talgdrüsen. In den *ekkrinen D.* (z. B. Speicheldrüsen) wird das Sekret durch die Zellmembran hindurch abgegeben. *Apokrine D.* (z. B. Duftdrüsen, Milchdrüsen) schnüren den Teil des Protoplasmas, der die Sekretgranula enthält, ab. Die beiden letzteren werden als *merokrine D.* bezeichnet, d. h., der Zellkern bleibt erhalten, und sie können wiederholt Sekrete absondern.

2) *Botanik:* bei Pflanzen einzellige (einzelne D.zellen) oder vielzellige Ausscheidungssysteme (Drüsengewebe), die das Absonderungsprodukt aus ihren Protoplasten durch die Zellwände hindurch aktiv nach außen abgeben. Die D. der Epidermis (manchmal als *Drüsenhaare* ausgebildet) werden nach ihren Ausscheidungsprodukten als Schleim-, Harz-, Salz- oder Öl-D., die Verdauungsenzyme, Nektar oder Duftstoffe produzierenden D. als Verdauungs-D., Nektarien oder Duft-D. (Osmophoren) bezeichnet.

Drüsenameisen (Dolichoderidae), mit etwa 300 Arten weltweit verbreitete Fam. der Ameisen; verwenden für Angriff und Verteidigung Analdrüsensekrete; bekannt ist v. a. die *Argentin. Ameise,* eine der wichtigsten Kulturfolgerinnen unter den Ameisen.

Drüsenfieber, svw. ↑Mononukleose.

Drüsengeschwulst, svw. ↑Adenom.

Drüsenhaare, bei Tieren (bes. Insekten) mit Hautdrüsen in Verbindung stehende, Sekrete ausleitende hohle Haarbildungen.

Drusus (Nero Claudius D. Germanicus), *14. 1. 38, † im Sept. 9 v. Chr.,

Drüsenhaare
des Rundblättrigen
Sonnentaus

krets unterscheidet man *seröse D.* (eiweißhaltig), *muköse D.* (schleimhaltig) oder *gemischte D.,* nach der Form der Drüsenendteile *tubulöse* (schlauchförmige) und *alveoläre* (azinöse; beerenförmige) Drüsen. Die beiden letzten D.arten können als *Einzel-D.,* als einfach *verästelte D.* oder als mehrfach verzweigte, häufig verschiedenartiges Sekret liefernde D. *(zusammengesetzte D.)* vorkommen. Im Hinblick auf die Sekretab-

röm. Feldherr. Stiefsohn des Kaisers Augustus, Bruder des Tiberius; unterwarf 15 v. Chr. Räter und Vindeliker; Kommandeur an der Rheinfront; zahlr. Feldzüge gegen die Germanen, Vordringen bis zur Elbe.

dry [engl. draɪ »trocken«], Bez. für die herbe Geschmacksrichtung bei Weinen und Schaumweinen (frz. *sec*).

Dryden, John [engl. draɪdn], *Aldwincle (bei Peterborough) 9. 8. 1631, † London 1. 5. 1700, engl. Dichter. Schrieb polit. Satiren und Lehrgedichte; begründete die Comedy of manners (↑Sittenstück).

Dschunke

Dsaudschikau, 1944–54 Name der Stadt ↑Wladikawkas.

DSB, Abk. für ↑Deutscher Sportbund.

Dsch... ↑Dj...

Dschambul, Gebietshauptstadt am Talas, Kasachstan, 308 000 E. TH u. a. Hochschulen; Superphosphatwerk, Wollverarbeitung. Ruinen des alten *Taras* (Talas) sowie einer Zitadelle (11./12. Jh.).

Dschibuti ↑Djibouti.

Dschingis Khan (Tschingis Chan), *am Onon 1155, † vor Ningxia (heute Yinchuan, N-China) 18. (?) 8. 1227, eigtl. Temüdschin (»Schmied«), Mongolenherrscher (ab 1205/06). Sohn eines kleinen Stammesfürsten; Unterwerfung der Uiguren 1206/07; blutige Feldzüge 1209 gegen das Reich der [nordosttibet.] Tanguten in NW-China (Xixia), 1211–16 gegen die Tschurtschen in N-China, 1218 gegen Korea, ab 1219 gegen Khorasan und bis S-Rußland (1223 Schlacht an der Kalka), dann erneut gegen N-China und Xixia. 1220 gründete D. K. die Hauptstadt Karakorum; er hinterließ das mongol. Weltreich, das sich vom Chinesischen Meer bis an die Grenzen Europas erstreckte und unter seinen überlebenden Söhnen und dem Enkel Batu Khan aufgeteilt wurde.

Dschugaschwili, Familienname von J. W. ↑Stalin.

Dschungel [Sanskrit-engl.], Bez. für relativ unpassierbaren trop. Regenwald.

Dschungelfieber ↑Gelbfieber.

Dschunke [malaiisch-portugies.], chin. Segelschiff, meist Dreimaster, Segel aus Bastmatten.

Dschurdschen ↑Tschurtschen.

Dserschinski, Felix Edmundowitsch [russ. dzɪrˈʒinskij], *Gut Dscherschinowo bei Oschmjany (Gebiet Minsk) 11. 9. 1877, † Moskau 20. 7. 1926, sowjet. Politiker. Ab 1917 Leiter der neugegr. Tscheka und Organisator des »Roten Terrors«.

DSF, Abk. für Deutsches Sportfernsehen, aus dem Privatsender »Tele 5« zum 1. 1. 1993 hervorgegangenes, auf Live-Sportübertragungen spezialisiertes Zielgruppenprogramm.

Dsungarei [ts...], 250–750 m hoch liegende Beckenlandschaft im N der chin. Region Sinkiang, im S vom Tienschan, im N vom Mongol. Altai, im W vom Dsungar. Alatau und Tarbagataigebirge begrenzt, nach O allmähl. Übergang in die mongol. Hochfläche. Die D. ist stark durch Wüste geprägt. Nach W führt u. a. die *Dsungarische Pforte,* deren engste Stelle 10 km breit und seit jeher ein wichtiger Verkehrsweg zw. China und Kasachstan ist.

Dsungaren [ts...] (Oiraten, heute Ölöten), Name eines der vier Stämme der Westmongol. Föderation (um 1400 entstanden), später auf die ganze Föderation übertragen. Bildeten zw. etwa 1630 und 1758 ein nomad. Reich im westl. Z-Asien; durch die Mandschukaiser besiegt und in andere mongol. Landesteile umgesiedelt.

dual [lat.], eine Zweiheit bildend.

Duala ↑Douala.

Dualbruch, ein Bruch, dessen Nenner die 2 oder eine Potenz von 2 ist.

Dualcode, svw. ↑Binärcode.

Duales System, in Deutschland zusätzlich zur öffentl. Abfallentsorgung aufgebautes privates System zur Erfassung und Verwertung von Verpackungsmaterial. Träger ist die 1990 gegr. »Duales

System Deutschland GmbH« (DSD), die über die Lizenzvergabe des *Grünen Punktes* die Finanzierung der Abfallsammlung sowie die Beseitigung und die Wiederverwertung der eingesammelten Materialien sicherstellen soll.

Dualismus [lat.], **1)** *allg.*: Gegensätzlichkeit, Polarität; Ggs. ↑Monismus, ↑Pluralismus.
2) *Geschichtswissenschaft:* das Nebeneinander von zwei Machtfaktoren oder Institutionen in einem polit. System.
3) *Religionswissenschaft:* der Glaube an zwei metaphys. Mächte, z. B. in der altchin. Anschauung von Yin und Yang.
4) *Philosophie:* die Annahme, daß alles Seiende auf zwei ursprüngl., nicht auseinander herzuleitende Prinzipien gegr. sei, z. B. Gott–Welt, Geist–Materie, Leib–Seele.

Dualsystem (Binärsystem, dyadisches System), ein auf der Basis »Zwei« beruhendes Stellenwertsystem, in dem zur Darstellung von Zahlen nur zwei Ziffern (0 und 1) verwendet werden. Die Stellenwerte sind (von rechts nach links): $2^0 = 1$; $2^1 = 2$; $2^2 = 4$; $2^3 = 8$; $2^4 = 16$ usw. Es bedeutet:

$$
\begin{array}{ccccccccc}
1 & & 0 & & 1 & & 1 & & 1 \\
= 1\cdot 2^4 & + & 0\cdot 2^3 & + & 1\cdot 2^2 & + & 1\cdot 2^1 & + & 1\cdot 2^0 = \\
= 16 & + & 0 & + & 4 & + & 2 & + & 1 = 23
\end{array}
$$

oder umgekehrt:

$$
\begin{array}{ccccccccccccc}
58 = & 32 & + & 16 & + & 8 & + & 0 & + & 2 & + & 0 = \\
= & 1\cdot 2^5 & + & 1\cdot 2^4 & + & 1\cdot 2^3 & + & 0\cdot 2^2 & + & 1\cdot 2^1 & + & 0\cdot 2^0 = \\
= & 1 & & 1 & & 1 & & 0 & & 1 & & 0
\end{array}
$$

Dualzahl, eine im ↑Dualsystem dargestellte Zahl.
Dubai, 1) Hauptstadt des Emirats Dubai, 265700 E. Handelszentrum des östl. Pers. Golfes, Häfen, internat. ⚓.
2) eines der ↑Vereinigten Arabischen Emirate.
Dubarry (du Barry), [Marie] Jeanne Gräfin [frz. dyba'ri], geb. Bécu, *Vaucouleurs bei Toul 19. 8. 1743, † Paris 8. 12. 1793. Mätresse Ludwigs XV. von Frankreich (ab 1769). 1774 vom Hof verbannt; während der Frz. Revolution hingerichtet.
Du Bartas, Guillaume de Salluste, Seigneur Du B. [frz. dybar'tas], *Montfort bei Auch 1544, † Paris im Juli 1590, frz. Dichter. Alexandrinerepos »Die Schöpfungswoche« (1578; 2. Tl. unvollendet).

Dubček, Alexander [tschech. 'duptʃɛk], *Uhrovec (Westslowak. Gebiet) 27. 11. 1921, † Prag 8. 11. 1992, tschechoslowak. Politiker. 1963–68 1. Sekretär der slowak. KP; als 1. Sekretär der KPČ (1968/69) Vertreter des im Aug. 1968 gewaltsam unterbundenen tschechoslowak. Reformkommunismus; 1970 aller Ämter enthoben und aus der Partei ausgeschlossen; im Zuge der Umgestaltung in der ČSFR 1989 rehabilitiert; 1989–92 Präs. des Bundesparlaments; seit 1992 Vors. der Slowak. Sozialdemokrat. Partei.

Dübel, Verbindungsmittel zur Sicherung der vorgesehenen Lage eines Bauteils, z. B. *Stab-D.* aus Stahl oder Holz (in Fachwerken); für Schreinerarbeiten meist zylindr. Verbindungsstück aus Hartholz, mit Längsrillen zur Leimaufnahme. Zum Befestigen von Haken, Schrauben u. ä. in Wänden werden heute meist *Spreiz-* oder *Pilz-D.* aus Kunststoff, in Hohldecken *Kipp-D.* verwendet.

Dubiosa [lat.] (Dubiosen, dubiose Forderungen), Forderungen, deren Begleichung zweifelhaft ist.

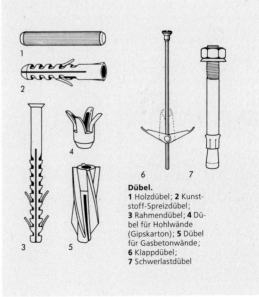

Dübel.
1 Holzdübel; **2** Kunststoff-Spreizdübel;
3 Rahmendübel; **4** Dübel für Hohlwände (Gipskarton); **5** Dübel für Gasbetonwände;
6 Klappdübel;
7 Schwerlastdübel

Dublin

Dublin.
Das Zollamt mit der
krönenden Figur der
Hoffnung

Dublin
Stadtwappen

Dublin [engl. 'dʌblɪn], Hauptstadt der Republik Irland, an der O-Küste, 478 000 E. Zwei Univ., Nationalmuseum, -galerie und -bibliothek, Museen, Theater; Zoo. Textil-, Nahrungs- und Genußmittel-Ind., Reifenwerk, Automontage, Hauptmarkt und Verteilerzentrum Irlands; Hafen, ⚓. **Stadtbild:** Prot. Kathedrale Saint Patrick (13. Jh.), Kathedrale Christ Church (12. Jh.). Das Stadtbild wird geprägt von zahlr. Repräsentativbauten im klassizist. Stil. Über der Stadt liegt D. Castle (1220). **Geschichte:** Erste gäl. Siedlung im 3. Jh.; 841 Gründung einer Wikingersiedlung, die Zentrum eines Königsreichs wurde. 1170 von den Anglonormannen erobert; Mittelpunkt der engl. Herrschaft auf der Insel; seit 1922 Hauptstadt der Republik Irland.

Dublone [lat.-span.] (span. Doblón; frz. Doublon; Duplone), spanische Goldmünze (16.–19. Jh.); bed. Welthandelsmünze.

Dubnium [nach der russ. Stadt Dubna] (Unnilquadium), chem. Symbol Db, 1995 von der IUPAC empfohlener Name für das radioaktive chem. Element mit der Ordnungszahl 104; 1964 im Kernforschungszentrum Dubna künstlich hergestelltes ↑Transactinoid.

Dubrovnik, kroatische Stadt an der Adriaküste, 44 000 E. Der bis 1991 vollständig erhaltene Stadtkern wurde von einer Festungsringmauer umschlossen (1450 bis 1550). Mittelalterl. und barocke Kirchen und Klöster, spätgot. Rektorenpalast (1435–41), Sponza-Palast (Münz-, dann Zollamt, heute Ausstellungen) im Renaissancestil (1516). – Im 7. Jh. gegr., stand D. (ital. *Ragusa*) bis 1806 unter wechselnder Oberhoheit (byzantin., venezian., kroat.-ungar., osman.). Im Spät-MA bed. Seemacht; 15.–17. Jh. kulturelle Blüte; 1815 österr.; 1918 zu Jugoslawien; im serb.-kroat. Krieg 1991/92 stark zerstört.

Dubuffet, Jean [frz. dyby'fɛ], * Le Havre 31. 7. 1901, † Paris 12. 5. 1985, frz. Maler und Plastiker. Prägte für seine in plast. Gründe (Kalk, Gips o. ä.) oder Farbe geritzten oder gemalten Bilder den Begriff *Art brut;* auch Collagen und bunte, begehbare Skulpturen.

Duc [frz. dyk; lat.-frz.], weibl. Form **Duchesse, Duca Duchessa** [italien.], Herzog, Herzogin, hoher frz. und italien. Adelstitel.

Duccio di Buoninsegna [italien. 'duttʃo di buonin'seɲɲa], * Siena (?) um 1255, † ebd. 1319, italien. Maler. Überwand die byzantin. Tradition und begründete die got. Malerei in Siena. Hauptwerk: Altarbild für den Hochaltar des Doms zu Siena (sog. »Maestà«, 1308–11; ebd. Dommuseum).

Duce [italien. 'du:tʃe], ab 1922 Titel Mussolinis; Ausdruck des Führerprinzips in der faschist. Partei.

Duchamp, Marcel [frz. dy'ʃã], * Blainville-Crevon bei Rouen 28. 7. 1887, † Neuilly-sur-Seine 2. 10. 1968, frz. Maler, Objekt- und Konzeptkünstler. Begann als Maler mit kubist. Kompositionen, in die er die Bewegungsdimension einführte; stellte ab 1913 handelsübl. Gegenstände (»Readymades«) als Kunstgegenstände aus.

Ducker (Schopfantilopen, Cephalophinae), Unter-Fam. der Horntiere mit 15 etwa hasen- bis damhirschgroßen Arten in Afrika; auf der Stirn kräftiger Haarschopf; u. a. *Gelbrücken-D.* (Riesen-D.), 1,15–1,45 m lang, Schulterhöhe 85 cm; *Kronen-D.* (Busch-D.), 0,9–1,2 m lang, bis 70 cm schulterhoch; *Zebra-D.,* 60–70 cm lang, etwa 40 cm schulterhoch.

Ductus [lat.], **1)** *Anatomie:* Bez. für Gang, Kanal, Verbindung. **2)** ↑Duktus.

Dudelsack [türk./dt.] ↑Sackpfeife.

Duden, Konrad, *Gut Bossigt (bei Wesel) 3. 1. 1829, † Sonnenberg (heute zu Wiesbaden) 1. 8. 1911, dt. Philologe. Mit seinem »Vollständigen orthograph. Wörterbuch der dt. Sprache« (1880) wurde D. der Wegbereiter der dt. Einheitsrechtschreibung.

Jean Dubuffet. Campagne heureuse (1944)

Duden ⓦ, Warenzeichen für Nachschlagewerke des Verlags Bibliographisches Institut & F. A. Brockhaus AG, Mannheim. Der »D.« geht zurück auf das orthograph. Wörterbuch von K. Duden. Die im »Duden« (Bd. 1 der Reihe »Duden in 12 Bänden«, Mannheim ²⁰1991) gebrauchten Regeln und Schreibweisen sind in der BR Deutschland laut Beschluß der Kultusminister vom 18./19. 11. 1955 für die dt. Rechtschreibung verbindlich.

Dudenpreis (Konrad-Duden-Preis), Preis, der alle zwei Jahre auf Vorschlag eines Preisgerichts vom Gemeinderat der Stadt Mannheim an Persönlichkeiten verliehen wird, die sich um die deutsche Sprache besonders verdient gemacht haben.

Duderstadt, Stadt im Eichsfeld, Ndsachs., 23 000 E, Textil- und elektrotechn. Industrie. Propsteikirche Sankt Cyriakus (13. und 14. Jh.), Pfarrkirche Sankt Servatius (15. Jh.), Rathaus (13. Jh.). Die Stadtbefestigung ist z. T. erhalten.

Dudevant, Aurore Baronin [frz. dyd'vã], frz. Schriftstellerin, ↑Sand, George.

Dudinzew, Wladimir Dmitrijewitsch, *Kupjansk (Gebiet Charkow) 29. 7. 1918, russ. Schriftsteller. Bekannt durch den »Tauwetter«-Roman »Der Mensch lebt nicht vom Brot allein« (1956). – *Weitere Werke:* Worte aus dem Dunkel (En., dt. Ausw. 1960), Die weißen Gewänder (R., 1987).

Duecento [italien. due'tʃɛnto »200« (Abk. für 1200)], Bez. für das 13. Jh. in Italien.

Duell [lat.] ↑Zweikampf.

Duero (portugies. Douro), Fluß auf der Iberischen Halbinsel, bildet rd. 100 km lang die span.-portugies. Grenze, mündet bei Porto in den Atlantik, 895 km lang.

Duett [italien.], Musikstück für zwei Singstimmen und Instrumentalbegleitung.

Dufay, Guillaume [frz. dy'fɛ], *um 1400, † Cambrai 27. 11. 1474, niederländischer Komponist. Schuf mit Messen, Motetten und Chansons (etwa 200 Werke) einen neuen (»durchimitierenden«) Stil.

Dufour, Guillaume Henri [frz. dy'fu:r], *Konstanz 15. 9. 1787, † Les Contamines bei Genf 14. 7. 1875, schweizer. General und Kartograph. Seine »Topograph. Karte der Schweiz« wirkte bahnbrechend auf die Entwicklung der Gebirgskarten.

Dufourspitze [frz. dy'fu:r...], mit 4 634 m der höchste Gipfel des Monte Rosa, höchster Berg der Schweiz.

Duftdrüsen, Drüsen bei Menschen und Tieren, die Duftstoffe absondern. Dienen bei Tieren u. a. der Verteidigung und Abschreckung von Feinden (z. B. Stinkdrüsen bei vielen Wanzenarten oder beim Stinktier), der Revierabgrenzung, der Orientierung im Raum (z. B. durch Absetzen von Duftmarken), der innerartl. Verständigung (z. B. Stockgeruch bei Bienen) oder der Anlockung des anderen Geschlechts.

Konrad Duden

Wladimir Dmitrijewitsch Dudinzew

Duftmarken

Duftmarken, von Tieren gesetzte, nur vom Geruchssinn wahrnehmbare Markierungen, die über die Anwesenheit von Artgenossen Auskunft geben und zu innerartl. Verständigung beitragen.

Du Fu (Tu Fu), *Duling (bei Xi'an, Prov. Shaanxi) 712, † Leiyang (Hunan) 770, chin. Dichter. Berühmter Lyriker der Tangzeit.

Dufy, Raoul [frz. dy'fi], *Le Havre 3. 6. 1877, † Forcalquier 23. 3. 1953, frz. Maler. Belebt große Farbflächen mit graph. Elementen.

Duhamel, Georges [frz. dya'mɛl], *Paris 30. 6. 1884, † Valmondois bei Paris 13. 4. 1966, frz. Schriftsteller. Schuf ein umfangreiches Romanwerk, bed. v. a. »Die Chronik der Familie Pasquier« (R.-Zyklus, 10 Bde., 1933–41).

Dühring, Karl Eugen, *Berlin 12. 1. 1833, † Nowawes (= Potsdam) 21. 9. 1921, dt. Philosoph, Nationalökonom und Wissenschaftstheoretiker. Verlor 1877 wegen seiner heftigen Kritik am zeitgenöss. Univ.wesen die Lehrbefugnis in Berlin; einer der bedeutendsten Vertreter des dt. Positivismus. Seine Idee einer »wirkl. freien Gesellschaft«, in der alle Zwangs- und Herrschaftsverhältnisse beseitigt sind, wurde von F. Engels bekämpft.

Duisberg, [Friedrich] Carl ['dy:sbɛrk], *Barmen (heute zu Wuppertal) 26. 9. 1861, † Leverkusen 19. 3. 1935, dt. Chemiker und Industrieller. Maßgeblich beteiligt an der Gründung der I. G. Farbenindustrie AG (1925). – Die *Carl-Duisberg-Gesellschaft e. V.,* Köln, ist eine auf Ideen von D. zurückgehende gemeinnützige Organisation zur Förderung dt. und ausländ. Nachwuchskräfte der Wirtschaft.

Carl Duisberg

Duisburg ['dy:sbʊrk], Stadt am rechten Rheinufer beiderseits der Mündung der Ruhr, NRW, 536 700 E. Sitz der Verbände der dt. und europ. Binnenschiffahrt und der Schifferbörse; Univ.; Niederrhein. Museum, Deutsches Binnenschiffahrtsmuseum; Zoo, botan. Gärten. Zentrum der dt. Eisen- und Stahl-Ind., Steinkohlenbergbau nur noch im Stadtbezirk Walsum, chem. Ind., Werften; Rhein-Ruhr-Hafen (größter Binnenhafen der Welt). Agglomeration aus früher selbständigen Städten (D., *Hamborn, Rheinhausen, Ruhrort, Meiderich*). Salvatorkirche (15. Jh.); mo-

Renato Dulbecco

derne Bauten sind u. a. die Pfarrkirche Sankt Anna (1954), die Mercatorhalle (1957–62), das Wilhelm-Lehmbruck-Museum (1956–64) und die Rheinhausenhalle (1977). – D. entstand aus einer 883/884 erstmals erwähnten Königspfalz; im 12. Jh. Stadt; Industrialisierung seit der 2. Hälfte des 19. Jh. (Anlage von Eisenhütten).

Dujardin, Édouard [frz. dyʒar'dɛ̃], *Saint-Gervais-la-Forêt (Dép. Loir-et-Cher) 10. 11. 1861, † Paris 31. 10. 1949, frz. Schriftsteller. Verwendete in seinem Roman »Geschnittener Lorbeer« (1888) als einer der ersten die Erzähltechnik des ↑inneren Monologs; auch Erzählungen und Lyrik.

Dukaten (Dukat) [italien.], Goldmünze des 13. bis 19. Jh., bed. Welthandelsmünzen.

Dukatenfalter (Feuerfalter), Tagschmetterling der Fam. Bläulinge in Eurasien; Spannweite 3,5 cm.

Duke [engl. dju:k; lat.-engl.], Herzog, höchster engl. Adelstitel (weibl. Form *Duchess*).

Düker [niederdt. »Taucher«], auf dem Prinzip der kommunizierenden Röhren beruhende Führung von Rohrleitungen unter Hindernissen (z. B. Flüssen).

Dukatenfalter

Duktus (Ductus) [lat.], charakterist. Schriftzug; Pinsel-, Linienführung.

Dulbecco, Renato [engl. dʌl'bekəʊ, italien. dul'bekko], *Catanzaro 22. 2. 1914, amerikan. Biologe italien. Herkunft. Arbeiten über die Wirkung von DNS-Viren auf lebende Zellen; erhielt 1975 (zus. mit D. Baltimore und H. M. Temin) den Nobelpreis für Physiologie oder Medizin.

Dülmen, Stadt im westl. Münsterland, NRW, 40 800 E. Textil- und Holz-Ind., Maschinen- und Apparatebau. Großes Wildpferdgehege im Merfelder Bruch.

Dult, Jahrmarkt (Auer D. in München).

Duma, russ. Bez. für beratende Versammlung: 1. *Bojarenduma,* im 12. bis 15. Jh. entstandener fürstl. Rat, verschwand bis 1711; 2. *Stadtduma,* 1785 für große Städte eingerichtete Stadtverordnetenversammlung; 3. *Reichs-* bzw. *Staatsduma,* nach der Revolution von 1905 geschaffene Volksvertretung des Gesamtreiches mit begrenzten parlamentar. Rechten (bis 1917); 4. *D.,* nach der im Dez. 1993 in Kraft getretenen Verfassung das Unterhaus des russ. Parlaments.

Dumas [frz. dy'ma], **1)** Alexandre, d. Ä., * Villers-Cotterêts bei Soissons 24. 7. 1802, † Puys bei Dieppe 5. 12. 1870, frz. Schriftsteller. Von seinen Abenteuerromanen wurden in dt. Übersetzung v. a. »Die drei Musketiere« (1844; mehrfach verfilmt) und »Der Graf von Monte Christo« (1845/46; mehrfach verfilmt) bekannt.
2) Alexandre, d. J., * Paris 27. 7. 1824, † Marly-le-Roi bei Paris 27. 11. 1895, frz. Schriftsteller. Sohn von Alexandre D. d. Ä.; sein Roman »Die Kameliendame« (1848) wurde ein großer Bühnenerfolg als Drama (1852) und Oper (»La Traviata« von G. Verdi, 1853).

du Maurier, Dame (ab 1969) Daphne [engl. dju:'mɔːrɪeɪ], * London 13. 5. 1907, † Par (Cornwall) 19. 4. 1989, engl. Schriftstellerin. Schrieb zahlr. handlungsreiche Romane, die Spannung und psycholog. Charakterzeichnung verbinden. – *Werke:* Rebecca (R., 1938; verfilmt 1940 von A. Hitchcock), Meine Cousine Rachel (R., 1951), Das Geheimnis des Falken (R., 1965).

Dumbarton-Oaks-Konferenz [engl. dʌm'baːtn 'oʊks], 1944 in Dumbarton Oaks (Washington, D. C.) abgehaltene Konferenz der USA, Großbrit., der Sowjetunion und Chinas zur Vorbereitung der Gründung der UN.

Dumdumfieber [nach der ind. Stadt Dum Dum], svw. ↑Kala-Azar.

Dumdumgeschosse [nach der ind. Stadt Dum Dum], Stahlmantelgeschosse mit freigelegtem Bleikern; nach der Haager Landkriegsordnung verboten.

Dumka (Duma) [ukrain.], Volksballade der Ukrainer in freien Versen.

Dummy ['dʌmi, engl.] (Mrz. Dummies), **1)** menschenähnl. Testpuppe, de-

Dummy 1).
Kunststoffpuppen beim Crashtest eines Kraftfahrzeugs

ren mechan. Eigenschaften, Belastbarkeit und Gewichtsverteilung dem menschl. Körper weitgehend entspricht: »Skelett« aus Stahlteilen, »Organe« aus flüssigkeitsgefüllten Plastikbeuteln, »Muskeln« aus Kunststoff, »Nervensystem« aus Sensoren, Meßfühlern und elektron. Bauteilen. Verwendung insbes. in der Unfallforschung im Kfz-Bereich *(Crash-* oder *Aufpralltest).*
2) svw. Attrappe für Werbezwecke.

Dump [engl. dʌmp] (Speicherauszug), in der *Datenverarbeitung* das Sichtbarmachen eines zusammenhängenden Teils eines Speichers (Hauptspeicher, Magnetplattenspeicher) durch Ausgabe auf einen Drucker oder durch eine Datensichtstation.

Dümpeln [niederdt.], leichte, schlingerartige Bewegung eines vor Anker liegenden Schiffes in der Dünung.

Dumping ['dampɪŋ, engl. 'dʌmpɪŋ], **1)** *Wirtschaft:* Export einer Ware unter ihrem Inlandspreis, um einen ausländ. Markt zu erobern. – Der Begriff D. wird fälschlicherweise auch (als sog. *Sozial-D.)* für Niedrigpreisimporte aus Niedriglohnländern verwendet.
2) *Umweltpolitik:* das unerlaubte Einbringen von Abfallstoffen ins Meer.

Düna, Fluß in Rußland und Lettland, entspringt in den Waldaihöhen, mündet bei Riga in den Rigaischen Meerbusen, 1 020 km lang.

Dunant, Henri [frz. dy'nã], * Genf 8. 5. 1828, † Heiden bei Rorschach 30. 10. 1910, schweizer. Philanthrop und Schriftsteller. Regte die Gründung des Roten Kreuzes (1863) und die Genfer

Henri Dunant

Dunaújváros

Konvention von 1864 an; 1901 Friedensnobelpreis (mit F. Passy).

Dunaújváros [ungar. 'dunɔu:jva:roʃ] (1951–61 Sztálinváros), ungar. Stadt an der Donau, 60 km südlich von Budapest, 61 000 E. Nach 1950 zu einem wichtigen Standort der ungar. Schwerindustrie ausgebaut.

Dunaway, Faye [engl. 'dʌnəweı], *Bascom (Fla.) 14. 1. 1941, amerikan. Filmschauspielerin. Bes. bekannt durch »Bonnie und Clyde« (1967), »Chinatown« (1974), »Network« (1976), »Brennendes Geheimnis« (1988).

Duncan, Isadora [engl. 'dʌŋkən], *San Francisco 27. 5. 1878, †Nizza 14. 9. 1927, amerikan. Tänzerin. Trat für einen von den Bindungen des akadem. Balletts gelösten freien Ausdruckstanz ein.

Duncker, Franz, *Berlin 4. 6. 1822, †ebd. 18. 6. 1888, dt. liberaler Politiker und Publizist. Mitbegründer der Dt. Fortschrittspartei (1861) und der Hirsch-Dunckerschen Gewerkvereine.

Dundee [engl. dʌn'di:], Hauptstadt der schott. Region Tayside, 177 700 E. Univ.; traditionelle Juteverarbeitung. Zahlr. Kirchen, u. a. Saint Mary, Old Saint Paul und Saint Clement (alle unter einem Dach [15. Jh.]). – Ab 1200 als *Dunde* erwähnt.

Dunen [niederdt.] (Daunen, Flaumfedern), zarte Federn, die bei vielen Jungvögeln das ganze Federkleid bilden, dienen als Kälteschutz; sind bei erwachsenen Tieren oft als Isolationsschicht über weite Körperpartien den Konturfedern unterlagert.

Dünen [niederdt.], durch den Wind aufgeschüttete Sandhügel oder -wälle, an Küsten, Flußufern, im trockenen Inneren der Kontinente. Bei starkem Sandtransport über die Luv- zur Leeseite entsteht die in Windrichtung voranbewegte *Wanderdüne.*

Dünenpflanzen, meist Ausläufer treibende und tiefwurzelnde Pflanzen, die auf Dünen den angewehten oder angeschwemmten Küstensand festigen.

Dünenrose ↑Rosen.

Dunfermline [engl. dʌn'fə:mlın], schott. Stadt in der Region Fife, 51 100 E. Kohlebergbau. – Seit dem 11. Jh. Residenz der schott. Könige; seit 1322 Stadt.

Düngemittel, dem Boden zugeführte Substanzen oder Stoffgemische, die den

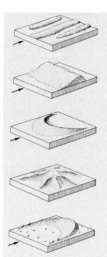

Dünen. Von oben: Strich- oder Längsdüne; Quer- oder Transversaldüne; Barchan oder Sicheldüne; Sterndüne; Parabel- oder Bogendüne

Gehalt an Pflanzennährstoffen erhöhen und zur Ertragssteigerung beitragen. Die wichtigsten D. sind Verbindungen des Stickstoffs (z. B. Ammoniumsalze, Nitrate und die *Amiddünger* wie Harnstoff und Kalkstickstoff), des Phosphors (Phosphate), des Kaliums (Kaliumsalze) und des Calciums (Kalk). – Bis zum Ende des 19. Jh. verwendete man v. a. *Natur-D.* wie Mist, Kompost, Torf, die jedoch die Nährstoffe nur in geringen Mengen enthalten, außerdem die Gründüngung; später die hochwertigen D. Guano, Knochenmehl, Natursalpeter u. a. Heute werden daneben (nicht beim biolog.-dynam. Anbauverfahren) *synthet. D.* (Kunst-D., mineral. D.) aus im Boden lösl. Mineralsalzgemischen verwendet *(Misch-D.).* Voll- und Spezial-D. enthalten darüber hinaus noch notwendige Spurenelemente, z. B. Magnesium, Eisen, Kupfer. – Mit zunehmender Düngungsintensität wächst die Gefahr, daß neben den erwünschten Wirkungen auch Schäden durch überhöhte Zufuhr von D. an Pflanzen und Ökosystemen entstehen.

Dungfliegen (Sphaeroceridae), mit etwa 250 Arten weit verbreitete Fam.

meist kleiner, schwarzer Fliegen mit kurzem, schnellem Flug.

Dungkäfer (Aphodiinae), Unter-Fam. 2–15 mm großer Blatthornkäfer mit über 1 000 Arten in den nördl. gemäßigten Gebieten.

Dungmücken (Scatopsidae), mit etwa 150 Arten weltweit verbreitete Fam. 1,5–3 mm großer Mücken; meist schwarz, kahl, mit kurzen Fühlern.

Dunhuang ↑Tunhwang.

Dunkeladaptation, Anpassung des Auges vom Tag- zum Nachtsehen; beruht auf der Änderung der Lichtempfindlichkeit der Sehzellen, beim menschl. Auge Steigerung auf das 1 500–8 000-fache.

Dunkelblitz, svw. ↑Infrarotblitzlampe.

Dunkelkammer, verdunkelter oder nur durch Speziallampen beleuchteter Raum zum Arbeiten mit lichtempfindl. Material.

Dunkelmännerbriefe (lat. Epistolae obscurorum virorum) [in Anlehnung an die »Clarorum virorum epistolae« (Briefe berühmter Männer; Briefwechsel des Humanisten Reuchlin)], fingierte Briefsammlung (1515, 1517) ungenannter Autoren (U. von Hutten u. a.), die zur Verteidigung Reuchlins diesen scheinbar angreifen und ihn in dessen Streit mit den Kölner Theologen unterstützen und die mittelalterl. Gelehrsamkeit verspotten.

Dunkelziffer, die (geschätzte) Zahl der Straftaten, die weil sie nicht erkannt, nicht ermittelt oder nicht zur Anzeige gebracht werden, statistisch nicht erfaßt werden können; z. B. bei Kindesmißhandlung.

Dünkirchen (frz. Dunkerque), frz. Hafenstadt an der Nordsee, Dép. Nord, 73 100 E. Kunstmuseum; Theater. Hafen, Autofähren nach Dover; Stahl- und Walzwerk, Schiffbau, Erdölraffinerie. Spätgot. Kirche Saint-Éloi (16. Jh.), Belfried von 1440. – 1218 Stadtrecht. 27. 5.–4. 6. 1940 Rückzug der in D. eingeschlossenen brit. Truppen nach Großbritannien. Im *Bündnisvertrag von D.* schlossen sich Frankreich und Großbrit. 1947 gegen die Wiederaufnahme einer dt. Angriffspolitik zusammen.

Dunlap, William [engl. ˈdʌnləp], *Perth Amboy (N. J.) 19. 2. 1766, † New York 28. 9. 1839, amerikan. Schriftsteller und Maler. Gilt als Begründer des amerikan. Theaters.

Dunlop Ltd. [engl. dʌnˈlɔp ˈlɪmɪtɪd], brit. Unternehmen zur Herstellung von Gummierzeugnissen (Reifen), Sitz London, gegr. 1889.

Dünndarm ↑Darm.

Dünndruckpapier, Papier aus Hadern und Zellstoff mit hohem Anteil an Füllstoffen; Flächengewicht 25–45 g/m².

Dünnsäure, bei chem.-techn. Prozessen anfallende Säure niedriger Konzentration (ca. 2 %), z. T. Metallsalze enthaltend.

Dünnschichttechnik (Dünnfilmtechnik), Sammel-Bez. für Verfahren der *Mikroelektronik* zur Herstellung miniaturisierter bzw. integrierter Bauelemente und Schaltkreise durch Aufdampfen oder Aufstäuben von 1 bis 0,01 µm starken, leitenden, halbleitenden und/oder dielektr. Schichten im Vakuum auf einen nichtleitenden Träger (aus Glas, Keramik u. a.).

Duns Scotus, Johannes, *Maxton (Duns [?]) (Schottland) um 1265/66, † Köln 8. 11. 1308, schott. scholast. Philosoph und Theologe. Franziskaner; versuchte Traditionen des Augustinismus mit dem Aristotelismus zu verbinden. Seine Lehre wurde Ordensdoktrin der Franziskaner *(Scotismus)*.

Dünung, durch Wind erregte, weitschwingende Wellenbewegung der Meeresoberfläche.

Duo [italien.; zu lat. duo »zwei«], ein Musikstück für zwei Singstimmen oder zwei Instrumente.

Duodenalgeschwür [lat./dt.], svw. Zwölffingerdarmgeschwür (↑Darmkrankheiten).

Duodenum [lat.], Zwölffingerdarm (↑Darm).

Duodez [lat.], in Zusammensetzungen übertragen für lächerlich klein; z. B. *Duodezfürst, Duodezstaat.*

Duodezimalsystem [lat./griech.] (Dodekadik), Zahlensystem (Stellenwertsystem) mit der Grundzahl 12 (statt 10 wie beim Dezimalsystem); zur Unterteilung von Maßen und Gewichten in Großbrit., in den USA und in Ländern des [histor.] brit. Einflußbereiches noch verwendet, ebenso bei Kreiseinteilungen (Uhren, Winkel).

Duodezime [lat.], Intervall von zwölf diaton. Stufen (Oktave und Quinte).

Dungkäfer.
Aphodius fimetarius

düpieren [frz.; zu dupe »Narr«], täuschen, zum Narren halten.

Dupin, Aurore [frz. dy'pɛ̃], frz. Schriftstellerin, ↑Sand, George.

Duplex... [lat.], Bestimmungswort von Zusammensetzungen mit der Bed. »Doppel...«.

Duplexbetrieb, in der *Nachrichtentechnik* eine Betriebsart der Datenübertragung, bei der beide Datenendeinrichtungen gleichzeitig Daten senden und empfangen können (z. B. Telefon).

Duplik [lat.-frz.], Zweitantwort, im *Zivilprozeß* die Einrede des Beklagten, mit der er sich gegenüber der Replik des Klägers verteidigt.

Duplikat [lat.], Zweitausfertigung; Abschrift.

Duplizität [lat.], doppeltes Vorkommen, zeitl. Zusammentreffen zweier ähnl. Vorgänge.

Du Pont de Nemours & Co., E. I. [engl. 'i:'aɪ'dju:pɔnt dənə'muəs ənd 'kʌmpəni], führendes Unternehmen des größten Chemiekonzerns der Welt, gegr. 1802, Sitz Wilmington (Del.); bed. Erfindungen, z. B. Nylon ® (1938). Hauptprodukte: Chemiefasern, Lacke, Folien, photochem. Erzeugnisse.

Düppeler Schanzen, dän. Befestigungswerk in N-Schleswig in den Dt.-Dän. Kriegen; 1864 von preuß. Truppen erobert.

Dupré, Marcel [frz. dy'pre], *Rouen 3. 5. 1886, †Meudon bei Paris 30. 5. 1971, frz. Organist und Komponist. Als Organist von internat. Ruf; Kompositionen für Orgel und Klavier.

François Duquesnoy. Heilige Susanna in Santa Maria di Loreto in Rom (1629–33)

Duquesnoy, François (Frans) [frz. dykɛ'nwa], *Brüssel 12. 1. 1597, †Livorno 12. 7. 1643, fläm. Bildhauer. Schüler seines Vaters Jérôme D. (*vor 1570, †1641), von dem das »Manneken Pis« in Brüssel stammt; vertritt eine klassizist. Richtung des Barock (Hl. Andreas in der Peterskirche in Rom, 1692–40).

Dur [lat.], Bez. des sog. »harten« oder »männl.« Tongeschlechts. Eine *Durtonart* ist (ausgehend vom Grundton) durch die Intervalle große Terz, große Sexte und große Septime definiert; der auf dem Grundton einer D.tonart stehende Dreiklang heißt *Durdreiklang;* Ggs. ↑Moll.

Dura-Europos, Ruinenstätte in O-Syrien, am Euphrat. Durch Seleukos I. um 290 v. Chr. neu angelegt; 256 zerstört. Grabungen 1922–36. Bed. Wandmalereien u. a. im Tempel der palmyren. Götter (1. Jh. n. Chr.), in der Synagoge sowie in einer christl. Hauskirche (beide 3. Jh. n. Chr.).

Dura mater [lat.] (harte Hirnhaut), Gehirn und Rückenmark umgebende derbe, bindegewebige Haut.

Durango, 1) (offiziell Victoria de D.) Hauptstadt der mex. Staates Durango, im Tal des Río Tunal, 414 000 E. Univ.; Zentrum eines Bergbau- und Bewässerungsfeldbaugebiets.
2) Staat in N-Mexiko, 119 648 km², 1,25 Mio. E, Hauptstadt Durango.

Duras, Marguerite [frz. dy'ra], eigtl. M. Donnadieu, *Gia Đinh (Vietnam) 4. 4. 1914, frz. Schriftstellerin und Regisseurin. Vertreterin des ↑Nouveau roman (»Moderato Cantabile«, 1958); schrieb auch Dramen und Drehbücher (»Hiroshima mon amour«, 1959); führte Regie u. a. in den Filmen »Zerstören, sagt sie« (1969) und »Indiasong« (1975). – *Weitere Romane:* Der Liebhaber (1984), Emily L. (1987).

Durban [engl. 'də:bən], Hafenstadt am Ind. Ozean, Republik Südafrika, 634 000 E (Agglomeration D.-Pinetown rd. 1 Mio. E). Univ.; Theater, Museen, botan. Garten, Zoo, Schlangenpark; Seebad. U. a. Werften, Maschinenbau, Automobilwerk, Walverarbeitung, Erdölraffinerie, ⚓.

Durchblutungsstörungen, Mangeldurchblutung von Geweben oder Organen. D. können durch organ. bedingte Einengungen, Verschlüsse von Arterien (entzündl. Gefäßwandveränderungen, Arteriosklerose, Thrombose, Embolie) oder funktionelle Arterienverschlüsse (Gefäßkrämpfe der Fingerarterien infolge Kälteeinwirkung oder psych. Erregung) entstehen.

Durchfall (Diarrhö), bei sehr verschiedenen Erkrankungen auftretende, häufige Entleerung von weichem bis dünnflüssigem Stuhl; häufigste Ursachen eines D. sind: 1. bakterielle oder Virusinfektion des Darms, wie z. B. Typhus, Ruhr, Cholera; 2. Nahrungsmittelallergien, außerdem auch Nahrungsunverträglichkeiten infolge Enzymmangels; 3. nervös bedingte Übererregbarkeit des Darmkanals; 4. akute und chron. Entzündungen des Dünn- und

Dickdarms; 5. Tumoren des Magen-Darm-Kanals; 6. Resorptionsstörungen; 7. hormonelle Fehlsteuerungen und Stoffwechselerkrankungen; 8. Mißbrauch von verdauungsfördernden oder abführenden Medikamenten, ferner Unverträglichkeit oder Überdosierung von Antibiotika.

Durchflugsrecht, im *Völkerrecht* das Recht, den Luftraum eines Staates zu durchfliegen.

Durchführung, in der *Musik* die motivisch-themat. Verarbeitung eines Themas. ↑Fuge, ↑Sonatensatzform.

Durchführungsverordnung, Abk. DVO, eine Rechtsverordnung, zur Durchführung einer Gesetzesbestimmung.

durchgegoren, Bez. für Weine, deren Gärungsprozeß, ohne gestoppt zu werden, zum Abschluß gekommen ist.

Durchlässigkeit, in der *Optik* svw. ↑Transmissionsgrad.

Durchlaucht, Anredetitel fürstl. Personen.

durchlaufende Posten, i. e. S. nicht umsatzsteuerpflichtige Beträge, die ein Unternehmen in fremdem Namen und für fremde Rechnung vereinnahmt und verausgabt; i. w. S. Beträge, die im Betrieb eingehen, in gleicher Höhe jedoch an einen Dritten weitergegeben werden.

Durchlauferhitzer, mit Gas oder elektrisch betriebene ↑Heißwassergeräte.

Durchlüftungsgewebe (Aerenchym), pflanzl. Gewebe, das von einem System großer, miteinander verbundener, lufterfüllter Hohlräume durchzogen ist und durch bes. Poren (z. B. Spaltöffnungen) im Abschlußgewebe mit der Außenluft in Verbindung steht.

Durchmesser (Diameter), jede durch den Mittelpunkt von Kreis und Kugel verlaufende Verbindungsstrecke zweier Punkte der Kreisperipherie oder der Kugeloberfläche (*Kreis-* bzw. *Kugeldurchmesser*). Die Länge des D. ist doppelt so groß wie der Radius des Kreises bzw. der Kugel. Der D. eines Kegelschnitts (*Ellipsen-, Hyperbel-* bzw. *Parabel-D.*) ist der geometr. Ort für die Mittelpunkte einer Schar paralleler Sehnen; alle D. einer Ellipse oder Hyperbel verlaufen durch ihren Mittelpunkt, die D. einer Parabel liegen parallel zu ihrer Achse.

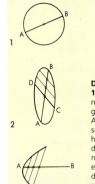

Durchmesser.
1 Durchmesser AB eines Kreises; 2 Konjugierte Durchmesser AB und CD einer Ellipse; jeder Durchmesser halbiert die zu dem anderen parallelen Sehnen; 3 Durchmesser AB einer Parabel (Verbindung der Mittelpunkte einer Schar beliebiger paralleler Sehnen)

Durchmusterung, Sternkatalog mit Angaben über Ort, Helligkeit oder Spektraltyp.

Durchschlagsfestigkeit (elektrische Festigkeit), Kenngröße für die elektr. Festigkeit von Isolierstoffen; in kV/cm.

Durchschlagskraft, die Fähigkeit eines Geschosses, ein Ziel zu durchschlagen; abhängig von Auftreffgeschwindigkeit, Geschoßform und -härte.

Durchschnitt, 1) ↑Mittelwert.
2) *Mengenlehre:* Der D. $M_1 \cap M_2$ zweier Mengen M_1 und M_2 ist die Menge der Elemente, die sowohl zu M_1 als auch zu M_2 gehören.

Durchschnitt 2)

Durchschnittsverdienst, gewogenes Mittel aus dem Bruttoverdienst eines Arbeitnehmers innerhalb eines bestimmten Zeitabschnitts unter Abzug von Zuschlägen für Mehr-, Nacht-, Sonntags- und Feiertagsarbeit.

Durchschuß, in der *Satztechnik* Blindmaterial zur Vergrößerung des Zeilenabstandes; auch der erzielte Zeilenzwischenraum selbst.

Durchstarten, unmittelbarer Übergang von der Landung zum erneuten Start bei Flugzeugen.

Durchsuchung, das Durchsuchen von Wohnungen (Haus-D.), Personen oder

Durdreiklang

Albrecht Dürer
(Selbstporträt; um 1492)

Sachen durch die Polizei zur Ergreifung eines einer Straftat Verdächtigen oder zum Auffinden von Beweismitteln. Gemäß Art. 13 Abs. 2 GG darf eine D. von Wohnungen nur durch den Richter, bei Gefahr im Verzuge auch durch die in den Gesetzen vorgesehenen anderen Organe angeordnet und nur in der gesetzlich vorgeschriebenen Form durchgeführt werden.

Durdreiklang ↑Dur, ↑Dreiklang.

Düren, Kreisstadt an der Rur, NRW, 86 800 E. Museum; Papier-, Textil-, Glas- und chemische Industrie. Moderne Kirchen, u. a. Christuskirche (1953), Annakirche (1956); im Ortsteil *Arnoldsweiler* die Wasserburg »Haus Rath«. – 748 erstmals erwähnt; im 13. Jh. Stadt.

Albrecht Dürer
Selbstporträt (1500)

Dürer, Albrecht, *Nürnberg 21. 5. 1471, †ebd. 6. 4. 1528, dt. Maler, Zeichner, Kupferstecher und Kunsttheoretiker. Zunächst Ausbildung zum Goldschmied; Schüler M. Wolgemuts, dann Aufenthalt am Oberrhein; 1494/95 in Venedig (Landschaftsaquarelle). 1498 erschienen 15 Holzschnitte zur Apokalypse, 1504 der Kupferstich »Adam und Eva«, der ein erstes Ergebnis seiner Beschäftigung mit der Proportionslehre ist. 1501–10 entstand

der Holzschnittzyklus »Marienleben«, 1496–98 und 1510 die »Große Passion«, 1509–11 die »Kleine Passion«, 1508–12 die »Kupferstichpassion«. Ab 1509 Ratsherr in Nürnberg, ab 1512 für Kaiser Maximilian tätig: Zeichnungen für Holzschnitte der »Ehrenpforte« und des »Großen Triumphwagens« sowie farbige Randfederzeichnungen zum Gebetbuch des Kaisers. Die humanistisch geprägten Kupferstiche »Ritter, Tod und Teufel« (1513), »Hl. Hieronymus« (1514) und »Melancolia I« (1514) zählen zu seinen bedeutendsten Leistungen. Als Maler schuf D. Andachtsbilder und Altäre, u. a. den sog. Dresdner Altar (um 1496; Dresden, Gemäldegalerie), den Paumgartner-Altar (zw. 1498/1504; München, Alte Pinakothek), die »Anbetung der Könige« (1504; Florenz, Uffizien), »Rosenkranzfest« (1506; Prag, Nationalgalerie), »Allerheiligenbild« (1511; Wien, Kunsthistor. Museum), »Hl. Hieronymus« (1521; Lissabon, Museu Nacional de Arte Antiga). D. hat wesentl. Anteil an der Bildnismalerei; das Persönlichkeitsbewußtsein der Renaissance drückt sich in seinen Selbstbildnissen aus (1493, Paris, Louvre; 1498, Madrid, Prado; 1500, München, Alte Pinakothek). Während und nach seiner 2. Venedigreise (1505–07) entstanden »Junge Venezianerin« (1505; Wien, Kunsthistor. Museum), »Michael Wolgemut« (1516; Nürnberg, German. Nationalmuseum), »Hieronymus Holzschuher«, »Jakob Muffel« (beide 1526; Berlin, Gemäldegalerie). 1526 vermachte D. seiner Vaterstadt u. a. die sog. »Vier Apostel« (München, Alte Pinakothek). Aus seiner Spätzeit stammen freie Entwürfe, so einer Kreuzigung und eines Holzschnitts des Abendmahls (1523). Seine Schriften (u. a. »Vier Bücher von menschl. Proportion«, 1528; Tagebuch der 1520/21 unternommenen Reise in die Niederlande; Briefe an Pirckheimer aus Venedig) spiegeln die theoretische Beschäftigung mit seiner Kunst. – D. gilt als künstlerischer Repräsentant seiner Epoche, der die geistigen Neuerungen, insbesondere die humanistischen Strömungen der Reformation und das Selbstverständnis der theoretische Fundamente legenden Renaissancekünstlers in seinem Werk umsetzte.

Durga [Sanskrit] (Kali, Parvati), hinduistische Göttin, Gattin des Shiva mit sexuell geprägtem Kult.

Durham, John George Lambton, Earl of (ab 1833) [engl. 'dʌrəm], *London 12. 4. 1792, † Cowes (auf Wight) 28. 7. 1840, brit. Politiker. 1838/39 Generalgouverneur von Brit.-Nordamerika; sein Konzept kolonialer Selbstverwaltung wurde später Grundlage der brit. Commonwealthpolitik.

Durieux, Tilla [frz. dy'rjø], eigtl. Ottilie Godefroy, *Wien 18. 8. 1880, † Berlin 21. 2. 1971, dt. Schauspielerin. Bed. Charakterdarstellerin.

Durkheim, Émile [frz. dyr'kɛm], *Épinal (Dép. Vosges) 15. 4. 1858, † Paris 15. 11. 1917, frz. Soziologe. Begründer der Soziologie als eigenständiger Wiss.; Grundthese: Die sozialen Erscheinungen stellen eine Wirklichkeit eigener Art dar, die von den Individuen getrennt ist und Zwang auf sie ausübt.

Durlach, Stadtteil von ↑Karlsruhe.

Dürnstein, niederösterr. Stadt in der Wachau, an der Donau, 1 000 E. Barockes Chorherrenstift der Augustiner, Pfarrkirche Mariä Himmelfahrt (beide 18. Jh.), Ruine der Burg, auf der 1193 der engl. König Richard Löwenherz gefangengehalten wurde; Schloß (1622).

Dürr, Heinz, *Stuttgart 16. 7. 1933, dt. Manager. 1980–90 Vorstandsvors. der AEG Aktiengesellschaft; seit 1991 Vorstandsvors. der Dt. Bundesbahn bzw. der Dt. Bahn AG.

Durrell, Lawrence [engl. 'dʌrəl], *Darjeeling (Indien) 27. 2. 1912, † Sommieres 7. 11. 1990, engl. Schriftsteller. Stellt in seinem Roman in vier Bänden »Alexandria Quartett« (1957–60: »Justine«, »Balthazar«, »Mountolive«, »Clea«) sinnl. Eindrücke, Ereignisse und Personen des östl. Mittelmeerraums dar; bed. Reiseberichte, auch Lyrik, Dramen, weitere Romane.

Dürrenmatt, Friedrich, *Konolfingen bei Bern 5. 1. 1921, † Neuenburg 14. 12. 1990, schweizer. Dramatiker und Erzähler. Sohn eines Pfarrers; studierte Theologie, Philosophie und Germanistik; war zunächst Zeichner und Graphiker (dabei bildl. Verformung mancher Motive des literar. Werks) sowie Theaterkritiker. – Die Komödie (v. a. »Der Besuch der alten Dame«, 1956; »Die Physiker«, 1962) hielt D. für

Albrecht Dürer. Der Hl. Hieronymus im Gehäus (1514)

»die einzig mögl. dramat. Form, heute das Tragische auszusagen«. Als Erzähler bevorzugte er das Genre der »Kriminalgeschichte« (u. a. »Der Richter und sein Henker«, 1952; »Der Auftrag«, 1986) als Sinnbild der Nichtberechenbarkeit der Welt. 1986 Georg-Büchner-Preis. – *Weitere Werke:* Romulus der Große (UA 1949, endgültige Fassung 1980), Die Ehe des Herrn Mississippi (Kom., 1952, Neufassung 1957), Der Verdacht (R., 1953), Ein Engel kommt nach Babylon (Kom., 1954, Neufassung 1957), Grieche sucht Griechin (R., 1955), Der Meteor (Kom., 1966), Der Mitmacher (Kom., 1973), Achterloo (Kom., 1983), Durcheinandertal (R., 1989), Midas (Prosa, 1990).

Durrës, Stadt in Albanien, an der Adria, 72 000 E. Museum; bedeutendster Hafen Albaniens; Werft, Seebad. – D. geht auf die um 625 v. Chr. gegr. griech. Kolonie *Epidamnos* zurück; antiker Name *Dyrrhachium.*

Dürrfleckenkrankheit, Krankheit der Kartoffeln und Tomaten; meist schwärzlichbraune, scharf begrenzte,

Friedrich Dürrenmatt

konzentrisch gezonte Blattflecken, die schließl. das ganze Blatt erfassen, so daß dieses vertrocknet.

Durrha [arab.] ↑Sorghumhirse.

Durst, eine Empfindung, die mit dem Verlangen verbunden ist, Flüssigkeit in den Körper aufzunehmen. D. tritt normalerweise dann auf, wenn durch Wasserverluste (z. B. Schwitzen, Durchfall) oder durch Erhöhung des osmot. Drucks des Blutes (z. B. reichl. Kochsalzaufnahme) die Sekretion der Speichel- und Mundschleimhautdrüsen nachläßt und der Mund- und Rachenraum trocken wird. Das den Wasserbedarf des Körpers kontrollierende Zentrum ist das *Durstzentrum* im Hypothalamus. Der tägl. Wasserbedarf des Menschen beträgt etwa 2 l, den er in Form von Flüssigkeit oder mit der aufgenommenen Nahrung decken kann. Schwerer D. (mit Wasserverlusten von 5–12 % des Körpergewichtes) erzeugt bei gestörtem Allgemeinbefinden und quälendem Trinkbedürfnis u. a. Schleimhautrötungen und Hitzegefühl im Bereich von Augen, Nase, Mund und Rachen, Durstfieber und schließl. Versagen der Schweiß- und Harnsekretion. Der Tod durch *Verdursten,* beim Menschen nach einem Wasserverlust von 15–20 % des urspr. Körpergewichtes, tritt im Fieberzustand bei tiefer Bewußtlosigkeit ein.

Dušan [serbokroat. 'duʃan], serb. Zar, ↑Stephan Dušan.

Duschanbe (Dušanbe) [...ʃan...], Hauptstadt Tadschikistans, im Gissartal, 602 000 E. Univ., mehrere Hochschulen, Museen; Textil- und Nahrungsmittelindustrie.

Duse, Eleonora, *Vigevano bei Pavia 3. 10. 1858, † Pittsburgh (Pa.) 21. 4. 1924, italien. Schauspielerin. Neben S. Bernhardt bedeutendste Tragödiendarstellerin der Jh.wende.

Düse, Strömungskanal mit sich stetig änderndem Querschnitt, in dem das frei ausströmende Medium (Gas, Dampf, Flüssigkeit) beschleunigt wird (in *Laval-D.* auf Überschallgeschwindigkeit). Verwendung z. B. in Turbinen, Vergasern, Einspritzmotoren und Strahltriebwerken.

Düsenflugzeug, Bez. für ein durch Turboluftstrahltriebwerk angetriebenes Flugzeug.

Düsseldorf
Stadtwappen

Christian de Duve

Eleonora Duse

Dussek, Johann Ladislaus (Dusík, Jan Ladislav), *Čáslav (Mittelböhm. Gebiet) 12. 2. 1760, † Saint-Germain-en-Laye 20. 3. 1812, tschech. Pianist und Komponist. Frühromant. Kompositionen, bes. Klaviermusik.

Düsseldorf, Hauptstadt von NRW, am Niederrhein, 576 700 E. Handels- und Kongreßstadt mit Fachmessen; Max-Planck-Institut für Eisenforschung, Univ., Kunstakademie, Oper, Schauspielhaus; zahlr. Museen, Heinrich-Heine-Archiv; Rhein.-Westfäl. Börse, Sitz nat. und internat. Firmen, zahlr. Wirtschaftsverbände und -organisationen sowie des DGB. Eisen- und Stahl-Ind. mit Spezialisierung auf Röhren und Rohrleitungen; chem., graph. u. a. Industrie, Hafen, ⚓.

Stadtbild: Die Altstadt wurde im 2. Weltkrieg stark zerstört, aber z. T. wieder aufgebaut: got. Stiftskirche Sankt Lambertus (1288–1394), Sankt-Andreas-Pfarrkirche (17. Jh.), spätgot. Altes Rathaus (1570–73). Im Hofgarten steht Schloß Jägerhof (1752–63). Die moderne Architektur begann mit dem Bau des Kaufhauses Tietz (heute Kaufhof, 1907–09). Nach 1945 entstanden u. a. die Verwaltungsgebäude der Mannesmann-Röhrenwerke, der Commerzbank sowie die Rochuskirche, das Schauspielhaus, die Rheinhalle, das Landtagsgebäude. Spätbarockes Schloß in *D.-Benrath* (1755–73). In der ehem. Stiftskirche in *D.-Gerresheim* (1210–36) ein otton. Kruzifix aus dem 10. Jh.; ehem. Stiftskirche in *D.-Kaiserswerth* (12. Jh.) mit dem Suitbertusschrein (vor 1300); außerdem Reste der Burg Kaiser Friedrichs I. Barbarossa (1174–1184). In *D.-Wittlaer* Wasserschloß Kalkum (16.–18. Jh.).

Geschichte: 1288 Stadtrecht; Ende des 15. Jh. bis 1716 Residenz (Berg, Pfalz-Neuburg); unter Kurfürst Johann Wilhelm kulturelle Blüte; 1815 an Preußen. 1909 Eingemeindung von *Gerresheim,* 1929 von *Benrath* sowie der ehem. freien Reichsstadt und Kaiserpfalz *Kaiserswerth.*

Dutschke, Rudolf (»Rudi«), *Schönefeld bei Luckenwalde 7. 3. 1940, † Århus 24. 12. 1979, dt. Studentenführer. Mgl. des Sozialist. Dt. Studentenbundes; ab 1966 an der Organisierung student. Protestaktionen führend beteiligt;

Antonín Dvořák. Violinkonzert op. 53, Joseph Joachim gewidmet, 1879/80; erste Seite der Originalpartitur

1968 durch Attentat schwer verletzt; danach im Ausland; starb an den Spätfolgen des Attentats.

Duttweiler, Gottlieb, *Zürich 15. 8. 1888, † ebd. 8. 6. 1962, schweizer. Unternehmer und Sozialpolitiker. Ab 1925 Aufbau des »Migros«-Lebensmittelkonzerns aus sozialen Motiven; gründete 1935 die Partei »Landesring der Unabhängigen« und deren Zeitung »Die Tat«.

Duty-free-Shop [engl. ˈdjuːtɪ ˈfriː ˈʃɔp], ladenähnl. Einrichtung im zollfreien Bereich z. B. eines Flughafens, wo Passagiere, die ins Zollausland reisen, Waren zollfrei kaufen können.

Dutzend, Abk. **Dtzd.,** altes Zählmaß (Stückmaß); 1 Dtzd. = 12 Stück.

Duve, Christian de [frz. dyːv], *Thames-Ditton (Gft. Surrey) 2. 10. 1917, belg. Biochemiker. Entdeckte die Lysosomen und die Peroxysomen; 1974 (zus. mit A. Claude und G. E. Palade) Nobelpreis für Physiologie oder Medizin.

Duvivier, Julien [frz. dyviˈvje], *Lille 8. 10. 1896, † Paris 29. 10. 1967, frz. Filmregisseur. Drehte u. a. »Unter dem Himmel von Paris« (1951), »Don Camillo und Peppone« (1952).

Dux (Mrz. Duces) [lat.], **1)** *Antike:* im *Röm. Reich* Bez. für militär. Führer; im *MA* Bez. für Herzog.
2) *Musik:* in der †Fuge die Grundgestalt des Themas, dem der Comes folgt.

Dvořák, Antonín [tschech. ˈdvɔrʒaːk], *Nelahozeves bei Prag 8. 9. 1841, † Prag 1. 5. 1904, tschech. Komponist. Zus. mit B. Smetana herausragender Vertreter der tschech. Kunstmusik; u. a. zehn Opern (»Rusalka«, 1900), neun Sinfonien (9. in e-Moll »Aus der Neuen Welt«, 1893), fünf sinfon. Dichtungen, Konzerte für Klavier, Violine und Cello, Kammermusik, zahlr. Klavierstücke (u. a. »Slawische Tänze«), Chorwerke und Lieder.

DVP, Abk. für †Deutsche Volkspartei (1918–33).

Dy, chem. Symbol für †Dysprosium.

Dyck, Sir (ab 1632) Anthonis van [niederl. dɛik], *Antwerpen 22. 3. 1599, † London 9. 12. 1641, fläm. Maler. Einflüsse von Rubens und Tizian (1621–27 Aufenthalt in Venedig) fließen zusammen in der warmtonigen und repräsentativen, distanzierten und lebendigen Bildnismalerei am engl. Hof (1632 ff.), die einen Höhepunkt der europ. Porträtkunst darstellt, u. a. »Henrietta Maria« (um 1632; Schloß Windsor), »Karl I.« (um 1635; Paris, Louvre), »Kinder Karls I. mit Reitknecht und Page« (um 1640; Turin, Galleria Sabauda). Schuf

Anthonis van Dyck. König Karl I. mit Reitknecht und Page (um 1635)

auch Zeichnungen, Radierungen und
Landschaftsaquarelle (engl. Motive).
Dylan, Bob [engl. ˈdɪlən; nach dem
engl. Schriftsteller Dylan Thomas],
eigtl. Robert Zimmermann, *Duluth
(Minn.) 24. 5. 1941, amerikan. Rockmusiker. Zahlr. seiner lyrisch an-
spruchsvollen und engagierten Songs
(der 1960er Jahre) wurden zu Klassikern
der Folk- und Rockmusik.
Dyn [Kw. aus griech. dýnamis »Kraft«],
physikal. Einheit der Kraft, Einheitenzeichen *dyn;* Festlegung: 1 dyn ist gleich
der Kraft, die einer Masse von 1 Gramm
(g) die Beschleunigung $1\,cm/s^2$ erteilt:
$1\,dyn = 1\,g/cm/s^2$.
Dynamik [griech.], **1)** Teilgebiet der
Mechanik, in dem der Zusammenhang
zw. Kräften und den durch sie verursachten Bewegungszuständen untersucht wird.
2) *Akustik:* das Verhältnis zw. der größten und der kleinsten vorkommenden
Schallstärke.
3) *Musik:* die Lehre von Tonstärkegra-
den.

dynamisch, die Dynamik betreffend,
voller Kraft, bewegt; Ggs. ↑statisch.
dynamische Rente, in der Sozialversi-
cherung Bez. für die Rente, deren Höhe
periodisch der Entwicklung des Sozial-
produkts angepaßt wird (lohnbezogene
Rente); in der BR Deutschland 1957
eingeführt.
Dynamit [zu griech. dýnamis »Kraft«]
↑Sprengstoffe.
Dynamo [griech.-engl.], svw. ↑Genera-
tor.
Dynamometer, 1) *Physik:* Gerät, dessen
elast. Verformung zur Kraftmessung
herangezogen werden kann.
2) *Maschinenbau:* Meßgerät zur Ermittlung des von einer Maschine abgegebe-
nen Drehmoments.
Dynastie [griech.], Herrscherhaus,
fürstl. hochadliges Geschlecht.
dys..., Dys... [griech.], Vorsilbe von Zusammensetzungen mit der Bedeutung
»abweichend [von der Norm], übel,
schlecht, miß..., krankhaft«.
Dysenterie [...s-ε...; griech.], svw.
↑Ruhr.
Dysfunktion, erblich bedingte oder als
Krankheit erworbene Funktionsstörung
von Organen.
Dysprosium [griech.], chem. Symbol
Dy, metall. chem. Element aus der
Reihe der Lanthanoide; wird mit Blei
legiert als Abschirmmaterial beim Re-
aktorbau verwendet.
Dystonie [griech.], Störung des normalen Spannungszustandes von Muskeln
und Gefäßen. Als *vegetative Dystonie* bezeichnet man eine Regulationsstörung
des vegetativen Nervensystems mit
Funktionsstörungen an verschiedenen
Organen (und insbesondere am Kreis-
lauf) ohne faßbare organische Erkrankung; kann durch seel. Konflikte,
Schlafmangel oder hekt. Lebensweise
verursacht werden.
Dystrophie [griech.], nach längerer
Unterernährung (*Hunger-D.,* u. a. Mangel an Eiweiß, Fett, Vitaminen) oder infolge einseitiger Ernährung auftretende
Störungen im Organismus.
dz, Einheitenzeichen für Doppelzentner.
D-Zug, Abk. für **D**urchgangs**z**ug, Reisezug (Schnellzug) mit Durchgangswa-
gen (D) und wenig Aufenthalten; wird
seit 1988 durch die ↑Interregio-Züge
abgelöst.

Ee

E, e, 1) der fünfte Buchstabe des Alphabets, entstanden aus dem griech. ε (↑Epsilon).

2) in der *Musik* die Bez. für die 3. Stufe der Grundtonleiter C-Dur.

3) E, Abk. und Symbol für **E**uropastraße.

4) ↑Vorsatzzeichen.

5) *physikal. Symbol:* **e** für 1. die elektr. Elementarladung; 2. das Elektron (e⁻) und das Positron (e⁺).

6) *mathemat. Symbol:* **e** für die transzendente Zahl, die als Grenzwert der Folge

$$\left(1+\frac{1}{n}\right) n \text{ für } n \to \infty \text{ oder durch } \sum_{n=0}^{\infty} \frac{1}{n!}$$

darstellbar ist: e = 2,718281828... Sie ist die Basis der natürl. Logarithmen.

E 605®, Parathion, hochwirksames Insektizid; starkes Nervengift.

Eagle [engl. i:gl »Adler«], Hauptgoldmünze der USA seit 1792.

EAM, Abk. für ↑**E**thnikon **A**peleftherotikon **M**etopon.

Eanes, António dos Santos Ramalho [portugies. 'ı̯ɐnıʃ], *Alcanis bei Castelo Branco 25. 1. 1935, portugies. General und Politiker. Unterstützte als Offizier die Revolution von 1974; schlug 1975 als Stabschef den Putsch linksextremer Truppenverbände nieder; 1976–86 Staatspräsident.

Eagle.
2¹/₂ Dollars, 1915

EAN-System, Abk. für ↑**E**uropäische **A**rtikel-**N**umerierung.

Earl [engl. ə:l], dem dt. Graf entsprechendes engl. Adelsprädikat.

East Anglia [engl. 'i:st 'æŋglıə] (Ostanglien), englische Landschaft zwischen Themse und Wash; frühestes Siedlungsgebiet der Angeln; z. Z. der Angelsachsen Klein-Kgr., das im 7. Jh. die Oberherrschaft in Südengland erlangte.

Eastman Kodak Co. [engl. i:stmən kəʊdæk kʌmpənı], amerikan. Unternehmen zur Herstellung von Kameras, Projektoren, Filmen u. a., Sitz Rochester (N. Y.), gegr. 1901; in Deutschland: *Kodak AG*, Sitz Stuttgart, gegr. 1927.

East River [engl. i:st 'rıvə], 26 km lange Wasserstraße im Stadtgebiet von New York; Hafenanlagen.

Eastwood, Clint [engl. 'i:stwʊd], *San Francisco (Calif.) 31. 5. 1930, amerikan. Filmschauspieler. Zahlr. Erfolge mit der Verkörperung einsamer Desperados, u. a. in »Für eine Handvoll Dollar« (1964), »Dirty Harry« (1971), »Erbarmungslos« (1992; auch Regie), »In the Line of Fire« (1993).

Easy-rider [engl. 'i:ziraidə, eigtl. »Leichtfahrender«] (Chopper), Motorrad mit hohem, geteiltem Lenker und einem Sattel mit Rückenlehne.

Ebbe (Ebbegebirge), Höhenzug im sw. Sauerland, NRW, zw. Volme und Lenne, bis 663 m hoch; Naturpark.

Ebbe [niederdt.] ↑Gezeiten.

Ebbinghaus, Hermann, *Barmen (heute Wuppertal) 24. 1. 1850, † Halle/Saale 26. 2. 1909, dt. Psychologe.
Bekannt durch lerntheoret. Untersuchungen; mit der sog. *Ebbinghaus-Kurve* beschrieb er den Prozeß des Vergessens: Das Gelernte wird zunächst rasch und dann zunehmend langsamer vergessen. Er stellte ferner fest, daß die notwendige Lernzeit im Verhältnis zum Umfang des Lernmaterials überproportional anwächst *(Ebbinghaus-Gesetz).*

Ebenbürtigkeit, in geburtsständisch gegliederten Gesellschaften Bez. der gleichwertigen Abkunft und damit Standes- und Rechtsgleichheit; Standesunterschiede *(Unebenbürtigkeit)* spielten bis zur Abschaffung adliger Standesvorrechte (1919) v. a. im Eherecht eine große Rolle.

Ebene, Grundgebilde der *Geometrie;* eine durch drei nicht auf einer Geraden liegende Punkte eindeutig bestimmte Fläche, deren Krümmung gleich Null ist. – Abb. S. 824.

E	Griechisch
E	Römische Kapitalschrift
E	Unziale
e	Karolingische Minuskel
€ℓ	Textur
Ee	Renaissance-Antiqua
€ℓ	Fraktur
Ee	Klassizistische Antiqua

Entwicklung des Buchstabens **E**

Ebene der Tonkrüge

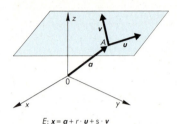

$$E: x = a + r \cdot u + s \cdot v$$

Ebene 2). Parameterform der Ebenengleichung

Ebene der Tonkrüge ↑Tranninhplateau.

Ebenholz [ägypt.-griech./dt.] (Ebony), Holz von Arten der Dattelpflaume aus den Tropen und Subtropen. E., im AT und in zahlr. Schriften der griech. und röm. Antike erwähnt, war wertvolles Handelsobjekt.

Ebenholzgewächs (Ebenaceae), Fam. der zweikeimblättrigen Pflanzen mit vier Gatt. und etwa 450 Arten in den Tropen und Subtropen. Bäume oder Sträucher mit sehr hartem und schwerem Kernholz.

Eber, erwachsenes männliches Schwein, beim Schwarzwild auch *Basse* genannt.

Eberbach, 1) Stadt am Neckar, Bad.-Württ., 15 200 E. U. a. Elektromotorenbau; Heilquellen-, Kurbetrieb.
2) ehemaliges Zisterzienserkloster, heute zu Eltville im Rheingau, Hessen; gegründet 1135; Ringmauern (12. Jh.), romanische Kirche (1140/50–60; 1170–86).

Eberdingen, Gemeinde 6 km südlich von Vaihingen an der Enz, Bad.-Württ., 5 600 E. – Im Ortsteil *Hochdorf* wurde 1978 ein vollständig erhaltenes kelt. Fürstengrab (um 500 v. Chr.) mit reichen Gold- und Bronzebeigaben entdeckt.

Eberesche (Vogelbeerbaum, Sorbus aucuparia), im nördl. Europa und in W-Asien verbreitetes Rosengewächs; strauchartiger oder bis 16 m hoher Baum; Früchte (Vogelbeeren) glänzend scharlachrot, kugelig, ungenießbar.

Eberhard, Name von insbes. württemberg. Herrschern:
1) Eberhard I., der Erlauchte, *13. 3. 1265, † 5. 6. 1325, Graf (regierte ab 1279). Widersetzte sich erfolgreich der Wiederherstellung des Hzgt. Schwaben; schuf durch zahlr. Neuerwerbungen die Grundlage für ein einheitl. Territorium.
2) Eberhard im Bart (als Graf E. V., als Herzog E. I.; regierte ab 1459 allein), *Urach 11. 12. 1445, † Tübingen 24. 2. 1496, Herzog (ab 1495). Erreichte 1482 den Zusammenschluß der württemberg. Landesteile und 1495 die Erhebung Württembergs zum unteilbaren Reichs-Hzgt.; führend an der Gründung des Schwäb. Bundes (1488) und an der Reichsreform beteiligt; gründete 1477 die Univ. Tübingen.
3) Eberhard Ludwig, *Stuttgart 18. 9. 1676, † Ludwigsburg 31. 10. 1773, Herzog (ab 1677). Regierte ab 1693; befeiligte im Span. Erbfolgekrieg das Reichsheer am Oberrhein gegen Frankreich; seine Schwäche für Militärwesen und Prachtbauten (Haltung eines stehenden Heeres; Anlage von Schloß und Stadt Ludwigsburg) sowie Reformen erschöpften die Mittel seines Landes.

Eberswalde (1970–93 Eberswalde-Finow), Kreisstadt in Brandenburg, 54 600 E. Kranbau, Kaltwalzwerk, Schiffsarmaturen-, Leuchterbau; Institute der Akademie der Landwirtschaftswiss. – 1913 Fundort eines der bedeu-

Eberesche. Oben: Blütenstand des Vogelbeerbaums ◆ Unten: Fruchtstand

tendsten vorgeschichtl. Goldfunde aus der jüngeren Bronzezeit (11./10. Jh. v. Chr.; 1945 in Berlin verschwunden).

Ebert, Friedrich, *Heidelberg 4. 2. 1871, † Berlin 28. 2. 1925, dt. Politiker (SPD). Sattler, dann Redakteur; ab 1912 MdR; 1913–19 Parteivorsitzender. Beim Ausbruch der Novemberrevolution übergab ihm Prinz Max von Baden am 9. 11. 1918 das Amt des Reichskanzlers. Am 10. 11. 1918 übernahm E. den Vorsitz im Rat der Volksbeauftragten. Sein »Pakt« mit General W. Groener wurde Basis der antirevolutionären Ordnungspolitik. Als Reichspräs. (1919–25; am 11. 2. 1919 gewählt von der Weimarer Nationalversammlung, Amtszeit 1922 durch den Reichstag unter Verzicht auf die direkte Volkswahl verlängert) trug E. zur relativen Stabilisierung der krisenerschütterten Republik bei, aber auch zum Verzicht auf weitgehende Republikanisierung von Heer und Verwaltung. Seine letzten Amtsjahre waren überschattet von maßloser Hetze der polit. Rechten.

Eberth, Karl, *Würzburg 21. 9. 1835, † Berlin 2. 12. 1926, dt. Pathologe und Bakteriologe. Entdecker des Typhusbakteriums (1880).

Eberwurz (Carlina), Gatt. der Korbblütler mit etwa 20 Arten in Europa, Vorderasien und im Mittelmeergebiet; distelartige Pflanzen mit Milchsaft; bekannt: *Gemeine E.,* bis 80 cm hoch, mit goldgelben inneren Hüllblättern; *Silberdistel* (Wetterdistel, Stengellose E.), mit silberweißen, pergamentartigen Hüllblättern, die sich nachts und bei Regen schließen.

Ebla ↑Tell Mardich.

Ebner-Eschenbach, Marie Freifrau von, geb. Gräfin Dubsky, *Schloß Zdislavice bei Kroměříž 13. 9. 1830, † Wien 12. 3. 1916, österr. Schriftstellerin. Schrieb mit von menschl. Anteilnahme geprägtem Realismus, sozialem Engagement und aus psychologischer Sicht Erzählwerke über die ständische Gesellschaft. – *Werke:* Božena (E., 1876), Dorf- und Schloßgeschichten (1883; darin: Krambambuli), Das Gemeindekind (E., 1887).

Éboli, Ana de Mendoza y de la Cerda, Fürstin von ['e:boli; span. 'eβoli], *Cifuentes (Prov. Guadalajara) 29. 6. 1540, † Pastrana (Prov. Guadalajara) 2. 2.

1592, span. Hofdame. Nach Hofgerüchten Geliebte König Philipps II.; 1578 in eine Mordaffäre verwickelt und zu zwei Jahren Gefängnis verurteilt; von Schiller in »Don Carlos« dichterisch frei dargestellt.

Eberwurz.
Silberdistel

Ebro (katalan. Ebre), Fluß in NO-Spanien, 910 km lang, entspringt im Kantabr. Gebirge, durchfließt die z. T. steppenartige Schicht- und Tafelberglandschaft des *Ebrobeckens,* mündet mit einem Delta in das Mittelmeer.

Ebstorfer Weltkarte, die bedeutendste Erddarstellung des MA (Rundkarte), zw. 1230 und 1250 entstanden, um 1830 im Kloster Ebstorf (Niedersachsen) entdeckt, nur in Nachbildungen erhalten.

EBU, Abk. für **E**uropean **B**roadcasting **U**nion (↑Union der Europäischen Rundfunkorganisationen).

EBWE, Abk. für ↑**E**uropäische **B**ank für **W**iederaufbau und **E**ntwicklung.

ec, Abk. für ↑**E**urocheque.

EC, Abk. für ↑**E**urocity-Züge.

Eça de Queirós, José Maria [portugies. 'esɐ ðə kɐjˈrɔʃ], *Póvoa de Varzim 25. 11. 1845, † Paris 16. 8. 1900, portugies Schriftsteller. Vertreter des realist. Romans. – *Werke:* Das Verbrechen des Paters Amaro (R., 1875), Der Vetter Basilio (R., 1878), Die Reliquie (E., 1887).

Écarté [ekar'te:] ↑Ekarté.

Eccard, Johannes, *Mühlhausen (Thüringen) 1553, † Berlin im Herbst 1611, dt. Komponist. Seit 1608 Kurfürstl. Kapellmeister in Berlin; komponierte etwa 250 geistl. und weltl. mehrstimmige

Friedrich Ebert

Marie von Ebner-Eschenbach

Gesänge; bed. Meister des prot. Kirchenlieds.

Ecce-Homo [ˈɛktseˈhoːmo; lat. »Sehet, welch ein Mensch!«], in der *bildenden Kunst* Christus im Purpurmantel mit Dornenkrone, auch Stock in den gefesselten Händen (nach dem Pilatuswort Joh. 19,5).

Eccles, Sir John Carew [engl. ɛklz], *Melbourne 27. 1. 1903, austral. Physiologe. Entdeckte die Bedeutung der Ionenströme für die Impulsübertragung an den Synapsen des Zentralnervensystems; 1963 Nobelpreis für Physiologie oder Medizin zus. mit A. L. Hodgkin und A. F. Huxley.

John Carew Eccles

Ecclesia [griech.-lat.], Bezeichnung für Kirche.

Ecclesia und Synagoge (Kirche und Synagoge), in der *mittelalterl. Kunst* als Paar dargestellte weibl. Gestalten, die das NT und AT, den Neuen und den Alten Bund versinnbildlichen; u. a. am Straßburger Münster (nach 1230; Originale im Museum).

Ecevit, Bülent [türk. ɛdʒeˈvit], *Konstantinopel 28. 5. 1925, türk. Politiker. 1972–80 Vors. der Republikan. Volkspartei (RVP); 1974, 1977 und 1978/79 Ministerpräsident; nach dem Militärputsch 1980 interniert; zog sich 1988 aus dem polit. Leben zurück.

echauffiert [eʃoˈfiːrt; frz.], erhitzt; aufgeregt.

Echegaray y Eizaguirre, José [span. etʃeɣaˈrai i ɛiθaˈɣirrɛ], *Madrid 19. 4. 1832, † ebd. 14. oder 16. 9. 1916, span. Dramatiker. Neuromant.-melodramat. Bühnenwerke, u. a. »Wahnsinn oder Heiligkeit« (1877), »Galeotto« (1881); Nobelpreis für Literatur 1904 (mit F. Mistral).

Echeverie (Echeveria) [ɛtʃe...i-ə; nach dem mex. Pflanzenzeichner A. Echeverría, 19. Jh.], Gatt. der Dickblattgewächse mit über 150 Arten im trop. Amerika; sukkulente, stammlose Stauden oder kurzstämmige Sträucher mit spiralig angeordneten Blättern in Rosetten; Blüten in Blütenständen; Zierpflanzen.

Echeverría, Esteban [span. etʃeβɛˈrria], *Buenos Aires 2. 9. 1805, † Montevideo 19. 1. 1851, argentin. Schriftsteller. Stand im Mittelpunkt der Bemühungen um eine nat. (romant.) Literatur; ab 1840 im Exil.

Echnaton.
Kopf des Echnaton
(Höhe 25 cm, um
1355 v. Chr., Berlin,
Ägyptisches Museum)

Echnaton [ägypt. »dem Aton wohlgefällig«], † um 1348 v. Chr., ägypt. König (ab etwa 1364) der 18. Dynastie; Gemahl der Nofretete, kam als Amenophis IV. auf den Thron; erhob den Sonnengott Aton zum alleinigen Gott; änderte seinen Namen in E. um.

Echo, Bergnymphe der griech. Mythologie. Durch ihr Geschwätz lenkt sie Hera ab, während Zeus seinen Liebesabenteuern nachgeht, und wird von ihr so bestraft, daß sie weder von selbst reden, noch, wenn ein anderer redet, schweigen kann.

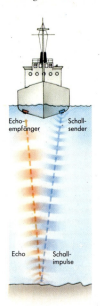

Echolot. Schematische Darstellung

Echo [griech.-lat.], eine durch Reflexion zum Ursprungsort zurückkehrende Welle; speziell Bezeichnung für eine Schallreflexion, bei der der zeitlich verzögerte, reflektierte Schall getrennt vom Originalschall wahrnehmbar ist.

Echographie, elektroakust. Prüfung und Aufzeichnung der Dichte eines Gewebes mittels Ultraschallwellen *(Echogramm).* Die aus dem Gewebe zurückkommenden Schallwellen geben Aufschluß über abnorme Dichteverhältnisse und somit auch über krankhafte Prozesse im Inneren des Organismus.

Echolot, elektroakust. Vorrichtung zur Bestimmung der Wassertiefe aus der Laufzeit eines reflektierten Ultraschallimpulses; auch zur Ortung von Fischschwärmen.

ECHO-Viren [Kurz-Bez. für engl. enteric cytopathogenic human orphan (viruses) »keiner bestimmten Krankheit zuzuordnende zytopathogene Darmviren«], Sammel-Bez. für eine Gruppe von Viren, die zahlr. fieberhafte Erkrankungen hervorrufen.

Echsen (Sauria), weltweit, bes. in den wärmeren Zonen verbreitete Unterordnung der Schuppenkriechtiere mit rd. 3000 etwa 3 cm bis 3 m langen Arten; meist mit vier Gliedmaßen, die teilweise oder ganz rückgebildet sein können; Augenlider sind meist frei beweglich, das Trommelfell ist fast stets äußerlich sichtbar. Zu den E. gehören u. a. Gekkos, Leguane, Agamen, Chamäleons, Eidechsen, Skinke, Warane.

Echter von Mespelbrunn, Julius ↑Julius, Fürstbischof von Würzburg.

Echternach, luxemburgische Stadt an der unteren Sauer, 4200 E. Museum; chemische und elektronische Industrie. – 698 vom hl. Willibrord gestiftete Benediktinerabtei, dem die alljährlich am Pfingstdienstag stattfindende *Echternacher Springprozession* gilt (die Teilnehmer bewegen sich jeweils in drei großen Sprüngen vorwärts und zwei Sprüngen rückwärts).

Echter Wermut ↑Beifuß.

Echtmäuse (Altweltmäuse, Murinae), Unter-Fam. der Langschwanzmäuse mit rd. 75 Gatt. und über 300 kleinen bis mittelgroßen Arten in Europa, Afrika, Asien und Australien.

Echtzeitbetrieb (Realzeitbetrieb), Betriebsverfahren einer elektron. Datenverarbeitungsanlage, bei dem alle Aufgaben sofort vom Computer verarbeitet werden müssen, da er in die Abwicklung des Prozesses direkt eingebunden ist; z. B. Prozeßrechner mit Meßwerterfassungssystemen zur Steuerung von techn. Einrichtungen.

Eck, Johannes, eigtl. May[e]r oder Mai[e]r aus Eck (Egg), *Egg a. d. Günz 13. 11. 1486, † Ingolstadt 10. 2. 1543, dt. katholischer Theologe. Prof. in Ingolstadt. 1519 Disputation mit Luther und Karlstadt in Leipzig. E wirkte am Prozeß gegen Luther mit und betrieb 1520 in Rom die Weiterführung des Prozesses.

Eckart (Ekkehart, Eckewart), dt. Sagengestalt, gen. »der getreue E.«, Behüter, Berater und Warner.

Eckball, gegen die Mannschaft, die den Ball ins eigene Toraus gespielt hat, gegebener Freistoß, Freiwurf oder Freischlag aus der Spielfeldecke der verteidigenden Mannschaft, u. a. beim Fußball-, Handball- und Hockeyspiel.

Eckehart, Meister ↑Eckhart.

Eckener, Hugo, *Flensburg 10. 8. 1868, † Friedrichshafen 14. 8. 1954, dt. Luftfahrtpionier. Ab 1905 Mitarbeiter des Grafen Zeppelin; 1924 erste Atlantiküberquerung mit dem Luftschiff ZR III (LZ 126), 1931 Nordpolflug.

Eckermann, Johann Peter, *Winsen (Luhe) 21. 9. 1792, † Weimar 3. 12. 1854, dt. Schriftsteller. Ab 1823 Vertrauter und Sekretär Goethes; schrieb »Gespräche mit Goethe in den letzten Jahren seines Lebens« (1836–48).

Eckernförde, Hafenstadt und Seebad zw. dem W-Ende der *Eckernförder Bucht,* einer Förde der westl. Ostsee, und dem *Windebyer Noor,* einem Strandsee,

Echsen.
Links: Zauneidechse ◆
Rechts: Agame

22500 E. Jagd- und Sportwaffenindustrie. Spätgot. Nicolaikirche (15. Jh.).

Eckhart (Eckart, Eckehart), gen. Meister E., *Hochheim bei Gotha um 1260, † Avignon (?) vor dem 30. 4. 1328, dt. Dominikaner. Ab 1311 Lehrer in Paris, Straßburg und Köln; bed. Prediger; wegen Häresieverdachts ab 1326 in Prozesse verwickelt. Das Ziel seiner spekulativen Mystik ist die Einswerdung des Seelengrunds mit Gott (»unio mystica«). In seinem Bestreben, den Vorgang dieser Einigung und die geheimnisvolle schöpfer. Kraft der unsterbl. Seele (»Seelenfünklein«) in Worte zu fassen, wirkte E. auch sprachschöpferisch.

Ecklohn, der im Tarifvertrag für eine bestimmte Lohngruppe festgesetzte Normalstundenlohn, nach dem sich die Grundlöhne anderer Lohngruppen mit Hilfe eines tariflich festgelegten Schlüssels errechnen lassen.

Eckzins, der Zinssatz, mit dem Einlagen auf Sparkonten mit gesetzl. Kündigung zu verzinsen sind.

Eco, Umberto [italien. 'ɛ:ko], *Alexandria 5. 1. 1932, italien. Kunstphilosoph und Schriftsteller. Studien zur mittelalterl. Ästhetik und Geistesgeschichte, zur allg. literar. und musikal. Semiotik sowie zur Massenkultur und Massenkommunikation; bekannt wurden v. a. seine Romane »Der Name der Rose« (1980), »Das Foucaultsche Pendel« (1988) und »Die Insel des vorigen Tages« (1994).

Umberto Eco

École de Paris [frz. ekɔldəpa'riʃ], nach dem 2. Weltkrieg bis etwa 1960 in Paris bestehender Kreis abstrakter Maler, einschließl. Vertreter des abstrakten Expressionismus (R. Bissière, J. Bazaine, M. Estève, H. Hartung, A. Manessier, G. Schneider, P. Soulages, N. de Staël, M. E. Vieira da Silva, R. R. Ubac, Wols, G. Mathieu, S. Poliakoff).

Economic Community of West African States [engl. i:kə'nɔmık kə'mju:nıtı əv 'wɛst 'æfrıkən 'steıts], Abk. **ECOWAS,** 1975 in Lagos gegr. wirtschaftl. Zusammenschluß von 15 (später 16) westafrikan. Staaten.

Economy-Klasse [engl. ı'kɔnəmı »Sparsamkeit«], niedrigste Tarifklasse im Personen-, Luft- und Schiffsverkehr.

ECOSOC [Abk. für engl. **Eco**nomic and **So**cial **C**ouncil], der Wirtschafts- und Sozialrat der ↑UN.

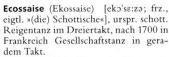

Ecossaise (Ekossaise) [ekɔ'sɛ:zə; frz., eigtl. »(die) Schottische«], urspr. schott. Reigentanz im Dreiertakt, nach 1700 in Frankreich Gesellschaftstanz in geradem Takt.

ECOWAS, Abk. für engl. ↑Economic Community of West African States.

ECS, Abk. für engl. European Communications Satellite (Europäischer Kommunikationssatellit), Bez. für mehrere europ. Nachrichtensatelliten (ECS-1 bis ECS-4 zw. 1983 und 1987), die gleichzeitig 12000 Ferngespräche und zwei Fernsehprogramme übertragen können. ECS-1 dient der Übertragung der Programme SAT 1 und 3SAT.

Ecstasy [engl. 'ɛkstəsı] (Extasy), synthetisch hergestellte Droge aus der Gruppe der Amphetamine, die zu euphor. Gefühlsstimmungen führen, aber auch Herzrasen, Muskelkrämpfe und einen gefährl. Wasserverlust des Körpers hervorrufen kann.

ecto..., Ecto... ↑ekto..., Ekto...

ECU, Abk. für engl. European Currency Unit (Europäische Währungseinheit), Kernstück des ↑Europäischen Währungssystems.

Écu [frz. e'ky], nach ihrem Gepräge (dem königl. Wappenschild) benannte frz. Münzen; zahlr. Prägungen in verschiedenen Metallen, u. a. die älteste frz. Goldmünze (Écu d'or, 13. Jh.). Im 18. Jh. auch im dt. Geldverkehr verbreitet.

Ecuador (Ekuador), Staat in Südamerika, grenzt im W an den Pazifischen Ozean, im N an Kolumbien, im O und S an Peru. Zu E. gehören die Galapagosinseln.

Staat und Recht: Präsidiale Republik; *Verfassung* von 1979 (zuletzt 1994 geändert). *Staatsoberhaupt* und oberster Inhaber der *Exekutive:* der auf 4 Jahre gewählte Präs.; die *Legislative* liegt beim Repräsentantenhaus (77 Abg., davon 65 auf 2 Jahre und 12 auf 4 Jahre gewählt). *Parteien:* Partido Social Christiano (PSC), Partido Roldosista Ecuatoriano (PRE), Movimiento Popular Democrático (MPD), Partido Conservador Ecutoriano (PCE), Izquierda Democrática (ID), Democracia Popular (DP).

Landesnatur: E. hat Anteil an drei Großräumen: Küstentiefland, Andenhochland und östl. Tiefland. Das 160 km breite Küstentiefland steigt rasch zum Andenhochland an. Dieses wird von der West- (im Chimborasso 6310 m ü. M.) und der Ostkordillere (im Cotopaxi 5897 m ü. M.) begrenzt, die eine 2300–3000 m hoch gelegene Beckenzone einschließen. Das östl. Tiefland gehört bereits zum Amazonasgebiet. E. liegt in den inneren Tropen. Die Küstenzone liegt im Bereich des Humboldtstromes. Halbwüste, Savannen und immergrüner Regenwald im Tiefland. Trop. Berg- und Nebelwald reicht bis in 3500 m Höhe.

Bevölkerung: 35 % der Bevölkerung sind Mestizen, 25 % Weiße, 20 % Indianer, 15 % Mulatten und 5 % Schwarze. Über 90 % der E sind katholisch.

Wirtschaft, Verkehr: Im Andenhochland werden Produkte zur Selbstversorgung, im Küstentiefland Bananen, Kaffee, Kakao und Zuckerrohr für den Export angebaut. E. führt außerdem Erdöl aus, das im Amazonasgebiet gefördert und über eine 504 km lange Pipeline zur Küste befördert wird (durch ein Erdbeben 1987 zerstört). Erdölraffinerien und chem.-pharmazeut. Industrie. Das Eisenbahnnetz hat eine Länge von 971 km, das Straßennetz von 36 187 km. Wichtigste Häfen sind Guayaquil, Puerto Bolívar und Esmeraldas. Internat. ✈ sind Quito und Guayaquil.

Geschichte: Ab 1463/71 wurde E. nach und nach dem Inkareich eingegliedert, das 1531–33 durch die Spanier erobert wurde. Ab 1563 gehörte es zum Vize-Kgr. Peru, 1717–24, endgültig seit 1739

Ecuador

Fläche:	283 561 km²
Einwohner:	11,055 Mio.
Hauptstadt:	Quito
Amtssprache:	Spanisch
Nationalfeiertag:	10. 8.
Währung:	1 Sucre (s/.) = 100 Centavos (Ctvs)
Zeitzone:	MEZ – 6 Std.

zum Vize-Kgr. Neugranada. Nach dem Unabhängigkeitskampf 1809–22 verblieb E. bis 1830 bei Groß-Kolumbien. Nach dem bewaffneten Konflikt mit Peru 1941 mußte E. 1942 fast ²/₅ seines Staatsgebiets abtreten. Die Versuche von Präs. J. M. Velasco Ibarra (seit 1934), die sozialen Konflikte durch Reformen abzubauen, führten fünfmal (1935, 1947, 1956, 1961 und 1972) zu seinem Sturz durch Putsche. 1972–79 bestand eine Militärregierung. Die Präsidentschaftswahlen von 1992 konnte

Ecuador

Staatsflagge

Staatswappen

6,18   11,05   541   1070

1970 1992   1970 1992
Bevölkerung   Bruttosozial-
(in Mio.)   produkt je E
               (in US-$)

☐ Stadt   Land ☐

58%   42%

Bevölkerungsverteilung 1992

☐ Industrie
☐ Landwirtschaft
☐ Dienstleistung

39%   48%
13%

Bruttoinlandsprodukt 1992

Ecuador. Landwirtschaftliche Anbauflächen bei San Miguel Bolivia, im Hintergrund der Chimborazo

S. Durán Ballén für sich entscheiden. Aus den Parlamentswahlen von 1994 ging die PSC als stärkste polit. Kraft hervor.

ed., Abk. für lat. **ed**idit [»herausgegeben hat es ...«].

Edam, niederl. Stadt nö. von Amsterdam, 24 200 E. Zu E. gehört das Fischer- und Trachtendorf *Volendam;* Museum; Textil-, keram. und Molkereiindustrie.

Edda [altnord.], Name zweier Werke der altisländ. Literatur, der Prosa- oder Snorra-E. und der Poet. oder Lieder-E. (früher auch Sæmundar-E. genannt). Die *Snorra-Edda* ist ein mytholog. Lehrbuch, das der Überlieferung nach um 1230 von Snorri Sturluson verfaßt wurde und als Handbuch der Skaldenkunst gedacht war (in Handschriften des 13. und 14. Jh. überliefert). Die *Lieder-Edda* ist eine Sammlung von etwa 30 Liedern aus Mythologie und Heldensage, überliefert in einer Handschrift des 13. Jh. (Codex Regius). Die Sammlung, wohl kaum älter als die Handschrift selbst, wurde, als man sie im 17. Jh. wiederfand, Sæmundr Sigfússon, einem island. Gelehrten des 11./12. Jh., zugeschrieben und »Edda« genannt, weil man sie für die Vorlage der Snorra-E. hielt. Die Lieder stammen vorwiegend aus dem 8.–11. Jh.; manche sind schon von den kontinentalen Balladenform des 12. Jh. beeinflußt.

EDEKA, aus der Abk. **EdK** (für **E**inkaufsgenossenschaften dt. **K**olonialwaren- und Lebensmittel-Einzelhändler) entstandene Bez. für die zweitgrößte dt. genossenschaftlich orientierte Einkaufsorganisation und Handelsgruppe, Sitz Hamburg, gegr. 1907.

Edelfalter (Fleckenfalter, Nymphalidae), Fam. der Tagfalter mit mehreren Tausend weltweit verbreiteten Arten.

Edelfäule, Bez. für die durch Schimmelbildung (↑Grauschimmel) bewirkte Beschaffenheit vollreifer Weintrauben, die rosinenartig eintrocknen (Trockenbeeren); Fruchtzucker und (teils neugebildete) Geschmacksstoffe werden konzentriert.

Edelfreie (Edelinge), in der *dt. Rechtsgeschichte* die Oberschicht der Freien.

Edelgase, Bez. für die Elemente der VIII. Hauptgruppe des Periodensystems der chem. Elemente: Helium, Neon,

Edelkoralle.
Polypen

Gerald Maurice Edelman

Edelkastanie. Oben: blühender Zweig ◆ Unten: aufgesprungener Fruchtbecher mit Früchten

Argon, Krypton, Xenon, Radon. Die Edelgase sind einatomige farb- und geruchlose Gase und chemisch äußerst reaktionsträge.

Edelhirsch, svw. ↑Rothirsch.

Edelkastanie [...i-ə] (Echte Kastanie, Castanea sativa), Buchengewächs in W-Asien, kultiviert und eingebürgert in S-Europa und N-Afrika, seit der Römerzeit auch in wärmeren Gebieten Deutschlands; sommergrüner, bis über 1 000 Jahre alt und über 20 m hoch werdender Baum; Nußfrüchte *(Eßkastanien* oder *Maroni)* mit stacheliger Fruchthülle; erste Fruchterträge nach 20 Jahren.

Edelkoralle (Rote Edelkoralle), Art der Rindenkorallen an den Küsten des Mittelmeers, v. a. in Tiefen zw. 30 und 200 m; bildet meist 20–40 cm hohe, wenig verzweigte Kolonien.

Edelman, Gerald Maurice [engl. 'ɛɪdlmæn], * New York 1. 7. 1929, amerikan. Biochemiker. Arbeitete v. a. an der Aufklärung der biochem. Grundlagen der Antigen-Antikörper-Reaktion; 1972 (zus. mit R. R. Porter) Nobelpreis für Physiologie oder Medizin.

Edelmarder (Baummarder), seltene
Marderart in Europa und N-Asien;
Körperlänge etwa 48–53 cm, Schwanz
22–28 cm lang, buschig.

Edelmetalle, chemisch bes. beständige
Metalle wie Gold, Silber und Platin sowie Ruthenium, Rhodium, Palladium,
Osmium, Iridium, aber auch Quecksilber.

Edelreis ↑Veredelung.

Edelstahl, durch Zugabe von Stahlver-
edelungsmetallen, z. B. Chrom, Man-
gan, legierter, rostfreier Sonderstahl mit
geringem Phosphor- und Schwefelge-
halt.

Edelsteine ↑Schmucksteine.

Edeltanne, svw. Weißtanne (↑Tanne).

Edelweiß (Leontopodium), Gattung
der Korbblütler mit etwa 50 Arten in
Gebirgen Asiens und Europas; niedrige,
dicht behaarte Stauden; in M-Europa
kommt nur die geschützte Art *Leontopodium alpinum* in den Alpen auf Felsspal-
ten und auf steinigen Wiesen ab 1700 m
Höhe vor.

Edelzwicker ↑Zwicker.

Eden [hebr.], im AT der Paradiesgarten.

Edenkoben, Stadt am Abfall der
Haardt zur Oberrheinebene, Rhld.-Pf.,
5400 E. Weinbau. Pfarrkirche (1739/
1740), Schloß Ludwigshöhe (1845–51;
ehem. Sommerresidenz König Ludwigs I., z. T. Slevogt-Museum).

Edessa, antike syr. Stadt, ↑Urfa.

edieren [lat.], herausgeben.

Edelmarder

Edelweiß.
Leontopodium
alpinum

Edikt [lat.], in der *röm. Antike* Verwaltungsanordnung bzw. Rechtspre-
chungsrichtlinie, später auch Kaiserge-
setz.

Edinburgh [ˈeːdɪnbʊrk, engl. ˈɛdɪnbərə],
Hauptstadt Schottlands, Verwaltungssitz der Lothian Region, am S-Ufer des
Firth of Forth, 439000 E. Sitz der
schott. presbyterian. Kirche, Univ.
(gegr. 1583), TU, Observatorium,
ozeanograph. u. a. Forschungsinstitute,
Museen, schott. Nationalbibliothek;
Theater; jährl. internat. Musikfestspiele; botan. Garten. Bed. Bank-, Ver-
sicherungs- und Geschäftszentrum;
traditionelles Druckerei- und Verlags-

Edinburgh.
Holyrood Palace; nach
Plänen von William Bru-
ce 1671–79 wieder-
aufgebaut

Edinburgh
Stadtwappen

Kasimir Edschmid

Edirne

wesen, Whiskybrennereien, Leinenherstellung, Nahrungsmittelindustrie. **Stadtbild:** In der Altstadt: Kathedrale Saint Giles (12. Jh.; 1387–1500 wieder hergestellt), Holyrood Palast (1500, Wiederaufbau 1671–79), ehem. Parlamentsgebäude (1633–40; jetzt Oberster Gerichtshof des Landes). Über der Neustadt (im 18. und 19. Jh. im Schachbrettmuster angelegt) auf einem hohen Felsen die mittelalterl. Burg mit der Kapelle Saint Margaret (11. Jh.) im normann. Stil.
Geschichte: Ab Ende des 11. Jh. Residenz der schott. Könige; seit dem 15. Jh. ständige Hauptstadt von Schottland.
Edirne (früher Adrianopel), Stadt in der europ. Türkei, 86 700 E. Leder- und Textil-Ind., Herstellung von Teppichen und Rosenöl. Oriental. Stadtbild mit Basaren, Karawansereien und Moscheen; berühmt ist die Selimiye-Moschee (1567–75). – Thrak. Gründung; vom röm. Kaiser Hadrian als *Hadrianopolis* neu gegr.; 1361 von den Osmanen erobert; 1365–1453 osman. Hauptstadt. – Der *Friede von Adrianopel* (14. 9. 1829) beendete den Russ.-Türk. Krieg von 1828/29.
Edison, Thomas Alva [engl. 'ɛdɪsn], *Milan (Ohio) 11. 2. 1847, † West Orange (N. J.) 18. 10. 1931, amerikan. Erfinder. Bed. Entdeckungen und Erfindungen: u. a. Kohlekörnermikrophon, Phonograph (Vorläufer des Grammophons ®), Kohlefadenglühlampe, Kinematograph sowie Betongießverfahren. Seine Entdeckung des glühelektr. Effekts (Edison-Effekt) führte zur Entwicklung der Elektronenröhre.

Thomas A. Edison. Phonograph mit Handantrieb und Stanniolwalze (1878)

Edison-Schrift [engl. 'ɛdɪsn; nach T. A. Edison] (Tiefenschrift), Tonaufzeichnungsverfahren für Schallplatten mit vertikaler Auslenkung der Graviernadel (Ggs. ↑Berliner-Schrift).
Edition [lat.], wiss. Herausgabe bzw. krit. Ausgabe eines Werkes.
Edmonton [engl. 'ɛdməntən], Hauptstadt der kanad. Prov. Alberta, in den Great Plains, 574 000 E. Univ.; Zentrum eines bed. Agrar- und Erdölgebiets; ✈.
Edo ↑Tokio.
Edom, bibl. Gestalt, ↑Esau.
Edom [hebr.], in alttestamentl. Zeit das Land zw. Totem und Rotem Meer. Die *Edomiter* gelten als Verwandte Israels.
Edschmid, Kasimir, eigtl. (bis 1947) Eduard Schmid, *Darmstadt 5. 10. 1890, † Vulpera (Schweiz) 31. 8. 1966, dt. Schriftsteller. Begann als Erzähler (Novellen, u. a. »Das rasende Leben«, 1916; Romane, u. a. »Wenn es Rosen sind, werden sie blühen«, 1950) und Programmatiker des Expressionismus; später Hinwendung zu einer realist. Darstellung; auch Reisebücher.
Eduard, Name von Herrschern:
angelsächs. Könige: **1) Eduard der Bekenner,** hl., *Islip um 1005, † Westminster (heute zu London) 5. 1. 1066, letzter König (ab 1042) aus dem westsächs. Herrscherhaus (Wessex).
England/Großbritannien: **2) Eduard I.,** gen. Longshanks, *Westminster (heute zu London) 17. oder 18. 6. 1239, † Burgh by Sands (bei Carlisle) 7. 7. 1307, König (ab 1272). Schlug 1265 den Aufstand der Barone gegen seinen Vater Heinrich III. nieder; bed. Gesetzgeber; eroberte Wales und Schottland.
3) Eduard III., *Windsor 13. 11. 1312, † Sheen (später Richmond [heute zu London]) 21. 6. 1377, König (ab 1327). Sohn Eduards II.; löste durch Anspruch auf die frz. Krone den Hundertjährigen Krieg aus.
4) Eduard IV., *Rouen 28. 4. 1442, † Westminster (heute zu London) 9. 4. 1483, König (ab 1461). Vertrieb 1461 Heinrich VI. (Haus Lancaster) und erlangte das Königtum in den ↑Rosenkriegen.
5) Eduard VI., *Hampton Court (heute zu London) 12. 10. 1537, † Greenwich (heute zu London) 6. 7. 1553, König (ab 1547). Sohn Heinrichs VIII.; unter ihm gesetzl. Verankerung der Reformation

(Einführung des Common Prayer Book).

6) Eduard VIII., *White Lodge (heute zu London) 23. 6. 1894, † Neuilly-sur-Seine 28. 5. 1972, König von Großbrit. (1936). Dankte wegen seiner Heirat mit der Amerikanerin Wallis Simpson (*1896, †1986) ab; lebte als *Herzog von Windsor* im Ausland.

Eduard, *Woodstock bei Oxford 15. 6. 1330, † Westminster (heute zu London) 8. 6. 1376, Prinz von Wales (ab 1343). Sohn Eduards III.; der Farbe seiner Rüstung wegen »Der schwarze Prinz« gen.; bed. Heerführer im Hundertjährigen Krieg; erhielt 1362 als Hzg. von Aquitanien den engl. Besitz in SW-Frankreich.

Eduardsee (Rutanzigesee), See im Zentralafrikan. Graben, größtenteils in Zaire, NO-Teil in Uganda, 2 200 km², entwässert über den Semliki zum Albertsee.

EDV, Abk. für **e**lektronische **D**atenverarbeitung.

Edwards, Blake ['ɛdwədz], *Tulsa (Okla.) 26. 6. 1922, amerikan. Filmregisseur. Internat. bekannt durch seine Filmkomödien, u. a. »Frühstück bei Tiffany« (1961), »Der rosarote Panther« (1963), »Zehn – Die Traumfrau« (1980).

Edwards-Syndrom [engl. 'ɛdwədz...; nach dem brit. Genetiker John Hilton Edwards, *1928] (E₁-Trisomie), Bez. für versch. Mißbildungen, die auf Störungen der Struktur oder auf Abweichungen der Zahl von Chromosomen der E-Gruppe beruhen; u. a. mit Skelettveränderungen, Lippen-Kiefer-Gaumen-Spalte, angeborenem Herzfehler.

EEG, Abk. für ↑Elektroenzephalogramm.

Efate [engl. ɛ'fɑ:tɪ] (frz. Île Vaté), Insel der Neuen Hebriden, 1 100 km²; auf E. liegt Vila, die Hauptstadt von Vanuatu.

Efendi (Effendi) [türk. »Herr«], in der osman. Türkei ein Ehrentitel für die gebildeten Stände.

Efeu (Hedera), Gatt. der Araliengewächse mit etwa sieben Arten in Europa, N-Afrika und Asien; immergrüne Sträucher. Der *Gemeine E.* ist in Europa bis zum Kaukasus verbreitet. Er wächst an Mauern und Bäumen, bis zu 30 m hoch kletternd, oder auf dem Erdboden.

Efeuaralie [...i-ə], durch Kreuzung von Zimmeraralie und Efeu entstandenes Araliengewächs.

Efeu

Efeugewächse, svw. ↑Araliengewächse.

Effekt [lat.], *allg.* svw. Wirkung, Erfolg; in der *Physik* Bez. für spezielle Erscheinungen und Wirkungen, z. B. Photoeffekt.

Effekten [lat.-frz.], zur Kapitalanlage geeignete ↑Wertpapiere (z. B. Aktien, Investmentzertifikate), die leicht übertragbar und an der Börse *(Effektenbörse)* handelbar sind. Die Effektenurkunde besteht im allg. aus Mantel und Bogen. Der *Mantel* verbrieft das Forderungs- oder Anteilsrecht, während der *Bogen* die Zins- bzw. Gewinnanteilscheine enthält.

Effektengeschäft, Geschäftstätigkeit eines Kreditinstituts, die die Ausgabe von fremden Effekten *(Emissionsgeschäft),* den An- und Verkauf *(Effektenhandel)* und die Verwahrung und Verwaltung von Effekten *(Effektenverwaltung)* umfaßt.

effektiv [lat.], wirksam; nutzbringend.

effektive Leistung, bei Kraftmaschinen die von der Antriebswelle abgegebene Leistung.

Effektivwert, 1) *Börse:* im Ggs. zum nominellen oder ↑Nennwert der tatsächl. Wert eines Wertpapiers zu einem bestimmten Zeitpunkt; bemißt sich nach dem Börsenkurs (abzüglich Spesen und Steuern).

Efeuaralie
(Höhe bis 5 m)

Effektoren

2) *Physik:* die Quadratwurzel aus dem quadrat. Mittelwert einer zeitlich veränderl. period. Größe. Für den E. eines sinusförmigen Wechselstroms mit dem Scheitelwert G_0 seiner Stromstärke ergibt sich $G_{eff} = 0,707\ G_0$. Ein Gleichstrom mit der Stromstärke G_{eff} würde in einem ohmschen Widerstand dieselbe Wärmewirkung hervorrufen wie ein Wechselstrom mit der Stromstärke G_0.

Effektoren [lat.], *Physiologie:* Bez. für Nerven, die einen Reiz vom Zentralnervensystem zu den Organen (z. B. Muskeln) weiterleiten bzw. für die den Reiz beantwortenden Organe selbst.

Effendi ↑Efendi.

Effet [ɛˈfeː; lat.-frz. »Wirkung«], der z. B. einem Ball durch einen seitl. Anstoß verliehene Drall.

Effizienz [lat.], Wirksamkeit (im Verhältnis zu den aufgewandten Mitteln).

Effloreszenz [lat.], **1)** *Geologie:* Ausblühungen; Überzug aus Salzen an Gesteinen, Mauerwerk.
2) *Medizin:* Sammel-Bez. für durch krankhafte Vorgänge hervorgerufene Veränderungen der Haut und Schleimhäute, z. B. Flecken, Knötchen, Schuppen, Narben.

EFTA, Abk. für **E**uropean **F**ree **T**rade **A**ssociation, ↑Europäische Freihandelsassoziation.

e-Funktion ↑Exponentialfunktion.

EG, Abk. für ↑Europäische Gemeinschaften.

Egbert, † 839, König von Wessex (ab 802). Vergrößerte Wessex nach 825 um die übrigen südengl. Teilreiche und Mercia, 838 um Cornwall.

Egbertkodex (Codex Egberti), von Egbert von Trier der Abtei Sankt Paulin in Trier geschenktes Evangelistar (heute in der Trierer Stadtbibliothek); Zeugnis der Reichenauer Malerei der otton. Zeit.

Egel, svw. Blutegel.

Egell, Paul, *9. 4. 1691, □ Mannheim 11. 1. 1752, dt. Bildhauer. Bed. Vertreter des Barock an der Schwelle zum Rokoko; nach Gesellenjahren bei B. Permoser ab 1721 Hofbildhauer in Mannheim.

Egelschnecken (Schnegel, Limacidae), Fam. z. T. großer Nacktschnecken; Schädlinge sind z. B. die ↑Ackerschnecken und die an Kellervorräten fressende *Große Egelschnecke* (bis 15 cm lang).

Eger, 1) (tschech. Cheb), Stadt in der Tschech. Rep., an der Eger, 31 400 E. Maschinen- und Fahrradbau. Got. Sankt-Nikolaus-Kirche (1230–70), Kirche Sankt Bartholomäus (1414), ehem. Franziskanerklosterkirche (1285 vollendet), mittelalterl. Häuserkomplex, gen. das Stöckl (13. Jh.), Reste der alten Kaiserburg (12. Jh.), barockes ehem. Rathaus (18. Jh.). – Unter den Staufern Königsstadt; 1242 Stadtrecht; 1277 Reichsstadt: ab 1322 böhm. Pfandbesitz. Der *Reichstag in Eger* 1389 löste die Städtebünde auf und verkündete einen Reichslandfrieden.
2) (dt. Erlau), ungar. Bezirkshauptstadt am S-Fuß des Bükkgebirges, 67 000 E. PH, Mittelpunkt eines Weinbaugebietes *(Erlauer Stierblut).* Heilbad (radonhaltige Quellen). Barockbauten, u. a. ehem. Minoritenkirche (1758–73), Jesuitenkirche (um 1700); Minarett (16./17. Jh., 35 m hoch). – Um 1009 Bistum; 1596–1687 osmanisch; 1804 Erzbistum.
3) (tschech. Ohře), linker Nebenfluß der Elbe, in Deutschland und der Tschech. Rep., 256 km lang; entspringt im Fichtelgebirge, mündet bei Litoměřice.

Egeria, Quellnymphe der röm. Mythologie.

Egelschnecken. Große Egelschnecke (Länge bis 15 cm)

Egerland, histor. Landschaft in NW-Böhmen, Tschech. Rep.; Mittelpunkt: die Stadt ↑Eger; 1806 staatsrechtlich Böhmen eingegliedert; bis 1945 (weitgehende Ausweisung der Deutschen) fast ausschließlich von Deutschen besiedelt.

Egge (Eggegebirge), Teil des westl. Weserberglandes, südl. Fortsetzung des Teutoburger Waldes, bis 468 m hoch.

Egge, Ackergerät zur Lockerung und Krümelung des gepflügten Bodens.

Eggebrecht, Axel, *Leipzig 10. 1. 1899, † Hamburg 14. 7. 1991, dt. Journalist und Schriftsteller. Erzählungen, Essays, Drehbücher (u. a. »Bel ami«, 1939), Hör- und Fernsehspiele, Reportagen.

Axel Eggebrecht

Eggheads [engl. 'ɛghɛdz; engl.-amerikan. »Eierköpfe«], in den USA spött. Bez. für Intellektuelle.

Egill Skallagrímsson, *um 910, † um 990, isländ. Skalde. Die »Egils saga« (13. Jh.) stellt sein Leben dar.

Eginhard, fränk. Geschichtsschreiber und Gelehrter, ↑Einhard.

Egk, Werner, urspr. W. Mayer, *Auchsesheim bei Donauwörth 17. 5. 1901, † Inning a. Ammersee 10. 7. 1983, dt. Komponist. Orchesterwerke, Klaviermusik sowie Opern, u. a. »Columbus« (1933), »Die Zaubergeige« (1935), »Peer Gynt« (1938, nach Ibsen), »Die Verlobung in San Domingo« (1963, nach Kleist), und das Ballett »Abraxas« (1948).

Egmond (Egmont), Lamoraal Graf von [niederl. 'ɛxmɔnt], Fürst von Gavere, *La Hamaide (Hennegau) 18. 11. 1522, † Brüssel 5. 6. 1568, niederl. Adliger. Gehörte als Statthalter der Prov. Flandern und Artois (ab 1559) zur Spitze der Adelsopposition gegen die Verwaltung der span. Niederlande; von Herzog von Alba 1567 verhaftet und 1568 hingerichtet. Goethe setzte sich in seinem Trauerspiel »Egmont« (1788) nicht an das histor. Geschehen.

Egnatische Straße ↑Römerstraßen.

Ego [lat. »Ich«], in der psychoanalyt. Theorie S. Freuds neben dem Es und dem Über-Ich dasjenige Teilsystem in der Persönlichkeitsstruktur des Menschen, das die Realitätsanpassung ermöglicht. Es koordiniert die primitiven Impulse und Triebe des Es mit den moral. Ansprüchen des Über-Ich und übernimmt die Vermittlung zw. Innen- und Außenwelt.

Egoismus [lat.-frz.], das Streben nach Vorteilen für die eigene Person ohne Rücksicht auf die Ansprüche anderer; Ggs. ↑Altruismus.

E. h., Abk. für Ehren halber, Zusatz beim Titel des Ehrendoktors.

Ehe, Lebensgemeinschaft zweier oder mehrerer erwachsener Personen verschiedenen Geschlechts, die im allg. (jedoch nicht zwingend) auch durch Zeugung und Aufzucht von Nachkommen eine eigene Familie begründen. Die E. ist daher auf Dauer angelegt. Kennzeichen für die überindividuelle soziale Bedeutung der E. in fast allen Kulturbereichen ist, daß eine E. nur durch einen öffentlich gebilligten Akt, die Heirat (↑Eheschließung), zustande kommen kann. – Am weitesten verbreitet ist die Monogamie (Einehe), die an keinen bestimmten Kulturtypus gebunden ist. Bei der Polygamie (Vielehe) wird zw. Polygynie (Vielweiberei) und Polyandrie (Vielmännerei) unterschieden, wobei die erste häufiger ist und in ihr meist die zuerst geheiratete Frau als Hauptfrau bes. Vorrechte genießt. Die Heirat der Witwe eines kinderlos verstorbenen Bruders *(Levirat, Leviratsehe, Schwagerehe)* soll der Erhaltung des Bruderstamms dienen.

In der *Antike* herrschte bei Griechen und Römern Monogamie auf streng patriarchal. Basis. Die Frau erlangte erst bei den Römern allmählich die Stellung einer Gefährtin des Mannes und Herrin des Hauses. – Die *german.* E. war exogam (die Partner durften nicht blutsverwandt sein). Polygamie des Mannes kam vor (v. a. beim Adel). Es gab zwei E.formen: die Sippenvertragsehe *(Muntehe, Kaufehe)* und die freie E. *(Friedelehe, Raubehe).* Im Einverständnis beider ligten war jede E. lösbar. – Im MA setzte die Kirche den Grundsatz der Ein-E. durch. Ab dem Hoch-MA wurde die gültig geschlossene und durch Beilager vollzogene E. von Christen als Sakrament und deshalb als unscheidbar betrachtet. In der ev. Kirche ist die E. kein Sakrament, sie wird jedoch als »hl. Stand« bewertet. – In der Zeit der *Aufklärung* und im 19. Jh. tritt die völlige Säkularisierung der E. ein, die nun als reiner Vertrag aufgefaßt wird. Die moderne Zwangszivil-E. erscheint erstmals 1653 in England. Sie wurde durch das Reichspersonenstandsgesetz vom 6. 2. 1875 in ganz Deutschland verwirklicht, wo auch erstmals die Ehescheidung allg. zugelassen wurde.

Im *Recht der BR Deutschland* ist E. die mit dem Willen zur ↑Eheschließung eingegangene Verbindung von Mann und Frau (Monogamie) zu einer dauernden Lebensgemeinschaft (↑Eherecht). Sie kommt durch eine vertragl. Einigung zustande, erlangt durch die bes. Form der ↑Eheschließung vor dem Standesbeamten die staatl. Anerkennung und genießt als Grundzelle der staatl. Gemeinschaft den bes., verfassungsrechtlich garantierten Schutz des Staates.

Werner Egk

Lamoraal Graf von Egmond

eheähnliche Gemeinschaft (nichtehel. Lebensgemeinschaft, freie Ehe), das zumeist auf Dauer angelegte Zusammenleben eines Mannes und einer Frau (und eventuell ihrer Kinder) ohne förml. Eheschließung. Die e. G. hat nicht dieselben rechtl. Wirkungen wie die Ehe; aus ihr entstammende Kinder sind nichtehelich.

Eheaufhebung, die Auflösung der Ehe wegen Mängel, die vor der Eheschließung liegen. Aufhebungsgrund ist z. B. Irrtum über persönl. Eigenschaften des Ehegatten (z. B. mangelnde Zeugungsfähigkeit).

Eheberatung, Bez. für konfessionelle oder weltanschaulich neutrale (z. B. Pro Familia Deutsche Gesellschaft für Sexualberatung und Familienplanung e. V.) Institutionen, die bei ehelichen und auch vorehelichen Schwierigkeiten biolog., hygien., eth. und sozialer Art beraten. ↑genetische Beratung.

Ehebruch, der Beischlaf eines in gültiger Ehe lebenden Ehegatten mit einem Dritten; in der BR Deutschland seit 1969 nicht mehr strafbar.

Ehec, Abk. für enterohämorrhagische Escherichia coli, spezielle Form des Bakteriums Escherichia coli, die im Darm von Wirbeltieren (bes. Rindern) auftritt. Durch den Genuß von rohem Rindfleisch und roher Milch auf den Menschen übertragen, können sie zu schweren Diarrhöen führen (bei Kindern u. U. als hämolytisch-uräm. Syndrom [HUS]).

Ehehindernisse, Tatsachen und Umstände, die einer ↑Eheschließung entgegenstehen, z. B. mangelnde Ehefähigkeit, Vorliegen eines Eheverbots.

eheliche Kinder, Kinder, die von miteinander verheirateten Eltern abstammen (auch wenn die Ehe für nichtig erklärt oder aufgehoben wird) oder die Rechtsstellung durch Legitimation oder Ehelicherklärung erlangt haben; gleichgestellt sind die angenommenen Kinder (↑Annahme als Kind). Die e. K. erwerben die *dt. Staatsangehörigkeit,* wenn ein Elternteil die dt. Staatsangehörigkeit besitzt, und erhalten i. d. R. den Ehenamen (↑Familienname) der Eltern. Eltern und Kinder sind einander *unterhaltspflichtig* (↑Unterhaltspflicht). Solange die Kinder dem elterl. Hausstand angehören und von den Eltern erzogen oder unterhalten werden (auch volljährige Kinder), sind sie verpflichtet, »in einer ihren Kräften und ihrer Lebensstellung entsprechenden Weise den Eltern im Hauswesen oder Geschäft (unentgeltlich) Dienste zu leisten«. Minderjährige Kinder stehen unter der *elterl. Sorge;* leben die Eltern getrennt oder ist ihre Ehe geschieden, so hat der nichtsorgeberechtigte Elternteil das Recht zum Umgang mit den Kindern. Nach dem Tode der Eltern sind die Kinder erbberechtigt.

Ein Kind ist ehelich, wenn es von einer verheirateten Frau während der Ehe oder innerhalb von 302 Tagen nach Auflösung ihrer Ehe geboren ist. Die Ehelichkeit kann durch Klage beim Amtsgericht (Prozeßgericht), nach dem Tode des Kindes durch Antrag beim Amtsgericht (Vormundschaftsgericht) angefochten werden, mit dem Begehren, die Nichtehelichkeit festzustellen *(Ehelichkeitsanfechtung).* – Im *österr.* und *schweizer. Recht* besteht ein dem dt. Recht entsprechender Begriff des ehel. Kindes.

eheliches Güterrecht, das die vermögensrechtl. Beziehungen der Ehegatten untereinander sowie gegenüber Dritten regelnde Recht. Mit dem Gleichberechtigungsgesetz wurde 1958 als gesetzl. Güterstand die ↑Zugewinngemeinschaft eingeführt (gilt auch für Ehen, die vor dem 1. Juli 1958 geschlossen wurden). Neben diesem gesetzl. Güterstand kommen als vertraglich vereinbarte (↑Ehevertrrag) ehel. Güterstände nur noch die ↑Gütergemeinschaft und die ↑Gütertrennung in Betracht.

Ehemakler (Ehevermittler), der Zivilmakler, der Gelegenheiten zur Eingehung von Ehen nachweist oder Eheschließungen vermittelt.

Ehename ↑Familienname.

Ehenichtigkeit, die Möglichkeit, eine Ehe wegen schwerer, schon bei der Eheschließung vorhandener Ehemängel für ungültig zu erklären (durch das Familiengericht). Gründe sind 1. schwerer Formfehler bei der Eheschließung, z. B. wenn die Ehe nicht persönlich oder bei gleichzeitiger Anwesenheit beider Partner vor dem Standesbeamten geschlossen oder unter einer Bedingung eingegangen wurde; 2. Verstoß gegen Eheverbote (↑Eheschließung).

Eherecht, im weitesten Sinn alle sich auf die Ehe oder die Ehegatten beziehenden Vorschriften des staatl. und der kirchl. Rechts: i. e. S. der Teil des Familienrechts, der von der Ehe handelt. Hauptquellen sind das 4. Buch des BGB und das (mehrfach geänderte) Ehegesetz von 1946. *Verfassungsrechtlich* wird die Ehe durch Art. 6 GG als Rechtsinstitut in seinem Kernbereich geschützt. Durch das in seinen wesentl. Teilen am 1. 7. 1977 in Kraft getretene 1. Gesetz zur Reform des Ehe- und Familienrechts wurde v. a. das Recht der ↑Ehescheidung und der Scheidungsfolgen grundlegend neu geregelt.

In der wirksam geschlossenen Ehe (↑Eheschließung) sind die Ehegatten einander zur *ehel. Lebensgemeinschaft* verpflichtet. Dies bedeutet im sozialen Leitbild der Ehe die geistige, körperl., häusl. und geschlechtl. Gemeinschaft der Ehegatten. Diese schulden einander Treue, Achtung, Rücksichtnahme, Mitwirkung in gemeinschaftl. Angelegenheiten, Beistand (auch für die gemeinschaftl. Kinder) und Unterhalt. Diese Rechte und Pflichten sind zwingend, können also von den Ehegatten nicht durch abweichende Vereinbarungen geändert werden. Beide Ehegatten sind zur Erwerbstätigkeit berechtigt, haben jedoch jeweils auf die Belange des anderen Ehegatten und der Familie Rücksicht zu nehmen. Die ↑Schlüsselgewalt besitzen beide Ehegatten. Die vermögensrechtl. Beziehungen untereinander können die Ehegatten vertragl. vereinbaren (↑eheliches Güterrecht). In seinem persönl. Bereich ist jeder Ehegatte grundsätzlich autonom. – Noch während bestehender Ehe entfällt die Pflicht zur ehel. Lebensgemeinschaft, wenn das Verlangen mißbräuchlich ist oder wenn die Ehe gescheitert ist.

Im *österr. Recht* gilt ähnliches wie im dt. Recht. Hauptquelle des *schweizer. E.* sind die §§ 90 ff. ZGB.

Das E. der *röm.-kath. Kirche* fordert zur gültigen Eheschließung, daß der Ehekonsens bei beiden Partnern nicht nur tatsächlich vorhanden ist, sondern auch in der rechtl. vorgeschriebenen Form kundgetan wird und daß die Partner rechtlich ehefähig sind. Fehlt eines dieser Elemente oder ist es fehlerhaft, ist die Eheschließung ungültig. – Nach dem E. verständnis der *ev. Kirchen* kommt die Ehe durch die Eheschließung nach weltl. Rechtsordnung zustande. Die kirchl. Trauung hat die Aufgabe, die Öffentlichkeit der Eheschließung auch vor der christl. Gemeinde zu bezeugen.

ehern, dichterisch für aus Erz hergestellt; unbeugsam, fest.

ehernes Lohngesetz, von F. Lassalle 1863 eingeführte Version der Lohntheorie, nach der der langfristige Durchschnittslohn das Existenzminimum nicht übersteigen könne.

Ehesachen, als Teil der Familiensachen bes. sich aus der Ehe ergebende Streitigkeiten zw. den Ehegatten. Dazu gehören: Antrag auf Ehescheidung, Klage auf Eheaufhebung, Klage auf Ehenichtigkeit, Klage auf Feststellung, daß eine Ehe besteht oder nicht besteht, Klage auf Herstellung der ehel. Lebensgemeinschaft. Für E. gelten bes. verfahrensrechtl. Regelungen.

Ehescheidung, die Auflösung der gescheiterten Ehe durch gerichtl. Urteil auf Antrag eines oder beider Ehegatten. Im Unterschied zur Ehenichtigkeit und Eheaufhebung beruht sie auf einer Fehlentwicklung der Ehe.

Seit der Reform des ↑Eherechts von 1977 ist einziger Scheidungsgrund die unheilbare Zerrüttung der Ehe (gescheiterte Ehe). Das Scheitern der Ehe wird unwiderlegbar vermutet, wenn die Ehegatten ein Jahr getrennt leben und beide Ehegatten die Scheidung beantragen (oder der Gegner zustimmt) oder wenn die Ehegatten seit drei Jahren getrennt leben. Leben die Ehegatten dagegen noch kein Jahr getrennt, so kann die Ehe nur in Ausnahmefällen geschieden werden. *Getrenntleben* bedeutet das Aufheben der häusl. Gemeinschaft; für das räuml. Getrenntleben reicht es aus, wenn die Ehegatten innerhalb der Ehewohnung eine vollkommene tatsächl. Trennung (z. B. getrennte Haushaltsführung) herbeigeführt haben.

Mit Rechtskraft und Eintritt der Wirksamkeit des Scheidungsurteils ist die Ehe [für die Zukunft] aufgelöst. Sämtl. persönl. Rechte und Pflichten aus der Ehe entfallen. Über die ↑Unterhaltspflicht, den ↑Versorgungsausgleich, den Hausrat und die Ehewohnung sowie über Ansprüche aus dem Güterrecht wird durch Urteil des Familiengerichts

Eheschließung

entschieden. Erb- und Pflichtteilsrechte erlöschen. Jeder Ehegatte kann nach der Scheidung eine neue Ehe eingehen.

Nach *österr. Recht* kann eine E. wegen Verschuldens (Eheverfehlungen) oder »aus anderen Gründen« begehrt werden. In der *Schweiz* sind Gründe für eine E. u.a. Ehebruch und Auflösung der häusl. Gemeinschaft seit mindestens zwei Jahren. – Das *kath. Kirchenrecht* läßt eine E. nicht zu.

Eheschließung (Heirat), die Begründung der Ehe durch Abschluß eines familienrechtl. Vertrags. Eine Ehe kann nur schließen, wer geschäftsfähig und ehemündig ist *(Ehefähigkeit)*. Ehemündig ist, wer volljährig (18 Jahre alt) ist. Von dem Alterserfordernis kann nur befreit werden (durch das Vormundschaftsgericht), wer 16 Jahre alt ist und eine volljährige Person heiraten will. Der E. darf kein *Eheverbot* entgegenstehen: Nicht zulässig ist die Ehe zw. Verwandten in gerader Linie (z. B. Vater-Tochter/Enkelin) und zw. vollbürtigen und halbbürtigen Geschwistern; außerdem darf niemand eine Ehe vor der Auflösung oder Nichtigerklärung seiner früheren Ehe eingehen (Verbot der Doppelehe). Seit 1875 gilt in Deutschland der Grundsatz der *obligator. Zivilehe:* Rechtsverbindlich ist nur die Ehe, die vor dem (zuständigen) Standesbeamten geschlossen ist. Beide Partner müssen persönlich (keine Stellvertretung möglich) und gleichzeitig vor dem Standesbeamten erklären, daß sie die Ehe miteinander eingehen wollen. Die Erklärungen müssen unbedingt und unbefristet sein. Der E. soll ein *Aufgebot* (öffentlich eine Woche ausgehängter Hinweis auf bevorstehende E.) vorausgehen. – Im *österr.* und *schweizer. Recht* sind die Voraussetzungen für eine E. ähnlich geregelt wie im dt. Recht.

Ehevertrag, der Vertrag, durch den Ehegatten [oder künftige Ehegatten] ihre güterrechtl. Verhältnisse *(eheliches Güterrecht)* regeln. Der E. muß bei gleichzeitiger Anwesenheit beider Teile notariell geschlossen werden.

Ehingen (Donau), Stadt im oberen Donautal, Bad.-Württ., 23 800 E. U. a. Baumwollspinnerei, Kranbau. In der oberen Stadt Pfarrkirche Sankt Blasius (15. Jh.), in der unteren spätgot. Liebfrauenkirche (1454), Landhaus der vor-

derösterr. Stände (um 1750). – Erste Erwähnung 961; ab 1343 bei Habsburg; Tagungsort der Landtage von Schwäbisch-Österreich ab dem 17. Jh.; 1806 an Württemberg.

Ehmke, Horst, *Danzig 4. 2. 1927, dt. Politiker (SPD). Seit 1961 Prof. für öffentl. Recht in Freiburg im Breisgau; 1969–94 MdB; 1969–74 mehrfach Min.; betrieb die Justizreform.

Ehre, in einem grundsätzl. Sinn die dem Menschen zustehende Achtung, in einem gesellschaftsbezogenen Rahmen die Wertschätzung (des Standes) der eigenen Person (durch andere Menschen).

Ehrenamt, öffentlich, unentgeltlich ausgeübtes Amt in Verbänden oder in Selbstverwaltungskörperschaften.

ehrenamtliche Richter, in allen Gerichtszweigen neben den Berufsrichtern gleichberechtigt an der Rechtsprechung ehrenamtl. mitwirkende Laien (Laienrichter). Sie erhalten eine Entschädigung für Fahrtkosten und Aufwand. ↑Schöffe.

Ehrenbeamte, Beamte im staatsrechtl. Sinne, die neben ihrem Beruf ehrenamtlich hoheitl. Aufgaben wahrnehmen (z. B. Wahlkonsuln).

Ehrenbreitstein ↑Koblenz.

Ehrenburg (Erenburg), Ilja Grigorjewitsch, *Kiew 27. 1. 1891, † Moskau 31. 8. 1967, russ.-sowjet. Journalist und Schriftsteller. War im Span. Bürgerkrieg und während des 2. Weltkriegs Kriegsberichterstatter. Sein Kurzroman »Tauwetter« (1954–56) gab der polit. Periode nach Stalins Tod den Namen.

Ehrenbürgerschaft (Ehrenbürgerrecht), Auszeichnung, die von einer Gemeindevertretung Personen verliehen werden kann, die sich bes. um die Gemeinde verdient gemacht haben. Rechte und Pflichten werden durch die Verleihung nicht begründet. *Hochschulen* können im Rahmen ihrer Selbstverwaltung Personen, die sich bes. um sie verdient gemacht haben, zu Ehrenbürgern oder *Ehrensenatoren* ernennen.

Ehrendoktorwürde ↑Doktor.

Ehrengerichtsbarkeit, im heutigen dt. Recht svw. Berufsgerichtsbarkeit.

Ehrenhof, Empfangshof einer barocken Schloßanlage (Dreiflügelanlagen).

Ehrenlegion (frz. Légion d'honneur), höchster frz. Orden, 1802 von Napoléon Bonaparte gestiftet, fünf Klassen.

Ehrenpreis. Echter Ehrenpreis (Höhe 10–20 cm)

Horst Ehmke

Ilja Grigorjewitsch Ehrenburg

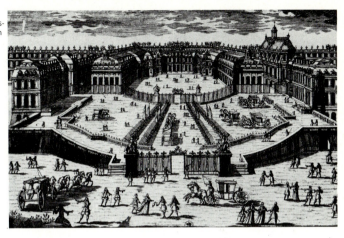

Ehrenhof
des Versailler Schlosses; Kupferstich von Antoine Aveline (um 1740)

Ehrenpreis (Veronica), Gatt. der Rachenblütler mit etwa 300 Arten, v. a. auf der Nordhalbkugel; in M-Europa fast 40 Arten, u. a. *Bach-E.,* 30–60 cm hohe Sumpf- und Wasserpflanze, und *Gamander-E.,* bis 25 cm hoch.

Ehrenrechte (bürgerl. E.), Rechte und Befugnisse, die sich aus der Staatsangehörigkeit ergeben (staatsbürgerl. Rechte); z. B. aktives und passives Wahlrecht. Ihre Aberkennung als Nebenstrafe ist seit Aufhebung der Zuchthausstrafe beseitigt (1970). Das Gericht kann im Einzelfall über den Verlust der Amtsfähigkeit und des passiven und aktiven Wahlrechts entscheiden.

Ehrenschutz ↑Persönlichkeitsrecht.

Ehrensenator ↑Ehrenbürgerschaft.

Ehrenstein, Albert, *Wien 23. 12. 1886, †New York 8. 4. 1950, österr. Schriftsteller. 1932 Emigration; lebte ab 1941 in New York; schrieb expressionist. Lyrik und phantast. Erzählungen.

Ehrenwort, auf persönl. Ehre beruhendes Versprechen ohne rechtl. Relevanz.

Ehrenzeichen, alle tragbaren Auszeichnungen, die nicht ausdrücklich ↑Orden genannt werden.

Ehrfurcht, höchste Wertschätzung, Scheu angesichts des Heiligen und Erhabenen.

Ehrhardt, Hermann, *Diersburg (heute zu Hohberg, bei Offenburg) 29. 11. 1881, †Brunn am Walde bei Krems 27. 9. 1971, dt. Marineoffizier. Führer des Freikorps »Brigade E.«; 1920 am Kapp-Putsch beteiligt.

Ehrlich, Paul, *Strehlen (Schlesien) 14. 3. 1854, †Bad Homburg v. d. H. 20. 8. 1915, dt. Mediziner. Entdeckte als Begründer der experimentellen Chemotherapie zus. mit S. Hata das Salvarsan zur Behandlung der Syphilis; erhielt 1908 zus. mit I. Metschnikow den Nobelpreis für Physiologie oder Medizin.

Paul Ehrlich

Ei, 1) (Eizelle, Ovum) unbewegliche weibl. Geschlechtszelle von Mensch, Tier und Pflanze; meist wesentlich größer als die männl. Geschlechtszelle (↑Samenzelle), z. B. beim Menschen 0,12–0,2 mm, beim Haushuhn etwa 3 cm, beim Strauß über 10 cm. – Die Bildung des Eis erfolgt meist in bes. differenzierten Geschlechtsorganen, bei mehrzelligen Pflanzen u. a. in Samenanlagen, beim Menschen und bei mehrzelligen Tieren in Eierstöcken.

Der Aufbau tier. Eier ist sehr einheitlich. Unter der von der Eizelle selbst gebildeten Eihaut *(Dotterhaut)* befindet sich das *Eiplasma* (Ooplasma) mit dem relativ großen Eikern (»Keimbläschen«). Die im Eiplasma gespeicherten Reservestoffe (u. a. Proteine, Lipoproteide, Fette, Glykogen) werden in ihrer Gesamtheit als *Dotter* bezeichnet; er ist Nährsubstanz für die Entwicklung des Embryos.

Die nach der Befruchtung durch eine männl. Geschlechtszelle oder durch

Ehrenlegion.
Ordenszeichen zum Ritter

Eibe

Eichelhäher
(Größe etwa 35 cm)

Wirksamwerden anderer Entwicklungsreize (z. B. bei der Jungfernzeugung) beginnende Eifurchung wird anfangs stark durch Menge und Verteilung des im Ei befindl. Dotters beeinflußt. Im Zellkern des Eis ist die gesamte, für die Ausbildung des Organismus notwendige Information gespeichert. Einzelne Eibezirke sind für die Bildung bestimmter Körperabschnitte des späteren Organismus mehr oder weniger ausgeprägt determiniert. Das Ei wird oft von mehreren *Eihüllen* umgeben, die Hafteinrichtungen (bei Insekten) besitzen oder hornartig (bei Haien und Rochen), gallertig (Wasserschnecken, Lurche) oder äußerst fest sind. Auch das Eiklar (Eiweiß) der Vogeleier mit den Hagelschnüren und die Kalkschale sind Eihüllen.

die verschiedenen Formen der inner- und zwischenartl. Kommunikation bei Mensch und Tier.

Eibe.
Zweig mit männlichen Blüten (oben) und mit Früchten der Gemeinen Eibe (unten)

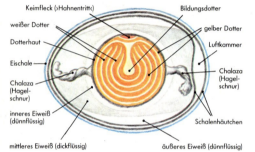

- Keimfleck (›Hahnentritt‹)
- weißer Dotter
- Dotterhaut
- Eischale
- Chalaza (Hagelschnur)
- inneres Eiweiß (dünnflüssig)
- mittleres Eiweiß (dickflüssig)
- Bildungsdotter
- gelber Dotter
- Luftkammer
- Chalaza (Hagelschnur)
- Schalenhäutchen
- äußeres Eiweiß (dünnflüssig)

Ei 2).
Schematischer Längsschnitt durch ein Hühnerei

Irenäus Eibl-Eibesfeldt

2) gemeinsprachl. Bez. für die Eizelle einschließlich aller Eihüllen. Die Eier vieler Vögel, bes. der Haushühner, Enten, Gänse, sind wichtige Nahrungsmittel, ebenso die Eier (Rogen) von Stören (↑Kaviar), Karpfen, Hechten, Lachsen, Dorschen und Makrelen.

Eibe (Taxus), Gatt. immergrüner, zweihäusiger Nadelhölzer der E.gewächse mit etwa acht Arten auf der Nordhalbkugel. – In Europa wächst die geschützte, giftige Art *Gemeine E.,* ein bis über 1 000 Jahre alt werdender, bis 15 m hoher Baum.

Eibengewächse (Taxaceae), Fam. der Nacktsamer mit fünf Gattungen.

Eibisch (Hibiscus), Gatt. der Malvengewächse mit über 200, meist trop. Arten.

Eibl-Eibesfeldt, Irenäus, *Wien 15. 6. 1928, österr. Verhaltensforscher. Prof. für Zoologie in München; Studien über

Eibsee, Bergsee am NW-Fuß der Zugspitze, 1,8 km², bis 32,5 m tief.

Eich, Günter, *Lebus 1. 2. 1907, † Salzburg 20. 12. 1972, dt. Schriftsteller. Ab 1953 ∞ mit I. Aichinger; bed. Vertreter des Hörspiels (u. a. »Träume«, 1951; »Die Mädchen aus Viterbo«, 1953; »Fünfzehn Hörspiele«, 1966); auch Lyrik und Prosaskizzen (u. a. »Maulwürfe«, 1968). 1951 Georg-Büchner-Preis.

Eiche (Quercus), Gatt. der Buchengewächse mit etwa 500 Arten auf der

Eibisch.
Echter Eibisch
(Höhe bis 1,5 m)

840

Nordhalbkugel; sommer- oder immergrüne, einhäusige, bis 700 Jahre alt werdende Bäume. In Europa heimisch: *Trauben-E.* (Stein-E., Winter-E.), bis 40 m hoch; *Stiel-E.* (Sommer-E.), 30–35 m hoch, mit bis über 2 m dickem, oft knorrigem Stamm; im Mittelmeergebiet wachsen die strauchige *Kermes-E.* (Scharlach-E.) und die *Kork-E.,* deren innere Borke, der sog. Kork, alle 8–10 Jahre in Platten vom Stamm geschält und z. B. für Flaschenkorken, Linoleum und Isolierungen verwendet wird.
Die E. ist der hl. Baum des german. Gottes Donar. Außerhalb der religiösen Sphäre gilt die E. als Sinnbild der Stärke, heldenhafter Standhaftigkeit sowie als Sinnbild des Sieges.
Eichel, Hans, *Kassel 24. 12. 1941, dt. Politiker (SPD). Gymnasiallehrer; seit 1989 Landes-Vors. der SPD; 1975–91 Oberbürgermeister von Kassel; seit 1991 Min.-Präs. von Hessen.
Eichel, 1) *Anatomie:* (Glans) ↑Penis.
2) *Botanik:* die runde bis eiförmige, grüne, dunkel- oder rotbraune, stärke- und gerbsäurereiche Frucht der Eichen.
3) *Spiele:* eine Farbe der dt. Spielkarte.
Eichelhäher, etwa 35 cm großer Rabenvogel in Europa, NW-Afrika und Vorderasien; Standvogel.
Eichendorff, Joseph Frhr. von, *Schloß Lubowitz bei Ratibor 10. 3. 1788, † Neisse 26. 11. 1857, dt. Lyriker und Erzähler. Lebte 1807 in Heidelberg; lernte in Berlin 1809 u. a. H. von Kleist und C. Brentano kennen; nach der Übersiedlung nach Wien (1810) Anschluß an den Freundeskreis F. und D. Schlegels. Bed. sind v. a. seine volksliedhaft-schlichten Gedichte (vertont durch R. Schumann und H. Wolf), die wie seine Romane (»Ahnung und Gegenwart«, 1815; »Dichter und ihre Gesellen«, 1834) und Novellen (u. a. »Das Marmorbild«, 1819) einen Höhepunkt der dt. Spätromantik bilden; auch literarhistor. Arbeiten (u. a. »Geschichte der poet. Literatur Deutschlands«, 1857).
Eichenfarn, Gatt. der Tüpfelfarne; bekannt ist der *Echte E.,* 15–30 cm hoch.
Eichenseidenspinner (Chin. Seidenspinner), bis 15 cm spannender Augenspinner in N-China und in der Mandschurei; aus dem Kokon der Raupen wird Tussahseide gewonnen.

Eichenspinner, ein etwa 7 cm spannender Schmetterling der Familie Glucken, lebt vorwiegend in Eichenwäldern; die Raupen fressen v. a. an Eichenblättern.
Eichhase, graubrauner, bis 30 cm hoher Pilz (Fam. Porlinge) an Eichen- und Buchenbaumstümpfen; jung ein nach Nüssen schmeckender Speisepilz.

Eichhase
(Höhe bis 30 cm)

Eichhörnchen (Sciurus), Gatt. der Baumhörnchen mit zahlr. Arten in den Wäldern Europas, Asiens sowie N- und S-Amerikas; Körper etwa 20–32 cm lang, mit meist ebenso langem Schwanz; Färbung unterschiedlich, Fell dicht, Schwanz mehr oder weniger stark buschig behaart. Bekannteste Art ist *Sciurus vulgaris* (Eurasiat. E.), das in ganz Europa und weiten Teilen Asiens vorkommt; lebt in selbstgebauten, meist hochgelegenen Nestern *(Kobel)* aus Zweigen, Gras, Moos.
Eichkater (Eichkätzchen), volkstümlich für Eichhörnchen.

Günter Eich

Hans Eichel

Eichhörnchen.
Eurasiatisches Eichhörnchen (Kopf-Rumpf-Länge bis 25 cm; Schwanzlänge bis 20 cm)

Eichmann

Eichmann, Adolf, *Solingen 19. 3. 1906, † Ramla (Israel) 31. 5. 1962 (hingerichtet), dt. SS-Obersturmbannführer. Handelsvertreter; ab 1939 Leiter des Judenreferats im Reichssicherheitshauptamt; organisierte im Zuge der sog. Endlösung den Transport jüd. Menschen in die Vernichtungslager (↑Konzentrationslager) der besetzten Ostgebiete; nach Kriegsende Flucht nach Argentinien; 1960 vom israel. Geheimdienst nach Israel entführt, in Jerusalem am 15. 12. 1961 zum Tode verurteilt.

Eichrodt, Ludwig, Pseud. Rudolf Rodt, *Durlach (heute zu Karlsruhe) 2. 2. 1827, † Lahr 2. 2. 1892, dt. Dichter. Veröffentlichte 1855–57 mit A. Kußmaul die »Gedichte des schwäb. Schullehrers Gottlieb Biedermaier ...«, denen der Zeitstil des Biedermeiers seinen Namen verdankt.

Eichsfeld, Hochfläche am NW-Rand des Thüringer Beckens, durch die Täler von Leine und Wipper in Oberes (im S) und Unteres E. (im N) gegliedert.

Eichstätt, 1) Kreisstadt an der Altmühl, Bayern, 13 200 E. Kirchl. Gesamthochschule, PH; Museen, u. a. Naturwiss. Juramuseum. Got. Dom (Kirchenschiff 1380–96 mit roman. Türmen, spätgotisch sind Kreuzgang, Mortuarium und Kapitelsakristei), Klosterkirche der Abtei Sankt Walburg (1626–31); Willibaldsburg (14. und 15. Jh.). – Um 740 Klostergründung durch den hl. Willibald; 741 oder 745 durch Bonifatius Errichtung eines Bischofssitzes (bis 1802); im 15. Jh. ein Zentrum des Humanismus, 1805/06 an Bayern.
2) Bistum, um 745 von Bonifatius errichtet, seit 1821 Suffraganbistum von Bamberg.

Eichung, die Bestimmung der Abhängigkeit der Anzeige eines Meßgerätes von der zu messenden Größe durch Vergleich mit bereits bekannten Werten.

Eichwesen, Sicherstellung und Kontrolle redl. Verwendung der Maße. Nach der Eichordnung vom 1. 2. 1975 sind Meßgeräte, die im geschäftl. oder amtl. Verkehr, im Verkehrswesen, im Bereich der Heilkunde und bei der Herstellung und Prüfung von Arzneimitteln verwendet werden, mit den Normalgeräten der Eichbehörden (Physikal.-Techn. Bundesanstalt, Eichämter) abzustimmen (zu *eichen*).

Eid (Schwur), feierl. Bekräftigung einer Aussage mit oder ohne Verbalanrufung Gottes (sog. *religiöse Beteuerung*). Der E. wird entweder vor der Übernahme bestimmter Pflichten (z. B. beim *Amtseid* der Regierungs-Mgl., beim *Diensteid* der Beamten und Berufssoldaten, beim *Richtereid* der Richter) oder im Anschluß an eine Aussage (Zeugen- und Sachverständigeneid vor Gericht) geleistet. Der E. kann unter bes. gesetzl. Voraussetzungen verweigert werden *(Eidesverweigerung),* z. B. durch Zeugen, die ein Zeugnisverweigerungsrecht haben. Falsche uneidl. Aussage, ↑Meineid, fahrlässiger ↑Falscheid und falsche eidesstattl. Versicherung sind strafbar (Eidesdelikte). Im *österr.* und *schweizer. Recht* gilt im wesentl. Entsprechendes.
Der E. gehört urchristl. Rechtsmagie an und findet sich bei allen Völkern und Kulturen. Die Wahrheit des E. konnte durch ein Gottesurteil (Ordal) überprüft werden.

Eidam, veraltete Bez. für Schwiegersohn.

Eidechse ↑Sternbilder (Übersicht).

Eidechsen (Lacertidae), Fam. der Skinkartigen (Echsen) in Eurasien und Afrika; Körper langgestreckt, ohne Rückenkämme, Kehlsäcke oder ähnl. Hautbildungen, mit langem, schlankem, fast immer über körperlangem Schwanz und stets wohlentwickelten Extremitäten; die Augenlider sind i. d. R. beweglich; der Schwanz kann an vorgebildeten Bruchstellen abgeworfen und mehr oder minder vollständig regeneriert werden. E. sind meist eierlegend, seltener lebendgebärend (z. B. die Bergeidechse). Die Gatt. *Fransenfinger-E.* mit zwölf Arten kommt in SW-Europa, N-Afrika und W-Asien vor. In Europa, W-Asien und Afrika leben die über 50 Arten der Gatt. *Halsbandeidechsen.* Hierzu gehören alle einheim. E.arten, u. a.: *Berg-E.* (Wald-E.), bis 16 cm lang; *Mauer-E.,* bis 19 cm lang; *Smaragd-E.,* bis 45 cm lang; *Zaun-E.,* bis 20 cm lang. In S-Europa und in Afrika leben die 12 bis 23 cm langen Arten der Gatt. *Kielechsen* (Kiel-E.), in den Mittelmeerländern die Arten der Gatt. *Sandläufer.*

Eidechsennatter, bis über 2 m lange Trugnatter im Mittelmeergebiet, SO-Europa und Kleinasien.

Eidechsen. 1 Smaragdeidechse;
2 Zauneidechse; **3** Bergeidechse

Eider, längster Fluß in Schlesw.-Holst., mündet bei Tönning in die Nordsee, 188 km lang; im Mündungstrichter bei Vollerwiek ein [Sturmflut]sperrwerk.

Eiderdänen, Bez. für die 1848–69 herrschenden Nationalliberalen in Dänemark, die die Einverleibung Schleswigs (bis zur Eider) in den dän. Staat. betrieben.

Eiderenten, Gatt. der Meerenten, ♂ prächtig weiß-schwarz gefärbt; leben an den Küsten der nördl. Meere bis zur Arktis.

Eiderstedt, Halbinsel an der W-Küste von Schlesw.-Holst., etwa 340 km². – Bewahrte vom Hoch-MA bis 1866 eine Selbstregierung.

Ei des Kolumbus, sprichwörtlich für die verblüffend einfache Lösung eines Problems. Kolumbus soll das Problem, ein Ei aufrecht hinzustellen, durch Eindrücken der Eispitze gelöst haben.

Eidesmündigkeit, die alters- und geistesbedingte Fähigkeit zur Eidesleistung vor Gericht. Die *Eidesfähigkeit* tritt in der BR Deutschland mit der Vollendung des 16. Lebensjahres ein.

eidesstattliche Versicherung (Versicherung an Eides Statt), eine weniger feierl. Beteuerung, daß eine Tatsachenbehauptung wahr sei. Im *bürgerl. Recht* ist die e. V. ein Zwangsmittel; sie schuldet der Rechenschafts- oder Auskunftspflichtige, wenn Grund zu der Annahme besteht, daß er die Rechenschaft oder die Auskunft nicht mit der erforderl. Sorgfalt erteilt hat. Die e. V. des *Prozeß-* und des *Verwaltungsverfahrensrechts* ist kein gesetzl. Beweismittel, sondern nur Mittel zur Glaubhaftmachung und zur Bekräftigung einer schriftl. Zeugenaussage. Die e. V. des *Vollstreckungsrechts* (früher Offenbarungseid) ist ein Hilfsmittel der Zwangsvollstreckung, wenn diese erfolglos blieb.

Eiderenten.
Männchen
(Größe 58 cm)

Eidetik [griech.], Bez. für das Vorkommen sog. subjektiver Anschauungsbilder, ein Phänomen, das bes. bei Kindern und Jugendlichen vorkommen soll. *Eidetiker* sind in der Lage, sich Objekte oder Situationen derart anschaulich vor-

Eidgenossenschaft

zustellen *(Eidese),* als ob sie realen Wahrnehmungscharakter hätten.

Eidgenossenschaft (lat. Coniuratio), durch Eidesleistung geschlossenes polit. Bündnis, z. B. die *Schweizerische Eidgenossenschaft* (↑Schweiz).

Eidgenössische Technische Hochschule Zürich, Abk. **ETHZ,** techn. Hochschule in Zürich, gegr. 1854.

Eidophor [griech., eigtl. »Bildträger«], Fernsehgroßbild-Projektionsanlage.

Eidotter ↑Ei.

Eidsvoll [norweg. ˈeidsvɔl], norweg. Gem. am S-Ende des Mjøsensees, 14 500 E. – Hier wurde 1814 die Unabhängigkeit Norwegens von Dänemark ausgerufen und die norweg. Verfassung beschlossen.

Eierfrucht, svw. ↑Aubergine.

Eiermann, Egon, *Neuendorf bei Berlin 29. 11. 1904, † Baden-Baden 19. 7. 1970, dt. Architekt. 1957–63 Neubau der Kaiser-Wilhelm-Gedächtniskirche in Berlin.

Egon Eiermann

Egon Eiermann.
Olivetti-Verwaltungs-
und Ausbildungszen-
trum, Frankfurt am
Main (1969–72)

Eierschlangen (Dasypeltinae), Unter-Fam. bis knapp über 1 m langer Nattern in Afrika und der südl. Asien; ernähren sich von Vogeleiern.

Eierschwamm, svw. ↑Pfifferling.

Eierstock (Ovar[ium]), Teil der weiblichen Geschlechtsorgane bei den mehrzelligen Tieren (mit Ausnahme der Schwämme) und beim Menschen, in dem die weibl. Keimzellen (Eizellen) entstehen. Daneben kann der E. (bes.

bei Wirbeltieren) eine bed. Rolle bei der Bildung von Geschlechtshormonen spielen (Östrogen im Follikel, Progesteron im Gelbkörper). Meist gelangen die im E. gebildeten Eier über einen eigenen Kanal (↑Eileiter) nach außen oder in die Gebärmutter. Die paarig angelegten Eierstöcke der erwachsenen Frau sind bis zu 3 cm groß und mandel- bis linsenförmig. Jeder E. enthält über 200 000 Follikel in verschiedenen Entwicklungsstadien, von denen jedoch nur etwa 400 Follikel aus beiden Eierstöcken zur Reife kommen.

Eierstockerkrankungen. Durch die verschiedensten Erreger hervorgerufen wird die *Eierstockentzündung* (Oophoritis), die meist durch Übergreifen einer ↑Eileiterentzündung entsteht. Bei den *Eierstockgeschwülsten* (Ovarialtumoren) lassen sich *Eierstockzysten* und *echte Eierstockgeschwülste* unterscheiden. Erstere entstehen durch Sekretion bestimmter Zellen in bereits vorhandene Hohlräume des Eierstocks. Letztere werden je nach ihrem feingewebl. Aufbau benannt. Deckgewebsgeschwülste machen etwa 70 % aller gut- und bösartigen Eierstockgeschwülste aus. Bei rd. 35 % handelt es sich um einen *Eierstockkrebs* (Ovarialkarzinom). Dieser entwickelt sich aus Eierstockdeckzellen oder entsteht durch bösartige Umwandlung einer gutartigen Eierstockgeschwulst oder stellt auch (in 25–30 % der Fälle) eine Absiedlung organfremder Karzinome dar.

Eierstockschwangerschaft, Form der ↑Extrauterinschwangerschaft.

Eifel, nw. Teil des Rhein. Schiefergebirges, zw. Mosel und Mittelrhein im S und O und Niederrhein. Bucht im N; im W Übergang in die Ardennen, höchste Erhebung Hohe Acht (747 m). V. a. im S und SO der E. prägen Maare und Basaltkuppen das Landschaftsbild.

Eiffel [Alexandre] Gustave [frz. ɛˈfɛl], *Dijon 15. 12. 1832, † Paris 28. 12. 1923, frz. Ingenieur. Baute in wegweisender Eisenkonstruktion u. a. Brücken und für die Pariser Weltausstellung von 1889 den 300,5 m hohen, heute mit Antenne 320,8 m hohen *Eiffelturm.*

Eifollikel (Follikel), aus Follikelzellen bestehende Hülle der heranreifenden Eizelle im Eierstock, die v. a. der Ernährung des Eies während der Eireifung dient, daneben aber auch für die Bildung der Östrogene von Bedeutung ist.

Eigen, Manfred, *Bochum 9. 5. 1927, dt. Chemiker. Arbeiten über den Ablauf extrem schneller chem. und biochem. (v. a. enzymat.) Reaktionen; 1967 Nobelpreis für Chemie (zus. mit R. G. W. Norrish und G. Porter); veröffentlichte 1971 ein physikal.-chem. Modell der Entstehung des Lebens.

Eigenbetriebe, wirtschaftl. Unternehmen einer Gemeinde, die keine eigene Rechtspersönlichkeit besitzen, insbes. Versorgungs- und Verkehrsbetriebe.

Eigenblutbehandlung, unspezif. ↑Reizkörperbehandlung, bei der anfangs kleinere, später steigende Mengen frisch aus der Vene entnommenen Eigenblutes in einen Muskel injiziert werden.

Eigendrehimpuls, svw. ↑Spin.

Eigenfrequenz ↑Eigenschwingung.

Eigenkapital, der Teil des Kapitals eines Unternehmens, der durch den bzw. die Eigentümer dem Unternehmen zugeführt wurde. Es soll ausreichen, das Anlagevermögen und die betriebsnotwendigen Teile des Umlaufvermögens zu decken.

Eigenschaft (lat. attributum, proprietas, qualitas), *Logik:* die einem Gegenstand zukommende Bestimmung, durch die seine Einordnung in eine Klasse von Gegenständen erfolgt.

Eigenschaftswort, svw. ↑Adjektiv.

Eigenschwingung, die Schwingung, die ein schwingungsfähiges Gebilde ausführt, wenn man es nach einem einmaligen Anstoß sich selbst überläßt. Die Frequenz der E. ist die *Eigenfrequenz.*

Eigentum, das absolute dingl. Recht, über eine Sache innerhalb der von der Rechtsordnung gezogenen Grenzen frei zu bestimmen. Es gewährt eine umfassende Herrschaftsmacht, berechtigt den Eigentümer zum Besitz und zu tatsächl. Einwirkungen auf die Sache sowie zur [rechtsgeschäftl.] Verfügung über sein Recht. Vom Besitz unterscheidet sich E. dadurch, daß es eine rechtl. (nicht bloß eine tatsächl.) Sachherrschaft ermöglicht. Im 20. Jh. vollzog sich eine Abkehr vom liberalindividualist. E.begriff hin zu stärkerer Berücksichtigung der sozialen Folgen der E.verteilung durch eine *Sozialbindung des Eigentums.* Dementsprechend enthält das GG eine Eigentumsgarantie, erklärt das E. aber zu-

Alexandre Gustave Eiffel. Eiffelturm in Paris (Höhe 300,5 m; heute mit Antenne 320,8 m, 1885–89)

gleich als dem Wohl der Allgemeinheit verpflichtet. Diese Sozialbindung bedeutet eine Eigentumsbeschränkung, die Eingriffe in das Privat-E. im öffentl. Interesse bis hin zur Enteignung ermöglicht.

Eigentumsdelikte, strafbare Handlungen, die sich allein oder überwiegend gegen das Eigentum als geschütztes Rechtsgut richten, z. B. Diebstahl.

Eigentumsgarantie, verfassungsrechtl. Gewährleistung des einer Privatperson gehörenden Eigentums und des Eigentums als Institut der Rechtsordnung.

Eigentumspolitik, die Gesamtheit der wirtschafts- und sozialpolit. Maßnahmen, mit denen versucht wird, eine gegebene Eigentumsstruktur und die sozioökonom. Prozesse, in denen neues Eigentum gebildet wird, zu beeinflussen und die Eigentumsordnung durch Erlaß von Gesetzen zu ändern. I. w. S. die Ausgestaltung der Eigentumsrechte; i. e. S. alle Maßnahmen, die auf die Änderung der bestehenden Eigentumsordnung gerichtet sind. Insofern unterscheidet sich die E. von der Vermögenspolitik, die die Bildung von Vermögen im Rahmen der bestehenden Eigentumsordnung beeinflussen will. Maßnahmen der E. sind u. a. Sozialisierung und Bodenreform.

Manfred Eigen

Eigentumsschutz

Eigentumsschutz, Abwehr und Ausgleich von Eigentumsbeeinträchtigungen. Das bürgerl. Recht gewährt dem Eigentümer z. B. bei unberechtigter Entziehung oder Vorenthaltung des Besitzes einen Eigentumsherausgabeanspruch, bei anderen Eigentumsstörungen einen Anspruch auf Beseitigung und Unterlassung der Störung, bei schuldhafter Verletzung des Eigentums einen Schadenersatzanspruch.

Eigentumsübertragung (Übereignung), der dingl. Vertrag, auf Grund dessen Eigentum vom Veräußerer auf den Erwerber übergeht. Die E. an *Grundstücken* erfordert eine formgebundene Einigung (Auflassung) und die Eintragung des Erwerbers ins Grundbuch. Die *Auflassung* muß bei gleichzeitiger Anwesenheit beider Teile erklärt werden. Sie darf nicht bedingt oder befristet sein und soll nur entgegengenommen werden, wenn die Urkunde über das Grundgeschäft (z. B. Kaufvertrag) vorgelegt oder gleichzeitig errichtet wird.

Eigentumsvorbehalt, die bei der Übereignung einer verkauften bewegl. Sache vereinbarte aufschiebende Bedingung, daß das Eigentum erst mit vollständiger Zahlung des Kaufpreises auf den Käufer übergehen soll.

Eigentumswohnung ↑Wohnungseigentum.

Eigenwechsel ↑Wechsel.

Eiger ↑Berner Alpen.

Eijkman, Christiaan [niederl. ˈɛikmɑn], *Nijkerk (Geldern) 11. 8. 1858, † Utrecht 5. 11. 1930, niederl. Hygieniker. Arbeitete über die moderne Ernährungslehre; erhielt 1929 mit F. G. Hopkins den Nobelpreis für Physiologie oder Medizin.

Christiaan Eijkman

Eike von Repgow [...go], *um 1180, † nach 1233, edelfreier Sachse aus Reppichau (Anhalt). Schrieb den ↑Sachsenspiegel, vielleicht auch die Sächs. ↑Weltchronik.

Eileiter (Ovidukt), bei den meisten weibl. mehrzelligen Tieren und dem Menschen ausgebildeter röhrenartiger, meist paariger Ausführungsgang, durch den die Eier aus dem Eierstock nach außen bzw. in die Gebärmutter gelangen. Beim Menschen ist der E. etwa 8–10 cm lang, paarig ausgebildet und nahezu bleistiftstark (↑Geschlechtsorgane).

Eileiterentzündung (Salpingitis), Entzündung eines oder (meist) beider Eileiter, oft mit Übergreifen auf die benachbarten Eierstöcke (↑Eierstockerkrankungen). Die *akute E.* setzt plötzlich, mit hohem Fieber und heftigen Schmerzen im gespannten Unterleib, ein. Die *chron. E.* kann durch Verklebung der Schleimhautfalten im Eileiter zur Sterilität führen.

Eileiterschwangerschaft (Tubargravidität, Graviditas tubarica), Form der ↑Extrauterinschwangerschaft.

Eilhart von Oberg (Oberge), mittelhochdt. Dichter der 2. Hälfte des 12. Jh. (?). Verfasser des ältesten deutschsprachigen Tristan-Epos »Tristrant und Isalde« (um 1170).

Eilzug, zuschlagfreier Reisezug für meist mittlere Entfernungen; ab 1995 ersetzt durch Regional-Express (RE) und Stadt-Express (SE).

Eimert, Herbert, *Bad Kreuznach 8. 4. 1897, † Düsseldorf 15. 12. 1972, dt. Komponist und Musiktheoretiker. Gehörte zu den frühesten Vertretern der Zwölftonmusik in Deutschland; Wegbereiter der elektron. Musik.

Einaudi, Luigi [italien. eiˈnaːudi], *Carrù bei Cuneo 24. 3. 1874, † Rom 30. 10. 1961, italien. Finanzwissenschaftler und liberaler Politiker. Gegner des Faschismus; 1948–55 Staatspräsident.

Einbeere.
Vierblättrige Einbeere

Einbalsamieren, ein schon im 3. Jt. v. Chr. geübtes Verfahren, Leichname zum Schutz vor Verwesung (↑Mumie) mit Konservierungsstoffen (Natron, Asphalt, Harze) zu behandeln. Seit Ende des 18. Jh. werden Öle und Chemikalien injiziert.

Einbeck, Stadt in Ndsachs., nw. von Northeim, 29 000 E. U. a. Samenzucht, Brauerei (berühmt das seit 1351 belegte

846

»Bockbier«). Spätgot. ehem. Stiftskirche, spätgot. Marktkirche (beide 13. Jh.), Fachwerkhäuser (16.–18. Jh.), Rathaus (1550), Stadtwaage (1565). – 1274 fiel E. an Braunschweig.

Einbeere (Paris), Gatt. der Liliengewächse mit etwa 20 Arten in Europa und im gemäßigten Asien. In Laubwäldern M-Europas weitverbreitet ist die Art *Paris quadrifolia,* bis etwa 40 cm hoch, Beere giftig.

Einbildungskraft, svw. ↑Phantasie.

Einblattdrucke, einseitig bedruckte Einzelblätter, hergestellt in Holzschnitttechnik oder im Buchdruckverfahren (v. a. im 15. und 16. Jh.).

Einblendung, Aufnahmetechnik bei Film und Funk, bei der in Tonbänder, Filmstreifen untermalende oder sonstige Geräusche, Bilder u. a. eingespielt werden.

Einbrennlacke, Lacke, die durch Hitzeeinwirkung ihre gewünschte Eigenschaft erhalten (u. a. Härte und Beständigkeit).

Einbruchdiebstahl (Einbruch) ↑Diebstahl.

Einbürgerung (Naturalisation), Hoheitsakt, mit dem ein Staat einem Ausländer oder Staatenlosen auf Antrag die inländ. Staatsangehörigkeit verleiht und ihn damit rechtl. Inländern völlig gleichstellt. Die allg. Voraussetzungen für eine E. sind: unbeschränkte Geschäftsfähigkeit; unbescholtener Lebenswandel; eigene Wohnung oder Unterkommen am Orte der Niederlassung; Fähigkeit, sich und seine Angehörigen an diesem Orte zu ernähren. In der BR Deutschland haben Ausländer seit dem 1. 7. 1993 einen Anspruch auf E., wenn sie hier seit 15 Jahren rechtmäßig einen gewöhnl. Aufenthalt besitzen und ihre Familie eine gesicherte Existenzgrundlage und geregelten Lebensunterhalt nachweisen können.

Eindecker, Flugzeug mit nur einer rechten und linken Tragfläche (im Ggs. zum Doppeldecker).

Eindeutigkeit, Eigenschaft einer Zuordnung zw. einer Menge M_1 und einer Menge M_2, die stets dann vorliegt, wenn jedem Element $a \in M_1$ genau ein Element $b \in M_2$ *(Rechts-E.)* oder jedem Element $b \in M_2$ genau ein Element $a \in M_1$ *(Links-E.)* zugeordnet ist. Eine sowohl rechts- als auch linkseindeutige Zuord-nung wird als *umkehrbar eindeutig* oder *eineindeutig* bezeichnet.

Eindhoven [niederl. 'ɛintho:və], niederl. Ind.-Stadt in der Prov. Brabant, 191 000 E. TH, Theater; Museen; Tierpark. U. a. Elektro-, Automobilindustrie; ⚓. – Seit 1232 Stadt.

Einehe ↑Ehe.

eineindeutig ↑Eindeutigkeit.

Einem, Gottfried von, * Bern 24. 1. 1918, österr. Komponist. Neben Instrumental- (»Münchner Symphonie«, 1985) und Ballettmusik schrieb er v. a. Opern, u. a. »Dantons Tod« (1947, nach G. Büchner), »Der Prozeß« (1953, nach F. Kafka).

Einer (Skiff), Sportruderboot, das von einem Ruderer mittels Skull bedient wird.

Gottfried von Einem

Einblattdrucke. Illustration zu einem Gedicht von Hans Sachs (16. Jh., gedruckt in Augsburg)

Einfangprozeß, eine Kernreaktion, bei der ein Teilchen von einem Atomkern absorbiert und gegebenenfalls ein anderes Teilchen bzw. ein Gammaquant emittiert wird. Der wichtigste E. ist der *Neutroneneinfang,* die (n, γ)-Reaktion; z. B. die Kernreaktion $^{238}U(n, \gamma)\ ^{239}U$, bei der Uran 238 in Uran 239 übergeht.

Einflugschneise, hindernisfreier Geländestreifen mit Anflugbefeuerung vor der Landebahn eines Flughafens.

Einfuhr ↑Import.

Eingabe ↑Petition.

Eingabegerät, an eine Rechenanlage angeschlossenes Gerät, das Daten, Befehle eines Programms oder sonstige Informationen von einem Datenträger (Lochstreifen, Lochkarte, Magnetband,

Eingebung

Magnetkarte) abliest und in die Rechenanlage überträgt. Ein E. zur manuellen Eingabe von Daten ist die Tastatur.

Eingebung ↑Inspiration.

Eingemeindung, Eingliederung einer Gemeinde in eine andere oder Auflösung mehrerer Gemeinden und Bildung einer neuen Gemeinde auf Grund einer Einigung der beteiligten Gemeinden *(freiwillige E.)* oder gegen den Willen der einzugliedernden bzw. aufzulösenden Gemeinde *(Zwangs-E.).* Zwangs-E. sind mit der Garantie der kommunalen Selbstverwaltung (Art. 28 Abs. 2 GG) vereinbar, da diese nicht den Bestand der einzelnen individuellen Gemeinde gewährleistet.

eingestrichen, Bez. für den Tonraum c^1-h^1 (eingestrichene Oktave; ↑Tonsystem).

eingetragener Verein, Abk. e. V., ↑Verein.

Eingeweide (Splanchna, Viscera), zusammenfassende Bez. für die inneren Organe des Rumpfes, v. a. der Wirbeltiere und des Menschen. Man unterscheidet *Brust-E.* (v. a. Herz mit Aorta, Lungen, Thymus, Luft- und Speiseröhre) und *Bauch-E.* (Eingeweide i. e. S.; v. a. Magen und Darm, Leber und Gallenblase, Bauchspeicheldrüse, Milz, Nieren, Nebennieren, Harnleiter sowie die inneren Geschlechtsorgane).

Eingeweidegeflecht (Sonnengeflecht, Bauchhöhlengeflecht, Solarplexus), der Bauchaorta in Zwerchfellnähe aufliegendes, großes Geflecht sympath. Nervenfasern mit zahlr. vegetativen Ganglien, von denen aus die oberen Baucheingeweide mit Nervenfasern versorgt werden.

Eingliederungsgeld, finanzielle Leistung an Aus- oder Übersiedler in der BR Deutschland; wird unabhängig von dem im Herkunftsland ausgeübten Beruf für zwölf Monate bezahlt. Das E. ersetzt seit 1. 1. 1990 das bisher gezahlte Arbeitslosengeld.

Einhard (Eginhard), *in Mainfranken um 770, † Seligenstadt 14. 3. 840, fränk. Geschichtsschreiber und Gelehrter. Vertrauter und Berater Karls d. Gr., über den er die erste Herrscherbiographie des MA schrieb (»Vita Caroli magni«, um 820); gründete 828 das Kloster Seligenstadt.

Einhäusigkeit, svw. ↑Monözie.

Einheit, 1) *Militär:* unterste militär. Gliederungsform, Kompanie bzw. Batterie.

2) *Physik:* der Messung einer Größe dienende Vergleichsgröße derselben Größenart von festem, reproduzierbarem Betrag. Der Betrag der E. ist prinzipiell (einmal) frei wählbar, doch werden aus Zweckmäßigkeitsgründen nur die E. der Grundgrößenarten, die *Grundeinheiten (Basiseinheiten),* frei gewählt; die E. für die übrigen Größen lassen sich dann daraus ableiten. Die Gesamtheit aller E. bezeichnet man als *Einheitensystem.* Die BR Deutschland hat durch das Gesetz über Einheiten im Meßwesen vom 2. 7. 1969 *(Einheitengesetz)* die im *Internationalen Einheitensystem (SI-System)* festgelegten Basiseinheiten *(SI-Basiseinheiten):* Meter, Kilogramm, Sekunde, Ampere, Kelvin, Mol, Candela) sowie daraus *abgeleitete Einheiten* und deren dezimale Vielfache und Teile (↑Vorsatzzeichen) als *gesetzl. Einheiten* im geschäftl. und amtl. Verkehr für verbindlich erklärt.

3) *Politik:* polit.-soziale Leitidee des 19./20. Jh. (E.staat, E.gewerkschaft, E.front).

Einheiten, drei ↑Drama.

Einheitensystem ↑Einheit.

Einheitliche Europäische Akte, Abk. EEA, Vertragswerk zur Erweiterung der Gründungsverträge von EGKS, EWG und EURATOM, unterzeichnet von den Außen-Min. der Mgl.staaten der EG im Jan./Febr. 1986; trat am 1. 7. 1987 in Kraft; enthält wesentl. Bestimmungen über Verfahren und Praktiken zur Förderung des europ. Einigungsprozesses (↑Europäische Union).

Einheitserde (Fruhstorfer Erde), aus Lehm, Ton oder Schlick und Hochmoortorf mit Nährstoffzusatz hergestellte Erde für den Gartenbau.

Einheitsgewerkschaft, Bez. für weltanschaul. unabhängige und nach dem Industrieverbandsprinzip organisierte ↑Gewerkschaften.

Einheitskreis, Kreis, dessen Radius eine Längeneinheit (z. B. 1 cm) beträgt.

Einheitskurzschrift ↑Stenographie.

Einheitsliste, die bei übl. Wahlen in den sozialist. Staaten übl. Kandidatenliste, auf der alle Parteien nach einem zuvor festgelegten Schlüssel vertreten sind; sichert die zahlenmäßige Überlegenheit der herrschenden Partei im Parlament.

Einheitsmietvertrag, das Muster (Formular) eines Mietvertrages über Wohnraum, 1934 zw. dem Zentralverband dt. Haus- und Grundbesitzervereine und dem Bund dt. Mietervereine ausgehandelt und seitdem häufig verwendet.

Einheitsschule, ein Schulsystem, das für alle Kinder einen einzigen, in sich differenzierten Schultyp vorsieht. Seit den 1960er Jahren in Form der ↑Gesamtschule.

Einheitsstaat, Staat mit – im Ggs. zum Bundesstaat und zu anderen Staatenverbindungen – nur einer Staatsgewalt, einer Rechtsordnung und einem Regierungssystem. Im *zentralisierten E.* ist die öffentl. Gewalt bei zentralen Behörden zusammengefaßt; im *dezentralisierten E.* sind bestimmte Bereiche der Staatstätigkeit Selbstverwaltungskörperschaften übertragen.

Einheitswert, einheitl. Steuerwert zur Feststellung der Besteuerungsgrundlagen für die Vermögen-, Erbschaft-, Grund- und Gewerbekapitalsteuer nach einheitl. Bewertungsgrundsätze.

Einherier [altnord. »Einzelkämpfer«], in der german. Mythologie die auf dem Schlachtfeld gefallenen Krieger, die in Walhall leben.

Einhorn, ein ziegen- oder pferdeähnl. Fabeltier der europ. Kunst.

Einhufer, die Unpaarhufer, bei denen alle Zehen mit Ausnahme des mittleren, auf dem sie laufen, zurückgebildet sind; der vergrößerte Mittelzeh trägt einen (einheitl.) Huf. Zu den E. zählen Pferde, Zebras, Esel und Halbesel.

Einigungsstelle, 1) bei den Industrie- und Handelskammern eingerichtete Stelle zur Beilegung von Wettbewerbsstreitigkeiten in der *gewerbl. Wirtschaft.* **2)** *Arbeitsrecht:* zur Beilegung von Meinungsverschiedenheiten zw. Arbeitgeber und Betriebsrat bei Bedarf einzurichtende Stelle. Sie besteht aus einem unparteiischen Vorsitzenden und den Beisitzern, die je zur Hälfte von Arbeitgeber und Betriebsrat bestellt werden.

Einigungsvertrag, Kurz-Bez. für den am 31. 8. 1990 unterzeichneten »Vertrag zw. der BR Deutschland und der DDR über die Herstellung der Einheit Deutschlands«, der den Beitritt der DDR nach Art. 23 GG regelte.

Einkammersystem ↑Zweikammersystem.

Einkeimblättrige (Einkeimblättrige Pflanzen, Monokotyledonen, Monocotyledoneae), Klasse der Blütenpflanzen, deren Keimling nur ein Keimblatt ausbildet, das als Laubblatt oder (im Samen) als Saugorgan auftreten kann; E. sind Kräuter oder ausdauernde Pflanzen, die oft Zwiebeln, Rhizome oder Knollen ausbilden.

Einkleidung, feierl. Übergabe des Ordenskleides an neue Mitglieder eines Ordens.

Einkommen, die einer jurist. oder natürl. Person entsprechend der volkswirtschaftl. ↑Wertschöpfung in einer Zeitperiode zufließenden Geldbeträge und Naturalleistungen. Die Summe aller Nettowertschöpfungen, das ↑Volkseinkommen, setzt sich zusammen aus Löhnen und Gehältern *(E. aus unselbständiger Tätigkeit, Arbeits-E.,* Arbeitnehmer-E.), Betriebsgewinnen *(E. aus Unternehmertätigkeit, Gewinn-E.)* sowie Zinsen, Mieten und Pachten *(E. aus Vermögen, Besitz-E.). Abgeleitete E.* fließen ohne ökonom. Gegenleistung zu, daher spricht man auch von *Übertragungs-* oder *Transfer-E.* (Sozialrenten, Pensionen, Unterstützungszahlungen). *Brutto-E.* ist die Gesamtsumme der einer Wirtschaftseinheit zufließenden E., das *Netto-E.* erhält man nach Abzug der direkt aus dem E. zu zahlenden Steuern und Sozialabgaben. Das *Nominal-E.* ist der in Geld angegebene Wert des E. zu laufenden Preisen; wird das Nominal-E. um die Änderungen des Preisniveaus korrigiert, so erhält man das *Real-E.* (zu konstanten Preisen).

Der *fiskal. E.begriff* ist umfassender als der ökonom., da alle Einkünfte erfaßt werden sollen, die die Leistungsfähigkeit einer Wirtschaftseinheit erhöhen, also auch Vermögenszunahmen. Daher umfaßt das E. im Sinne des Steuerrechts auch den Vermögenszugang.

Einkommenspolitik, Gesamtheit aller Maßnahmen öffentl. Planungsträger und Interessenverbände mit dem Ziel, die Entwicklung der verschiedenen Einkommensarten zu beeinflussen.

Einkommensteuer, Personensteuer, bei der das Einkommen Grundlage und Gegenstand der Besteuerung ist. Bei der Ermittlung des steuerpflichtigen Einkommens sind Werbungskosten, Sonderausgaben und außergewöhnl. Belastungen zu berücksichtigen. *Werbungskosten* sind Aufwendungen zur Erwerbung, Sicherung und Erhaltung der Einnahmen, z. B. für Arbeitsmittel wie Fachliteratur, Berufskleidung. *Sonderausgaben* sind bestimmte Aufwendungen der privaten Lebenshaltung, z. B. Versicherungsbeiträge. *Außergewöhnliche Belastungen* sind (nach Abzug der zumutbaren Belastung) einem Steuerpflichtigen zwangsläufig entstehende größere Belastungen als der überwiegenden Mehrzahl der Steuerpflichtigen gleicher Vermögensverhältnisse. Die E. umfaßt: 1. *Lohnsteuer:* Sie wird bei Einkünften aus nichtselbständiger Arbeit durch direkten Abzug vom Arbeitslohn erhoben; 2. *Veranlagte Einkommensteuer:* Ihr unterliegen alle ledigen Steuerpflichtigen, deren Jahreseinkommen mehr als 27 000,– DM beträgt (bei Verheirateten 54 000,– DM) oder die neben Einkünften aus nichtselbständiger Arbeit, die durch die Lohnsteuer erfaßt werden, aus anderen Quellen mehr als 800,– DM im Jahr beziehen. Die Feststellung der Steuerpflicht und Festsetzung der Steuerschuld durch das Finanzamt *(Veranlagung)* erfolgt entsprechend dem Einkommen, das der Steuerpflichtige bezogen hat; 3. *Kapitalertragsteuer:* Ihr unterliegen Kapitalerträge wie z. B. Gewinnanteile aus Aktien und Zinsen; 4. *Körperschaftsteuer:* Ihr unterliegen die jurist. Personen (z. B. Kapitalgesellschaften); sie kann i. d. R. auf die E.schuld von Anteilseignern angerechnet werden.

Einkommensverteilung, die Aufteilung des Volkseinkommens 1. auf die Produktionsfaktoren Arbeit, Kapital und Boden *(funktionelle E.);* 2. auf die Personen, die Eigentümer der Produktionsfaktoren ohne Rücksicht auf die Quelle des Einkommens *(personelle E.)* sind.
Eine graph. Darstellungsmöglichkeit der Ungleichheit einer E. bietet die *Lorenz-Kurve:* Auf der Ordinate werden die kumulierten Häufigkeiten der Einkommen in %, auf der Abszisse die kumulierten Häufigkeiten der diese Einkommen erzielenden Einkommensbezieher in % abgetragen. In dem so gebildeten Diagramm entspricht die Diagonale einer völligen Gleichverteilung. Je größer die Fläche zw. einer empir. ermittelten Kurve und dieser Diagonalen ist, desto größer ist die Ungleichheit der Einkommensverteilung.

Einkorn ↑Weizen.

Einkreisung, Schlagwort für das Gefühl außenpolit. Isolierung des Dt. Reiches durch die brit. Bündnispolitik vor dem 1. Weltkrieg.

Einkristalle, Bez. für Kristalle, deren atomare Bausteine ein einziges homogenes Kristallgitter bilden (↑Kristallzüchtung).

Einkünfte, im *Einkommensteuerrecht* die Einnahmen bzw. Bruttoerträge abzügl. der wirtschaftl. mit ihnen zusammenhängenden Ausgaben bzw. Aufwendungen (Betriebsausgaben, Werbungskosten); negative e. sind Verluste. Die Summe aller positiven und negativen E. bildet den Gesamtbetrag der Einkünfte.

Einlagen, 1) *Bankwesen:* die Geldbeträge, die die Wirtschaftssubjekte den Banken zur Verfügung stellen *(Depositen). Kurzfristige E. (Sichteinlagen)* dienen dem Zahlungsverkehr und werden als Buch- oder Giralgeld bezeichnet; *mittel-* und *langfristige E.* (befristete E.) sind vorübergehende Geldanlagen, die nicht dem Zahlungsverkehr dienen *(Termineinlagen); Spareinlagen* sind nicht befristete, nicht dem Zahlungsverkehr dienende Geldanlagen.
2) *Handelsrecht:* alle Geld- und/oder Sachleistungen, die ein Wirtschaftssubjekt in ein Unternehmen mit dem Ziel der Beteiligung einbringt.

Einlassung, im *Zivilprozeß* eine auf Abweisung der Klage als unbegründet zielende Stellungnahme des Beklagten.

Einlassungsfrist, im *Zivilprozeß* der Zeitraum zw. der Klagezustellung und dem ersten Termin zur mündl. Verhandlung.

Einlauf (Darmeinlauf, Klistier, Klysma), Einführung körperwarmer Flüssigkeiten durch den After in den Mastdarm zur Darmspülung und Anregung der Darmentleerung.

Einlegearbeiten ↑Intarsien.

Einnahmen, 1) im *Steuerrecht* alle Güter, die dem Steuerpflichtigen im Rahmen der Überschußeinkünfte zufließen.
2) im Bereich der *gewerbl. Wirtschaft* den Zahlungseingang eines Unternehmens.
3) im Bereich des *Staates* ↑Haushalt.

Einparteiensystem, ein polit. System, in dem der polit. Willensbildungs- und Entscheidungsprozeß von einer einzigen Partei monopolisiert ist.

Einpeitscher (engl. whip), im brit. Parlament der Abg., der für die Anwesenheit der Abg. seiner Partei bei Abstimmungen und anderen wichtigen Gelegenheiten sorgt.

Einrede, im *Zivilrecht* das Geltendmachen von Umständen, die ein Recht zur Verweigerung einer geschuldeten Leistung geben. Die E. ist rechtshemmend *(dilatorisch),* wenn sie dem Anspruch nur zeitweilig entgegensteht (z. B. Stundung), oder rechtsausschließend *(peremptorisch),* wenn sie die Geltendmachung des Anspruchs für dauernd ausschließt (z. B. Verjährung). E. sind im Prozeß nur zu berücksichtigen, wenn der Berechtigte sich auf sie beruft.

Einrichten, das Umwandeln einer gemischten Zahl in einen unechten Bruch, z. B. $5\,^2/_3 = {}^{17}/_3$.

Einsatzgruppen, Sondereinheiten zur Verfolgung von Juden und Gegnern des Nationalsozialismus in den meisten der von dt. Truppen im 2. Weltkrieg besetzten Gebiete, insbes. in Polen und in der UdSSR; die Zahl der von den E. Ermordeten wird auf 2 Mio. geschätzt.

Einsatzhärten ↑Wärmebehandlung.

Einsäuerung (Silieren), das Haltbarmachen von pflanzl. Futterstoffen (Gärfutter), die der Milchsäuregärung unterworfen werden.

Einschluß, in einem Mineral oder Gestein eingeschlossener Fremdkörper (Gasblase, Flüssigkeit, feste Substanzen).

Einschreiben, Postsendungen, die gegen bes. Gebühr bei der Einlieferung von der Post quittiert und gegen Empfangsbescheinigung zugestellt werden.

Einsiedeln, Wallfahrtsort im schweizer. Kt. Schwyz, 40 km südl. von Zürich, 10 000 E. Die Klosterkirche (1719–35) besteht aus drei Zentralräumen mit bed. Stukkaturen und Malereien. – Um die Zelle des hl. Meinrad († 861) bildete sich zu Beginn des 10. Jh. eine Klausnergemeinde (934 Benediktregel); exemt seit 1452/1518; 1798–1803 aufgehoben. Seit 1907 (1947 bestätigt) Gebietsabtei.

Einsiedler (Anachoret, Eremit), Asket oder Mönch, der aus religiösen Gründen in der Einsamkeit für sich allein lebt.

Einsiedlerkrebse (Meeres-E., Paguridae), Fam. der Mittelkrebse mit rd. 600, fast ausschließl. im Meer verbreiteten Arten mit weichhäutigem Hinterleib, den sie durch Eindringen in ein leeres Schneckenhaus schützen. – Abb. S. 852.

Einspritzmotor

Einspritzmotor, Verbrennungsmotor, bei dem das zündfähige Kraftstoff-Luft-Gemisch nicht im Vergaser, sondern durch Zerstäuben über *Einspritzdüsen* erzeugt wird. Beim *Dieselmotor* erfolgt *Direkteinspritzung* unter hohem Druck (bis 30 MPa = 300 bar) in den Verbrennungsraum, beim *Ottomotor* erfolgt die *Benzineinspritzung* in das Ansaugrohr vor den einzelnen Einlaßventilen (Druck 0,2 bis 3 MPa = 2 bis 30 bar). Bei der *elektron. Benzineinspritzung* wird meist die angesaugte Luftmenge *L* von einem Meßfühler erfaßt und einem elektron. Steuergerät eingegeben *(L-Jetronic).* Dieses steuert unter Berücksichtigung von Motordrehzahl, Motor-, Kühlwasser- und Lufttemperatur u. a. die elektromagnet. Einspritzventile. Vorteile: geringerer Kraftstoffverbrauch, weniger schädl. Abgasstoffe.

Einsiedlerkrebse. Palmendieb (Länge bis 30 cm)

Einspritzpumpe, Einrichtung beim ↑Einspritzmotor zur Förderung des Kraftstoffs zu den Einspritzdüsen.

Einspruch, Rechtsbehelf, der grundsätzlich nicht zur Nachprüfung der Entscheidung oder Maßnahme durch eine übergeordnete Instanz führt. Der E. ist v. a. gegeben: 1. im *Verfassungsrecht;* 2. im *Zivilprozeß* gegen Versäumnisurteile und Vollstreckungsbefehle; 3. im *Strafprozeß* gegen Strafbefehle; 4. im *Bußgeldverfahren* gegen den Bußgeldbescheid; 5. im *Arbeitsrecht* für den Arbeitnehmer gegen eine sozial ungerechtfertigte Kündigung, einzulegen beim Betriebsrat.

Einspruchsgesetze, Bundesgesetze, die im Ggs. zu den sog. ↑Zustimmungsgesetzen nicht der Zustimmung des Bundesrates bedürfen.

Einstand, *Tennis:* »Gleichstand« im Spiel, wenn beide Spieler oder Parteien jeweils drei Punkte gewonnen haben oder wenn nach »Vorteil« die zurückliegende Partei den nächsten Punkt gewonnen hat.

Einstein, Albert, *Ulm 14. 3. 1879, †Princeton (N. J.) 18. 4. 1955, dt. Physiker (ab 1901 schweizer., 1940 amerikan. Staatsbürger). Nach Tätigkeit am Patentamt in Bern (1902–09) Prof. für theoret. Physik in Zürich und Prag; ab 1914 in Berlin u. a. Direktor des Kaiser Wilhelm-Instituts für Physik; emigrierte 1933 in die USA und wirkte bis zu seinem Tode am Institute for Advanced Study in Princeton (N. J.). E. wurde durch seine Arbeiten, von denen einige die Grundlagen der Physik revolutionierten, zum bedeutendsten Physiker des 20. Jahrhunderts. Er entwickelte die Relativitätstheorie (1905 spezielle, 1914–16 allg. Relativitätstheorie) und die einheitl. Feldtheorie (1929). E. erhielt für seine Beiträge zur Quantentheorie, v. a. für seine Deutung des Photoeffekts, 1921 den Nobelpreis für Physik.

Einstein-Gleichung [nach Albert Einstein], **1)** Bez. für die Beziehung $E = mc^2$, die die Äquivalenz von Energie E und Masse m zum Ausdruck bringt (c Lichtgeschwindigkeit). **2)** Bez. für die zw. der Frequenz v einer Wellenstrahlung (speziell einer elektromagnet. Strahlung) und der Energie E ihrer Quanten (Photonen) bestehende Beziehung $E = h \cdot v$ (h Plancksches Wirkungsquantum).

Einsteinium [nach Albert Einstein], chem. Element. Symbol Es; chem. Element aus der Gruppe der Actinoide; künstl. dargestelltes radioaktives Metall; Ordnungszahl 99; Atommasse des langlebigsten Isotops 254, Halbwertszeit 276 Tage; meist dreiwertig.

einstweilige Anordnung, gerichtl. Maßnahme (Entscheidung) im Verlauf eines Rechtsstreites, die der endgültigen Entscheidung vorausgehen oder nachfolgen kann; sie soll verhindern, daß vor Rechtskraft einer gerichtl. Entscheidung ein endgültiger Zustand herbeigeführt wird.

einstweilige Verfügung, die in einem abgekürzten (summar.) Zivilprozeß oder Arbeitsgerichtsverfahren erge-

hende vorläufige, allerdings sofort vollstreckbare gerichtl. Anordnung zur Sicherung eines Individualanspruchs oder des Rechtsfriedens.

Eintagsfieber (Ephemera), 1–3 Tage anhaltendes, wahrscheinlich durch Viren ausgelöstes Fieber, das häufig von Bläschenausschlag an den Lippen (Herpes labialis) begleitet ist.

Eintagsfliegen (Ephemeroptera), mit etwa 1 400 Arten weltweit verbreitete Ordnung 0,3–6 cm körperlanger Insekten; Mundwerkzeuge verkümmert oder fehlend, daher keine Nahrungsaufnahme des entwickelten Insekts, das nur wenige Stunden bis einige Tage lebt; Larven leben in stehenden und fließenden Gewässern.

Einthoven, Willem [niederl. 'ɛintho:və], *Semarang (Java) 21. 5. 1860, † Leiden 29. 9. 1927, niederl. Mediziner. Schuf die Grundlagen für die Elektrokardiographie, u. a. durch die Vervollkommnung des Saitengalvanometers; erhielt hierfür 1924 den Nobelpreis für Physiologie oder Medizin.

Eintragung, die in einem öffentl. Register vorgenommene Beurkundung eines Rechtsverhältnisses oder einer rechtserhebl. Tatsache.

Einwanderung, der Zuzug aus einem Staatsgebiet in ein anderes zum Zweck der ständigen Niederlassung. E. spielt in Europa seit dem 18. Jh. eine vorwiegend wirtschaftspolit. Rolle. – Die E.länder versuchen, durch E.beschränkungen den polit., wirtschaftl. und sozialen Gefahren übermäßig starker E. zu begegnen. Die zunehmende Wirtschaftsverflechtung führte seit Beginn der 1950er Jahre in W-Europa zu einer bed. Fluktuation von Arbeitskräften über die Staatsgrenzen hinweg, die u. U. im Ergebnis E. bedeuten kann.

Einwegverpackungen, Bez. für Verpackungen (Flaschen, Gläser, Dosen, Kunststoffbehälter), die nicht wiederverwendet werden, sondern nach Gebrauch als Abfall anfallen.

Einwendung, im prozeßrechtl. Sinn das gesamte Verteidigungsvorbringen des Beklagten.

Einwilligung, die im voraus erteilte Zustimmung zum Zustandekommen eines Rechtsgeschäfts (Ggs.: [nachträgl.] Genehmigung); erlischt im Zweifel mit dem ihr zugrundeliegenden Rechtsgeschäft.

Einwohnerwert, je Tag und Einwohner im Abwasser enthaltene Menge an organischen Schmutzstoffen. Zu ihrem Abbau wird definitionsgemäß ein biochemischer Sauerstoffbedarf von 54 g pro Tag benötigt. Die auf den E. umgerechnete Menge und Verschmutzung gewerblicher und industrieller Abwässer wird als *Einwohnergleichwert* bezeichnet.

Albert Einstein. Links: Einsteins Arbeitsplatz im Institute for Advanced Study in Princeton (N.J.) ◆ Rechts: Photo aus dem Jahre 1950

Willem Einthoven

Einwurf

Eisblumen

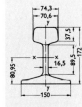

Eisenbahn.
Schienen; von oben
UIC 60, S 54 und S 49

Einwurf, Wurf, durch den der ins Seitenaus gegangene Ball wieder ins Spiel gebracht wird (z. B. Fußball).

Einzahl, svw. ↑Singular.

Einzel, Spiel, bei dem nur ein Spieler gegen einen anderen spielt. ↑Doppel.

Einzelfallhilfe ↑Sozialarbeit.

Einzelhandel, Absatz von Gütern v. a. an private Haushalte durch spezielle Handelsbetriebe, die ihre Waren vom Großhandel oder den Produzenten beziehen und diese ohne wesentl. Bearbeitung an die Verbraucher weitergeben.

Einzeller (Protisten), Lebewesen, deren Körper nur aus einer Zelle besteht; man unterscheidet *pflanzl. E.* (Protophyten) und *tier. E.* (Protozoen).

Einzelradaufhängung, getrennte Befestigung, Abfederung und Führung der einzelnen Räder eines Fahrzeugs.

Einzelrichter, Richter, der im Unterschied zum *Kollegialgericht* im Urteilsverfahren allein entscheidet.

Einziehung, 1) die Wegnahme *(Konfiskation)* von Sachen oder Werten als Strafe oder Sicherungsmaßnahme; erfolgt durch Urteil, meist nach vorheriger Beschlagnahme.
2) Verwaltungsanordnung, durch die ein öffentl. Weg dem öffentl. Verkehr dauernd entzogen wird.
3) Eintreiben von Außenständen.

Éire [engl. ˈɛərə], irisch für ↑Irland.

Eireifung, svw. ↑Oogenese.

Eirene, bei den Griechen die Personifikation und Göttin des Friedens.

Eis, Wasser in festem Aggregatzustand, kristallin in Form hexagonaler E.kristalle erstarrt (gefroren), Dichte bei 0 °C und 1013,25 hPa 0,91674 g/cm³; E. schwimmt auf Wasser. Die Schmelztemperatur von E. dient zur Definition des Nullpunkts der Celsius-Temperaturskala. Die Bildung und das Wachsen von Eiskristallen in der *Atmosphäre* stellt einen wichtigen Faktor bei der Entstehung von Niederschlag dar (Schnee, Graupeln, Hagel). An der *Erdoberfläche* entsteht E. durch Gefrieren des Wassers von Flüssen, Seen und Meeren (Eisgang, Treibeis, Packeis), durch Gefrieren von Bodenfeuchtigkeit (Bodenfrost, Glatteis) und durch Anhäufung von Schnee (z. B. Gletscher).

Eisbär (Ursus maritimus), rings um die Arktis verbreitete Bärenart; Körperlänge etwa 1,8 (♀) bis 2,5 m (♂). Schul-

terhöhe bis etwa 1,6 m; Gewicht durchschnittl. 320–410 kg; vorwiegend Fleischfresser.

Eisberge, im Meer schwimmende, oft riesige Eismassen, die durch Abbrechen (»Kalben«) von einem bis an das Meer vorgeschobenen Gletscher entstehen.

Eisblumen, Eisbildung (z. B. an Fensterscheiben) in vielfältigen Kristallisationsformen durch auskondensierten Wasserdampf feuchter Raumluft.

Eisbrecher, Schiff zum Freihalten von Schiffahrtswegen von Eis; v. a. mit verstärkter Außenhaut, mit starker Antriebsleistung (oft zusätzl. Bugpropeller) und mit Löffelbug zum Auffahren auf die Eisdecke.

Eischwiele, dem Durchstoßen der Eischale dienende, nach dem Schlüpfen abfallende, schwielenartige, verhornte Epithelverdickung am Oberkiefer schlüpfreifer Brückenechsen, Krokodile und Schildkröten sowie am Oberschnabel von Vögeln (dann inkorrekt auch »Eizahn« genannt).

Eisen, chem. Symbol Fe (lat. Ferrum); chem. Element aus der VIII. Nebengruppe des Periodensystems der chem. Elemente; Schwermetall; Ordnungszahl 26; relative Atommasse 55,847; Dichte 7,874 g/cm³; Schmelztemperatur 1536 °C; Siedetemperatur 2750 °C. Mit 4,7 Gewichts-% steht E. an vierter Stelle in der Häufigkeit der chem. Elemente in der Erdkruste; Vorkommen kaum gediegen, sondern in Form zahlr., v. a. sulfid. (Pyrit, FeS_2) und oxid. (Magnetit, Rot- und Brauneisenstein) Minerale. E. tritt in seinen Verbindungen zwei- und dreiwertig, seltener sechswertig auf. Bes. unreines E. neigt zum Rosten (Oxidbildung infolge Korrosion durch den Sauerstoff der Luft); von verdünnten Mineralsäuren wird E. unter Bildung der entsprechenden Salze leicht gelöst. Verwendung v. a. in Form von Legierungen. E. ist als Fe^{2+} oder Fe^{3+} für alle Lebewesen lebensnotwendig, da es Bestandteil verschiedener Enzyme und des Zytochroms der Atmungskette ist. Bei Tieren ist E. im Hämoglobin gebunden.

Roheisenerzeugung im Hochofen: Im Hochofen wird aus dem Möller (Erze, Sinter, Pellets, Zuschläge) und Koks Roheisen, das Ausgangsprodukt für die Gewinnung von Stahl, erschmolzen.

Möller und Koks werden lagenweise aufgegeben und mit einem aus Heißwind sowie Hilfsbrennstoffen (Erdgas, Öl, Teer u. a.) entstehenden reduzierenden Gas durchblasen. Dabei werden Erze, Zuschläge (v. a. Kalkstein) und Koks durch die Hitze von anhaftender Feuchtigkeit befreit; es bilden sich Eisenoxide, die bei der sog. *indirekten Reduktion* schließlich teilweise zu metall. Eisen unter Kohlendioxidbildung reduziert werden. Die restl. Eisenoxide werden im unteren Hochofenteil durch direkte Reduktion zu metall. Eisen und kohlen sich auf, d. h., Kohlenstoff löst sich im Eisen. Im heißesten Teil des Hochofens vollzieht sich das *Schmelzen* des aufgekohlten Eisens und die Bildung der Schlacke aus der Gangart der Erze, des Sinters, der Pellets, der Zuschläge und des Kokses. Nach der Art des zu erzeugenden Roh-E. richtet sich das Verhältnis von bas. (CaO, MgO) zu sauren Bestandteilen (SiO_2, Al_2O_3) im Möller und damit auch in der Schlacke. Zusammensetzung und Temperatur der Schlacke bestimmen die Reduktion des Mangans, Siliciums, Phosphors und anderer Elemente aus deren Oxiden und damit deren prozentualen Gehalt im Roheisen. Das Roh-E. (Temperatur 1390–1500 °C) wird in fahrbare Pfannen abgestochen und flüssig zu den Stahlwerken transportiert. Die Hochofenschlacke wird zu Straßenbelag, Eisenbahnschotter, Mauersteinen, Pflastersteinen, Schlackenwolle, Hochofenzement u. a. verarbeitet.

Zur E.gewinnung durch *Direktreduktion,* d. h. ohne Hochofen, wurden mehrere Verfahren entwickelt, die mit minderwertigen Brennstoffen, Erdöl oder -gas, elektr. Energie sowie mit der Wärme des Reaktorkühlmittels von Kernreaktoren arbeiten.

Die Weltproduktion an Roh-E. und Hochofen-Ferrolegierungen betrug 1992 rd. 460 Mio. t. Die Haupterzeugerländer waren die VR China mit 73,4 Mio. t, Japan mit 73,1 Mio. t, die USA mit 47,3 Mio. t, Rußland mit 45,8 Mio. t und Deutschland mit 28,5 Mio. t.

Geschichte: E. ist etwa seit der Mitte des 2. Jt. v. Chr. bekannt; als Erfinder der E.technik gelten die Hethiter. Die Römer beuteten im 1. Jh. v. Chr. E.erzlager auf Elba und in der röm. Provinz Noricum in den Ostalpen aus. Bei den frühen E.gewinnungsverfahren wurden relativ reine Erze nach dem *Rennfeuerverfahren* verarbeitet. Die Rennfeueröfen bestanden meist aus Gruben *(Rennherde)* oder einfachen Schachtöfen *(Rennöfen),* die aus Lehm oder Steinen errichtet wurden. Die Erze wurden mit glühender Holzkohle und natürl. Luftzug bzw. Luft aus dem Blasebalg reduziert. Das reduzierte E. *(Renneisen)* sammelte sich am Boden des Ofens in Form von Luppen, d. h. als feste bis teigige E.klumpen, die noch stark mit Schlacke versetzt waren und durch Ausschmieden von der Schlacke und der restl. Holzkohle befreit werden mußten. – Um 700 n. Chr. entstand eine E.industrie in der Steiermark, im 9. Jh. auch in Böhmen, Sachsen, Thüringen, im Harz, im Elsaß und am Niederrhein. Im 12. Jh. wurden E.hüttenbetriebe in Holland, im 15. Jh. in England und Schweden errichtet. – Eine kontinuierl. Erzeugung von Roh-E. war erst mit der Entwicklung des ↑Hochofens möglich. Als Reduktionsmittel für die E.oxide diente bis ins 18. Jh. Holzkohle, wodurch sich ein großer Raubbau an den Waldbeständen ergab. Steinkohle konnte erst verwendet werden, nachdem der brit. Hüttenfachmann Abraham Darby (* 1711, † 1763) das Verfahren der Verkokung (Kohleentgasung) entwickelt hatte. Er beschickte erstmals 1735 einen Hochofen ausschließlich mit Koks als Reduktionsmittel.

Eisenach, Kreisstadt in Thüringen, am NW-Rand des Thüringer Waldes, überragt von der ↑Wartburg, 44 800 E. Landestheater, Museen. Automobilwerk. Nikolaikirche (12. Jh.), Pfarrkirche Sankt Georg (16. Jh.), Rathaus (1508 ff.), Predigerkirche (13. Jh.), Lutherhaus, Geburtshaus J. S. Bachs. – 1572–1638, 1640–44 und 1672–1741 Residenz eines Hzgt. der ernestin. Wettiner, danach zu Sachsen-Weimar. 1920 an Thüringen.

Eisenbahn, schienengebundenes Verkehrsmittel zum Transport von Personen und Gütern mit einzelnen oder zu Zügen zusammengekuppelten Wagen, die entweder von Lokomotiven gezogen werden oder aber eigene Antriebsaggregate besitzen.

Eisenbahn.
Schienenbefestigung
bei Holzschwellen

Eisenbahn.
Schienenbefestigung
mit Rippenplatte und
Spannbügel

Eisenbahn

Zughalt und Rangierverbot   Zughalt und Rangierverbot aufgehoben

Eisenbahn.
Haupt-/Sperrsignal

Gleisanlagen: Geländeverhältnisse und zu erwartendes Verkehrsaufkommen bestimmen die Streckenführung. Die zulässige Geschwindigkeit hängt von Kurvenradius und Überhöhung der äußeren Schiene ab; Steigung bzw. Gefälle bei Hauptbahnen bis 12,5‰, bei Nebenbahnen bis 40‰. *Unterbau* ist derjenige Teil des Bahnkörpers, der Gleis und Bettung aufnimmt; er besteht aus *Erdkörper* und sog. *Kunstbauten.* Die *Unterbaukrone (Planum)* ist zum Ableiten des Regenwassers dachförmig geneigt. Der *Oberbau* besteht aus Gleisbettung, Gleisanlage und evtl. Schutzschicht. Die *Spurweite* für Normal- bzw. Regelspur mißt 1435 mm und ist in Mitteleuropa weit verbreitet. Bez. gebräuchl. *Schienenformen* bei der Dt. Bahn AG (DB) sind: S 49, S 54 oder UIC 60 (Gewicht 49 bzw. 54 bzw. 60 kg/Meter) für geringe, mittlere bzw. starke Beanspruchung. Neuere Erkenntnisse führten zum durchgehend geschweißten Gleis; dadurch Wegfall der Schienenstöße, geringerer Verschleiß und angenehmeres Fahrgefühl. Schienen werden auf Holz- bzw. Betonschwellen aufgesetzt. Die Schwellen übertragen die Belastung auf die Bettung aus scharfkantigem Schotter. Für den Gleiswechsel werden *Weichen* benötigt, unterschieden nach einfachen Weichen, einfachen und doppelten *Kreuzungsweichen* sowie *Kreuzungen.*
Der Neu- oder Umbau sowie Unterhaltung von Gleisen und Weichen wurde aus Rationalisierungsgründen weitgehend mechanisiert. *Schnellumbauzüge* arbeiten mit einer Geschwindigkeit von 350 m/h im Fließbandverfahren; mit *Standardumbauzügen* werden 30 m lange Gleisstücke ausgetauscht.

Signaltechnik, Informations-, Steuer- und Sicherungssysteme: Signale regeln den Zug- und Rangierbetrieb im Bahnhof und auf der freien Strecke. Das *Hauptsignal (Blocksignal)* zeigt an, ob der folgende Abschnitt (Blockstrecke) befahren werden darf. Im Bremswegabstand (1000 m auf Haupt- bzw. 700 m auf Nebenstrecken) kündigt das *Vorsignal* die Stellung des Hauptsignals an. *Vorsignalbaken* weisen auf den Standort des Vorsignals hin. Früher nur *Formsignale* mit Flügeln bzw. Scheibe, nachts entsprechende farbige Lichter; heute weitgehend durch elektr. *Lichtsignale* ersetzt. Mechan., elektromechan. und rein elektr. Stellwerke sichern Fahrstraßen der Züge in Bahnhöfen und die Zugfolge auf freier Strecke. Beim *Gleisbildstellwerk* wird die Gleisanlage durch Panorama-Tafeln dargestellt. *Gleisschaltmittel* ermöglichen die Frei- oder Besetztmeldung der Gleise, die Ortung von Zügen, die Achszählung sowie Kontaktgabe durch Züge zur Steuerung von Betriebsabläufen.
Als Sicherheitseinrichtung, die das Vorbeifahren an Signalen oder auch Geschwindigkeitsüberschreitungen an Gefahrenpunkten verhindert, ist bei der Dt. Bundesbahn seit 1970 auf allen Hauptstrecken die induktive Zugsicherung (induktive Zugbeeinflussung, Kw. Indusi) in Betrieb.
Triebfahrzeuge mit Einmannbetrieb sind zur Überwachung des Fahrzeugführers mit einer *Sicherheitsfahrschaltung (Sifa)* ausgerüstet. Hierzu muß z. B. ein Bedienungsknopf gedrückt und nach spätestens 30 s wieder losgelassen werden. Werden diese Bedingungen nicht erfüllt, ertönt ein Warnsignal; anschließend erfolgt Schnellbremsung. Die Linienzugbeeinflussung (LZB) schafft die Voraussetzung für Geschwindigkeiten von über 160 km/h, für die das herkömml. Signalsystem mit Vor- und Hauptsignalen und einem Bremsweg von höchstens 1000 m nicht mehr ausreicht, und ermöglicht das Fahren auf *elektr. Sicht,* wobei Fahrzeuge im Bremswegabstand folgen können. Grundgedanke der LZB ist, Informationen über Signalstellungen, Langsamfahrstellen, Streckenneigungen u. a. in einer Zentrale zu sammeln, dort aus diesen Daten und dem Fahrort des Zuges den freien

Eisenbahn.
Dampflokomotive der Baureihe 03 (Schnellzuglokomotive); Baujahr 1930–37

Bremsweg zu ermitteln und diesen über Linienleiter kontinuierlich auf induktivem Weg (d. h. drahtlos) auf das Triebfahrzeug zu übertragen. Als *Linienleiter* dient ein zw. den Schienen verlegtes, alle 100 m gekreuztes Kupferkabel, das eine Linienleiterschleife bildet. Die Informationen werden auf der jeweiligen *Führerstandsanzeige* angezeigt (z. B. Soll-, Ist- und Zielgeschwindigkeit sowie Zielentfernung). Der Zugbahnfunk (ZBF) erlaubt ständige Verbindung von Triebfahrzeugen auf freier Strecke mit der zuständigen Leitstelle.

Triebfahrzeuge und Wagen: Die Lokomotive ist das Fahrzeug der Eisenbahn mit eigener Antriebsanlage. Je nach Einsatzzweck (Zugkraft, Höchstgeschwindigkeit) unterscheidet man Schnellzug-, Personenzug-, Güterzug- und Rangierlokomotiven, je nach Antriebsart Dampf-, Diesel- oder Elektrolok. Zur Kennzeichnung benutzt die Dt. Bundesbahn seit 1968 ein 7stelliges Ziffernsystem. Die erste Ziffer bezeichnet die Fahrzeugart, z. B.: 0 Dampflok, 1 E-Lok, 2 Diesellok, 4 elektr. Triebwagen, 6 Dieseltriebwagen; die 2. und 3. Ziffer geben die Baureihe an.

Die Antriebsmaschine der Dampflok ist i. d. R. eine doppeltwirkende Kolbendampfmaschine, seltener eine Dampfturbine *(Turbinenlok).* Der Antrieb erfolgt über mindestens zwei auf die Treibachse wirkende Arbeitszylinder. Zur Erreichung einer hohen Zugkraft werden mehrere Achsen angetrieben, wobei die Räder über Kuppelstangen mit der Treibachse verbunden sind. Brennstoff und Speisewasser werden im *Schlepptender* oder in an der Lok angebrachten Kästen *(Tenderlok)* mitgeführt. Mit der Entwicklung wirtschaftlicherer Antriebsarten (Brennkraftmaschinen, Elektromotoren) hat die Dampflokomotive ihre Bedeutung verloren. Bei der Dt. Bundesbahn lösten Elektrolokomotiven 1977 die letzten Dampflokomotiven ab.

Die schnellaufenden, aufgeladenen Dieselmotoren einer Diesellokomotive entwickeln eine Leistung bis 7 500 kW. Dieselmotoren können nicht wie Dampfmaschinen oder Elektromotoren unter Last anlaufen. Bei der *dieselhydraul. Lok* ist daher zw. Motor und Achsantrieb ein Flüssigkeitsgetriebe (Drehmo-

ment- bzw. Drehzahlwandler) angeordnet. Bei der *dieselelektr. Lok* erzeugt ein Dieselmotor über einen Generator den Strom zum Antrieb der Fahrmotoren. Die *dieselmechan. Lok* mit mechan. Getriebe hat nur als *Rangierlok* prakt. Bedeutung.

Eisenbahn. ICE (Intercity Expreß) der Dt. Bahn AG

Die Elektrolokomotive (E-Lok) bezieht die elektr. Energie im allg. über *Stromabnehmer* aus der *Oberleitung (Fahrleitung),* U-Bahnen aus einer zusätzl. *Stromschiene;* die Stromrückführung erfolgt über die Schienen. Mit Ausnahme langsamfahrender Rangierloks, bei denen die Treibachsen im Fahrzeugrahmen befestigt sind und deren Antrieb über Kuppelstangen erfolgt, sind moderne E-Loks als Drehgestellmaschinen mit *Einzelachsantrieb* ausgeführt. Moderne E-Loks haben Leistungen bis 7 500 kW; die Höchstgeschwindigkeit beträgt ca. 480 km/h. *Mehrsystem-Lokomotiven* erlauben den grenzüberschreitenden Verkehr zw. E.netzen mit unterschiedl. Bahnstromsystemen. In Europa gibt es im wesentl. vier verschiedene Bahnstromsysteme: *Einphasen-Wechselstrom* mit 15 kV, $16\frac{2}{3}$ Hz z. B. in Deutschland, Norwegen, Österreich, Schweden und der Schweiz bzw. 25 kV und 50 Hz z. B. in der Tschech. Rep., in Frankreich, Großbrit. und Rußland. *Gleichstrom* mit 1,5 kV z. B. in Frankreich und den Niederlanden bzw. 3 kV z. B. in Belgien, Italien und Spanien.

Der *Triebwagen* ist ein Schienenfahrzeug zur Beförderung von Personen und Gütern. Nach Antriebsart unterscheidet man *elektr.* und *Dieseltriebwagen,* nach dem Einsatzgebiet *Nahverkehrstriebwagen* mit großem Fassungsvermögen für

Eisenbahn

Zughalt

Fahrt

Langsamfahrt

Zughalt Fahrt Langsam-
fahrt

Notrot bei
Ausfall der
Stromversorgung
für das Signal

Eisenbahn.
Hauptsignale; oben:
Formsignal (links bei
Tag, rechts bei Nacht) ♦
Unten: Lichtsignal

schnellen Fahrgastwechsel und *Schnell-triebwagen* mit bes. Reisekomfort und großer Geschwindigkeit für weite Strecken (Frankreich: TGV, Train à grande vitesse; Deutschland: ICE, Intercity-Express).

Reisezugwagen dienen der Personen- und Gepäckbeförderung des Reisezugverkehrs, wobei man zw. *Personenwagen, Nahverkehrswagen* (mit zwei breiten Mitteleinstiegen), *D-Zug-Wagen* (schrittweise Ablösung durch *Interregiozugwagen*), *EC-(IC-)Wagen* und *ICE-Wagen* unterscheidet. Nach der Sitzanordnung werden Reisezugwagen in *Abteil-* oder *Großraumwagen* unterschieden. *Schlafwagen* weisen Einzelabteile auf mit jeweils bis zu drei Bettplätzen. *Liegewagen* sind Schlafwagen mit geringem Komfortangebot (sechs Liegeplätze pro Abteil). *Speisewagen* weisen Küche, Anrichte, Office und Speiseraum mit Mittelgang auf. *Gesellschaftswagen* sind Reisezugwagen mit Sondereinrichtungen.

Güterwagen sind überwiegend zweiachsige Waggons zur Beförderung von Gütern aller Art entsprechend den unterschiedl. Transportaufgaben in einer Vielzahl von Bauarten. Neben *gedeckten* und *offenen Güterwagen* finden zunehmend *Spezialgüterwagen* Verwendung, z. B. *Behälterwagen* (staubförmige oder feinkörnige Güter; Druckluftentladung), *Doppelstockwagen* (Autotransport), *Edelstahlkesselwagen* (Säuren), *Flachwagen* (Container), *Kühlwagen, Schiebewandwagen, Schwenkdachwagen, Selbstentladewagen* (Schüttgüter, Schotter).

Zug- und Stoßeinrichtung sind *Schraubenkupplung* und *Puffer* an den Stirnseiten von Eisenbahnfahrzeugen zur federnden Verbindung und Minderung von Zug- und Stoßbeanspruchungen. Die *automat. Kupplung* vereinigt Zug- und Stoßeinrichtung *(Mittelpufferkupplung);* mit ihr ist die selbsttätige Verbindung der Brems-, Steuer- und Versorgungsleitungen möglich (z. B. die *Scharfenberg-Kupplung;* bes. bei Triebwagen, S- und U-Bahnen).

Im E.betrieb ist weitgehend die *Klotzbremse* verbreitet. An den Radreifen werden der Rundung des Laufrades angepaßte Bremsklötze aus Grauguß angepreßt. Neuerdings sind auch *Scheibenbremsen* eingeführt worden; eine mit der Achswelle kraftschlüssige Bremsscheibe

wird von Bremsklötzen zangenförmig umschlossen. Die zum Abbremsen schwerer Züge erforderl. großen Bremskräfte werden mit der *Druckluftbremsanlage* erzeugt. Dabei wird das Arbeitsvermögen komprimierter Luft ausgenützt. Es hat sich die ein- und die mehrlösige, selbsttätige *Druckluftbremse* durchgesetzt. Zusatzeinrichtungen wie geschwindigkeitsgesteuerte *Bremsdruckregler* und *Gleitschutzregler* verhindern bei schnellfahrenden Reisezugwagen das Festbremsen von Achsen. Bei Güterwagen kann mit einer Umstelleinrichtung die Bremskraft auf den leeren oder beladenen Wagen eingestellt werden. Zur Schonung der Reibungsbremse werden bei E-Loks die Fahrmotoren als Generatoren geschaltet *(Nutzbremse).* Schnellfahrende Zugeinheiten sind mit zusätzl. *Magnetschienenbremsen* ausgerüstet. Mit Hilfe von Elektromagneten »saugen« sich eiserne Schleifschuhe auf den Schienen fest.

Geschichte: Vorläufer der E. sind Pferdebahnen (Förderwagen mit hölzernen Rädern auf Holzschienen) im Bergbau. In England verkehrte 1801 die erste öffentliche Pferdebahn Wandsworth–Croydon, 1804 die erste Industriebahn im Hüttenwerk von Merthyr Tydfil (Dampflok von R. Trevithick). 1825 wurde der Stockton & Darlington Railway für Personen- und Gütertransport eröffnet (»Locomotion« von G. Stephenson). 1825–32 wurde die Pferdebahn Budweis–Linz erbaut. 1835 wurde die erste Dampfbahn Brüssel–Mechel eröffnet, 1835 die erste dt. E. (»Ludwigsbahn«) Nürnberg–Fürth (Dampflok »Adler« von G. Stephenson). Die erste E-Lok (3 PS) baute 1879 W. von Siemens. 1903 wurde der Betrieb der ersten elektrifizierten Strecke Marienfelde–Zossen aufgenommen. 1900 nahm die württemberg. Staatsbahn einen Dieseltriebwagen in Betrieb. 1912 verkehrte die erste Diesellok mit 1 000 PS.

Eisenbahnrecht, Gesamtheit der Rechtsnormen, die Bau, Unterhaltung, Betrieb, Haftung und Unternehmensverfassung der Eisenbahnen regeln.

Eisenbarth (Eysenbarth), Johann Andreas, *Oberviechtach 27. 3. 1663, † Hann. Münden (heute zu Münden) 11. 11. 1727, dt. Wundarzt. Seine Operationsmethoden (bei Hodenbruch,

Wasserbruch, Kropf und Star) wurden auch von der Schulmedizin übernommen. Durch seine marktschreier. Methoden erschien er jedoch als Quacksalber und fahrender Kurpfuscher (gen. »Dr. Eisenbart«).

Eisenberg, Kreisstadt in Thüringen, nw. von Gera, 13 200 E. Möbel- und Nahrungsmittelindustrie; Klavierbau. Barockschloß Christianenburg (1677 ff.), Renaissancerathaus (1579–95).

Eisencarbid (Zementit) ↑Carbide.

Eisenhut.
Blauer Eisenhut

Eisenerz, österr. Stadt am Erzberg, Steiermark, 10 000 E. Museen. Wichtigster Wirtschaftszweig ist der seit röm. Zeit betriebene Eisenerzbergbau. Kirchenburg (ab 1482 bewehrt); Häuser des 16. Jh., u. a. das Alte Rathaus (1548); Schlösser Geyeregg und Leopoldstein (17. Jh.).

Eisenerze, mindestens 20 % Eisen enthaltende verhüttbare Gesteine oder Minerale.

Eisenglanz ↑Hämatit.

Eisenhower, Dwight D[avid] [engl. ˈaɪzənhaʊə], *Denison (Tex.) 14. 10. 1890, † Washington 28. 3. 1969, amerikan. General und 34. Präs. der USA (1953–61; Republikaner). 1942 Oberbefehlshaber der US-Truppen in Europa (ab Dez. 1943 der alliierten Invasionstruppen), Juli bis Nov. 1945 US-Oberbefehlshaber in Deutschland, danach bis 1948 Generalstabschef, 1950–52 NATO-Oberbefehlshaber. Als Präs. profilierte sich E. außenpolitisch durch Beendigung des Koreakrieges (1953), Unterstützung der UN gegen Großbrit. und Frankreich in der Suezkrise (1956), die ↑Eisenhower-Doktrin und den Versuch zur Entspannungspolitik.

Eisenhower-Doktrin [engl. ˈaɪzənhaʊə...], 1957 vom amerikan. Kongreß dem Präs. erteilte Ermächtigung, im Nahen Osten auf das Hilfeersuchen eines Staates hin militärisch zu intervenieren.

Eisenhut (Sturmhut, Aconitum), Gatt. der Hahnenfußgewächse mit etwa 300 Arten, v. a. auf der Nordhalbkugel; alle Arten sind reich an Alkaloiden (u. a. Aconitin) und z. T. sehr giftig; bekannt sind *Blauer E.* (Echter Sturmhut), in den Alpen, bis 1,5 m hoch, und *Gelber E.* (Wolfs-E.), in Bergwäldern, bis 1 m hoch.

Eisenhüttenstadt, Stadt in Brandenburg, an der Oder, 49 900 E. Eisenhüttenwerk, Schiffswerft; Binnenhafen. 1950 als Wohnstadt des Eisenhüttenkombinats Ost gegr., 1953–61 Stalinstadt; 1961 mit Fürstenberg/Oder zu E. vereinigt.

Eisenhydroxide, Hydroxidverbindungen des Eisens. Das rotbraune, amorphe *Eisen(III)-hydroxid,* bildet Minerale, z. B. Brauneisenstein, Raseneisenerz.

Eisenkies, svw. ↑Pyrit.

Eisenkraut (Verbena), Gatt. der Eisenkrautgewächse; etwa 230 Arten; einheimisch ist das *Echte E.,* bis 1 m hoch.

Eisenkrautgewächse (Verbenaceae), Pflanzen-Fam. mit etwa 100 Gatt. und über 2 600 Arten, hauptsächl. in den Tropen und Subtropen sowie in den

Dwight D. Eisenhower

Eisenkraut.
Links: Echtes Eisenkraut (Höhe 20–100 cm) ◆ Rechts: Brennende Liebe (Höhe 10–20 cm)

Eisenlegierungen

südl. gemäßigten Gebieten; Bäume, Sträucher, Lianen, Kräuter.

Eisenlegierungen, Legierungen des Eisens als Basismetall; z. B. mit C, ferner mit N, Cr, Si, Mn.

Eisenoxide, Verbindungen des Eisens mit Sauerstoff: *Eisen(II)-oxid (Eisenmonoxid), Eisen(III)-oxid.*

Eisenpräparate, eisenhaltige Arzneimittel zur Behandlung der Eisenmangelanämie (↑Anämie).

Eisenquelle, Mineralquelle mit mindestens 10 mg gelösten Eisensalzen je Liter Wasser.

Eisenspat (Siderit, Spateisenerz, Spateisenstein), hellgelbbraunes Mineral, chemisch $FeCO_3$; Dichte 3,7–3,9 g/cm^3; Mohshärte 4–4,5; wichtiges Eisenerz in sedimentären Lagerstätten.

Eisenstadt, 1) Hauptstadt des österr. Bundeslandes Burgenland, am S-Rand des Leithagebirges, 10500 E. Landesarchiv und -museum, Haydn-Museum; Weinkellereien. Spätgot. Domkirche (1610 bis 1629); zahlr. Bürgerhäuser mit spätgot. und barocken Bauelementen; klassizistisch veränderes Schloß Esterházy (1797–1805).

2) österr. Bistum, 1960 errichtet.

Eisenstein, Sergei, russ. Sergei Michailowitsch Eisenschtein, *Riga 23. 1. 1898, † Moskau 11. 2. 1948, sowjet. Filmregisseur. Entwickelte u. a. die Montagetechnik; erlangte mit dem Revolutionsfilm »Panzerkreuzer Potemkin« (1925) internat. Ruhm; drehte ferner u. a.: »Oktober« (1927; dt. auch u. d. T. »Zehn Tage, die die Welt erschütterten«), »Iwan der Schreckliche« (I. Teil, 1944, II. Teil 1946; in der UdSSR 1958 uraufgeführt).

Eisensulfate, Eisensalze der Schwefelsäure; Eisen(II)-sulfat *(Eisenvitriol)* wird zur Darstellung anderer Eisenverbindungen verwendet.

Eisenzeit, nach dem ↑Dreiperiodensystem die Kulturperiode, in der Eisen das vorwiegende Rohmaterial für Werkzeuge und Waffen war. Vor 1200 v.Chr. lagen die Zentren der Eisengewinnung im Hethiterreich (O-Anatolien). Dann erreichte die Kenntnis der Eisenverarbeitung den östl. Mittelmeerraum, etwa bis zum 6. Jh. v. Chr. Indien und N-China. Aus dem ägäischen Raum verbreitete sie sich nach 1000 v.Chr. über Italien und die Balkanhalbinsel nach M- und W-Europa. In Afrika südlich der Sahara und weiten Teilen Asiens (z. B. S-Indien, Japan) folgte eine E. unmittelbar auf die Steinzeit. In Amerika spielte Eisen als Werkstoff in vorkolumb. Zeit keine Rolle.

Eiserne Front, 1931–33 v. a. gegen den Faschismus proklamierter Zusammenschluß von SPD, freien Gewerkschaften, Reichsbanner Schwarz-Rot-Gold und Arbeitersportverbänden.

Eiserne Garde (rumän. Garda de fier), 1930–33 Name der aus der 1927 von Corneliu Zelea Codreanu (*1899, † 1938) gegr. Legion Erzengel Michael hervorgegangenen rumän. faschist. Partei; trat 1940 in die Regierung Antonescu ein; 1941 aufgelöst.

eiserne Hochzeit, der 65. Hochzeitstag.

Eiserne Krone, karoling. Kronreif (mit eisernem Innenreif) im Kirchenschatz des Doms in Monza; galt fälschlich als langobard.-italien. Königskrone des Mittelalters.

eiserne Lunge, früher übl. Gerät zur maschinellen Beatmung bei Atemlähmung. ↑künstliche Beatmung.

Eisenzeit. Goldenes Ziergehänge, Perle mit Granulation und halbkreisförmigem Geflecht; aus Jegenstorf, Kt. Bern; 6. Jh.

Eiserner Vorhang, von W. Churchill 1946 geprägtes Schlagwort für die Abriegelung des Herrschaftsbereiches der UdSSR gegenüber der westl. Welt.

Eisernes Kreuz, Abk. E. K., dt. Kriegsauszeichnung für alle Dienstgrade, gestiftet 1813 von König Friedrich Wilhelm III. von Preußen. 1813, 1870 und 1914 eingeteilt in zwei Klassen und ein

Eisenzeit.
Antennendolch aus Grab 39 des Magdalenenbergs, Eisenklinge in Bronzegriff; Hallstattzeit (Villingen-Schwenningen, Heimatmuseum)

Eisenstadt
Stadtwappen

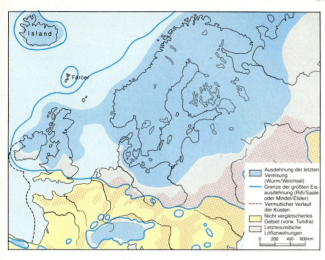

Eiszeitalter. Verbreitung der pleistozänen Vergletscherungen in Europa

Ausdehnung der letzten
Vereisung
(Würm/Weichsel)
Grenze der größten Eisausdehnung (Riß/Saale
oder Mindel/Elster)
Vermutlicher Verlauf
der Küsten
Nicht vergletschertes
Gebiet (vorw. Tundra)
Letzteiszeitliche
Lößanwehungen

0   200   400   600km

Großkreuz, 1939 in vier Grade. In der BR Deutschland ist nur das Tragen des E. K. ohne Hakenkreuz erlaubt.

Eisernes Tor, Durchbruchstal der Donau durch die Südkarpaten, zw. Golubac und Drobeta-Turnu Severin; 130 km lang, zugleich Grenze zw. Serbien und Rumänien.

Eisessig ↑Essigsäure.

Eishaken, 18–20 cm langer, mit Widerhaken versehener Metallstift, der beim Bergsteigen zur Absicherung in das Eis geschlagen wird.

Eisheilige, volkstüml. Bez. für bestimmte Tage im Mai mit Kaltlufteinbrüchen. In Norddeutschland werden die E. vom 11. bis 13. Mai (Tagesheilige: Mamertus, Pankratius, Servatius) erwartet, in Süddeutschland vom 12. bis 15. Mai (Pankratius, Servatius, Bonifatius, »Kalte Sophie«).

Eishockey [...hɔke:], dem Hockey ähnl. Mannschaftsspiel, bei dem die Spieler (bis zu 20, von denen je Mannschaft sechs auf dem Eis sind) auf Schlittschuhen laufen. Gespielt wird mit einem vierkantigen Stock aus Holz. Der *Puck,* eine Hartgummischeibe (Gewicht 156 bis 170 g, Durchmesser 7,62 cm, Höhe 2,54 cm), muß auf der von einer Bande umgebenen Eisfläche (Länge 56–61 m, Breite 26–30 m) gespielt werden. Spielzeit: 3 x 20 Minuten.

Eisjacht (Eisyacht, Segelschlitten), auf drei Kufen *(Läufern)* gleitendes segelbootartiges Eisfahrzeug.

Eiskrautgewächse (Mittagsblumengewächse, Aizoaceae), Pflanzen-Fam. mit etwa 2500 Arten in über 130 Gatt., hauptsächlich in Afrika und Australien; Kräuter, Halbsträucher oder Sträucher.

Eiskunstlauf, künstler. Form des Eislaufs, wird im Wettkampf als Einzel (für Damen und Herren) und als Paarlauf ausgetragen. Das Gesamtergebnis setzt sich aus dem Originalprogramm (33,3 %, Dauer bis zu 160 sek) und der Kür (66,7 %) zusammen. Der Kürläufer ist in der Zusammenstellung der Sprünge, Pirouetten, Schritte usw. völlig frei. In der *A-Note* bewertet das Kampfgericht den techn. Wert, in der *B-Note* den künstl. Eindruck.

Eislauf ↑Eisschnellauf, ↑Eiskunstlauf, ↑Eistanz.

Eiskunstlauf. Schematische Darstellung der Sprungphasen des einfachen Lutz

Eisleben

Hanns Eisler

Eisleben, Kreisstadt in Sa.-Anh., im östl. Harzvorland, 25 600 E. Kupfererzverhüttung. Rathaus (1519–30), ehem. Bergamt (1500), Marktkirche Sankt Andreas (nach 1498), Pfarrkirche Sankt Nikolai (15. Jh.), ferner Luthers Geburtshaus (Gedenkstätte) und Sterbehaus. – Vor 1180 Stadtrecht.

Eisler, 1) Edmund ↑Eysler, Edmund.
2) Hanns, *Leipzig 6. 7. 1898, † Berlin (Ost) 6. 9. 1962, dt. Komponist. Schüler von A. Schönberg; international bekannt durch die Zusammenarbeit mit Brecht; 1933 Emigration, ab 1938 in den USA, 1948 Rückkehr nach Europa, ab 1950 in der DDR. Neben Vokalwerken komponierte er etwa 40 Bühnensowie Filmmusiken, daneben Orchester-, Kammer- und Klavierwerke sowie die Nationalhymne der DDR (»Auferstanden aus Ruinen ...«).

Eismeere, die Pack- und Treibeis führenden Meere der Polargebiete.

Eisner, Kurt, *Berlin 14. 5. 1867, † München 21. 2. 1919 (ermordet), dt. Publizist und Politiker (USPD). Proklamierte am 7./8. Nov. 1918 in München den republikan. »Freistaat Bayern«, wurde Min.-Präs. der Regierung von SPD und USPD; versuchte verfassungspolitisch eine Kombination von Parlamentarismus und Rätesystem zu verwirklichen.

Eispickel, Ausrüstungsgegenstand des Hochalpinisten in der Gletscherregion; zum Stufenschlagen in Eis und Schnee.

Eisprung, svw. ↑Ovulation.

Eispunkt, Gefrierpunkt des Wassers unter Normalbedingungen (760 Torr bzw. 101 325 Pa; 0 °C bzw. 273,15 K); Nullpunkt der Celsius-Temperaturskala.

Eisriesenwelt ↑Höhlen (Übersicht).

Eisschießen (Eisstockschießen), Eisspiel, bei dem ein Eisstock (ein mit einem Eisenring umfaßter runder Holzkörper, der einen schwach gekrümmten Holzgriff hat) auf einer 42 m langen und 4 m breiten Bahn möglichst nahe an das Ziel (*Daube,* ein Holzwürfel) geschoben wird.

Eisschnellauf, von Männern über 500 m, 1 000 m, 1 500 m, 3 000 m, 5 000 m und 10 000 m und von Frauen über 500 m, 1 000 m, 1 500 m und 3 000 m ausgetragene Wettläufe auf Schlittschuhen.

Eissegeln, Segeln mit einer ↑Eisjacht oder auf Schlittschuhen mit einem Handsegel.

Eisspeedway [...spi:dweɪ] ↑Speedway.

Eistanz, Disziplin des Eiskunstlaufs.

Eisvögel (Alcedinidae), Fam. der Rakkenvögel mit über 80 Arten, v. a. in den Tropen und Subtropen der Alten und Neuen Welt; meist sehr farbenprächtige Vögel mit kräftigem Körper; bekannt ist der v. a. an Gewässern Eurasiens und N-Afrikas lebende, in Erdhöhlen nistende, etwa 17 cm lange, von Fischen lebende *Eisvogel.*

Eiswein, ein sehr zucker- und säurereicher Wein aus bei mindestens −6 °C gefrorenen und gelesenen Trauben.

Eiswüste ↑Wüste.

Eisvogel

Eiszeit (Glazial), Zeitraum der Erdgeschichte, der infolge weltweiter Klimaverschlechterung durch große Ausdehnung der Vergletscherung, der Schelfeistafeln und der Pack- und Treibeiszonen geprägt ist. Bei geringerem Ausmaß der Vergletscherung spricht man von *Kaltzeit.* Einen Zeitabschnitt mit mehrfachem Wechsel von E. und wärmeren Abschnitten *(Warmzeiten, Interglaziale, Zwischen-E.)* nennt man ↑Eiszeitalter. Eine allg. anerkannte Erklärung für das Auftreten von E. gibt es noch nicht.

Eiszeitalter, durch mehrfache Abfolge von Kalt-(Eis-) und Warmzeiten geprägter Zeitraum der Erdgeschichte. Der Begriff E. bezieht sich v. a. auf das quartäre E., das *Pleistozän* (früher *Diluvium).* Sein Anfang liegt rd. 2,5 Mio., das Ende etwa 12 000 Jahre zurück. Etwa 11 % der Erdoberfläche waren eisbedeckt (heute rd. 3 %). In den Eis- oder Kaltzeiten lagen die Temperaturen in Mitteleuropa 8 bis 12 °C tiefer als heute, die Zwischeneiszeiten ähnelten in Klima und Vegetation der Gegenwart.

In Europa reichte das Inlandeis bis an die dt. Mittelgebirge; die Brit. Inseln, Vogesen, Schwarzwald, Böhmerwald, Riesengebirge, Karpaten und Pyrenäen waren ebenfalls z. T. vergletschert. Das eisfreie Gebiet zw. den Alpen und dem Inlandeis wurde von einer Frostschutt- und Lößtundra eingenommen. Dort lebten Mammut, Höhlenbär, wollhaariges Nashorn, Wisent, Reh u. a. kältegewohnte Tiere. Die Vereisung und ihr Rückzug haben bes. die Oberflächen N-Deutschlands gestaltet (Moränen, Urstromtäler). Mit dem Pleistozän ist auch die Geschichte der Menschheit und ihrer Kultur (↑Altsteinzeit) aufs engste verknüpft.

Eiteilung, svw. ↑Furchungsteilung.

Eiter (Pus), bei eitriger Entzündung abgesonderte zähflüssige Masse aus Serumflüssigkeit, weißen Blutkörperchen und zerfallendem Gewebe. Die E.*bildung* ist eine Abwehrreaktion des Körpers gegen Krankheitserreger, die von weißen Blutkörperchen vernichtet werden sollen.

Eivissa [ɛi...] ↑Ibiza.

Eiweiße, svw. ↑Proteine.

Eiweißuhr ↑Altersbestimmung.

Eizahn, im Ggs. zur ↑Eischwiele echter, am Zwischenkiefer sitzender Zahn bei schlüpfreifen Embryonen von Eidechsen und Schlangen.

Ejakulation [lat.] (Samenerguß, Erguß, Ejaculatio, Effluvium seminis), Ausspritzung von Samenflüssigkeit *(Ejakulat)* aus dem erigierten Penis durch rhythm. Kontraktion der Muskulatur des Samenleiters, der Samenblase, der Schwellkörper und des Beckenbodens. – Kommt es bereits vor oder unmittelbar nach Einführung des Penis in die Vagina zum Samenerguß, spricht man von *Ejaculatio praecox* (meist psychisch bedingt).

ek..., Ek... [griech.], Vorsilbe von Zusammensetzungen mit der Bedeutung »aus«, »aus ... heraus«, z. B. Ekstase.

Ekarté (Ecarté) [ekar'te:; frz.], frz. Karten[glücks]spiel unter zwei Teilnehmern mit 32 Karten.

Ekbatana ↑Hamadan.

EKD, Abk. für ↑Evangelische Kirche in Deutschland.

EKG, Abk. für ↑Elektrokardiogramm.

Ekhof, [Hans] Conrad [Dietrich], *Hamburg 12. 8. 1720, † Gotha 16. 6. 1778, dt. Schauspieler und Theaterleiter. U. a. am Hamburger Nationaltheater (Zusammenarbeit mit Lessing) und in Weimar; ab 1774 Leiter des Gothaer Hoftheaters.

Ekkehart (Ekkehard), Name mehrerer Mönche von Sankt Gallen:
1) Ekkehart I., *bei Sankt Gallen um 910, † Sankt Gallen 14. 1. 973, Stiftsdekan, mittellat. Dichter. Verfasser geistl. Hymnen und Sequenzen, als Autor des Epos »Waltharius [manu fortis]« umstritten.
2) Ekkehart II., gen. Palatinus, *um 920, † Mainz 23. 4. 990, Neffe von E. I., Leiter der Klosterschule von Sankt Gallen. Lehrer der Hzgn. Hadwig von Schwaben; bekannt durch J. V. von Scheffels Roman »Ekkehard«.
3) Ekkehart IV., *im Elsaß (?) um 980, † Sankt Gallen 21. 10. um 1060, mittellat. Dichter. 1022–32 Leiter der Schule in Mainz, danach wieder in Sankt Gallen. E. setzte die Chronik des Klosters Sankt Gallen von 860 bis 972 und die von Ratpert begonnenen »Casus Sancti Galli« fort (bis 971); auch Gedichte.

Ekklesia [griech.], in der griech. Übersetzung des AT die israelit. Kultgemeinde, im NT Kirche (lat. Ecclesia).

Eklampsie [griech.], unmittelbar vor oder während der Geburt plötzlich auftretende, mit Bewußtlosigkeit einhergehende, lebensbedrohende Krampfanfälle der Schwangeren bei nervöshormoneller Fehlsteuerung und Fehlanpassung des weibl. Organismus an die Schwangerschaft.

Eklat [e'kla:; frz.], Aufsehen erregender Vorfall; *eklatant,* aufsehenerregend; offensichtlich.

Eklektizismus [griech.], **1)** *Kunstgeschichte:* künstler. Ausdrucksweise, die sich bereits entwickelter und abgeschlossener Kunstleistungen bedient.
2) *Philosophie:* Lehre, in der die eigene Position durch Übernahme fremder Lehrmeinungen bestimmt ist.

Eklipse [griech.], **1)** *Astronomie:* Sonnen- oder Mondfinsternis.
2) *Sprachwissenschaft:* (Eklipsis) das Auslassen von Wörtern oder Lauten.

Ekliptik [griech.], Großkreis am Himmel, in dem die Ebene der Erdbahn um die Sonne als unendlich groß gedachte Himmelskugel schneidet. Die E. schneidet im Frühlings- und Herbstpunkt den Himmelsäquator unter einem Winkel von etwa 23° 27', der als *Schiefe der E.* bezeichnet wird.

Ekloge [griech. »Auswahl«], in der *röm. Literatur* Hirtengedicht.

Ekofisk [norweg. 'e:kufisk], Erdöl- und Erdgasfeld im norweg. Sektor der Nordsee; Erdölpipeline nach Teesside, Erdgasleitung nach Emden.

Ekstase [griech.], das Außersichsein; rauschhafter, tranceartiger Zustand.

ekto..., Ekto... [griech.], Vorsilbe von Zusammensetzungen mit der Bedeutung »außen«, »außerhalb«.

Ektoderm [griech.] ↑Keimblatt.

EKU, Abk. für ↑Evangelische Kirche der Union.

Ekzem [griech.], schubweise auftretende, stark juckende, entzündl. Hauterkrankung als Überempfindlichkeitsreaktion auf verschiedenartige Reize. Ein *akutes E.* äußert sich zunächst in einer flächenhaften Rötung und Schwellung der Haut, dann entstehen Knötchen und schließlich Bläschen. Nach deren Platzen bilden sich nässende Hautstellen. Durch Eintrocknen der abgesonderten Flüssigkeit kommt es zur Krustenbildung, im Abheilungsstadium schließlich zur Schuppung. – Beim *chron. E.* stehen anstelle der Bläschenbildung Verhornungsprozesse im Vordergrund.

El, semit. Gottesbezeichnung.

Elaborat [lat.], schriftl. Ausarbeitung; auch abwertend für Machwerk.

Elagabal (Marcus Aurelius Antoninus Heliogabalus), *Emesa (heute Homs) 204, † Rom 11. 3. 222 (ermordet), röm. Kaiser (ab 218). Priester des Lokalgottes E., den er 219 in Rom als Sonnengott (Sol Invictus Heliogabalus) zur Reichsgottheit erhob.

El-Alamein, ägypt. Ort an der küstenparallelen Straße und Eisenbahnlinie von Alexandria Richtung Libyen. In den Kämpfen bei El-A. (Juni–Nov. 1942) scheiterte im 2. Weltkrieg der Durchbruchsversuch des dt. Afrikakorps unter Rommel.

El Al Israel Airlines Ltd. [engl. - - - 'ɛəlaınz 'lımıtıd], israel. Luftverkehrsunternehmen, gegr. 1948, Sitz Tel Aviv.

Elam, altorientel. Reich in SW-Iran mit der Hauptstadt Susa. Um 2200 v. Chr. erlag E. dem Angriff Akkads. Ab 1780 v. Chr. weitgehende Unabhängigkeit;

um 1325 Einnahme von Susa durch den babylon. König; im 13. Jh. (mittelelam. Reich) kulturelle Blüte. Um 1110 Eroberung durch den babylon. König Nebukadnezar I. Im 8. Jh. Bildung eines neuelam. Reiches, 646 assyr. Eroberung von Susa. – Zur Kunst ↑altmesopotamische Kunst.

Elan [frz.], Schwung, Begeisterung.

ELAS, Abk. für **E**thniko **L**aiko **A**peleftherotiko **S**tratos (»Nat. Volksbefreiungsarmee«), militär. Organisation des ↑Ethnikon Apeleftherotikon Metopon.

Elastin [griech.], Gerüsteiweiß (Skleroprotein) der elast. Fasern in Bindegeweben, Gefäßwandungen und manchen Sehnen.

elastische Fasern, überwiegend aus Elastin bestehende, stark dehnbare Fasern in elast. Bindegeweben (z. B. in der Lunge, in der Lederhaut) bei Tier und Mensch.

Elastizität [griech.], **1)** *Physik:* die Fähigkeit eines Körpers, durch äußere Kräfte verursachte Form- und Volumenveränderungen nach Beendigung der Kraftwirkungen rückgängig zu machen.

2) *Technik:* (Motorelastizität) Bez. für die Drehzahlspanne, innerhalb der ein Verbrennungsmotor unter Last betrieben werden kann.

Elat, Hafenstadt am Ende des Golfs von Akaba, Israel, 20400 E. Malachitschleifereien, Fischkonservenfabrik; Fremdenverkehr. Import von Erdöl, Pipeline nach Ashqelon und Haifa; ⚓. – 1948 als Israels Hafen am Roten Meer gegr.; die Blockierung der Zufahrt am 22. Mai 1967 durch Ägypten war der Anlaß des Sechstagekrieges 1967. – Das bibl. *Elath,* bed. Hafen- und Handelsstadt der Edomiter, lag beim heutigen Akaba.

Elativ [lat.], absoluter, d. h. ohne Vergleich stehender Superlativ.

Elba, italien. Insel im Tyrrhen. Meer, 223,5 km², bis 1019 m hoch, Hauptort Portoferraio; Eisenerzabbau, Fremdenverkehr. – Das bereits in der Antike besiedelte E. (lat. *Ilva*), ab 1802 frz., war vom 3. 5. 1814 bis 26. 2. 1815 Aufenthaltsort Napoleons I.; kam 1815 zum Großherzogtum Toskana, mit ihm 1860 an das Kgr. Italien.

Elbe, Fluß in Mitteleuropa (Tschech. Republik, Deutschland), entspringt im Riesengebirge, durchbricht das Böhm.

Elbe.
Unterlauf der Elbe bei
Haseldorf (östlich von
Stade)

Mittelgebirge und das Elbsandsteingebirge, folgt im Norddt. Tiefland z. T. dem Lauf von Urstromtälern, mündet bei Cuxhaven in die Nordsee, 1 165 km lang, davon 940 km schiffbar.

Völkerrecht: Die Elbschiffahrtsakte von 1821 bestimmte, daß die Schiffahrt auf der E. bis zur hohen See frei sein solle. Durch die Erklärung des Dt. Reiches vom 14. 11. 1936 wurde das internat. Regime der Elbschiffahrt einseitig aufgehoben.

Elben ↑Elfen.

Elberfeld ↑Wuppertal.

Elbeseitenkanal, 1976 eröffneter, nach Dammbruch 1977 wiedereröffneter, 113 km langer Nord-Süd-Kanal mit dem größten europ. Schiffshebewerk in Scharnebeck bei Lüneburg. Der E. verbindet Hamburg und Lübeck mit Hannover und Braunschweig.

Elbgermanen, Bez. für durch archäolog. Funde belegte Volksgruppen des 1.–5. Jh. im Einzugsbereich der Elbe; v. a. mit Markomannen, Quaden, Hermunduren, Semnonen und Langobarden zu identifizieren.

Elbherzogtümer, 1848–66 gebrauchte Bez. für die Hzgt. Schleswig und Holstein.

Elbing (poln. Elbląg), Hauptstadt der Woiwodschaft Elbląg im Verw.-Geb. Danzig, Polen, oberhalb der Mündung des Elbing in das Frische Haff, 119 600 E. Werften, Nahrungsmittel-

und Holz-Ind., Hafen. Sankt-Nikolaus-Kirche (13.–15. Jh.), Markttor (14. Jh.) und die spätgotische Sankt-Georgs-Kapelle (15. Jh.); Reste der Ordensburg. – 1237 Anlage einer Burg des Dt. Ordens und einer Siedlung (1246/1343 lüb. Stadtrecht); ab Ende des 13. Jh. führende Stellung in der Hanse; 1466 an Polen; 1772 preußisch; im 19. Jh. größtes Industriezentrum Ostpreußens.

Elbrus, stark vergletscherter höchster Berg des Großen Kaukasus, erloschener Vulkan mit zwei Gipfeln: Der westl. ist 5 642 m, der östl. 5 621 m hoch.

Elbsandsteingebirge, Bergland zw. Erzgebirge und Lausitzer Bergland, Deutschland und Tschech. Republik, bis 721 m hoch. Das dt. Gebiet beiderseits des Elbdurchbruchs wird *Sächsische Schweiz* genannt und steht seit 1956 unter Landschaftsschutz.

Elbslawen, Bez. für die westslaw. Volksstämme der Obotriten, Liutizen und Sorben; im 12. Jh. dem Hl. Röm. Reich angeschlossen.

Elbursgebirge, Gebirge in N-Iran, S-Umrahmung des Kasp. Meers, im Demawend 5 601 m hoch.

Elch (Elen, Alces alces) größte Art der Hirsche (Körperlänge bis über 3 m, Schulterhöhe bis 2,4 m), Trughirsch mit mehreren, verschieden großen Unterarten im nördl. N-Amerika, N- und O-Europa sowie in N-Asien; größte und schwerste Hirschart; ♂♂ mit oft

Elche

Elch

mächtig entwickeltem (bis 20 kg schwerem), meist schaufelförmigem Geweih; Zehen groß, weit spreizbar, ermöglichen Gehen auf sumpfigem Untergrund.

Elche [span. ˈɛltʃe] (katalan. Elx), span. Stadt sw. von Alicante, 173 400 E. Bewässerungsoase. Fundort einer bemalten Kalksteinbüste, der sog. Dame von E., aus dem 4. oder 1. Jh. v. Chr. (heute im Prado, Madrid).

Elchhund, Bez. für zwei Hunderassen; *Großer E.* (Jämthund), bis 63 cm hoher, spitzartiger Hund aus Jämtland; *Kleiner E.* (Gråhund), mittelgroßer, spitzartiger Jagdhund aus Norwegen.

Eldorado [span.] (Dorado), sagenhaftes Goldland im nördl. Südamerika.

eleatische Philosophie, vorsokrat. Philosophenschule (6./5. Jh.), die ihren Sitz in Elea (Unteritalien) hatte; der Kern ihrer Lehre bestand in der Auffassung, daß das Sein nicht der Zeit und damit auch nicht der Veränderung unterworfen sei, insofern könne die Erkenntnis des Seins nur durch Ableitung aus Denkgesetzen, nicht aber mittels sinnl. Wahrnehmungen (die zu Scheinmeinungen führen) gewonnen werden: Die einzelnen Dinge sind in ihrer Vielheit und Bewegung nur der Schein eines einzigen unwandelbaren Seins. In diesem Sinne formulierten die *Eleaten* exemplarisch den Gottesbegriff der abendländ. Metaphysik. Vertreter: Xenophanes, Parmenides von Elea, Zenon von Elea.

Electronic banking [engl. ɪlɛkˈtrɔnɪk ˈbæŋkɪŋ], computergestützte, kundenbezogene Bankdienstleistungen (z. B. Geldausgabe mittels Automaten, Ausdrucken von Kontoauszügen, Informationsabfrage an Kundenterminals).

Elefantenfuß

Electronic cash [engl. ɪlɛkˈtrɔnɪk ˈkæʃ], bargeld- und scheckloses Zahlungsverfahren, bei dem Rechnungsbeträge für Einkäufe mit Hilfe einer Eurocheque-, Kunden- oder Kreditkarte über eine elektron. Kasse direkt vom Kundenkonto abgebucht werden.

Elefanten [griech.] (Elephantidae), einzige rezente, seit dem Eozän bekannte Fam. der Rüsseltiere; mit 5,5–7,5 m Körperlänge, 4 m Schulterhöhe und 6 t Gewicht größte und schwerste lebende Landsäugetiere; Nase zu langem, muskulösem Rüssel verlängert (gutes Greiforgan); Haut etwa 2–4 cm dick, jedoch sehr tastempfindlich; obere Schneidezähne können zu bis etwa 3 m langen und 100 kg schweren schmelzlosen, ständig nachwachsenden Stoßzähnen ausgebildet sein, die das Elfenbein liefern; Pflanzenfresser. Die mit 8–12 Jahren geschlechtsreifen E. sind mit etwa 25 Jahren ausgewachsen und werden rund 60–70 Jahre alt. Zwei Gatt. (Loxodonta, Elephas) mit jeweils einer Art: *Afrikanischer Elefant* (Loxodonta africana) in Afrika südlich der Sahara; Stoßzähne meist bei ♂♂ und ♀♀ gut ausgebildet; Rüsselspitze mit zwei gegenständigen Greiffingern. Dem Großohrigen Steppen-E. steht als zweite Unterart die deutlich kleinere Rundohrige Wald-E. gegenüber. Als dritte Unterart wird der Südafrikan. Kap-E. angesehen. – *Asiatischer Elefant* (Elephas maximus) in S-Asien; Körperhöhe 2,5–3 m, Körperlänge etwa 5,5–6,4 m, Gewicht bis etwa 5 t; Stoßzähne bei ♀♀ manchmal auch bei ♂♂, fehlend oder wenig entwickelt; Ohren viel kleiner als beim Afrikan. E., Rüsselspitze mit nur einem Greiffinger. Vier lebende Unterarten: Ceylon-E., Sumatra-E., Malaya-E. und Ind. E.; der Asiat. E. wird vielfach gezähmt und als Arbeitstier abgerichtet.

Elefantenfuß (Schildkrötenpflanze), Jamswurzelgewächs in S-Afrika; Knollen eßbar *(Hottentottenbrot),* stärkereich, bis 100 kg schwer.

Elefantengras, bis 7 m hohes, bestandbildendes Federborstengras; wird in den afrikan. Savannen als Futterpflanze sowie für Umzäunungen und Hüttenwände verwendet.

Elefantiasis (Elephantiasis) [griech.], unförmige Verdickung von Körperteilen (meist der Haut und des Unterhaut-

Elefanten.
Links: Indische
Elefanten (Körper-
höhe bis etwa·3 m) ♦
Unten: Afrikanische
Steppenelefanten
(Körperhöhe bis
etwa 4 m)

gewebes im Bereich der Beine) als Folge einer Verlegung von Lymphgefäßen und chron. Lymphstauung.

elegant [lat.-frz.], geschmackvoll, fein, formvollendet, gewandt; *Eleganz,* Feinheit, unaufdringl. Schick, ·kultivierte Form.

Elegie [griech.], lyr. Gattung; nach der formalen Bestimmung ein Gedicht beliebigen Inhalts in eleg. Distichen, nach der inhaltl. Bestimmung ein Gedicht im Ton wehmütiger Resignation.

elegisch, klagend, wehmütig.

Elektra, Gestalt der griech. Mythologie. Tochter der Klytämnestra, Schwester von Orestes und Iphigenie. Nach der Ermordung ihres Vaters durch Ägisthus und Klytämnestra treibt sie ihren Bruder Orestes dazu, den Ermordeten zu rächen. – Dramen von Aischylos, Sophokles und Euripides; in neuerer Zeit u. a. von H. von Hofmannsthal (Oper von R. Strauss).

elektrische Fische, Bez. für verschiedenartige Knorpel- und Knochenfische mit elektr. Organen und Elektrorezeptoren. Bei manchen e. F. (z. B. Nilhechte, Messerfische, Himmelsgucker) dienen die Impulse in erster Linie der Orientierung, bei anderen (z. B. Zitterrochen, Zitterwels, Zitteraal) werden durch die Stromstöße auch Feinde abgewehrt und Beutetiere betäubt oder getötet. Die elektrischen Schläge sind auch für Menschen sehr unangenehm.

elektrische Meßgeräte, Geräte zur Messung elektr. Größen wie Spannung, Strom, Frequenz, Leistung, Wider-

stand, Leistungsfaktor, Kapazität, Verlustfaktor sowie magnet. Größen. Für jedes Meßgerät wird der Anzeigefehler in Prozent (z. B. ±1 %) vom Skalenendwert angegeben; entsprechende Einteilung in *Güteklassen* (z. B. 1). *Drehspulmeßwerk* bzw. *Drehspulinstrument:* Kraftwirkung zw. einer stromdurchflossenen, drehbaren Spule und einem Dauermagneten; für Gleichstrom- und -spannungsmessungen. *Elektrostatisches Meßwerk:* Elektrostat. Kräfte zw. unter Spannung stehenden Platten bewirken Anzeige; für Gleich- und Wechselspannungen. *Vielfachmeßinstrument:* für Laboratoriumszwecke zur Messung von Spannungen, Strömen, Widerständen, Kapazitäten, u. a.; mit mehreren umschaltbaren Meßbereichen. *Zangenstromwandler:* Aufklappbarer Eisenkern um-

Elefantiasis

elektrische Organe

faßt stromdurchflossene Leiter, Arbeitsweise entspricht der eines Transformators; für Wechselstrommessungen. – Die gemessenen Werte werden analog (mit Zeiger) oder digital angezeigt.

elektrische Organe, aus umgewandelter Muskulatur bestehende Organe, die zur Erzeugung schwacher bis sehr starker elektr. Felder bei elektr. Fischen dienen. Die e. O. bestehen aus zahlr. nebeneinanderliegenden Säulen flacher, scheibenartig übereinander- geschichteter, funktionsunfähiger Muskelzellen. Die einzelnen Säulen sind durch gallertige Bindegewebe gegeneinander isoliert. Ihre Innervation erfolgt stets nur von einer Seite, so daß es zu einer Serienschaltung elektr. Elemente kommt. Die einzelne Muskelfaser liefert bei Aktivierung eine Potentialdifferenz von 0,06 bis 0,15 V. Durch gleichzeitige Erregung aller Platten können Spannungen von 600 bis 800 V bei bis etwa 0,7 A (z. B. beim Zitteraal) erzeugt werden.

elektrischer Stuhl, in einigen Staaten der USA Vorrichtung zur Vollstreckung der Todesstrafe durch Stromstöße (bis 10 000 V).

elektrischer Widerstand ↑Widerstand.

elektrisches Feld, ein von elektr. Ladungen erzeugtes Feld.

elektrische Wellen, elektromagnet. Wellen, die mit Hilfe elektr. Anordnungen (z. B. Schwingkreise) erzeugt werden.

Elektrisiermaschine, Demonstrationszwecken dienende Vorrichtung zur Erzeugung hoher elektr. Spannungen mit geringer Leistung.

Elektrizität [frz.; zu griech. élektron »Bernstein« (da dieser sich durch Reiben elektr. auflädt)], Gesamtheit der Erscheinungen im Zusammenhang mit ruhenden oder bewegten elektr. Ladungen und den damit verbundenen elektr. und magnet. Feldern; insbes. wird die Bez. E. auf das Auftreten von Ladungen sowie auf die Erscheinungsform der Ladung selbst angewendet (E.menge also gleich Ladungsmenge).

Elektrizitätswirtschaft, Zweig der ↑Energiewirtschaft.

Elektrizitätszähler, Gerät zum Messen des Verbrauches oder der Lieferung von elektr. Energie; meist ein Induktionszähler.

Elektrizität. 1 Elektrisches Feld einer geladenen Kugel; a Kraftlinien, b Äquipotentialflächen (gestrichelt); **2** Feldverlauf bei zwei gleichnamigen; **3** bei zwei ungleichnamigen Ladungen; **4** Magnetfeld eines Stromes; **5** elektrisches Feld eines veränderlichen magnetischen Kraftflusses

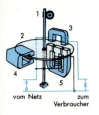

Elektrizitätszähler.
1 Schnecke für das Zählwerk;
2 Läuferscheibe; **3** Stromeisen;
4 Bremsmagnet; **5** Spannungseisen

vom Netz · zum Verbraucher

Elektroakustik, Teilgebiet der Akustik, das sich mit der Umwandlung akust. Signale in elektr., mit ihrer Übertragung, Speicherung und Rückverwandlung befaßt.

elektroakustischer Wandler, Oberbegriff für Lautsprecher und Mikrophone.

Elektroauto ↑Elektrofahrzeuge.

elektrochemische Elemente, Stromquellen, in denen chem. Energie direkt in elektr. umgewandelt wird. Nichtaufladbare *Primär-* oder *galvan. Elemente* erzeugen eine sog. elektrolyt. Spannung, indem ein fester Leiter (Metall-, Kohlestab) in eine leitende [wäßrige] Lösung eines Elektrolyten taucht; das *Trockenelement* (ZnMn-, Alkali-Mn-, HgZn-, AgZn-Zelle u. a.) liefert 1,5 Volt; Verwendung in Taschenlampen und Kleingeräten. Wichtigstes der wiederaufladbaren *Sekundärelemente* ist der *Bleiakkumulator (Bleisammler);* als Elektrolyt dient verdünnte Schwefelsäure. In geladenem Zustand besteht die negative Elektrode aus reinem Blei, die positive Elektrode aus Bleidioxid. Beim *Entladen* entsteht an beiden Elektroden Bleisulfat, es wird Schwefelsäure verbraucht und Wasser erzeugt; beim *Laden* umgekehrt. Der Umwandlungsprozeß beim Laden bzw. Entladen folgt der chem. Gleichung:

Eine Zelle liefert eine Spannung von etwa 2 V; in Reihe geschaltet, erhält man eine Batterie z. B. für Kfz (meist 12 V).

elektrochemisches Äquivalent, diejenige Strommenge, durch die ein Grammäquivalent eines Elements oder einer Verbindung an einer Elektrode abgeschieden bzw. umgesetzt wird; entspricht der Faraday-Konstanten.

Elektrochirurgie, der Einsatz der bei hochfrequenten Wechselströmen entstehenden Jouleschen Wärme in der Chirurgie. Der entsprechende Eingriff wird mit einer »aktiven« Elektrode in Messer- oder Schlingenform vorgenommen, wobei als Vorteile besonders die geringe Blutung, gute Asepsis und der geringe Nachschmerz gelten.

Elektroden [griech.], elektrisch leitende, meist metall. Teile, die den Übergang elektr. Ladungsträger zw. zwei Medien vermitteln oder dem Aufbau eines elektr. Feldes dienen. Die positive Elektrode bezeichnet man als *Anode,* die negative als *Kathode.*

Elektrodynamik, i. allg. Sinne die Theorie der Elektrizität bzw. sämtliche elektromagnetische Erscheinungen; i. e. S. die Lehre von den zeitlich veränderlichen elektromagnetischen Feldern und ihren Wechselwirkungen mit ruhenden und bewegten elektr. Ladungen.

Elektroenzephalogramm [griech.], Abk. **EEG,** Kurvenbild (Hirnstrombild) des zeitl. Verlaufs der die Gehirntätigkeit begleitenden langsamen elektr. Erscheinungen. Das Aufzeichnungsverfahren *(Elektroenzephalographie)* läßt u. a. durch Größe und Frequenz der Potentialschwankungen Rückschlüsse auf Erkrankungen des Gehirns zu.

Elektroerosion (Funkenerosion), Bearbeitungsverfahren für harte metall. Werkstoffe; durch Funkenüberschläge werden kleine Teilchen vom Werkstoff abgetragen.

| negative | positive | negative | positive |
| Elektrode | Elektrode | Elektrode | Elektrode |

$$Pb + 2H_2SO_4 + PbO_2 \underset{\text{Entladen}}{\overset{\text{Laden}}{\rightleftarrows}} PbSO_4 + 2H_2O + PbSO_4$$

Elektrofahrzeuge

Elektrofahrzeuge, durch Elektromotor angetriebene, nicht schienengebundene Fahrzeuge; sie beziehen elektrische Energie aus mitgeführten, aufladbaren Batterien (z. B. Elektroauto, Elektrokarren, Elektrostapler), aus Oberleitung (z. B. Obus, Trolleybus), aus Oberleitung und Batterie oder Generator mit Dieselantrieb (Duobus). Neuerdings wird die elektrische Energie auch durch direkte Umwandlung von chemischer Energie in einer Brennstoffzelle oder von Sonnenenergie in Solarzellen (Solarmobil) erzeugt.

Elektrogitarre (E-Gitarre), Gitarre mit fest am Korpus angebrachten Kontaktmikrophonen und elektromagnet. Tonabnehmern; die mechan. Schwingungen der [Stahl]saite werden vom Tonabnehmer in elektr. Schwingungen umgesetzt und gelangen dann über einen Verstärker zum Lautsprecher.

Elektrokardiogramm, Abk. **EKG,** Kurvenbild (Herzstromkurve) des zeitl. Verlaufs der mit der Herztätigkeit verbundenen elektr. Vorgänge. Die Aufzeichnung *(Elektrokardiographie)* basiert im Prinzip auf der indirekten Ableitung der Aktionsströme der Herzmuskelfasern. Die im Herzmuskel entstehenden elektr. Spannungen wirken, wenn auch mit stark verminderter Amplitude, bis zur Körperoberfläche. Aus dem EKG können v. a. Herzrhythmusstörungen erkannt werden.

Elektrokauter ↑Kauter.

Elektrokoagulation [griech./lat.] (Kaltkaustik), chirurg. Verkochung bzw. Zerstörung von Gewebe mittels hochfrequenter Wechselströme; bes. zur Blutstillung und Verschorfung oder gezielt bei Tumoren.

Elektrolyse [griech.], die durch den elektr. Strom bedingte chem. Zersetzung eines Elektrolyten. Beim Anlegen einer elektr. Spannung an Elektroden fließen die positiv geladenen Ionen (Kationen) zur Kathode (Minuspol), die negativ geladenen Ionen (Anionen) zur Anode (Pluspol); dort werden sie entladen.

Elektrolyt [griech.], jeder Stoff, der der elektrolyt. Dissoziation unterliegt und elektr. Strom leiten kann, z. B. Salze, Säuren, Basen.

Elektromagnet, stromdurchflossene Spule, deren magnet. Wirkung darauf beruht, daß ein elektr. Strom in seiner Umgebung ein Magnetfeld erzeugt. Im Innern der Spule ist das Magnetfeld weitgehend homogen; außerhalb entspricht es dem eines stabförmigen Magneten. Der Südpol eines E. liegt auf der Seite, von der aus gesehen der Strom in den Wicklungen im Uhrzeigersinn fließt. Die magnet. Wirkung wird durch einen Eisenkern verstärkt. Techn. Anwendungen u. a.: Relais, elektr. Klingel, Ablenkmagnete in Teilchenbeschleunigern.

elektromagnetischer Puls ↑NEMP.

elektromagnetisches Feld ↑Feld.

elektromagnetische Welle ↑Welle.

Elektrometer, elektrostat. Meßgeräte zur Messung elektr. Größen.

Elektromotor ↑Gleichstrommaschinen, ↑Wechselstrommaschinen.

Elektron [ˈeːlɛktrɔn, eˈlɛktrɔn; griech.], physikal. Symbol e, e⁻ oder ⊖ ein leichtes, negativ geladenes, stabiles (d. h. nicht zerfallendes) Elementarteilchen; neben Proton und Neutron einer der Bausteine der Atome und damit der Materie. Das Elektron hat die Ruhmasse $m_e = 0,9103897 \cdot 10^{-28}$ g (rd. 1/1837 der Protonenmasse) und die elektr. Ladung $e = -1,60217733 \cdot 10^{-19}$ Coulomb *(Elementarladung).*

Elektronegativität [griech./lat.], von L. Pauling eingeführtes Maß für die Fähigkeit eines Atoms, innerhalb eines Moleküls Elektronen vom Nachbaratom anzuziehen; nicht direkt meßbar; dient zur Ermittlung von Bindungspolaritäten in Molekülen.

Elektronenaffinität [griech./lat.], die Energie, die frei wird oder aufzuwenden ist, wenn Atome mit nicht abgeschlossenen Elektronenschalen Elektronen zusätzlich aufnehmen und sich dadurch ionisieren.

Elektronenblitzgerät, photographische Blitzlichtquelle, deren Licht von einer Gasentladungsröhre geliefert wird. Elektronenblitzgeräte werden über den Synchronkontakt (X-Kontakt) des Kameraverschlusses gezündet. Elektronenblitzgeräte mit Lichtregelschaltung *(Blitzautomatik, Computerblitz)* messen über eine Photodiode (»Sensor«) oder über die TTL-Meßzelle der Kamera das vom Aufnahmeobjekt reflektierte Licht und stimmen die Leuchtzeit auf die eingestellte Blende ab.

Elektronenemission, der Austritt von Elektronen aus Metallgrenzflächen. Der benötigte Energiebetrag *(Austrittsarbeit)* kann durch Temperaturerhöhung des Metalls *(therm. Emission, Glühemission)*, durch ein starkes elektr. Feld *(Feldemission)*, durch Absorption energiereicher Photonen *(Photoeffekt)* oder durch Elektronen- bzw. Ionenstoß *(Stoßionisation)* auf die Metallelektronen übertragen werden.

Elektronenhülle, die Gesamtheit der Elektronen, die einen Atomkern umgeben.

Elektronenkanone, svw. Elektronenstrahlkanone (↑Elektronenstrahlröhren).

Elektronenmikroskop, Mikroskop, das an Stelle von Licht gebündelte, durch elektr. Hochspannung (bis 3 MV) beschleunigte Elektronen im Hochvakuum zur Abbildung benutzt. Rotationssymmetr. elektr. und magnet. Felder haben die den Linsen im Lichtmikroskop entsprechenden Funktionen (sog. elektr. und magnet. Linsen) und konzentrieren den von der Glühkathode kommenden Elektronenstrahl auf das Objekt. Dieses wird beim *Durchstrahlungsmikroskop* je nach Dicke oder Dichte von den Elektronen verschieden stark durchstrahlt, so daß eine entsprechende Intensitätsverteilung im Elektronenbild die Struktur wiedergibt. Das Elektronenbild wird auf photograph. Platte oder Leuchtschirm aufgefangen; Vergrößerung etwa 200000fach, Auflö-

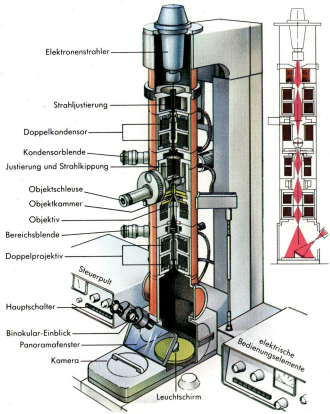

Elektronenmikroskop. Links: Schnittzeichnung ◆ Rechts: Strahlengang

Elektronenstrahler — Strahljustierung — Doppelkondensor — Kondensorblende — Justierung und Strahlkippung — Objektschleuse — Objektkammer — Objektiv — Bereichsblende — Doppelprojektiv — Steuerpult — Hauptschalter — Binokular-Einblick — Panoramafenster — Kamera — Leuchtschirm — elektrische Bedienungselemente

Elektronenoptik

sungsvermögen bis 0,16 nm. Ein oft benutztes E. ist das *Feldelektronenmikroskop*. Es besteht aus einer spitzenförmigen Kathode und einer als Leuchtschirm ausgebildeten Anode. Aus der Spitze treten beim Anlegen einer hinreichend großen Spannung unter dem Einfluß des starken elektr. Feldes Elektronen aus. Diese bewegen sich längs der elektr. Feldlinien zur Anode und erzeugen dort ein Projektionsbild der Spitze. Die wenige Elektronen emittierenden Teile der Spitze erscheinen im Bild dunkel, die anderen hell. Man erhält so Aufschluß über die Kristallstruktur der Spitze (z. B. Wolframspitze). Beim *Raster-E.* wird ein Elektronenstrahl (∅ rd. 10 nm) rasterförmig, d. h. zeilenweise über das Objekt bewegt. Die aus der Oberfläche der Probe herausgelösten Sekundärelektronen werden mittels Szintillator und Photomultiplier verstärkt und liefern das Signal zur Helligkeitssteuerung einer synchron gesteuerten Bildröhre (große Schärfentiefe und Plastik).

Elektronenoptik, Teilgebiet der *Physik,* das sich mit dem Verhalten von Elektronenstrahlen in magnet. und elektr. Feldern beschäftigt. Das wichtigste Gerät ist die *Elektronenlinse,* deren Wirkung auf Elektronenstrahlen derjenigen von opt. Linsen auf Lichtstrahlen entspricht. Als Elektronenlinsen werden rotationssymmetr. elektr. Felder *(elektr. Linse)* oder magnet. Felder *(magnet. Linse)* verwendet.

Elektronenorgel, das gebräuchlichste der ↑elektronischen Musikinstrumente mit rein elektron. Schwingungserzeugung. Mit Hilfe vieler Effektregister lassen sich große Klangwirkungen erzielen.

Elektronenpaar, Bez. für zwei Valenzelektronen, die von zwei Atomen *(gemeinsames E.)* stammen und durch ihren fortwährenden quantenmechan. Austausch die E.bindung (Atombindung) dieser Atome bewirken. Ein *freies* oder *einsames E.* ist nur an ein Atom gebunden und nicht an der chem. Bindung der Atome beteiligt.

Elektronenpaarbindung ↑chemische Bindung.

Elektronenröhre, kurz »Röhre« gen., evakuiertes Glasgefäß mit Anschlußstiften *(Stiftsockel)* und mehreren *Elektroden:* die beheizte, Elektronen emittierende

(sog. Glühemission) *Kathode,* die *Anode* und mehrere, meist wendelförmige *Gitter (Brems-, Schirm-, Steuergitter)* zur nahezu leistungs- bzw. trägheitslosen Steuerung des [Elektronen]stroms *(Anodenstrom)* zw. Kathode und Anode. Verwendung z. B. als Gleichrichter oder Verstärker. Die E. ist heute weitgehend durch Halbleiterbauelemente ersetzt.

Elektronenschleuder (Betatron), ein Teilchenbeschleuniger der Kernphysik.

Elektronenstrahlen, freie Elektronen, die sich strahlenförmig ausbreiten wie z. B. Kathodenstrahlen oder Betastrahlen.

Elektronenstrahlröhren, spezielle Elektronenröhren, bei denen ein Elektronenstrahl nahezu trägheitslos gesteuert bzw. abgelenkt und auf einem Bildschirm als Leuchtpunkt sichtbar gemacht wird. Der Strahl entsteht in der sog. *Elektronenstrahlkanone,* bestehend aus *Glühkathode, Wehneltzylinder* (zur *Hell-Dunkel-Steuerung*), Fokussierelektrode und *Anode.* Bei der Braunschen Röhre und bei Kathodenstrahloszillographen bzw. Oszilloskopen wird der Strahl *elektrostatisch* durch zwei zueinander senkrecht stehende *Ablenkplattenpaare* abgelenkt, bei *Bildröhren* in Fernsehgeräten dagegen *elektromagnetisch* entsprechend mit zwei Spulenpaaren *(Ablenkeinheit).* Die stat. Aufladung der Leuchtschicht wird durch eine leitende Verbindung zur Anode verhindert.

Elektronenstrahlwandlerröhre, spezielle Elektronenröhre zur Umwandlung von lichtopt. Bildern in elektr. Signale oder umgekehrt. Die opt. Bilder werden zunächst an Photokathoden in ein sog. *Emissionsbild* von Photoelektronen oder an Photohalbleiterschichten in ein sog. *Ladungsbild* umgewandelt. Die vom Emissionsbild ausgehenden bzw. am Ladungsbild beeinflußten abbildenden Elektronen fallen dann entweder auf einen Leuchtschirm oder erzeugen elektr. Signale, die weiterverarbeitet werden. Zu den E. zählen die *Bildwandlerröhren,* die *Bildspeicherröhren* und andere *Bildaufnahme-* und *Bildwiedergaberöhren* (z. B. in der Fernsehtechnik).

Elektronenvervielfacher ↑Photomultiplier.

Elektronenvolt, svw. ↑Elektronvolt.

Elektronik [griech.], Teilgebiet der *Elektrotechnik,* das sich mit der durch elektr. oder magnet. Felder, elektr. Ströme, Licht u. a. gesteuerten Bewegung von Elektronen (Elektrizitätsleitung) befaßt; Teilgebiet der Nachrichtentechnik ist die *Informations-* oder *Signal-E.*, zu der u. a. die *Unterhaltungs-E.* zählt (Fernseh-, Hörfunk-, Tonbandgeräte u. a.); Teilgebiet der Starkstromtechnik ist die *Leistungs-E.* (Phasenanschnittsteuerung, Hochspannungs-Gleichstrom-Übertragung, Thyristoren). Die *Opto-E.* dient der Umwandlung opt. in elektr. Signale und umgekehrt (z. B. Leuchtdiode, Flüssigkristallanzeige, optoelektron. Anzeigeeinheiten). Bes. Bedeutung hat die *Halbleiter-E.* (↑Mikroprozessor, ↑Transistor). Die vielfältige Anwendung elektron. Bauteile beruht u. a. auf dem Fehlen bewegter Teile (Kontakte), auf langer Lebensdauer, großer Schaltgeschwindigkeit und geringem Platzbedarf.

elektronische Datenverarbeitung
↑Datenverarbeitung.

elektronische Musik, um 1950 zunächst Bez. für Musik, deren Klangmaterial ausschließlich synthetisch von elektron. Generatoren erzeugt und auf elektron. (elektroakust.) Wege weiter verarbeitet wird. Die klangl. Grundelemente der synthetisch im Studio hergestellten e. M. sind Sinuston, weißes Rauschen, Knack und Impuls. Durch Filterung, Überlagerung, Verdichtung und Verkürzung können diese Grundelemente ineinander übergeführt, auch Verzerrung, Verhallung, Rückkopplung usw. elektronisch weiterverarbeitet werden. Heute ist der Begriff e. M. eine Sammelbez., die mehrere Arten von Kompositions- und Spielweisen umfaßt: 1. alle Arten von Tonbandmusik, sofern das Klangmaterial elektronisch verarbeitet worden ist; 2. vom Synthesizer produzierte oder verarbeitete Musik, sofern der Synthesizer nicht bloß wie ein E-Piano gespielt wird; 3. elektronisch verarbeitete Musik, sofern die elektron. Verarbeitung als wichtiger kompositor. Bestandteil gelten kann.

elektronische Musikinstrumente (Elektrophone), Instrumente mit elektron. Schwingungserzeugung, die außer dem Tasten- und Schaltermechanismus keinerlei mechan.-schwingenden Teile enthalten, mit Ausnahme der Lautsprechermembran, die den Schall abstrahlt,

sowie für Instrumente mit mechan. Schwingungserzeugung (Zungen, Saiten, Platten usw.) und elektron. Schwingungsverarbeitung. Bei der ersten Gruppe geschieht die Schwingungserzeugung in Tongeneratoren, die Verarbeitung erfolgt überwiegend in Filtern und Verzerrern; bei der zweiten Gruppe wird die primäre, mechan. Schwingung von einem Tonabnehmer, Mikrophon oder einer Photozelle in elektr. Schwingung umgewandelt. Seit den 1930er Jahren wurden e. M. entwickelt, u. a. Hammondorgel. Heute dominieren Elektronenorgel und Synthesizer.

Elektronvolt (Elektronenvolt), in der *Atomphysik* verwendete Einheit der Energie, Einheitenzeichen *eV. Festlegung:* 1 eV ist die Energie, die ein Elektron beim freien Durchlaufen einer Spannung von 1 Volt gewinnt. Zw. den Energieeinheiten Elektronvolt (eV) und Joule (J) besteht die Beziehung: $1 \text{ eV} = 1{,}60219 \cdot 10^{-19} \text{J}$.

Elektrophorese [griech.], die Bewegung elektr. geladener Teilchen in widerstrebenden Medien (z. B. Filterpapier) beim Anlegen einer elektr. Spannung.

Elektrorezeptoren, Sinnesorgane, die zur Wahrnehmung von Veränderungen eines (den betreffenden Organismus umgebenden) elektr. Feldes dienen.

Elektrosmog ↑Strahlenbelastung.

Elektrostatik, die Lehre von den ruhenden elektr. Ladungen und deren Wirkung auf ihre Umgebung.

Elektrostriktion [griech./lat.], die bei Anlegen einer elektr. Spannung auftretende elast. Verformung bestimmter Materialien. Anwendung: Justierung opt. Präzisionsspiegel.

Elektrotechnik, Zweig der Technik, der sich mit der techn. Anwendung der physikal. Grundlagen und Erkenntnisse der Elektrizitätslehre befaßt. Man unterscheidet: elektr. Energietechnik (Starkstromtechnik), Nachrichtentechnik, Meßtechnik, Regelungs- und Steuerungstechnik.

Elektrotherapie, in der *Medizin* die Verwendung von elektr. Energie zu Heilzwecken, z. B. die *Kurzwellentherapie* (Frequenz 10–300 MHz), bei der hochfrequente Wechselströme im Innern eines Körperteils durch ein entsprechend hochfrequentes elektr. Feld zw. zwei angelegten Elektroden erzeugt werden und eine Hochfrequenzerwärmung verursachen. Die *Mikrowellentherapie* (Frequenz meist 2450 MHz) wird hauptsächl. zur Behandlung von entzündl. und rheumat. Muskelerkrankungen benutzt.

Elektrozaun (Elektroweidezaun), an Isolatoren aufgespannter Draht, durch den etwa in Sekundenabstand ein schwacher Stromimpuls geschickt wird (Spannung mehrere 1000 Volt); erteilt Weidetieren leichte elektr. Schläge.

Element [lat.], 1) *Mathematik:* Bestandteil einer Menge (↑Mengenlehre).

2) *Philosophie:* Grundbestandteil, Grundstoff (↑chemische Elemente); Bauteil; bei den antiken Naturphilosophen *(Elementenlehre)* die Urstoffe aller Dinge, z.B. Empedokles: Erde, Wasser, Luft und Feuer, aus deren Mischung sämtl. Stoffe bestehen sollten.

Element 110 (Ununnilium, Uun), 1994 im Labor der Darmstädter Gesellschaft für Schwerionenforschung (GSI) künstlich hergestelltes radioaktives chem. Element aus der Gruppe der ↑Transactinoide. Es liegt noch kein Vorschlag für die Bezeichnung dieses Elements vor.

Element 111 (Unununium, Uuu), 1994 im Labor der Darmstädter Gesellschaft für Schwerionenforschung (GSI) künstlich hergestelltes radioaktives chem. Element aus der Gruppe der ↑Transactinoide. Es liegt noch kein Vorschlag für die Bezeichnung dieses Elements vor.

elementar [lat.], grundlegend.

Elementarladung (elektr. Elementarquantum), Formelzeichen e, die kleinste positive oder negative elektr. Ladung; $e = 1,60219 \cdot 10^{-19}$ Coulomb.

Elementarteilchen, Bez. für die kleinsten, mit den gegenwärtig verfügbaren Mitteln bzw. Energien nicht weiter zerlegbaren materiellen Teilchen. Sie sind im allg. instabil und entstehen in Prozessen mit hoher Energie- und Impulsübertragung bzw. in Zerfallsprozessen der schwachen Wechselwirkung. Sie wandeln sich ineinander um oder gehen auseinander hervor, besitzen also keine unzerstörbare Individualität. Nach ihrer Masse und der Art ihrer Wechselwirkung unterscheidet man Teilchen mit halbzahligem Spin *(Fermionen)* und ganzzahligem Spin *(Bosonen)*. Die Teilchensorten unterscheiden sich in ihrem Verhalten dadurch erheblich, daß für Fermionen das Pauli-Prinzip gilt, d. h., zwei gleichartige Fermionen können sich nicht am selben Ort befinden. Im einzelnen gibt es: 1. *Photonen* mit verschwindender Ruhmasse und dem Spin 1; sind identisch mit ihren Antiteilchen; 2. *Leptonen,* Fermionen, die nicht der starken Wechselwirkung unterliegen, z. B. Elektron, Myon und die zugehörigen Neutrinos sowie die entsprechenden vier Antiteilchen; 3. *Mesonen,* Bosonen (Spin 0) mit mittlerer Ruhmasse, z. B. die Pionen; 4. *Baryonen,* schwere Fermionen; dazu gehören neben den *Nukleonen* (Neutron, Proton und ihren Antiteilchen) auch sog. *Hyperonen,* deren Masse höher als die Protonenmasse ist. Baryonen und Mesonen werden auch als *Hadronen* bezeichnet, die aus noch elementareren Teilchen, den sog. *Quarks,* aufgebaut sind. Unter den E. sind nur Elektronen, Protonen, im Kern gebundene Neutronen, Neutrinos und Photonen stabil. Elektronen, Protonen und Neutronen bilden die Bausteine der Atome und damit der Materie. Alle anderen E. sowie das Neutron in freiem Zustand sind instabil, d. h., sie zerfallen, wobei ihre Zerfallsprodukte wieder stabile E. sind. Neben diesen langlebigen E. gibt es eine große Zahl extrem kurzlebiger E., die sog. *Resonanzen,* die sich bei E.reaktionen als Zwischenzustände bemerkbar machen.

Elementarunterricht, Anfangsunterricht (in der Grundschule).

Elementenlehre ↑Element.

Elen [litauisch], svw. ↑Elch.

Elenantilope ↑Drehhornantilopen.

Elendsquartiere ↑Slums.

Eleonore von Aquitanien (E. von Guyenne, E. von Poitou), *um 1122, † Fontevrault-l'Abbaye 1. 4. 1204, Königin von Frankreich und England. Erbtochter Herzog Wilhelms X.; 1137 ∞ mit dem frz. König Ludwig VII., ab 1152 ∞ mit dem späteren engl. König Heinrich II., Mutter der engl. Könige Richard I. Löwenherz und Johann ohne Land; ihr Hof in Poitiers wurde ein Zentrum höf. Kultur (Troubadourdichtung).

Elephanta (Gharapuri), felsige Insel in der Bucht von Bombay (Fort). Wallfahrtsort der Hindus mit sechs Höhlentempeln; die im Haupttempel aus dem

Fels gehauene Kolossalbüste des dreiköpfigen Shiva sowie die Torwächter sind Hauptwerke der ind. Kunst (8. Jh.).

Elephantine, Nilinsel bei Assuan; große Gräberanlage ägypt. Gaufürsten; Funde aramäischer Papyrustexte (5. Jh.) einer jüd. Diasporagemeinde.

Eleusis, griech. Stadt bei Athen, 20 300 E. Museum; Zementfabriken. – Die fast ganz verschwundene antike Stadt (im 7. Jh. v. Chr. zu Athen) bedeckte den O-Teil eines Felsrückens, gekrönt von der Akropolis.

Eleve [lat.-frz.], Schauspiel- und Ballettschüler; land- und forstwirtsch. Lehrling.

Elfen (Elben, Alben, Alfar) [engl.], in der german. Mythologie Zaubergeister hilfreicher, jedoch auch unheilvoller Art, die in verschiedenster Gestalt erscheinen.

Elfenbein, i. e. S. das Zahnbein der Stoßzähne des Afrikan. und Ind. Elefanten sowie der ausgestorbenen Mammute, i. w. S. auch das Zahnbein der großen Eck- bzw. Schneidezähne von Walroß, Narwal und Flußpferd; verwendet für Klaviertastenbelag, Billardkugeln und künstler. Elfenbeinarbeiten (↑Elfenbeinschnitzerei). Der Handel mit E. wurde 1989 weltweit verboten.

Elfenbeinküste (französisch Côte d'Ivoire), Staat in Afrika, grenzt im N an Mali und Burkina Faso, im O an Ghana, im S an den Atlantik, im W an Liberia und Guinea.

Staat und Recht: Präsidiale Republik; *Verfassung* von 1960 (zuletzt 1990 geändert); *Staatsoberhaupt* und oberster Inhaber der *Exekutive* ist der für 5 Jahre direkt gewählte Staats-Präs.; die *Legislative* bildet die Nationalversammlung (175 Abg., für 5 Jahre gewählt). Mehrparteiensystem.

Landesnatur: E. ist weitgehend ein von Inselbergen überragtes Hochland in 200–500 m Höhe, das sich an die schmale Küstenebene am Atlantik anschließt und 700 km ins Landesinnere reicht. Im W hat die E. Anteil an den Ausläufern der Guineahochländer. Im Grenzgebirge Nimba werden 1 752 m Höhe erreicht. Der S des Landes gehört zum äquatorialen Klimabereich mit ganzjährigen Niederschlägen. Diese nehmen nach N ab und fallen in einer ausgeprägten Regenzeit von Juni bis

Elfenbeinküste

Staatsflagge

Staatswappen

Elfenbeinküste

Fläche:	322 463 km²
Einwohner:	12,910 Mio.
Hauptstadt:	Yamoussoukro
Amtssprache:	Französisch
Nationalfeiertag:	7. 8.
Währung:	1 CFA-Franc = 100 Centimes
Zeitzone:	MEZ – 1 Std.

Oktober. Im S herrscht trop. Regenwald, der nach N in Feuchtwald und -savanne übergeht, vor.

Bevölkerung: Die sudan. Stämme der Akan, Kru, Mande und Senufo bilden den Hauptteil der Bevölkerung. Rd. 44 % der Bevölkerung sind Anhänger traditioneller Religionen, 24 % Muslime.

Wirtschaft, Verkehr: Die Landwirtschaft ist der wichtigste Wirtschaftszweig. Es werden Kakao, Kaffee, Bananen, Ölpalmen, Baumwolle, Ananas und Zuckerrohr für den Export angebaut. Trop. Hölzer sind ebenfalls wichtige Exportwaren. Ausbeutung von Diamantenvorkommen bei Korhogo. Bed. Ind.-Zweige sind Nahrungsmittel-, chem. und Textilindustrie. Die E. besitzt 655 km Eisenbahnstrecke und ein 53 736 km langes Straßennetz. Wichtigster Hafen ist Abidjan. Internat. ✈ Port-Bouët bei Abidjan.

Geschichte: Die E. gehörte zeitweilig zum Einflußbereich verschiedener Reiche (u. a. Mali, Ashanti), z. T. bildeten sich größere Herrschaftsbereiche auf ihrem Gebiet. Erst Anfang des 19. Jh. errichteten die Franzosen dauernde Handelsniederlassungen und Militärstützpunkte. Zw. 1887/89 schloß Frankreich Protektoratsverträge ab und errichtete 1893 die Kolonie Elfenbeinküste. 1956 gestand Frankreich der E. innere Auto-

Bruttosozialprodukt je E (in US-$)

12,9   709   670

4,3

1970 1992   1970 1992
Bevölkerung (in Mio.)

☐ Stadt   Land ☐

42%   58%

Bevölkerungsverteilung 1992

☐ Industrie
☐ Landwirtschaft
☐ Dienstleistung

23%   40%

37%

Bruttoinlandsprodukt 1992

Elfenbeinpalme

Elfenbeinschnitzerei.
Otto Glenz. »Elfe«
(um 1900)

nomie zu, 1958 die Selbständigkeit innerhalb der Frz. Gemeinschaft. 1960 erhielt die E. die völlige Unabhängigkeit (präsidiale Republik; Einheitspartei). Staats-Präs. F. Houphouët-Boigny (ab Nov. 1960) gelang es, stabile polit. und wirtschaftl. Grundlagen zu schaffen. Nach dem Tod Präs. Houphouët-Boignys im Dez. 1993 wurde Parlaments-Präsident H. Konan Bédié, seit 1994 auch Vors. der regierenden Demokrat. Partei, verfassungsmäßiger Nachfolger im Amt des Staats-Präs. (bestätigt durch Präsidentschaftswahlen im Okt. 1995).

Elfenbeinpalme (Steinnußpalme), Gatt. der Palmen mit etwa 15 Arten im trop. Amerika; der bis zu 4 cm (im Durchmesser) große, runde Samen (*Elfenbeinnuß, Steinnuß*) ist steinhart und wird zur Herstellung von Knöpfen und Schnitzerei verwendet.

Elfenbeinpalme. Eine aus dem Hornendosperm geschnitzte Skulptur (links) und Längsschnitt durch den Samen der Art Phytelephas macrocurpa (rechts)

Elfenbeinschnitzerei, seit dem Jungpaläolithikum (z. B. Vogelherdhöhle), in Vorderasien seit dem 3. Jt. (Ur, Mari) belegte Kleinkunst; im 2. Jt. Zentren der E. in Assyrien, Phönikien und Syrien, Kreta (minoisch-myken. Kultur). In der griech. Kunst Kultbilder von Phidias in Goldelfenbeintechnik. In der röm., byzantin. und frühchristl. Kunst Diptychen, Reliquienkästchen u. a.; Kathedra des Erzbischofs Maximilian in Ravenna (um 550, Ravenna, Erzbischöfl. Museum); Erneuerung der E. in der karoling.-otton. Kunst (u. a. Buchdeckel des Codex aureus aus Echternach; Nürnberg, German. Nationalmuseum). In der Gotik Marienfiguren, Altärchen sowie Minnekästchen und Spie-

gelkapseln. Im Manierismus erfuhr die E. eine Wiederbelebung im Kunsthandwerk (Möbelintarsien); im 17. und 18. Jh. Kleinplastik sowie Elfenbeindrechslerei (Rokoko). Bed. E. auch in der islam. Kunst (Omaijadenkästchen, Olifantenhörner in fatimid. Stil), in China (Kleinplastik der Ming- und frühen Qingzeit) und bei zahlr. Stämmen in Afrika.

Elfenblauvögel (Irenen), Unter-Fam. amselgroßer Blattvögel mit zwei Arten in den Wäldern S- und SO-Asiens; am bekanntesten der *Ind. Elfenblauvogel;* beliebter Käfigvogel.

Elferrat, elf Personen, Mgl. eines Komitees, das Fastnachtsveranstaltungen vorbereitet und leitet.

Elfmeter, ↑Strafstoß im Fußballspiel.

Elgar, Sir (ab 1904) Edward [engl. ˈɛlgə], *Broadheath bei Worcester 2. 6. 1857, † Worcester 23. 2. 1934, brit. Komponist. U. a. Oratorien, zwei Sinfonien, Kantaten, Lieder, Kammermusik und Klaviermusik sowie Bühnenwerke.

Elgin Marbles [engl. ˈɛlgɪn ˈmɑːblz], von T. Bruce, Earl of Elgin und Kincardine nach Großbrit. gebrachte Marmorskulpturen, vornehmlich des Parthenon; 1816 vom brit. Staat angekauft (im Brit. Museum).

El Greco ↑Greco, El.

Eli, Eli, lama sabachthani [hebr. »mein Gott, mein Gott, warum hast du mich verlassen«], Worte des sterbenden Jesus am Kreuz.

Elia (Elija, Elijja, Elias) [hebr. »mein Gott ist Jahwe«], Prophet im Nordreich Israel (9. Jh. v. Chr.); Verfechter eines unbedingten Jahweglaubens und »neuer Moses«.

Eliade, Mircea, *Bukarest 9. 3. 1907, † Chicago 23. 4. 1986, rumän. Schriftsteller. Verließ 1945 Rumänien; war u. a. ab 1956 Prof. für Religionswiss. in Chicago (»Geschichte der religiös. Ideen«, 1976–78); gehört mit seinem (existentialist.) Prosawerk (u. a. »Das Mädchen Maitreyi«, R., 1933; »Andronic und die Schlange«, R., 1938; »Phantast. Geschichten«, dt. Ausw. 1978) zu den bedeutendsten Erzählern der rumän. Literatur.

Elias, Norbert, *Breslau 22. 6. 1897, † Amsterdam 1. 8. 1990, Soziologe und Kulturphilosoph. Kind jüd. Eltern; 1933 Emigration nach Frankreich, 1938

Edward Elgar

nach England (ab Anfang der 1940er Jahre brit. Staatsbürger); gehört zu den herausragenden Vertretern der Soziologie. Sein erst sehr spät beachtetes Werk, v. a. »Über den Prozeß der Zivilisation« (1939 in der Schweiz erschienen, Neuausgabe 1969), gilt als wiss. Pionierleistung mit maßgebl. Einfluß auch auf die Sozialpsychologie, Literaturwiss. und andere Disziplinen. – *Weitere Werke:* Die höf. Gesellschaft (1969), Was ist Soziologie (1970), Über die Zeit (1985), Die Gesellschaft der Individuen (1987).

Elija (Elijja) ↑Elia.

Elimination (Eliminierung) [lat.], **1)** *allg.:* Ausscheidung, Entfremdung, Beseitigung.

2) *Mathematik:* die durch geeignete Rechenoperationen bewirkte sukzessive Entfernung einer oder mehrerer unbekannter Größen aus Gleichungen.

Eliminierung [lat.], in der *Chemie* die Entfernung von jeweils zwei Atomen oder Atomgruppen aus einem Molekül ohne Ersatz durch andere Gruppen.

Elion, Gertrude Belle [engl. 'ɛljən], *New York 23. 1. 1919, amerikan. Pharmakologin und Biochemikerin. Erhielt für die Entwicklung neuer, selektiv wirksamer Chemotherapeutika (mit J. W. Black und G. H. Hitchings) 1988 den Nobelpreis für Physiologie oder Medizin.

Eliot [engl. 'ɛljət], **1)** George, eigtl. Mary Ann Evans, *Arbury Farm (Warwickshire) 22. 11. 1819, †London 22. 12. 1880, engl. Schriftstellerin. Vertreterin des psycholog. Romans mit gesellschaftl. Bezug. – *Werke:* Die Mühle am Floss (R., 1859), Silas Marner (R., 1861), Middlemarch (R., 1871).

2) T[homas] S[tearns], *Saint Louis (Mo.) 26. 9. 1888, †London 4. 1. 1965, engl. Dichter amerikan. Herkunft. Bed. für die Entwicklung der modernen angloamerikan. Literatur, v. a. der Lyrik; wurde berühmt durch die Dichtung »Das wüste Land« (1922). Sein christl. Humanismus bestimmt die Dichtung »Vier Quartette« (1936–42) und die Tragödie »Mord im Dom« (1935); auch Gesellschaftsstücke wie »Die Cocktailparty« (1949) sowie krit. Schriften. Nobelpreis 1948.

Elis, Küstenlandschaft auf der westl. Peloponnes, eines der fruchtbarsten Gebiete Griechenlands.

Elisa (Elischa, Elisäus), Prophet im Nordreich Israel (2. Hälfte des 9. Jh. v. Chr.).

Elisabeth, bibl. Gestalt, Frau des Priesters Zacharias und Mutter Johannes' des Täufers (Luk. 1, 5).

Elisabeth, Name von Herrscherinnen: *England/Großbritannien:* **1) Elisabeth I.,** *Greenwich (heute zu London) 7. 9. 1533, †Richmond (heute zu London) 24. 3. 1603, Königin (ab 1558). Tochter Heinrichs VIII. und Anna Boleyns, Nachfolgerin ihrer Halbschwester Maria I. Durch Änderung der Supremats- und der Uniformitätsakte (1559) versuchte sie, England religiös und innenpolitisch zu einen. Damit trat sie außenpolitisch in Gegensatz zu Spanien unter Philipp II. 1587 ließ das Parlament Maria Stuart als Haupt der kath. Opposition ohne Wissen E.s hinrichten. Den offenen Konflikt mit Spanien konnte E. trotz ihrer Unterstützung der aufständ. Niederlande und des engl. Freibeuterkrieges (F. Drake) bis 1588 hinauszögern. Die Abwehr der span. Armada bestätigte endgültig die Stellung Englands als prot. Großmacht (Aufschwung von Handel und Schiffahrt). Die Anfänge des engl. Kolonialreichs wurden geschaffen (Virginia). Die außerordentl. kulturelle Blüte (v. a. W. Shakespeare) findet ihren Ausdruck in der Bez. *Elisabethanisches Zeitalter.*

2) Elisabeth II., *London 21. 4. 1926, Königin von Großbrit. und Nordirland (seit 1952). Tochter Georgs VI.; seit 1947 ∞ mit Philip Mountbatten (↑Philip, Herzog von Edinburgh); vier Kinder: Thronfolger Prinz Charles (*1948), Prinzessin Anne (*1950), Prinz Andrew (*1960), Prinz Edward (*1964).

Herford: **3) Elisabeth,** *Heidelberg 26. 12. 1618, †Herford 8. 2. 1680, Fürstäbtissin (ab 1667). Tochter Friedrichs V. von der Pfalz; eine der gelehrtesten Frauen ihrer Zeit (Verbindung zu A. Gryphius, G. W. Leibniz u. a.).

Orléans: **4) Elisabeth Charlotte von der Pfalz,** gen. Liselotte von der Pfalz, *Heidelberg 27. 5. 1652, †Saint-Cloud bei Paris 8. 12. 1722, Gattin Herzog Philipps I. von Orléans (ab 1671). Tochter des Kurfürsten Karl Ludwig von der Pfalz; bekannt v. a. durch ihre Briefe über das Leben am frz. Hof.

Gertrude Belle Elion

T. S. Eliot

Elisabeth II., Königin von Großbritannien und Nordirland

Elisabeth Charlotte, Herzogin von Orléans

Elite

Österreich-Ungarn: **5) Elisabeth,** *München 24. 12. 1837, † Genf 10. 9. 1898, Kaiserin. Tochter des Herzogs Maximilian in Bayern, ab 1854 ∞ mit Kaiser Franz Joseph I. von Österreich; Opfer des Attentats eines italien. Anarchisten.

Pfalz: **6) Elisabeth,** *Falkland Castle 19. 8. 1596, † London 13. 2. 1662, Kurfürstin, Königin von Böhmen. Tochter Jakobs I. von England, ab 1613 ∞ mit Friedrich V. von der Pfalz; nach seiner Niederlage am Weißen Berg (1620) Flucht ins niederl. Exil; übersiedelte nach 1661 nach England.

7) Elisabeth Charlotte ↑Elisabeth Charlotte, Herzogin von Orléans.

Rußland: **8) Elisabeth Petrowna,** *Kolomenskoje bei Moskau 29. 12. 1709, † Petersburg 5. 1. 1762, Zarin und Kaiserin (ab 1741). Tochter Peters d. Gr.; setzte ihren Thronanspruch mit dem Staatsstreich von 1741 durch; großer Einfluß von Günstlingen; im Österr. Erbfolgekrieg und im Siebenjährigen Krieg mit Österreich gegen Preußen verbündet; gründete 1755 die erste russ. Univ. in Moskau, 1758 die Akademie der Künste in Petersburg.

Spanien: **9) Elisabeth** (E. Farnese), *Parma 25. 10. 1692, † Madrid 11. 7. 1766, Königin. Prinzessin von Parma; ab 1714 ∞ mit Philipp V., der unter ihrem Einfluß stand. Stammutter der bourbon. Linien in Neapel-Sizilien und Parma-Piacenza.

Thüringen: **10) Elisabeth,** hl., *Burg Sárospatak (Nordungarn) 1207, † Marburg 17. 11. 1231, Landgräfin. Tochter des ungar. Königs Andreas II. Lebte ab 1211 am thüring. Hof. 1221 ∞ mit Ludwig IV. (drei Kinder). 1227, nach dem Tod Ludwigs, verließ sie die Wartburg; in dem von ihr gegründeten Franziskushospital in Marburg opferte sie sich im Dienst der Armen- und Krankenpflege auf; 1235 heiliggesprochen. Fest: 19. Nov. – Schon sehr früh bildeten sich um E. z. T. widersprüchl. Legenden.

Elite [frz.], die gesellschaftl. Minderheit, die polit. oder sozial führend bzw. herrschend ist, wobei *Geburts-E.* (Zugehörigkeit auf Grund der Herkunft), *Wert-E.* (Zugehörigkeit auf Grund allg. anerkannter persönl. Qualitäten) und *Macht-E.* (Inhaber bes. polit., wirtschaftl. oder militär. Herrschaft) unterschieden werden. Neuere Theorien sehen E. lediglich als Inhaber von bes. wichtigen gesellschaftl. Positionen an *(Funktionselite).*

Elitis, Odisseas [neugriech. ɛ'litis], eigtl. Odisseas Alepudelis, *Iraklion (Kreta) 2. 11. 1911, neugriech. Dichter. Bed. Lyrik, in dt. Übers. »Körper des Sommers« (1960), »Sieben nächtl. Siebenzeiler« (1966) und »Maria Nepheli« (1981); 1979 Nobelpreis für Literatur.

Elixier [griech.-arab.], alkohol. Pflanzenauszug mit Zusätzen.

Ellbogen (Ellenbogen), Bez. für den gesamten Bereich des Ellbogengelenks, i. e. S. auch nur für das über die Gelenkgrube für den Oberarmknochen hinausreichende Olecranon (↑Arm).

Elle (Ulna), Röhrenknochen auf der Kleinfingerseite des Unterarms vierfüßiger Wirbeltiere und des Menschen.

Ellenbogen, svw. ↑Ellbogen.

Ellesmere Island [engl. 'ɛlzmɪə 'aɪlənd], die nördlichste Insel des Kanad.-Arkt. Archipels, 196 236 km², im N bis 2 900 m hoch; Wetterstation. – Erstmals 1616 von W. Baffin gesichtet.

Elliceinseln [engl. 'ɛlɪs] ↑Tuvalu.

Ellington, Edward Kennedy (»Duke«) [engl. 'ɛlɪŋtən], *Washington 29. 4. 1899, † New York 24. 5. 1974, amerikan. Jazzmusiker (Orchesterleiter, Komponist, Pianist). Seine Big Band wurde ab den 1920er Jahren zum führenden Orchester des Jazz; als Komponist von bed. Einfluß auf zahlreiche Musiker des Free Jazz.

Ellipse [griech.], **1)** *Geometrie:* eine zu den Kegelschnitten gehörende geschlossene Kurve, und zwar der geometr. Ort aller Punkte der Ebene, für die die Summe der Abstände zu zwei gegebenen Punkten F_1 und F_2 (den *Brennpunkten*) konstant (= $2a$) ist. Der Mittelpunkt O der Strecke zw. F_1 und F_2 (Länge $2e$) ist zugleich Mittelpunkt der E., d. h., O halbiert jede durch diesen Punkt verlaufende Sehne; e ist die *lineare Exzentrizität.* Die Gerade durch F_1 und F_2 trifft die E. in den beiden *Hauptscheiteln,* die von O den Abstand a haben; die dazu senkrechte Gerade durch O trifft die E. im Abstand $b = \sqrt{a^2 - e^2}$ in den beiden *Nebenscheiteln.* Die Verbindungslinien entsprechender Scheitel heißen *Haupt-* bzw. *Nebenachse; a* bzw. *b* ist die große bzw. kleine Halbachsenlänge. Der Flä-

Ellipsoid.
Schnitte durch die Hauptachsen

cheninhalt F der E. ist $F = \pi ab$, die Krümmungsradien in Haupt- bzw. Nebenscheitel sind b^2/a bzw. a^2/b. Für $a = b$ ergibt sich als Sonderfall der Kreis. – Die E. ist eine algebraische Kurve zweiter Ordnung; liegt der Mittelpunkt im Koordinatenursprung eines kartes. Koordinatensystems, so lautet ihre Gleichung

$$\frac{x^2}{a^2} + \frac{y^2}{b^2} = 1$$

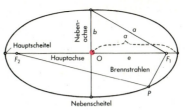

Ellipse 1)

2) *rhetor. Figur:* Aussparung von Redeteilen (z. B. [ich] danke schön).

Ellipsenzirkel, Gerät zur Konstruktion einer Ellipse; gleiten zwei auf einem Stab gelegene Punkte auf zwei zueinander senkrechten Geraden (Schienen), so beschreibt jeder weitere Punkt aus dem Stab eine Ellipse.

Ellipsoid [griech.], geschlossene Fläche 2. Ordnung (bzw. der von ihr umschlossene Körper), deren ebene Schnitte Ellipsen, in bestimmten Fällen Kreise sind. Gleichung des E. im rechtwinkligen Koordinatensystem (wenn *a, b, c* die Achsenabschnitte sind):

$$\frac{x^2}{a^2} + \frac{y^2}{b^2} + \frac{z^2}{c^2} = 1$$

Bei Gleichheit zweier Achsenabschnitte bezeichnet man das E. als *Rotationsellipsoid,* da es durch Rotation einer Ellipse um eine ihrer Achsen entsteht.

Ellora (Elura), ind. Ort auf dem Hochland von Dekhan; 34 aus dem Fels gehauene Tempel und Klöster des Buddhismus, Hinduismus und Jainismus (5. bis 8./9. Jh.).

Ellwangen (Jagst), Stadt an der Jagst, Bad.-Württ., 22 700 E. Elektro-, Textilu. a. Industrie. Roman. ehem. Stiftskirche (1182–1233), Wallfahrtskirche Schönenberg (1682–86), Schloß (16. bis 18. Jh.). – Die Stadt entstand um das 764 gegründete Benediktinerkloster.

Ellwanger Berge, Teil der Schwäb.-Fränk. Waldberge bei Ellwangen (Jagst), bis 570 m hoch.

Elmsfeuer ↑Büschelentladung.

Elmshorn, Stadt in Schlesw.-Holst., am S-Rand der Geest, 43 900 E. Nahrungsmittelindustrie.

Eloge [e'lo:ʒə; griech.-frz.], Lobrede (in der frz. Literatur des 17. und 18. Jh.).

Elohim, hebr. Bez. für »Gott«, »Götter« im AT.

E-Lok ↑Eisenbahn.

Elongation [lat.], der Betrag, um den ein Körper aus einer stabilen Gleichgewichtslage entfernt wird.

Eloxalverfahren ® [Kw. aus: **el**ektro**ly**t. **Ox**idation des **Al**uminiums] (Eloxieren), Verfahren zur Erzeugung einer Schutzschicht von Aluminiumoxid auf Aluminium.

El Paso [engl. ɛl 'pɑːsəʊ], Stadt am Rio Grande, Tex., USA, 464 000 E. Grenzübergang nach Mexiko, Erdöl- und Kupferraffinerien u. a.; internat. ✈.

Elritze, bis knapp 15 cm langer, schlanker, nahezu drehrunder Karpfenfisch in klaren Gewässern Europas und Asiens.

Elritze (Länge bis 30 cm)

El Salvador, Staat in Mittelamerika, grenzt im N und O an Honduras, im S an den Pazifik, im W an Guatemala.
Staat und Recht: Präsidialrepublik; *Verfassung* von 1983. *Staatsoberhaupt* und oberster Inhaber der *Exekutive* ist der Präs., er wird für 5 Jahre gewählt. Die *Legislative* liegt bei der Nationalversammlung (84 Abg., für 3 Jahre gewählt). *Parteien:* Partido Democrátia Cristiano (PDC), Alianza Republicano Nacionalista (ARENA), Partido de Conciliación Nacional (PCN), Frente Farabundo Martí para la Liberación Nacional (FMLN).
Landesnatur: El S. ist durchweg gebirgig mit Höhen bis 2 700 m im NW des Landes. Die 15 bis 20 km breite Küstenebene wird durch eine bis 2 381 m hohe

Elsaß

El Salvador

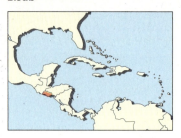

El Salvador

Staatsflagge

Staatswappen

El Salvador	
Fläche:	21 041 km²
Einwohner:	5,396 Mio.
Hauptstadt:	San Salvador
Amtssprache:	Spanisch
National-feiertag:	15. 9.
Währung:	1 El-Salvador-Colon (¢) = 100 Centavos
Zeitzone:	MEZ – 7 Std.

3,5 — 5,4 — 510 — 1170

1970 1992   1970 1992
Bevölkerung (in Mio.)   Bruttosozialprodukt je E (in US-$)

☐ Stadt   Land ☐

45%   55%

Bevölkerungsverteilung 1992

☐ Industrie
☐ Landwirtschaft
☐ Dienstleistung

24%   9%   67%

Bruttoinlandsprodukt 1992

Küstenkette mit aktiven Vulkanen vom Bergland getrennt. El S. liegt in den äußeren Tropen. Die urspr. Vegetation ist weitgehend vernichtet.

Bevölkerung: El S. ist das dichtestbevölkerte Land Zentralamerikas. 70% der überwiegend kath. E sind Mestizen, 20% Indianer.

Wirtschaft, Verkehr: Bisher hat die Kaffeemonokultur die Wirtschaft bestimmt. Exportorientiert ist auch der Anbau von Baumwolle und Zuckerrohr; intensive Rinderhaltung. El S. ist arm an Bodenschätzen. Die Ind. ist schwach entwickelt. Neben einer Erdölraffinerie bestehen ein Walzbetrieb und eine Stahlgießerei. Das Eisenbahnnetz hat eine Streckenlänge von 602 km, das Straßennetz ist 12 164 km lang. Wichtigste Häfen sind Acajutla, La Unión und La Libertad; zwei internat. ✈ bei San Salvador.

Geschichte: Ab 1524/25 eroberten die Spanier das von Indianern (u. a. mex. Pipil) vergleichsweise dicht besiedelte Gebiet. Nach Erhebungen 1811 und 1814 erlangte El S. 1821 die Unabhängigkeit von Spanien und gehörte 1823–1839/40 zur Zentralamerikan. Föderation. 1841 erklärte El S. sich zur Republik. In den folgenden Jahrzehnten bestimmte zunehmend die Kaffeemonokultur die Wirtschaft (und die Kulturlandschaft)

von El S. Nach der Niederschlagung großer Bauernunruhen während der Weltwirtschaftskrise, in deren Gefolge die kleinen Landbesitzer verarmten, errichtete General M. Hernández Martínez 1931 eine Militärdiktatur und leitete Reformen ein (Bodenreform, Sozialgesetzgebung). Verschiedene Militärregierungen setzten die Reformpolitik fort. Doch die sozialen Konflikte verschärften sich weiter. Die Verfassung von 1962 brachte einige demokrat. Rechte bei weiterhin bestimmendem Einfluß der führenden (Großgrundbesitzer-)Familien und des Militärs. Seit 1978 verstärkten sich die Unruhen v. a. unter den Bauern. Nach einem Militärputsch 1979 wurde eine Junta aus Militärs und christdemokrat. Politikern eingesetzt; seither wurde El S. von einem Guerillakrieg zw. (von den USA unterstützten) Regierungstruppen und linksgerichteten, in der Frente Farabundo Martí para la Liberación Nacional (FMLN) vereinten Freischärlern erschüttert. Am 18. 12. 1983 wurde eine neue Verfassung verkündet, die u. a. eine Obergrenze für Landbesitz enthält. Aus den Präsidentschaftswahlen 1984 ging der Christdemokrat J. N. Duarte als Sieger hervor. Die linksgerichtete Guerilla erklärte sich im Okt. 1984 zu den vom Präs. vorgeschlagenen Friedensgesprächen bereit, doch konnte der Guerillakrieg nicht endgültig beigelegt werden. Neben den inneren Auseinandersetzungen trug v. a. die wirtschaftlich aussichtslose Situation zur Wahlniederlage Präs. Duartes bei den Parlaments- und Kommunalwahlen vom März 1988 bei. Aus den Präsidentschaftswahlen im März 1989 ging A. F. Cristiani Burkard, Kandidat der ARENA, als Sieger hervor. Im Jan. 1992 schlossen die Bürgerkriegsparteien einen Friedensvertrag; im Dez. 1992 wurde der Bürgerkrieg offiziell für beendet erklärt. Die FMLN erhielt 1993 den Status einer polit. Partei und wurde bei den Wahlen 1994 zweitstärkste polit. Kraft hinter der ARENA, deren Kandidat A. Calderón Sol Staats-Präs. wurde.

Elsaß (frz. Alsace), Landschaft und Region in O-Frankreich, 8 280 km², 1,62 Mio. E, Hauptstadt Straßburg. Vom Rheinufer bis zu den Vogesen erstreckt sich das Oberrhein. Tiefland, ein kli-

matisch bes. begünstigter Raum, intensiv landwirtschaftlich genutzt. Im Übergang zum Gebirge liegt eine Vorhügelzone, Erzeugergebiet von Obst und Weinen. In den Tälern der Vogesen Milchwirtschaft. Die wichtigsten Bodenschätze sind die Kalivorkommen bei Mühlhausen.
Geschichte: Das 58 v. Chr. von Cäsar eroberte Gebiet mit kelt. und z. T. german. Bev. wurde in der 2. Hälfte des 5. Jh. endgültig von Alemannen in Besitz genommen, um 496 Teil des Fränk., 870 des Ostfränk. (später Hl. Röm.) Reichs; 925 nominell dem Hzgt. Schwaben einverleibt. Im Spät-MA waren die Grafen von Habsburg die wichtigsten weltl., die Bischöfe von Straßburg die bedeutendsten geistl. Herren im territorial stark zersplitterten E., das zw. 1648 und 1697 größtenteils an Frankreich überging. 1871–1918/19 mit Ausnahme des Territoire de Belfort Bestandteil des dt. Reichslandes Elsaß-Lothringen, 1940–44 unter dt. Zivilverwaltung.

Elsässisch, oberdt. Mundart (↑deutsche Mundarten).

Elsbeere, kalkliebendes Rosengewächs in M- und S-Europa; Strauch oder bis 15 m hoher Baum; Holz hart, geflammt (v. a. für Drechslerarbeiten).

Elsheimer, Adam, ≈ Frankfurt am Main 18. 3. 1578, □ Rom 11. 12. 1610, dt. Maler. Ging 1598 nach Venedig, 1600 nach Rom; eröffnete mit einer neuartigen maler. Qualität (Lichteffekte) die frühbarocke Malerei; kleinformatige Werke.

Elsner, Gisela, *Nürnberg 2. 5. 1937, † München 13.5. 1992 (Selbstmord), dt. Schriftstellerin. Schrieb Erzählungen (»Die Riesenzwerge«, 1964) und Romane (»Die Zähmung«, 1984; »Das Windei«, 1987).

Elspe ↑Lennestadt.

Elßler, Fanny, eigtl. Franziska E., *Gumpendorf bei Wien 23. 6. 1810, † Wien 27. 11. 1884, österr. Tänzerin. Gefeiertste Tänzerin des 19. Jh.; Gastspielreisen durch die USA, Europa, Rußland.

Elster (Pica pica), etwa 20 cm langer, mit dem sehr langen, gestuften Schwanz etwa 45 cm messender Rabenvogel in Eurasien, NW-Afrika und dem westl. N-Amerika; Standvogel.

Elstergebirge, Bergland zw. dem Erzgebirge und dem Fichtelgebirge, Deutschland und Tschech. Republik, bis 759 m hoch.

El Tajín [span. əl taˈxin], seit 1934 freigelegte Ruinenstätte in Mexiko; 500–900 bed. Kultzentrum, bis 1100 unter toltek. Einfluß; 7stufige Tempelpyramide mit 364 quadrat. Nischen; dekorfreudiger Stil (Reliefs, Keramik).

elterliche Sorge (bis 1979 elterliche Gewalt), das Recht und die Pflicht der Eltern (auch der Adoptiveltern) und der nichtehel. Mutter zur Sorge für das Kind. Sie ist verfassungsrechtlich geschützt und umfaßt die Personensorge und die Vermögenssorge, jeweils mit der gesetzl. Vertretung. Sie ist unvererblich und unübertragbar, doch kann die Ausübung Dritten überlassen werden (z. B. Pflegeeltern). Eltern müssen mit dem Kind Fragen der e. S. besprechen, soweit dies nach dessen Entwicklungsstand angezeigt ist, und sollen einvernehml. Entscheidungen anstreben. Bei der Ausübung der e. S. über ein ehel. Kind während bestehender Ehe sind beide Elternteile gleichberechtigt. Die *Personensorge* umfaßt insbes. die Pflicht und das Recht, das Kind zu pflegen, zu erziehen, zu beaufsichtigen und seinen Aufenthalt zu bestimmen. Die *Vermögenssorge* umfaßt das Recht und die Pflicht, grundsätzlich das ganze Vermögen des Kindes zu verwalten. Die Eltern haben das ihrer Verwaltung unterliegende Geld des Kindes nach den Grundsätzen einer wirtschaftl. Vermögensverwaltung anzulegen, sofern es nicht zur Bestreitung von Ausgaben bereitzuhalten ist. Leben die Eltern *nicht nur vorübergehend getrennt,* so kann das Familiengericht auf Antrag die Ausübung der e. S. regeln, ohne Antrag, wenn andernfalls das Wohl des Kindes gefährdet wäre. Ist die *Ehe der Eltern geschieden, aufgehoben* oder für *nichtig erklärt,* so bestimmt das Familiengericht, welchem Elternteil die e. S. zustehen soll; maßgebend ist das Wohl des Kindes.

Eltern [eigtl. »die Älteren«], im *bürgerl. Recht* folgende Verwandte ersten Grades: die leibl. Eltern eines ehel. Kindes (Vater und Mutter); die Mutter eines als ehelich geltenden Kindes und deren Ehemann (Scheinvater); die nichtehel. Mutter; die Adoptiveltern.

Elster

Elternbeiräte

Elternbeiräte ↑Elternvertretungen.

Elternrecht, das durch Art. 6 Abs. 2 GG garantierte Recht der ehel. Eltern und der nichtehel. Mutter auf Pflege und Erziehung ihrer Kinder, einschließlich der weltanschaul.-religiösen Erziehung, der Bestimmung der Art der Schule und der freien Wahl zw. verschiedenen Bildungswegen.

Elternrente, Leistung der ↑Unfallversicherung und der ↑Kriegsopferversorgung.

Elternvertretungen (Elternbeiräte), Organe, die, nach Ländern verschieden geregelt und bezeichnet, es den Eltern ermöglichen, beratend die Erziehungs- und Unterrichtsarbeit der Schule ihrer Kinder zu fördern, auch Mitbestimmungsrechte auszuüben (z. B. in Hessen).

Elton John ↑John, Elton.

Eltville am Rhein [ɛltˈvɪlə–, ˈɛltvilə–], hess. Stadt am Rhein, 15 500 E. Weinbau, Sektkellerei. Got. Pfarrkirche (1353–1434), Burg (1636 zerstört, z. T. wiederaufgebaut), Teile der Stadtbefestigung.

Éluard, Paul [frz. eˈlɥaːr], eigtl. Eugène Grindel, *Saint-Denis bei Paris 14. 12. 1895, †Charenton-le-Pont bei Paris 18. 11. 1952, frz. Lyriker. Mgl. der Résistance und (ab 1942) der KPF; urspr. Dadaist, schloß sich dann dem Kreis der Surrealisten um A. Breton an. – *Werke:* Hauptstadt der Schmerzen (Ged., 1926), Die öffentl. Rose (Ged., 1934), Polit. Gedichte (1948).

Elul [hebr.], 12. Monat (Aug./Sept.) des jüd. Kalenders mit 29 Tagen.

Élysée-Palast [frz. eliˈze...], Amtssitz der Präs. der Frz. Republik seit 1873; erbaut 1718 von Claude Mollet (*1660, †1742).

Elysium [griech.], in der griech. Mythologie das Gefilde der Seligen, später als Ort in der Unterwelt gedacht.

Em, Zeichen für ↑**Em**anation.

em..., Em... [frz.], ↑**Em**...

Email [eˈmaɪ; mittellat.-frz.] (Emaille), glasharter, korrosions- und temperaturwechselbeständiger, oft farbiger Überzug auf metall. Oberflächen. Bestandteile: feuerfeste Stoffe (Quarzsand, Feldspat), Flußmittel (Borax, Soda, Flußspat u. a.), Deckmittel (Oxide von Ti, Sb, Zr und Zn) und Pigmente (Oxide von Co, Cu, Fe, Cr u. a.).

Paul Éluard

Email. Detail aus dem Aribert-Evangeliar, Grubenschmelz (1018–45; Mailand, Domschatz)

Emailkunst: *Gruben-* oder *Furchenschmelz,* bei dem E. meist in [in Kupferplatten gegrabene] Furchen eingelassen wird, war im kelt. Kunsthandwerk verbreitet. *Zellenschmelz* (auch *Cloisonné*), bei dem Metallstege aufgelötet und in die Zwischenräume E.flüsse eingelassen werden, ist seit dem 2. Jt. (Ägäis, Ägypten) bekannt. Nach Europa gelangte er über Byzanz (6. Jh. n. Chr.). Grubenschmelz verbreitete sich seit dem 12. Jh. (Rhein-Maas-Gebiet und Limoges), im 15. Jh. kamen neue Techniken auf. Im frz.-burgund. Bereich wurde *Goldemailplastik* (Metallgegenstände mit E.überzug) hergestellt, *Maler-E.* (auf eine Metallplatte mehrere Schichten nacheinander gemalt und geschmolzen) in den Niederlanden, im Alpenraum, Venedig, Limoges, *Draht-E.,* eine Sonderform des Zellenschmelzes (statt Metallstege aufgelöteter Draht) in Italien, ausstrahlend nach Österreich. In der E.malerei werden Metalloxidfarben auf weißem E.grund aufgetragen (18. Jh.).

e-mail [engl. ˈiːmeɪl], Kurz-Bez. für engl. electronic **mail** (»elektronische Post«), Versendung von Dokumenten auf elektron. Weg zw. zwei Datenendgeräten (↑Datenübertragung). Diese Endgeräte können an verschiedenen

Rechnernetzen angeschlossen sein, so daß ein Informationsaustausch in Bruchteilen von Sekunden über große Entfernungen möglich ist. Das Datenendgerät des Empfängers ist in der Regel mit einem Speicher ausgestattet, in dem die Dokumente abgelegt werden *(Mailbox)*, gleichzeitig (bzw. beim nächsten Einschalten des Gerätes) erfolgt eine Mitteilung an den Benutzer, daß Post eingegangen ist.

Emailglas [e'maɪ...], Hohlglas mit eingebrannten Emailfarben (durch Metalloxide gefärbte Glasflüsse). Die provinzialröm. Technik lebte weiter in Byzanz, Ägypten; gelangte in die islam. Kunst und über Venedig (15. Jh.) nach Deutschland (16./17. Jh.).

Emanation [lat.], 1) *Chemie:* Zeichen Em; Bez. für drei gasförmige, radioaktive Isotope des Edelgases Radon: ^{219}Rn, ^{220}Rn, ^{222}Rn (↑Radon). 2) *Philosophie* und *Religionswiss.:* bes. nach neuplaton. Lehre das Hervorgehen aller Einzeldinge aus einem einheitl. Urgrund.

Emanuel I. (Manuel I.), genannt der Glückliche, auch d. Gr., *Alcochete 31. 5. 1469, † Lissabon 13. 12. 1521, König von Portugal (ab 1495). Unter ihm überseeische Ausdehnung Portugals, innenpolit. Stärkung der Krongewalt, 1496 Vertreibung der Juden.

Emanzipation [lat., eigtl. »Freilassung«], die Befreiung einer durch Rasse, Geschlecht, Stand oder sonstige Eigenschaften bestimmten Teilgruppe einer Gesellschaft aus einem Zustand rechtl., polit. oder sozialer Abhängigkeit oder Unterprivilegierung. ↑Arbeiterbewegung, ↑Frauenbewegung, ↑Judenemanzipation.

Emballage [ãba'la:ʒə; frz.], Sammel-Bezeichnung für Verpackungen, die Käufern i. d. R. in Rechnung gestellt werden.

Embargo [span.], im *Völkerrecht* Maßnahmen eines Völkerrechtssubjektes oder der Staatengemeinschaft zu dem Zweck, ein anderes Völkerrechtssubjekt zu einem bestimmten Tun oder Unterlassen zu veranlassen (z. B. Waffen-E.). Es umfaßt die Zurückhaltung fremder Staatsbürger und fremden Eigentums; das Verbot, in den fremden Staat Waren zu liefern oder von dort zu beziehen u. a. *(Handelsembargo).*

Emblem [ɛm'ble:m, ã'ble:m; griech.-frz.], 1) Sinnbild, meist mit Text; in der barocken Literatur des 16.–18. Jh. (von Spanien ausgehend) weit verbreitet. 2) Wahrzeichen, Hoheitszeichen.

Embolie [griech.], plötzl. Blutgefäßverschluß durch einen ↑Embolus, meist durch verschleppte Blutgerinnsel. Entstehen diese im venösen Anteil des Blutkreislaufs, so gelangen sie über das rechte Herz in die Gefäßaufzweigungen der Lunge und verursachen die *Lungenembolie.* Folgen einer E. bei Verstopfung einer großen Lungenarterie sind Atemnot, Erstickungsangst, Krämpfe, u. U. plötzl. Tod *(Lungenschlag);* bei E. der Herzkranzarterien Herzinfarkt, der bei Verstopfung größerer Gefäße zum Tode führt *(Herzschlag);* bei Gehirn-E. Schwindelgefühl, vorübergehende Ohnmacht, u. U. plötzl. Tod *(Hirnschlag).*

Embolus [griech.], Gefäßpfropf; mit dem Blutstrom verschleppter, körpereigener oder körperfremder Stoff (Fremdkörper), z. B. Blutgerinnsel, Fetttröpfchen.

Embryo [griech.] (Keim, Keimling), in der *Zoologie* und *Anthropologie* der in der Keimesentwicklung befindl., noch von den Embryonalhüllen oder dem mütterl. Körper eingeschlossene Organismus. Beim Menschen und den Säugetieren wird strenggenommen die Leibesfrucht bis zum Ende der Organentwicklung (beim Menschen bis zum Ende des 3. Schwangerschaftsmonats) als E. bezeichnet; nach diesem Zeitpunkt heißt die Leibesfrucht Fetus. Seit Entwicklung der In-vitro-Fertilisation werden in größerem Umfang Experimente an lebenden menschl. E. vorgenommen. Bei den zur Forschung verwendeten E. handelt es sich v. a. um »überzählige E.«, d. h. E., die im Rahmen einer In-vitro-Fertilisation erzeugt, jedoch anschließend nicht implantiert wurden. Die Experimente an menschl. lebenden E. sind umstritten.

embryonal [griech.] (embryonisch), in der *Biologie* und *Medizin* zum Keimling (Embryo) gehörend, im Keimlingszustand befindl., unentwickelt, unreif; auch svw. ungeboren.

Embryonalentwicklung (Keimesentwicklung, Embryogenese, Embryogenie), erstes Stadium im Verlauf der Individualentwicklung eines Lebewesens;

Embryonalhüllen

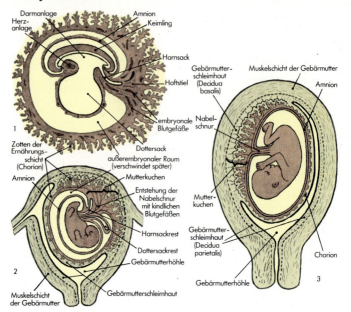

Darmanlage
Herz-anlage
Amnion
Keimling
Harnsack
Gebärmutter-schleimhaut (Decidua basalis)
Muskelschicht der Gebärmutter
Amnion
Haftstiel
embryonale Blutgefäße
Nabel-schnur
1
Zotten der Ernährungs-schicht (Chorion)
Amnion
Dottersack
außerembryonaler Raum (verschwindet später)
Mutterkuchen
Entstehung der Nabelschnur mit kindlichen Blutgefäßen
Mutter-kuchen
Harnsackrest
Gebärmutter-schleimhaut (Decidua parietalis)
Dottersackrest
Gebärmutterhöhle
Chorion
2
Muskelschicht der Gebärmutter
Gebärmutterschleimhaut
Gebärmutterhöhle
3

Embryo. Embryonalentwicklung des Menschen (schematisch): **1** E. etwa 4. Woche; **2** E. etwa 8. Woche; **3** E. 12. – 14. Woche; **2** und **3** E. in der Gebärmutter mit Embryonalhüllen und Mutterkuchen

umfaßt beim Menschen die Zeit nach Befruchtung der Eizelle bis zur Entwicklung der Organanlagen.

Embryonalhüllen (Eihüllen, Keimeshüllen, Fruchthüllen), dem Schutz des Keims und dem Stoffaustausch dienende, vom Keim selbst gebildete Körperhüllen.

Embryonalorgane, nur beim Embryo auftretende Organe, die meist vor oder während des Schlüpfens bzw. der Geburt, seltener erst kurze Zeit danach rückgebildet oder abgeworfen werden, z. B. Embryonalhüllen, Nabelschnur.

Embryonenschutzgesetz, Gesetz vom 13. 12. 1990 zum Schutz des menschl. Lebens von seinem Beginn an; stellt u. a. die mißbräuchl. Anwendung von Fortpflanzungstechniken, die mißbräuchl. Verwendung menschl. Embryonen und die künstl. Veränderung menschl. Keimbahnzellen unter Strafe.

Embryopathie [griech.], Schädigung des Embryos durch tox., infektiöse, hormonelle oder physikal. Schadstoffe zw. dem 18. und 85. Schwangerschaftstag.

Emden, Stadt am Ausgang des Dollarts in die Außenems, Ndsachs., 50 900 E. Seehafen für das Rhein.-Westfäl. Ind.-Gebiet; Umschlagplatz, v. a. für Massengüter; Automobil-Ind., Gasturbinenkraftwerk, Werften, Reedereien, Fischverarbeitung; Kunsthalle. Wiederaufgebaut nach 1945 u. a. die Neue Kirche (1643–48) und das Renaissancerathaus (1574–76; heute Museum). – Um 800 als Handelsniederlassung gegründet. 1683 Sitz der kurbrandenburg. Admiralität und der afrikan. Handelskompagnie.

Emeritierung [lat.], früher anstelle der Versetzung in den Ruhestand die Entbindung eines ordentl. Hochschul-Prof. von seiner Lehrtätigkeit und Teilnahme an der akadem. Selbstverwaltung.

Emerson, Ralph Waldo [engl. ˈeməsn], *Boston 25. 5. 1803, † Concord (Mass.) 27. 4. 1882, amerikan. Philosoph und Dichter. Exponent der amerikan. Romantik (Transzendentalismus) und Begründer der klass. amerikan. Literatur; v. a. Lyriker und Essayist.

Emerson, Lake & Palmer [engl. 'ɛməsn 'leik ənd 'puːmə], 1970 gegr. brit. Rockgruppe, bestehend aus dem Keyboardmusiker Keith Emerson (*1944), dem Gitarristen und Sänger Greg Lake (*1947) und dem Schlagzeuger Carl Palmer (*1950); mit ihrer elektron. Ausrüstung zeitgenöss. Popinterpretationen klass. Musik und konzertante eigene Kompositionen; zeitweise mit dem Schlagzeuger Cozy Powell unter der Bez. *Emerson, Lake & Powell* neu formiert.

Emigrant [lat.], jemand, der aus polit., sozialen, ökonom., religiösen oder rass. Gründen sein Land verläßt.

Emigration [lat.], das freiwillige oder erzwungene Verlassen des Heimatlandes aus polit. oder weltanschaul. Gründen; rechtlich ein Fall der ↑Auswanderung.

Emilia-Romagna [italien. eˈmiːli̯aro-ˈmaɲɲa], Region in NO-Italien, 22 123 km², 3,984 Mio. E, Hauptstadt Bologna. – Seit dem 1. Jh. n. Chr. *Aemilia* gen.; im MA bis auf den O langobardisch; später zwei große, im 15. bzw. 16. Jh. zu Hzgt. erhobene Signorien: Modena und Reggio [nell'Emilia] sowie Parma und Piacenza (beide 1860 zum Kgr. Italien).

eminent [lat.], sehr wichtig.

Eminescu, Mihai (Mihail), eigtl. Mihail Eminovici, *Ipoteşti bei Botoşani 15. 1. 1850, †Bukarest 15. 6. 1889, rumän. Dichter. Bedeutendster rumän. Dichter des 19. Jh. und Schöpfer der rumän. Literatursprache.

Emin Pascha, Mehmed, eigtl. Eduard Schnitzer, *Oppeln 28. 3. 1840, †Kanena (im heutigen Zaire) 23. 10. 1892 (ermordet), dt. Afrikareisender. Ab 1878 Gouverneur der ägypt. Äquatorial-Prov. des Sudan (geograph. Expeditionen); trat 1890 in dt. Staatsdienste; errichtete Handelsstationen in Ostafrika.

Emir [arab.], arab. Fürstentitel, urspr. Titel für Heerführer.

Emission [lat.], 1) *Physik:* Aussendung einer Wellen- oder Teilchenstrahlung.
2) *Technik:* das Ausströmen luftverunreinigender Stoffe in die Außenluft.
3) *Wirtschaft:* Ausgabe von Wertpapieren durch private Unternehmer, öffentl. Körperschaften und Banken.

Emissionskataster, Datenzusammenstellung zur räuml. Beschreibung des Schadstoffausstoßes von Emissionsquellen im regionalen oder überregionalen Bereich (z. B. Industrie-E.). E. müssen für Belastungsgebiete erstellt werden und geben einen Überblick über den Anteil einzelner Emittenten oder Emittentengruppen an den Emissionen bestimmter Schadstoffe.

Emissionskurs, Ausgabekurs von Wertpapieren; bei festverzinsl. Werten mit einem Abschlag (Disagio), dadurch Erhöhung der Effektivverzinsung; bei Aktien mindestens zum Nennwert (pari), oft mit einem Aufschlag (Agio).

Emittent [lat.], 1) *Bankwesen:* Herausgeber von Wertpapieren.
2) *Umweltschutz:* Verursacher von ↑Emissionen.

Emitter [lat.-engl.], Teil eines Transistors.

Emmaus [ˈɛma-ʊs] (heute arab. Amwas), bibl. Ort, rd. 25 km von Jerusalem entfernt. Nach Luk. 24, 13–35 erschien Jesus nach der Auferstehung hier mehreren Jüngern.

Emmendingen, Kreisstadt am NO-Rand der Freiburger Bucht, Bad.-Württ., 23 900 E. Apparate-, Maschinen- und Werkzeugbau, Zigarrenfabrik. Markgrafenschloß (16. Jh.). – Seit 1590 Stadt.

Emmental, Talschaft der Großen Emme und Ilfis im Napfbergland, Kt. Bern.

Emmentaler Käse, vollfetter Schweizer Käse, urspr. aus dem Emmental.

Emmer ↑Weizen.

Emmerich, Stadt am Niederrhein, NRW, 26 850 E. Rheinmuseum; Nahrungsmittel-, Metall-, Textil- u. a. Ind., Hafen. Wiederaufgebaut nach 1945, u. a. Pfarrkirche Sankt Aldegundis (15. Jh.) und Sankt Martin (11.–15. Jh.); Rheinbrücke (größte Hängebrücke Deutschlands).

Emmrich, Curt, dt. Schriftsteller, ↑Bamm, Peter.

Emotion [lat.], Gemütsbewegung; **emotional,** gefühlsmäßig.

Empedokles, *Akragas (heute Agrigent, Sizilien) 483 oder 482, †zw. 430 und 420, griech. Philosoph. Sammelte als Wanderprediger viele Anhänger; soll sich in den Krater des Ätna gestürzt haben. E. sah in den vier Elementen den

Mihai Eminescu

Empfänger

Urgrund aller Dinge und erklärte Werden und Vergehen als Mischung und Trennung dieser Elemente.

Empfänger, in der *Nachrichtentechnik* Bez. für ein Gerät, das elektr. Impulse oder elektromagnet. Wellen aufnimmt und in akust. oder opt. Signale zurückverwandelt (v. a. der Funkempfänger).

Empfängnis (Conceptio, Konzeption), Eintritt der ↑Befruchtung der Eizelle durch eine Samenzelle, die i. d. R. zur Schwangerschaft führt.

Empfängnisverhütung (Schwangerschaftsverhütung, Konzeptionsverhütung, Kontrazeption), verschiedene Maßnahmen zur Verhütung der Befruchtung einer Eizelle oder zur Verhinderung der Einnistung einer befruchteten Eizelle in der Gebärmutterschleimhaut. Beim *Coitus interruptus* wird der Geschlechtsakt vor dem Samenerguß unterbrochen. Bei der *period. Enthaltsamkeit* müssen die fruchtbaren Tage, d. h. die Zeitspanne einer mögl. Befruchtung nach dem Eisprung, berechnet werden. Dies geschieht v. a. nach der *Knaus-Ogino-Methode,* die eine »fruchtbare Zeitspanne« vom 8. bis 19. Zyklustag errechnet. Zuverlässigere Daten für den wahrscheinl. Zeitpunkt des Eisprungs bietet die *Temperaturmethode.* Die ↑Basaltemperatur steigt zw. den Monatsblutungen innerhalb von 1–2 Tagen um ungefähr 0,5 °C an. Bis zum Beginn der nächsten Regelblutung bleibt sie auf dieser Höhe. Der Eisprung erfolgt im Durchschnitt 1–2 Tage vor dem Temperaturanstieg. Zw. dem 2. Tag nach dem Temperaturanstieg und der folgenden Regelblutung ist mit einer Empfängnis nicht zu rechnen. Unter den *mechan. Methoden* ist in erster Linie das *Kondom* (Präservativ, ein über das steife Glied gestreifter Gummischutz) zu nennen. Das *Scheidenpessar* (Scheidendiaphragma), eine gummiüberzogene Drahtspirale mit einer elast. Gummimembran, wird vor dem Geschlechtsverkehr in die Scheide eingeführt und danach wieder entfernt. *Intrauterinpessare* sind aus gewebefreundl. Kunststoff gefertigte Ringe oder Spiralen, die vom Arzt in die Gebärmutter eingeführt werden. – *Chem. Mittel* zur E. sind Salben, Tabletten, Sprays oder Zäpfchen, die vor dem Geschlechtsverkehr in die Scheide eingeführt werden. Sie töten die Samenzellen ab oder machen sie bewegungsunfähig, so daß diese nicht mehr in die Gebärmutter aufsteigen können. – Die *hormonale E.* verhindert den Eisprung durch abgewandelte Eierstockhormone (Östrogene, Gestagene). Diese allg. unter dem Namen »Antibabypille« bekannt gewordenen Präparate beeinflussen die Hirnanhangdrüse dahingehend, daß sie die zum Eisprung notwendigen Hormone nicht bildet. Neben der oralen Einnahme besteht auch die Möglichkeit einer monatl. Injektion (Einmonatsspritze). Die Einnahme hoher Östrogendosen innerhalb von maximal 36 Stunden nach dem Geschlechtsverkehr (»Pille danach«) verhindert die Einnistung des befruchteten Eis in die Gebärmutter. Die Entwicklung einer »Pille für den Mann«, v. a. mittels Injektion einer Testosteron-Kombination zur Erzielung einer dreimonatigen Fruchtbarkeitspause, verlief in den 1990er Jahren überaus erfolgreich. Die sicherste Methode der E. bleibt allerdings die ↑Sterilisation.

Empfängniszeit (gesetzl. Empfängniszeit), im *Recht* die Zeit vom 181. bis 302. Tag (jeweils einschließl.) vor dem (nicht mitgerechneten) Tag der Geburt des Kindes, bei nachgewiesener längerer Tragezeit auch eine über den 302. Tag hinausgehende Zeit.

Empfindlichkeit, Kenngröße einer photograph. Emulsion (Film), die über die erforderl. Belichtung Auskunft gibt; nach ISO-Normstandard sensitometr. definiert; z. B. ISO 100/21°. Eine Verdoppelung (Halbierung) der ISO-Zahl (früher *ASA*) entspricht der Zunahme (Abnahme) der ISO-Grade (früher *DIN*) um 3° und gleichzeitig einer Zunahme (Abnahme) der E. um 100 %.

Empfindsamkeit, literar. Strömung innerhalb der Aufklärung. Kennzeichnend war die Hinwendung zu einer enthusiast. Weltsicht; zunächst vertreten durch die religiösen Vorstellungen des ↑Pietismus, entwickelte sich die dt. Literatur der E. insbes. unter dem Einfluß engl. Schriftsteller (u. a. E. Young,

Empfängnisverhütung. 1 Methode nach Knaus-Ogino; **2** Temperaturmethode; **3** Kondom; **4** Scheidenpessar; **5 a** gebräuchliche Formen des Intrauterinpessars (Schleifen-, Spiralen- oder T-Form), **b** Lage des Intrauterinpessars in der Gebärmutter

S. Richardson, L. Sterne). Hauptvertreter: C. F. Gellert, Sophie von La Roche, A. W. Iffland, teilweise Klopstock (»Oden«, 1771).

Empfindung, der als Folge einer Reizeinwirkung durch neurale Erregungsleitung vermittelte einfache Sinneseindruck.

Emphase [griech.], Nachdruck, der auf eine sprachliche Äußerung durch phonet. oder syntakt. Hervorhebung gelegt wird.

Emphysem [griech.], krankhafte Aufblähung von Geweben oder Organen durch Luft oder (seltener) durch Fäulnisgase. – Ein *Haut-E.* entsteht durch eine offene Verbindung mit lufthaltigen Körperhöhlen, wodurch Luft in das lockere Unterhautbindegewebe eindringt. Das *Lungen-E.* ist eine Überdehnung des inneren Lungengewebes (Lungenblähung). Dadurch kommt es an vielen Stellen zur Verdünnung und schließlich zum Verschwinden der Lungenbläschenwand. Symptome: Atemnot bei körperl. Anstrengung, chron. trockener Husten mit Schwindelgefühl.

Empire [engl. 'empaɪə] ↑Britisches Reich und Commonwealth.

Empire [frz. ã'piːr], **1)** *Geschichtswissenschaft:* Bez. für das Kaisertum Napoleons I. 1804–15 (*Premier Empire*) und Napoleons III. 1852–70 (*Second Empire*). **2)** *Kunst:* Stilbez. der Zeit Napoleons I. und der folgenden Jahre (etwa 1800–30).

empirisch [griech.], erfahrungsgemäß, aus Beobachtung und Experiment gewonnen.

Empirismus [griech.], in der *Philosophie* die methodisch an den Naturwiss. orientierte erkenntnistheoret. Position, die im Ggs. zum Rationalismus behauptet, daß jedes Wissen von der (begriffsfreien) Erfahrung abhänge und ihrer Kontrolle unterliege. J. Locke, G. Berkeley und D. Hume sind Vertreter des *klass. Empirismus.*

Empore, in der *kirchl. Baukunst* über den Seitenschiffen gelegenes, zum Kirchenraum geöffnetes galerieartiges Obergeschoß.

Ems, Fluß in NW-Deutschland, mündet in den Dollart, 371 km lang.

Emser Depesche, von Bismarck durch Kürzungen und Umformulierungen verschärfte Fassung eines Telegramms vom 13. 7. 1870 aus Bad Ems, mit dem der Kanzler über die Unterredungen König Wilhelms I. mit dem frz. Botschafter und über die die spanische Thronkandidatur betreffenden frz. Forderungen unterrichtet wurde. Die Publikation der E. D. wurde zum auslösenden Moment für den Dt.-Frz. Krieg 1870/71.

Emser Salz, urspr. aus den Quellen von Bad Ems gewonnenes, heute auch in entsprechender Zusammensetzung künstlich hergestelltes Salzgemisch; wird bei Erkrankungen des Magen-Darm-Kanals und der Harnwege sowie v. a. bei Katarrhen der Atemwege getrunken bzw. inhaliert.

Emsland, Gebiet beiderseitig der mittleren Ems, Ndsachs., überwiegend Heide und (kultiviertes) Moor; Erdöl- und Erdgasförderung.

Emu [portugies.-engl.], bis 1,5 m hoher, flugunfähiger, straußenähnl. Laufvogel der austral. Buschsteppe.

Emulation [lat.], in der *Datenverarbeitung* der Einsatz von Einrichtungen oder Hilfsprogrammen *(Emulatoren)* zur Sicherstellung der Kompatibilität von Rechenanlagen und Anwendungsprogrammen.

Emulsion [lat.], **1)** *Chemie:* feinste (kolloidale) Verteilung einer Flüssigkeit (disperse Phase) in einer nicht mit ihr mischbaren anderen Flüssigkeit (Dispersionsmittel), z. B. Öl in Wasser. **2)** *Photographie:* unexakte Bez. für die lichtempfindl. Schicht, v. a. bei Aufnahmematerialien.

E-Musik, Abk. für »ernste Musik«, im Ggs. zu U-Musik (Abk. für Unterhaltungsmusik).

en..., En... (vor Lippenlauten em..., Em...) [griech.], Vorsilbe mit der Bedeutung »ein..., hinein, innerhalb«; z. B. endemisch.

-en [...eːn], Suffix aus der chem. Nomenklatur, das in Verbindungsnamen das Vorhandensein einer C=C-Doppelbindung kennzeichnet (z. B. Alkene); bei mehreren Doppelbindungen: -dien, -trien, -polyen.

Enargit, metall. glänzendes, schwarzes Mineral, chem. Cu_3AsS_4; wichtiges Kupfererz. Mohshärte 3,5, Dichte 4,4–4,5 g/cm^3.

en bloc [frz. ã'blɔk], im ganzen, mit allem Zubehör.

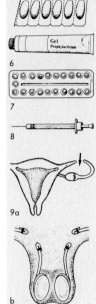

6

7

8

9a

b

Empfängnisverhütung.
6 Chemische Mittel (Salbe und Zäpfchen);
7 Anti-Baby-Pille;
8 Einmonatsspritze;
9 Sterilisation bei der Frau (**a**) und beim Mann (**b**)

Emu
mit Jungtieren

Encephalitis, svw. ↑Gehirnentzündung.

Encephalon [griech.], svw. ↑Gehirn.

Encina, Juan del [span. en'θina], *Salamanca 12. 7. 1468, † León (nach Ende August?) 1529, spanischer Dichter und Komponist. »Vater des spanischen Dramas«.

Enddarm ↑Darm.

Ende, Michael, *Garmisch-Partenkirchen 12. 11. 1929, †Stuttgart 29. 8. 1995, dt. Schriftsteller. Schrieb abenteuerlich-phantast. Erzählungen für Kinder (und Erwachsene), u. a. »Jim Knopf und Lukas, der Lokomotivführer« (1960), »Momo« (1973; verfilmt 1986), »Die unendl. Geschichte« (1979; verfilmt 1984, 1990 und 1995), »Der Spiegel im Spiegel« (1984), »Der satanarchäolügenialkohöllische Wunschpunsch« (1989).

Michael Ende

Endeavour [engl. ɪn'devə], Name eines amerikan. Raumtransporters.

Endemie [griech.] ↑Epidemie.

endemisch, *Biologie:* nur in einem bestimmten Gebiet verbreitet; z. B. Beuteltiere in Australien.

Enders, John Franklin [engl. 'ɛndəz], *West Hartford (Conn.) 10. 2. 1897, † Waterford (Conn.) 8. 9. 1985, amerikan. Mikrobiologe. Forschungen bes. über das Poliomyelitis- und das Mumpsvirus; 1954 zus. mit F. C. Robbins und T. Weller Nobelpreis für Physiologie oder Medizin.

en détail [frz. ãde'taj], im einzelnen.

Endivie [...viə] ↑Wegwarte.

John Franklin Enders

Endlagerung, die angestrebte sichere, endgültige Lagerung von schädl. und giftigen, bes. aber radioaktiven Abfällen im Rahmen der nuklearen ↑Entsorgung mit dem Ziel, eine dauernde Isolierung der Schadstoffe vom menschl. Lebensbereich zu gewährleisten. *Schwach-* bzw. *mittelradioaktive Abfallstoffe,* die v. a. bei der Uranerzaufbereitung und bei der Brennelementherstellung in erhebl. Mengen, meist in Form radioaktiver Abwässer, anfallen, werden gewöhnlich durch Eindampfen konzentriert und in Form von Schlamm, mit Bitumen oder Zement versetzt, in Fässer eingegossen. Da ihre Radioaktivität meist relativ rasch abklingt, genügt es, sie für mehrere Jahrzehnte sicher zu lagern. In der BR Deutschland erfolgte die Lagerung dieser Abfallstoffe bis 1978 im ehem. Salzbergwerk Asse II, danach oberirdisch in Lagern von Kernkraftwerken bzw. in Lagern von Anlagen des Brennstoffkreislaufs. Sperrige schwachradioaktive Abfälle, wie sie z. B. beim Abriß von stillgelegten Kernkraftwerken anfallen, sollen in der ehem. Eisenerzgrube »Konrad« bei Salzgitter eingelagert werden. Zeitweilig wurden schwachradioaktive Abfälle auch ins Meer in Tiefen von mehr als 4 000 m versenkt. Für die E. *hochradioaktiver Abfälle* (z. T. mit Halbwertszeiten von über 1 000 Jahren), wie sie z. B. in Wiederaufbereitungsanlagen für Kernbrennstoffe anfallen, existiert Ende 1994 noch keine betriebsfähige Endlagerstätte. In der BR Deutschland ist für die Endlagerung ein Salzstock bei Gorleben vorgesehen.

Endlösung der Judenfrage, nat.-soz. Umschreibung für die auf der ↑Wannsee-Konferenz 1942 beschlossene Ermordung der Juden in bestimmten ↑Vernichtungslagern.

Endmoräne ↑Gletscher.

endo..., Endo... [griech.], Vorsilbe mit der Bedeutung »innen...; innerhalb«.

Endodermis [griech.], innerste, meist einzellige Schicht der Rinde der Wurzeln.

endogen, 1) *allg.:* im Innern eines Körpers entstehend, von innen, aus dem Inneren kommend (z. B. von Krankheiten).

2) *Geologie:* durch Kräfte entstanden, die im Erdinnern wirken; Ggs. ↑exogen.

endokrin [griech.], mit innerer Sekretion.

Endometriose [griech.], ortsfremdes Auftreten von funktionstüchtiger, sich unter zykl. Blutungen abstoßender Gebärmutterschleimhaut im Körper (u. a. in Gebärmuttermuskulatur, Eileiter, Eierstock).

endoplasmatisches Retikulum, in fast allen tier. und pflanzl. Zellen ausgebildetes System feinster Kanälchen (Zisternen) aus etwa 5 nm dünnen [Elementar]membranen; Funktionen: Proteinbiosynthese, Stofftransport, Reizleitung.

Endoskopie [griech.], diagnost. Verfahren zur Untersuchung (»Spiegelung«) von Körperhöhlen und -kanälen sowie Hohlorganen durch unmittelbare Betrachtung mit Hilfe eines Endoskops, eines mit elektr. Lichtquellen (Niedervoltlampe oder Glasfasern [Kaltlichtbeleuchtung]) und Spiegelvorrichtung versehenen Instruments. Die Möglichkeit eines gleichzeitigen operativen Eingriffs (z. B. Entfernung des Blinddarms) wird zunehmend genutzt. Zur Betrachtung des Magen-Darm-Kanals werden *Enteroskope* benutzt. Das biegsame *Gastroskop* zur Untersuchung des Magens (auch das starre *Ösophagoskop* zur Untersuchung der Speiseröhre) wird durch den Mund eingeführt. Das starre und gerade *Bronchoskop* zur Betrachtung des Kehlkopfes, der Luftröhre und des Bronchialraums wird in örtl. Betäubung oder Narkose durch den Mund eingeführt. Das *Thorakoskop* zur Untersuchung der Brusthöhle wird operativ eingeführt. Das *Laparoskop* zur Untersuchung der Bauchhöhle wird in örtl. Betäubung durch die Bauchdecke eingeführt. Mit dem *Kolposkop* werden die weibl. Geschlechtsorgane nach Durchstoßen des hinteren Scheidengewölbes untersucht. Zur Mastdarmspiegelung wird ein *Rektoskop* benutzt. *Urethroskop* (zur Spiegelung der Harnröhre) und *Zystoskop* (zur Spiegelung der Blase) werden über die vordere Harnröhrenmündung eingeführt. Das *Amnioskop* (zur Betrachtung der Eihülle und ihres Inhalts) wird durch die Scheide in den Gebärmutterhals eingeführt.

Endosperm [griech.], den pflanzl. Embryo umgebendes Nährgewebe der Samenanlage und Samen.

Endplatte, plattenförmiges Gebilde der quergestreiften Muskeln, auf dessen Oberfläche die motor. Nervenfasern enden; an den E. erfolgt die Übertragung der Nervenimpulse auf die Muskulatur.

Endsee, abflußloser See, meist in Trockengebieten, unterliegt starker Verdunstung und damit der Versalzung.

Endwirt ↑Wirtswechsel.

Endzeit ↑Eschatologie.

Energetik [griech.], 1) *Naturwissenschaft:* die Lehre von der Energie und den mögl. Umwandlungen zw. ihren Formen sowie den dabei auftretenden Auswirkungen und Gesetzmäßigkeiten. 2) *Philosophie:* Lehre von der Energie; speziell die von W. Ostwald begründete, auch *energetischer Monismus* oder *Energetismus* genannte Auffassung, nach der die Energie das Wirkliche in der Welt und Grundlage allen Geschehens ist.

Energie [griech.], 1) *Physik:* gespeicherte Arbeitsfähigkeit, Arbeitsvermögen. Die verschiedenen in der Natur vorkommenden E.formen (z. B. mechan., therm., elektr., magnet., chem. und Kern-E.) können ineinander umgerechnet und weitgehend auch umgewandelt werden. So wird z. B. in einem Wärmekraftwerk chem. E. bei der Verbrennung fossiler Brennstoffe in Wärme-E., diese in der Dampfturbine in mechan. E. und schließlich im Generator in elektr. E. umgewandelt. E. kann weder erzeugt noch vernichtet, sondern lediglich von einer Form in eine andere gebracht werden. Die Summe aller E. eines abgeschlossenen Systems bleibt konstant *(Energieerhaltungssatz).* Die Äquivalenz von Energie E und Masse m beschreibt die *Einsteinsche Gleichung* $E = mc^2$ (c Lichtgeschwindigkeit). Gemäß dieser Beziehung sind E. und Masse ineinander umwandelbar. In der Technik unterscheidet man bei der E.erzeugung und E.versorgung die *Primär-E.,* die in Primärenergieträgern (z. B. fossile und Kernbrennstoffe, Wasser, Erd- und Sonnenwärme) enthalten ist, und die daraus gewonnene *Sekundär-E.,* die v. a. in elektr., mechan. und therm. E. vorliegt oder in *Sekundärenergieträgern* (z. B. Briketts, Koks, Benzin) enthalten ist. *Gesetzliche Einheiten* der E. sind die SI-Einheit Joule (J) sowie alle Produkte aus einer Kraft- und einer Längeneinheit (z. B. N [Newton] · m [Meter]) oder aus einer Leistungs- und einer Zeiteinheit (z. B. kWh). Atomphysikal. Einheit der E. ist das Elektronvolt (eV). **2)** *Chemie:* der zur Bildung einer chem. Bindung benötigte bzw. bei deren Spaltung freiwerdende Energiebetrag *(Bindungsenergie).*

Energiepolitik, Gesamtheit der Maßnahmen, mit denen ein Staat Einfluß sowohl auf den Umfang des inländ. Energiebedarfs als auch auf die Form der Energieversorgung durch die in- und ausländ. Energiewirtschaft nimmt, um angesichts der natürl. Begrenztheit des Angebots an Energieträgern (v. a. Kohle, Erdöl, Erdgas, Wasserkraft, Uran) den Energiebedarf zu sichern. E. ist Teil der allg. Wirtschaftspolitik, jedoch mit engen Verbindungen zur Außen-, Umwelt-, Forschungs- und Sozialpolitik. Widerstreitende Ziele der E. können v. a. Wirtschaftlichkeit, saubere Umwelt einerseits und ein möglichst hoher inländ. Selbstversorgungsgrad andererseits sein. Die E. der BR Deutschland legte seit Ende der 1950er Jahre zu Lasten der inländ. Selbstversorgung mit Steinkohle den Schwerpunkt auf (überwiegend ausländ.) Erdöl und förderte die Schließung unwirtschaftlich gewordener Zechen. Infolge der Ölpreiskrisen 1973/74 und 1979/80 versuchten die Regierungen der betroffenen Abnehmerstaaten, den Anteil des Erdöls an den Primärenergieträgern zurückzudrängen und andere Energiequellen (bes. Kernenergie) einzusetzen. Der verstärkte Ausbau der Kernenergie hat wegen der damit verbundenen Problematik (u. a. Sicherheitsrisiko, Endlagerung abgebrannter Brennelemente, militär. Mißbrauch) in der BR Deutschland zu breiten Protesten in der Bevölkerung geführt.

Energiewirtschaft, Wirtschaftszweig, der i. w. S. alle Bereiche, die der Deckung des Energiebedarfs dienen, i. e. S. die Produktion, Verarbeitung und Verteilung von Energie umfaßt. Die E. gehört neben dem Bergbau sowie der Eisen- und Stahl-Ind. zur Grundstoffindustrie. Die Dringlichkeit der Energieversorgung für das öffentl. und private Leben, die der E. eine bes. Stellung gibt, sowie die Standortgebundenheit der Energieproduktion, die den Anbie-

tern ein natürl. Monopol verleihen könnte, haben in allen Ländern einen starken Einfluß des Staates auf die E. zur Folge. In einzelnen Ländern (Großbrit., Frankreich) hat das zur vollen Verstaatlichung der Energieversorgung geführt. In der BR Deutschland besteht die E. aus privaten, gemischtwirtschaftl. und öffentl. Energieversorgungsunternehmen, die zur Sicherung von Wegen für Leitungen, von Konzessionen und Gebietsabgrenzungen mit den Gemeinden Verträge schließen. Als ein Zweig der E. umfaßt die *Elektrizitätswirtschaft* die gesamte Erzeugung und Verteilung von elektr. Energie.

Enervierung (Enervation) [lat.], Überbeanspruchung der Nerven, Belastung der seel. Kräfte; Ausschalten der Verbindung zw. Nerv und dazugehörendem Organ.

en face [frz. ã'fas], von vorn gesehen.

Enfant terrible [ãfãte'ribl; frz. »schreckl. Kind«], jemand, der seine Umgebung ständig in Verlegenheit bringt und schockiert.

Engadin [ɛŋga'di:n, 'ɛŋgadi:n], klimatisch begünstigte Talschaft im schweizer. Kt. Graubünden, der oberste Abschnitt der Längstalfurche des Inns vom Malojapaß bis zur Schlucht bei Martina, durch die Talenge unterhalb von Zernez gegliedert in Ober- und Unterengadin. Durch starke Zuwanderung ist die einheim. rätoroman. Bevölkerung zurückgedrängt. – Das durchweg romanisierte E. behauptete seine Sprache auch nach dem Erwerb durch das Bistum Chur (10.–12. Jh.); 1367 ging aus dem Churer Bischofsstaat der Gotteshausbund (↑Graubünden) hervor. Im Spät-MA zwischen dem Bistum Chur und Tirol bzw. den Habsburgern umstritten, kaufte sich das Unter-E. 1652 von allen österr. Rechten los.

Engagement [ãgaʒə'mã:; frz.], **1)** (auf Eigeninitiative beruhender) intensiver Einsatz für eine Sache. **2)** berufliche Verpflichtung, Anstellung, z. B. eines Künstlers, eines Artisten.

Engel [griech.], Bote und Diener Gottes, Mittler zw. der Gottheit und den Menschen. Die E. stellen die höchste Stufe der Schöpfung in personaler Gestalt dar. Sie gelten als Gestalten mit einem Körper aus Licht oder Äther

Engelwurz.
Waldengelwurz
(Höhe bis 1,5 m)

(Astralleib) oder einem Feuerleib. Religionsgeschichtlich findet sich die E.vorstellung v. a. in monotheist. Religionen. Im AT treten E. als Boten und als Söhne Gottes auf. Im NT erscheinen die E. ferner als Begleiter des Messias beim Endgericht. Die christl. Kirchen haben eigene E.lehren *(Angelologien)* ausgebildet. Der Islam übernahm die E.vorstellung vom Judentum und Christentum.

Engelamt, in der *kath. Liturgie* v. a. die Mitternachtsmesse in der Hl. Nacht.

Engelberg, Gemeinde im schweizer. Kt. Obwalden, ssö. von Luzern, 3500 E. Benediktinerkloster (gegr. 1120), Luftkurort und Wintersportplatz.

Engelbert I., *um 1185, † bei Gevelsberg 7. 11. 1225 (ermordet), Graf von Berg. Erzbischof von Köln (ab 1216); ab 1220 Reichsverweser und Vormund Heinrichs (VII.); als Heiliger verehrt.

Engelhaie (Engelfische, Meerengel, Squatinoidei), Unterordnung 1–2,5 m langer Haie mit zwölf Arten vorwiegend im flachen küstennahen Meereswasser der gemäßigten Breiten; am bekanntesten ist der 2,5 m lange, meist grüngraue, dunkelgefleckte *Meerengel* in den küstennahen Gebieten des NO-Atlantiks und des Mittelmeers.

Engelhardt, Klaus, *Schillingstadt (heute zu Ahorn, Main-Tauber-Kreis) 11. 5. 1932, dt. ev. Theologe. Seit 1982 Landesbischof der Ev. Landeskirche in Baden; seit 1991 Ratsvorsitzender der EKD.

Engelmacherin, volkstüml. Bez. für eine Frau, die illegale Abtreibungen vornimmt.

Engelmann, Bernt, *Berlin 20. 1. 1921, †München 14. 4. 1994, dt. Schriftsteller. Verfasser von zahlr. politisch engagierten Sachbüchern, u. a. »Großes Bundesverdienstkreuz« (1974).

Engelhaie.
Meerengel (Länge
bis 2,5 m)

Engels, Friedrich, *Barmen (heute zu Wuppertal) 28. 11. 1820, † London 5. 8. 1895, dt. Theoretiker des Sozialismus. F. beteiligte sich während seines Militärdienstes in Berlin (1841/42) an den Auseinandersetzungen der Junghegelianer (↑Hegelianismus). 1842 bis 1844 als Kaufmann in Manchester mit der engl. Arbeiterfrage konfrontiert, trat er mit Anhängern des Frühsozialisten R. Owen in Verbindung und wurde zum Sozialrevolutionär. Sein auf Studien dieser Zeit beruhendes Werk »Die Lage der arbeitenden Klasse in England« (1845) gehört zu den frühen Grundlagen der polit. Ökonomie des ↑Marxismus. E. wurde durch eine enge Verbindung zu K. Marx geprägt, mit dem ihn ab 1844 eine lebenslange Freundschaft verband. Beide verfaßten gemeinsam, neben anderen Schriften (u. a. »Dt. Ideologie«, 1845/1846, veröffentlicht 1932), 1848 für den Bund der Kommunisten das ↑Kommunistische Manifest. Mit zahlr. Schriften hatte E. großen Anteil an der Begründung des Marxismus und, v. a. in Verbindung mit seiner auch prakt.-polit. Tätigkeit (u. a. im Generalrat der 1. Internationale), an dessen Ausbreitung und Entwicklung zur Massenbewegung. – *Weitere Werke:* Dialektik der Natur (1873–83, veröffentlicht 1935), Herrn Eugen Dührings Umwälzung der Wissenschaft (1878), Der Ursprung der Familie, des Privateigentums und des Staats (1884), Ludwig Feuerbach und der Ausgang der klass. dt. Philosophie (1888).

Engels (bis 1931 Pokrowsk), Stadt im Gebiet Saratow, Rußland, 180 000 E; Autobus- und Kunstfaserwerk. – 1924–41 Hauptstadt der Wolgadeutschen Republik.

Engelsburg (Castel Sant'Angelo), 135 bis 139 n. Chr. als Mausoleum für Kaiser Hadrian erbauter Rundbau in Rom; diente als Kastell, im 13. Jh. von Papst Nikolaus III. wiederhergestellt; Renaissanceausstattung; heute Museum.

Engelwurz (Brustwurz, Angelica), Gatt. der Doldenblütler mit etwa 50 Arten auf der Nordhalbkugel und Neuseeland; einheim. sind die bis 1,5 m hohe *Wald-E.* mit weißen oder rötl. Blüten und die bis 2,5 m hohe aromat. duftende *Echte E.* mit grünl. Blüten (Gewürz und Heilpflanze).

Bernt Engelmann

Friedrich Engels

Engerling

Engerling

Björn Engholm

Engländer

englische Kunst.
St. Paul's Cathedral in
London (1675–1711)

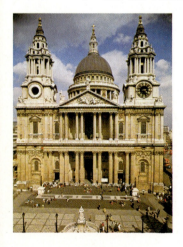

Engerling, Bez. für die Larve der Blatthornkäfer. Die E. einiger pflanzenfressender Arten (z. B. des Maikäfers) sind schädl. durch Fraß an Wurzelfasern. – Abb. S. 891.

Enghaus, Christine, eigtl. C. Engehausen, *Braunschweig 9. 2. 1817, † Wien 30. 6. 1910, dt. Schauspielerin. Bed. Tragödin; ⚭ mit F. Hebbel.

Engholm, Björn, *Lübeck 9. 11. 1939, dt. Politiker (SPD). Politologe; 1969 bis 1982 MdB, 1981–82 Bundes-Min. für Bildung und Wissenschaft; 1988 bis 1993 Min.-Präs. von Schlesw.-Holst.; 1991–93 Vors. der SPD.

England, Teil von ↑Großbritannien und Nordirland.

Engländer, Schraubenschlüssel mit verstellbarer Maulweite.

Englisch, zur westgerman. Gruppe der indogerman. Sprachen gehörende Weltsprache. Das E. hat einen sehr umfangreichen und heterogenen Wortschatz (600 000–800 000 Wörter) und kennt eine große Anzahl von z. T. sehr produktiven Wortbildungsprozessen und viele idiomat. Strukturen und Wendungen. Die engl. Rechtschreibung war um 1750 bereits weitgehend festgelegt, spiegelt jedoch den Lautbestand der Zeit um 1500 wider; daher weichen heute Lautung und Schreibweise sehr stark voneinander ab.

In der *Entwicklung* des E. unterscheidet man drei Perioden: *Altenglisch* (etwa 450–1100), *Mittelenglisch* (1100–etwa 1500) und *Neuenglisch*. Das Altengl. ist (im Ggs. zum modernen E.) eine Sprache mit stark strukturiertem Flexionsbestand. Nach der Eroberung durch die Normannen war Französisch die Sprache des Hofes, des Rechts, der Kirche und der Universitäten, während die breite Bevölkerung weiterhin die Sprache der Vorfahren sprach. Ein hoher Prozentsatz des heutigen Vokabulars ist frz. Ursprungs.

Englische Fräulein (offiziell lat. Institutum Beatae Mariae Virginis; Abk. IBMV), kath. weibl. Kongregation, 1609 von *Mary Ward* (*1585, † 1645) zur Erziehung junger Mädchen gestiftet.

englische Geschichte ↑Großbritannien und Nordirland (Geschichte).

englische Komödianten, in Wandertruppen organisierte engl. Berufsschauspieler, die in der 1. Hälfte des 17. Jh. in Deutschland auftraten; sie spielten v. a. freie Prosabearbeitungen der Dramen Shakespeares und Marlowes.

englische Krankheit, svw. ↑Rachitis.

englische Kunst, die Kunst der brit. Inseln von der anglonormann. Zeit bis zur Gegenwart.

Anglonormannische Kunst: Die angelsächs. Frühzeit mit ihrer Synthese von ↑keltischer Kunst und röm. Überlieferung und die Epoche der Normannen (1066 ff.), die Elemente der nordfrz. Romanik mitbrachten. Die Kathedrale von Durham (1093 ff.) ist eine mächtige langgestreckte Basilika mit zweitürmiger Westfassade, Vierungsturm über einem weit vorspringenden Querhaus, Chor mit geradem Abschluß; Einwölbung. Bed. auch der Festungsbau. Plastik ist bereits aus angelsächs. Zeit erhalten (monumentale Hochkreuze). Die Bauplastik entwickelte eine reichhaltige ornamentale Bildsprache. Bed. Elfenbeinkunst. Die eigenständigste Kunstleistung ist die Buchmalerei. Sie griff im 7. Jh. von Irland auf die brit. Hauptinsel über.

Gotik: Bedeutendster engl. Nationalstil, der bis ins 19. Jh. wirkte. Obwohl von der frz. Kathedralgotik ausgehend, war das *Early English* (1175 bis um 1250) bereits durch Betonung der Horizontalen gekennzeichnet: Breitenausdehnung der Fassaden, Verlängerung des

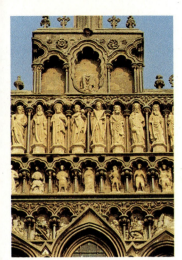

englische Kunst. Skulpturenzyklus an der Fassade der Kathedrale von Wells (1230–39)

bein d. J.); große Prachtentfaltung (Schmuck) am Hof.

Klassizismus und Neugotik: Die engl. Baukunst des 17. und 18. Jh. wurde von dem von I. Jones eingeführten palladian. Klassizismus beherrscht (Schloß Whitehall, 1619–22), der Petersdom war Vorbild für C. Wrens Saint Paul's Cathedral in London (1675 bis 1711). Barocke Erscheinungen wurden durch klassizist. Grundhaltung überlagert *(Queen Anne style)*. Eine bis heute weiterwirkende Entwicklung nahm der engl. Garten seit den 30er Jahren des 18. Jh. als natürl. Landschaftspark. Der Klassizismus wirkte bis ins 19. Jh. (Brit. Museum, 1823 ff.), seit 1750 aber auch zahlr. neugot. Bauten. In der Malerei des 17. Jh. wurde am engl. Hof der Flame A. van Dyck prägend, bis sein Stil im 18. Jh. von der Porträtkunst J. Reynolds und T. Gainsboroughs abgelöst wurde. W. Hogarth leitete mit seinen Graphikzyklen die Ära der polit.-satir. Illustration ein. Engl. Möbel (Chippendale), Keramik (Wedgwood) und Tafelsilber erlebten im 18. Jh. eine besondere Blüte.

19. und 20. Jahrhundert: In der viktorian. Epoche (1837–1901) dominierte in der Baukunst die Neugotik (»Gothic revival«); u. a. Parlamentsgebäude (1840 ff.). Den neuen Eisenskelettbau zeigte der Kristallpalast für London (1851). Um die Jh.wende entstand die Idee der ↑Gartenstadt, die noch im Plan von Groß-London (1945) nachwirkte (sieben Satellitenstädte, 1956). 1960 Programm der New Cities (u. a. Milton Keynes). Neue Wege suchen L. Martin u. a. (London-Roehampton), A. und P. Smithson, J. L. Womersley, J. Stirling, J. Gowan. Die bed. Landschaftsmalerei des frühen 19. Jh. (W. Turner, J. Constable) wirkte auf Frankreich, während in der Jh.mitte in England selbst die Präraffaeliten die Malerei der Gotik zum Vorbild nahmen (D. G. Rossetti). Die Erneuerung des Kunsthandwerks (W. Morris, J. Ruskin, Arts and Crafts Exhibition Society) strahlte wieder auf die europ. Entwicklung aus (Jugendstil). Die ↑Dekadenz des ausgehenden Jh. erreichte ihren Höhepunkt in der Graphik A. Beardsleys. Im 20. Jh. brachte die engl. Plastik in H. Moore einen ihrer bedeutendsten Vertreter her-

Chors durch die »Lady Chapel« (Marienkapelle), die Türme blieben gedrungen; Neubau des Chores von Canterbury (1175 ff.), Kathedralen von Wells (um 1180 ff.), Lincoln (1192 ff.), Salisbury (1220 ff.), York (13.–15. Jh.). Im *Decorated style* (bis um 1350) wuchs die Tendenz zu dekorativen Schmuckformen. Im *Perpendicular style* (bis um 1520) senkrechtes Stabwerk (Fenstergliederung), Fächergewölbe und in Flammenform aufgelöstes Maßwerk (Flamboyantstil). Neben Umbauten von Kathedralen (Winchester, Gloucester, Canterbury) wurden auch Profanbauten (Colleges in Oxford und Cambridge) in diesem Stil errichtet. In der Plastik Kathedralskulptur (Wells) und Grabfiguren; Buchmalerei; seit Ende des 14. Jh. Glasmalerei.

Renaissance: Der Tudorstil *(Tudor style; 1520–58)* nahm Formen der europäische Renaissance auf; doch erst im Elisabethanischen Stil *(Queen Elizabeth style)* wurden die Neuerungen der Renaissance mit der eigenen Tradition zu einer typisch engl. Ausdrucksart verschmolzen (Schlösser und Landsitze des Hofadels). Heinrich VIII. verpflichtete auswärtige Künstler (Hans Hol-

vor, neben ihm arbeiten B. Hepworth, R. Butler, L. Chadwick, E. Paolozzi, J. Davies. Als Maler sind B. Nicholson, G. Sutherland, F. Bacon, V. Pasmore zu nennen; Op-art (B. Riley) und Pop-art (R. Hamilton), D. Hockney, P. Blake und A. Jones) sind mit eigenen Ausprägungen vertreten.

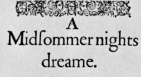

englische Literatur. Titel der Erstausgabe von William Shakespeares »Sommernachtstraum« (1600)

englische Literatur, die englischsprachige Literatur der brit. Inseln, histor. gegliedert in die altengl. (7.–11. Jh.), die mittelengl. (12.–15. Jh.) und die neuengl. Periode (seit dem 16. Jh.).

Altenglische Periode: Die frühesten altengl. Zeugnisse sind Gesetzestexte, Merkverse, Rätselsprüche. Versdichtung in Stabreim (Schöpfungshymnus von ↑Caedmon); später westsächsisch aufgezeichnete heroisierte Bibelparaphrasen waren in Nordengland im 7. Jh. christlich inspiriert. Nach 800 folgten Bibel- und Legendenepen Cynewulfs und seiner Schule, im 10. Jh. wurde das weltl. Epos ↑Beowulf aufgezeichnet. Prosaliteratur größeren Umfangs wurde zuerst im 9. Jh. von König Alfred gefördert (»Angelsachsenchronik«; Übersetzungen). Im Gefolge der Benediktinerreform bildete sich in den Predigten Ælfrics (*um 955, † um 1022) und Wulfstans (*um 950, † 1023) eine Kunstprosa aus.

Mittelenglische Periode: Mit der normann. Eroberung (1066) verdrängte die frz. Sprache (und das Latein der Kirche) das Engl. als Literatursprache. Erst im 14. Jh. gelangte die e. L. des MA zu einer Fülle der Gattungen, Stil- und Versformen. Religiöses Schrifttum ging sowohl aus der Bewegung der Mystik hervor als auch aus der Aktivität der Lollarden um J. Wyclif. Weltl. Unterhaltungsbedürfnis stillten Verserzählungen (»Romanzen«); dazu zählen breton. »Lais«, Rittergeschichten sowie Alexander-, Troja- und Artusromane. In Mittelengland wurde die Stabreimdichtung wiedererweckt (W. Langlands »Peter der Pflüger«, um 1370). Aus liturg. Anfängen ging das mittelalterl. geistl. Drama hervor (Mysterien- und Mirakelspiele). G. Chaucer verschaffte der Sprache Londons und des Hofes literar. Rang (»The Canterbury tales«, 1387 bis 1400). J. Gower bezeugt mit seinem engl., lat. und frz. geschriebenen Werk die verbliebene Bedeutung aller drei Sprachen. Führende Autoren des 15. Jh. sind C. J. Lydgate, T. Occleve.

Neuenglische Periode: *Renaissance:* Im 16. Jh. brach die Renaissance zögernd in die mittelalterl. Traditionen ein. Für den Humanismus wirkte u. a. T. Morus (»Utopia«, 1516). T. Wyatt und H. Howard, Earl of Surrey, führten nach italien. Vorbild (Petrarca) das Sonett ein. Den kulturellen Höhepunkt bildete die Zeit Elisabeths I. (1558–1603). Sonettzyklen wurden Mode (Sir P. Sidney, E. Spenser, Shakespeare u. a.). Spenser bezog auch die Schäferdichtung in die e. L. ein. Bed. sein allegor. Epos »The faerie queene« (1590–96) sowie Sidneys Schäferroman »Arcadia« (begonnen um 1580). Hier und noch einflußreicher in J. Lylys »Euphues« (1578–80) wurde die Erzählprosa manieristisch überhöht. In der Dramatik traten neben die Wandertruppenaufführungen von Zwischenspielen, die im frühen 16. Jh. das allegor. Drama des 15. Jh. (Moralitäten) weiterführten, Mitte des 16. Jh. in akadem. Kreisen die klass. Formen der Komödie und der Tragödie. Ab 1576 ermöglichten die Errichtung öffentl. Theaterbauten und das Aufstreben professioneller Schauspielertruppen in London den lebhaften Spielbetrieb (elisabethan. Drama: J. Lyly, R. Greene, T. Kyd,

C. Marlowe u. a.). Shakespeare blieb von dauerhaftester Wirkung. B. Jonson begründete die realist. Typenkomödie (»Comedy of humours«). T. Heywood, J. Marston und J. Fletcher schrieben für die Theater, bis diese 1642 auf Betreiben der Puritaner geschlossen wurden.

Puritanismus und Restauration: In der Lyrik kündigte sich schon um die Wende zum 17. Jh. ein Stilwandel an. Daraus ging einerseits die barocke Bildhaftigkeit der Metaphysical poets (J. Donne, G. Herbert, H. Vaughan u. a.), andererseits die wendige sprachl. Eleganz der Cavalier poets (B. Jonson u. a.) hervor. Das Epos gelangte auf religiöser Grundlage durch J. Milton (»Das verlorene Paradies«, 1667) zur bedeutendsten Leistung. Aus der puritan. Erbauungsliteratur ragt J. Bunyan (»The pilgrim's progress«, 1678, Teil 2 1684) heraus. – In der Restaurationszeit prägte der Einfluß frz. Kultur ein elitäres Literaturverständnis, das in J. Dryden seinen Wortführer hatte. Neben Dryden war u. a. S. Butler ein bed. Satiriker (»Hudibras«, 1663–78). Eine neue Theaterkultur brachten die heroischen Tragödien von Dryden u. a. sowie geistreich-frivole Sittenstücke (Dryden, G. Etherege, W. Congreve) hervor.

Zeitalter der Aufklärung: Im frühen 18. Jh. bestimmten Klassizismus und Aufklärung die Dichtung, in der A. Pope glänzte und für deren rationalist. Ziele sich noch S. Johnson einsetzte. Während die Poesie auch in rokokohafte Verspieltheit ausuferte, wurde die Dramatik von R. Steele, R. B. Sheridan, G. Lillo u. a. verfeinert und sentimentalisiert oder ins Burleske gewendet (J. Gay). Gleichzeitig steigerte sich das Niveau der Prosaliteratur von den essayist. Plaudereien der moral. Wochenschriften (J. Addison, R. Steele) über die journalist. Erzähl- und Beschreibungstechnik D. Defoes (z. B. »Robinson Crusoe«, R., 1719/20) und die satir. Prosa J. Swifts (z. B. »Des Capitains Lemuel Gulliver Reisen«, R., 1726) bis zum Einsetzen des bürgerl. Romans um die Mitte des 18. Jh. (S. Richardson) und dem fiktiven Realismus von H. Fielding, T. Smollett und O. Goldsmith, den alsbald L. Sterne mit Formexperimenten (»Tristram Shandy«, 1760–67) wieder durchbrach. Eine Ge-

genströmung kam im späteren 18. Jh. mit der Welle »gotischer« Schauerromane (↑Gothic novel) auf. Sie wurde freilich schon um 1800 in J. Austens gesellschaftsanalyt. Romanen parodiert. In der Lyrik bahnte sich unterdes eine Hinwendung zu emotionalem Naturerleben und zu mittelalterl. Inspirationsquellen an (J. Thomson, E. Young, T. Gray). J. Macpherson veröffentlichte die Ossian. Gesänge; der Schotte R. Burns schrieb volksnahe Naturlyrik und W. Blake visionär-symbol. Dichtungen.

Dies bereitete die *Romantik* vor, deren ältere Vertreter, bes. W. Wordsworth, S. T. Coleridge und R. Southey, zunächst die Ideen der Frz. Revolution aufgriffen. Die »Lyrical ballads« von Wordsworth und Coleridge und die Vorrede dazu (1798) sind das Manifest für eine imaginativ-schöpfer. Gefühlsdichtung. Zur jüngeren Romantikergeneration gehören P. B. Shelley, J. Keats und Lord Byron. Die histor. Romane W. Scotts wurden zum Vorbild für eine ganze Gattung. – In der *Viktorian. Ära* (um 1830–1900) kennzeichnet den geistesgeschichtl. Hintergrund ein Gegensatz zw. wiss. Fortschrittsdogmen (J. S. Mill, C. Darwin, H. Spencer) und idealist. Strömungen (T. Carlyle, J. Ruskin, M. Arnold, Oxford Movement des Kardinals Newman). In der Versdichtung knüpfte A. Lord Tennyson an die Romantik an; R. Browning schuf meisterhafte dramat. Monologe. Die Gruppe der Präraffaeliten um D. G. Rossetti sowie W. Morris und A. C. Swinburne bezogen mit sinnl. Dichtung eine Gegenposition zur bürgerl. Kultur. Die umfassendste Leistung aber lag auf dem Gebiet des realist. Romans: Ch. Dickens, W. M. Thackeray, die Schwestern C., E. J. und A. Brontë, E. Bulwer-Lytton, A. Trollope, G. Eliot, G. Meredith. – In der Unruhe der Jh.wende (Fin de siècle) kündigte sich der Aufbruch zur Moderne an: bei T. Hardy (Schicksalsromane), R. L. Stevenson (impressionist. Erzählungen), R. Kipling (Abenteuerromane), G. M. Hopkins (Lyrik), O. Wilde (Erzählungen und Dramen). Die Dramatik gewann v. a. durch die dialekt. Stücke von G. B. Shaw wieder literar. Gewicht. Aus der von W. B. Yeats, Lady I. A. Gregory, J. M. Synge

englische Musik

Englisch Horn

u. a. getragenen ir. Theaterbewegung ging eine Erneuerung poet. Dramatik hervor. Im *20. Jahrhundert* wurde in der Lyrik zunächst Yeats' myth.-symbol. Dichten bedeutsam. Neuorientierungen brachten dann die Georgian poetry, ein ↑Imagismus (T. E. Hulme, E. Muir, E. Pound), ferner der esoter. Kreis um E. Sitwell. Am nachhaltigsten wirkte T. S. Eliot. In den dreißiger Jahren bekannten sich u. a. W. H. Auden und S. Spender zu einer politisch engagierten Dichtung. In jüngerer Zeit kamen D. Thomas, die Lyrik von T. Gunn, P. Larkin, T. Hughes, C. Tomlinson hinzu. Der Roman blieb die produktivste Literaturgattung und tendierte zunächst vom Naturalismus, zur Milieuschilderung (A. Bennett, J. Galsworthy, W. S. Maugham, H. G. Wells). Stärkere Wirkung auf die Weiterentwicklung des modernen Romans hatten J. Conrad, D. H. Lawrence und v. a. der Ire J. Joyce (»Ulysses«, 1922), an den u. a. V. Woolf eigenständig anknüpfte. Beachtung fanden auch die Romane E. M. Forster, G. Greene und B. Marshall, A. Huxley, E. Waugh, G. Orwell, I. Compton-Burnett, M. Spark, C. P. Snow u. a. Nach dem 2. Weltkrieg setzte sich ein z. T. traditionelleres Erzählen mit der Gegenwartserfahrung auseinander (A. Wilson, W. Golding, L. Durrell u. a.), das die jüngere Generation mit auf die Schelmenromane zurückgehenden Elementen und Formexperimenten verbindet (K. Amis, A. Sillitoe, J. Wain, D. Lessing, M. Drabble u. a.), während I. Murdoch skurril eine Dialektik um Zufall und Zwangsläufigkeit präsentiert. – In der Dramatik gingen seit Anfang des 20. Jh. mit dem sozialkrit. Realismus (J. Galsworthy, W. S. Maugham, J. B. Priestley), der beim Iren S. O'Casey revolutionäre Züge annahm, auch Ansätze zur poet. Dramatik einher (T. S. Eliot, C. Fry u. a.). Für eine vitale Theatererneuerung sorgten um 1960 die ↑Angry young men (J. Osborne, A. Wesker, J. Arden), teils, in Aufnahme des absurden Dramas bes. des Iren S. Beckett, teils in surrealist. Manier (H. Pinter). Aus neuester Zeit sind die Dramen von E. Bond sowie u. a. Stücke von T. Stoppard, J. Orton, D. Storey, P. Terson und P. Shaffer zu nennen.

englische Musik. Für die e. M. fehlen vor dem 11. Jh. musikal. Quellen. Früheste Quelle engl. mehrstimmiger Musik ist ein »Winchester Tropar« mit zweistimmigen Organa. Eigentümlichkeit dieser Musik ist ihre bes. Klanglichkeit, die durch Durmelodik, Ostinatotechniken und häufige Verwendung paralleler Terzen und Sexten gekennzeichnet ist. Als bedeutendster Komponist der 1. Hälfte des 15. Jh. gilt J. Dunstable; in seiner Tradition stehen R. Fayrfax und J. Taverner.

Tudor-Zeit (1485–1603): Die Marienantiphonen des »Eton Choirbook« zeichnen sich durch Klangfülle, Mannigfaltigkeit des Aufbaus und Dichte des Satzgefüges aus. Im Ggs. dazu steht die einstimmige, syllab. Vertonung der anglikan. Liturgie im Stil des Gregorian. Chorals von J. Merbeche. In der Hofmusik vorherrschend waren weltl. Gesänge für zwei oder drei Singstimmen sowie Instrumentalstücke vom Typ der Fantasie oder des Ricercars. Das höf. Lied entwickelte sich zu dem von Instrumenten begleiteten »Consort Song« sowie zu Madrigal, Balletto und Kanzonette (T. Watson und T. Morley). Daneben trat die Virginalmusik (u. a. »Fitzwilliam Virginal Book«, abgeschlossen 1620) hervor; bedeutende Komponisten der Zeit waren W. Byrd, T. Morley, J. Dowland und O. Gibbons.

Barock (1603–1760): Nach 1600 übernahm das stroph. Lautenlied die Rolle des Madrigals. Hauptvertreter war J. Dowland. Am engl. Hof wurden kostspielig ausgestattete Masques (Frühformen der Oper) aufgeführt. Auf dem Gebiet der Instrumentalmusik behauptete sich das Violenconsort. Violen wirkten auch in einer neuen kirchenmusikal. Form mit, dem »Verse Anthem« (zu unterscheiden vom »Full Anthem« für A-cappella-Chor), das nach Einführung von Violinen anstelle der Violen seinen Höhepunkt erreichte, hauptsächlich unter J. Blow und H. Purcell, die auch mit Oden und Bühnenwerken hervortraten. Als engl. Form des Singspiels entwickelte sich die Ballad-opera; bekanntestes Beispiel die »Beggar's opera« von J. Gay und J. C. Pepusch (1728). Von G. F. Händel überdauerten v. a. seine engl. Oratorien (u. a. »Messias«, 1742; »Jephta«, 1752).

1760–1900: Gegen Ende des 18. Jh. wurde die e. M. weitgehend von kontinentalen Formen und Gattungen beherrscht. Erfolgreiche Bühnenkomponisten waren T. Arne, T. Linley, C. Dibdin und J. Hook. J. Field komponierte kleinere (Nocturnes) und größere Klavierwerke (Konzerte); nationale Tendenzen zeigten die Chor- und Orchesterwerke von W. S. Bennett, H. Parry und E. Elgar.

20. Jahrhundert: F. Delius fand zunächst in Deutschland bessere Aufnahme als in seiner Heimat. R. Vaughan Williams (Sinfoniker, Opernkomponist) gelang eine Synthese von engl. Volksmusik, Tudor-Musik und Kirchengesang. J. Ireland war am erfolgreichsten mit Klaviermusik und sinfon. Dichtungen, während A. Bax vorwiegend Sinfonien komponierte. A. Bliss, der Musik für Orchester, Chor, Ballett und Film komponierte, hat W. Walton und B. Britten maßgeblich beeinflußt. Beide fanden mit Opern weltweite Anerkennung. In der neuesten Musik verbindet sich engl. Tradition mit modernsten Kompositionsmitteln, doch werden auch weiter sinfonische Formen einbezogen, wie in den Werken von M. Tippett, E. Lutyens, H. Searle, P. R. Frikker, M. Arnold und R. R. Bennett. Wichtige Beiträge zur Oper lieferten A. Goehr, P. M. Davies und H. Birtwistle. Neueste Tendenzen, einschließlich der elektron. Musik, finden sich bei R. Smalley, J. Tavener, T. Souster, C. Cardew, B. Ferneyhough.

englischer Garten ↑Gartenkunst.

Englisches Vollblut, auf der Grundlage irischer und kelt. Landrassen gezüchtete Pferderasse; eingesetzt im Rennsport, Reitsport und zur Veredelung von Warmblütern in der Zucht.

Englisch Horn, Altoboe in F (Umfang es–b²).

englisch-niederländische Seekriege, Bez. für die drei Kriege des 17. Jh. zw. England und den Niederlanden um die maritime Vorherrschaft. Im *1. Krieg* (1652–54) mußten die Niederlande die Navigationsakte anerkennen. Im *2. Krieg* (1664/65–67) erreichten die mit Frankreich verbündeten Niederlande einen kolonialpolit. Kompromiß und eine Modifikation der Navigationsakte (Friede von Breda). Der *3. Krieg*

Englisches Vollblut (Stockmaß 160–170 cm)

(1672–74) führte zur Ausrufung Wilhelms III. von Oranien zum Statthalter der Niederlande und zur Bestätigung des Friedens von Breda.

englisch-spanische Seekriege, Bez. für die krieger. Auseinandersetzungen zw. England und Spanien im 16. Jh., die im Sieg Englands über die span. Armada (1588) gipfelten. – 1655–58 führte O. Cromwell einen See- und Kolonialkrieg gegen Spanien.

English-Waltz [engl. ˈɪŋglɪʃ ˈwɔ:ls], langsamer Walzer (Standardtanz).

Engramm [griech.], nach Richard Semon (*1859, †1918) Gedächtnisspur, die durch Reize in jede organ. Substanz als bleibende Veränderung »eingeschrieben« (vermutlich durch bioelektrische Vorgänge) wird und auf spätere ähnl. Reize eine gleiche Wirkung wie auf den Originalreiz veranlaßt.

en gros [frz. ãˈgro], im großen, in großen Mengen; Ggs. en détail (im einzelnen).

Enharmonik [griech.], seit dem MA Bez. für das Verhältnis zweier Töne, die durch Erhöhung bzw. Erniedrigung zweier im Abstand einer großen Sekunde stehenden Töne gebildet werden, z. B. gis–as.

Eniwetok [engl. ɛˈni:wətɔk, enɪˈwi:tɔk], Atoll der Marshallinseln; Kernwaffenversuchsgebiet der USA.

Enkaustik [griech.], Maltechnik, bei der die Pigmentstoffe durch reines

Enklaven

Wachs gebunden sind. Die Wachsfarben werden hart oder flüssig aufgetragen und mit heißem Eisenspachtel o. ä. überarbeitet. Berühmt die Mumienporträts aus dem 1. bis 4.Jh. aus Faijum.

Enklaven [lat.-frz.], Gebietsteile eines fremden Staates, die völlig vom Staatsgebiet des eigenen Staates umgeben sind; für den besitzenden Staat *Exklaven.*

en miniature [frz. ãminija'ty:r], im kleinen, in kleinem Maßstab.

Enna, italien. Prov.-Hauptstadt in M-Sizilien, 29 200 E. Archäolog. Museum; Marktort. Dom (1307; im 16.Jh. umgebaut); Torre di Federico II (14. Jh.), normann.-stauf. Kastell di Lombardia (12.–14.Jh.). – E., im Altertum auch *Henna,* war unter den Staufern und den Aragonesen Residenz.

Ennius, Quintus, *Rudiae (Kalabrien) 239, † Rom 169, röm. Dichter. Gilt als der eigtl. Begründer der lat. Literatursprache; führte in seinem Epos »Annales« den Hexameter in die lat. Literatur ein.

Enns, 1) oberösterr. Stadt oberhalb der Mündung der Enns in die Donau, 10 200 E. U. a. Gablonzer Glas- und Bijouteriefabrikation. Ehem. Rathaus (16. Jh.); Stadtturm (16. Jh.), Häuser mit Laubengängen; Schloß Ennsegg (16.Jh.).
2) rechter Nebenfluß der Donau, 254 km lang, durchbricht in einer Schlucht die Ennstaler Alpen *(Gesäuse).*

Enosis [neugriech.], Volksbewegung der Griechen auf Zypern unter Leitung der orth. Kirche seit dem 19.Jh.; Ziel war die Befreiung der Insel von fremder Herrschaft (1960 Unabhängigkeit erreicht) bzw. ist heute die Vereinigung mit Griechenland; führend waren Erzbischof Makarios III. (v. a. 1950–60) und J. Griwas.

en passant [frz. ãpɑ'sã], beiläufig.

Enquete [ã'ke:t(ə); lat.-frz.] amtl. Erhebung, Untersuchung v. a. sozial- oder wirtschaftspolit. Verhältnisse.

Enquist, Per Olov, *Hjoggböle (Västerbotten) 23. 9. 1934, schwed. Schriftsteller. Schrieb u. a. »Die Ausgelieferten« (R., 1968), »Die Nacht der Tribaden« (Dr., 1975), »Auszug der Musikanten« (R., 1978), »Gestürzter Engel« (R., 1985), »Kapitän Nemos Bibliothek« (R., 1994).

Stockente

Krickente

Löffelente
Enten

Enschede [niederl. 'ɛnsxəde:], niederl. Stadt in SO-Twente, 146 000 E. TH; Rijksmuseum Twente; Textil- und Maschinenindustrie.

Ensemble [ã'sã:bəl; lat.-frz.], **1)** *Musik:* das solist. Zusammenwirken einer instrumentalen oder vokalen Gruppe, auch die kleine Besetzung im Ggs. zu Orchester bzw. Chor.
2) Gesamtheit der an einem Theater, einer Opernbühne oder bei einer Truppe engagierten Schauspieler bzw. Sänger.

Ensinger, Ulrich (U. von Ensingen), *Einsingen bei Ulm oder Oberensingen bei Nürtingen um 1350 oder 1360, † Straßburg 10. 2. 1419, dt. Baumeister. Ab 1392 Münsterbaumeister in Ulm (Turmriß erhalten), ab 1399 gleichzeitig in Straßburg am Münster (Oktogongeschoß des Nordturms).

Ensor, James, *Ostende 13. 4. 1860, † ebd. 19. 11. 1949, belg. Maler, Zeichner und Radierer. Symbolist; phantast. Visionen in bunter, heller Farbgebung.

ent..., Ent... ↑ento..., Ento...

entartete Kunst, während der nat.-soz. Herrschaft offizielle, auf der Rassentheorie beruhende diffamierende Bez. für Strömungen der modernen Kunst des 20. Jh. Viele Werke wurden beschlagnahmt, 1937 im Münchner Haus der Kunst und an weiteren Orten als Ausstellung »E. K.« gezeigt und 1938 z. T. verkauft. In Berlin wurden 1939 über 1000 Werke öffentlich verbrannt. Die betroffenen Künstler erhielten Ausstellungs- und Schaffensverbot.

Entartung, 1) *Biologie* und *patholog. Anatomie:* svw. ↑ Degeneration.
2) *Physik:* von bestimmten Gesetzmäßigkeiten, Normen abweichende Verhaltensweise physikal. Systeme.

Ente ↑ Enten.

Entebbe, ugand. Stadt am NW-Ufer des Victoriasee, 21 000 E. Forschungsinstitute, Museen, botan. Garten, Zoo, Hafen; internat. ✈. – 1893 gegründet; 1894–1962 Verwaltungssitz von Uganda.

Enteignung, unmittelbarer Eingriff der öffentl. Gewalt in vermögenswerte Rechte einzelner zum Wohle der Allgemeinheit. Als in der Verfassung vorgesehene Durchbrechung der Eigentumsgarantie ist E. nur zulässig, wenn Art und Umfang der Entschädigung geregelt sind.

ENTARTETE „KUNST" Ausstellungsführer PREIS 50 PFG.

entartete Kunst. Umschlag des Münchner Ausstellungsführers von 1937

Entelechie [griech.], in der *Philosophie:* ein innewohnendes Formprinzip, das etwa den Organismus zur Selbstentwicklung bringt. Bei Aristoteles die – zielgerichtete – Verwirklichung der in einem Seienden angelegten Möglichkeiten (↑Teleologie). Erste E. eines organ. Körpers ist bei ihm die Seele.

Enten (Anatinae), mit etwa 110 Arten weltweit verbreitete Unter-Fam. der Entenvögel. Zu den E. gehören: *Schwimm-E.* (Gründel-E.), die im allg. nicht tauchen, sondern die Nahrung durch Gründeln aufnehmen. Bekannte, auch auf Süß- und Brachgewässern, in Sümpfen und an Küsten Eurasiens lebende Arten sind: *Stock-E.,* etwa 60 cm groß, Stammform der Hausente; *Krick-E.,* etwa 36 cm groß; *Löffel-E.,* etwa 50 cm groß; *Eurasiat. Pfeif-E.,* etwa 60 cm groß; *Schnatter-E.,* etwa 50 cm groß; *Spieß-E.,* etwa 60 cm groß. – Die *Tauch-E.* tauchen bei der Nahrungssuche sowie bei der Flucht. Zu ihnen gehören folgende, auch in Eurasien vorkommende Arten: *Reiher-E.,* etwa 45 cm groß; *Tafel-E.,* etwa 45 cm groß. Von den *Ruder-E.* kommt in Eurasien nur die *Weißkopfruder-E.* vor; fast 50 cm groß. – Zu den E. gehören außerdem noch die ↑Halbgänse.

Entenbühl, mit 901 m höchster Berg des Oberpfälzer Waldes.

Entente [ã'tã:t(ə); lat.-frz.], enges Einverständnis, das Ausdruck in einem formellen Bündnis finden kann; bes. die *Entente cordiale,* das brit.-frz. Abkommen von 1904 über koloniale, später auch über militär. Fragen, 1907 zur ↑Tripelentente erweitert; 1920/21 entstand die ↑Kleine Entente.

Entenvögel (Anatidae), weltweit verbreitete Vogel-Fam. mit etwa 150 z. T. eng ans Wasser gebundenen Arten; Schnabel innen mit Hornlamellen oder -zähnen, dient vielen Arten als Seihapparat; zw. den Vorderzehen Schwimmhäute; man unterteilt die E. in Gänse, Enten, Spaltfußgans.

Entenwale, Gatt. etwa 7,5 (♀) bis 9 m (♂) langer, oberseits meist dunkelgrauer, unterseits weiß. Schnabelwale mit nur zwei Arten, v. a. im N-Atlantik (*Dögling*; Nördl. E., bis über 9 m lang) und in Meeresteilen, die Australien und die Südspitze S-Amerikas umgeben (*Südlicher E.*; Südmeerdögling).

Enterbung, der Ausschluß eines gesetzl. Erben von der Erbfolge durch Testament.

Enterich, svw. ↑Erpel.

entern, Angriffsart in der Seeschlacht; durch die von den Römern eingeführte *Entertaktik* (Rammen des feindl. Schiffes und Erstürmen durch eingeschiffte Soldaten) bis ins 16. Jh. vorherrschend.

entero..., Entero... [griech.], Vorsilbe mit der Bed. »im Darm«.

Enterobakterien, Fam. der Bakterien; gramnegative Stäbchen, die Zucker zu Säuren und Alkoholen vergären; mehrere Arten sind gefährl. Krankheitserreger (Typhus, Paratyphus, Pest).

Enterokokken, grampositive, kugelige bis ovale (Durchmesser 0,8–1,2 µm), meist zu Ketten angeordnete Milchsäurebakterien mit nur zwei Arten im Darmtrakt des Menschen und von warmblütigen Tieren, wo sie normalerweise nicht krankheitserregend sind.

Enteroviren (enterale Viren, Darmviren), Gruppe kleiner (knapp 30 nm messender) RNS-haltiger Viren mit mindestens 60 verschiedenen Typen (u. a. Polio-, Coxsackie-, ECHO-, Reo- und Hepatitisviren). Viele E. verursachen beim Menschen Erkrankungen.

Entertainer [...te:nər; lat.-engl.], [Allein]unterhalter, bes. im Showgeschäft.

Entfernungsmesser, 1) in der *Geodäsie* und im *militär. Bereich* verwendetes Meßgerät, v. a. in Form des *Laser-E.*; enthält als Hauptbaugruppen Laser, Empfänger, Auswerte- und Anzeigeeinheit. Der aus dem Sender austretende Laserimpuls von etwa 15 ns Dauer (Pulslänge 4,5 m) startet über eine Photodiode einen Laufzeitmesser (Zähler). Das an einem natürl. (Gelände) oder künstl. Ziel ohne bes. Reflektor gestreute und teilweise zum Empfänger zurückgeworfene Licht (Echoimpuls) wird nach einer gewissen Zeit vom Empfänger erfaßt, und dieser stoppt den Zähler. Die Entfernung wird aus der Laufzeit bestimmt.

2) *Photographie:* Meßeinrichtung an Su-

Entfernungsmessung. Sucherbild bei einem Mischbild- (oben) und einem Schnittbildentfernungsmesser

cherkameras zur Messung und Einstellung der Aufnahmeentfernung (Gegenstandsweite).

Entflechtung, Spaltung von Großunternehmen mit marktbeherrschender Stellung in mehrere rechtl. und wirtschaftl. selbständige Teilunternehmungen.

Entfremdung, Begriff zur Kennzeichnung eines gesellschaftl. Zustands, in dem eine als urspr. organ. gedachte Beziehung zw. Menschen untereinander, zw. Menschen und ihrer Arbeit sowie von Menschen zu sich selbst für aufgehoben, verkehrt oder zerstört angesehen wird. Hegel deutet, wie später Marx und Engels, E. als Vergegenständlichung und Entäußerung menschlicher Eigenschaften und Möglichkeiten zur Selbstentfaltung und -verwirklichung im Arbeitsprozeß. Durch Marx wurde E. als die Vergegenständlichung, durch die der Menschen als Produzenten dem Produkt seiner Arbeit entfremdet, in den histor. Zusammenhang kapitalist. Produktionsverhältnisse gestellt: Durch das Privateigentum an Produktionsmitteln im Kapitalismus wird der Arbeiter in dem Maße als Mensch »entwirklicht«, als er Werte schafft, die auf Grund fremder Aneignung zu ihm »fremden« Gegenständen werden. – Der Begriff E. wird häufig sozialpsychologisch verwendet als Grundkategorie des gestörten Verhältnisses von Mensch zu Mitmensch.

Entführung, allg. Verschleppung in räuber. Absicht; i. e. S. rechtswidriges Verbringen einer Frau an einen anderen Ort gegen ihren Willen durch List, Drohung oder Gewalt oder einer minderjährigen unverheirateten Frau, zwar mit ihrem Willen, aber ohne Einwilligung der Personensorgeberechtigten. Die Strafverfolgung tritt jedoch nur auf Antrag ein. ↑Kindesentziehung, ↑Menschenraub.

Entgelt, Bezahlung, Vergütung für eine Leistung; oft verkürzt für Arbeitsentgelt.

Entgiftung (Detoxikation), in der *Medizin* Sammel-Bez. für alle Behandlungsverfahren, die dazu dienen, im Körper vorhandene Giftstoffe zu entfernen oder unschädlich zu machen.

Enthärtung ↑Wasserversorgung.

Enthusiasmus [griech.], leidenschaftl. Begeisterung.

Entkolonisation (Dekolonisation), Aufhebung von Kolonialherrschaft und Rückgängigmachung der Folgen des Kolonialismus. Heute wird der Begriff v. a. auf den nach 1945 einsetzenden Verfall der Herrschaft europ. Kolonisten in Afrika und Asien angewendet. – E. kann 1. durch die Integration ehem. Kolonien in den Staatsverband des Kolonisten (z. B. Hawaii als Staat der USA), 2. durch freiwillige Entlassung der Kolonie in die Unabhängigkeit oder 3. durch gewaltsame Aktion (i. d. R. durch antikoloniale Befreiungsbewegungen) erfolgen. Obwohl die meisten ehem. Kolonien die Unabhängigkeit erlangt haben, ist für diese der Vorgang der E. oft noch nicht abgeschlossen, da die von den Kolonialregimen geschaffenen innenpolit., sozialen und wirtschaftl. Strukturen meist nur langfristig aufgelöst werden können.

Entladung, elektr. Ladungsausgleich zw. entgegengesetzt aufgeladenen Körpern.

Entlastung, die Billigung der Geschäftsführung von Vorstand und Aufsichtsrat einer AG oder eines Vereines durch Beschluß der Hauptversammlung.

Entlehnung ↑Lehnwort.

Entmannung (Emaskulation), in der *Medizin* die Entfernung der männl. Keimdrüsen (↑Kastration) bzw. die operative Entfernung des Penis und der Hoden (bei Peniskrebs).

Entmilitarisierung (Demilitarisierung), die vertragl. Verpflichtung eines Staates zur teilweisen oder vollständigen Abrüstung.

Entmündigung, der Entzug oder die Beschränkung der Geschäftsfähigkeit durch Gerichtsbeschluß; erfolgte bei Geisteskrankheit oder Geistesschwäche, Verschwendung, Trunk- oder Rauschmittelsucht. Durch das Betreuungsgesetz vom 12. 9. 1990, in Kraft seit 1. 1. 1992, wurde die E. abgeschafft; die Vormundschaft über Volljährige und die Gebrechlichkeitspflegschaft wurden durch die Betreuung ersetzt.

Entmythologisierung, von R. Bultmann 1941 geprägter Begriff für den Versuch, ein von Mythologie geprägtes Weltbild wie das der Bibel in der Weise zu verstehen, daß die zeitbedingten mytholog. Rede- und Denkweisen in moderne Rede- und Denkweisen übersetzt werden können.

Entnazifizierung, Maßnahmen der alliierten Siegermächte in Deutschland und Österreich nach 1945 zur Zerstörung der nat.-soz. Organisationen und zur Ausschaltung von Nationalsozialisten aus allen Schlüsselstellungen; zu unterscheiden von den Prozessen gegen Kriegsverbrecher. – 1945 auf den Konferenzen von Jalta und Potsdam beschlossen, wurde die E. bis 1947 in den westl. Besatzungszonen Deutschlands durch sog. E.-Ausschüsse unter Verantwortung der Besatzungsmacht und seit 1947/48 unter teilweiser Verantwortung der Länder mit unterschiedl. großer Beteiligung dt. Spruchkammern betrieben; nach 1949 ging sie ganz in dt. Verantwortung über. Die in der amerikan. Besatzungszone 1945 entwickelte Einstufung Beschuldigter wurde 1946 auch in den übrigen Zonen verbindlich: 1. Hauptschuldige, 2. Belastete (Aktivisten), 3. Minderbelastete, 4. Mitläufer, 5. Entlastete. Sanktionen waren u. a. Freiheitsentzug, Vermögenseinziehung, Berufsverbot, Amts- oder Pensionsverlust, Geldbuße, Verlust des Wahlrechts. Insgesamt waren in den westl. Besatzungszonen 6,08 Mill. Menschen von der E. betroffen, über 95 % wurden als Entlastete oder Mitläufer eingestuft. 1951–54 (zuletzt in Bayern) wurden in den einzelnen Ländern die E.-Schlußgesetze erlassen. – In der SBZ benutzte die UdSSR die E. zur Ausschaltung von Adel und Besitzbürgertum als politisch wirksame Faktoren. Bis Aug. 1947 wurden über 800 000 frühere NSDAP-Mgl. überprüft, etwa 500 000 verloren ihren Arbeitsplatz. Polit. Straftaten verdächtige Personen wurden von Sonderkammern der Landgerichte verurteilt (Höhepunkt: sog. Waldheimer Prozesse 1950). Im Zuge der E. entledigte man sich auch zahlr. polit. Andersdenkender (u. a. Einweisung in Internierungslager).

ento..., Ento... [griech.] (vor Vokalen ent..., Ent...), Vorsilbe mit der Bedeutung »innerhalb«.

Entomologie [griech.], Insektenkunde.

Entpflichtung ↑Emeritierung.

Entrada ↑Intrada.

Entree [ãˈtreː; lat.-frz.], Eintritt, Eingang; Vorzimmer; auch Eintrittsgeld.

entre nous [frz. ãtrə'nu], unter uns (gesagt), ungezwungen.

Entropie [griech.], Zustandsgröße thermodynam. Systeme und Maß für die Irreversibilität der in ihnen ablaufenden Prozesse.

Entropiesatz [griech./dt.], der 2. Hauptsatz der ↑Thermodynamik.

Entscheidung, im *gerichtl. Verfahren* Bez. für die prozeßleitenden oder entschließenden Willenserklärungen (Urteil, Beschluß, Verfügung).

Entschlackung, *Medizin:* **1)** durch bes. therapeut. Maßnahmen angeregte Ausscheidung von Stoffwechselprodukten zur Entgiftung und Reinigung des Körpers; u. a. durch Rohkost- und Schwitzkuren, Abführmittel, Blutreinigungsmittel.
2) die Entfernung von Giften oder Stoffwechselendprodukten mit einer künstl. Niere.

Entschließung, Beschluß einer Behörde, einer parlamentar. Körperschaft oder eines Verbandes ohne unmittelbare rechtl. Außenwirkung. ↑auch Resolution.

Entschwefelung, Bez. für Verfahren zur Entfernung von Schwefelverbindungen aus Brennstoffen, Abgasen bzw. Entfernung von Schwefel aus dem schmelzflüssigen Eisen, Stahl und Gußeisen, auch aus Kohle. Zur Entfernung von Schwefeldioxid aus Abgasen ↑Rauchgasentschwefelung.

Entseuchung ↑Dekontamination.

Entsorgung, Beseitigung von Abfallstoffen (Müll), Abwässern usw. mit Fahrzeugen (Müllabfuhr), Spezialbehältern (Müllcontainer), durch die Kanalisation oder andere E.einrichtungen; in der *Kerntechnik* Anlagen und Verfahren zur Behandlung abgebrannter Brennstäbe aus Kernreaktoren: Zwischenlagerung, Wiederaufarbeitung, Rückgewinnung nutzbarer Spaltprodukte, Behandlung und Endlagerung radioaktiver Abfälle.

Entspannungspolitik, polit. Bemühungen um Abbau polit. und militär. Spannungen zw. Staaten; i. e. S. die Bemühungen, den machtpolit. Gegensatz zw. der UdSSR und den USA (↑Ost-West-Konflikt) durch Maßnahmen der Abrüstung, Zusammenarbeit und Vertrauensbildung zu entschärfen.

Entspiegelung ↑Vergütung.

Entstalinisierung, polit. Schlagwort für den v. a. durch den XX. Parteitag der KPdSU (1956) eingeleiteten Prozeß der teilweisen Abkehr von Theorie und Praxis der Diktatur Stalins (↑Stalinismus) in der Sowjetunion und anderen kommunist. Staaten. In der 2. Hälfte der 1960er Jahre wurden die im Zuge der E. erfolgten Änderungen – bei Betonung des Prinzips der »kollektiven Führung« – teilweise wieder zurückgenommen.

Entstaubung, Entfernung von Stäuben, d. h. von kleinen Feststoffpartikeln (1–200 μm), aus Gasströmen. Stäube werden oft wegen ihres wirtschaftl. Wertes zurückgewonnen, meist jedoch zur Reinhaltung der Luft. Die *Trokken-E.* beruht auf der Einwirkung von Schwerkraft auf die Staubteilchen. Der Gasstrom wird in einen großen Raum *(Staubkammer)* geleitet, wobei sich die Strömungsgeschwindigkeit so stark verlangsamt, daß der Staub auf den Boden sinkt. Bei der *Filter-E.* gelangt der staubhaltige Gasstrom in *Sack-* oder *Schlauchfilter* aus gewebten oder vliesartigen Filterstoffen. Bei der *Naß-E.* wird Wasser im Gasstrom fein zerstäubt und Staubpartikel werden von den Tröpfchen gebunden. Die *Elektro-E.* oder *Elektrogasreinigung* beruht darauf, daß Staubteilchen elektrostat. aufgeladen werden und sich anschließend an Niederschlagselektroden ablagern.

Entstickung ↑Rauchgasentstickung.

Entwesung, Vernichtung (Vergasung) von Hausungeziefer, Vorratsschädlingen und Ratten in Lager- und Wohnräumen, Silos und in Transportmitteln.

Entwickler (Developer), wäßrige Lösung reduzierender Substanzen, die das latente Bild einer belichteten photograph. Schicht sichtbar machen, d. h. das belichtete Silberhalogenid zu metall. Silber reduzieren. Gebräuchl. E.substanzen sind Hydrochinon, p-Aminophenol, p-Methylaminophenol.

Entwicklung, 1) naturwiss. und älterer [kultur-]philos. Grundbegriff sowie Begriff der Geschichtsphilosophie und -schreibung, Soziologie und Sozialgeschichte zur Kennzeichnung des (gesetzmäßigen) Prozesses der Veränderung von Dingen und Erscheinungen als Aufeinanderfolge von verschiedenen Formen oder Zuständen.

Entwicklung 2). Schematische Darstellung der Entwicklungsstadien des Grasfroschs: **1** und **2** Zwei- und Achtzellenstadium (punktiert Pigment); **3** Morula; **4** beginnende Gastrula mit Urmundspalt (schwarz); **5** und **6** Gastrula mit Dotterpropf ; **7** Ausbildung der Medullarplatte (Anlage von Hirn und Rückenmark); **8** und **9** Neurula (Rückenansicht); **10** Neurula (Seitenansicht); **11** Embryo mit Anlagen der Augen; **12** junge Larve mit äußeren Kiemen und Schwanzflosse; **13** Einziehen der äußeren Kiemen, Haftorgane in Rückbildung; **14** ausgewachsene Kaulquappe mit langen Hinterbeinen, Vorderbeine unter dem Kiemendeckel verborgen; **15** Umgestaltung von Kopf und Rumpf, Durchtritt der Vorderbeine durch verdünnte Stellen der Kiemendeckel nach außen, Abbau von Kiemen und Ruderschwanz; **16** junger Frosch

2) *Biologie:* der Werdegang der Lebewesen von der Eizelle bis zum Tod. Beim Menschen und bei mehrzelligen Tieren gliedert sie sich in vier Abschnitte: 1. *Embryonal-E.,* umfaßt beim Menschen die Zeit nach der Befruchtung der Eizelle bis zur E. der Organanlagen; 2. *Jugend-E.* (postembryonale E., Juvenilstadium), dauert von der Geburt bzw. vom Schlüpfen aus dem Ei bzw. den Embryonalhüllen bis zum Erreichen der Geschlechtsreife; 3. *Reifeperiode* (adulte Periode), gekennzeichnet durch das geschlechtsreife Lebewesen, wobei zu Beginn dieser Phase die Körper-E. noch nicht endgültig abgeschlossen zu sein braucht; 4. *Periode des Alterns,* in ihr vollziehen sich im Körper Abbauprozesse, bis der natürliche Tod den Abschluß bringt. – Dieser *Individual-E.* (Ontogenie) steht die *Stammes-E.* (Phylogenie) gegenüber, d. h. die E. der Lebewesen von wenigen einfachen Formen bis zur heute bestehenden Mannigfaltigkeit mit dem Menschen als höchstentwickeltem Lebewesen.

Entwicklungshilfe, Unterstützung der Entwicklungsländer durch private und öffentl. nat. und internat. Organisationen in Form von *techn. Hilfe* (Bildungshilfe, Beratungshilfe), *Kapitalhilfe* (Kredite, Bürgschaften), *Güterhilfe* (Nahrungsmittel, Medikamente, Investitionsgüter) und *handelspolit. Maßnahmen* (Abbau von Zöllen, Kontingenten, internat. Stabilisierungsabkommen). Die Formen und Ziele der E. sind je nach Träger verschieden. Wieweit die E. geeignet ist, die Empfänger in die Lage zu

Entwicklungsländer

Enver Pascha

Hans Magnus Enzensberger

versetzen, im Rahmen eines selbstbestimmten Wirtschaftssystems ohne E. auszukommen, ist umstritten.

Entwicklungsländer, Bez. für Länder mit vergleichsweise niedrigem wirtschaftl. Entwicklungsstand (u. a. geringes Pro-Kopf-Einkommen), heute oft gleichgesetzt mit ↑dritte Welt. Gemeinsame Hauptprobleme sind: mangelnde Industrialisierung; überwiegende, oft rückständige Landwirtschaft, häufig bei exportorientierter Monokultur; Importabhängigkeit bei Lebensmitteln und Ind.gütern; hohe Arbeitslosigkeit, geringe Arbeitsproduktivität; Unterernährung großer Bevölkerungsteile bei starkem Bevölkerungswachstum; mangelhafte Infrastruktur; Verschuldung. Hinzu kommt in zahlr. E., daß eine politisch maßgebl. Oberschicht notwendige Veränderungen verhindert. In den rd. 140 von der OECD als E. eingestuften Staaten leben drei Viertel der Weltbevölkerung, die aber nur ein Fünftel der Weltwirtschaftsleistung erbringen. Die UN führte 1970 für die E. die Bezeichnung *Less developed countries* (wenig entwickelte Länder; Abk. *LDC*) ein. Kriterien für die Einordnung in die Gruppe der *Least developed countries* (am wenigsten entwickelte Länder; Abk. *LLDC*) sind ein Bruttoinlandsprodukt (BIP) je E unter 355 Dollar, ein Anteil der Ind.produktion am BIP von höchstens 10 % und eine Rate des Analphabetismus von mehr als 80 % der Bev. unter 15 Jahren. Die E. treten seit 1967 als Gruppe der 77 bei Verhandlungen in internat. Organisationen auf. Ein Teil der E. gehört zur OPEC und kann durch Erlöse aus Erdölexporten seine Industrialisierung z. T. selbst finanzieren oder zählt bereits zu den Schwellenländern. (↑Nord-Süd-Konflikt)

Entwicklungspolitik, alle Maßnahmen, die durch bessere Nutzung der wirtschaftl. Möglichkeiten die Entwicklungsländer den Lebensstandard ihrer Bevölkerung erhöhen sollen. Zu unterscheiden sind von den Entwicklungsländern selbst vorgenommene Maßnahmen und Maßnahmen, die in Zusammenarbeit mit den Industriestaaten oder internat. Organisationen ergriffen werden. In den Ind.-Ländern ist E. ein eigener Politikbereich mit z. T. eigenen Fachministerien.

Entwicklungsroman, Begriff für einen Romantypus, der (im Unterschied zum Typus des Gesellschaftsromans) den Bewußtseins- und sozialen Lernprozeß einer einzelnen zentralen Figur darstellt.

Entziehungskur (Entwöhnungskur), klin. Behandlung zur Entwöhnung von suchterzeugenden Mitteln (z. B. Morphin, Kokain, Alkohol) bei Süchtigen, um sie von der psych. bzw. körperl. Abhängigkeit vom Suchtmittel zu befreien. Die E. erfolgt unter ärztl. Aufsicht und meist in geschlossenen Heilanstalten *(Entziehungsanstalten).*

Entzündung, 1) *Chemie:* das Einsetzen der Verbrennung eines Stoffes oberhalb der sog. *E.temperatur.*
2) *Medizin: Inflammatio,* örtl. Abwehrreaktion des Organismus auf schädl. Einflüsse. Ursache von E. können bakterielle, allerg., chem., mechan., therm. u. a. Schädigungen sein. Die *akute E.* weist immer vier Symptome auf: Rötung, Schwellung, Wärme und Schmerzen. Unmittelbare Ursache der Rötung und Erwärmung im E.herd ist die entzündl. Mehrdurchblutung (Hyperämie) der Kapillaren. Sie entsteht dadurch, daß der erhöhte Kapillareninnendruck größere Mengen Plasmaflüssigkeit ins Gewebe abpreßt. Die aus den Kapillaren austretende eiweißhaltige Flüssigkeit, die sich im Verlauf der E. im Gewebe ansammelt und später auch zellulare Elemente aufnimmt, heißt *Exsudat. Chronische E.* können als solche entstehen oder sich aus abklingenden akuten E. entwickeln. Im Ggs. zum Flüssigkeitsaustritt ins Gewebe (Exsudation) bei akuter E. kommt bei chron. E. verstärkt Gewebsneubildung bzw. -wucherung vor.

entzündungshemmende Mittel (Antiphlogistika), Arzneimittel, die örtlich begrenzten Entzündungen entgegenwirken.

Enugu, Hauptstadt des nigerian. Staates Anambra, 228 400 E; bed. Steinkohleabbau; Stahlwalzwerk; ⚒.

E-Nummern, nach der Lebensmittelkennzeichnungs-VO vom 26. 12. 1983 Bez. für Zusatzstoffe. Für die Gruppe der Farbstoffe werden die E-N. E 100 bis E 180, für Konservierungsstoffe E 200 bis E 252, für Antioxidanzien E 260 bis E 321, für Emulgatoren E 322 bis E 341, für Verdickungs- und Geliermittel E 400 bis E 415 und für unterschiedl. Zusatzstoffe (z. B. Zuckeraustauschstoffe, Glycerin, Pektine, Zellulose, Zitronen-, Weinsäure, Speisefettsäuren) E 420 bis E 475 verwendet.

Ẹnver Pạscha (arab. Anwar), *Konstantinopel 22. 11. 1881, ✕ bei Baldschuan (Tadschikistan) 4. 8. 1922, türk. General und Politiker. Führend in der jungtürk. Bewegung; setzte als Kriegs-Min. 1914 den dt.-türk. Bündnisvertrag durch; fiel bei Kämpfen aufständ. Turkmenen gegen die Sowjets.

Environment [engl. ɪnˈvaɪərənmənt] ↑Pop-art.

Environtologie̱ [frz.-engl./griech.], svw. ↑Umweltforschung.

en vogue [frz. ãˈvɔg], gerade in Mode.

Ẹnzensberger, Hans Magnus, *Kaufbeuren 11. 11. 1929, dt. Schriftsteller. Wurde bekannt mit zeitkrit. Lyrik in schmuckloser, klarer Sprache; 1965–75 Hg. des »Kursbuch«; seit 1985 Hg. von »Die Andere Bibliothek«. 1963 Georg-Büchner-Preis. – *Werke:* verteidigung der wölfe (Ged., 1957), Politik und Verbrechen (Essays, 1964), Das Verhör von Habana (Prosa, 1970), Mausoleum. 37 Balladen aus der Geschichte des Fortschritts (Ged., 1975), Der Untergang der Titanic (Versepos, 1978), Ach, Europa (Prosa, 1987), Zukunftsmusik (Ged., 1991), Die Tochter der Luft (Dr., 1992), Die Große Wanderung (Essay, 1992).

Enzephalịtis (Encephalitis) [griech.], svw. ↑Gehirnentzündung.

Enzephalographie̱ [griech.], **1)** svw. Elektroenzephalographie (↑Elektroenzephalogramm).
2) die Darstellung der Raumverhältnisse im Schädelinneren, z. B. der Hirnkammern, durch den Negativkontrast einer Gasfüllung im Röntgenbild, durch Ultraschall oder mit Hilfe eines Szintillationszählers nach intravenöser Einspritzung und Speicherung eines radioaktiven Gammastrahlers.

Enzẹphalon [griech.], svw. ↑Gehirn.

Ẹnzian (Gentiana), Gatt. der Enziangewächse mit über 200 Arten, v. a. in den Gebirgen der Nordhalbkugel und in den Anden; einjährige oder ausdauernde Kräuter. In M-Europa kommen etwa 17 unter Naturschutz stehende Arten vor. Zu den blaublühenden Arten gehören u. a.: *Stengelloser E.* (Großblütiger E.),

Enzian.
Oben: Gelber Enzian ♦
Unten: Stengelloser Enzian

Stengel kurz, mit einer 5–6 cm langen Blüte; *Frühlings-E.,* blau, kleinblütig, rasenbildend; *Lungen-E.,* mit mehreren großen, blauen, innen grün längsgestreiften Blüten an einem Stengel; *Schwalbenwurz-E.,* bis 80 cm hoch, mit mehrblütigen Stengeln und dunkelazurblauen Blüten. Eine dunkelpurpurfarben blühende Art ist der *Braune E.* (Ungar. E.). Gelbblühende Arten sind: *Punktierter E.,* mit blaßgelben, dunkelviolett punktierten Blüten; *Gelber E.,* bis 2 m hoch.

Enzia̱ngewächse (Gentianaceae), Fam. zweikeimblättriger Samenpflanzen mit etwa 70 Gatt.; über die ganze Erde verbreitet.

Ẹnzianwurzel (Bitterwurzel), die bitterstoffhaltigen Wurzeln und Wurzelstöcke des Gelben Enzians; appetitanregendes Mittel; zur Herstellung von *Enzianbranntwein* und Kräuterlikören verwendet.

Enzio

Enzio (Enzo), *vor 1220, † Bologna 14. 3. 1272, König von Sardinien (ab 1238). Unehel. Sohn Kaiser Friedrichs II.; ab 1249 in Bologna in Haft; Dichter italien. Kanzonen und Sonette.

Enzyklika [griech.-nlat.], kirchl. Rundschreiben, seit dem 18. Jh. Bez. für Lehrschreiben des Papstes an die gesamte kath. Kirche.

Enzyklopädie [griech.-nlat.], urspr. nach Hippias von Elis, einem Sophisten des 5.Jh. v. Chr., Begriff für die universale Bildung, später allg. die Alltagsbildung, die nach Isokrates (*436, †338) auf die wahre Bildung vorbereitet; in der Neuzeit seit dem 17./18. Jh. im Sinne der Enzyklopädisten der Begriff für die Gesamtheit des menschl. Wissens bzw. für die Werke, die diese erfassen. Die Darstellung der Bildungsinhalte und Wissensgebiete bzw. -bereiche sowie einzelner -gegenstände. Zu unterscheiden sind die systemat. E. (nach Themenkreisen) und die alphabet. E. *(Allg. E., Universal-E., Real-E.* oder *Reallexikon, Sachwörterbuch* und, bes. im 19.Jh., *Konversationslexikon).*

Geschichte: Die Anfänge der *systemat.* E. gehen wohl auf Speusippos (*um 408, †339) zurück. Marcus Terentius Varro (*116, †27) verfaßte eine Art enzyklopäd. Handbuch der Staatswissenschaft. In dieser Tradition steht die»Naturgeschichte« des älteren Plinius (*23 oder 24, †79). Martianus Capella (5.Jh.) lieferte die für das MA grundlegende Darstellung der †Artes liberales. Die »Origines« oder auch »Etymologiae« bezeichnete E. des Isidor von Sevilla (*um 560, †636) beeinflußte die gesamte enzyklopäd. Literatur des MA. Im Hoch-MA erschien eine Fülle von E. (»Hortus deliciarum« der Herrad von Landsberg [*1125?, †1195], »Speculum maius« des Vinzenz von Beauvais [†1264], »Compendium philosophiae ...« [entstanden um 1320]). Die Anzahl nat.sprachl. E. des MA bleibt erheblich hinter der im lat. Sprache zurück. Systemat. E. der Neuzeit sind u. a. J. H. Alsteds »Encyclopaedia ...« (1630), die in systemat. Ordnung gebrachte, erweiterte »Encyclopédie« D. Diderots und J. Le Rond d'Alemberts u. d. T. »Encyclopédie méthodique par ordre des matières« (166 Bde., 1782–1832; hg. von C.J. Panckoucke und Madame Agasse), die »Encyclopédie française« (1935ff., unvollendet) sowie »Rowohlts dt. E.« (seit 1955 erscheinend). Die in der Neuzeit dominierende *alphabet.* E. hat im Altertum nur wenige Vorläufer, so das wohl älteste um die Zeitwende entstandene Werk, »De significatu verborum« des Verrius Flaccus. Im 17.Jh. ragen drei alphabet. E. heraus: L. Moréris »Grand dictionnaire historique ...« (1674), A. Furetières »Dictionnaire universel des arts et sciences« (1690) als erste moderne E. und P.Bayles »Dictionnaire historique et critique« (1696/97; dt. Fassung von J. C. Gottsched 1741–44). Im 18.Jh. erscheint das Zedlersche »Große vollständige Universal-Lexikon aller Wiss. und Künste« (64 Bde., 1732–54) als erste dt. E. von Bedeutung, in England die »Cyclopædia ...« (2 Bde., 1728) von E. Chambers. Diderots und d'Alemberts »Encyclopédie ou Dictionnaire raisonné des sciences, des arts et des métiers« (35 Bde., 1751–80) wird durch die Mitarbeit führender Philosophen und Wissenschafter zum Standardwerk der frz. Aufklärung. Blei-

bende internat. Bedeutung errang auch die »Encyclopaedia Britannica« (3 Bde., 1768–71, 15. Auflage 1987 in 32 Bdn.). Das bisher umfangreichste europ. Lexikon, J. S. Erschs und J. G. Grubers »Allg. Encyclopädie der Wiss. und Künste« (167 Bde., 1818–89), blieb unvollendet. – An die Stelle der großen wiss. E. trat im 19. Jh. das *Konversationslexikon.* Das »Conversationslexikon ...« des Verlegers K. G. Löbel wurde 1808 von F. A. Brockhaus erworben, der es 1809 neu herausbrachte und 1810/11 ergänzen ließ. Das »Große Conversations-Lexicon für die gebildeten Stände« (46 Bde., 1840–55) hatte – nach der Absicht seines Verlegers J. Meyer – das polit. Ziel der intellektuellen Emanzipation breiter Volksschichten. Die lexikograph. Großverlage in Deutschland, Bertelsmann LEXIKOTHEK Verlag GmbH und Bibliograph. Institut & F. A. Brockhaus AG, entwickeln alte enzyklopäd. Traditionen zeitentsprechend fort. Daneben bestehen zahlr. *Spezial-E.* zu den verschiedensten Wissensgebieten.

Enzyklopädisten [griech.], die Mitarbeiter an der von D. Diderot u. Le Rond d'Alembert 1751–80 hg. »Encyclopédie ...« (↑Enzyklopädie).

Enzyme [griech.-nlat.] (Fermente), hochmolekulare Proteinverbindungen, die biochem. Vorgänge (als Biokatalysatoren) beschleunigen oder erst ermöglichen und im allg. nur von lebenden Zellen gebildet werden. Sämtl. in Lebewesen ablaufenden Stoffwechselvorgänge sind allein durch das Wirken von E. möglich. Jedes E. beeinflußt nur einen ganz bestimmten Vorgang *(Wirkungsspezifität)* und die Reaktion nur eines speziellen Stoffes *(Substratspezifität)*. E. sind entweder reine Proteine, oder sie bestehen aus einem Proteinanteil und einer spezif. Wirkgruppe *(prosthetische Gruppe* oder *Koenzym)*. Das Protein allein wird als *Apoenzym,* seine Verbindung mit dem Koenzym als *Holoenzym* bezeichnet. Koenzyme haben selbst keine biokatalyt. Wirkung. Wichtig sind v. a. die wasserstoffübertragenden Koenzyme der Oxidoreduktasen und das *Koenzym A,* dessen wichtigste Verbindung mit einem Acylrest das *Acetyl-Koenzym A* (Acetyl-CoA), die sog. *aktivierte Essigsäure* ist, die u. a. beim oxidativen Abbau von Kohlenhydraten und bei der β-Oxi-

dation der Fettsäuren anfällt sowie Acetylreste in den Zitronensäurezyklus einschleust; sie wird auch zu Synthesen (u. a. Aminosäuren, Steroide) gebraucht. Für die Wirkungsweise der E. ist ihre charakterist. räuml. Struktur (Konformation) entscheidend. Das Substrat lagert sich an einer bestimmten Stelle (Schlüssel-Schloß-Prinzip) des Enzyms, dem aktiven Zentrum, an unter Bildung eines *Enzym-Substrat-Komplexes.* Dadurch wird die Aktivierungsenergie der Reaktion herabgesetzt. Das Substrat reagiert mit der prosthetischen Gruppe (bzw. dem Koenzym), die in einer weiteren gekoppelten Reaktion wieder regeneriert wird. Entsprechend ihrer Wirkung unterscheidet man sechs Enzymgruppen: 1. *Oxidoreduktasen* übertragen Elektronen oder Wasserstoff; 2. *Transferasen* übertragen Molekülgruppen; 3. *Hydrolasen* katalysieren Bindungsspaltungen unter Anlagerung von Wasser; 4. *Lyasen* katalysieren Gruppenübertragung unter Ausbildung von C=C-Doppelbindungen oder Addition an Doppelbindungen; 5. *Isomerasen* katalysieren intramolekulare Umlagerungen; 6. *Ligasen* katalysieren die Verknüpfung von zwei Substratmolekülen unter gleichzeitiger Spaltung von Adenosintriphosphat.

Enzympräparate, Arzneimittel, die wichtige Verdauungsenzyme (v. a. des Protein- und Kohlehydratstoffwechsels) enthalten und zur Unterstützung der Verdauung gegeben werden.

Eohippus (Hyracotherium), älteste fossile Gatt. der Pferde im unteren Eozän N-Amerikas und Europas; primitive, nur hasen- bis fuchsgroße Urpferde, aus denen sich die heutigen Pferde entwickelt haben.

eo ipso [lat.], von selbst, selbstverständlich.

Eos, griech. Göttin der Morgenröte, Schwester des Helios (Sonne) und der Selene (Mond).

EOS [engl. 'iəʊ'ɛs], Abk. für Earth Observatory Satellite, amerikan. Satelliten zur Erderforschung.

Eosander, Johann Friedrich Nilsson, ab 1713 Freiherr Göthe, gen. F. Göthe, ≈ Stralsund 23. 8. 1669, † Dresden 22. 5. 1728, schwed. Baumeister. 1699 bis 1713 Hofbaumeister in Berlin (Charlottenburg).

Eozän

Eozän [griech.], zweitälteste Abteilung des Tertiärs (Erdgeschichte).

ep..., Ep... ↑epi..., Epi...

Epaminondas, *um 420, ✕ Mantineia (Arkadien) 362, theban. Feldherr. Sein Sieg über Sparta bei Leuktra (371) machte Theben bis zu seinem Tod zur Vormacht Griechenlands.

Eparchie [griech.] (Episkope, Metropolie), Verwaltungsgebiet im Byzantin. Reich.

Epaulette (Epaulett) [epo...; lat.-frz.], Schulterstück bei Uniformen.

epd, Abk. für Evangelischer Presse-Dienst, konfessionelle dt. Nachrichtenagentur; gegr. 1910, neu gegr. 1949 in Bethel; Sitz (seit 1968) Frankfurt am Main.

Ephedragewächse [griech./dt.] (Ephedraceae), Pflanzen-Fam. der Nacktsamer mit etwa 40 Arten, v. a. im Mittelmeerraum und in den Trockengebieten Asiens und Amerikas; einzige Gatt. *Ephedra:* bis 2 m hohe Rutensträucher mit kleinen Blüten in Zapfen; z. T. Heilpflanzen wie das *Meerträubel* (bis 1 m hoch, vom Mittelmeer bis Asien vorkommend) mit dem Alkaloid *Ephedrin,* Heilmittel bei Asthma, Bronchitis, Husten und Kreislaufschwäche.

ephemer [griech.], eintägig, von kurzlebigen Organismen (z. B. Eintagsfliegen) gesagt; übertragen für vorübergehend, nur kurze Zeit.

Ephemeriden [griech.], astronom. Tafeln mit vorausberechneten Örtern von Sternen an der Himmelskugel; dienen zum raschen Auffinden der Gestirne, aber auch zur Positions-, Orts- und Zeitbestimmung.

Epheserbrief (Abk. Eph.), Brief des NT; gilt als Sendschreiben des Apostels Paulus (?) aus der Gefangenschaft an die Gemeinde in Ephesus.

Ephesus (Ephesos, türk. Efes), antike griech. Stadt in W-Anatolien. E. wurde zum Mittelpunkt ion. Griechentums und dank seiner Lage sowie durch seinen Artemiskult zum wichtigsten Handelsplatz W-Kleinasiens. Verfall ab dem 3./4. Jh. n. Chr.; vom 4. Jh. bis 1403 Metropolitansitz; durch Mongolen und Osmanen zerstört. – Röm. Ruinen: bed. Theater, marmorne Prachtstraße (O–W), Agora mit Celsusbibliothek, Serapeion, Tempel, Gymnasien, Thermen, Stadion, im N das berühmte Arte-

mision (Artemistempel) sowie das byzantin. Kastell mit ehem. bedeutender Kuppelbasilika des hl. Johannes Theologos (6. Jh.), seldschuk. Moschee (1375).

Ephoren [griech.-lat. »Aufseher«], die jährlich gewählten fünf höchsten Beamten in Sparta *(Ephorat),* deren Anordnungen sich auch die Könige beugen mußten.

Ephraim [...a-ı...; hebr.], im AT Sohn Josephs und Name eines israelit. Stammes.

epi..., Epi... [griech.] (vor Vokalen ep..., Ep...), Vorsilbe mit der Bed. »darauf, daneben, bei, darüber«, z. B. Epigramm.

Epidauros (neugriech. Epidawros [neugriech. εˈpiðavrɔs]), griech. Ort auf der Peloponnes, am Saron. Golf. 10 km sw. das bed. Asklepieion (Heiligtum des Gottes Asklepios) aus dem 4. Jh. v. Chr.; im SO das besterhaltene griech. Theater (3. und 2. Jh. v. Chr.; 55 Sitzreihen). In E. tagte 1821/22 und 1826 die griech. Nationalversammlung.

Epidemie [griech.-mittellat.] (Seuche), vorübergehende, stärkere Ausbreitung einer Infektionskrankheit in einem größeren umgrenzten Gebiet. Sind nur kleinere, örtl. Bezirke betroffen, spricht man von *Endemie.* Erstreckt sich die Seuche hingegen auf ein ganzes Land oder einen Großraum von mehreren Ländern, spricht man von *Pandemie.* Manche Infektionskrankheiten neigen zu jahreszeitl. epidemieartiger Häufung *(Saisonkrankheiten;* z. B. Grippe, Masern).

Epidemiologie [griech.] (Seuchenlehre), Wiss. von der Entstehung und Verbreitung übertragbarer epidem. Krankheiten.

Epidermis [griech.] (Oberhaut), *Biologie:* 1. bei *Mensch* und *Tieren* die vom äußeren der drei Keimblätter gebildete Zellschicht der Haut. – 2. primäres, meist einschichtiges Abschlußgewebe der höheren *Pflanzen;* umhüllt Sproßachse, Blätter und Wurzeln.

Epidiaskop [griech.] ↑Projektionsapparate.

epigenetisch, jünger als die Umgebung (z. B. bei Lagerstätten, Tälern u. a.).

epigonal [zu griech. epígonos »Nachkomme«], unschöpfer., nachahmend; **Epigone,** schwächerer Nachkomme; Nachahmer ohne eigene Schöpferkraft.

Epidauros. Theater

Epigonen, in der griech. Mythologie die »Nachkommen« der ↑Sieben gegen Theben.

Epigramm [griech.-lat.], Gattung der Gedankenlyrik, in der eine zugespitzt formulierte oder überraschende Sinndeutung des aufgegriffenen Gegenstandes gegeben wird. Meistgebrauchte Form ist das Distichon. In der griech. Antike waren E. urspr. knappe Aufschriften auf Weihegeschenken, Grabmälern u. a.; im antiken Rom gab bes. Martial dem E. den straffen, satir. Charakter, der in Humanismus und Barock vorbildhaft wurde. In die dt. Literatur führte M. Opitz das E. ein (1625); es wurde u. a. von F. von Logau, Angelus

Epigramm. Grabstein des Aurelius Hermia, gefunden in Rom, 1. Jh. v.Chr. (London, Britisches Museum). Die Übersetzung der Inschrift lautet: Lucius Aurelius Hermia, Freigelassener des Lucius, Metzger vom Viminal [spricht:] / Diese hier, die mir im Schicksal (Tode) voranging mit züchtigem Leib, / als liebende Gattin einzig hochgehalten in meinem Herzen, / lebte getreu ihrem getreuen Mann in gleicher Zuneigung, / niemals wich sie in Eigensucht von der Pflicht ab. / Aurelia Philematio, Freigelassene des Lucius [spricht:] / Im Leben wurde ich Aurelia Philematium genannt, / züchtig, schamhaft, ohne Bekanntschaft mit dem Pöbel, treu meinem Mann. / Mein Mann war Mitfreigelassener, derselbe, den ich auch jetzt vermisse. / Tatsächlich war er in Wahrheit mehr und darüber hinaus ein Vater. / Als ich sieben Jahre alt war, nahm er selbst mich in seinem Schoße auf. / Im Alter von 40 Jahren ereilt mich der Tod. / Jener stand dank meiner Pflichttreue beständig bei allen in Ansehen

Epigraphik

Silesius, später von Abraham Gotthelf Kästner (* 1719, † 1800), G. E. Lessing, F. G. Klopstock, J. G. Herder, Goethe und Schiller gepflegt.

Epigraphik [griech.-nlat.], Inschriftenkunde; die wiss. Sammlung, Erforschung und Edition [antiker] Inschriften *(Epigraphen)* auf Stein, Metall, Knochen, Holz, Ton usw., die Kunde geben vom staatl., wirtschaftl., religiösen und privaten Leben ihrer Zeit. Die eigtl. E. begann mit den im 19. Jh. hg. großen Sammlungen griech. und lat. Inschriften.

Epik [griech.], neben Lyrik und Dramatik eine der drei literar. Grundgattungen, von der neueren Poetik im Anschluß an Goethe oft eingestuft als die mittlere der drei »Naturformen der Poesie«, und zwar die »klar erzählende«, d. h. weniger subjektiv als die Lyrik und nicht so objektiv wie die Dramatik. Die E. vergegenwärtigt äußere und innere Geschehnisse, die als vergangen gedacht sind. – Der Erzähler fungiert als Vermittler zw. den dargebotenen Vorgängen und den Zuhörern oder Lesern und begründet so von seinem Erzählerstandpunkt her die jeweilige *Erzählhaltung:* Die Art, wie er Vorgänge und Gestalten sieht, wie er über ihr Äußeres (Außensicht) oder aber auch über ihr Inneres (Innensicht) Auskunft gibt, wie er über sie urteilt, bestimmt die (opt., psycholog., geistige) *Erzählperspektive.* Ein Rollenerzähler ist wie jeder Ich-Erzähler an den dargestellten Vorgängen als erlebendes Ich intensiver, als erzählendes Ich weniger intensiv beteiligt; zahlr. sind freilich Er-Erzähler und Formen der ep. Einkleidung (Rahmenerzählung, Tagebuch, Brief u. a.). So ergibt sich jeweils eine bestimmte *Erzählsituation;* sie ist *auktorial,* wenn der Erzähler allwissend ist und gestaltend in das Geschehen eingreift, *personal,* wenn das Geschehen durch das Medium einer oder mehrerer Figuren erschlossen wird, *neutral,* wenn weder ein Erzähler noch ein personales Medium erkennbar sind. – Die Art der Darbietung in der E. führt zu den *epischen Grundformen* (Erzählweisen; Grundformen des Erzählens), die meist vermischt auftreten. Sie umfassen die sog. einfachen Formen, wie z. B. Legende, Sage, Märchen sowie Kunstformen in einzelnen differenzier-

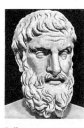

Epikur
(hellenische Büste)

ten *Gattungen.* Nach äußeren Kriterien gliedern die Gattungen sich in *Vers.-E.* und *Erzählprosa,* nach inneren Kriterien in *Lang-* oder *Großformen:* Epos (in Versen), Saga (in Prosa), Roman (vorwiegend in Prosa) sowie in *Klein-* oder *Kurz-E.:* Novelle, Kurzgeschichte, Anekdote, Fabel, Parabel, daneben auch Idylle (überwiegend in Versen), Romanze, Ballade und allg. die Verserzählung; die Bez. Erzählung, insbes. für Prosawerke, ist unspezifisch, doch neigt sie eher zu den Kurzformen. Die Großformen sind gekennzeichnet durch Auffächerung der erzählten Vorgänge in Vordergrundhandlung und Hintergrundgeschehen, oft auch durch mehrere Handlungsstränge und selbständige Episoden, Figurenreichtum, eine Fülle von Ereignissen und große Ausführlichkeit im einzelnen, der sog. *ep. Breite.* Die Kurzformen werden auch mit anderen Grundgattungen in Verbindung gebracht, so Romanze, Ballade und Idylle mit der Lyrik und die Novelle mit dem Drama.

Epiktet, * Hierapolis (Phrygien) um 50 n. Chr., † Nikopolis (Epirus) um 138 n. Chr., griech. Philosoph. Fordert Genügsamkeit und Unabhängigkeit des Geistes.

Epikur, * auf Samos 341 v. Chr., † Athen 270 v. Chr., griech. Philosoph. Gründete in Athen 306 eine eigene Schule. Seine Lehre ist bestimmt von dem Ziel des Glücks durch ein Leben der Freude und der Lust sowie der Freiheit von Schmerz und Unruhe.

Epikureismus, Bez. für eine an der Philosophie Epikurs ausgerichtete Lebenshaltung.

Epilepsie [griech.] (Fallsucht), Anfallskrankheit, die meist mit Bewußtseinsstörungen einhergeht und von abnormen Bewegungsabläufen begleitet ist. Als äußere Ursachen der *symptomatischen E.* kommen Verletzungen mit nachfolgender Narbenbildung, Entzündungen des Gehirns und der Hirnhäute, Vergiftungen und Tumore im Schädelinneren in Betracht. Bei der familiär gehäuft auftretenden *genuinen E.* läßt sich keine Grundkrankheit bzw. eigtl. Ursache nachweisen. – Der große Krampfanfall *(Grand mal)* setzt meist mit einer plötzl. Bewußtlosigkeit ein. Dann folgt ein schwerer Krampfzustand der gesamten Körpermuskulatur. Die Krampfphase wird von Zuckungen abgelöst, wobei es zum Auftreten von Schaum vor dem Mund, zum Zungenbiß und zum Abgang von Urin und Stuhl kommen kann. Der kleine Anfall *(Petit mal)* ist durch kurzzeitige Trübung des Bewußtseins ohne eigentl. Krämpfe gekennzeichnet. Die *Absencen* (Bewußtseinspausen von 5–30 Sekunden, bei denen nur die Geistesabwesenheit bei starrem Gesichtsausdruck und verschwommenem Blick auffällt) treten v.a. im Schulkindalter auf.

Epileptiker [griech.], an Epilepsie Erkrankter.

Epilog [griech.], Schlußteil einer Rede; in Theaterstücken Schlußwort.

Epiphanias [griech.] ↑Drei Könige.

Epiphanie [griech.], in der Antike Bez. für das plötzl. Sichtbarwerden einer Gottheit; im Christentum das Erscheinen Gottes in der Welt in Christus. – Zum christl. Fest der E. (Fest der Erscheinung des Herrn) ↑Drei Könige.

Epiphyse [griech.], **1)** die zunächst vollknorpeligen Gelenkenden eines Röhrenknochens; zw. E. und Mittelstück des Röhrenknochens (Diaphyse) liegt (als Wachstumszone des Knochens) die knorpelige *Epiphysenfuge*. **2)** svw. ↑Zirbeldrüse.

Epiphyten [griech.] (Aerophyten, Aufsitzer, Scheinschmarotzer), Pflanzen, die auf anderen Pflanzen (meist Bäumen) wachsen und keine Verbindung mit dem Erdboden haben. Die Unterpflanzen werden aber nicht parasitiert, sondern der erhöhte Standpunkt begünstigt eine bessere Lichtzufuhr (z.B. Flechten, Moose, Orchideen).

Epirus, Gebirgslandschaft in NW-Griechenland, im N an Albanien grenzend. **Geschichte:** Das von Pyrrhus I. (⌂ 306–272) gebildete Kgr. E. brach um 233 zusammen; ab 148 v. Chr. war E. röm. Provinz. Nach byzantin. und serb. Herrschaft im MA gehörte E. vom 15.–19. Jh. zum Osman. Reich. Bis 1912 kam der größte Teil von E. an Griechenland. Der Konflikt um N-E. wurde bis 1923 zugunsten Albaniens entschieden.

episches Theater, Begriff B. Brechts für seine Form des modernen Theaters, bei dem der Zuschauer sich nicht mit Gestalten und Geschehen identifizieren, sondern in Distanz davon zum Nachdenken über gesellschaftl. Verhältnisse, ihre Veränderbarkeit und die Notwendigkeit ihrer Veränderung angeregt werden soll. Mittel ist die *Verfremdung* der dramat. Handlung durch argumentierende Kommentierung der szen. Aktion durch einen Erzähler, durch Heraustreten des Schauspielers aus seiner Rolle, durch eingeschobene Lieder und Songs, durch Spruchbänder usw. Der Schluß des Dramas bleibt offen, die aufgeworfenen Fragen müssen vom Zuschauer selbst beantwortet werden.

Episcopus [griech.-lat.], lat. Bez. für Bischof.

Episkop [griech.] ↑Projektionsapparate.

episkopal [griech.], bischöflich.

Episkopalismus [griech.], eine Bewegung, die die Kirchengewalt vom Papst stärker auf die Bischöfe verlagern will.

Episkopalisten [griech.], aus der engl. Reformation hervorgegangene Kirchen mit bischöfl. Verfassung.

Episkopalsystem, Anfang des 17. Jh. entwickeltes System und kirchenjurist. Rechtfertigung des landesherrl. Kirchenregiments: die Bischofsgewalt in prot. Territorien sei treuhänderisch auf die Landesherren übergegangen.

Episkopat [griech.], das Amt des Bischofs; auch die Gesamtheit der Bischöfe oder eine Gruppe von ihnen.

Episode [griech.], **1)** *allg.:* unbed. Begebenheit; Ereignis, Erlebnis von kurzer Dauer. **2)** *Literatur:* in dramat. oder ep. Werken Einschub oder Nebenhandlung.

Epistel [griech.-lat.], **1)** Brief, speziell Apostelbrief (Sendschreiben). **2)** *Literatur:* als antike literar. Form in der Regel in Versen, bes. von Horaz (»Epistola ad Pisones«), auch von Ovid gepflegt. **3)** *Religion:* in der *kath. Liturgie* früher Bez. für die erste Lesung der Messe.

Epitaph [griech.], **1)** Grabinschrift (v.a. in der Antike). **2)** Gedenktafel mit Inschrift für einen Verstorbenen, an Kirchenwänden (innen oder außen), seit dem 14.Jh.

Epithel [griech.] (Epithelgewebe, Deckgewebe), ein- oder (v.a. bei Wirbeltieren) mehrschichtiges, flächenhaftes Gewebe, das alle Körperober- und -innenflächen der meisten tier. Vielzeller bedeckt. Nach ihrer Form unter-

Epitaph 2).
Grabmal des Domkantors Johann von Segen (1564)

Epitheton

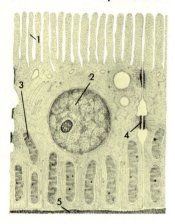

Epithel. Schematische Darstellung einer Epithelzelle mit Desmosomen (Zellkontakten) und Mikrovilli (Bürstensaum); 1 Mikrovilli; 2 Kern; 3 Mitochondrien; 4 Desmosom; 5 Basalmembran

scheidet man: 1. *Platten-E.* aus flachen, plattenförmigen Zellen; kleidet u. a. Blut- und Lymphgefäße aus; 2. *Pflaster-E.* aus würfelförmigen Zellen; kleidet die Nierenkanälchen aus; 3. *Zylinder-E.* aus langen, quaderförmigen Zellen; kleidet u. a. das Innere des Magen-Darm-Kanals aus. Nach der jeweiligen hauptsächl. Funktion unterscheidet man: *Deck-E.* (Schutz-E.) mit Schutzfunktion; *Drüsen-E.* mit starker Sekretausscheidung; *Sinnes-E.* (Neuro-E.), aus einzelnen Sinneszellen bestehend (z. B. Riech-E.); *Flimmer-E.,* dessen Zellen Wimpern tragen, die entweder einen Flüssigkeitsstrom erzeugen (z. B. Flimmer-E. der Bronchien) oder, außen am Körper liegend, der Fortbewegung dienen.

Epitheton [griech.], attributiv gebrauchtes Adjektiv oder Partizip. *Epitheton ornans,* schmückendes, immer wiederkehrendes E., z. B. grüne Wiese.

Epizentrum ↑Erdbeben.

Epoche [griech.], Bez. für einen bed. Abschnitt des histor. Entwicklungsablaufes.

Epos (Mrz. Epen) [griech.], früh ausgebildete Großform der Epik in gleichartig gebauten Versen oder Strophen *(Versepos).* Kennzeichen sind gehobene Sprache, typisierende Gestaltungsmittel (ep.

Breite, Wiederholungen, feststehende Formeln), eine Zentralfigur oder ein Leitgedanke. Das E. hat seinen Ursprung in jenem Stadium früher Epochen, in dem neben dem myth. Weltbild ein spezif. Geschichtsbewußtsein von der herrschenden, kulturtragenden Gruppe eines Volkes ausgebildet wurde. Als literar. Vorstufe gelten kult. Einzelgesänge (Götter-, Helden-, Preislieder), die von anonymen Dichtern zu den sog. Volksepen ausgestaltet wurden. Aus dem späteren Buch-E. entwickelten sich Einzelgattungen wie Nationalepen, Lehr-, Tier- und Scherzepen.

Die E.überlieferung beginnt im Orient mit dem babylon. »Gilgamesch-Epos« (2. Jt. v. Chr.); die Epen »Mahabharata« (4. Jh. v. Chr.–4. Jh. n. Chr.) und »Ramayana« (4. Jh. v. Chr.–2. Jh. n. Chr.) entstanden in Indien, um 1000 das neupers. »Schah-Name« (Königsbuch) des Firdausi. Die »Ilias« und »Odyssee« des Homer sind die frühesten Zeugnisse (8. Jh. v. Chr.) des westl. Epos. Weiterer Höhepunkt ist Vergils »Aeneis« (Ende des 1. Jh. v. Chr.). Im MA tritt neben das griech. und lat. E. (u. a. »Waltharius«, 9. oder 10. Jh.) das E. in der jeweiligen Volkssprache (»Kaiserchronik«, um 1150). Stoffe aus der Zeit der Völkerwanderung verarbeitet das german. Helden-E. (↑Beowulf, aufgezeichnet um 1000; ↑Nibelungenlied, um 1200); die karoling. Grenz- und Glaubenskämpfe und der Kreuzzugsgeist des hohen MA finden Niederschlag im roman. Helden-E. (↑Rolandslied, gegen 1100, u. a. ↑Chansons de geste; »Poema del ↑Cid«, um 1140). Das Abenteuer-E. der Spielmannsdichtung steht zw. Helden-E. und dem höf. E. des hohen MA (Chrétien de Troyes, Wolfram von Eschenbach, Gottfried von Straßburg, Hartmann von Aue, Heinrich von Veldeke). Dantes »Göttliche Komödie« (1321 vollendet) faßt das Weltbild des MA noch einmal zusammen. In der Renaissance erlebt die Gattung mit dem National-E. als bewußter Kunstschöpfung einen neuen Höhepunkt, u. a. L. Ariostos »Der rasende Roland« (1516) und T. Tassos »Das befreite Jerusalem« (1581) in Italien. Zunehmende Subjektivierung und Verbürgerlichung der Weltansicht stehen der weiteren Entfaltung des E. entgegen, das aber von einigen Dichtern noch genutzt wird (J. Milton, F. G. Klopstock). Die Wiederbelebungsversuche im 19. und bis zur Mitte des 20. Jh. sind zahlr., meist nachgeholte Nationalepen oder Weltanschauungsepen (Lord Byron, C. Brentano, C. Spitteler, A. Döblin u. a.). Heute ist das E. zum großen Teil vom Roman abgelöst.

Epoxide, sehr reaktionsfähige heterocycl. Dreiring-Verbindungen; cycl. Äther.

$$R-\underset{\diagdown O \diagup}{CH-CH}-R$$

$$H_2C-CH_2$$
$$\diagdown O \diagup$$

Epoxide. Oben: allgemeine Formel ◆ Unten: Ethenoxid

Epoxidharze, härtbare flüssige oder feste Kunstharze, die Epoxidgruppen enthalten; Verwendung als Gießharze, Lacke.

Eppan (italien. Appiano), italien. Gemeinde bei Bozen, Trentino-Südtirol, 10 400 E. Burg Hoch-Eppan mit Freskenzyklus (Ende 12. Jh.).

Eppelmann, Rainer, *Berlin 12. 2. 1943, dt. Politiker (CDU). Pfarrer; Mitbegründer des »Demokrat. Aufbruchs«; April–Okt. 1990 Min. für Abrüstung und Verteidigung der DDR; seit 1990 MdB; seit 1992 Vors. der Enquête-Kommission zur Aufarbeitung der Geschichte und der Folgen der SED-Diktatur; seit 1994 Vors. der Sozialausschüsse der Christl.-Demokrat. Arbeitnehmerschaft.

Epsilon, fünfter Buchstabe des griech. Alphabets: E, ε.

Epstein, Sir (ab 1954) Jacob [engl. ˈɛpstaɪn], *New York 10. 11. 1880, †London 19. 8. 1959, brit. Bildhauer. Schuf von nervöser Spannung erfüllte Figurengruppen; auch Porträtbüsten.

Epstein-Barr-Virus [engl. ˈɛpstaɪn, bɑː; nach dem brit. Mediziner Michael Anthony Epstein (*1921) und seinem Mitarbeiter Murray Llewellyn Barr (*1908)], ein zu den Herpesviren gehörendes menschl. Virus von weiter Verbreitung; Erreger der infektiösen Mononukleose. Das E.-B.-V. ist das bisher einzige Virus, das mit großer Sicherheit zu bestimmten Krebserkrankungen beim Menschen führen kann (z. B. Burkitt-Tumor).

Equalizer [ˈiːkwəlaɪzə; engl. »Ausgleicher«], Klangregeleinrichtung an Verstärkern von Hi-Fi-Anlagen, mit der zur Entzerrung, Korrektur oder sonstigen Beeinflussung des Klangbildes die Lautstärke mehrerer Frequenzbänder des gesamten Tonfrequenzbereichs getrennt geregelt werden kann.

Equipe [eˈkɪp; frz.], ausgewählte Mannschaft, bes. im Reitsport.

Equites (Einz. Eques) [lat.], im alten Rom urspr. die zu Pferde kämpfenden Krieger; ab dem 2. Jh. v. Chr. neben den Senatoren der 2. Stand *(ordo equester),* der alle größeren Handels- und Kapitalgeschäfte in seiner Hand vereinigte und schließlich zum Kennzeichen des kaiserl. Dienstes wurde.

Er, chem. Symbol für ↑Erbium.

Erasistratos, *Julis (auf Kea) um 300 v. Chr., † in Kleinasien um 240 v. Chr., griech. Arzt. Gilt als der Begründer der patholog. Anatomie.

Erasmus von Rotterdam, ab 1496 Desiderius E., *Rotterdam 28. 10. 1466 oder 1469, †Basel 12. 7. 1536, niederl. Humanist und Theologe. Bedeutendster Vertreter des europ. Humanismus; 1492 Priesterweihe. – Als Textkritiker, Hg. und Grammatiker hat E. die neuzeitl. Philologie mitbegründet; von ihm stammt die heute übl. Aussprache des Altgriechischen (Etazismus). E. veröffentlichte 1500 die bed. Sprichwörtersammlung »Adagia«, 1511 die Satire »Encomion Moriae« (»Lob der Torheit«), die gegen die Rückständigkeit der Scholastik und die Verweltlichung der Kirche gerichtet ist, und gab 1516 die erste griech. Druckausgabe des NT heraus, die zur Grundlage von Luthers Bibelübersetzung wurde. In der religiösen Bewegung nahm E., der geistig-gedanklich zur Vorbereitung der Reformation beigetragen hatte, eine vermittelnde Stellung zu den reformator. Bestrebungen ein. Er lehnte Luthers Reformation aber ab, als sie zum Bruch mit der Kirche führte. In der Kontroverse mit Luther über den Willen (1524/25) wurde die bisherige Verbindung von Humanismus und Reformation gelöst.

Erato [eˈraːto, ˈeːrato], eine der ↑Musen.

Eratosthenes von Kyrene, *Kyrene (heute Schahhat, Libyen) um 284 (oder

Erasmus von Rotterdam

Erbach

274) v. Chr., † Alexandria um 202 (oder um 194) v. Chr., griech. Gelehrter. Entwarf eine Erdkarte, bestimmte als erster den Erdumfang.

Erbach, hess. Kreisstadt im Odenwald, 10 900 E. Elfenbeinmuseum; Schmuckwarenherstellung. Pfarrkirche (18. Jh.), Schloß (1736), Rathaus (1545).

Erbämter ↑Reichserbämter.

Erbanlage, die auf dem Genbestand bzw. den in ihm gespeicherten Informationen beruhende, der Vererbung zugrunde liegende »Potenz« eines Organismus, im Zusammenwirken mit den Umweltfaktoren die charakterist. Merkmale entstehen zu lassen. ↑Gen.

Erbärmdebild ↑Andachtsbild.

Erbauung, Begriff der christl. Frömmigkeit; in Anlehnung an das »Aufbauen« des Volkes Jahwes (AT), dann an die »Auferbauung« der christl. Gemeinde (NT), später zunehmend individuell verstanden als innere Stärkung des Glaubens.

Erbbauer, bis ins 19. Jh. ein Bauer, der ein Gut von bestimmter Mindestgröße und dadurch im Dorf volles Gemeinderecht besaß.

Erbbaurecht, das veräußerl. und vererbl. dingl. Recht, auf oder unter der Oberfläche eines fremden Grundstücks ein Bauwerk zu haben; für dessen Überlassung übernimmt der Erbbauberechtigte i. d. R. ein Entgelt *(Erbbauzins).* Das E. erlischt i. d. R. durch Ablauf der Zeit, für die es bestellt ist. Das Eigentum am Bauwerk geht dann auf den Grundstückseigentümer über, der jedoch zur Zahlung einer Entschädigung verpflichtet ist.

Erbe, 1) Erbschaft, Hinterlassenschaft, Nachlaß.
2) die (jurist. oder natürl.) Person, auf die mit dem Tode eines Menschen dessen Vermögen (auf Grund Erbeinsetzung oder kraft gesetzl. Erbfolge) als Ganzes (Nachlaß) übergeht; der E. tritt in die Rechtsstellung des Erblassers ein, während dem Vermächtnisnehmer sowie dem Pflichtteilsberechtigten (Pflichtteil) nur schuldrechtl. Ansprüche gegen den Nachlaß zustehen.

Erbeinsetzung, die Bestimmung einer *(Alleinerbe)* oder mehrerer Personen *(Erbengemeinschaft)* zu Gesamtrechtsnachfolgern durch den Erblasser im Wege der letztwilligen Verfügung. Sie bedeu-

tet die Zuwendung des ganzen Nachlasses oder eines Bruchteils davon. *Ersatzerbe* ist derjenige Erbe, der für den Fall eingesetzt ist, daß ein [in erster Linie] berufener anderer Erbe vor (z. B. durch Tod, Erbverzicht) oder nach dem Erbfall (z. B. durch Ausschlagung) wegfällt.

Erbengemeinschaft, die Gemeinschaft der Miterben am Nachlaß. Jeder Miterbe ist am Nachlaß mit einer bestimmten Quote (Erbteil) beteiligt. Über einzelne Nachlaßgegenstände können die Erben nur gemeinsam verfügen. Die Verwaltung des Nachlasses erfolgt gemeinschaftlich. Die E. endet mit der Teilung des Nachlasses *(Erbauseinandersetzung).*

Erbenhaftung, das Einstehenmüssen (Haftung) des (der) Erben für Nachlaßverbindlichkeiten.

Erbersatzanspruch, der bei der gesetzl. Erbfolge an die Stelle des gesetzl. Erbteils eines nichtehel. Verwandten tretende Geldanspruch gegen die Erben. Dem nichtehel. Kind steht der E. zu, und zwar in Höhe des Werts, der seinem gesetzl. Erbteil entspräche, wenn es Erbe würde. Das nichtehel. Kind kann zw. dem 21. und 27. Lebensjahr von seinem Vater einen vorzeitigen *Erbausgleich* zur Abgeltung des künftigen E. verlangen (i. d. R. das Dreifache des Jahresunterhalts der letzten fünf Jahre).

Erbeskopf, mit 816 m höchste Erhebung des Hunsrücks.

Erbfaktor, theoret. Begriff für ein deutlich in Erscheinung tretendes erbl. Merkmal.

Erbfolge, 1) *bürgerl. Recht:* die Gesamtnachfolge des (der) Erben in die vermögensrechtl. Stellung des Erblassers. Sie tritt mit dem Tode eines Menschen von selbst ein und umfaßt im allg. das gesamte Vermögen des Erblassers einschließlich der Verbindlichkeiten. Die Erbfolge kann auf Erbeinsetzung durch den Erblasser *(gewillkürte E.)* oder auf gesetzl. Regelung (gesetzl. E.) beruhen. *Gesetzl. E.* tritt ein, wenn eine [wirksame] Erbeinsetzung fehlt, oder wenn der eingesetzte Erbe wegfällt und kein Ersatzerbe und keine Anwachsung eintreten. Gesetzl. Erben sind die Verwandten nach dem Grad ihrer Verwandtschaft, der Ehegatte und – falls kein solcher Erbe vorhanden ist – der Fiskus.

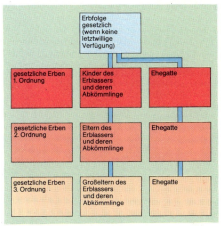

Erbrecht.
Gesetzliche Erbfolge

2) *Staatsrecht:* die ↑Thronfolge, die allein auf Erbnachfolge beruht.

Erbgesundheitslehre, svw. ↑Eugenik.

Erbgrind (Grindpilzflechte, Kopfgrind, Wabengrind, Favus), ansteckende Erkrankung der Haare, Federn, Nägel bei Mensch und Haustieren.

Erbium, chem. Symbol Er; chem. Element aus der Reihe der Lanthanoide; Ordnungszahl 68; Schmelztemperatur 1522 °C; Siedetemperatur 2862 °C.

Erbkaiserliche Partei, kleindeutsche politische Gruppierung der Frankfurter Nationalversammlung (1848/49); erstrebte einen Bundesstaat ohne Österreich mit dem preuß. König als Kaiser.

Erbkrankheiten (Heredopathien), durch Mutationen hervorgerufene Änderungen der Erbanlagen, die sich als Erkrankungen des Organismus auswirken. Die mutierten Gene werden nach den ↑Mendelschen Gesetzen auf die Nachkommen vererbt. Rezessive krankhafte Anlagen werden erst offenbar, wenn sie, von beiden Eltern übernommen, homozygot, d. h. in beiden einander entsprechenden Chromosomen gleichermaßen vorhanden sind. Daher kann eine rezessive krankhafte Erbanlage auch mehrere Generationen überspringen, bevor sie sich wieder klinisch als Krankheit offenbart. Dominant vererbte krankhafte Anlagen dagegen führen bei den Betroffenen mit einer Wahrscheinlichkeit von 50 % zu

einer Erkrankung ihrer Kinder. Manche E. sind geschlechtsgebunden, d. h., sie treten entweder nur bei Männern oder nur bei Frauen auf.

Erblande, seit dem MA Bez. der Stammlande einer Dynastie.

Erblasser, die (natürl.) Person, deren Vermögen mit ihrem Tode auf eine oder mehrere Personen übergeht.

Erblehre, svw. ↑Genetik.

Erbleihe (Erbpacht), im MA entwickelte dingl. Leihe von Grundstücken (v. a. Bauerngüter) gegen Zahlung des sog. *Erbzinses,* mit dem Recht, sie zu vererben oder zu veräußern. Die meisten E.verhältnisse wurden im 19. Jh. aufgehoben.

Erblichkeit (Heredität), die Übertragbarkeit bestimmter, nicht umweltbedingter elterl. Merkmale auf die Nachkommen.

Erbpacht ↑Erbleihe.

Erbprinz, Titel des Thronfolgers eines regierenden wie auch eines mediatisierten Herzogs oder Fürsten.

Erbrechen (Brechen, Vomitus, Emesis), plötzl. schubweise Entleerung von Mageninhalt durch die Speiseröhre, den Schlund und den Mund nach außen. – E. wird vom Brechzentrum im Rautenhirn kontrolliert. Ausgelöst wird das E. durch Vorgänge im Gehirn (z. B. Erhöhung des Gehirndrucks bei verschiedenen Krankheiten), emotionelle Faktoren sowie vasomotor. Vorgänge (z. B.

bei der Migräne). Außerdem können Geruchseindrücke sowie mechan. Reizung des Rachenraums zu E. führen. Neben dem Brechzentrum ist die sog. Triggerzone, die bes. durch chem. Reize (Bakteriengifte, Schwangerschaftstoxine sowie bei Behandlung mit Röntgenstrahlung) erregt wird, für das E. verantwortlich.

Erbrecht, im *objektiven Sinne* die Summe der Rechtsnormen, welche die privatrechtl., vermögensrechtl. Folgen des Todes eines Menschen regeln. Im *subjektiven Sinne* (aus der Sicht der Erben) die Gesamtheit aller Rechte, die der Erbe mit dem Erbfall erwirbt.

Erbschaft (Nachlaß), das Vermögen des Erblassers, das mit dessen Tod auf den oder die Erben übergeht.

Erbschaftsteuer, Steuer auf den Vermögensübergang durch Tod; der Besteuerung wird in der BR Deutschland das dem einzelnen Erben zufallende Erbe zugrunde gelegt *(Erbanfallsteuer).* Nach dem persönl. Verhältnis des Erwerbers zum Erblasser werden vier Steuerklassen unterschieden. Nach diesen sowie nach der Höhe des Erbanfalls sind die Steuersätze gestaffelt bis zu 70%.

Erbschein, ein auf Antrag durch das Nachlaßgericht erteiltes Zeugnis über die erbrechtl. Verhältnisse.

Erbschleicher, jemand, der auf unmoral. Weise Einfluß auf einen vermutl.

Erblasser nimmt; Erbschleicherei ist als solche kein Straftatbestand und selten anfechtbar.

Erbse (Pisum), Gatt. der Schmetterlingsblütler mit etwa sieben Arten, vom Mittelmeergebiet bis Vorderasien; einjährige, kletternde Pflanzen; Frucht eine zweiklappige Hülse, die bis zu den kugelige oder würfelförmige, grüne, gelbe oder weiß. Samen enthält. E.arten werden in verschiedenen Kulturformen angebaut, deren eiweiß- und stärkereiche Samen *(Erbsen)* als Gemüse gegessen werden und deren Laub bzw. Stroh ein wertvolles Futtermittel ist. Die bekannteste Art ist die ↑Saaterbse .

Erbsünde (lat. Peccatum originale), Begriff der *christl. Heilslehre:* durch die Ursünde Adams und Evas von deren Erben, d. h. von allen Menschen ererbter Zustand der Ungnade vor Gott, der Sterblichkeit, Unwissenheit und Begierde zur Folge hat. Nach *kath.* Verständnis befreit die Taufe von dem Zustand der Ungnade, nach *ev.* Verständnis ist E. das grundsätzlich gestörte Verhältnis zw. Mensch und Gott, das nur durch göttl. Gnade überwunden werden kann. In allen theolog. Traditionen ist der Begriff E. umstritten.

Erbteil, der (übertragbare) Anteil des einzelnen Erben am Nachlaß, wenn mehrere Erben zur Erbfolge berufen sind.

Erbuntertänigkeit (Gutshörigkeit, Schollenpflichtigkeit), nur in den Gebieten der dt. Ostsiedlung im 16. Jh. entstandenes Abhängigkeitsverhältnis der Bauern zu ihrem Gutsherrn, ähnlich der Leibeigenschaft; im Zuge der Bauernbefreiung aufgehoben.

Erbunwürdigkeit, die Unwürdigkeit, Erbe, Vermächtnisnehmer oder Pflichtteilsberechtigter zu sein. Sie liegt u. a. vor bei: 1. vorsätzl. widerrechtl. (auch versuchter) Tötung des Erblassers; 2. vorsätzl. widerrechtl. Herbeiführung der Testierunfähigkeit des Erblassers; 3. Vereitelung der Errichtung oder Aufhebung einer Verfügung von Todes wegen; 4. Begehung eines Urkundendelikts (Urkundenfälschung) in bezug auf eine Verfügung von Todes wegen des Erblassers.

Erbvertrag, die vertragl., grundsätzlich unwiderrufl. Verfügung von Todes wegen, im Ggs. zum Testament; muß vor

Erbse.
Blüte (oben) und Frucht der Gemüseerbse (unten: Größe der Pflanze bis etwa 1 m)

einem Notar während der Anwesenheit beider Teile geschlossen werden (§§ 2274 ff. BGB).

Erbverzicht, der vor Eintritt des Erbfalls mit dem Erblasser vereinbarte vertragl. Verzicht des künftigen Erben auf sein Erbrecht; bedarf der notariellen Beurkundung.

Erdalkalimetalle (Erdalkalien), Sammel-Bez. für die sehr reaktionsfähigen chemischen Elemente der II. Hauptgruppe des Periodensystems der chem. Elemente: Beryllium, Magnesium, Calcium, Strontium, Barium, Radium.

Erdaltertum (Paläozoikum) ↑Geologie (Übersicht Erdzeitalter).

Erdapfel, landschaftlich für Kartoffel.

Erdbeben, Erschütterungen natürl. Ursprungs, die sich über einen großen Teil der Erdoberfläche und des Erdinnern oder die ganze Erde *(Weltbeben)* ausbreiten. Großsprengungen und unterird. Kernexplosionen rufen physikal. ähnl. Wirkungen hervor. Die Registrierung erfolgt mit hochempfindl. Meßinstrumenten *(Seismographen).* Sie messen die vom Erdbebenherd *(Hypozentrum)* ausgehenden Erdbebenwellen *(seism. Wellen)* und zeichnen ihren Verlauf in einem *Seismogramm* auf; daraus können Richtung, Entfernung und Energie des E. abgeleitet werden. Die *Erdbebenenergie* wird ausgedrückt durch die *Magnitude M* entsprechend der nach oben offenen *Richter-Skala (Magnitudenskala).* Bei den stärksten Beben liegt M zw. 8,5 und 9. Die Magnitudenskala ist im Ggs. zur *Mercalli-Sieberg-Skala,* die auf der zerstörenden Wirkung der E. beruht, unabhängig von der Besiedelungsdichte des Gebiets über dem Herd *(Epizentrum).* Im Durchschnitt ereignen sich jährlich auf der Erde zwei Beben mit M zw. 8 und 9, 15 zw. 7 und 8, 120 zw. 6 und 7, 700 zw. 5 und 6.

Die Verteilung der Epizentren zeigt Häufungen in den sog. Erdbebengebieten *(zirkumpazif. Zone, mittelmeer.-transasiat. Zone).* Über 90 % aller E. sind *tekton. Beben;* sie stellen ruckartige Ausgleiche von Spannungen dar, die durch die gebirgsbildenden *(tekton.)* Kräfte entstanden sind (↑Plattentektonik). Gelegentlich erfolgt der Ausgleich in mehreren Stößen *(Bebenschwarm).* Einsturzbeben bei Einbruch von Hohlräumen und *vulkan. Beben* als Folge vulkan. Tätigkeit

sind selten und nie sehr energiereich. Beben unter dem Meeresgrund *(Seebeben)* lösen *seism. Meereswogen (Tsunamis)* aus, die an Küsten weitab vom Bebenherd noch große Verwüstungen anrichten können.

Erdbebenwarten, wiss. Institute, in denen mit Seismometern bzw. Seismographen laufend die örtl. Bodenbewegungen bei Erdbeben, Kernexplosionen und bei mikroseismischen Bodenunruhen aufgezeichnet und ausgewertet werden.

Erdbeere.
Gartenerdbeere

Erdbeere (Fragaria), Gatt. der Rosengewächse mit etwa 30 Arten in den gemäßigten und subtrop. Gebieten der Nordhalbkugel und in den Anden; Ausläufer treibende Stauden mit meist zwittrigen Blüten. Die meist eßbaren Früchte *(Erdbeeren)* sind Sammelnußfrüchte (↑Fruchtformen), die aus der stark vergrößerten, fleischigen, meist roten Blütenachse und den ihr aufsitzenden, kleinen, braunen Nüßchen bestehen. – Die formenreiche *Wald-E.* wächst im gemäßigten Eurasien häufig in Kahlschlägen. Eine Kulturform, die *Monats-E.,* blüht und fruchtet mehrmals während einer Vegetationszeit. Die *Muskateller-E.* (Zimt-E.) wächst im wärmeren Europa; die eßbaren Früchte sind birnenförmig verdickt. Aus Kreuzungen verschiedener Erdbeerarten entstand die *Garten-E.* (Ananas-E.) mit großen, leuchtend roten Früchten, die in vielen Sorten angebaut wird.

Erdbeschleunigung ↑Fall.

Erdbestattung ↑Bestattung.

Erdbildmessung ↑Photogrammetrie.

Erde, der (von der Sonne gesehen) nach Merkur und Venus der drittnächste Planet des Sonnensystem; Zeichen ♁.

Erde

Erde. Charakteristische Daten	
Äquatorradius	6 378,137 km
Polradius	6 356,752 km
mittlerer Erdradius	6 371,00 km
Äquatorumfang	40 075,2 km
Meridianumfang	40 008,0 km
Oberfläche	$510,07 \cdot 10^6$ km^2
Volumen	$1 083,21 \cdot 10^9$ km^3
Masse	$5,974 \cdot 10^{24}$ kg
mittlere Erddichte	5,516 g/cm^3
Neigung des Äquators gegen die Bahnebene	23° 26' 21,5"

Bahnbewegung der Erde: Die E. bewegt sich auf einer leicht ellipt. Bahn, in deren einem Brennpunkt die Sonne steht. Durch die Massenanziehung (Gravitation) der Sonne wird die E. auf ihrer Bahn gehalten. Ihr Umlauf um das Zentralgestirn erfolgt rechtsläufig, d. h. vom Nordpol der Erdbahnebene aus betrachtet, entgegen dem Uhrzeigersinn. Die mittlere Entfernung von der Sonne beträgt 149,6 Mio. km, im sonnennächsten Punkt *(Perihel)* 147,1 Mio. km, im sonnenfernsten *(Aphel)* 152,1 Mio. km. Der Umfang der Erdbahn beträgt 940 Mio. km, die mittlere Bahngeschwindigkeit 29,8 km/s. Die Bahnebene der E., d. h. die durch den Mittelpunkt der Sonne und den Schwerpunkt des E.-Mond-Systems gehende Ebene, wird *Ekliptikalebene* genannt; ihr Schnittpunkt mit der Himmelskugel ist die *Ekliptik. Drehbewegung der Erde:* Neben der Bewegung in ihrer Bahn führt die E. eine Rotation um ihre eigene Achse *(Erdachse)* aus, deren gedachte Verlängerung zum Himmelspol *(Polarstern)* zeigt. Die Rotation erfolgt von West nach Ost, also im gleichen Drehsinn wie die Bewegung in ihrer Bahn. Diese Drehbewegung spiegelt sich in der scheinbaren Drehung des Himmelsgewölbes von Ost nach West wider. Die Rotationsdauer um die Erdachse, gemessen an der Wiederkehr der Kulmination eines Sterns, beträgt 23 h 56 min 4 s *(Sterntag),* gemessen an derjenigen der Sonne 24 h *(mittlerer Sonnentag).* Die Rotationsgeschwindigkeit der E. unterliegt Veränderungen, verursacht z. B. durch Gezeitenreibung, Verlagerungen im Erdinnern, jahreszeitl., meteorolog. bedingte Verlagerungen auf der Erdoberfläche. Langfristige Untersuchungen haben ergeben, daß auch die Erdpole wandern und damit auch die Lage des Erdäquators.

Solar-terrestrische Beziehungen: Die Stellung der E. im Sonnensystem bedingt zahlr. Vorgänge in der Atmosphäre bzw. im erdnahen Bereich: Polarlichter in der Hochatmosphäre, Leitfähigkeit der Ionosphäre, magnet. Stürme, Änderungen der Intensitäten im Van-Allen-Gürtel sowie Höhenstrahlung. Viele dieser Phänomene beruhen auf der Teilchen- und Wellenstrahlung der Sonne.

Gestalt: Die E. ist nahezu kugelförmig, genauer: sie hat die Gestalt eines abgeplatteten *Rotationsellipsoids;* strenggenommen ist der Erdkörper nicht durch eine einfache geometr. Figur beschreibbar; man spricht stattdessen von der Erdfigur als dem *Geoid.*

Schwerefeld: Als Schwerkraft bezeichnet man die zusammengesetzte Wirkung von Massenanziehung und Zentrifugalkraft. Die durch sie hervorgerufene Schwerebeschleunigung g nimmt vom Äquator zu den Polen hin zu und beträgt auf Meeresniveau am Äquator 9,78031 m/s^2, in 45° geograph. Breite 9,80801 m/s^2, an den Polen 9,83583 m/s^2.

Aufbau: Aus geophysikal. Beobachtungen, insbes. der Erdbeben, ergibt sich ein schalenförmiger Aufbau in Erdkruste, Erdmantel und Erdkern. Die einzelnen Schalen werden durch Unstetigkeitsflächen, sog. Diskontinuitäten, voneinander getrennt (Mohorovičić-Diskontinuität zw. Erdkruste und -mantel, Wiechert-Gutenberg-Diskontinuität zw. Erdmantel und -kern). Eine neuere Gliederung teilt in Zonen ein, wobei die Zone A der Kruste, die Zonen B–D dem Mantel und E–G dem Kern entsprechen. Die *Erdkruste* selbst wird in die granit. kontinentale Oberkruste und die basalt. ozean. Unterkruste unterteilt. Der stoffl. Zusammensetzung nach spricht man bei der Oberkruste von *Sial* (Silicium, Aluminium), bei der Unterkruste von *Sima* (Silicium, Magnesium), beim folgenden Erdmantel von *Sifema* (Silicium, Ferrum [= Eisen], Magnesium). Die Erdkruste bildet mit den obersten Teilen des *Erdmantels,* die auch als Peridotitschicht oder Ultrasima bezeichnet werden, die Lithosphäre, darunter liegt die plast. Asthenosphäre. Auf eine rd. 500 km mächtige Übergangsschicht folgt der untere Erdmantel. Der *Erdkern* besteht vermutl. aus Nickel- und Eisenverbindungen, dem sog. *Nife.* Den äußeren Kern stellt man sich quasiflüssig vor, den inneren dagegen fest oder aus einer an Wasserstoff und Helium stark verarmten Sonnenmaterie bestehend.

Oberfläche: Land und Meer sind ungleich verteilt. Auf der N-Halbkugel befinden sich 39 % Land- und 61 % Wasserfläche, auf der S-Halbkugel 19 % Land- und 81 % Wasserfläche. Die höchste Erhebung ist der Mount Everest (8846 m ü. M.), die größte bekannte Tiefe liegt im Marianengraben (10 924 m u. M.).

Entwicklung: Allg. wird für die E. wie auch für die anderen Planeten ein Alter von 4,5 bis 5 Mrd. Jahren angenommen. Aus der Uratmosphäre setzte die Bildung der ersten Ozeane ein, aktive Phasen mit weltweiter Gebirgsbildung lassen sich nachweisen. Die Zuordnung von Gesteinen und geolog. Vorgängen führte sowohl zur Aufstellung von Zeittafeln, die von den Anfängen bis zur Erdneuzeit reichen als auch zu paläogeograph. Karten, die über die Verteilung von Land und Meer in den einzelnen Abschnitten der Erdgeschichte informieren.

Erderkundungssatelliten, Erdsatelliten, die u. a. zur Inventarisierung der landwirtschaftlichen Anbaugebiete, der Waldgebiete u. ä., für Ernteprognosen, zur Kartierung schwer zugängl. Gebiete, zur Erkundung von Bodenschätzen und Grundwasservorräten, zum Auffinden von Fischgründen sowie für ozeanograph. und meteorolog. Zwecke eingesetzt werden.

Erdferkel ↑Röhrenzähner.

Erdflöhe, svw. ↑Flohkäfer.

Erdfrühzeit (Präkambrium) ↑Geologie (Übersicht Erdzeitalter).

Erdgas, Naturgas, vielfach mit Erdöl zusammen in porösen Gesteinen der Erdkruste vorkommend. Gasgemisch aus Methan (80–95 %), Äthan, Propan, Butan, Pentan, Kohlendioxid, Stickstoff, Schwefelwasserstoff, Wasser und Helium. Nach Entfernen von Verunreinigungen dient es als Stadt-, Heiz- und Treibgas sowie als wertvoller Rohstoff für die Petrochemie.

Erdferkel (Kopf-Rumpf-Länge 1,0–1,6 m, Schwanzlänge 45–60 cm)

Erdgottheiten ↑chthonische Mächte.

Erdharz, svw. ↑Asphalt.

Erdhörnchen (Marmotini), weit verbreitete Gattungsgruppe am Boden und in unterird. Höhlen lebender Hörnchen; z. B. Murmeltiere, Präriehunde, Ziesel, Burunduk.

Erding ['e:rdɪŋ, 'erdɪŋ], Kreisstadt am S-Rand des kultivierten *Erdinger Mooses* (in der Nähe des Flughafens München II), im NO der Münchner Ebene, Bayern, 25 400 E. Pfarrkirche Sankt Johannes (14./15. Jh.), Wallfahrtskirche Hl. Blut (1675).

Erdkröte ↑Bufo.

Erdkunde ↑Geographie.

Erdläufer (Geophilomorpha), mit über 1 000 Arten nahezu weltweit verbreitete Ordnung augenloser Hundertfüßer; etwa 1 cm bis über 20 cm lang.

Erdmagnetismus (Geomagnetismus), Bez. für die mit dem Magnetfeld der Erde zusammenhängenden Erscheinungen. Das auf der Erdoberfläche gemessene Magnetfeld setzt sich zusammen aus dem *inneren Anteil* (Permanentfeld und Magnetfelder von im Erdinnern fließenden elektr. Strömen) und dem *äußeren Anteil* (Felder von variablen elektr. Strömen in Ionosphäre und Magnetosphäre). Das erdmagnet. Feld gleicht annähernd dem Feld eines *Dipols* nahe beim Erdmittelpunkt, dessen Achse die Erdoberfläche in den Punkten 77,3° n. Br., 101,8° w. L. (*nördlicher Magnetpol;* Messung 1980) und 65,2° s. Br., 138,7° ö. L. (*südlicher Magnetpol;* Messung 1983) durchstößt. Richtung und Stärke des erdmagnet. Feldes sind veränderlich; sie unterliegen der sog. *Säkularvariation,* die sich insbes. in der

Erdflöhe. Großer Gelbstreifiger Kohlerdfloh (Länge 2–6 mm)

zeitl. Änderung der Mißweisung (*Deklination,* d. h. Winkel zw. magnet. Nord und geograph. Nord) äußert. Weltweite Schwankungen des erdmagnet. Feldes nennt man *magnetische Stürme.* Sie werden ausgelöst durch verstärkte Partikelstrahlung von der Sonne (solarer Wind) und hängen eng mit der Sonnenaktivität zusammen.

Erdmännchen (Erdhündchen, Scharrtier, Surikate), bis 35 cm körperlange Schleichkatzenart in den Trockengebieten S-Afrikas.

Erdmännchen (Körperlänge bis 35 cm, Schwanzlänge bis 25 cm)

Erdmetalle, Sammel-Bez. für die chem. Elemente Aluminium, Scandium, Yttrium, Lanthan und die Lanthanoide.

Erdmittelalter (Mesozoikum) ↑Geologie (Übersicht Erdzeitalter).

Erdneuzeit (Känozoikum, Neozoikum) ↑Geologie (Übersicht Erdzeitalter).

Erdnuß, einjähriger südamerikanischer Schmetterlingsblütler, in den Tropen und Subtropen in verschiedenen Sorten angebaut; 15–70 cm hoch; nach der Selbstbestäubung krümmen sich die in die Länge wachsenden Fruchtstiele zur Erde und darüber die Fruchtknoten in den Boden, wo die Frucht heranwächst. Der wohlschmeckende Keimling enthält etwa 50% Öl, 24–35% Protein, 3–8% Kohlenhydrate, Vitamine B und E. Verwertung zu *Erdnußöl* und Erdnußmark (*Erdnußbutter;* Brotaufstrich).

Erdöl (Petroleum), ein hauptsächlich aus verschiedenen Kohlenwasserstoffen unterschiedlichen Molekulargewichts bestehendes, helles bis schwarzgrünes, dünn- bis dickflüssiges öliges Gemenge, das als Rohstoff in natürlicher Lagerung vorkommt (Rohöl). Bestandteile: 80,4–87% Kohlenstoff, 9,6–13,8% Wasserstoff, 0–3% Sauerstoff, 0–5% Schwefel, 0–2% Stickstoff.

E. ist aus tier. und pflanzl. Organismen durch bakteriellen anaeroben Abbau entstanden, wurde durch Druck des Deckgebirges aus dem *Muttergestein* herausgepreßt und sammelte sich in porösen Kalk- oder Sandsteinschichten *(Speichergestein)* an, wo es heute eingeschlossen zw. undurchlässigen Schichten in sog. »Ölfallen« erbohrt werden kann.

Häufigstes Bohrverfahren nach Erdöl- bzw. Erdgasvorkommen ist das *Drehbohr-* oder *Rotaryverfahren;* Bohrtiefen bis 10000 m. Hauptbestandteile einer Bohranlage: *Bohrturm;* ein meist 40 m hohes Stahlgerüst mit Flaschenzug, an dem das gesamte Bohrgestänge hängt; *Drehtisch* mit *Antriebsaggregaten* (typ. 4000 kW) zum Antrieb von *Mitnehmerstange, Bohrgestänge* (9 m lange Rohre mit Gewindeverschraubung), *Schwerstange* und daran befestigtem *Bohrmeißel* oder *Bohrkrone; Bohrlochverschlüsse (Blow-out-preventer).* Die Bohrung erfolgt stufenweise mit abnehmendem Durchmesser (30˝–6˝ oder 76–15 cm). Nach dem »Ziehen« des gesamten Bohrgestänges wird das Bohrloch mit Futterrohren ausgekleidet, der Ringraum auszementiert und mit der nächstkleineren Bohrkrone weitergebohrt. Der Druck auf die Bohrkrone wird einzig von der Schwerstange ausgeübt. Die *Spülflüssigkeit* kühlt den Bohrkopf und transportiert das Bohrklein als *Bohrschlamm* nach oben. Ist die Bohrung fündig (etwa jede 10. Bohrung), beginnt die Förderung. Man unterscheidet: *Primärförderung* (das E. quillt infolge des hohen Lagerstättendrucks an die Erdoberfläche), *Sekundärförderung* (Wasser wird durch geeignete Bohrlöcher eingepreßt und drückt das Öl nach oben; häufigste Methode), *tertiäre Förderung* (eingeleiteter Heißdampf macht zähflüssiges E. so dünnflüssig, daß es nach oben gepumpt werden kann). ↑Off-shore-Bohrung.

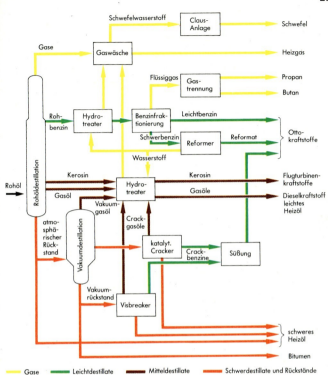

Diagram labels:

Schwefelwasserstoff — Claus-Anlage — Schwefel

Gase — Gaswäsche — Heizgas

Flüssiggas — Gas-trennung — Propan / Butan

Roh-benzin — Hydro-treater — Benzinfrak-tionierung — Leichtbenzin

Schwerbenzin — Reformer — Reformat — Otto-kraftstoffe

Wasserstoff

Rohöl — Rohöldestillation

Kerosin — Hydro-treater — Kerosin — Flugturbinen-kraftstoffe

Gasöl — Gasöle — Dieselkraftstoff leichtes Heizöl

Vakuumgasöl — Crack-gasöle

atmosphärischer Rückstand — Vakuumdestillation

katalyt. Cracker — Crackbenzine — Süßung

Vakuumrückstand — Visbreaker

schweres Heizöl

Bitumen

Legend: Gase | Leichtdestillate | Mitteldestillate | Schwerdestillate und Rückstände

Verarbeitung: Sie dient der Gewinnung von Treibstoffen, Schmier- und Heizölen sowie in großem Umfang der Gewinnung von Rohstoffen für die chem. Industrie. Die ersten Verarbeitungsschritte, denen das geförderte E. unterworfen wird, sind Reinigungsprozesse wie Abfiltrieren von Sand oder Schlamm, Entfernen von gelösten Gasen, Abtrennung von Wasser und gelösten Salzen. Danach gelangt das Rohöl zur Aufbereitung in die Raffinerie. Hier wird es allg. zunächst einer Destillation unter atmosphär. Druck, der sog. *Topdestillation,* unterworfen und dabei in Fraktionen unterschiedl. Siedebereiche zerlegt. Man erhitzt das Rohöl hierzu in Röhrenöfen auf etwa 370°C und leitet die entstehenden Dämpfe in eine Destillationskolonne, aus der dann die Fraktionen unterschiedl. Siedetemperatur in verschiedenen Höhen der Kolonne ab-

gezogen werden. An der Spitze der Destillationskolonne entweichen die am leichtesten flüchtigen E.bestandteile als sog. *Topgase.* Danach folgt bei Temperaturen bis etwa 100°C das *Leichtbenzin,* etwa zw. 100 und 180°C das *Schwerbenzin,* zw. 180 und 250°C das *Petroleum* und zw. 250 und 350°C das *Gasöl.* Am Boden der Destillationskolonne sammeln sich diejenigen Bestandteile des E. an, die erst oberhalb 350°C sieden. Dieser Destillations- oder Toprückstand wird entweder direkt als *schweres Heizöl* verwendet oder durch therm. Kracken oder Vakuumdestillation zu weiteren Produkten, insbes. Schmierölen, verarbeitet. Der hierbei verbleibende Rückstand kann je nach dem eingesetzten Rohöl als Bitumen oder als Zusatz zu schwerem Heizöl verwendet werden. Alle Destillate, einschließlich der Topgase, müssen vor der Abgabe an den

Erdnuß

Erdpyramiden

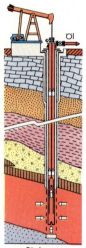

Förderung
durch Gestängepumpe

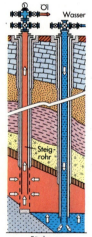

Förderung
durch Wasserfluten

Verbraucher oder vor der weiteren Verarbeitung einer Nachbehandlung (Raffination) unterworfen werden, um sie den Marktanforderungen hinsichtlich Lagerstabilität, Geruch und Farbe anzupassen, z. T. auch um korrosiv wirkende Komponenten und Katalysatorgifte (v. a. Schwefelverbindungen) zu entfernen. Da der Bedarf an Treibstoffen, insbes. hochwertigen Vergaserkraftstoffen (Motorenbenzinen) mit der immer stärker zunehmenden Motorisierung sprunghaft gestiegen ist und aus den bei der Topdestillation anfallenden Benzinfraktionen (den sog. *Straight-run-Benzinen*) nicht mehr ausreichend gedeckt werden kann, wurden mehrere Verfahren entwickelt, durch die die Ausbeute an qualitativ hochwertigen Motorenbenzinen gesteigert wird. Eines dieser Verfahren ist das *Kracken* (Cracken), d. h. das Spalten höhermolekularer E.bestandteile (v. a. Gasöl, Toprückstand, Rohöl) in niedrigermolekulare. Das *therm. Kracken* ist wichtig für die Verarbeitung von hochviskosen E.fraktionen (z. B. des Toprückstands), aus denen man auf diese Weise niederviskose, als leichte Heizöle geeignete Produkte erhält. Große Bedeutung für die Herstellung von Motorenbenzinen hat dagegen das *katalyt. Kracken* (Katkracken, Catcracken); es wird meist bei niederen Drücken (etwa 0,2 MPa = 2 bar) und Temperaturen von etwa 550°C in der Dampfphase durchgeführt. Als Katalysatoren lassen sich aktivierte natürl. Tone, synthet. saure Aluminiumsilicate, Magnesium- und Molybdänsilicate verwenden. Die Reaktion wird meist im Wirbelschichtverfahren vorgenommen, wobei ein Teil des Katalysators ständig abgezogen wird. Das dabei anfallende *Krackbenzin* zeichnet sich durch eine hohe Oktanzahl aus; es enthält v. a. niedermolekulare aromat. Verbindungen und Isoparaffine. Ein weiteres wichtiges Verfahren zur Gewinnung von hochwertigen Motorenbenzinen ist das *Reformieren*, bei dem wenig klopffeste Kohlenwasserstoffe (v. a. Paraffine und Naphthene) durch Isomerisierungs-, Cyclisierungs- und Aromatisierungsreaktionen in hochklopffeste Kohlenwasserstoffe (v. a. Isoparaffine, Aromaten und Alkene) umgewandelt werden. Dadurch ist es möglich, aromatenreiche wertvolle Flug- und Motorenbenzine *(Reformate, Reformatbenzine)* mit Oktanzahlen zw. 90 und 100 zu gewinnen. Als Nebenprodukte treten wasserstoffreiche, zu Synthesen geeignete Spaltgase auf. Beim *Reformieren nach dem Festbettverfahren* wird ein feinkörniger, fest im Reaktor auf Trägermaterial angebrachter Platinkatalysator verwendet *(Platforming),* beim *Reformieren nach dem Wirbelschichtverfahren* besteht der Katalysator aus feinkörnigen Molybdän- und Aluminiumoxidteilchen oder Gemischen aus Kobalt-, Molybdän- und Aluminiumoxid, die von unten her vom Einsatzgut durchströmt werden *(Hydroforming, Hyperforming).* Die Reaktion vollzieht sich bei Drücken zw. 1–3 MPa (10–30 bar) bei Temperaturen über 500°C. **Wirtschaft:** Die wirtschaftl. Ausbeute von E. setzte zwar erst in der 2. Hälfte des 18. Jh. ein, doch wurde E. rasch zum wichtigsten Primärenergieträger in den meisten Ind.ländern. Die E.unternehmen entwickelten sich entsprechend zu großen Konzernen, die auch polit. Einfluß durch Einsatz ihrer wirtschaftl. Macht erlangten. Mit der Gründung der OPEC bzw. der OAPEC versuchten die größten Förderländer – mit Ausnahme der USA und der UdSSR – ein Rohstoffkartell zu errichten, um Preiserhöhungen und auch Absprachen über die Fördermengen durchsetzen zu können. ↑Energiepolitik.

Erdpyramiden, säulen- bis pyramidenförmige, bis mehrere Meter hohe Abtragungsformen in Moränen und vulkan. Tuffen, oft von Decksteinen geschützt.

Erdrauch, Gatt. der Erdrauchgewächse mit etwa 50 Arten in M-Europa; ein Ackerunkraut ist der *Gemeine E.* mit purpurroten Blüten.

Erdrutsch (Bergrutsch), an steilen Hängen plötzl. abgehende Lockermassen.

Erdschein (Erdlicht), indirekte Beleuchtung des Mondes durch Reflexion von Sonnenlicht an der Erde.

Erdschluß ↑Kurzschluß.

Erdstrahlung, Alpha-, Beta- oder Gammastrahlung aus natürl., radioaktiven Bestandteilen des Bodens.

Erdströme, elektr. Ströme in der Erdrinde, die durch Schwankungen des Erdmagnetfeldes induziert werden oder beim Ausgleich elektr. Spannungen entstehen.

Erdpyramiden. Die »Demoiselles coiffées« bei Pontis im Embrunais in den französischen Alpen

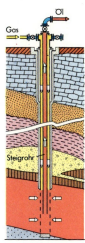

Gaslifttförderung

Erdöl. Schematische Darstellung der Fördermethoden

Erdteil, svw. ↑Kontinent.

Erdumlaufbahn ↑Raumflugbahnen.

Erdung, Verbindung elektr. Geräte mit elektrisch gut leitenden Erdschichten, hauptsächlich zur Vermeidung von Unglücksfällen durch elektr. Schlag bei Defekten an elektr. Geräten.

Erdwanzen (Grabwanzen, Cydnidae), mit vielen Arten nahezu weltweit verbreitete Fam. 3–15 mm großer Wanzen; saugen an Wurzeln.

Erdwärme (geotherm. Energie), Wärmeenergie, die als *Wärmestrom* (rd. 0,05 J/(m²·s)) aus den inneren Zonen der Erde an die Oberfläche gelangt. Die Temperatur nimmt mit der Tiefe zu; der Mittelwert in der *Erdkruste* ist 3°/100 m, d. h. die *geotherm. Tiefenstufe* beträgt rd. 33 m. Abweichungen beruhen auf unterschiedl. Wärmeleitvermögen des Gesteins, v. a. aber auf *Vulkanismus.* E. in Form von geotherm. Dampf wird bereits in *geothermischen Kraftwerken* genutzt.

Erdwolf ↑Hyänen.

Erdzeitalter, Ära der Erdgeschichte.

Erec, mittelalterl. Sagengestalt; Ritter der Artusrunde; nach breton. Quellen im 12. Jh. von Chrétien de Troyes und von Hartmann von Aue gestaltet.

Erechtheion, Tempel ion. Ordnung auf der Akropolis von Athen (421–406), an Stelle eines älteren Tempels [des ↑Erichthonios]; an der S-Mauer Korenhalle.

Erektion [lat. »Aufrichtung«], reflektor., durch Blutstauung bedingte Anschwellung, Versteifung und Aufrichtung von Organen, die mit Schwellkörpern versehen sind. Der Begriff bezieht sich in erster Linie auf die Versteifung des männl. Gliedes (Penis), aber auch auf die des Kitzlers (Klitoris) der Frau.

Eremit [griech.-lat.] ↑Einsiedler.

Eremitage (Ermitage) [eremiˈtaːʒə; griech.-lat.-frz.], v. a. im Barock einsam gelegenes, kleines Land-/Gartenhaus; oft absichtlich schlicht gehalten, meist in künstl. Einsamkeit.

Eremitage [eremiˈtaːʒə], Museum in Sankt Petersburg (bed. Gemäldesammlung), heute in mehreren Schlössern untergebracht: »Kleine E.« (von Jean-Baptiste Vallin de la Mothe [* 1729, † 1800], 1764–67), »Winterpalais« (sog. Vierter Winterpalast, von B. F. Rastrelli, 1754–63), »Alte E.« und »Neue E.« (von L. von Klenze, 1839–52).

Eresburg, größte der sog. altsächs. Volksburgen, von Karl d. Gr. mehrfach angegriffen und 772 erobert; lag wahrscheinlich bei der heutigen Stadt Marsberg (NRW).

Eretria, bed. antike Stadt auf Euböa; Blütezeit im 8. Jh. v. Chr.; 490 von den Persern, 198 v. Chr. von den Römern zerstört; u. a. Reste von Tempeln (6. Jh. v. Chr.) und eines Theaters (4. Jh. v. Chr.).

Erfahrung, 1) in der *Philosophie* ein Grundbegriff der Erkenntnistheorie. **2)** *allg.:* die erworbene Fähigkeit sicherer Orientierungen, das Vertrautsein

Erdrauch. Gemeiner Erdrauch

Erfinderrecht

mit bestimmten Handlungs- und Sachzusammenhängen ohne Rückgriff auf ein hiervon unabhängiges theoret. Wissen. E. führt, sich auf endl. viele Beispiele und Gegenbeispiele in der Anschauung stützend, zu einem elementaren Wissen *(Empirie)*, auf das auch theoret. Wissen bezogen bleibt.

Erfinderrecht, ein mit Vollendung einer Erfindung in der Person des Erfinders entstehendes absolutes, übertrag- und vererbbares Recht mit persönlichkeitsrechtl. und verwertungsrechtl. Komponenten (auch bei Arbeitnehmererfindungen).

Erfindung, erste oder neue Lösung einer techn. Aufgabe.

Erfolg, 1) *Psychologie:* das Erreichen eines Ziels. Das E.erlebnis hängt v. a. von der Übereinstimmung der Leistung mit den selbstgesetzten Erwartungen ab. **2)** *Wirtschaft:* Gewinn oder Verlust einer wirtschaftl. Tätigkeit.

Erfolgsbilanz, svw. ↑Gewinn-und-Verlust-Rechnung.

Erfolgsrechnung, bei Unternehmen die Ermittlung des Unternehmenserfolgs als Differenz zw. dem in Geld bewerteten Ertrag und Einsatz der Produktionsfaktoren innerhalb eines bestimmten Zeitraums.

Erfrieren (Congelatio), allg. oder örtl. Schädigung des Organismus durch Kälteeinwirkung. Bei einem *allgemeinen E.* sinkt die Körpertemperatur (Bluttemperatur kann bis auf 27 °C, Rektaltemperatur noch einige Grade tiefer absinken) ab, und es kommt zu einer Unterkühlung des gesamten Organismus. Durch die kältebedingte Stoffwechselsenkung der Gewebe, v. a. des Gehirns, kommt es zu zunehmender Verwirrtheit des Erfrierenden und schließlich zur Bewußtlosigkeit. In der Folge tritt eine nicht rückbildungsfähige Schädigung des Atemzentrums und dadurch der *Kältetod* ein. Das *örtliche E.* betrifft v. a. Nase, Ohren, Wangen, Finger, Zehen. Hierbei unterscheidet man drei Schweregrade: 1. Grad: starke Rötung der Haut durch reaktive Mehrdurchblutung; 2. Grad: Blasen- und Ödembildung infolge erhöhter Durchlässigkeit der geschädigten Gewebe; 3. Grad: Nekrosebildung, d. h. völlige, nicht mehr rückbildungsfähige Schädigung der Gewebe mit nachfolgendem Absterben.

Erftstadt, Stadt in NRW, im NO der Zülpicher Börde, an der Erft, 45 600 E. Maschinen-, Textil-, Nahrungsmittelindustrie. Schloß Gymnich (17. und 18. Jh.; heute Gästehaus der Bundesregierung).

Erfüllung, im *Recht* die Tilgung der Schuld durch Erbringen der geschuldeten Leistung.

Erfüllungsgehilfe, im *Recht* derjenige, der mit Willen des Schuldners bei der Erfüllung einer Verbindlichkeit tätig wird.

Erfüllungsort (Leistungsort), vertraglich bestimmbarer Ort, an dem die Leistungshandlung aus einem Schuldverhältnis zu erbringen ist.

Erfüllungspolitik, urspr. im Auswärtigen Amt hausintern verwendetes, später von Gegnern der Weimarer Republik (bes. den Deutschnationalen und Nationalsozialisten) demagogisch gebrauchtes Schlagwort für die ab 1921 von der Reichsregierung verfolgte Politik, die Verpflichtungen des Versailler Vertrags möglichst zu erfüllen, um damit zugleich die Grenzen der Leistungsfähigkeit Deutschlands offenkundig und eine Revision der Reparationsbestimmungen des Vertragswerks unabweisbar zu machen.

Erfurt, 1) Hauptstadt von Thüringen, im südl. Thüringer Becken, 207 200 E. Univ. (1379–1816; erneut seit 1994), PH, Museen; Zoo; internat. Gartenbauausstellung, Zentrum eines hochentwickelten Erwerbsgartenbaus; u. a. Büromaschinen- und elektrotechn. Ind. Am Domplatz Dom (15. Jh.) und Severikirche (12.–14. Jh.); bed. die ehem. Univ.kirche (13.–15. Jh.) und die Augustinerkirche (14. Jh.). Mit Häusern überbaut ist die Krämerbrücke (14. Jh.), außerdem zahlr. Häuser aus Gotik und Renaissance. – An einer Furt über die Gera gegr.; das von Bonifatius 741 errichtete Bistum E. ging nach seinem Tode im Erzbistum Mainz auf; im frühen MA wichtiger Umschlagplatz für den dt.-slaw. Handel; wiederholt Tagungsort von Reichstagen; Hochburg des Humanismus; ab 1802/03 zu Preußen (1806–13 frz. besetzt). – 1808 suchte Napoleon I. auf dem *Erfurter Fürstentag (Erfurter Kongreß)* bei Zar Alexander I. und dt. Fürsten vergeblich militär. Entlastung. Auf dem *Erfurter Unionspar-*

lament (1850) scheiterte der Versuch Preußens, einen kleindt. Staat unter seiner Hegemonie zu schaffen. – Am 19. 3. 1970 fand in E. die erste Begegnung zw. den Regierungschefs der beiden dt. Staaten (W. Brandt, W. Stoph) statt. **2)** 1994 aus der Apostol. Administratur Erfurt-Meiningen, die ab 1973 in der DDR Gebiete der Diözesen Fulda (Erfurt) und Würzburg (Meiningen) zusammenfaßte, wiedererrichtetes eigenständiges Bistum.

Erg [arab.], Sandwüste mit Dünenbildung.

Erg [griech.; Kw.], nichtgesetzl. Einheit der Energie bzw. Arbeit; Einheitenzeichen erg. 1 erg = 1 dyn · cm bzw. 1 erg = 10^{-7} J.

ergo [lat.], also, folglich.

Ergometer [griech.], Gerät zur Messung der körperl. Leistungsfähigkeit, das eine dosierbare Belastung ermöglicht. Am gebräuchlichsten ist das *Fahrrad-E.* zur mechan. Leistungsprüfung, bei dem die mechan. Arbeit in eine registrierbare elektr. Energie umgewandelt wird. Das *Spiro-E.* dient zur Messung des Sauerstoffverbrauchs.

Ergonomie [griech.], Wiss. von den Leistungsmöglichkeiten des arbeitenden Menschen und der Anpassung der Arbeit[sbedingungen] an den Menschen.

Ergußgesteine ↑Gesteine.

Erhaltungssätze, grundlegende physikal. Gesetze, nach denen bestimmte physikal. Größen (z. B. Drehimpuls, Energie, Impuls, Lage des Schwerpunkts) in abgeschlossenen Systemen bei jeder zeitl. Zustandsänderung ihren Wert beibehalten.

Erhard, Ludwig, *Fürth 4. 2. 1897, † Bonn 5. 5. 1977, dt. Politiker (CDU). Volkswirt; 1945/46 bayer. Min. für Handel und Gewerbe; 1948/49 Direktor der »Verwaltung für Wirtschaft des Vereinigten Wirtschaftsgebiets«; an der Vorbereitung der Währungsreform (20. Juni 1948) und maßgeblich an der Durchsetzung des Konzepts der sozialen Marktwirtschaft beteiligt; bestimmte als Wirtschafts-Min. (1949–63) wesentlich den wirtschaftlichen Wiederaufstieg der BR Deutschland mit (»Vater des dt. Wirtschaftswunders«); 1949–76 MdB; 1957–63 Vizekanzler, 1963–66 Bundeskanzler; 1966/67 CDU-Vorsitzender.

Erhardt, Heinz, *Riga 20. 2. 1909, † Hamburg 5. 6. 1979, dt. Kabarettist und Schauspieler. Wurde v. a. in den 1950er und 60er Jahren mit ausgefeilter Sprachakrobatik (stotternde Kalauer, verdrehte Sprichwörter) zum Prototyp des »kleinen Mannes« im Kampf mit den Tücken des Lebens; zahlr. Filme.

Gregor Erhart. Schutzmantelmadonna (um 1510; Frauenstein, Oberösterreich, Wallfahrtskirche)

Erhart, Gregor, *Ulm um 1465/70, † Augsburg 1540, dt. Bildhauer. Am Übergang von der Spätgotik zur Frührenaissance ab 1494 in Augsburg tätig. Der früher E. zugeschriebene Hochaltar in Blaubeuren (1493/94) gilt heute überwiegend als Werk seines Vaters Michel E. (*um 1440, † nach 1522).

Erhebung, in der *Statistik* die Beschaffung des sog. Urmaterials für eine Auswertung.

Erica ['e:rika, e'ri:ka; griech.-lat.] ↑Glockenheide.

Erich, Name von Herrschern:
Dänemark: **1) Erich VII.** (E. der Pommer), *um 1382, † Rügenwalde 3. 5. 1459, Herzog von Pommern-Stolp, König von Dänemark (1397/1412–39), als E. IV. König von Norwegen (1389/1412–41), als E. XIII. König von Schweden (1397/1412–39). Großneffe Margaretes I. von Dänemark; 1397 in Kalmar zum Unionskönig gekrönt; we-

Ludwig Erhard

Erich der Rote

Eridu.
Tempel VII aus der
Obeidzeit nach seiner
Freilegung durch iraki-
sche Ausgrabungen
1946–49

nenkrieg gegen Dänemark und Polen;
als geisteskrank abgesetzt.

Erich der Rote, † um 1007, norweg.
Wikinger. Vater von Leif Eriksson; erreichte 982 die O-Küste Grönlands;
gründete 986 im S der Insel eine Siedlung, von der aus sein Sohn um 1000 die
Küste Nordamerikas (»Vinland«) entdeckte.

Erichthonios (Erechtheus), Gestalt der
griech. Mythologie; König von Athen.

Eridu, altoriental. Stadt (heute Ruinenhügel Tell Abu-Schahrein) in S-Irak,
nahe Ur gelegen. Prähistor. Schichten
seit dem 6. Jt. v. Chr.; vor- und frühgeschichtl. Tempelanlage mit 18 Baupha-
sen; Kultort des Enki.

Eriesee [engl. 'ɪərɪ], einer der Großen
Seen N-Amerikas, USA/Kanada,
25 745 km², Zufluß aus dem Huronsee,
Abfluß durch den Niagara River zum
Ontariosee.

erigieren [lat.], anschwellen, sich auf-
richten (↑Erektion).

Erikagewächse, svw. ↑Heidekrautge-
wächse.

Erinnerung, in der *Psychologie* das Be-
wußtwerden und insbes. das aktive Ins-
bewußtseinheben von im Gedächtnis
gespeicherten Wahrnehmungen, Erleb-
nissen, Vorgängen und Bedeutungen.

Erinnyen (Erinyen), Rachegöttinnen
der griech. Mythologie, bei den Römern *Furiae* genannt; oft als Dreizahl
gedacht: *Allekto, Teisiphone* und *Megaira*.
Sie verfolgten Frevler und straften sie

gen seiner Großmachtpolitik und Erb-
reichspläne 1439 bzw. 1441 von den drei
Reichsräten abgesetzt.
Norwegen: **2) Erich IV.** ↑Erich VII. von
Dänemark.
Schweden: **3) Erich IX.,** der Hl., † vermutlich 18. 5. 1159 oder 1160 (ermordet), Teilherrscher (ab 1158). Nach der
Legende Vorkämpfer des Christentums.
4) Erich XIII. ↑Erich VII. von Dänemark.
5) Erich XIV., *Stockholm 13. 12.
1533, † Örbyhus bei Uppsala 26. 2.
1577 (vergiftet?), König (1560–68).
Sohn Gustavs I. Wasa: erwarb Reval
und Estland und führte den Dreikro-

Erlangen.
Innenraum des Mark-
grafentheaters, von
Giovanni Paolo Gaspari
1743/44 ausgestaltet

mit Wahnsinn. Euphemistisch wurden sie auch *Eumeniden* (die Wohlgesinnten) genannt.

Eris, bei den Griechen Personifikation und Göttin der Zwietracht; veranlaßt den Streit zw. Aphrodite, Hera und Athena, wer die Schönste sei, und das Urteil des Paris.

Eritrea, Staat in Afrika, grenzt im N an Sudan, im O an das Rote Meer, im SO an Djibouti, im S und W an Äthiopien. **Staat und Recht:** Republik; *Verfassung* seit 1994 in Ausarbeitung. Die *Legislative* liegt beim provisor. Parlament, der Nationalversammlung (75 Mgl. des Zentralrates der PFDJ sowie 75 Vertreter der Provinzparlamente), die 1993 den Staats-Präs., das provisor. *Staatsoberhaupt* (zugleich Leiter der *Exekutive*), wählte. Die Eritreische Volksbefreiungsfront (EPLF) konstituierte sich 1994 unter dem Namen Volksfront für Demokratie and Gerechtigkeit (PFDJ) als staatstragende *Partei.*

Landesnatur: Die niederschlagsarme, feuchtheiße Küstenebene steigt nach NW zur Randstufe des äthiop. Hochlands auf; das SO gehört zur halbwüstenhaften Afarsenke.

Bevölkerung: Die Bevölkerung besteht aus neun ethn. Gruppen (Afar, 5 %; Bilen, 2 %; Hadareb, 2 %; Kunama, 2 %; Nara, 1 %; Rashaida, 0,5 %; Saho, 5 %; Tigre, 31 %; Tigrinier, 50 %); je etwa die Hälfte der Bev. sind äthiop.-orth. Christen und Muslime.

Wirtschaft, Verkehr: Der überwiegende Teil der Bevölkerung lebt von der Landwirtschaft (Kaffee-, Baumwoll-, Tabak- und Getreideanbau; im SO v. a. Nomadenwirtschaft). Die gesamte Infrastruktur ist durch starke Kriegsschäden beeinträchtigt. Hochseehäfen sind Massaua und Assab, internat. ✈ in Asmara.

Geschichte: E. war mit ↑Äthiopien seit ältesten Zeiten verbunden. 1890 wurde E. italien. Kolonie, 1934/35 diente es als Basis für die Eroberung Äthiopiens durch Italien. 1941–45 stand es unter brit. Militärverwaltung, 1945–52 war es brit. Treuhandgebiet der UN. Gegen die Zugehörigkeit zu Äthiopien (1952–62 Föderation, dann Prov.) kämpften seit den 1960er Jahren in einem blutigen Bürgerkrieg die Eritreische Befreiungsfront (ELF) und die marxist. Eritreische Volksbefreiungsfront (EPLF). Nach dem Zusammenbruch des marxist. Regimes in Äthiopien 1991 räumte das äthiop. Militär Eritrea. Im April 1993 sprach sich die Bev. in einer Volksabstimmung für die staatl. Unabhängigkeit aus, die daraufhin zum 24. 5. 1993 in Kraft trat. Staats-Präs. ist seit 1993 I. Afewerki, der zugleich als Generalsekretär der PFDJ amtiert.

Eritrea

Eritrea

Staatsflagge

Staatswappen

Eritrea	
Fläche:	117 400 km²
Einwohner:	3,5 Mio.
Hauptstadt:	Asmara
Amtssprache:	Tigrinja, Arabisch
National-	
feiertag:	24. 5.
Währung:	1 Birr (Br) = 100 Cents (ct)
Zeitzone:	MEZ + 2 Std.

Eriwan ↑Jerewan.

Erkel, Ferenc (Franz), *Gyula bei Békéscsaba 7. 11. 1810, † Budapest 15. 6. 1893, ungar. Komponist. Komponierte 1844 die ungar. Nationalhymne; Schöpfer der ungar. Nationaloper.

Erkelenz, Stadt in NRW, im N der Jülicher Börde, 38 100 E. Maschinen-, Textil-, Möbel-, Nahrungsmittelindustrie. Altes Rathaus (1541–46; 1951 Wiederaufbau).

Erkenntnis, begründetes Wissen über einen Sachverhalt. Die Tradition unterscheidet zw. *diskursiver* und *intuitiver E.,* je nachdem, ob es sich um ein methodisch und begrifflich ausgebautes Wissen oder um ein in diesem Sinne unvermitteltes Wissen handelt.

Erkenntnistheorie (Epistemologie), Disziplin der Philosophie, die sich mit der Untersuchung des menschl. Erkenntnisvermögens befaßt (unter dem

Ferenc Erkel

Erkenntnisverfahren

Joseph Erlanger

Erle.
Zweige der Schwarzerle mit männlichen (gelblichen) und weiblichen (rötlichen) Kätzchen sowie vorjährigen Fruchtständen (oben) und diesjährigen Fruchtständen (unten)

Begriff E. erst im Anschluß an die Philosophie Kants); wurde im 19. Jh. durch den Neukantianismus zur Grundlagendisziplin.

Erkenntnisverfahren (Entscheidungs-, Streitverfahren), im *Recht* das Verfahren des Zivilprozesses, in dem über den Streitgegenstand (meist durch Urteil) entschieden wird.

Erkennungsdienst, kriminalpolizeiliche Dienststelle, die mit techn. und wiss. Methoden der Identifizierung von Personen und Sachen dient.

Erkennungsmarke, vorwiegend beim Militär gebräuchl. Metallmarke zur Identifizierung des Trägers; eingeprägt sind Personenkennziffern, Blutgruppe (mit Rhesusfaktor), Nationalität und Bekenntnis.

Erker, ein- oder mehrgeschossiger Vorbau (im Obergeschoßbereich).

Erl, österr. Gem. am Inn, Tirol, 1 200 E. Passionsspiele seit 1610.

Erlangen, Kreisstadt in M-Franken, Bayern, 102 600 E. Univ. E.-Nürnberg; Gemäldegalerie; Theater. Elektro-Ind.; Hafen. Zahlr. Baudenkmäler, u. a. ev.-ref. Kirche (1686–92), Altstädter Dreifaltigkeitskirche (1706–21), Schloß (1700–04) mit Orangerie. – Abb. S. 926.

Erlanger, Joseph [engl. 'ɔːləŋə], *San Francisco 5. 1. 1874, † Saint Louis 5. 12. 1965, amerikan. Neurophysiologe. Entdeckte mit H. S. Gasser differenzierte Funktionen einzelner Nervenfasern und erhielt 1944 zus. mit ihm den Nobelpreis für Physiologie oder Medizin.

Erlaß, 1) im *öffentl. Recht* interne Weisung eines staatl. Exekutivorgans, die nur die Behörden bindet.
2) im *Schuldrecht* der [vertragl.] Verzicht des Gläubigers auf die Forderung.

Erlaßjahr, svw. ↑Jobeljahr.

Erlau ↑Eger (Ungarn).

Erlaubnis (Genehmigung), im *Recht* ein begünstigender, antragsgebundener Verwaltungsakt; kann mit Auflagen oder Bedingungen versehen werden.

Erlaucht, Titel regierender Reichsgrafen, ab 1829 der Häupter der mediatisierten gräfl. Häuser.

Erle (Eller, Alnus), Gatt. der Birkengewächse mit etwa 30 Arten in der nördl. gemäßigten Zone und in den Anden; Bäume oder Sträucher mit am Rande leicht gelappten oder gesägten Blättern;

weibl. Blüten in Kätzchen, die zu mehreren unterhalb der männl. stehen; rundl., verholzende Fruchtzapfen mit kleinen, rundl. bis fünfeckigen, schmal geflügelten Nußfrüchten. Wichtige Arten sind: *Schwarzerle* (Rot-E.), bis 25 m hoher, oft mehrstämmiger Baum mit schwarzbrauner, rissiger Borke; *Grauerle* (Weiß-E.), bis 20 m hoher Baum mit heller, grauer Rinde; *Grünerle* (Berg-E.), 1–3 m hoher Strauch mit glatter, grauer Rinde mit bräunl. Korkwülsten.

erlebte Rede, ep. Stilmittel: Gedanken einer bestimmten Person werden im Indikativ und meist im Präteritum ausgedrückt.

Erler, Fritz, *Berlin 14. 7. 1913, † Pforzheim 22. 2. 1967, dt. Politiker (SPD). Als Gegner des Nat.-Soz. 1938–45 in Haft; ab 1949 MdB, ab 1964 Fraktions-Vors.; maßgeblich beteiligt am Wandel der SPD zur Volkspartei.

Erlöser ↑Heiland.

Erlösung, im weitesten Sinne als Hilfe und Heil verstanden, ein allen Religionen eigenes Anliegen. Als spezielle *Erlösungsreligionen* gelten das Christentum, die ind. Religionen und die Religionen der Spätantike. Während das christl. Heilsziel Befreiung von Schuld und Sünde sowie Vollendung im ewigen Leben ist, herrscht im Buddhismus und Hinduismus das Streben nach E. aus einer leidvollen Scheinwelt vor. Die gnost. Religionen der Spätantike erstreben eine Befreiung von den Fesseln der Materie.

Ermächtigungsgesetz, Gesetz, das die Regierung ermächtigt, Verordnungen mit Gesetzeskraft ohne Beteiligung des Parlaments zu erlassen. Durch das E. vom 23. 3. 1933 verschaffte sich der Nat.-Soz. eine Scheinlegalität seiner verbrecher. Herrschaft. – In der BR Deutschland ist nach Art. 80 GG ein E. verboten.

Ermanarich ['ɛrmanarɪç, ɛr'maːnarɪç], † nach 370, ostgot. König. Sein Reich in Südrußland wurde 375 von den Hunnen zerstört. In der german. Heldensage Gegner Dietrichs von Bern.

Ermessen, pflichtgem. Wertung einer Verwaltungsbehörde oder eines Gerichts, daß eine Entscheidung rechtmäßig und zweckmäßig ist, bes. bei Anwendung von Kann- oder Sollvorschriften.

Ermittlungsrichter, Richter, der im Ermittlungsverfahren für alle richterl. Untersuchungshandlungen (z. B. für Durchsuchungen) zuständig ist.

Ermittlungsverfahren, der erste Abschnitt des Strafverfahrens, unter Leitung der Staatsanwaltschaft. Bietet das E. genügenden Anlaß zur Erhebung der Anklage, so reicht sie die Anklageschrift beim zuständigen Gericht ein; andernfalls wird das E. eingestellt.

Ermland, histor. Landschaft in Ostpreußen, Polen, erstreckt sich vom Frischen Haff bis auf den Preuß. Landrükken. – Ab Mitte des 13. Jh. wurde der Pruzzengau *Warmien* v. a. von niederdt. und schles. Einwanderern besiedelt. Ab 1466/79 unter poln. Oberhoheit, fiel das E. 1772 an Preußen.

Ernährung, die Aufnahme der Nahrungsstoffe für den Aufbau, die Erhaltung und Fortpflanzung eines Lebewesens. – Die *grünen Pflanzen* können die körpereigenen organ. Substanzen aus anorgan. Stoffen (CO_2, Wasser, Mineralsalze) aufbauen, sie sind autotroph. Ihre Energiequelle ist dabei die Sonne. Durch ihre ständige Synthesetätigkeit liefern die grünen Pflanzen allen heterotrophen, auf organ. Nährstoffe angewiesenen Organismen (Bakterien, Pilze, nichtgrüne höhere Pflanzen, Tiere, Mensch) die Existenzgrundlage. Wichtigster Ernährungsvorgang bei diesen Pflanzen ist die ↑Photosynthese. – Die *nichtgrünen Pflanzen* (Saprophyten, Parasiten) decken ihren Energie- und Kohlenstoffbedarf aus lebender oder toter organ. Substanz. Im Ggs. zur E. der meisten Pflanzen ist die E. bei *Tieren* und beim *Menschen* durch die Notwendigkeit gekennzeichnet, organ. Verbindungen aufzunehmen.

Die aufgenommenen Nährstoffe werden im Verdauungstrakt des Menschen in eine lösl. und damit resorbierbare Form gebracht, mit dem Blut in die verschiedenen Gewebe transportiert und dort in den einzelnen Zellen mit Hilfe von Enzymen oxidiert (↑Verdauung). Dieser Vorgang ist einer Verbrennung vergleichbar, die einerseits Bewegungsenergie und andererseits Wärme liefert. Die Abfallprodukte dieser Verbrennung werden aus dem Körper v. a. durch die Atmung, den Harn und den Stuhl ausgeschieden.

Kohlenhydrate und Fette dienen hauptsächlich als Energiespender, während Proteine vorwiegend zum Aufbau und Ersatz von Zellen und zur Bildung von Enzymen und Hormonen benötigt werden. Bei einer richtig zusammengestellten Kost sollen etwa 55–60% des Joulebedarfs (Kalorienbedarf) aus Kohlenhydraten, 25–30% aus Fetten und 10–15% aus Proteinen gedeckt werden. Die Proteinzufuhr sollte täglich 1 g pro kg Körpergewicht betragen *(Proteinminimum)*. Bei Jugendlichen und Schwangeren sowie während der Stillperiode erhöht sich der Proteinbedarf auf 1,5 g pro kg Körpergewicht und Tag. Beim Erwachsenen sollten (nach einer Empfehlung der Dt. Gesellschaft für Ernährung) 0,4 g Protein pro kg Körpergewicht, mindestens aber 20 g pro Tag tier. Herkunft sein. – Das wichtigste Kohlenhydrat ist die Stärke, die u. a. in Getreideprodukten und Kartoffeln enthalten ist. Fett ist wegen seines hohen Joulegehaltes die wichtigste Energiereserve des Körpers. 1 g Kohlenhydrate und 1 g Protein liefern jeweils 17,2 kJ (4,1 kcal); 1 g Fett dagegen 39 kJ (9,3 kcal). Einige lebenswichtige Fettsäuren wie Linolsäure und Linolensäure kann der Organismus nicht selbst aufbauen. Die Zufuhr dieser essentiellen Fettsäuren sollte täglich etwa 4–6 g betragen (enthalten in zwei Teelöffeln Sonnenblumenöl oder in 45 g Margarine bzw. 150 g Butter). Fette sind außerdem wichtig für die Resorption der fettlösl. Vitamine A, D und K, die nur zus. mit Fetten die Darmwand passieren können.

Der tägl. Energiebedarf eines gesunden Menschen ist v. a. von der körperl., weniger (und im wesentlichen nur indirekt) von seiner geistigen Beanspruchung abhängig. Der Mehrbedarf durch körperl. Tätigkeit erhöht den Ruheumsatz von rd. 7 500 kJ (1 800 kcal) bei mäßiger Arbeit und sitzender Lebensweise auf etwa 9 600 bis 10 500 kJ (2 300–2 500 kcal), bei stärkerer körperl. Arbeit auf etwa 12 600 kJ (3 000 kcal), bei sehr schwerer Arbeit auf 16 700 kJ (4 000 kcal) und mehr in 24 Stunden.

Ernestinische Linie ↑Wettiner.

Erneuerungsschein (Talon, Zinsleiste), Teil eines Wertpapiers, der dem Bezug eines neuen Zins- oder Dividendenbogens dient.

Ernst August II.,
König von Hannover

Paul Ernst

Max Ernst

Erni, Hans, *Luzern, 21. 2. 1909, schweizer. Maler. Neben (surrealist.) Gemälden v. a. Wandmalereien.

Ernst, Name von Herrschern:
Braunschweig-Lüneburg: 1) **Ernst August,** Herzog von Cumberland und zu Braunschweig-Lüneburg, ↑Cumberland, Ernst August Herzog von Cumberland und zu Braunschweig-Lüneburg.
Hannover: 2) **Ernst August I.,** *Herzberg am Harz 30. 11. 1629, † Herrenhausen (heute zu Hannover) 2. 2. 1698, Herzog von Braunschweig und Lüneburg, ev. Bischof von Osnabrück (ab 1660), 1. Kurfürst von Hannover (ab 1692). Sicherte seinem Haus durch Ehe mit der Stuartenkelin Sophie von der Pfalz die Anwartschaft auf die engl. Krone.
3) **Ernst August II.,** *London 5. 6. 1771, † Hannover 18. 11. 1851, Herzog von Braunschweig-Lüneburg, Herzog von Cumberland (ab 1799), König (ab 1837). Sohn Georgs III. von Großbrit.; hob 1837 u. a. gegen den Protest der ↑Göttinger Sieben die Verfassung von 1833 auf.
Hessen-Darmstadt: 4) **Ernst Ludwig,** *Darmstadt 25. 11. 1868, † Schloß Wolfsgarten bei Langen 9. 10. 1937, Großherzog von Hessen und bei Rhein (1892 bis 1918). Gründete die Darmstädter Künstlerkolonie.
Sachsen-Gotha-Altenburg: 5) **Ernst I., der Fromme,** *Altenburg 25. 12. 1601, † Gotha 26. 3. 1675, Herzog. 1631 Oberst in schwed. Dienst; baute eine vorbildl. Verwaltung auf, führte die Schulpflicht (1642) ein.
Schwaben: 6) **Ernst II.,** *um 1010, ✕ Burg Falkenstein im Schwarzwald 17. 8. 1030, Herzog (ab 1015). Ab 1024 auf seiten der Opposition gegen seinen Stiefvater Konrad II.; geächtet und gebannt; histor. Vorbild des Herzog-Ernst-Epos.

Ernst, 1) Max, *Brühl bei Köln 2. 4. 1891, † Paris 1. 4. 1976, frz. Maler und Plastiker dt. Herkunft. Rief 1919 den Kölner Dada (mit H. Arp) ins Leben; gehörte ab 1922 in Paris dem Kreis der Surrealisten an (1941–53 Emigration in die USA). Ausgangspunkt der Bildfindung sind oft automat. Techniken (Frottage, Grattage) sowie die Collagetechnik; bevorzugte Motive: der Vogel (Symboltier der Phantasie), der Wald

(Symbol einer von lauerndem Bösen, Unheil und Tod erfüllten Welt); ab 1928 Plastiken (v. a. Verarbeitung der Kunst der Naturvölker).
2) Otto, eigtl. O. E. Schmidt, *Ottensen (heute zu Hamburg) 7. 10. 1862, † Groß Flottbek (heute zu Hamburg) 5. 3. 1926, dt. Schriftsteller. Schrieb Komödien (»Flachsmann als Erzieher«, 1901; »Tartüff der Patriot«, 1909) und Erzählungen aus dem Kinderleben (»Appelschnut«, 1907).
3) Paul, *Elbingerode/Harz 7. 3. 1866, † Sankt Georgen an der Stiefing (Steiermark) 13. 5. 1933, dt. Schriftsteller. Einer der Hauptvertreter der Neuklassik; erneuerte v. a. die Novelle nach dem Vorbild der formstrengen Renaissancenovelle; schrieb u. a. »Der Tod des Cosimo« (Novellen, 1912), »Der Schatz im Morgenbrotstal« (R., 1926).

Ernste Bibelforscher ↑Zeugen Jehovas.
Erntedankfest, kirchl. Feier beim Abschluß des Einbringens der Ernte, meist Anfang Okt. begangen.
Eröffnungsbeschluß, im *Strafverfahren* der das Hauptverfahren einleitende Gerichtsbeschluß.
erogene Zonen [griech.], Körperstellen, deren Berührung oder Reizung geschlechtl. Erregung auslöst.
Eros, griech. Gott der sinnl. Liebe, Sohn des Ares und der Aphrodite, dem bei den Römern Amor (oder Cupido) entspricht.

Eros
(auf einem attischen Krug; 460–450 v.Chr.)

Eros [griech.], Planetoid (Durchmesser rd. 20 km), mittlere Entfernung von der Sonne rd. 218 Mio. km; Bahn zw. Erde und Mars.

Erosion [lat.], i. w. S. Abtragung, d. h. die abtragende Tätigkeit des Eises, des Meeres, des Windes, i. e. S. die der fließenden Gewässer *(fluviatile E.)*. Sie sucht das Gefälle auszugleichen; bei steilem Gelände sowie bei sehr harten Gesteinen bilden sich Stromschnellen oder Wasserfälle, hier erhöhen sich Strömungsgeschwindigkeit und Turbulenz, die Steilstufe wird verstärkt erodiert, sie wandert stromaufwärts *(rückschreitende E.)*. Das Niveau des Meeresspiegels ist die absolute *Erosionsbasis*, bis zu der die E. wirksam werden kann. Lokale E.basis kann ein See, eine Ebene sein, für einen Nebenfluß ist sie seine Mündung in den Hauptfluß.

Eroten [griech.], geflügelte Liebesgötter der hellenist. und röm. Kunst, meist in Kindergestalt *(Amoretten)*.

Erotik [griech.], i. w. S. alle Formen der Liebe, einschließlich der gleichgeschlechtl. Beziehungen (Homoerotik) oder der Selbstliebe (Autoerotik); i. e. S. meist die geistig-seelische Entfaltung der Geschlechtlichkeit und das Spiel mit deren Reizen, die die Grenzen unmittelbarer ↑Sexualität auch durch die Auswirkungen in Gesellschaft oder Kunst überschreitet.

ERP, Abk. für engl. European Recovery Program (↑Marshallplanhilfe).

Erpel (Enterich), Bez. für das ♂ der Enten (mit Ausnahme der Halbgänse und Säger).

Erpressung, ein Vermögensdelikt, das derjenige begeht, der einen anderen rechtswidrig mit Gewalt oder durch Drohung mit einem empfindl. Übel zu einer Handlung, Duldung oder Unterlassung nötigt und dadurch dem Vermögen des Genötigten Nachteil zufügt, um sich oder einen Dritten zu Unrecht zu bereichern; mit Freiheitsstrafe bis zu fünf Jahren oder mit Geldstrafe bedroht.

errare humanum est [lat. »irren ist menschlich«], lat. Sprichwort.

erratische Blöcke [lat./dt.], ortsfremdes Gestein, z. B. Findlinge.

Erregbarkeit (Reizbarkeit, Exzitabilität, Irritabilität), **1)** *Physiologie:* die bes. Fähigkeit lebender Strukturen, auf Reize zu reagieren (↑Erregung).

2) *Psychologie:* die mehr oder minder große Ansprechbarkeit eines Individuums auf affektive, emotionale Reize.

Erregung, durch äußere Reize oder autonome Reizbildung hervorgerufene Zustandsänderung des ganzen Organismus oder einzelner seiner Teile (Nerven, Muskeln), die durch Verminderung des ↑Membranpotentials gekennzeichnet ist. ↑Affekt.

Error ['erɔ, engl.], in der *Datenverarbeitung* die Fehlermeldung bei Computern, wenn Anweisungen oder Programme eingegeben werden, die log. oder syntakt. Fehler enthalten.

Ersatzbefriedigung ↑Ersatzhandlung.

Ersatzdienst ↑Zivildienst.

Ersatzerbe ↑Erbeinsetzung.

Ersatzfreiheitsstrafe, die an die Stelle uneinbringl. Geldstrafen tretende Freiheitsstrafe.

Ersatzhandlung, bei Frustration (durch Verbot, Fehlen eines Objektes u. a.) oder Verdrängung an die Stelle der eigtl. angestrebten Handlung tretende Handlung (z. B. das Betrachten pornograph. Darstellungen anstelle sexueller Tätigkeit). Wenn die E. auf das Individuum triebbefriedigend wirkt, spricht man von *Ersatzbefriedigung*.

Ersatzkassen, neben den Allgemeinen Ortskrankenkassen Träger der gesetzlichen Krankenversicherung; seit 1937 Körperschaften des öffentl. Rechts. Die Mitgliedschaft bei E. berechtigt zur Befreiung von der Pflichtkrankenkasse.

Ersatzzeiten, in der *Rentenversicherung* für die Begründung und die Höhe eines Leistungsanspruchs anrechnungsfähige Versicherungszeiten, in denen keine Beiträge entrichtet werden, z. B. Zeiten des Militärdienstes.

Erscheinung des Herrn ↑Epiphanie.

Erschließung (Baulanderschließung), die Maßnahmen, die die baul. Nutzung eines Grundstücks durch Herstellung von Straßen, Versorgungsleitungen usw. ermöglichen.

Ersitzung, der kraft Gesetzes sich vollziehende Eigentumserwerb an einer *bewegl. Sache* durch fortgesetzten Eigenbesitz. Voraussetzungen: zehnjähriger ununterbrochener Besitz als Eigenbesitzer, guter Glaube an das eigene Recht.

Erskine, John [engl. 'ɔ:skɪn], *New York 5. 10. 1879, †ebd. 2. 6. 1951, amerikan. Schriftsteller. Persiflierte in Romanen Stoffe der Weltliteratur und Geschichte, u. a. »Das Privatleben der schönen Helena« (1925), »Adam und Eva« (1927), »Odysseus ganz privat« (1928).

Erstarrungsgesteine, svw. magmatische Gesteine, ↑Gesteine.

Erstarrungspunkt, Temperatur, bei der ein flüssiger Stoff in den festen Aggregatzustand übergeht.

Erste Hilfe, sofortige, vorläufige Hilfeleistung bei Unfällen oder plötzlich auftretenden Erkrankungen, bis ein Arzt die medizin. Versorgung übernimmt.

Erste Internationale ↑Internationale.

Erste Kammer ↑Zweikammersystem.

Erste Republik (Première République), Name des durch den Konvent begründeten frz. Staates 1792 bis 1804.

Erster Mai, von der Zweiten Internationale 1889 als »Kampftag der Arbeit« begründeter und erstmals 1890 mit Massendemonstrationen begangener Gedenktag; in vielen Ländern gesetzl. Feiertag; vom Nat.-Soz. 1933–45 als »Feiertag der nat. Arbeit« verfälscht und mit der Zerschlagung der Gewerkschaften verknüpft.

Erster Weltkrieg ↑Weltkrieg.

Erstgeburt, bes. Stellung des Erstgeborenen bei zahlr. Völkern, bes. bei den Israeliten. Das Recht des Erstgeborenen gilt auch in der Erbfolge fürstl. Häuser (↑Primogenitur), auch im Anerben- und Majoratsrecht.

Ersticken, Tod infolge Sauerstoffmangels.

Erstkommunion, in der *kath. Kirche* der erste Empfang der Eucharistie (zw. 7. und 10. Lebensjahr, als *Frühkommunion* auch im Vorschulalter).

Erststimme ↑Wahlen.

Ertrag, die Menge der in Geld bewerteten produzierten Güter und Leistungen einer Periode (z. B. Monat, Jahr).

Ertragsgesetz, zuerst von J. Turgot als *Gesetz vom abnehmenden Ertragszuwachs* (Grenzertrag) in der Landwirtschaft formulierter Zusammenhang zw. Faktoreinsatz und Ertrag; besagt, daß der Mehreinsatz eines Produktionsfaktors (z. B. Saatgut, Arbeitskraft) bei konstantem Einsatz aller anderen Faktoren zunächst zu steigenden, dann zu sinkenden und schließlich sogar zu negativen Ertragszuwächsen führt.

Ertragsteuern, Abgaben, durch die Erträge aus Objekten besteuert werden ohne Rücksicht darauf, wem die Erträge zufließen; z. B. Grundsteuer, Gewerbesteuer, Kapitalertragsteuer.

Ertrinken, Tod durch die Aufnahme (Aspiration) von Wasser in die Lungenbläschen mit entsprechender Behinderung von Gasaustausch und Atmung, verschiedenen Blut- bzw. Kreislaufveränderungen und schließlich Ersticken.

eruieren [lat.], herausfinden, ermitteln.

Eruption [lat.], vulkan. Ausbruchstätigkeit.

Eruptivgesteine, svw. Ergußgesteine, ↑Gesteine.

Erwachsenenbildung, Einrichtungen und Maßnahmen der allg. und berufl. ↑Weiterbildung; Teil des Bildungsgesamtplans und der in den Bundesländern unterschiedlich geregelten Gesetze (u. a. E.gesetze, Weiterbildungsgesetze). Träger sind u. a. Volkshochschulen, konfessionelle, gewerkschaftl. und parteipolit. Institutionen.

Erweckung, im *religiösen Sprachgebrauch* das spontane Erlebnis des Gewahrwerdens einer religiösen Orientierung und Motivation des gesamten eigenen Lebens (auch: Bekehrung). Durch method. Organisation der E. entstand im 18./19. Jh. eine innerprot. Erneuerungsbewegung *(Erweckungsbewegung),* deren gemeinsames Element die Besinnung auf den bibl. Offenbarungsglauben und die spirituelle Opposition gegen den Rationalismus der Aufklärung ist. ↑Great Awakening, The.

erweitern, in der *Mathematik* Zähler und Nenner eines Bruches mit derselben (von Null verschiedenen) Zahl multiplizieren.

Erwerbspersonen, in der amtl. *Statistik* alle Personen mit Wohnsitz im Bundesgebiet, die eine unmittelbar oder mittelbar auf Erwerb gerichtete Tätigkeit auszuüben pflegen. Die Gruppe der E. setzt sich zusammen aus den *Erwerbstätigen* (Selbständige und Abhängige, die einen Beruf zu Erwerbszwecken ausüben, sowie mithelfende Familienangehörige) und den *Erwerbslosen* (zeitweilig Arbeitslose und Schulabgänger, die noch keine Erwerbstätigkeit aufgenommen haben).

Erwerbsunfähigkeit, in der sozialen *Rentenversicherung* die wegen Krankheit oder Schwäche der körperl. oder geistigen Kräfte auf nicht absehbare Zeit bestehende Unfähigkeit, eine Erwerbstätigkeit in gewisser Regelmäßigkeit auszuüben. Die E. ist eine der Voraussetzungen für die Gewährung einer *Erwerbsunfähigkeitsrente.* ↑Berufsunfähigkeit.

Erwin von Steinbach, *um 1244, † Straßburg 17. 1. 1318, dt. Baumeister. Leiter der Straßburger Münsterbauhütte; sein Anteil an Entwurf (Aufriß B) und Ausführung der Westfassade (1276 ff.) ist umstritten; einflußreich v. a. in Schwaben und im Donaugebiet.

Erxleben, Dorothea Christiana, *Quedlinburg 13. 11. 1715, † ebd. 13. 6. 1762, dt. Ärztin. Erwarb als erste Frau in Deutschland den medizin. Doktorgrad (in Halle 1754).

Erythem (Erythema) [griech.], entzündungsbedingte Hautrötung infolge Mehrdurchblutung durch Gefäßerweiterung.

Erythro..., Erythr... [griech.], Vorsilbe mit der Bedeutung »rot, rotgefärbt, rötlich«.

Erythromyzin [griech.] (Erythromycin), aus dem Strahlenpilz Streptomyces erythreus gewonnenes Breitbandantibiotikum.

Erythrozyten [griech.], rote Blutkörperchen (↑Blut).

Eryx, Berg in NW-Sizilien (heute Monte Erice) oberhalb des heutigen Trapani; im 1. Pun. Krieg Stützpunkt des Hamilkar Barkas.

Erz, Bez. für ein natürl. vorkommendes metallhaltiges Mineralgemenge.

erz..., Erz... [griech.], Vorsilbe mit der Bedeutung »Ober-, Haupt-, Meister-«; z. B. Erzgauner, Erzbischof, Erzengel.

Erzählung, epische Form; Sammelbegriff für alle Formen des Erzählens; i. e. S. Einzelgattung der ↑Epik: kürzer als der Roman, aber nicht so knapp wie die Anekdote.

Erzämter, im Hl. Röm. Reich oberste Reichswürden und v. a. bei der Krönung ausgeübte Ehrenämter; seit dem Interregnum mit den Kurwürden verbunden; entstanden aus den vier german.-fränk. ↑Hofämtern; *Erztruchseß:* Pfalzgraf bei Rhein, *Erzmarschall:* Herzog von Sachsen, *Erzkämmerer:* Markgraf von Brandenburg, *Erzschenk:* König von Böhmen, *Erzkanzler:* die drei rhein. Erzbischöfe (Mainz für das Reich, Köln

für Italien, Trier für Gallien und Burgund).

Erzberg ↑Eisenerz (Österreich).

Erzberger, Matthias, *Buttenhausen (heute Münsingen) 20. 9. 1875, † bei Bad Griesbach (heute Bad Peterstal-Griesbach) 26. 8. 1921, dt. Politiker. Ab 1903 MdR (Zentrum); beteiligte sich 1917 im Sinne eines Verständigungsfriedens maßgeblich an der Friedensresolution des Reichstags; ab Okt. 1918 Staatssekretär; unterzeichnete am 11. 11. 1918 den Waffenstillstand, dessen Durchführung er leitete (Febr.–Juni 1919 Min. ohne Geschäftsbereich). Als Reichsfinanz-Min. und Vizekanzler (Juni 1919–März 1920) initiierte er die *Erzbergersche Finanzreform,* die dem Reich eine eigene Finanzverwaltung und eigene Einnahmen aus direkten Steuern gab. Bei der nationalist. Rechten verhaßt, wurde E. von zwei ehem. Offizieren ermordet.

Erzbischof (Archiepiscopus), in der *kath. Kirche* Amtstitel des Leiters einer Kirchenprovinz oder ein Bischof, der einer Erzdiözese vorsteht; auch vom Papst verliehener Ehrentitel einzelner Bischöfe. – In der *anglikan. Kirche* ist der Titel E. mit den Bischofssitzen Canterbury und York verbunden.

Erzengel, im AT bes. hervortretende Engel, v. a. Michael, Gabriel und Raphael.

Erzgänge, Anreicherung von Erzen in Gesteinsspalten und -klüften.

Erzgebirge, Teil der östl. dt. Mittelgebirgsschwelle, 150 km lang, bis 40 km breit, in Deutschland und der Tschech. Republik. Die höchsten Erhebungen liegen im W (Keilberg 1 244 m, Fichtelberg 1 214 m). Der Bergbau auf Silber- und Eisenerz hatte im 15./16. Jh. seine Blüte, heute bed. Fremdenverkehr (Radiumbäder, Thermalquellen, Wintersport); Spitzenklöppelei und Schnitzkunst.

Erzherzog, 1453–1918 Titel der Prinzen des Hauses Österreich.

Erziehung, Unterstützung und Förderung des heranwachsenden Menschen, die ihn zum geistigen und charakterl. Entwicklung befähigen soll, sich sozial zu verhalten und als selbständiger Mensch eigenverantwortlich zu handeln. E. erfordert Einfühlungsvermögen von seiten der Erziehenden. Er-

Matthias Erzberger

Leo Esaki

zwungene Anpassung bzw. Gehorsam führt nicht zu freier Menschenbildung, sondern entweder zu Autoritätsgebundenheit oder zu blinder Protesthaltung. ↑Sozialisation.

Erziehungsbeistandschaft, Unterstützung des Personensorgeberechtigten bei der Erziehung eines Minderjährigen durch einen *Erziehungsbeistand,* der auf Antrag des Personensorgeberechtigten oder auf Anordnung des Vormundschaftsgerichts vom Jugendamt oder im Jugendstrafverfahren durch das Jugendgericht als Erziehungsmaßregel bestellt wird, wenn die leibl., geistige oder seel. Entwicklung eines Minderjährigen gefährdet oder geschädigt ist.

Erziehungsberechtigte, diejenigen, die Rechte und Pflichten des elterl. Sorgerechts ausüben.

Erziehungsgeld, durch das Gesetz über die Gewährung von E. und Erziehungsurlaub vom 6. 12. 1985 zum 1. 1. 1986 eingeführter finanzieller Anspruch für Mütter oder wahlweise Väter, die nicht oder nur teilweise erwerbstätig sind (im Ggs. zum ↑Mutterschaftsgeld) und sich selbst der Betreuung ihres neugeborenen Kindes widmen. Von der Geburt bis zur Vollendung des 24. Lebensmonats (bei Kindern, die vor dem 31. 12. 1992 geboren wurden, bis zur Vollendung des 18. Lebensmonats) werden auf Antrag monatlich 600 DM (ab dem 7. Lebensmonat einkommensabhängig) gewährt.

Erziehungsurlaub, durch das Gesetz über die Gewährung von Erziehungsgeld und E. vom 6. 12. 1985 zum 1. 1. 1986 eingeführter, befristeter Freistellungsanspruch für Mütter oder wahlweise Väter, die Anspruch auf ↑Erziehungsgeld haben oder dieses nur wegen Überschreitung der Einkommensgrenze nicht erhalten können. Während des E., der längstens bis zur Vollendung des 3. Lebensjahres eines Kindes gewährt wird, das nach dem 31. 12. 1991 geboren wurde, besteht im Regelfall Kündigungsschutz.

Erziehungswissenschaft, i. w. S. svw. ↑Pädagogik; i. e. S. Teilbereich der Pädagogik, dessen Gegenstand die wiss. Erforschung der Erziehungsprozesse ist.

Erzkämmerer ↑Erzämter, ↑Kämmerer.

Erzkanzler ↑Erzämter.

Erzmarschall ↑Erzämter, ↑Marschall.

Erzschenk ↑Erzämter, ↑Schenk.

Erzstift ↑Stift.

Erztruchseß ↑Erzämter, ↑Truchseß.

Erzurum [türk. ˈerzurum], Hauptstadt des türk. Verw.-Geb. E., in Ostanatolien, 252 600 E. Univ., archäolog. Museum, Garnison; Nahrungsmittel-Ind., Zementfabrik. – Am 23. 7. 1919 trat in E. der 1. türk. Nationalkongreß unter Kemal Atatürk zusammen.

Erzväter, im AT die Stammväter Israels, die *Patriarchen* Abraham, Isaak und Jakob (auch dessen zwölf Söhne).

Erzwespen (Zehrwespen, Chalcidoidea), mit etwa 30 000 Arten weltweit verbreitete Über-Fam. 0,2–16 mm langer Hautflügler, davon etwa 5 000 Arten in Europa; mit häufig metallisch schillernder Färbung, kurzen, geknickten Fühlern und meist ziemlich langem Legebohrer.

Es, chem. Zeichen für ↑Einsteinium.

Es, Tonname für das um einen chromat. Halbton erniedrigte E.

Es, in der *Tiefenpsychologie* Begriff für das Unbewußte, den Bereich der Antriebe, der (unterschieden von ↑Ich) einer bewußten Kontrolle des Individuums entzogen ist.

ESA, Abk. für engl. European Space Agency, 1975 gegr. *Europäische Weltraumorganisation* mit Sitz in Neuilly-sur-Seine, die die zuvor von ESRO (European Space Research Organization; Europ. Organisation zur Erforschung des Weltraums, gegr. 1962) und ELDO (European Space Vehicle Launcher Development Organization; Europ. Organisation für die Entwicklung von Trägerraketen, gegr. 1964) wahrgenommenen Aufgaben der Entwicklung und des Baus von Satelliten bzw. Trägerraketen für friedl. Zwecke übernahm und der Kooperation der europ. Staaten in der Weltraumforschung dient. ESA umfaßt folgende Einrichtungen: ESTEC (European Space Research and Technology Centre; Europ. Raumfahrtforschungs- und -technikzentrum) in Noordwijk (Niederlande), ESOC (European Space Operations Centre; Europ. Operationszentrum für Weltraumforschung) in Darmstadt, ESRIN (European Space Research Institute; Europ. Raumforschungsinstitut) in Frascati (Italien). Projekte der ESA: Weltraumlaboratorium (Spacelab) und Trägerrakete (Ariane), geplant sind u. a. eine europ.

Raumstation (Columbus) und der wiederverwendbare Träger Eureca.

Esaki, Leo, *Ōsaka 12. 3. 1925, jap. Physiker. Erhielt für den Nachweis des Tunneleffekts beim Durchgang von Elektronen durch extrem dünne Sperrschichten zw. verschieden dotierten Halbleitern den Nobelpreis für Physik 1973 (zus. mit I. Giaever und B. Josephson).

Esau (Edom), bibl. Gestalt, Sohn Isaaks, älterer Zwillingsbruder Jakobs.

Esbjerg [dän. ˈɛsbjɐˈ], dän. Hafenstadt an der W-Küste Jütlands, 81 500 E. Seemannsschule; Werft, Fischereihafen, Fährverbindungen nach England.

Eschatologie [ɛsça...; griech.], die Lehre von den letzten Dingen, von der Endzeit; Glaubensvorstellungen, die sowohl das Endschicksal des Einzelmenschen *(Individual-E.)* als auch eine universale Enderwartung *(Universal-E.)* betreffen. Eine Individual-E. wurde v. a. in den *ind. Religionen,* in der *ägypt. Religion* (Totengericht) sowie im *Parsismus* und im *Islam* ausgebildet. – Die Universal-E. verbindet mit dem Weltende Geschehnisse wie Verfinsterung der Sonne, Götterdämmerung, Endkampf zw. Göttern und Dämonen, Einsturz des Himmels, Herabfallen der Sterne, Versinken der Erde im Meer, vernichtende Kälte. – Im zykl. Geschichtsverständnis folgt auf den jeweiligen Untergang ein period. Welterneuerung. Für eine lineare Geschichtsauffassung, die ein einmaliges Ziel der Geschichte kennt (Teleologie), ist die Endzeit mit der Auferstehung der Toten und mit einem Weltgericht verbunden, auf die die Schöpfung einer neuen, »besseren« Welt folgt. Die *christl. E.* hat den im AT entwickelten Gedanken eines Friedensreiches des Messias übernommen, das mit der Erlösungsstat Jesu Christi bereits begonnen hat, jedoch noch nicht vollendet ist.

Esche (Fraxinus), Gatt. der Ölbaumgewächse mit etwa 65 Arten, v. a. in der nördl. gemäßigten Zone; Bäume mit gegenständigen, meist unpaarig gefiederten Blättern und unscheinbaren, vor dem Laub erscheinenden Blüten in Blütenständen; Früchte mit zungenförmigem Flügelfortsatz (Flügelnuß). Bekannte Art: *Gemeine E.,* bis 30 m hoch, in Niederungen und Flußtälern; Rinde grünlichgrau, glatt, Borke schwarz-

braun, dichtrissig; Blüten dunkelpurpurfarben.

Eschenbach, Christoph, eigtl. C. Ringmann, *Breslau 20. 2. 1940, dt. Pianist und Dirigent. 1982–86 Chefdirigent des Tonhalle-Orchesters Zürich; seit 1988 des Houston Symphony Orchestra.

Eschenbach, Wolfram von ↑Wolfram von Eschenbach.

Eschenburg, Theodor, *Kiel 24. 10. 1904, dt. Politikwissenschaftler und Publizist. Ab 1952 Prof. in Tübingen; befaßt sich v. a. mit dem demokrat. System der BR Deutschland.

Escherichia [nach Theodor Escherich, *1857, † 1911], Gatt. der Bakterien mit vier Arten; weltweit verbreitet, v. a. im Boden, im Wasser (Indiz für Wasserverunreinigung), in Fäkalien und im Darm des Menschen und der Wirbeltiere.

Eschnunna, altoriental. Stadt nö. von Bagdad (Ruinenhügel Tell Asmar); Tempel des 3. Jt. v. Chr., Palast der altbabylon. Dynastie von E. (etwa 1960 bis 1695 v. Chr.).

Eschwege, hessische Kreisstadt an der Werra, 22 500 E. U. a. Maschinen-, Textil- und Pharmaindustrie. Schloß (16. Jh.), Dünzebacher Turm (1531); Fachwerkhäuser (17.–19. Jh.), u. a. Altes Rathaus. – 974 erwähnt; nach mehrfachem Besitzwechsel 1264 an die Landgrafen von Hessen.

Eschweiler, Stadt östlich von Aachen, NRW, 55 100 E. Eisen- und Kunststoffindustrie, Maschinen und Apparatebau, Braunkohlentagebau; Großkraftwerk. – 830 erstmals als Königshof genannt; vom 14. Jh. bis 1944 Abbau von Steinkohle.

Escorial [span. eskoˈrial] (El E.), span. Königsschloß und Augustinerkloster, Grabstätte der span. Könige seit Karl V., rd. 60 km nordwestlich von Madrid. Das größte Renaissancebauwerk der Erde aus Granitquadern wurde seit 1563 von Juan Bautista de Toledo und Juan de Herrera für Philipp II. als klösterl. Residenz errichtet und dem hl. Laurentius geweiht.

Escudo, alte span. und portugies. Goldmünze; als Silbermünze span. Hauptmünze 1864–68; heute Währungseinheit in Portugal, Abk. Esc; 1 Esc = 100 Centavos (c, ctvs).

Esdras ↑Esra.

Theodor Eschenburg

Esche. Gemeine E.; oben: blühender Zweig ♦ Unten: Zweig mit Fruchtständen

Esel

Esel.
Nubische Wildesel

Eskimo.
Nähende Frau
(Specksteinfigürchen)

Esparsette.
Futteresparsette

Esel [lat.], **1)** (Afrikan. Wildesel, Equus asinus) bis 1,4 m schulterhohe Art der Unpaarhufer (Fam. Pferde) in N-Afrika; mit großem Kopf, langen Ohren, kurzer, aufrechtstehender Nackenmähne und langem Schwanz, der in eine Endquaste ausläuft; Grundfärbung gelbl.-graubraun bis grau mit dunklem Aalstrich, Bauch weißlich. – Von den drei Unterarten sind der *Nordafrikanische Wildesel* und der *Nubische Wildesel* wahrscheinlich ausgerottet. Vom *Somali-Wildesel* leben noch einige hundert Tiere in Äthiopien und Somalia; auffallend ist die schwarze Beinringelung. – Der Nordafrikan. Wildesel (v. a. die nub. Unterart) ist die Stammform des heute in vielen Rassen existierenden *Hauesels*. Dieser läßt sich mit dem Hauspferd kreuzen (Pferde-♂ × Esel-♀ = *Maulesel;* Esel-♂ × Pferde-♀ = *Maultier)*, doch sind die Nachkommen fast stets unfruchtbar und müssen immer wieder neu gezüchtet werden. – Die Domestikation des E. begann um 4000 v. Chr. im unteren Niltal.
2) (Asiat. Wildesel) svw. ↑Halbesel.
Eseler, Niklas, d. Ä., *Alzey, † Frankfurt am Main vor Mai 1482 (?), dt. Baumeister. Bed. spätgot. Hallenkirchen: Sankt Georg in Nördlingen (1442 bis 1461), Sankt Georg in Dinkelsbühl (1444–61); auch in Sankt Jakob in Rothenburg ob der Tauber tätig.
Eselsohr (Peziza onotica), rötlich-okkergelber, rosa- oder orangefarbener, eßbarer Schlauchpilz in Laub- und Nadelwäldern.
Eskadron [italien.-frz.], ab dem 18. Jh. kleinste takt. Einheit der Kavallerie, 1935 in Deutschland durch »Schwadron« ersetzt.
Eskalation [lat.-engl.], Zug-um-Zug-Verschärfung eines [polit., militär.] Konflikts.
Eskamotage [...'ta:ʒə; frz.], Taschenspielertrick; **eskamotieren,** wegzaubern.
Eskapade [italien.-frz.], Handlung, die nicht den übl. Gepflogenheiten entspricht; Seitensprung.
Eskimo [indian., »Rohfleischesser«] (Eigen-Bez. Inuit »Menschen«), mongolide Bevölkerung der nordamerikan. Arktis von Alaska bis Grönland und NO-Sibiriens; verwandt mit den Aleuten. Urspr. Jäger und Fischer, doch ist das traditionelle Leben stark verändert worden durch die Kontakte mit den eindringenden Europäern (Walfänger, Händler, Missionare). Iglu und Zelte werden nur noch von nomadisierenden Gruppen bewohnt. – Weitgehend christianisiert, kam auch im urspr. Glauben der E. ihre Abhängigkeit von der Natur zum Ausdruck: Tiergeister mußten wohlwollend gestimmt werden, bei Verletzung von Tabus wurde die Hilfe des Schamanen benötigt, ebenso bei Krankheit.
Eskimohund, svw. ↑Polarhund.
Eskimoisch, Sprache, die mit *Aleutisch* die *eskaleut. Sprachfamilie* bildet. E. wird in der Gegend von Kap Deschnjow in Sibirien, in der nordamerikan. Arktis und in Grönland gesprochen. Das E. wird in zwei Sprachen eingeteilt: 1. *Yupik* (Sibirien und S-Alaska); 2. *Inupik* gliedert sich von N-Alaska bis nach O-Grönland in verschiedene Dialekte. Ein Tempussystem fehlt, Schriftsysteme entstanden erst seit 1900.
Eskorte [italien.-frz.], Ehren- und Schutzgeleit für Staatsoberhäupter o. ä., meist durch motorisierte Polizei.
ESO [engl. 'i:souʊ] ↑Südsternwarte.
esoterisch [griech.], nur einem Kreis bes. Begabter oder Würdiger (»Eingeweihter«) zugänglich.
Esparsette [frz.], Gatt. der Schmetterlingsblütler mit etwa 170 Arten in Europa, Asien und N-Afrika; in M-Europa meist als Kulturpflanze die

Futter-E. (Ewiger Klee, Hahnenkopf, Stengel bis 1 m hoch).

Espe ↑Pappel.

Esperanto, von dem poln. Arzt L. Zamenhof 1887 entwickelte Welthilfssprache. E. hat 16 grammat. Grundregeln, einen kleinen Grundwortschatz (v. a. auf den roman. und german. Sprachen aufbauend) sowie zehn Vorsilben und 25 Nachsilben zur Bildung neuer Wörter.

Espírito Santo [brasilian. is'piritu 'sɛntu], brasilian. Gliedstaat an der O-Küste, 45 597 km², 2,598 Mio. E, Hauptstadt Vitória.

Espiritu Santo [engl. ɛs'pɪrɪtu: 'sɑ:ntoʊ], größte Insel von Vanuatu (Neue Hebriden), 3 677 km², bis 1 879 m ü. M., Hauptort Luganville.

espressivo [italien.], musikal. Vortrags-Bez.: ausdrucksvoll.

Espresso [lat.-italien.], in einer Spezialmaschine zubereiteter starker Kaffee aus dunkel gerösteten Kaffeebohnen.

Esprit [ɛs'pri; frz.], Geist, Witz.

Esq., Abk. für ↑**Esquire.**

Esquilin, einer der sieben röm. Hügel.

Esquire [engl. ɪs'kwaɪə], seit dem 16. Jh. engl. Titel für Angehörige des niederen Adels und wappenführende Bürger, dann für Inhaber höherer Staatsämter; seit dem 19. Jh. allg. in der Briefanschrift verwendet: abgekürzt (Esq.) ohne vorangestelltes Mr. dem Namen nachgestellt.

Esra [hebr.] (griech. Esdras), **1)** alttestamentl. Priester aus dem babylon. Judentum.

2) Name für mehrere in die Vulgata aufgenommene Schriften.

Essäer ↑Essener.

Essaouira [frz. ɛsawi'ra], marokkan. Hafenstadt (Fischfang) und Seebad am Atlantik, 42 000 E. Kunsthandwerk. Reste der portugies. Festungswerke.

Essay ['ɛse; engl. 'ɛseɪ], meist kulturkrit. Prosatext (in pointiert-elegantem Stil), der, im Unterschied zur diskursiv-wiss. Abhandlung, bestimmte Möglichkeiten des Denkens durchspielt, zur Debatte stellt. – Seit 1984 wird in der BR Deutschland der »Ernst-Robert-Curtius-Preis« für Essayistik vergeben. Preisträger: G. Mann (1984), K. Sontheimer (1985), H. Spiel (1986), W. J. Siedler (1987), François Bondy (*1915; 1988), F. Dürrenmatt (1989), Hermann Lübbe (*1926; 1990), G. Kunert (1991), Werner Ross (*1912; 1992), P. Sloterdijk (1993), K. D. Bracher (1994).

Esse, urspr. eine offene Feuerstelle mit Abzug (z. B. in einer Schmiede); heute landschaftlich svw. Schornstein.

Essen, 1) Stadt im Ruhrgebiet, NRW, 626 100 E. Univ. (Gesamthochschule), Folkwang-Hochschule, Museen, u. a. Museum Folkwang, Dt. Plakatmuseum; Opernhaus. Grugapark. Kath. Bischofssitz, Sitz zahlr. Wirtschaftsverbände; internat. Fachmessen; Eisen- und Stahlindustrie; Häfen am Rhein-Herne-Kanal.

Essen 1)
Stadtwappen

Stadtbild: Got. Münster (1275–1327) mit spätotton. Krypta und bed. Münsterschatz, Auferstehungskirche (1929); Villa Hügel der Familie Krupp (1870–72; Kunstausstellungen); Rathaus (1979). Im Stadtteil *Borbeck* Schloß Borbeck (18. Jh.; urspr. Wasserburg), im Stadtteil *Werden* (799 erstmals erwähnt); zeitweilig reichsunmittelbares Benediktinerkloster; 1857 Stadt (1929 mit E. vereinigt); ehem. spätroman. Abteikirche Sankt Liudger mit Hallenkrypta des 11. Jh.; im 1975 eingemeindeten Stadtteil *Kettwig* Schloß Hugenpoet (17. Jh.; heute Hotel); Oper (von A. Aalto, 1983–88).

Geschichte: Die heutige Stadt ist aus dem Kernraum des mittelalter. reichsunmittelbaren Kanonissenstiftes E. (um 850 gegr.) hervorgegangen, um das sich im 11. Jh. eine Marktsiedlung herausbildete (1377 freie Reichsstadt). Nach Aufhebung des Stifts gelangte E. 1803/15 an Preußen. Die damals noch unbedeutende Ackerbürgerstadt entwickelte sich dank günstiger Verkehrslage, der Erschließung der Bodenschätze (Steinkohle, Eisenerz) und bes. durch den Aufstieg der stahlerzeugenden Kruppwerke schnell zur Großstadt.

2) Bistum, aus Teilen der Erzbistümer Köln und Paderborn und des Bistums Münster 1957 errichtet.

Essener (Essäer), ordensähnl. jüd. Gemeinde, die im 2. Jh. v. Chr. entstand. Die E. lebten in Gütergemeinschaft, feierten ihre Mahlzeiten in sakramentaler Weise, forderten Askese und Ehelosigkeit.

Essentialien [lat.], die Hauptpunkte bei Rechtsgeschäften.

essentiell [lat.-frz.], wesensbestimmend; in der *Medizin* ohne erkennbare

Essenz

Ursache; in der *Physiologie* lebensnotwendig.

Essenz [lat.], **1)** etwas, was das Wesen einer Sache ausmacht. **2)** konzentrierte, i. d. R. alkoholische Lösung meist pflanzl. Stoffe, bes. äther. Öle.

Essig, sauer schmeckendes, flüssiges Würz- und Konservierungsmittel; eine verdünnte Lösung von Essigsäure [und Aromastoffen] in Wasser, die durch E.säuregärung aus alkoholhaltigen Flüssigkeiten *(Gärungs-E.)* oder durch Verdünnen synthet. Essigsäure *(Essenz-E.)* gewonnen wird. Der handelsübl. E. hat einen Gehalt von 5–15,5 g E.säure in 100 cm³ und wird als *Speise-, Tafel-* oder *Einmach-E.* bezeichnet.

Essigälchen, Fadenwurm, der v. a. von Bakterien in Essig lebt.

Essigbaum ↑Sumach.

Essigfliegen, svw. ↑Tauffliegen.

Essigsäure (Äthansäure, Ethansäure), wichtige organ. Monocarbonsäure (Fettsäure); Salze und Ester werden als ↑Acetate, die wasserfreie Form wird als *Eisessig* bezeichnet; kommt im menschl. und tier. Stoffwechsel als *aktivierte E.* vor (↑Enzyme). Verwendung zur Herstellung zahlr. techn. Produkte.

$$CH_3-C{\overset{\displaystyle O}{\underset{\displaystyle OH}{\Big\langle}}}$$
Essigsäure

Essigsäureäthylester (Äthylacetat, Essigäther, Essigester), farblose Flüssigkeit; Lösungsmittel für Fette und Kunststoffe.

Essigsäurebakterien (Essigbakterien), eine Gruppe von Bakterien; gramnegative, bewegl. oder unbewegl. Stäbchen, die hauptsächlich in freigesetzten Pflanzensäften leben. Techn. werden E. verwendet zur Erzeugung von Sorbose aus Sorbit (bei der Vitamin-C-Synthese), von Gluconsäure aus Glucose und von Essigsäure (bzw. Essig) aus alkoholhaltigen Flüssigkeiten (bzw. Maischen).

essigsaure Tonerde, Lösung von Aluminiumacetat, dient als entzündungshemmendes und keimtötendes Mittel.

Eßkastanie ↑Edelkastanie.

Esslingen am Neckar, Kreisstadt in Bad.-Württ., 91 500 E. Fachhochschulen; Ind. Stadt am S-Rand des Großraums Stuttgart. Stadtkirche Sankt Dionys mit roman. O-Türmen (etwa 1220–30, Langhaus 13. Jh.); got. Frauenkirche (1340–1420), Dominikanerkirche Sankt Paul (1268 geweiht); Altes Rathaus (1430). – 1212 Stadtrecht (freie Reichsstadt) durch Friedrich II.; kam 1802 an Württemberg.

Esso AG, phonetisch (aus der Abk. S.O. für Standard Oil Co.) gebildete Bez. für ein Unternehmen der mineralölverarbeitenden Ind.; gegr. 1890; Sitz Hamburg. Das Aktienkapital der E. AG ist im Besitz der Exxon Corp.

Establishment [engl. ɪs'tæblɪʃmənt], die herrschenden Kräfte in Staat und Gesellschaft.

Estanzia (Estancia) [span.], landwirtschaftl. Großbetrieb im span. Südamerika.

Este, italien. Adelsgeschlecht, ben. nach der Burg bei der gleichnamigen Stadt. Die Söhne des Markgrafen Azzo II. († 1097) begründeten die Zweige *Welf-Este* (jüngere Welfen) im Reich und *Fulc-Este* in Italien. Die italien. Linie erhielt 1452 die Hzgt. Modena und Reggio als Reichslehen, 1471 von Papst Paul II. das Hzgt. Ferrara (bis 1598). Hzg. Ercole I. (⚭ 1471–1505) machte seinen Hof zum Mittelpunkt der Renaissancekultur. Seine Tochter Isabella (* 1474, † 1539, Markgräfin von Mantua) wurde als Frauenideal der Renaissance gefeiert. Mit Alfons II. (⚭ 1559–97) starb die direkte Linie Fulc-E. aus. Ihr folgte eine Bastardlinie (1598–1796 Hzg. von Modena und Reggio, 1803 im Mannesstamm erloschen). Franz IV. (* 1779, † 1846) aus der Ehe der Erbtochter Maria Beatrix (* 1750, † 1829) mit Erzherzog Ferdinand Karl begründete das Haus Österreich-Este (1814–59 Hzg. von Modena).

Este, italien. Stadt in Venetien, 17 900 E. Museum im Palazzo Mocenigo; chem. Ind., Kunstgewerbe. Von der Burg der Familie E. (1056 und 1338/9) stehen noch Mauern und Türme; Dom (1690–1722). – *Ateste* war Zentrum der venet. Kultur (reiche Ausgrabungen). In röm. Zeit wurde es 49 v. Chr. Munizipium. 1275 an Padua, 1405 an Venedig.

Ester [Kw. aus **Ess**igäth**er**], chem. Klasse von organ. Verbindungen, die unter Wasserabspaltung aus organ. Säuren und Alkoholen entstehen. ↑Fette und fette Öle sind E. des Glycerins.

Esterházy von Galántha (ungar. Eszterházy [ungar. 'esterha:zi]), ungar. Magnatengeschlecht; urkundlich nachweisbar seit 1238; die Linie Forchten-

938

stein (Frakno) wurde 1687/1783 in den Reichsfürstenstand erhoben. – Bed. u.a. Nikolaus Joseph Fürst ↑Esterházy von Galántha.

Esterházy von Galántha, Nikolaus Joseph Fürst, * 18. 12. 1714, † Wien 28. 9. 1790, österr. Feldmarschall. Zeichnete sich bei Kolin (1757) im Siebenjährigen Krieg aus; errichtete 1766–69 Schloß Eszterháza (heute zu Fertőd) als Zentrum für Kunst und Wiss.; ab 1761 Mäzen J. Haydns.

Esther (Ester), bibl. Gestalt des AT, Heldin des Buches E.; Frau des Perserkönigs Xerxes I., vereitelt die geplanten Judenverfolgungen des Haman.

Estland (estnisch Eesti), Staat in O-Europa, zw. dem Finn. Meerbusen im N, dem Rigaischen Meerbusen und Lettland im S und Rußland im O.

Staat und Recht: Republik; *Verfassung* von 1992. *Staatsoberhaupt* ist der vom Parlament auf 5 Jahre gewählte Staats-Präs. Der *Exekutive* steht der ebenfalls vom Parlament gewählte Min.-Präs. vor. Die *Legislative* bildet das Einkammerparlament (Riikikogu; 101 auf 4 Jahre gewählte Abg.). Mehrparteiensystem.

Landesnatur: E. liegt im NW der Osteurop. Ebene. Die glazial geformte, teils flache, teils hügelige, zu 90% unter 100 m ü. M. gelegene Oberfläche ist stark mit Sumpfland und Seen durchsetzt. Etwa 30% der Gesamtfäche sind bewaldet. Der stark gegliederten, buchtenreichen Küste sind über 1 500 Inseln vorgelagert; die Küste fällt in einer steilen Kalksteinstufe, dem Glint, zum finn. Meerbusen ab. Das Klima ist maritim beeinflußt.

Bevölkerung: 63% der Bewohner sind Esten, 29% Russen, 3% Ukrainer, 2% Weißrussen und 1% Finnen. Von den Gläubigen gehören 75% der ev.-luther., 20% der russ.-orth. Kirche an.

Wirtschaft, Verkehr: Wichtigster Wirtschaftszweig ist die Landwirtschaft mit dem Anbau von Kartoffeln, Futterpflanzen, Getreide, Flachs sowie mit Milchvieh-, Schweinezucht, Schaf- und Geflügelhaltung. Große Bed. hat die Hochseefischerei. Dem Hausbrand dienen die Torflager. Im N wird Ölschiefer abgebaut; z. T. wird er zur Elektrizitätsgewinnung verwendet, z. T. bildet er die Grundlage großer chem. Betriebe. Aus

den alten Textilmanufakturen entstand in Narwa und Reval Baumwollindustrie. – E. hat ein dichtes Verkehrswegenetz mit 30 200 km Autostraßen (29 100 asphaltiert) und 1 030 km Eisenbahnen. Hochseehafen ist Reval; hier liegt auch der bedeutendste internat. ☒.

Geschichte: Ab 1346 beherrschte der Dt. Orden E., das 1561 schwedisch wurde. Nach zunächst vorübergehender russ. Herrschaft konnte Rußland 1721 (Frieden von Nystad) E. in das russ. Reich eingliedern. Nach der russ. Februarrevolution 1917 wurde ein Estn. Nationalrat gebildet und 1918 die unabhängige Republik E. ausgerufen (1920 Anerkennung durch die Sowjetunion). 1934 errichtete K. Päts nach seinem Staatsstreich ein autoritäres Regierungssystem. Im geheimen Zusatzprotokoll zum Dt.-Sowjet. Nichtangriffspakt (1939) überließ Deutschland die balt. Staaten der sowjet. Einflußsphäre. Die Sowjetunion erzwang Neuwahlen und schließlich die Aufnahme in die UdSSR (6. 8. 1940). Umfangreiche sowjet. Deportationen 1941 und nach 1944 (1941–44 dt. Besetzung) trafen v. a. die estn. Intelligenz. Seit 1988 bemühte sich die Estn. SSR verstärkt um staatl. Unabhängigkeit und die Zurückdrängung des russ. Einflusses. Nach dem Sieg der Unabhängigkeitsbewegung

Staatsflagge

Estland

Fläche:	45 215 km²
Einwohner:	1,582 Mio.
Hauptstadt:	Reval (estnisch Tallinn)
Amtssprache:	Estnisch
National-feiertage:	24. 2. und 23. 6.
Währung:	1 Estn. Krone (ekr) = 100 Senti
Zeitzone:	MEZ + 1 Std.

Staatswappen

1,36 1,58   2760

1970 1992   1970 1992
Bevölkerung Bruttosozial-
(in Mio.)   produkt je E
             (in US-$)

☐ Stadt   Land ☐

29%
71%

Bevölkerungsverteilung
1992

☐ Industrie
☐ Landwirtschaft
☐ Dienstleistung

34%
17%
49%

Bruttoinlandsprodukt
1992

Estnisch

»Volksfront« bei den Wahlen zum Obersten Sowjet der Estn. SSR 1990 erklärte E. am 30. 3. 1990 einseitig die Unabhängigkeit von der Sowjetunion, die jedoch erst nach dem (gescheiterten) Putsch vom Aug. 1991 durch die sowjet. Führung anerkannt wurde. 1992 wurde L. Meri zum Staats-Präs. gewählt. 1994 verließen die letzten russ. Truppen das Land. Aus den Parlamentswahlen von 1995 gingen die Oppositionsparteien (Reformkommunisten und Liberale) gegen das seit 1992 regierende nationalkonservative Regierungsbündnis als Sieger hervor.

Estnisch, als ostseefinnische Sprache in die Familie der finn.-ugr. Sprachen gehörende Sprache der Esten; seit dem 13. Jh. stark durch das Deutsche beeinflußt.

Estomihi [lat. »sei mir (ein starker Fels)«], in den ev. Kirchen der Sonntag vor Aschermittwoch (kath.: *Quinquagesima*).

Estoril [portugies. ɪʃtuˈril], portugies. Seebad bei Lissabon, 24 300 E.

Estournelles, Paul Balluat Baron de Constant de Rebecque d' [frz. esturˈnɛl], *La Flèche bei Le Mans 22. 11. 1852, † Paris 15. 5. 1924, frz. Politiker. Vertrat 1907 Frankreich auf der Haager Friedenskonferenz; Friedensnobelpreis 1909 mit A. M. F. Beernaert.

Estragon [arab.-frz.] ↑Beifuß.

Estrées, Gabrielle d' [frz. eˈtre, ɛsˈtre], *Cœuvres-et-Valsery bei Soissons um 1571, † Paris 10. 4. 1599. Offizielle Mätresse König Heinrichs IV. von Frankreich.

Estremadura [portugies. ɪʃtrəmɐˈðurɐ], 1) histor. Prov. in Portugal, an der W-Küste, von der Mondegomündung im N bis einschließlich der Halbinsel von Setúbal im S.
2) (span. Extremadura), histor. Prov., Region in SW-Spanien, an der Grenze gegen Portugal, umfaßt die Prov. Badajos und Cáceres.

Estrich, Unterboden aus einer schnell abbindenden Masse; je nach Art des Bindemittels *Zement-E., Gips-E.* usw. genannt. *Schwimmender E.* ist durch eine elast. Dämmschicht von der Rohdecke getrennt.

Esztergom [ungar. ˈɛstɛrgom] (dt. Gran), ungar. Stadt am rechten Donauufer, 33 000 E. Museen; Erzbischofssitz.

Paul Balluat Baron de Constant de Rebecque d'Estournelles

Werkzeugmaschinenfabrik, Elektro-Ind.; Mineralquellen. Klassizist. Dom (1822–69); ehem. Königliche Burg (1173–95) mit Burgkapelle (12. Jh.). – König Stephan I. errichtete Burg und Komitat und, kurz nach 1000, das Erzbistum seines Reiches; 1543–1683 (mit Unterbrechung) unter osman. Herrschaft.

Eta, siebter Buchstabe des griech. Alphabets (H, η).

ETA, Abk. für Euzkadi Ta Azkatasuna [bask. »Baskenland und Freiheit«], 1959 gegr. terrorist. bask. Untergrundorganisation; fordert einen selbständigen bask. Staat.

etablieren [lat.-frz.], [be]gründen; (sich) eine Position fest absichern.

Etablissement [etablɪs(ə)ˈmãː; lat.-frz.], [zweifelhaftes] Vergnügungslokal.

Etalon [etaˈlõː; frz.], Eich- oder Normalmaß.

Etappe [frz. »Warenniederlage, Handelsplatz«], 1) Teilstrecke, Abschnitt, Stufe.
2) *Militärwesen:* früher Bez. für das Versorgungsgebiet hinter der Front.

Etat [eˈtaː; lat.-frz.], ↑Haushalt.

Etatismus [lat.-frz.], eine polit. Doktrin, die die Ausdehnung der Rolle und der Zuständigkeit des Staates auf alle Bereiche von Wirtschaft und Gesellschaft fordert.

et cetera [lat.], Abk. **etc.,** »und so weiter«; **etc. pp.:** »etc. perge, perge«, »usw. fahre fort, fahre fort«.

Eteokles, in der griech. Mythologie Sohn des Ödipus, Bruder von Antigone, Ismene und Polyneikes (die Brüder töten sich gegenseitig im Zweikampf).

etepetete [aus niederdt. öte »geziert« und frz. peut-être »vielleicht«], umgangssprachlich für geziert, zimperlich.

Etesienklima (Winterregenklima), Bez. für das Mittelmeerklima: heiße Sommer und milde Winter mit Niederschlägen.

Ethan, nach der chem. Nomenklatur fachsprachl. Schreibweise für ↑Äthan; entsprechend Ethan... in allen bisher im dt.sprachigen Schrifttum als Äthan... bezeichneten chem. Verbindungen, z. B. *Ethanol* für ↑Äthanol.

Ether, nach der chem. Nomenklatur fachsprachl. Schreibweise für ↑Äther.

Ethik [griech.], meist mit *Moralphilosophie* synonym gebrauchter Begriff für einen seit der Antike zentralen Bereich der Philosophie, der die Frage zu beantworten sucht, an welchen Werten und Normen, Zielen und Zwecken die Menschen ihr Handeln orientieren sollen. Gegenstand der Ethik ist das Bemühen, 1. den Geltungsanspruch der jeweiligen Moral auf Wohlbegründetheit zu überprüfen, 2. ein oberstes, vernünftiges Prinzip zu finden, womit die Werte, Normen und Ziele in ihrer Rangordnung beurteilt und gegebenenfalls neue einsehbar begründet werden können, 3. dadurch zur Verbesserung menschl. Zusammenlebens beizutragen.

Ethnarch [griech.], Titel von Stammesfürsten in Gebieten unter röm. Oberhoheit; seit dem 2. Jh. v. Chr. auch Titel des Hohenpriesters in Jerusalem.

Ethnikon Apeleftherotikon Metopon [neugriech. ɛθni'kɔn apɛlɛfθɛrɔti'kɔn 'mɛtɔpɔn »Nat. Befreiungsfront«], Abk. **EAM,** wichtigste griech. Widerstandsorganisation gegen die dt. und italien. Besatzung, gegr. 1941; seit 1947 verboten.

ethno..., Ethno... [griech.], Vorsilbe mit der Bedeutung »Völker..., Volks...«; z. B. Ethnographie, Ethnologie.

Ethnologie (Völkerkunde), die Wissenschaft von den Kulturen der schriftlosen, außereurop. Völker. Die beschreibende Völkerkunde *(Ethnographie),* die sich auf Beobachtung und Darstellung einzelner Kulturen beschränkt, wurde bereits in der Antike (Herodot u. a.) betrieben. Das starke Anwachsen des ethnograph. Materials durch die Erschließung des pazif. Inselraums in der 2. Hälfte des 18. Jh. führte zu neuen Formen systemat. Verarbeitung, in denen phys. Anthropologie, Kultur- und Naturgeschichte als Einheit behandelt wurden. Mit der Konsolidierung der europ. Kolonialmächte ging die Herausbildung moderner Feldforschungstechnik einher (angewandte E.). Die E. wurde in der 2. Hälfte des 19. Jh. eine eigene Universitätsdisziplin. Sie orientiert sich unterschiedlich stark an Anthropologie, Geographie, Geschichte, Linguistik, Psychologie, Ökonomie und Soziologie.

Ethnosoziologie, Zweig der Ethnologie, untersucht die Zusammenhänge des sozialen Geschehens in ethn. Gruppen.

Ethologie [griech.], svw. ↑Verhaltensforschung.

Ethos [griech. »Gewohnheit, Herkommen, Sitte«], eth., moral. Bewußtsein.

Ethyl..., nach der chem. Nomenklatur fachsprachl. Schreibweise für Äthyl...; entsprechend auch *Ethylen* für Äthylen.

Etikett [frz.], Hinweisschildchen (an Waren, Gegenständen).

Etikette [frz.], Regeln, die gesellschaftl. Umgangsformen vorschreiben.

Eton [engl. iːtn], engl. Stadt an der Themse, Gft. Berkshire, 3500 E. Das *Eton College,* die größte Privatschule Englands, wurde 1440/41 gegründet.

Etoschapfanne, ausgedehnte, flache Salztonebene im nördl. Namibia.

Etrurien (lat. Etruria, später Tuscia), im Altertum nach den Etruskern benannte Landschaft im westl. Italien, heute ↑Toskana. Auf dem Gebiet des Groß-Hzgt. Toskana bestand 1802–07/08 ein vom Napoleon. Frankreich abhängiges Kgr. Etrurien.

Etrusker, im Altertum eine nichtindogerman. Bevölkerungsschicht Italiens (Herkunft umstritten, Blütezeit 7.–4. Jh. v. Chr.), die als Kernland Etrurien beherrschte. Die E. sind weniger durch ihre eigenen Schriftzeugnisse sowie die Nachrichten griech. und röm. Autoren bekannt als vielmehr durch ihre künstler. Hinterlassenschaft (↑etruskische Kunst). Ihre Stadtstaaten schlossen sich zu einem lockeren Zwölfstädtebund aus Caere (heute Cerveteri), Tarquinii (heute Tarquinia), Populonia, Rusellae (heute Roselle), Vetulonia, Volaterrae (heute Volterra), Arretium (heute Arezzo), Cortona, Perusia (heute Perugia), Clusium (heute Chiusi), Volsinii (heute Bolsena) und Veji (Ruinen von Veio) zusammen. Etwa zw. 575 und 470 hatte das etrusk. Geschlecht der Tarquinier das Königtum in Rom inne. 424 verdrängten die Samniten die E. aus Capua; 264 (Einnahme von Volsinii durch die Römer) wurde die Unterwerfung Etruriens im wesentlichen vollendet.

etruskische Kunst, die eigenständige, von oriental. und griech. Einflüssen geprägte Kunst der Etrusker, die auf die ↑Villanovakultur folgte. Die e. K. ist v. a. aus Grabanlagen bekannt. Im 7. Jh. v. Chr. entstanden in S-Etrurien, ab dem 6. Jh. auch in N-Etrurien *Tumuli:* Kammergräber aus Steinblöcken unter Erdhügeln (Caere [Cerveteri], Vulci,

etruskische Kunst.
Links: »Flötenspieler«,
Wandmalerei aus dem
»Grab des Leopar-
den« in Tarquinia (um
480 v. Chr.) ◆ Mitte:
Kopf des Hermes vom
Portonaccioheiligtum
in Veji, Terrakotta (um
500 v. Chr.) ◆ Rechts:
Sarkophag aus Cerve-
teri (um 520 v. Chr.)

Vetulonia), in jüngerer Zeit Felsgräber
(Norchia, San Giuliano, Orvieto). In
den Gräbern befanden sich neben Ein-
richtungsgegenständen, Totenbetten,
↑Kanopen und Sarkophagen Schmuck,
Waffen und Geräte sowie Wandmalerei
(im 6. und 5. Jh. sehr dekorative land-
schaftl. Motive und Szenen aus dem tägl.
wie festl. Leben, im 4. und 3. Jh. Todes-
dämonen und Unterweltszenen). Die
Plastik umfaßte Terrakottaarbeiten
(Zentren: Caere, Vulci und Veji), v. a. la-
gernde Sarkophagfiguren, Giebelfiguren
der Tempel (»Apollo von Veji«, Rom,
Villa Giulia), Reliefplatten sowie Bronzearbeiten (↑Kapitolinische Wölfin;
»Chimära« aus Arezzo, 5./4. Jh., Florenz,
Archäolog. Museum). Die Architektur
zeigt großartige techn. Leistungen:
Hafenanlagen (Tagliata Etrusca bei An-
sedonia), Wasserleitungen. Die Tempel
hatten Holzkonstruktionen. Die etrusk.
Kleinkunst umfaßt granulierte oder ziselierte Goldschmiedearbeiten, Elfenbein-
schnitzereien, ziselierte Bronzegeräte
(Spiegel, Zisten).
etruskische Religion, die mit oriental.
und griech. Elementen durchsetzte Religion der Etrusker, in deren Mittelpunkt offenbar Vorstellungen standen,
die den Tod des Menschen und sein Leben nach dem Tod zum Inhalt hatten.
Die e. R. kannte eine Vielzahl von Göttern. Die Beziehungen der Menschen zu
den Göttern wurden nach bestimmten
Gesetzen geregelt, und der Wille der
Götter nach bestimmten Regeln er-
forscht, die die Bez. *Disciplina Etrusca*
tragen. Darin waren Vorschriften über
die Beobachtung des Vogelflugs (Augu-
raldisziplin), des Blitzschlags (Fulgural-
disziplin) und der Eingeweideschau von
Opfertieren (Haruspizien) enthalten.
Diese Regeln und die damit verbundene
Weissagung (Mantik) übten ebenso wie
Namen und Qualitäten der etrusk. Götter einen starken Einfluß auf die röm.
Religion aus.
etruskische Schrift, die bei den Etruskern gebräuchl. Alphabetschrift, abgeleitet aus einem westgriech. Alphabet
(Übernahme in der 2. Hälfte des 8. Jh.
v. Chr.). Die ältesten etrusk. Alphabete
enthalten 26 Zeichen. Die Schriftrich-
tung ist fast durchgehend linksläufig.
Eine Worttrennung kennen die archai-
schen Inschriften nicht.

Etsch (italien. Adige), zweitgrößter Fluß Italiens, entspringt am Reschenpaß, durchfließt die Veroneser Klause, mündet am N-Rand des Podeltas in das Adriat. Meer, 410 km lang.

Etschmiadsịn, Stadt bei Jerewan, Armenien, 53 000 E. Sitz des Katholikos der armen. Kirche (seit 1441); Kunststoffwerk, Weinkellerei. Kathedrale (495/496, im 7. Jh. wiederhergestellt; im 18. Jh. Umgestaltungen). – Als *Wagarschapat* vom 2.–4. Jh. Hauptstadt Armeniens.

Ettal, Gem. im Ammergebirge, Bayern, 1000 E. Benediktinerkloster, hochgot. Klosterkirche (seit 1710 barock umgebaut). Nahebei Schloß *Linderhof* (1874 bis 1878) in frz. Rokokostil.

Ettlingen, Stadt am Austritt der Alb in die Oberrheinebene, Bad.-Württ., 37 900 E. Barockschloß (1725–33; z. T. Albgaumuseum), Rathaus (1737/38), kath. Pfarrkirche Sankt Martin (12. bis 15. Jh.).

Etüde [lat.-frz.], Instrumentalstück zum Studium bestimmter spieltechn. Probleme.

Etui [ɛt'vi:; frz.], Futteral, flache Hülle.

Etymologie [griech.-lat.], Forschungsrichtung der historisch-vergleichenden Sprachwissenschaft, die sich mit dem Ursprung und der Geschichte der Wörter befaßt.

Etzel, mittelhochdt. Form des Namens des Hunnenkönigs ↑Attila; edler, ritterl. Heidenkönig der Heldenepik; in der altnord. Literatur *Atli*.

Eu, chem. Symbol für ↑Europium.

EU, Abk. für ↑Europäische Union.

eu..., Eu... [griech.], Vorsilbe mit der Bedeutung »gut, schön«.

Euböa, mit 3 655 km² zweitgrößte griech. Insel, bis 1 743 m hoch, parallel der O-Küste M-Griechenlands, von der sie durch den *Golf von Euböa* (Brücke und Fähren) getrennt ist, Hauptort Chalkis.

Geschichte: Ab dem 5. Jh. v. Chr. meist unter Fremdherrschaft (u. a. athen., makedon., röm., byzantin.). 1204 an lat. Feudalherren, als *Negroponte* 1366 an Venedig; 1470 von den Osmanen erobert, im griech. Freiheitskampf bis 1830 hart umkämpft.

Eucharistie [ɔʏça...; griech.-lat.], seit Ausgang des 1. Jh. sich durchsetzender Begriff für das ↑Abendmahl der Kirche, der im Bereich der orth. und röm.-kath. Theologie bis heute bestimmend ist. Die E. gilt seit etwa Anfang des 2. Jh. als Sakrament. Sie umfaßt als liturg. Handlung Segnung, Austeilung und Genuß von Brot und Wein (Leib und Blut Christi). Liturg. Feier der E. ist die ↑Messe.

Eucharịstischer Kongreß [ɔʏça... -], kath. internat. Tagung zur Feier und Verehrung der Eucharistie in Verbindung mit Konferenzen und Seminaren; findet seit 1881 in unregelmäßigen Abständen statt.

Eucken, 1) Rudolf, *Aurich (Ostfriesland) 5. 1. 1846, †Jena 14. 9. 1926, dt. Philosoph. Vertreter einer Philosophie des »schöpfer. Aktivismus«; 1908 Nobelpreis für Literatur. – *Werke:* Die Einheit des Geisteslebens in Bewußtsein und Tat der Menschheit (1888), Die Lebensanschauungen der großen Denker (1890), Mensch und Welt (1918). **2)** Walter, *Jena 17. 1. 1891, † London 20. 3. 1950, dt. Nationalökonom. Sohn von Rudolf E.; Begründer der ↑Freiburger Schule; verfocht die Idee der Marktwirtschaft, hatte maßgeblichen Einfluß auf die Wirtschaftsordnung der BR Deutschland.

Eudämonịsmus [griech.], Ethik des Glücks (als Sinn menschl. Daseins).

Eudoxos von Knịdos, *Knidos 408 (391?) v. Chr., † ebd. 355 (338?) v. Chr., griech. Mathematiker, Naturforscher und Philosoph. System der Planetenbewegungen beherrschte die kosmolog. Vorstellungen bis ins 16. Jh.; beschrieb die drei »Erdteile« Europa, Asien, Afrika.

Eugen, Prinz von Savoyen-Carignan, *Paris 18. 10. 1663, † Wien 21. 4. 1736, österr. Feldherr und Staatsmann. Sohn eines frz. Prinzen von Geblüt; ab 1683 in Wien; Teilnahme am Großen Türkenkrieg (1683–99; ab 1697 als Oberbefehlshaber); bed. Erfolge im Span. Erbfolgekrieg (1701–13/14); im Türkenkrieg von 1714/16–18 Einnahme Belgrads; 1716–24 Statthalter der österr. Niederlande; galt als fähigster Feldherr seiner Zeit.

Eugénie [frz. øʒe'ni], *Granada 5. 5. 1826, † Madrid 11. 7. 1920, Kaiserin der Franzosen. Bed. polit. Einfluß als Gattin Napoleons III.; nach 1870 im Exil.

etruskische Kunst. »Apoll aus Veji« (Terrakottaplastik, Höhe 1,75 m, um 500 v. Chr.)

Eugen. Prinz von Savoyen-Carignan (Ausschnitt aus einem Gemälde)

Eugen

Eulenspiegel.
Titelseite der Ausgabe
Straßburg (1515)

Eukalyptus.
Zweig mit Blüten,
Fruchtstand und
Blättern des Fieber-
gummibaums (Höhe
bis 40 m)

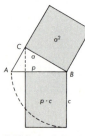

Euklidischer Lehrsatz
$(a^2 = p \cdot c)$

Eugen II., † Rom 27. (?) 8. 827, Papst (ab 5. [?] 6. 824). Mit fränk. Hilfe gewählt, stellte seine Regierung einen Höhepunkt fränk.-kaiserl. Einflusses dar, denn die mit päpstl. Zustimmung erlassene »Constitutio Romana« verpflichtete jeden neugewählten Papst zum Treueid auf den Kaiser.

Eugenik [griech.] (Erbhygiene, Erbgesundheitslehre), von dem brit. Naturforscher F. Galton 1883 geprägte Bez. für die Wissenschaft von der Verbesserung des Erbguts. Ziel der E. ist, unter Anwendung genet. Erkenntnisse den Fortbestand günstiger Erbanlagen in einer menschl. Population zu sichern *(positive E.)* sowie die Ausbreitung nachteiliger Gene einzuschränken *(negative* oder *präventive E.).* In der Zeit des Nat.-Soz. wurde mit der E. der Massenmord an geistig und körperlich behinderter Menschen begründet (↑Euthanasieprogramm).

Eukalyptus [griech.] (Eucalyptus), Gatt. der Myrtengewächse mit etwa 600 Arten, v. a. in Australien und Tasmanien; bis 150 m hohe, immergrüne Bäume und Sträucher. Von manchen Arten werden die Rinde, das Harz und die Blätter wirtschaftlich genutzt.

Eukalyptusöl, aus Blättern und Holz von Eukalyptusarten gewonnenes äther. Öl; Mittel zum Inhalieren und Einreiben bei Krankheiten der Atemwege.

Eukaryonten (Eukaryoten) [griech.], zusammenfassende Bez. für alle Organismen, deren Zellen durch einen Zellkern und andere Organellen charakterisiert sind.

Euklid, griech. Mathematiker um 300 v. Chr. Sein Handbuch »Die Elemente« (13 Bücher erhalten) war über 2000 Jahre lang Grundlage für den Geometrieunterricht.

Euklidischer Lehrsatz (Kathetensatz), Satz über das rechtwinklige Dreieck: Das Quadrat über einer Kathete ist flächengleich dem Rechteck aus der Hypotenuse und der Projektion der Kathete auf die Hypotenuse.

Eulen, 1) ↑Eulenvögel.
2) svw. ↑Eulenfalter.

Eulenburg, dt. Uradelsgeschlecht, erstmals 1170 gen.; ab dem 15. Jh. in Ostpreußen; 1786 in den preuß. Grafenstand erhoben. – Bed. war Philipp Fürst ↑Eulenburg und Hertefeld.

Eulenburg, Philipp Fürst (ab 1900) zu E. und Hertefeld, Graf von Sandels, * Königsberg 12. 2. 1847, † Schloß Liebenberg bei Templin 17. 9. 1921, dt. Politiker. Politisch einflußreich als Vertrauter Wilhelms II. (ab 1886); nach 1903 Zentralfigur der durch Polemiken M. Hardens (Vorwürfe: Homosexualität und Meineid) ausgelösten E.-Affäre.

Eulenfalter (Eulen, Noctuidae), mit über 25000 Arten umfangreichste, weltweit verbreitete Fam. 0,5–32 cm spannender Schmetterlinge; meist dicht behaart und unscheinbar dunkel gefärbt; Vorderflügel mit einem einheitl. Zeichnungsmuster (»Eulenzeichnung«) mit zwei Querbinden und drei hellen, ringförmigen Zeichnungen; Nachtfalter. – Die meist nackten Raupen sind in Land- und Forstwirtschaft gefürchtete Schädlinge (z. B. die der Saateule, Hausmutter). – Die Gattung *Ordensbänder* kommt mit sieben Arten in Deutschland vor; Vorderflügel rindenfarbig, bedecken in Ruhestellung (an Baumstämmen) die leuchtend roten, gelben, blauen oder weißen, schwarz gebänderten Hinterflügel; u. a. *Blaues Ordensband, Rotes Ordensband* (Bachweideneule) und *Weidenkarmin;* alljährlich wandert über die Alpen nach M-Europa die *Ypsiloneule* ein.

Eulengebirge, Gebirge der Mittelsudeten, Polen, etwa 40 km lang, in der Hohen Eule 1015 m hoch.

Eulen nach Athen tragen, sprichwörtlich für: etwas Überflüssiges tun, vorschlagen.

Eulenspiegel, Till oder Tile (niederdt. Ulenspegel, vermutlich von ülen »fegen« und weidmänn. Spiegel »Hinterteil«), Held eines Schwankromans, in dem E. als Schalk oder Schelm erscheint, dessen Streiche Bauern und Bürger, aber auch geistl. und weltl. Herren treffen; die Schwänke beruhen auf Wortwitz, auf der wörtl. Ausführung eines bildl. Befehls. Histor. Zeugnisse fehlen, doch dürfte E. in Kneitlingen bei Braunschweig geboren und 1350 in Mölln gestorben sein. Die erste Fassung des *Eulenspiegelbuches* ist verloren, die erste hochdt. (Straßburg 1515) erhalten. Neubearbeitungen und Nachdichtungen u. a. von H. Sachs, J. Nestroy, C. De Coster, F. Wedekind und G. Hauptmann; sinfon. Dichtung von R. Strauss.

Eulenvögel (Strigiformes), mit etwa 140 Arten weltweit verbreitete Ordnung 15–80 cm langer, meist in der Dämmerung oder nachts jagender Vögel; mit großem, oft um 180° drehbarem Kopf, nach vorn gerichteten, unbewegl. Augen und deutlich abgesetztem Gesichtsfeld; Augen von einem Federkranz umsäumt (Gesichtsschleier); Gefieder weich, Flug geräuschlos, sehr gutes Gehör; Hakenschnabel, Greiffüße. Unverdaul. Beutereste werden als Gewölle ausgewürgt. Man unterscheidet die beiden Fam. *Schleiereulen* (Tytonidae) und *Eulen* (Echte Eulen, Strigidae). Von den zehn Arten der Schleiereulen kommt in M-Europa nur die etwa 35 cm lange (bis knapp 1 m spannende) Schleiereule (Tyto alba) vor. – Die Fam. Eulen umfaßt etwa 130 Arten. Die wichtigste einheim. Art der zehn Arten umfassenden Gatt. Bubo (Uhus) ist der Eurasiat. Uhu (Bubo bubo); etwa 70 cm lang. In Wäldern Europas, NW-Afrikas sowie der gemäßigten Regionen Asiens und N-Amerikas kommt die etwa 35 cm lange Waldohreule vor (mit langen, spitzen Ohrfedern); die etwa starengroße Zwergohreule kommt im südl. M-Europa, S-Europa, Afrika und in den gemäßigten Regionen Asiens vor; v. a. an Sümpfen und Mooren der nördl. und gemäßigten Regionen Eurasiens, N- und S-Amerikas lebt die etwa 40 cm lange Sumpfohreule. Etwa uhugroß und überwiegend schneeweiß ist die Schneeeule, die v. a. in den Tundren N-Eurasiens und des nördl. N-Amerika lebt. – Keine Ohrfedern haben: Sperlingskauz, etwa 16 cm lang, in N-, M- und S-Europa sowie in den nördl. gemäßigten Regionen Asiens; Habichtskauz, etwa 60 cm lang, im gemäßigten N-Eurasien; Rauhfußkauz, etwa 25 cm lang, in den nördl. und gemäßigten Regionen Eurasiens und N-Amerikas; Steinkauz, kaum amselgroß, in felsigen Gegenden N-Afrikas, Europas und der gemäßigten Regionen Asiens; Waldkauz, etwa 40 cm lang, in Europa, S-Asien und NW-Afrika. – Alle Eulen stehen unter Naturschutz; sie sind in ihrem Bestand stark bedroht.

Euler, Leonhard, *Basel 15. 4. 1707, † Petersburg 18. 9. 1783, schweizer. Mathematiker. Einer der Begründer der Hydrodynamik bzw. der Strömungslehre; stellte die nach ihm ben. Gleichungen für die Kreiselbewegung auf; bed. Beiträge zur Zahlentheorie, Geometrie, Reihenlehre und zur Theorie der Differentialgleichungen.

Euler-Chelpin [...'kɛlpɪn], **1)** Hans von, *Augsburg 15. 2. 1873, † Stockholm 7. 11. 1964, schwed. Chemiker dt. Herkunft. Forschungen über Struktur und Wirkungsweise der Enzyme; erhielt 1929 mit A. Harden den Nobelpreis für Chemie. **2)** Ulf Svante von, *Stockholm 7. 2. 1905, † ebd. 10. 3. 1983, schwed. Physiologe. Sohn von Hans von E.-C.; entdeckte u. a. die Funktion des Noradrenalins als Informationsübermittler im Nervensystem, wofür er 1970 (mit B. Katz und J. Axelrod) den Nobelpreis für Physiologie oder Medizin erhielt.

Eulerscher Polyedersatz [nach L. Euler], geometr. Lehrsatz: Für ein konvexes Polyeder mit e Ecken, k Kanten und f Flächen gilt die Beziehung: $e + f = k + 2$.

Eumenes II. Soter, *vor 221 v. Chr., † 159/160 v. Chr., König von Pergamon (ab 197). Verbündeter Roms; ließ den Pergamonaltar erbauen.

Eumeniden †Erinnyen.

Eunuch [griech.], der durch Kastration zeugungsunfähig gemachte Mann; Kastrat. Im Altertum wurden Sklaven für bestimmte Aufgaben kastriert, bes. bekannt ihre Verwendung als Sängerknaben und als Haremswächter.

Eupen, belg. Gem. im dt.sprachigen Teil Belgiens, 17 100 E. Wollindustrie, Fremdenverkehr.

Eupen-Malmedy [...di], belg. Grenzgebiet sw. von Aachen, Teil der Prov. Lüttich (Kantone Eupen, Malmedy und Saint-Vith); rd. 1 036 km²; Ab 1814 preuß.; 1920 mit seiner zu ⁴/₅ dt.sprachigen Bevölkerung auf Grund des Versailler Vertrags nach einer Volksabstimmung an Belgien abgetreten (†Abstimmungsgebiete); endgültige Grenzziehung 1956 durch ein Abkommen zw. der BR Deutschland und Belgien.

Euphemismus [griech.] (Hüllwort), beschönigende Umschreibung von Unangenehmem, moral. oder gesellschaftl. Anstößigem, von Tabus.

Euphorie [griech.], objektiv unbegründet erscheinende, subjektiv heitere Gemütsverfassung, u. a. nach der Einnahme von Genußmitteln (z. B. Alko-

Hans von Euler-Chelpin

Ulf Svante von Euler-Chelpin

Euphrat

hol) oder bes. von Rauschgiften und bestimmten Medikamenten, aber auch bei Hirnerkrankungen.

Euphrat, größter Strom in Vorderasien, entsteht bei Keban (Türkei) aus den beiden Quellflüssen Karasu und Murat, durchfließt NO-Syrien und das irak. Tiefland, vereinigt sich mit dem Tigris zum Schatt el-Arab, der in den Pers. Golf mündet; etwa 2700 km lang (mit dem Murat 3380 km lang). Der E. ist mehrfach gestaut (u. a. Atatürkstaudamm bei Urfa, Türkei).

Euphrosyne, eine der ↑Chariten.

Eurasien, zusammenfassende Bez. für Europa und Asien.

Eurasier, 1) *Anthropologie:* Mensch, dessen einer Elternteil Europäer, der andere Asiate ist.
2) *dt. Hunderasse;* Züchtung aus Chow-Chow und Wolfsspitz.

EURATOM, Abk. für **Eur**opäische **Atom**gemeinschaft, vertragl. Zusammenschluß der EG-Mitgliedsländer vom 25. 3. 1957 zum Zweck der friedl. Nutzung der Kernenergie und der Bildung und Entwicklung von Kernindustrien; Sitz Brüssel.

EUREKA, Abk. (z. T. eingedeutscht) für **Eu**ropean **Re**search **Co**ordination **A**gency, 1985 gegr., zunächst als Agentur geplante Koordinationsstelle für zivile (west)europ. Technologieforschung; Sitz des Sekretariats: Brüssel.

Eurich (Euricus), † Arles im Dez. 484, westgot. König (ab 466). Dehnte sein Reich von Loire und Rhone bis über Spanien aus; veranlaßte die erste Sammlung german. Rechts *(Codex Euricianus)*.

Euripides, *auf Salamis 485/484 oder 480 v. Chr., † vermutlich am Hof von König Archelaos in Pella (Makedonien) 407/406 v. Chr., griech. Tragiker. Außer zahlr. Fragmenten und die Satyrspiel »Kyklops« und 17 Tragödien erhalten: »Alkestis« (438), »Medea« (431), »Herakliden« (um 430), »Andromache« (wohl um 429), »Hippolytos« (428), »Hekabe« (wohl um 425), »Hiketiden« (wohl nach 424), »Elektra« (nach 423, vor 412), »Herakles« (wohl nach 423), »Troerinnen« (415), »Helena« (412), »Iphigenie bei den Taurern« (um 412), »Ion« (um 412), »Phönikierinnen« (nach 412, vor 408), »Orest« (408), »Iphigenie in Aulis« (nach 407/406) und »Bakchen« (nach 407/406). Die mytholog. Stoffe der Tragödie werden dem menschl. Erfahrungsbereich eingefügt, der Mythos verliert seine Unantastbarkeit.

Eurobonds (Euroanleihen), Anleihen, die von internat. Bankenkonsortien gleichzeitig in mehreren (europ.) Ländern aufgelegt werden.

Eurocard, Bez. für die Kreditkarte des Kreditgewerbes in der BR Deutschland. ↑Kreditkarten.

Eurocheque (Euroscheck) [...ʃɛk], Abk. **ec,** Scheck, dessen Einlösung bis zu einem bestimmten Höchstbetrag (seit 1985: 400 DM) auf Grund einer Garantieverpflichtung der Banken in allen europ. Staaten erfolgt.

Eurocity-Züge, Abk. **EC,** Netz von Schnellverkehrszügen (↑ Intercity-Züge) im grenzüberschreitenden europ. Bahnverkehr.

Eurocontrol (Europ. Organisation zur Sicherung der Luftfahrt), 1960 gegr. Organisation zur Koordination der nat. Luftverkehrssicherungsdienste; Mgl.: Belgien, Deutschland, Frankreich, Großbrit., Irland, Luxemburg, Niederlande, Portugal; Sitz Brüssel.

Eurodollar, Guthaben in Dollar, aber auch anderen Währungen, die bei nichtamerikan. Banken bzw. bei Banken außerhalb des Währungsgebietes gehalten und befristet ausgeliehen werden.

Eurofighter 2000, seit Anfang 1994 Bez. für das bis dahin unter dem Namen »European Fighter Aircraft« (EFA; in Deutschland »Jäger 90«) bekannte Jagdflugzeugprojekt der Länder Deutschland, Großbrit., Italien und Spanien; 1983–87 konzipiert, befindet sich die Maschine seit 1988 in der Entwicklung, der Erstflug erfolgte im März 1994. Vor dem Hintergrund des beendeten Ost-West-Konflikts einigten sich die Vertragspartner im Jan. 1994 darauf, die Entwicklung des Flugzeugs in Form einer leistungsschwächeren Version bis 2002 zu Ende zu führen.

Eurokommunismus, Bez. für die bes. Mitte der 1970er Jahre vertretene Strategie westeurop. kommunist. Parteien (v. a. Italiens und Spaniens), durch Abgrenzung insbes. von der KPdSU Regierungsbeteiligung zu erreichen, dies bei Anerkennung bürgerlich-demokrat. Rechte und Freiheiten.

Eurokorps, am 5. 11. 1993 in Straßburg in Dienst gestellter, multinationaler militär. Großverband, der (1995) aus dt., frz., belg., span. und luxemburg. Einheiten besteht.

Europa, Gestalt der griech. Mythologie; beim Spielen am Strand von Zeus (in Gestalt eines Stiers) geraubt und über das Meer nach Kreta entführt.

Europa, der mit 10,5 Mio. km^2 zweitkleinste Erdteil, auf breiter Front (u. a. Gebirge und Fluß Ural) mit Asien verbunden, auf Grund seiner Geschichte jedoch als eigener Kontinent anzusehen. Die festländische N-S-Erstreckung beträgt 4000 km, die von O nach W über 5000 km. Die Kasp. Senke erreicht 28 m u. M., der Montblanc 4808 m ü. M.
Gliederung: Der O wird von einem Tiefland eingenommen, dessen sich verschmälernde Fortsetzung, das mitteleurop. Tiefland, an Ost- und Nordsee grenzt. Zw. dem Tiefland und dem Gürtel der alpinen Gebirge liegen die west- und mitteleurop. Mittelgebirge. Die Pyrenäen trennen die Iber. Halbinsel von West-E. ab. Sie wird geprägt von Hochflächen (Meseta), Hügelländern und Gebirgen. Der Apennin ist das Rückgrat der Apenninenhalbinsel. Die gebirgige Balkanhalbinsel zeichnet sich durch bes. starke Kammerung aus. Der Karpatenbogen umschließt das Ungar. Tiefland. Die Skandinav. Halbinsel wird im W vom Skandinav. Hochgebirge durchzogen, nach O folgen Bergländer und Plateaus. Wie Skandinavien ist auch Finnlands und Kareliens Landschaft von der Eiszeit geprägt mit Moränen und Seen. Auf den Brit. Inseln überwiegen zertalte, wellige Rumpfflächen sowie eine Schichtstufenlandschaft in S- und SO-England. Das vulkan. Island sitzt dem Mittelatlant. Rücken auf. Sardinien, Korsika, Kreta und Teile Siziliens haben Gebirgscharakter. Die europ. Hauptwasserscheide trennt die Gebiete, die zum Atlantik und der Ostsee entwässern, von denen, deren Ströme zum Mittelländ. und Schwarzen Meer fließen. Wolga und Ural münden ins Kasp. Meer.
Klima: Das ozean. Klima des W geht über zum kühlgemäßigten Kontinentalklima des Ostens. Der S gehört zum Bereich des Mittelmeerklimas, der N zur subarkt. und arkt. Klimazone.
Vegetation: Dem Klima entsprechend folgen von N nach S: Tundra, Nadel-wald, mitteleuropäischer Laubwald, alpine Hochgebirgsflora und mittelmeer. Hartlaubzone. Nordöstlich des Schwarzen Meeres breiten sich Steppen aus.
Tierwelt: In der Tundra leben Ren, Vielfraß, Lemming, im Waldgürtel Hirsch, Reh, Wildschwein, Bär, im Mittelmeergebiet v. a. wechselwarme Tiere. In den Hochgebirgen finden sich Steinbock, Gemse und Murmeltier.
Bevölkerung: E. ist die Heimat der Europiden. Ohne Berücksichtigung der europ. Teile Rußlands und der Türkei hat E. die höchste Bevölkerungsdichte aller Erdteile. Mit Ausnahme der flächenmäßig kleinen Länder (Vatikanstadt, Monaco, San Marino, Malta) haben die Niederlande und Belgien die höchste Dichte. Ballungsräume treten bes. in den Ind.gebieten Deutschlands, der Niederlande, Belgiens, Frankreichs, Englands und N-Italiens hervor. Die Flucht vor Verfolgung, Krieg oder Katastrophen, die Auswanderung aus den übervölkerten Ländern, die Industrialisierung sowie die Rückkehr aus den einstigen Kolonien lösten beträchtl. Bevölkerungsbewegungen aus.
Geschichte: *Vorgeschichte und Altertum:* In fast ganz E. gibt es vorgeschichtl. Fundstellen seit dem Altpaläolithikum. Aus dem Mittelpaläolithikum stammen die Neandertalerfunde. Im Jungpaläolithikum bildeten sich eine seßhaftere Lebensweise und bessere Jagdtechniken aus; erste Kunstwerke (u. a. Höhlenmalerei) stammen aus dieser Zeit. Im Neolithikum kam es zur Ausbildung zahlr. regionaler Kulturformen, für die v. a. die Keramik, aber auch Grabformen typisch waren. Bereits im Neolithikum entstanden Beziehungen zw. den Teilen E. vertieften sich im Bronzezeit ebenso wie Einflüsse aus den Hochkulturen des östl. Mittelmeerraums (v. a. über SO-Europa). Die eisenzeitl. Kulturen breiten sich aus dem ägäischen Raum über Italien und die Balkanhalbinsel nach M- und W-Europa aus. Der historische Raum der klass. Antike rund um das Mittelmeer gehört zwar zu drei Erdteilen, die griech. Kultur, von den Römern übernommen und umgeformt, bildet aber in Verbindung mit dem Christentum die prägende Grundlage der europ. Geschichte.

Europa

Europa. Staatliche Gliederung (Stand 1992)				
Land	km²	E (in 1 000)	E/km²	Hauptstadt
Albanien	28 748	3 315	115	Tirana
Andorra	453	47	104	Andorra la Vella
Belgien	30 518	9 998	328	Brüssel
Bosnien und Herzegowina	51 129	4 366[1]	85	Sarajevo
Bulgarien	110 912	8 952	81	Sofia
Dänemark	43 069	5 158	120	Kopenhagen
Deutschland	356 959	80 975	227	Berlin
Estland	45 215	1 582	35	Reval
Finnland	338 145	5 008	15	Helsinki
Frankreich	543 965	57 182	104	Paris
Griechenland	131 957	10 182	77	Athen
Großbritannien und Nordirland	244 110	57 649	236	London
Irland	70 283	3 486	50	Dublin
Island	103 000	260	3	Reykjavik
Italien	301 278	57 782	192	Rom
Jugoslawien[2]	102 173	10 337[1]	101	Belgrad
Kroatien	56 538	4 784[1]	84	Zagreb
Lettland	64 500	2 679	42	Riga
Liechtenstein	160	28	175	Vaduz
Litauen	65 200	3 755	58	Wilna
Luxemburg	2 586	378	146	Luxemburg
Makedonien	25 713	2 300	89	Skopje
Malta	316	359	1 136	Valletta
Moldawien	33 700	4 362	129	Chişinău
Monaco	1,95	28	18 792	Monaco
Niederlande	41 864	15 158	371	Amsterdam
Norwegen	323 895	4 288	13	Oslo
Österreich	83 853	7 776	93	Wien
Polen	312 683	38 417	123	Warschau
Portugal	92 389	9 866	107	Lissabon
Rumänien	237 500	23 327	98	Bukarest
Rußland (europ. Teil)	3 415 080	95 362	28	Moskau
San Marino	61	23	377	San Marino
Schweden	449 964	8 652	19	Stockholm
Schweiz	41 293	6 813	165	Bern
Slowakische Republik	49 035	5 296	108	Preßburg
Slowenien	20 251	1 975[1]	97	Ljubljana
Spanien	504 750	39 092	77	Madrid
Tschechische Republik	78 864	10 311	131	Prag
Türkei (europ. Teil)	23 623	4 325	183	Ankara
Ukraine	603 700	52 158	86	Kiew
Ungarn	93 032	10 512	113	Budapest
Vatikanstadt	0,44	1	2 273	–
Weißrußland	207 600	10 295	50	Minsk

[1] Stand 1991. – [2] Serbien und Montenegro.

Mittelalter: Wegbereiter des abendländ. MA mit seiner charakterist. Verbindung von Antike, Germanentum und Christentum wurden die westgerman. Franken. Durch den Einbruch der muslim. Araber 711 wurde der Großteil der Iber. Halbinsel E. entfremdet. Die polit., sozialen und kulturellen Strukturen des Fränk. Reiches (Lehnswesen, Grundherrschaft, Kirchen- und Verwaltungs-

Europa. Staatliche Gliederung (Stand 1992; Fortsetzung)				
Land	km²	E (in 1 000)	E/km²	Hauptstadt
abhängige Gebiete				
von Dänemark:				
Färöer	1 399	47	34	Tórshavn
von Großbritannien:				
Gibraltar	6,5	31	5 167	–
Kanalinseln	194	143	733	Saint Hélier bzw.
				Saint Peter Port
Man	572	69	117	Douglas

system, karoling. Schrift) wirkten sich über seinen Herrschaftsbereich hinaus aus. 754 ging das Fränk. Reich jenes enge Bündnis mit der röm. Kirche ein, das mit der Kaiserkrönung Karls d. Gr. 800 für das mittelalterl. Reich bestimmend wurde. Durch die Verbindung der röm. Kaiserwürde mit dem dt. Königstitel 962 leitete Otto I., d. Gr., die Vormachtstellung des Hl. Röm. Reiches in E. ein. Die normann. Staatenbildungen, bes. in England und Sizilien, wurden vorbildlich für das Spät-MA. Nach dem Bruch zw. östl. und westl. Kirche (1054 Morgenländ. Schisma) hatte Byzanz im Zeitalter der Kreuzzüge neue Kontakte mit dem Westen; doch der 4. Kreuzzug führte 1204 zur Eroberung des Byzantin. Reiches (endgültige Zerstörung 1453 durch die Osmanen). Der offene Kampf zw. Kaiser und Papst (Investiturstreit) endete mit der Erschütterung des universalen Anspruchs des Kaisertums (Ende des 11. Jh.). Nach 1250 geriet das Papsttum unter frz. Einfluß (Avignon. Exil 1305/09–76). Während sich das Kaisertum ab dem Ende der Staufer (1254/68) an einem Tiefpunkt seiner Geschichte befand, begann in Frankreich und England, die im Hundertjährigen Krieg (1337–1453) um die Vorherrschaft im westl. E. kämpften, eine Entwicklung hin zur Ausformung des neuzeitl. Staates. Mit den Entdeckungsfahrten des 15. Jh. griff E. nach Übersee aus. Alte und zahlr. neue Städte wurden Zentren bürgerl. Kultur und frühkapitalist. Wirtschaft. Von Italien strahlten Humanismus (ab dem 14. Jh.) und Renaissance (ab 1450) nach E. aus und lösten das schon erschütterte theolog.-philosoph. Weltbild des MA ab. Im östl. E. kam es zu keiner solchen Entwick-

lung, u. a. auf Grund äußerer Bedrohungen (Mongolen, Osmanen). Mit der Eroberung Konstantinopels durch die Osmanen 1453 endete das Byzantin. Reich.

Neuzeit: Den Machtkampf zw. Frankreich und dem aufsteigenden Haus Österreich konnte Kaiser Karl V. bis 1544 für sich entscheiden; doch scheiterte er in seinem universalist. Anspruch sowohl bei der Abwehr der Osmanen als auch beim Versuch, die Einheit der Kirche gegen die Reformation wiederherzustellen. Die Niederlage der Armada 1588 signalisierte den Niedergang Spaniens und den Aufstieg Englands als Seemacht im Elisabethan. Zeitalter. Die Epoche der europ. Glaubenskriege (u. a. Hugenottenkriege 1562 bis 1598) ab Mitte des 16. Jh. endete mit dem Dreißigjährigen Krieg (1618–48). Im europ. Staatensystem ab 1648 fiel Frankreich (und im N Schweden) die führende Rolle zu. 1688 ging England mit der »Glorreichen Revolution« richtungweisend zum Konstitutionalismus über. Die Ausbildung des modernen Machtstaats des Absolutismus in Frankreich wurde für das kontinentale E. Vorbild; der Versuch Ludwigs XIV., auch die polit. Hegemonie in E. zu erringen, scheiterte schließlich im Span. Erbfolgekrieg (1701–13/14). Das Gleichgewicht der europ. Mächte blieb auch nach dem Aufstieg der neuen Großmächte Rußland (im 2. Nord. Krieg [1700–21]) und Preußen (im Siebenjährigen Krieg [1756–63]) erhalten. Eine Schlüsselstellung nahm Großbrit. ein, das im Siebenjährigen Krieg seine Weltmachtstellung gegen Frankreich gewann. Die Frz. Revolution, die im Erbe der Aufklärung die Menschenrechte proklamierte und

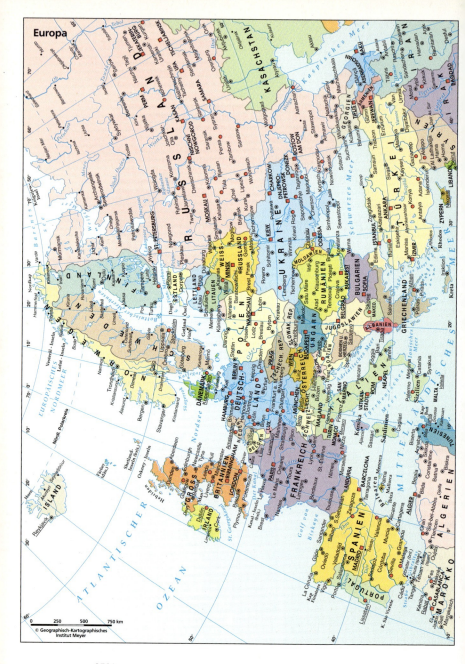

Europa

die Entstehung von Nationalismus, Liberalismus und Demokratie beschleunigte, erschütterte E. fundamental (Ende des Hl. Röm. Reichs 1806). Die Herrschaft Napoleons I. über fast ganz E. zerbrach jedoch am Widerstand der europ. Hauptmächte und der erwachenden nat. Kräfte. Die Restauration der alten Mächte auf dem Wiener Kongreß 1814/15 und ihre antirevolutionär-sozialkonservative Politik blieben unbefriedigend. Die Revolutionen und Aufstände der 1. Hälfte des 19. Jh. erreichten aber nur z. T. die Ziele der nat. Selbstbestimmung und parlamentar. Verfassung. Die infolge der Industrialisierung rasch anwachsende Arbeiterschaft schloß sich seit dem 2. Drittel des 19. Jh. in polit. und gewerkschaftl. Vereinigungen zusammen. Der Ggs. von agrar.-konservativen und bürgerl.-liberalen Kräften wurde überlagert durch den Antagonismus von Besitzenden und Nichtbesitzenden. Das labile europ. Gleichgewicht (nach 1870 bei dt. Vormachtstellung) wurde zunehmend belastet durch nat. Autonomiebewegungen. Das in SO-Europa angewachsene Konfliktpotential wurde Auslöser des 1. Weltkriegs, zu dessen tieferen Ursachen die imperialist. Politik der europ. Mächte ab 1890 gehörte.

Zeitgeschichte: Von den europ. Revolutionen am Ende des 1. Weltkrieges erlangte v. a. die russ. Oktoberrevolution von 1917 weltgeschichtliche Bedeutung. Der Kriegseintritt der USA im selben Jahr bahnte den Übergang vom europ. bestimmten zu einem globalen Staatensystem an. Unter Ausnutzung der wirtschaftl. Krise der Zwischenkriegszeit und unter Einsatz nat. und rassist. Demagogie konnten sich in einigen europ. Ländern autoritäre bzw. faschist. Regimes etablieren. Die aggressive Expansionspolitik des Nat.-Soz. führte zum 2. Weltkrieg; an seinem Ende stand die Zerschlagung der faschist. Systeme in Italien und Deutschland, aber auch die Teilung E. in den der Hegemonie der UdSSR unterworfenen Ostblock und die unter dem Einfluß der USA stehenden Länder des Westens, die sich ab etwa 1947 im kalten Krieg gegenüberstanden. Die seit den 1960er Jahren in Gang gekommene Entspannungspolitik, die u. a. in den Ostverträgen deutlich wurde, schien durch den sowjet. Einmarsch in Afghanistan (1979) und die dadurch bedingte Abkühlung im Ost-West-Verhältnis gefährdet. Der Wechsel an der Spitze der Sowjetunion und die damit eingeleitete Abkehr von den bisherigen polit. Grundsätzen ermöglichte ab 1985 die Abwendung der Ostblockstaaten von der UdSSR. In Polen konnte sich 1989 die erste nicht kommunistisch geführte Regierung seit 1948 etablieren. In der DDR, der Tschechoslowakei, Ungarn, Bulgarien und Rumänien mußten unter dem Druck von Massenprotesten die kommunistisch geführten Regierungen zurücktreten. Die kommunist. Parteien gaben ihren verfassungsrechtlich abgesicherten Vorrang auf, die ehemaligen Volksrepubliken lösten sich von ihrer sozialist. Zielsetzung und begannen mit der Einführung marktwirtschaftl. Elemente und eines pluralist. Parteiensystems, die gemeinsamen wirtschaftl. (RGW) und politisch-militär. (Warschauer Pakt) Strukturen zerfielen. Die Öffnung der Grenze zw. der DDR und der BR Deutschland (Nov. 1989) und die ersten freien Wahlen in der DDR (März 1990) schufen die Grundlagen für die Wiederherstellung der staatl. Einheit Deutschlands im Okt. 1990. Erhebl. Veränderungen der polit. Landkarte ergaben sich ab 1991 mit der Auflösung der UdSSR in zahlr. unabhängige Republiken, die sich teilweise in der Gemeinschaft Unabhängiger Staaten (GUS) zusammenfanden, im Verlauf des Bürgerkrieges in Jugoslawien und durch die Aufteilung der Tschechoslowakei. Während sich im östl. E. das Aufbrechen von jahrzehntelang unterdrückten Nationalitätenkonflikten mit dem ohnehin problemreichen gesellschaftl. wie wirtschaftl. Neubeginn verband, schritt die noch unter den Bedingungen des Ost-West-Konfliktes konzipierte Einigung der EG-Staaten zur Europäischen Union voran.

Europaflagge, 1) Flagge der Europ. Bewegung; ein grünes E auf weißem Grund. – Abb. S. 952.
2) offizielle Flagge des Europarates und der Europ. Union; ein Kreis von zwölf goldgelben Sternen auf blauem Grund.

Europahymne, die 1972 von der Beratenden Versammlung des Europarates

Europäische Artikel-Numerierung

Europaflagge. Links: Flagge der europäischen Einigungsbewegung ◆ Rechts: offizielle Flagge der Europäischen Gemeinschaften und des Europarates

Europäische Artikel-Numerierung. Artikelnummer und Strichcode

zur europ. Hymne erklärte »Hymne an die Freude« aus der 9. Sinfonie Beethovens.

Europäische Artikel-Numerierung (EAN-System), ein in allen Bereichen der Konsumgüter-Ind. verwendbares, maschinell lesbares System zur Artikelnumerierung. Es besteht aus 13 Stellen, von denen die beiden ersten das Herkunftsland kennzeichnen (für die BR Deutschland die Zahlen 40 bis 43); die restl. Stellen dienen der Kennzeichnung von Hersteller und Artikel.

Europäische Atomgemeinschaft ↑EURATOM.

Europäische Bank für Wiederaufbau und Entwicklung (Osteuropabank), Abk. **EBWE,** Finanzinstitut zur Unterstützung der Wirtschaftsreformen (Vergabe von Krediten, Beratung) in den Staaten Mittel- und Osteuropas; gegr. 1991; Sitz London.

Europäische Bewegung, westeurop. nichtstaatl. Organisation mit Sitz in Brüssel (gegr. 1948) mit dem Ziel, die Vereinigten Staaten von Europa zu schaffen.

Europäische Demokratische Union, Abk. **EDU,** 1978 gegr. Vereinigung christl.-demokrat. bzw. konservativer Parteien Europas.

Europäische Freihandelsassoziation (Europ. Freihandelszone), Abk. **EFTA** (für engl. European Free Trade Association), am 4. 1. 1960 in Stockholm gegr. handelspolit. Zusammenschluß mehrerer europ. Staaten, dem (1995) Island, Liechtenstein, Norwegen und die Schweiz angehören. Die früheren Mgl. Dänemark, Irland, Großbrit., Österreich, Portugal, Schweden und Spanien wurden Vollmitglieder der EG. Das im EFTA-Vertrag enthaltene Ziel des Abbaus der Handelsschranken wurde – wie vorgesehen – mit der völligen Abschaffung der Zölle auf Industrieerzeugnisse bis Ende 1969 erreicht. Bis 1977 erreichte die EFTA auch ihr Ziel, den Freihandel mit Ind.-Erzeugnissen auf die Mgl.staaten der EG auszuweiten. Seit dem 1. 1. 1993 bildet die EFTA mit den EU-Staaten den ↑Europäischen Wirtschaftsraum.

Wichtigstes Organ der EFTA ist der EFTA-Rat, der aus mit gleichem Stimmrecht versehenen Reg.vertretern der Mgl.staaten zusammengesetzt ist und für die Herbeiführung von Beschlüssen i. d. R. Einstimmigkeit erzielen muß; Beschlüsse oder Empfehlungen des Rats sind jedoch rechtlich nicht verbindlich. Die Hauptaufgabe des EFTA-Sekretariats liegt in der Beratung und Koordinierung der vom Rat gebildeten Spezialausschüsse.

Europäische Gemeinschaften (Europ. Gemeinschaft), Abk. **EG,** Sammel-Bez. für die Europ. Wirtschaftsgemeinschaft (EWG), die Europ. Atomgemeinschaft (EURATOM) und die Europ. Gemeinschaft für Kohle und Stahl (EGKS). Die Bez. wurde seit dem Inkrafttreten des Maastrichter Vertrags im Sprachgebrauch weitgehend durch die Bez. EU (↑Europäische Union) ersetzt.

Europäische Gemeinschaft für Kohle und Stahl (Montanunion), Abk. **EGKS,** europ. Markt für Kohle und Stahl.

Europäische Kommission ↑Europäische Union.

Europäische Liberale Demokraten, Abk. **ELD,** 1976 gegr. Organisation liberaler Parteien Europas.

Europäische Organisation für Kernforschung ↑CERN.

Europäische Organisation zur Erforschung des Weltraums ↑ESA.

Europäische Organisation zur Sicherung der Luftfahrt ↑Eurocontrol.

Europäische Politische Zusammenarbeit, Abk. **EPZ,** Bez. für die institutionalisierten Versuche der Außen-Min. und auswärtigen Dienste der Mgl.staaten der EU, die nat. außenpolit. Handlungen zu harmonisieren; entstanden im Gefolge der europ. Gipfelkonferenzen von Den Haag (1969) und Paris (1972).

Europäischer Binnenmarkt, Wirtschaftsraum ohne Binnengrenzen zw. den EU-Staaten, in dem der freie Verkehr von Waren, Personen, Dienstleistungen und Kapital gewährleistet ist; trat zum 1. 1. 1993 mit zahlr. Sonderregelungen in Kraft, da noch nicht alle

EU-Richtlinien zum Abbau der materiellen, steuerl., rechtl. und techn. Hemmnisse in das nat. Recht der einzelnen EU-Staaten Eingang fanden.

Europäischer Gerichtshof, Abk. **EuGH,** 1957 errichtetes einheitl. Gericht der EU, bestehend aus 13 von den Regierungen der Mgl.staaten einvernehmlich ernannten Richtern, die von sechs Generalanwälten unterstützt werden; Sitz Luxemburg; u. a. zuständig für die Auslegung der Gründungsverträge und des sekundären Gemeinschaftsrechts (↑Europarecht); entscheidet auch über die Rechtmäßigkeit des Handelns von Rat und Kommission sowie von Mgl.staaten der EU.

Europäischer Gerichtshof für Menschenrechte, gemäß der Europ. Menschenrechtskonvention als Organ des Europarats am 21. 1. 1959 gebildeter internat. Gerichtshof, der über die Einhaltung der in jener Konvention garantierten Menschenrechte wacht; Sitz Straßburg. Das Gericht kann nur von den Mgl.staaten oder der *Europ. Kommission für Menschenrechte* (an diese können sich Privatpersonen wenden) mit einem Fall befaßt werden.

Europäischer Gewerkschaftsbund, Abk. **EGB,** Spitzenorganisation von 34 nat. Arbeitnehmerorganisationen aus 20 Staaten; 1973 gegr.; Sitz Brüssel.

Europäischer Rat, seit 1975 bestehendes, jährlich zweimal tagendes Gremium der Staats- und Regierungschefs sowie der Außen-Min. der EU-Staaten, das der EU polit. Impulse und Vorgaben liefert, aber auch rechtsverbindl. Beschlüsse fassen kann.

Europäischer Rechnungshof, 1975 eingerichtetes, seit 1977 tätiges Organ der EU zur externen Kontrolle des gemeinschaftl. Haushalts, bestehend aus zwölf vom Min.rat nach Rücksprache mit dem Europ. Parlament ernannten Mgl.; Sitz Luxemburg; gibt auch Stellungnahmen und Empfehlungen zu den Finanz- und Haushaltsplänen der EU ab.

Europäischer Regionalfonds, 1975 errichteter Fonds der EG zur Verringerung regionaler Ungleichgewichte (seit 1979 Vergabe der Mittel nach Länderquoten).

Europäischer Sozialfonds, 1960 errichteter Fonds zur finanziellen Unterstützung bei der Umschulung und Weiterbildung sowie zur Förderung der berufl. und örtl. Freizügigkeit von Arbeitslosen innerh. der Staaten der EG; seit 1983 ein von der Europ. Kommission verwalteter Teil des allg. Haushalts.

Europäischer Wirtschaftsraum, Abk. **EWR,** Bez. für das im Mai 1992 zw. den Mgl.staaten von EU und EFTA vertraglich vereinbarte und zum 1. 1. 1993 umgesetzte Ziel einer vollständigen Integration der beiden Zusammenschlüsse zur Schaffung eines umfassenden europ. Binnenmarktes.

Europäisches Nordmeer, Nebenmeer des nördl. Atlantik, zw. Grönland, Island, Spitzbergen und der Skandinav. Halbinsel.

Europäische Sozialcharta, im Rahmen des Europarates geschlossener völkerrechtl. Vertrag über soziale Rechte, am 18. 10. 1961 von den meisten Mitgliedsstaaten des Europarates unterzeichnet. Von den in der E. S. genannten Rechten sind sieben bindende »Kernrechte«: das Recht auf Arbeit, das Vereinigungsrecht, das Recht auf Kollektivverhandlungen, das Recht auf soziale Sicherheit, das Recht auf Fürsorge, das Recht der Familie auf sozialen, gesetzl. und wirtschaftl. Schutz, das Recht der Wanderarbeitnehmer und ihrer Familien auf Schutz und Beistand.

Europäisches Parlament (Europaparlament), Versammlung der EU; Verwaltungssitz Luxemburg, Parlamentssitz Straßburg (seit der konstituierenden Sitzung 1958, offiziell seit 1992), Tagungsort der Ausschüsse und zusätzlicher Plenarsitzungen Brüssel; 626 Abg. (seit 1995; Juni–Dez. 1994 567 Abg.; 1986–94 518 Abg.), die seit 1979 aus allg. und unmittelbaren Wahlen (nach einem vom Mgl.land bestimmten Verfahren) für eine Legislaturperiode von fünf Jahren hervorgehen: Deutschland 99 Sitze, Großbrit., Frankreich und Italien je 87 Sitze, Spanien 64 Sitze, Niederlande 31 Sitze, Belgien, Griechenland und Portugal je 25 Sitze, Schweden 22 Sitze, Österreich 21 Sitze, Dänemark und Finnland 16 Sitze, Irland 15 Sitze, Luxemburg 6 Sitze. Die Abg. dürfen weder der Regierung eines Mgl.staates noch einer Institution der EU angehören. Die parteipolitisch gebildeten Fraktionen (z. B. EVP, SPE) sind mehrheitlich übernational zusammengesetzt. Das

Europäisches Patentamt

E. P. besitzt lediglich kontrollierende und beratende, jedoch keine legislativen Befugnisse; es besitzt das Recht, neue Beitrittsanträge abzulehnen, den Haushalt zu beschließen sowie der Europ. Kommission das Mißtrauen auszusprechen und diese damit zum Rücktritt zu zwingen.

Europäisches Patentamt, Abk. **EPA,** als Organ der europ. Patentorganisation errichtete Behörde zur vereinfachten Erteilung und Verwaltung europ. Patente nach dem Europ. Patentübereinkommen von 1973 und dem Gemeinschaftsübereinkommen von 1975; seit 1978 tätig; Sitz München.

Europäisches Währungsinstitut, Abk. **EWI,** zum 1.1. 1994 errichtete Vorstufe der geplanten Europ. Zentralbank (EZB); Sitz Frankfurt am Main; soll die vorerst souverän bleibenden Notenbanken der EU-Staaten koordinieren.

Europäisches Währungssystem (frz. Système monétaire européen, Abk. SME; engl. European Monetary System, Abk. EMS), Abk. **EWS,** am 13. 3. 1979 in Kraft getretenes Abkommen zw. den Mgl.staaten der EG mit Ausnahme Griechenlands mit dem Ziel, eine stabile Währungszone in Europa zu schaffen. Kernstück des EWS bildet die *Europ. Währungseinheit* (European Currency Unit, Abk. ECU), die innerhalb des EWS als Rechengröße, als Bezugsgröße der Wechselkurse sowie als Zahlungsmittel und Reservewährung der Zentralbanken verwendet wird. Die nat. Währungen haben auf den ECU bezogene Leitkurse, die zur Festlegung eines Gitters bilateraler Wechselkurse mit einer Bandbreite von ± 2,25 % dienen (Ausnahmen Italien [bis 1989], Großbrit., Portugal und Spanien mit einer Bandbreite von ± 6 %). Großbrit. und Italien setzten 1992 ihre Mitgliedschaft im EWS aus. Basierend auf dem EWS soll die Schaffung einer *Europ. Währungsunion* (bis 1999 Ersetzung der nat. Währungen durch den ECU als europ. Währung geplant) vorangetrieben werden.

Europäisches Wiederaufbauprogramm ↑Marshallplanhilfe.

Europäische Union, Abk. **EU,** seit dem Inkrafttreten des Maastrichter Vertrags am 1. 11. 1993 Bez. für die ↑Europäischen Gemeinschaften (in Verbindung mit einer »Gemeinsamen Außen- und Sicherheitspolitik« [GASP] und einer »Zusammenarbeit in den Bereichen Justiz und Inneres«). Mgl.länder sind (1995) Belgien, Dänemark, Deutschland, Finnland, Frankreich, Griechenland, Großbrit., Irland, Italien, Luxemburg, die Niederlande, Österreich, Schweden, Spanien und Portugal.

Aufbau und Organe: Die Aufgaben und Kompetenzen der EU werden durch gemeinsame Organe wahrgenommen. Oberstes Organ der EU ist der *Ministerrat* (seit 1993 *Ministerrat der Europ. Union),* der sich aus je einem Vertreter (Fachminister) der Regierungen der Mgl.staaten zusammensetzt. Als Exekutive fungiert unter Leitung eines Präsidenten die *Kommission* der EU (seit 1993 *Europ. Kommission),* die (seit 1995) aus 20 Mgl. besteht, welche von den Regierungen der Mgl.staaten im gegenseitigen Einvernehmen für vier Jahre ernannt werden; Deutschland, Frankreich, Großbrit., Spanien und Italien entsenden jeweils zwei Mgl., die restl. Staaten jeweils ein Mitglied. Diese EU-Kommissare sind für einen bestimmten Zuständigkeitsbereich verantwortlich (z. B., Verkehr, Umwelt, Finanzen, Landwirtschaft). Das ↑Europäische Parlament wird direkt gewählt und hat Befugnisse bei der Gesetzgebung, der Kontrolle und der Verabschiedung des Haushalts. Dem ↑Europäischen Gerichtshof als Judikative der EU obliegt zur Sicherung und Wahrung des Rechts die Auslegung und Anwendung des Gemeinschaftsrechts. Daneben bestehen der ↑Europäische Rechnungshof, der ↑Europäische Rat und zahlr. beratende Ausschüsse.

Zielsetzungen: Die von den Außen-Min. der Mitgliedsstaaten in der 1986 unterzeichneten ↑Einheitlichen Europäischen Akte niedergelegte Zielsetzung basiert auf einem Einigungsprogramm, das über Zollunion, gemeinsamen Binnenmarkt, Schaffung eines weiterentwickelten ↑Europäischen Währungssystems und die ↑Europäische Politische Zusammenarbeit die Verwirklichung der polit. Union anstrebt. Ende 1991 einigten sich die Staats- und Regierungschefs der Mgl.staaten auf einen Stufenplan zur Realisierung der Europ. Wirtschafts- und Währungsunion

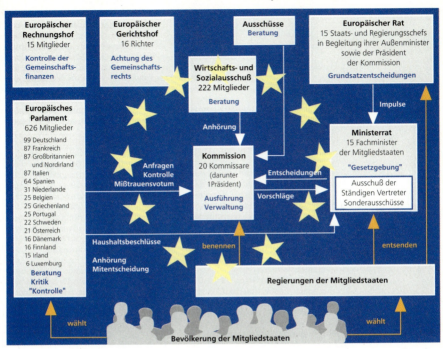

Europäischer Rechnungshof
15 Mitglieder
Kontrolle der Gemeinschaftsfinanzen

Europäischer Gerichtshof
16 Richter
Achtung des Gemeinschaftsrechts

Ausschüsse
Beratung

Europäischer Rat
15 Staats- und Regierungschefs in Begleitung ihrer Außenminister sowie der Präsident der Kommission
Grundsatzentscheidungen

Europäisches Parlament
626 Mitglieder

99 Deutschland
87 Frankreich
87 Großbritannien und Nordirland
87 Italien
64 Spanien
31 Niederlande
25 Belgien
25 Griechenland
25 Portugal
22 Schweden
21 Österreich
16 Dänemark
16 Finnland
15 Irland
6 Luxemburg
Beratung
Kritik
"Kontrolle"

Wirtschafts- und Sozialausschuß
222 Mitglieder
Beratung

Anhörung

Kommission
20 Kommissare (darunter 1 Präsident)
Ausführung Verwaltung

Anfragen Kontrolle Mißtrauensvotum

Impulse

Ministerrat
15 Fachminister der Mitgliedstaaten
"Gesetzgebung"

Entscheidungen

Vorschläge

Ausschuß der Ständigen Vertreter Sonderausschüsse

Haushaltsbeschlüsse

Anhörung Mitentscheidung

benennen

entsenden

Regierungen der Mitgliedstaaten

wählt

wählt

Bevölkerung der Mitgliedstaaten

Europäische Union.
Aufbau ihrer Organe

(EWWU); am 7. 2. 1992 wurde daraufhin der Maastrichter Vertrag (Vertrag über die Europ. Union) unterzeichnet. In drei Stufen sollen u. a. das Europ. Währungssystem ausgebaut und die Außen-, Sicherheits-, Rechts-, Sozial- und Wirtschaftspolitik aufeinander abgestimmt werden. Nach Erfüllung bestimmter finanz- und wirtschaftspolit. Konvergenzkriterien durch die Mgl.-staaten soll frühestens zum 1. 1. 1997 die Europ. Zentralbank gegründet werden, am Ende des Stufenplans steht die Einführung einer gemeinsamen europ. Währung frühestens zum 1. 1. 1999. – Eine zusätzl. Dimension gewinnt die EU durch die Zusammenarbeit mit der EFTA (Einführung des ↑Europäischen Wirtschaftsraums zum 1. 1. 1993) und das noch offene Verhältnis zu den osteurop. Staaten. Zu den außen- und außenwirtschaftspolit. Aktivitäten der EU (ab 1973) gehören v. a. die vertragl. Bindung mit den Staaten des Mittelmeer-

raumes, die Konventionen von ↑Lomé (ab 1975) mit 70 afrikan., karib. und pazif. Staaten (AKP-Staaten), die Handelsverträge mit Indien und der VR China sowie die Vereinbarungen und Dialoge mit den Staaten der EFTA, der Arab. Liga, der ASEAN und dem Andenpakt.

Geschichte: Im Zuge der europ. Einigungsbewegung seit Ende des 2. Weltkrieges wurde 1952 die Europ. Gemeinschaft für Kohle und Stahl (EGKS; Montanunion) von Belgien, der BR Deutschland, Frankreich, Italien, Luxemburg und den Niederlanden gegründet. 1957 wurden mit den Röm. Verträgen die Europ. Wirtschaftsgemeinschaft (EWG) und die Europ. Atomgemeinschaft (EURATOM) gegründet; der EWG oblag v. a. die Schaffung eines gemeinsamen Agrarmarktes, während die EURATOM die friedliche Nutzung der Kernenergie vorantreiben sollte. 1967 wurden die Institutionen

Europäische Verteidigungsgemeinschaft

der drei Gemeinschaften miteinander verschmolzen, so daß für alle drei (de jure noch bestehenden) Gemeinschaften gemeinsame Organe geschaffen wurden. Mit dem erfolgten Abbau der Binnenzölle und dem Aufbau eines gemeinsamen Außenzolltarifs konnte die Grundlage für eine Zollunion zum 1. 1. 1970 gelegt werden. 1973 konnte die ursprüngl. Sechsergemeinschaft um Dänemark, Großbrit. und Irland erweitert werden. 1981 trat Griechenland bei, Spanien und Portugal kamen 1986 hinzu, Österreich, Finnland und Schweden wurden 1995 Mgl.staaten.
Europäische Verteidigungsgemeinschaft, Abk. **EVG,** 1952 in Paris abgeschlossener Vertrag, der die Verschmelzung der Streitkräfte Frankreichs, Italiens, Belgiens, der Niederlande, Luxemburgs und der BR Deutschland unter gemeinsamem Oberbefehl vorsah; scheiterte in der frz. Nationalversammlung 1954 an den Bedenken gegen einen Souveränitätsverzicht.
Europäische Volkspartei, Abk. **EVP,** 1976 gegr. Föderation der christl.-demokrat. Parteien in Europa.
Europäische Währungseinheit ↑Europäisches Währungssystem.
Europäische Währungsunion ↑Europäisches Währungssystem.
Europäische Weltraumorganisation ↑ESA.
Europäische Wirtschaftsgemeinschaft (frz. Communauté Économique Européenne, Abk. CEE; engl. European Economic Community, Abk. EEC), Abk. **EWG,** vertragl. Zusammenschluß auf unbegrenzte Zeit zum Zweck der wirtschaftl. Integration. Die EWG ist Teil der Europäischen Gemeinschaften (↑Europäische Union). Die zum Zwecke der wirtschaftl. Integration der Gemeinschaft vorgesehene Errichtung eines gemeinsamen Marktes umfaßt alle Maßnahmen, die einen freien Waren-, Dienstleistungs-, Personen- und Kapitalverkehr gewährleisten, die Freizügigkeit der Arbeitnehmer innerhalb der Gemeinschaft sichern und zur Vereinheitlichung des Wirtschaftsrechts beitragen.
Bes. wichtig für die Errichtung eines freien Warenverkehrs innerhalb der Gemeinschaft war die Bildung einer *Zollunion* zum 1. 1. 1970. Diese führte durch

eine schrittweise Senkung des allg. Zolltarifs zum Abbau der Ein- und Ausfuhrzölle aller Waren und schloß das Verbot mengenmäßiger Einfuhrbeschränkungen der Mgl.staaten untereinander ein. Die Einbeziehung der Erzeugung landwirtschaftl. Produkte und des Handels mit ihnen *(Agrarmarkt)* in den Integrationsprozeß des gemeinsamen Marktes brachte auf Grund der unterschiedl. Strukturen und Organisationen der einzelstaatl. Märkte eine Anzahl bes. Probleme mit sich, die nicht mit den Mitteln zur Herstellung eines allg., freien Warenverkehrs gelöst werden konnten. Um die vertragl. Zielsetzungen der Gemeinschaft auf landwirtschaftl. Gebiet erreichen zu können, einigten sich die Mgl.staaten auf die Grundlinien einer gemeinsamen Agrarpolitik, die die simultane Errichtung europ. Marktorganisationen (»Marktordnungen«), den Abbau der innergemeinschaftl. Handelsbeschränkungen und die Herstellung gleicher Bedingungen im Warenaustausch mit Drittländern sicherstellen sollte. Zur Finanzierung der gemeinsamen Agrarpolitik wurde der *Europ. Ausrichtungs- und Garantiefonds für die Landwirtschaft* (EAGFL) gegr., der auch zur Subventionierung solcher Agrarprodukte dient, deren Preise über den Weltmarktpreisen liegen. Im Sinne einer größeren *Freizügigkeit* im Personenverkehr und Niederlassungsrecht verpflichteten sich die Mgl.staaten, alle rechtl. Bestimmungen zu beseitigen, durch die Personen und Gesellschaften aus Mgl.ländern an der Ausübung ihrer wirtschaftl. Tätigkeiten gehindert werden. Weitere konkrete, gemeinsame Aktivitäten der Mgl.staaten und Maßnahmen der Gemeinschaft lagen in den Bereichen der Steuer-, Sozial-, Wettbewerbs-, Regional-, Verkehrs- und Industriepolitik. Die gemeinsame *Außenhandelspolitik* enthält als ein wesentl. Element die Bestimmung eines gemeinsamen Zolltarifsystems gegenüber Drittländern, das durch den Ministerrat der EU festgelegt wird; die Mgl.staaten haben ihre Tarifsysteme so anzupassen, daß sie den Warenaustausch mit Drittländern unter gleichen Bedingungen durchführen. Ein weiteres bed. Element der gemeinsamen Außenhandelspolitik ist die schrittweise Abtretung einzelstaatl. Rechte an die Kommission, Handelsabkommen mit Drittländern zu vereinbaren. Mit zahlr. Ländern im Mittelmeerraum und mit nicht beitrittswilligen EFTA-Mgl. sind entsprechende Abkommen abgeschlossen worden. Staaten, die intensivere wirtschaftl. Beziehungen zur Gemeinschaft pflegen wollen, als das durch Handelsabkommen erreichbar ist, wird von der EWG die Möglichkeit der Assoziierung eingeräumt.

Europäische Wirtschafts- und Währungsunion, Abk. EWWU, ↑Europäische Union.

Europaparlament ↑Europäisches Parlament.

Europapokal (Europacup), Pokalwettbewerb in verschiedenen Sportarten für Sportmannschaften der europ. Länder; zuerst im Fußball (1955/56 für die Landesmeister) für Vereinsmannschaften ausgetragen.

Europarakete, Bez. für die von der ELDO (↑ESA) entwickelte Trägerrakete Ariane.

Europarat, 1949 gegr. internat. Organisation europ. Staaten (Februar 1995: 34 Mgl.) zum Schutze und zur Förderung ihrer gemeinsamen Ideale und Grundsätze sowie zur Förderung ihres wirtschaftl. und sozialen Fortschritts. *Organe:* Ministerkomitee (Außen-Min. aller Mgl.staaten); Beratende Versammlung (193 von den nat. Parlamenten entsandte Abg.); Generalsekretariat. Sitz Straßburg.

Europarecht, das Recht der zwischenstaatl. Integration Europas; im wesentlichen seit dem Ende des 2. Weltkrieges sich entwickelndes Rechtsgebiet. Das E. umfaßt zwei große miteinander verbundene Bereiche: 1. das Recht der Errichtung und des Funktionierens der europ. Organisationen (Primärrecht); 2. das im Rahmen dieser Organisationen gesetzte Recht sowie das zu seiner Durchführung im innerstaatl. Bereich erlassene Recht (Sekundärrecht). E. wird häufig auch als Synonym für das Recht der Europ. Gemeinschaften (Gemeinschaftsrecht) verwendet.

Europaschiff ↑Binnenschiff.

Europaschulen, in den Ländern der EU eingerichtete mehrsprachige Schulen.

Europastraßen, Straßen des internat. Verkehrs, die durch Verkehrsschilder (weißes E und weiße Nummer auf grünem Grund) gekennzeichnet sind.

European Free Trade Association [engl. jʊərə'piːən friː: treɪd əsəʊsɪ'eɪʃən], Abk. **EFTA,** engl. Bez. für die ↑Europäische Freihandelsassoziation.

European Space Research Organization [engl. jʊərə'piːən 'speɪs rɪ'sɜːtʃ ɔ'gənaɪ'zeɪʃən] ↑ESA.

Europide [griech.] ↑Menschenrassen.

Europium [nach dem Erdteil Europa], chem. Symbol **Eu,** seltenstes chem. Element aus der Reihe der Lanthanoide; Ordnungszahl 63; relative Atommasse 151,96; Schmelztemperatur 822˚C; Siedetemperatur 1597˚C; dient u. a. zur Herstellung von Spezialleuchtmassen in Farbbildröhren.

Euroscheck ↑Eurocheque.

Eurospace [engl. 'jʊərəspeɪs], Abk. für engl. **Eur**opean Industrial Group for **Space** Studies (Europ. Industriegruppe für Raumfahrtstudien), Verband europ. Raumfahrtunternehmen, gegr. 1961, Sitz Paris. Aufgabe: Untersuchung techn., wirtschaftl. und jurist. Probleme hinsichtlich der Raumfahrt.

Eurotunnel (Ärmelkanaltunnel), unterird. Landverbindung zw. Großbrit. und Frankreich (Dover und Calais), bestehend aus zwei Verkehrstunnels für Eisenbahnzüge (Gesamtlänge 50 km) und einem Servicetunnel, 25–40 m unter dem Meeresboden des Ärmelkanals gelegen; Baubeginn 1987, Durchstich im Dez. 1990, Eröffnung im Mai 1994, Personen- und Autoverkehr seit Dez. 1994. – Abb. S. 958.

Eurovision [Kw. aus **euro**päisch und Te**le**vision], Sammel-Bez. für einen Teil des Programmaustausches zw. den Mgl. der Union der Europ. Rundfunkorganisationen; Zentrum des Leitungsnetzes ist Brüssel.

Eurydike [ɔy'ryːdike, ɔvry'diːke] ↑Orpheus.

Eurythmie [Schreibweise R. Steiners], in der *Anthroposophie* Ausdruckstanz, der Sprache, Gesang in Bewegung umsetzt.

Eusebios von Caesarea, * zw. 260 und 265, † im Mai 339, griech. Kirchenschriftsteller. Verfaßte die erste Kirchengeschichte (»Vater der Kirchengeschichte«).

Euskirchen, Kreisstadt in NRW, am NO-Rand der Eifel, 45 700 E. U. a. Nahrungsmittel-, Glas-, Steinzeug-,

Europastraßen.
Verkehrsschild

Eurovision

Eurotunnel. Eine der drei Röhren in ausgebautem Zustand

Verpackungsindustrie. In der kath. Pfarrkirche St. Martin (12.–15. Jh.) Antwerpener Schnitzaltar (um 1520) und Taufbecken (12. Jh.), Dicker Turm (14. Jh.).

Eustachi, Bartolomeo [italien. eụs'ta:ki] (Eustachio), *San Severino Marche im März 1520, † auf der Reise nach Fossombrone im Aug. 1574, italien. Anatom. Nach ihm benannt wurde die *Eustachi-Röhre,* die Verbindung zw. Nasenrachenraum und Paukenhöhle des Ohrs.

eustạtische Schwankungen, weltweite Hebungen und Senkungen des Meeresspiegels (z. B. bei Eiszeiten).

Euter, Bez. für den in der Leistengend gelegenen, in Stützgewebe eingebetteten und von einer bindegewebigen Kapsel umgebenen Milchdrüsenkomplex bei Unpaarhufern, Kamelen und Wiederkäuern; mit je zwei (bei Pferden, Kamelen, Ziegen, Schafen) bzw. vier (bei Rindern) unabhängig voneinander arbeitenden Drüsensystemen, deren milchausführende Gänge in Zisternen münden, an die die *Zitzen (Striche)* anschließen.

Euterpe, eine der ↑Musen.

Euthanasie [griech.], Sterbehilfe für unheilbar Kranke und Schwerstverletzte. – Bereits die griech.-röm. *Antike* kennt den Begriff E., meint damit jedoch immer den »guten«, d. h. schnellen und schmerzlosen Tod, der ohne Eingreifen eines Arztes oder anderer Menschen in den Sterbeverlauf eintritt. In der gesamten *Rechtsgeschichte* gilt die E. mit bewußt herbeigeführter Lebensverkürzung als Tötungsdelikt. Erst seit Anfang des 20. Jh. begann die Diskussion um die Straffreiheit einer E. mit gezielter Lebensverkürzung als Tötung auf Verlangen von unheilbar Kranken und Sterbenden. Unter nat.-soz. Herrschaft diente die Bez. »E.« zur Verschleierung der Vernichtung sog. »lebensunwerten Lebens« (↑Euthanasieprogramm). – In der *ev. Ethik* und *kath. Moraltheologie* wird die E. als bewußte Lebensverkürzung unter schöpfungstheolog. und naturrechtl. Gesichtspunkten übereinstimmend als Mord beurteilt und verworfen. – Zum *geltenden Recht* ↑Sterbehilfe.

Euthanasieprogramm, nat.-soz. Programm zur Vernichtung sog. »lebensunwerten Lebens« (u. a. geistig oder physisch kranke Menschen). 1939 bis Aug. 1941 wurden in speziellen »Tötungsanstalten« schätzungsweise 60 000–80 000 Menschen getötet.

Eutin, Kreisstadt zw. Großem und Kleinem Eutiner See, Schlesw.-Holst., 16 600 E. Museen, Freilichtbühne. Michaelskirche (13. Jh.), Schloß (17./18. Jh.). – Stadtrecht 1257.

Eutrophie [griech.], **1)** normaler, ausgewogener Ernährungszustand des Organismus, bes. von Säuglingen; Ggs. ↑Dystrophie.

2) regelmäßige und ausreichende Versorgung eines Organs mit Nährstoffen.

Eutrophierung [griech.], die unerwünschte Zunahme eines Gewässers an Nährstoffen (z. B. durch Einleitung ungeklärter Abwässer, Stickstoffauswaschungen aus dem Boden in landwirtschaftlich intensiv genutzten Gebieten) und das damit verbundene schädl. Wachstum von Pflanzen (v. a. Algen) und tier. Plankton (erhebl. Verminderung des Sauerstoffgehaltes des Wassers).

eV, Einheitenzeichen für ↑Elektronvolt.

ev., Abk. für **e**vangelisch.

e. V., Abk. für **e**ingetragener **V**erein.

Eva ['e:va 'e:fa; hebr., eigtl. »das Leben«], bibl. Gestalt, Name des ersten weibl. Menschen.

evakuieren [lat.], **1)** eine Wohnung, Stadt oder ein Gebiet wegen drohender Gefahr räumen.
2) *Physik:* ein Gas (speziell Luft) aus physikal.-techn. Apparaturen entfernen, ein Vakuum herstellen.

Evaluation [lat.-engl.], sachgerechte Bewertung.

Evangeliar (Evangeliarium) [griech.-mittellat.], liturg. Buch mit dem Text der vier Evangelien; im MA mit bed. Buchmalerei.

Evangelicals [engl. i:væn'dʒɛlıkəlz] (Low Church), ↑anglikanische Kirche.

Evangelien (Einzahl: Evangelium) [griech.], zusammenfassende Bez. für die vier ersten Schriften des NT: Matthäus-E., Markus-E., Lukas-E., Johannes-E.; ferner für einige apokryphe, nicht in den Kanon der Bibel aufgenommene Texte über das Leben Jesu, z. B. die ↑Kindheitsevangelien.

Evangelienharmonie, Versuch, aus dem Wortlaut der vier Evangelien einen einheitl. Bericht vom Leben und Wirken Jesu zusammenzustellen; u. a. von Tatian, Otfrid von Weißenburg und der anonyme altsächs. ↑Heliand.

evangelikal [griech.-mittellat.], im *Protestantismus* und in der *anglikan. Kirche* Bez. für eine theolog. Richtung, die die unbedingte Autorität des NT im Sinne des Fundamentalismus vertritt.

Evangelisation [griech.-mittellat.], Verkündigung des Evangeliums auch über den kirchl. Bereich hinaus.

evangelisch, 1) alles, was mit dem Evangelium zusammenhängt.
2) allg. Kennzeichnung der Kirchen, die aus der Reformation hervorgegangen sind.

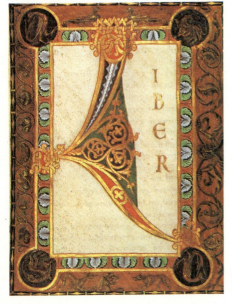

Evangeliar. Initial L aus dem Evangeliar Ottos III., angefertigt von der Reichenauer Malerschule (um 1000; München, Bayerische Staatsbibliothek)

evangelische Bruderschaften

evangelische Bruderschaften ↑Kommunitäten.

Evangelische Kirche der Union, Abk. **EKU,** am 1. 4. 1954 aus der »Evangel. Kirche der altpreuß. Union« hervorgegangener institutioneller Zusammenschluß von sieben selbständigen luther. und ref. Landeskirchen. 1972–90 war die EKU verwaltungstechnisch in die Bereiche DDR und BR Deutschland unterteilt. Seit 1992 besteht wieder eine gemeinsame Synode.

Evangelische Kirche in Deutschland, Abk. **EKD,** der Bund der luth., ref. und unierten Kirchen Deutschlands nach der in Eisenach beschlossenen Grundordnung vom 13. 7. 1947. 1969–91 umfaßte die EKD die 17 Gliedkirchen in der BR Deutschland und in Berlin (West). Die Gliedkirchen des seit 1969 separaten Bundes der Ev. Kirchen in der DDR traten am 28. 6. 1991 in Coburg wieder der EKD bei. Die nunmehr 24 Gliedkirchen der EKD haben etwa 25,8 Mio. Mitglieder.

Organe und Aufgaben: Die *Synode* (160 von den Synoden der Gliedkirchen gewählte und vom Rat der EKD berufene Mgl. [für sechs Jahre]); sie tagt i. d. R. jährlich einmal, beschließt kirchl. Gesetze und gibt Stellungnahmen zu kirchl. und gesellschaftl. Fragen ab. Die *Kirchenkonferenz* (Kirchenleitungen der Gliedkirchen) wirkt bei der Wahl des Rates und der Gesetzgebung beratend mit. Der *Rat* der EKD (18 von der Synode und der Kirchenkonferenz auf sechs Jahre gewählte Mgl.) übt die Leitung und Verwaltung der EKD aus und vertritt sie nach außen. Amtsstellen der EKD sind die Kirchenkanzlei in Hannover (Außenstellen in Bonn und Berlin) und das kirchl. Außenamt in Frankfurt am Main. In Bonn ist der Rat der EKD durch einen Bevollmächtigten vertreten.

Die EKD ist im Verhältnis zu ihren Gliedkirchen mit relativ geringen Kompetenzen ausgestattet, insbes. sind alle Glaubens- und Bekenntnisfragen den Gliedkirchen vorbehalten. Die Hauptaufgaben der EKD sind die Förderung der Gemeinschaft unter den Gliedkirchen, die Vertretung der gesamtkirchl. Anliegen gegenüber der öffentl. Gewalt und die Mitarbeit in der Ökumene. Der einzelne Christ ist nur Mgl. seiner Gemeinde und seiner Landeskirche; Mgl. der EKD sind allein die Gliedkirchen.

Geschichte: Die Bemühungen um einen Zusammenschluß der in der ↑Reformation entstandenen Landeskirchen führten nach verschiedenen Versuchen im 19. Jh. (1848 Kirchentag in Wittenberg, 1852 Gründung der Eisenacher Konferenz) nach dem Ende des Staatskirchentums 1919 zum Zusammenschluß im »Dt. Ev. Kirchentag«, der 1921 die Verfassung des Dt. Ev. Kirchenbunds annahm. 1933 wurde der Dt. Ev. Kirchenbund unter maßgebl. Einfluß der ↑Deutschen Christen mit der Gründung der »Dt. Ev. Kirche« durch das nat.-soz. Regime in eine diesem willfährige Staatskirche umgewandelt. Als Gegenbewegung entstand die ↑Bekennende Kirche (↑Kirchenkampf). Die Neuordnung der Gesamtkirche wurde nach dem Zusammenbruch 1945 unter dem Namen EKD verwirklicht. Die acht Landeskirchen auf dem Gebiet der DDR gehörten zunächst zur EKD; ab 1969 bildeten sie einen eigenen Zusammenschluß, den Bund der Ev. Kirchen in der DDR.

Evangelische Räte (Consilia evangelica), *kath. Kirche:* Bez. für Empfehlungen des Evangeliums, die für das christl. Leben nicht unbedingt geboten sind: Ehelosigkeit, Armut und Gehorsam.

Evangelischer Kirchentag ↑Deutscher Evangelischer Kirchentag.

evangelische Soziallehre ↑Sozialethik.

evangelisch-lutherisch, Abk. ev.-luth., einem prot. Bekenntnis angehörend, das sich ausdrücklich an Luther und seiner Theologie orientiert.

evangelisch-reformiert, einem prot. Bekenntnis angehörend, das v. a. auf die Reformatoren Zwingli und Calvin zurückgeht.

Evangelist [griech.], **1)** Mitarbeiter, Gehilfe der Apostel.
2) (mutmaßl.) Verfasser eines Evangeliums (Matthäus, Markus, Lukas, Johannes).
3) Prediger (v. a. in Freikirchen).

Evangelium [griech. »frohe Kunde, Heilsbotschaft«], die Botschaft Jesu vom Kommen des Gottesreiches, ferner die Überlieferung von Leben und Wirken Jesu, bes. deren schriftl. Festlegung in den entsprechenden Texten des NT, den Evangelien.

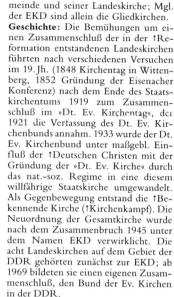

August Everding

Mount Everest. Blick von Süden

Evans [engl. 'ɛvənz], **1)** Sir (ab 1911) Arthur John, *Nash Mills (Hertforshire) 8. 7. 1851, † bei Oxford 11. 7. 1941, brit. Archäologe. Prof. in Oxford; ab 1900 Ausgrabungen von Knossos, entdeckte dort den sagenhaften Palast des Minos.
2) Gil, eigtl. Ian Ernest Gilmore Green, *Toronto 13. 5. 1912, † Cuernavaca (Mexiko) 20. 3. 1988, amerikan. Jazzmusiker (Komponist und Pianist). Einflußreicher Arrangeur des Modern Jazz.
Everding, August, *Bottrop 31. 10. 1928, dt. Regisseur. 1977–82 Intendant der Bayerischen Staatsoper; seit 1982 Generalintendant der Bayerischen Staatstheater.
Everest, Mount [engl. 'maʊnt 'ɛvərɪst], höchster Berg der Erde, im Himalaya, an der tibet.-nepales. Grenze, 8846 m hoch (Neuvermessung 1992), Schneegrenze bei rd. 5800 m; Erstbesteigung 1953 durch E. P. Hillary und Tenzing Norgay (*1914, †1986).
Everglades [engl. 'ɛvəgleɪdz], Sumpfgebiet im S Floridas, USA, Nationalpark.
Evergreen [engl. 'ɛvəgriːn], ein Schlager, der über Jahrzehnte populär ist.
EVG, Abk. für die †Europäische **V**erteidigungs**g**emeinschaft.
Évian-les-Bains [frz. evjãle'bɛ̃], frz. Heilbad am S-Ufer des Genfer Sees, Dép. Haute-Savoie, 6200 E. Heilquellen.
Evidenz, Augenscheinlichkeit, Deutlichkeit, Gewißheit; Einsicht, die ohne method. Vermittlungen geltend gemacht wird, insbes. für die Legitimation unbeweisbarer oder unbewiesener Sätze.

Everglades

evolut [lat.], aneinanderliegend gewunden: von Schneckengehäusen gesagt, deren Windungen eng ineinanderliegen (bei den meisten Schnecken).

Evolution [lat.], **1)** friedliche Veränderung der menschl. Gesellschaft; Ggs. ↑Revolution.

2) *Biologie:* die stammesgeschichtl. Entwicklung (Phylogenie) der Lebewesen von einfachen, urtüml. Formen zu hochentwickelten (↑Deszendenztheorie).

Evolutionstheorie ↑Deszendenztheorie.

Évora [portugies. 'ɛvura], portugies. Distrikthauptstadt im Alentejo, 34 900 E. Markt- und Handelszentrum; Univ. – Reste des röm. Dianatempels (2. oder 3. Jh.). – In röm. und westgot. Zeit *Liberalitas Julia;* ab 1279 häufig Tagungsort der Cortes.

evozieren [lat.], Vorstellungen, Erinnerungen hervorrufen.

Évreux [frz. e'vrø], frz. Stadt in der Normandie, 48 700 E. Verwaltungssitz des Dép. Eure; archäolog. Museum;

Marktzentrum. Kathedrale Notre-Dame (12./13. Jh.), ehem. Bischofspalast (15. Jh.).

evtl., Abk. für **eventuell**.

Ewe, sudanides Volk in O-Ghana, S-Togo und S-Benin; zahlr. Stämme, überwiegend Ackerbauern, auch Jäger, Fischer, Handwerker und Händler. Ihre Sprache, das Ewe, gehört zur Gruppe der Kwasprachen.

EWG, Abk. für ↑Europäische Wirtschaftsgemeinschaft.

EWI, Abk. für ↑Europäisches Währungsinstitut.

Ewige Anbetung (Vierzigstündiges Gebet, Ewiges Gebet), in der *kath. Kirche* die auf ein 40stündiges Fasten in der Karwoche zurückgehende liturg. Verehrung des ausgesetzten Allerheiligsten.

ewige Gefrornis ↑Dauerfrostboden.

Ewige Lampe ↑Ewiges Licht.

Ewiger Jude, ein zu ewiger Wanderung verurteilter Jude *Ahasverus.* In einer italien. Quelle findet sich 1223 die Mitteilung, christl. Pilger hätten in Armenien einen Juden gesehen, der einst den kreuztragenden Christus angetrieben und von Christus die Antwort erhalten habe: »Ich werde gehen, aber du wirst auf mich warten, bis ich zurückkomme«. 1602 erschien die »Kurtze Beschreibung und Erzehlung von einem Juden mit Namen Ahasverus«. Seit Ende des 18. Jh. – bes. in der Romantik – wird der Volksbuchstoff literarisch bearbeitet, u. a. von Goethe (1774), C. F. D. Schubart (1787), A. von Arnim (1811).

Ewiger Landfriede, vom Wormser Reichstag 1495 beschlossenes Grundgesetz des Hl. Röm. Reiches; verbot die Fehde als Rechtsmittel vollständig und drohte dem Friedensbrecher mit der Reichsacht; seine Wahrung wurde dem neugeschaffenen Reichskammergericht als oberster Reichsinstanz übertragen.

ewiges Leben ↑Ewigkeit.

Ewiges Licht (Ewige Lampe), ununterbrochen brennende Lampe in kath. Kirchen als Zeichen der Gegenwart Christi.

Ewige Stadt, Beiname von Rom.

Ewigkeit, in der *Religionsgeschichte* eine Kategorie, die primär der Existenz der Götter zugeordnet ist. Für die Menschen verbindet sich mit dem Begriff E. der Glaube an ein jenseitiges Leben *(ewiges Leben).*

Ewigkeitssonntag, neuere Bez. in den dt. ev. Kirchen für den letzten Sonntag im Kirchenjahr (früher Totensonntag).

EWR, Abk. für ↑Europäischer Wirtschaftsraum.

EWS, Abk. für ↑Europäisches Währungssystem.

ex..., Ex... [lat.], Vorsilbe mit der Bedeutung »aus, weg, zu Ende, aus ... heraus, ehemalig«.

Exa... ↑Vorsatzzeichen.

exakt [lat.], genau, sorgfältig.

exakte Wissenschaften, Bez. für Wissenschaften, deren Ergebnisse auf log. oder mathemat. Beweisen oder auf genauen Messungen (Experiment) beruhen, insbes. Mathematik, Physik und Logik.

Exaltation [lat.], Überspanntheit.

Examen [lat.], svw. Prüfung, insbes. als Studienabschluß; **Examinand,** Prüfling; **Examinator,** Prüfer; **examinieren,** prüfen.

Exanthem [griech.], svw. ↑Hautausschlag.

Exarch [griech.], **1)** frühbyzantin. Statthaltertitel (Exarchate von Karthago bis 697 und Ravenna bis 751).

2) im *byzantin. kirchl. Bereich* des MA der Vertreter des Patriarchen (von Konstantinopel bzw. Alexandria, Antiochia, Jerusalem).

ex cathedra ↑Cathedra.

Exchequer [engl. ɪks'tʃɛkə; mittellat.-frz.-engl.], Schatzamt, Bez. für die seit spätestens 1118 bestehende oberste engl. Finanzbehörde.

Exegese [griech.], Interpretation von Texten, i. e. S. Auslegung der bibl. Schriften. Sie zielt darauf, die Bedeutung und den Sinn des in den bibl. Texten Gemeinten zu verdeutlichen. Hauptproblem dieser Bemühung ist der Doppelcharakter der bibl. Schriften als geoffenbarte hl. Schrift und als Zeugnis für eine bestimmte geschichtl. Situation. In der Neuzeit setzte sich zur Lösung dieses Problems die histor.-krit. Methode durch, mit der die histor. Bedingtheit aller Texte anhand der Erforschung von deren allg. histor., geistesgeschichtl. und sozialgeschichtl. Entstehungsbedingungen herausgearbeitet wird.

Exekution [lat.], svw. Hinrichtung.

Exekutive [lat.], svw. ↑vollziehende Gewalt.

Exempel [lat.], Beispiel; *ein Exempel statuieren,* eine beispielhafte [drast.] Maßnahme ergreifen.

Exeter.
Kathedrale
1275–1365

exemplarisch [lat.], beispiel-, musterhaft; positiv und negativ herausragend.

Exemtion [lat.], im *kath. Kirchenrecht* die Befreiung v. a. kirchl. Verwaltungseinheiten von der eigtl. zuständigen Jurisdiktion und die Unterstellung unter die nächsthöhere kirchl. Instanz.

Exequatur [lat. »er vollziehe«], im *Völkerrecht* die vom Empfangsstaat einem Konsul erteilte förml. Erlaubnis, seine Befugnisse auszuüben.

Exequien [lat.], in der *kath. Liturgie* die Riten, mit denen ein Verstorbener zum Grab begleitet wird.

Exergie [griech.] (techn. Arbeitsfähigkeit), Bez. für denjenigen Anteil der einer Anlage zur Energieumwandlung zugeführten Energie, der in die wirtsch. verwertbare Form (z. B. elektr. Energie) umgewandelt wird. Der verlorengehende Anteil (z. B. dabei entstehende Wärme) heißt *Anergie*.

Exerzitien [lat.] (Exercitia spiritualia), in der *kath. Kirche* Zeiträume, in denen sich einzelne Gläubige auf die Grundlagen des christl. Lebens besinnen, sowie die dazu erforderl. Praktiken (Meditation, Vorträge), die meist unter Anleitung eines E.meisters durchgeführt werden.

Exeter [engl. ˈɛksɪtə], Stadt in SW-England, 95 600 E. Verwaltungssitz der Gft. Devonshire; Univ., Museum. U. a. Metall-, Papier-, Druck-Ind. Kathedrale Saint Peter (13./14. Jh.), Guildhall (14. Jh.), Tucker's Hall (1471). – 1050 Bischofssitz (seit 1560 anglikan.); 1537 selbständige Grafschaft. – Abb. S. 963.

Exhalation [lat.], Ausströmen von Gasen aus Vulkanen, Lavaströmen und Spalten.

Exhaustion (Exhaustio) [lat.], allg. Erschöpfung oder Erschöpfung einer Organfunktion.

Exhibitionismus [lat.], bes. bei Männern vorkommende, anormale Neigung zur Entblößung der Geschlechtsteile in Gegenwart anderer Personen. – Nach § 183 StGB wird E. mit Freiheitsstrafe bis zu einem Jahr oder mit Geldstrafe bestraft.

Exhumierung [lat.], Ausgrabung von Leichen zu gerichtsmedizin. Untersuchungen.

Exil [lat.], meist durch polit. Gründe bedingter Aufenthalt im Ausland nach Verbannung, Ausbürgerung.

Exilliteratur (Emigrantenliteratur), Literatur, die während eines erzwungenen oder freiwilligen Exils entsteht. E. in diesem Sinne gibt es seit frühesten Zeiten, wenn staatliche Unterdrükkung, Schreibverbot oder Verbannung Schriftsteller in die Emigration zwangen (u. a. Ovid, Dante). Zur bed. modernen E. zählt ein großer Teil der Werke G. Büchners, H. Heines und die polit.publizist. Tätigkeit L. Börnes, ebenso die Werke der während oder nach der russ. Oktoberrevolution 1917 emigrierten russ. Dichter. Eine große Gruppe bildet die literar. Produktion der während des Nat.-Soz. aus rass. oder polit. Gründen im Exil lebenden v. a. dt. und österr. Schriftsteller, Wissenschaftler, Politiker (u. a. T. W. Adorno, W. Benjamin, E. Bloch, B. Brecht, A. Döblin, L. Feuchtwanger, E. Lasker-Schüler, H., K. und T. Mann, R. Musil, N. Sachs, A. Seghers, E. Weiß, J. Roth, P. Zech, S. Zweig, C. Zuckmayer). In den Zentren Paris, Amsterdam, Stockholm, Zürich, Prag und Moskau (nach Ausbruch des Krieges in den USA, Mexiko, Argentinien und Palästina) entstanden neue Verlage, Emigrantenvereinigungen und v. a. Emigrantenzeitungen und -zeitschriften, u. a. die Tageszeitung »Pariser Tageblatt« (Paris 1933–40; ab 1936 u. d. T. »Pariser Tageszeitung«), die Wochenschrift »Der Aufbau« (New York 1934 ff.) und v. a. literar. und kulturkrit. Zeitschriften, z. B. »Die Sammlung« (Amsterdam 1933–35), »Maß und Wert« (Zürich 1937–40), »Die neue Weltbühne« (Zürich, Paris 1933–39), »Das Wort« (Moskau 1936–39). – Nach 1945 entwickelte sich (in mehreren Wellen) eine neue russ. und ukrain. E. von beträchtl. Ausmaß (u. a. A. A. Amalrik, A. D. Sinjawski, A. I. Solschenizyn), auch die poln. (u. a. C. Miłosz) und die tschech. (u. a. P. Kohout, M. Kundera) E. spielt eine bed. Rolle. – In der DDR entstand ab 1976 (Ausbürgerung W. Biermanns) ebenfalls eine Emigrations- und Ausbürgerungsbewegung.

Exilregierung, nach dem *Völkerrecht* ein außerhalb des eigenen Staatsgebiets tätig werdendes Organ, das für sich in Anspruch nimmt, die höchsten staatl. Funktionen im eigenen Staatsgebiet auszuüben und diesen Anspruch auch mit Zustimmung oder Mitwirkung des Aufenthaltsstaates verwirklicht oder zu verwirklichen versucht.

Existentialismus [lat.] ↑Existenzphilosophie.

Existenz [lat.], Dasein, Leben, Vorhandensein, Wirklichkeit; auch: materielle Lebensgrundlage, Auskommen, Unterhalt; *abwertend für* Mensch, dessen Lebensumstände undurchsichtig sind.

Existenzminimum (phys. E.), das zur Erhaltung des Lebens unabdingbar erforderliche Versorgungsniveau, meist als Geldeinkommen ausgedrückt, mit dem die erforderl. Gütermengen gekauft werden.

Existenzphilosophie (Existentialphilosophie), philosoph. Richtung, die im 20. Jh. in verschiedenen Varianten in Europa entstand. Die E. steht in der Tradition v. a. Nietzsches und Kierkegaards, wobei im 17. Jh. B. Pascal das begriffl. Instrumentarium zur Existenzanalyse entwickelte. Menschl. Grunderfahrungen (»existentielles Erlebnis«) wie Angst (Kierkegaard), Todeserfahrung (Heidegger), Ekel (Sartre), Scheitern in Grenzsituationen (Jaspers), das Absurde (Camus), die alle vor das »Nichts« führen, wurden zum zentralen Motiv für philosophische Erfahrung überhaupt. – Die frz. E., meist *Existentialismus* genannt, dokumentierte sich auch in Literatur, Kunst und Film. Bedeutendster Vertreter war neben A. Camus J.-P. Sartre. In betont atheist. Wendung sieht er den Menschen als einen zur Freiheit verurteilten, der sich den Sinn seiner Existenz selbstverantwortlich setzen muß. Die einzige Möglichkeit hierzu biete sich im totalen Engagement. – Einflüsse der E. finden sich u. a. auch in der Theologie (K. Barth, R. Bultmann, K. Rahner).

Exitus [lat.] (E. letalis), in der *Medizin* svw. tödl. Ausgang, Tod.

Exklave ↑Enklaven.

exklusiv [lat.], nur wenigen zugänglich; **Exklusivität,** exklusive Beschaffenheit.

Exkommunikation, in der *kath. Kirche* Ausschluß aus der kirchl. Gemeinschaft (Bann, Kirchenbann).

Exkrement [lat.], svw. ↑Kot.

Exkrete [lat.], die über Exkretionsorgane ausgeschiedenen oder an bestimmten Stellen im Körper abgelagerten, für den pflanzl., tier. oder menschl. Organismus nicht weiter verwertbaren Stoffwechselendprodukte der Körperzellen. E. der Pflanzen sind z. B. äther. Öle, Gerbstoffe, Harze, Wachse, E. der Tiere sind Harnstoff (auch beim Menschen), Harnsäure und Guanin, Wasser.

Exkretion (Ausscheidung, Absonderung), die Ausscheidung wertloser oder schädl. Stoffe aus dem Organismus.

Exkretionsorgane (Ausscheidungsorgane), bei fast allen Tieren und beim Menschen ausgebildete, der Exkretion dienende Organe. Bei den wirbellosen Tieren sind dies die Nephridien, bei den Insekten die Malpighi-Gefäße, bei den Wirbeltieren und beim Menschen Niere und Schweißdrüsen.

Exkurs [lat.], bewußte Abschweifung vom eigtl. Thema, in sich geschlossene Behandlung eines Nebenthemas.

Exkursion [lat.], Studienfahrt; wiss. Ausflug; Besichtigungsfahrt oder -reise.

Exlibris [lat. »aus den Büchern«], Bucheignerzeichen mit Namen, Monogramm oder Wappen, auch Porträt, allegor. und symbol. Darstellungen.

Ex libris
Frau Johanna Rettich, geb. Flaischlen

Exlibris. H. Thoma, Exlibris Johanna Rettich (um 1910)

Exmatrikulation [lat.], Streichung eines Studenten aus der ↑Matrikel einer Hochschule bei Beendigung des Studiums oder beim Wechsel der Hochschule.

exo..., Exo... [griech.], Vorsilbe mit der Bedeutung »außerhalb«, »von außen«.

Exodus [griech.-lat.], Auszug der Israeliten aus Ägypten um 1200 v. Chr.; auch Name des 2. Buch Mose, das hiervon berichtet; danach allg. Bez. für Auszug.

exogen

exogen, 1) *Medizin:* von Stoffen, Krankheitserregern oder Krankheiten gesagt, die außerhalb des Organismus entstehen; von außen her in den Organismus eindringend.
2) *Psychologie:* umweltbedingt.
3) *Geologie:* durch Kräfte entstanden, die von außen auf die Erde einwirken.

exokrin [griech.], Sekret nach außen bzw. in Körperhohlräume ausscheidend.

exorbitant [lat.], außerordentlich, gewaltig.

Exorzismus [griech.], in Religionen, in denen Besessenheit von Menschen für möglich gehalten wird, ein kult. Verfahren, Dämonen, Geister auszutreiben. Im Christentum ist der E. ein an den Dämon (Teufel) im Namen Jesu (oder Gottes) und der Kirche gerichteter Befehl, Menschen oder Sachen zu verlassen *(Teufelsaustreibung).*

Exosat [Abk. für engl. ESA's X-ray observatory satellite], Kurz-Bez. für einen Forschungssatelliten, der unter Leitung der ESA von einem europ. Firmenkonsortium entwickelt wurde. E. wurde am 26. 5. 1983 in eine Erdumlaufbahn gebracht, untersuchte bis Mai 1986 die räuml. Verteilung von Röntgenquellen und analysierte Röntgenspektren.

Exosphäre ↑Atmosphäre.

Exoten [griech.], Bez. für Tiere, Pflanzen u. a. aus fernen Ländern, bes. aus trop. oder fernöstl. Gebieten.

exoterisch [griech.], allgemein verständlich; Ggs. ↑esoterisch.

Exotik [griech.], fremdartiges Wesen; Anziehungskraft, die von Fremdartigem ausgeht; **exotisch,** fremdländisch, ungewöhnlich.

Expander [lat.-engl.], Sportgerät zur Kräftigung der Arm- und Oberkörpermuskulatur; aus Metallspiralen oder Gummizügen mit Handgriffen.

Expansion [lat.], 1) *Physik:* Volumenvergrößerung eines Körpers oder physikal. Systems, speziell die eines Gases.
2) *Politik:* Bez. für die Ausdehnung des Einfluß- und/oder Herrschaftsbereichs eines Staates unter Einsatz ökonom., polit. und militär. Mittel.

Expedition [lat.], Forschungsreise (z. B. Polar-E.), ein Erkundungsvorhaben, ein krieger. Unternehmen.

Expektoranzien (Expektorantia) [lat.], auswurffördernde schleimlösende Arzneimittel.

Experiment [lat.], method.-planmäßige Herbeiführung von veränderbaren Umständen zum Zwecke wiss. Beobachtung.

experimentell (experimental) [lat.], auf Experimenten beruhend.

experimentelle Dichtung, das freie Experimentieren mit Sprachstrukturen (Durchbrechung von Grammatik und Syntax, Verschiebung der Semantik) und die freie Kombinatorik stilist, Mittel, der verschiedensten Erzählmöglichkeiten (Auflösung von diskursiver Argumentation oder Bruch mit zeitl. Abläufen) und v. a. die Relativierung von Wirklichkeitsebenen. Die e. D. (der Begriff ist i. e. S. erst im 20. Jh. gebräuchlich) lebt von Montage- und Collagetechnik, bes. auch von Elementen der musikal. und bildl. Darstellung (je nach Intensität auch *akustische* oder *visuelle* Dichtung genannt). Wichtige Autoren sind u. a. H. Ball, C. Einstein, J. Joyce, M. Proust, G. Stein; nach dem Zweiten Weltkrieg: ↑Nouveau roman, in der deutschsprachigen Literatur: u. a. H. Heißenbüttel, E. Jandl, F. Mayröcker, F. Mon. Die verschiedenen Erscheinungsformen der e. D. finden sich u. a. als *absolute, aleatorische, automatische, elementare* Dichtung und v. a. als ↑konkrete Poesie.

Experte [lat.-frz.], Sachverständiger, Fachmann.

Expertensystem, ein Computerprogrammsystem, das über ein spezielles Gebiet alles verfügbare Material speichert, daraus Schlußfolgerungen zieht und für Problemstellungen des betreffenden Gebietes Lösungen vorschlägt. Der Aufbau von E. und deren Einsatz fällt in den Bereich der ↑künstlichen Intelligenz.

Expertise [lat.-frz.], fachmänn. Gutachten, Untersuchung.

Explantat [lat.], zur Weiterzüchtung oder Transplantation entnommenes Gewebe oder Organstück.

Explantation [lat.] (Auspflanzung), Entnahme von Zellen, Geweben oder Organen aus dem lebenden bzw. lebendfrischen Organismus.

Explikation [lat.], Erklärung, Erläuterung; **explizieren,** erklären, darlegen; **explizit,** ausdrücklich; Ggs. ↑implizit.

Exploitation [...plwa...; frz.] ↑Ausbeutung.

Exploration [lat.], 1) *Medizin:* Befragung eines Patienten zur Aufstellung einer ↑Anamnese.
2) *Geophysik:* das Aufsuchen und die Erforschung von Lagerstätten.

Explorer [engl. ɪksˈplɔːrə], Name einer Reihe amerikan. Satelliten zur Erforschung des erdnahen Raumes. E. 1 (1958) entdeckte den Van-Allen-Gürtel.

Explosion [lat.], plötzl. Volumenvergrößerung eines Stoffes durch sich ausdehnende Gase oder Dämpfe; z. B. infolge sehr rasch verlaufender chem. Reaktionen.

Explosivstoffe ↑Sprengstoffe.

Expo [zu frz. exposition »Ausstellung«], umgangssprachl. Bez. für die ↑Weltausstellungen.

Exponat [lat.-russ.], Ausstellungs-, Museumsstück.

Exponent [lat.], **1)** herausragender Vertreter.
2) *Mathematik:* (Hochzahl) Bez. für die hochgesetzte Zahl bei Potenzen und Wurzeln.

Exponentialfunktion [lat.] (e-Funktion), Funktion, bei der die unabhängige Veränderliche x im Exponenten einer Potenz auftritt, z. B. $y = a^x$ (a konstant).

Exponentialgleichung [lat./dt.], Gleichung, bei der die Unbekannte im Exponenten einer Potenz vorkommt, z. B.

$$7^{x+1} = 3^{2x-1} + 3^{2x+1}.$$

exponieren [lat.], **1)** (sich) in eine Angriffen ausgesetzte Situation bringen.
2) *Photographie:* svw. belichten.

Export [engl.] (Ausfuhr), Warenlieferungen ins Ausland und Dienstleistungen für Ausländer; Ggs. Import (Einfuhr). Maßnahmen der meist staatl. E.förderung sind u. a. Steuererleichterungen, Kreditvergünstigungen, E.prämien, E.garantien und E.bürgschaften.

Exposé [ɛkspoˈzeː], Darlegung, Entwurf eines Textes in Grundzügen; Handlungsskizze eines ↑Drehbuchs.

Exposition [lat.], **1)** *Literatur:* erster Teil eines Dramas, in dem die Bedingungen des dramat. Konflikts dargelegt werden.
2) *Musik:* die Themenaufstellung in der Sonatensatzform sowie das erste Auftreten des Themas in der Fuge.

ex post (ex post facto) [lat.], nach geschehener Tat, hinterher.

Expressionismus. Edvard Munch. »Vier Mädchen auf der Brücke« (1905; Köln, Wallraf-Richartz-Museum)

Expressionismus [lat.], Begriff, der die (im wesentlichen dt.) Bewegung für eine neue »Ausdruckskunst« zu Beginn des 20. Jh. umschreibt.
Kennzeichnend für die Werke der *bildenden Kunst* ist das grell-sinnliche Zuranschauungbringen innerer Wirklichkeitserlebnisse. Psych. Impulse, Affekte, Befindlichkeiten u. a. werden durch eine scharf konturierte Formsprache mit starken Farb- und Proportionskontrasten großflächig verdeutlicht. Als Wegbereiter gelten u. a. P. Gauguin, V. van Gogh, H. Matisse und E. Munch. In Deutschland kann man den Beginn des E. 1905 mit der Gründung der ↑Brücke ansetzen, der E. L. Kirchner, E. Heckel, O. Müller, E. Nolde, K. Schmidt-Rottluff und M. Pechstein angehörten. Auch frühe Werke von Künstlern des ↑Blauen Reiters zählen zum E. Expressionist. Elemente finden sich auch im Werk M. Beckmanns, C. Rohlfs und Paula Modersohn-Beckers. Eigenständige Formen des E. entwickelten sich u. a. in Österreich (O. Kokoschka, A. Kubin, E. Schiele) und Belgien (C. Permeke, G. de Smet). Als frz. Parallele zum dt. E. kann der ↑Fauvismus betrachtet werden; außerdem finden sich im Werk der Franzosen G. Rouault und C. Soutine expressio-

Expressionismus.
Ernst Ludwig Kirchner,
»Akt mit schwarzem
Hut«; Holzschnitt,
1908/09

Expressionismus. Karl Schmidt-Rottluff, »Drei Akte«
(1913; Dauerleihgabe der Staatlichen Museen in Berlin an
den Senator für Bundesangelegenheiten, Bonn)

nist. Züge. Nach 1945 lebten Elemente des histor. E. im ↑abstrakten Expressionismus, im ↑Action-painting, im ↑Tachismus, in der Malerei der Gruppe ↑Cobra oder in der Art brut und bei den ↑Neuen Wilden wieder auf. Für die Plastik sind u. a. E. Barlach und W. Lehmbruck, für die Architektur u. a. H. Poelzig, E. Mendelsohn, B. Taut und P. Behrens zu nennen.

In der *Literatur* artikulierte sich der E. mit chiffrenhaft verknappter, »geballter« oder rhythmisch ausgreifender Sprache bes. in der Lyrik (u. a. G. Benn, J. R. Becher, T. Däubler, F. F. Hardekopf, Y. Goll, G. Heym, J. von Hoddis, E. Lasker-Schüler, K. Otten, C. Rubiner, P. Zech) und im symbolhaft gestalteten Drama (u. a. E. Barlach, W. Hasenclever, H. H. Jahnn, G. Kaiser, O. Kokoschka, R. Schickele, C. Sternheim, E. Toller, F. Wolf) gegen Geringschätzung und Unterdrückung des Menschen. Wichtige Zeitschriften waren u. a. »Die Aktion« (1911–32, hg. von Franz Pfemfert, *1879, †1954) und »Der Sturm« (1910–32, hg. von H. Walden).

In der *Musik* äußerte sich der E. v. a. in der Erweiterung und Loslösung von der Tonalität sowie einer explosionsartig gesteigerten Bewegungskraft von

Rhythmik und Dynamik (A. Schönberg, A. Berg, A. von Webern, I. Strawinski, P. Hindemith, B. Bartók u. a.).
expressis verbis [lat.], ausdrücklich.
expressiv [lat.], ausdrucksstark.
Expropriation [lat.], svw. Enteignung.
exquisit [lat.], ausgesucht, erlesen.

Expressionismus. Alexej von Jawlensky, »Dame mit Fächer« (1909; Wiesbaden, Museum)

Exspiration [lat.], svw. Ausatmung.
Exstirpation [lat.], vollständige operative Entfernung eines verletzten bzw. erkrankten Organs oder einer Geschwulst.
Exsudat [lat.], bei entzündl. Vorgängen aus den Blut- und Lymphgefäßen abgesonderte Blutflüssigkeit.
Exsudation [lat.], 1) *Geologie:* Verdunstung der Bodenfeuchtigkeit durch die Sonneneinstrahlung in Trockengebieten; führt zur Ausscheidung von Mineralstoffen.
2) *Medizin:* (Ausschwitzung) der Austritt von Exsudat auf Grund von Entzündungen v. a. der Brust- und Bauchorgane.
Extasy ↑Ecstasy.
extemporieren, etwas aus dem Stegreif vortragen.
Extensionsverband (Streckverband, Zugverband), Spezialverband v. a. bei Knochenbrüchen (zur Ruhigstellung, Dehnung der Weichteile und richtigen Einstellung der Bruchenden).
Extensität (Extensivität) [lat.], Ausdehnung, Umfang; *extensiv,* ausgedehnt, umfassend; räumlich; nach außen wirkend.
extensive Wirtschaft, in der *Landwirtschaft* eine Wirtschaftsweise, bei der durch geringen Einsatz an Kapital und Arbeit je Flächeneinheit ein geringer Rohertrag erwirtschaftet wird.

Expressionismus. Oskar Kokoschka, »Die Windsbraut« (1914; Kunstmuseum, Basel)

extern [lat.], auswärtig, draußen, fremd, von außen.
Externe [lat.], Schüler, die nicht im Internat der von ihnen besuchten Lehranstalt wohnen, oder Schüler, die eine Abschlußprüfung an einer Schule ablegen, die sie vorher nicht besucht haben.
Externsteine, in einzelne Felstürme aufgelöste Schichtrippen aus Sandstein im Teutoburger Wald; urspr. wohl german. Kultstätte; Felsenkapelle (1130). – Abb. S. 970.
exterritorial, außerhalb der Geltung der innerstaatl. Rechtsordnung.

Expressionismus. Constant Permeke. »Ostende, Boote bei Mondschein« (1923; Privatbesitz)

Externsteine. Kreuzabnahme Christi, Relief (um 1130)

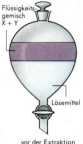

Flüssigkeits-
gemisch
X + Y

Lösemittel

vor der Extraktion

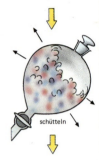

schütteln

Y
(Raffinat-
phase)

Lösemittel
+ X
(Extrakt-
phase)

Exterritorialität [lat.], im *Völkerrecht* die vollständige oder teilweise Einschränkung der Gebietshoheit zugunsten bestimmter Personen oder Sachen; z. B. fremde Staatsoberhäupter, diplomat. Vertretungen.

extra [lat.], eigens, besonders, zusätzlich, außergewöhnlich.

Extra..., extra... [lat.], Bestimmungswort in Zusammensetzungen mit der Bedeutung »außerhalb, außerdem, besonders«.

extragalaktisch (anagalaktisch), außerhalb der Milchstraße (Galaxis).

Extrakt [lat.], **1)** *allg.:* Auszug (z. B. aus Büchern), Hauptinhalt, Kern.
2) *Pharmazie* und *Lebensmitteltechnologie:* eingedickter Auszug aus tier., pflanzl. und techn. Stoffen.

Extraktion [lat.], **1)** *Chemie:* (Auslaugung, Auswaschung) Trennverfahren, bei dem unter Verwendung geeigneter Apparate und durch geeignete Lösungsmittel aus festen oder flüssigen Stoffgemischen selektiv bestimmte Bestandteile herausgelöst werden.
2) *Medizin:* operatives Herausziehen (Herauslösen) eines Körperteils, bes. eines Zahns oder eines Fremdkörpers.

extraordinär [lat.-frz.], außergewöhnlich, außerordentlich.

Extrapolation [lat.], näherungsweise Bestimmung von Funktionswerten außerhalb eines Intervalls auf Grund der Kenntnis von Werten innerhalb dieses Intervalls.

Extraktion. Schematische Darstellung der einstufigen Flüssig-flüssig-Extraktion im Scheidetrichter

extrapyramidales Nervensystem, Teil des Zentralnervensystems (Zellansammlungen im Zwischen- und Mittelhirn), der die unwillkürl. Bewegungen der Gliedmaßen, den Ruhetonus der Muskulatur und die unwillkürl. Körperhaltung reguliert.

Extrasystole, innerhalb der normalen rhythm. Herzschlagfolge durch anomale Erregungsbildung ausgelöste, vorzeitige Zusammenziehung des Herzens.

extraterrestrisch, außerhalb der Erde auftretend, außerird. Vorgänge betreffend; z. B. e. Leben, e. Forschung.

Extrauterinschwangerschaft [...a-u...] (Extrauteringravidität, Graviditas extrauterina), Schwangerschaft, bei der sich das befruchtete Ei außerhalb der Gebärmutter einnistet, bei der *Bauchhöhlenschwangerschaft* in der Bauchhöhle auf dem Bauchfell, bei der *Eileiterschwangerschaft* im Eileiter. Bei der *Eierstockschwangerschaft* nistet sich das befruchtete Ei in oder auf dem Eierstock ein.

extravagant [mittellat.-frz.], vom Üblichen abweichend.

Extraversion [lat.], Begriff der Psychologie C. G. Jungs zur Charakterisierung der Grundeinstellung von Menschen, die sich stärker als andere an ihrer Umwelt orientieren; Ggs. ↑Introversion.

extrem [lat.], übertrieben (im Hinblick auf Übliches), **Extrem,** äußerste Grenze, höchster, niedrigster Grad, Wert.

Extremadura [span. estrema'ðura] ↑Estremadura (Spanien).

Extremismus [lat.] ↑Radikalismus.

Extremistenbeschluß (Radikalenerlaß), Bez. für den Beschluß der Bundeskanzlers und der Regierungschefs der Länder vom 28. 1. 1972 zur einheitl. Behandlung der Frage der Verfassungstreue im öffentl. Dienst. Bewerber für den öffentl. Dienst konnten nach dem E. etwa auf eine Mitgliedschaft in extremist. Organisationen überprüft werden.

Extremitäten [lat.], svw. Gliedmaßen.

Extrudieren ↑Kunststoffverarbeitung.

Exulanten [lat.], die im 16. und 17. Jh. aus den Ländern der habsburg. Monarchie, im 18. Jh. aus dem Erzstift Salzburg ausgewiesenen Protestanten.

ex voto [lat.], auf Grund eines Gelübdes (Inschrift auf Votivgaben).

Exxon Corp. [engl. 'ɛksɔn kɔːpə'reiʃən], weltweit umsatzstärkster Erdöl- und Ind.-Konzern, hervorgegangen aus einer von J. D. Rockefeller und M. Clark 1863 gegr. Erdölraffinerie (1882 von der neugegr. Standard Oil Co. of New Jersey übernommen); 1892–1972 unter dem Namen Standard Oil Co. (New

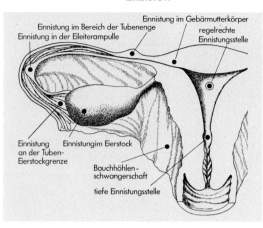

Jersey); Sitz New York; rd. 300 Tochtergesellschaften (in Deutschland die Esso AG); rd. 30 Raffinerien in 17 Ländern mit einer Jahreskapazität von 204 Mio. t, ein Pipelinenetz von 15 200 km (20%ige Beteiligung an der Trans-Alaska-Pipeline) sowie eine Tankerflotte mit 9 Mio. tdw; Absatz: 190 Mio. t Erdöl, 55 Mrd. m³ Erdgas, 27 Mio. t Kohle; Umsatz: 76,6 Mrd. US-$; Beschäftigte: 102 000 (1986).

exzellent [lat.], hervorragend.

Exzellenz [lat.-frz.], Hoheitstitel, vom Früh-MA bis Mitte des 17. Jh. fürstl. Titel, dann für hohe Militär- und Zivilpersonen (so auch schon in röm.-byzantin. Zeit); nach dem 1. Weltkrieg in Deutschland und in Österreich abgeschafft. Der Titel steht in der heutigen Diplomatie als Anrede den Botschaftern zu; auch für Gesandte üblich.

exzentrisch, 1) *Geometrie:* außerhalb des Mittelpunkts liegend, nicht den gleichen Mittelpunkt besitzend; Ggs. ↑konzentrisch.

2) (sich) extrem verhaltend.

Exzerpt [lat., eigtl. »Herausgepflücktes«], Abschrift wichtiger Thesen aus einem Text; **exzerpieren,** ein E. anfertigen.

Exzeß [lat.], ohne Maß und Grenze; **exzessiv,** das Maß überschreitend.

Exzision [lat.] (Ausschneidung), operatives Herausschneiden eines Organ- oder Gewebsbezirks, auch einer Geschwulst. – Die **Probeexzision** mit an-

Extrauterinschwangerschaft. Schematische Darstellung der möglichen Einnistungsstellen des befruchteten Eies

Jan van Eyck.
Die Madonna des
Kanzlers Nicholas
Rolin (um 1447; Paris,
Louvre)

Ezzolied.
Beginn der ersten
Strophe des früh-
mittelhochdeutschen
Gedichts (um 1060
oder 1063)

schließender mikroskop. und histolog. Untersuchung dient diagnost. Zwekken.

Eyck [niederl. ɛik], Jan van, *Maaseik (?) um 1390, □ Brügge 9. 7. 1441, niederl. Maler. Ab 1424 für Herzog Philipp den Guten von Burgund tätig, ab etwa 1430 lebte er als Hof- und Stadtmaler in Brügge. Entscheidend ist sein Blick für das Individuelle der menschl. Erscheinung (bes. in seinen einfühlsamen Porträts), für Innenraum, Landschaft, Details (Pflanzen, Einrichtungen). Vermutlich von der Miniaturmalerei (Turin-Mailänder Stundenbuch, vor 1417–1424, mit seinem Bruder Hubert van Eyck, *1370 [?], † 1426 [?]) zur Tafelmalerei übergehend, erweiterte van E. die Öltechnik (Farbskala, Lichtbehandlung). 1432 (?) vollendete er den Genter Altar (Gent, Sint-Baafs), die Anteile seines Bruders an den zwölf Tafeln sind umstritten. – *Weitere Werke:* Giovanni Arnolfini und seine Frau Giovanna Cenami (1434, London, National Gallery), Madonna des Kanzlers Nicholas Rolin (um 1435, Paris, Louvre), Madonna des Kanonikus Georg van der Paele (um 1435, Brügge, Kunstmuseum), Madonna in der Kirche (um 1437, Berlin, Gemäldegalerie), Marienaltar (1437, Dresden, Gemäldegalerie).

Eyresee [engl. ɛə...], (Lake Eyre), 8 000–15 000 km² große, meist ausgetrocknete Salzpfanne im sö. S-Australien, bis 12 m u. M. (tiefste Stelle des Kontinents); füllt sich nur selten mit Wasser.

Eysler, Edmund, eigtl. E. Eisler, *Wien 12. 3. 1874, † ebd. 4. 10. 1949, österr. Komponist. Schrieb u. a. etwa 60 Operetten und Singspiele.

Ezechiel [eˈtseːçiel] (Hesekiel), Prophet im Babylon. Exil. Das alttestamentar. *Buch Ezechiel* enthält überwiegend auf E. selbst zurückgehende Worte und Berichte.

Ezzolied, von Ezzo, einem Bamberger Chorherrn, um 1060 verfaßtes, ältestes frühmhd. heilsgeschichtl. Gedicht.

972

Ff

F, 1) der sechste Buchstabe des lat. und dt. Alphabets, im Griech. Ϝ (nach seiner Form Digamma, urspr. wohl Vau, genannt).
2) Münzbuchstabe für die heutige Münzstätte Stuttgart.
3) chem. Symbol für ↑Fluor.
4) Einheitenzeichen für *Fahrenheit* bei Temperaturangaben in Grad Fahrenheit (°F) und für die Kapazitätseinheit *Farad.*
5) Formelzeichen für die Kraft *(F).*
6) *(f)* in der *Musik* die Bez. für die 4. Stufe der Grundtonleiter C-Dur.
f, 1) Abk. für *forte.*
2) ↑Vorsatzzeichen.
3) Formelzeichen für die Frequenz *(f* oder *v)* und für die Brennweite *(f)* z. B. von Linsen.
f., 1) Abk. für *Femininum.*
2) Abk. für *folgende Seite.*

Fabeltiere, Phantasiegeschöpfe wie Drache, Einhorn, Greif, Phönix (in Sagen, Märchen u. a.).
Faber, Jacobus, gen. Stapulensis, eigtl. Jacques Lefèvre d'Estaples [frz. ʒaklǝfεvrǝdeˈtapl], *Étaples um 1450 oder 1455, † Nérac 1536 oder 1537, frz. Humanist und Theologe. Beeinflußte den frz. und schweizer. Protestantismus und die reformator. Bibelexegese.
Fabian Society [engl. ˈfeɪbjǝn sǝˈsaɪǝtɪ; ben. nach dem röm. Konsul Fabius Cunctator], 1883/84 durch führende linksliberale Intellektuelle Londons (v. a. G. B. Shaw, S. und B. Webb) gegründete Gesellschaft brit. Sozialisten (1903 Beitritt von H. G. Wells), die als Gegner des marxist. Klassenkampfgedankens Wirtschaftsdemokratie und Gesellschaftsreform ohne Revolution anstrebte; unterstützte die Gründung der ↑Labour Party; 1938 als intellektueller Arbeitskreis innerhalb der Labour Party erneuert.

Ψ	Altsemitisch	ff	Textur
F	Römische Kapitalschrift	Ff	Renaissance-Antiqua
Ⅎ	Unziale	ff	Fraktur
f	Karolingische Minuskel	Ff	Klassizistische Antiqua

Entwicklung des Buchstabens **F**

Faaker See, See sö. von Villach, Kärnten 2,2 km², bis 30 m tief.
Fabbri, Diego, *Forlì 2. 7. 1911, † Riccione 14. 8. 1980, italien. Dramatiker. Schrieb Dramen mit christl. Grundhaltung, u. a. »Prozeß Jesu« (1955); auch Drehbuchautor und Filmproduzent.
Fabel [lat.], **1)** meist kurze, märchenhafte Erzählung, in der mit krit., lehrhafter Stoßrichtung, oft satirisch, ein Beispiel typ. menschl. Verhaltens durch nichtmenschl. Akteure, meist Tiere, vorgestellt wird. Berühmt ist die altind. Fabelsammlung »Pancatantra«. Von bes. Wirkung für die europ. F. waren Äsop und J. de La Fontaine, in der dt. Literatur C. F. Gellert und G. E. Lessing.
2) Handlungsgerüst eines ep. oder dramat. Werks.

Fabius, Quintus F. Maximus Verrucosus, gen. Cunctator (»der Zauderer«), *um 280 v. Chr., † 203 v. Chr., röm. Konsul (233, 228, 215, 214, 209), Diktator (221, 217) und Zensor (230). Im 2. Pun. Krieg nach der röm. Niederlage am Trasimen. See (217) zum Diktator ernannt, verhinderte F. durch seine Hinhaltetaktik weitere Niederlagen gegen Hannibal.
Fabrik [lat.-frz.], vorherrschende Form des Ind.-Betriebes, die durch die Be- und Verarbeitung von Werkstoffen unter Einsatz mechan. und maschineller Hilfsmittel bei räuml. Zentralisation der Arbeitsplätze, jedoch hohe Arbeitsteilung innerhalb einer Fertigungsstätte gekennzeichnet ist.
Fabritius, Carel [niederl. faˈbriːtsiːys], ≈Midden-Beemster 27. 2. 1622, † Delft 12. 10. 1654, niederl. Maler. 1640—43

Fabeltiere.
Von oben: Drache, Einhorn, Greif

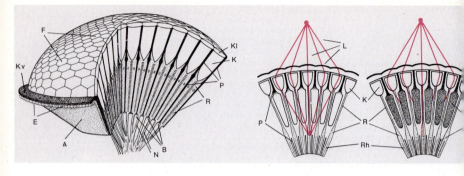

Facettenauge. Links: Appositionsauge ◆ Rechts: Superpositionsauge bei Dämmerung (links) und bei Helligkeit. A Augenkapsel, B Basalmembran, E Epidermis, F Facetten der Einzelaugen, K Kristallkegel, Kl Kornealinse des dioptrischen Apparats, Ku Kutikula der Kopfkapsel (mit Epithelschicht), L Lichtstrahlenverlauf, N Nervenfasern, P Pigment der Pigmentzellen, R Retinula (Sehzellen mit Rhabdom), Rh Rhabdom

Schüler von Rembrandt; klare Räumlichkeit und lichte Gründe weisen auf Vermeer.

Facelifting [engl. ˈfeɪsˌlɪftɪŋ], kosmet. Gesichtsoperation (Hautstraffung).

Facette [faˈsetə; frz.], geometr. Schlifffläche, z. B. an Edelsteinen.

Facettenauge [faˈsetən] (Komplexauge, Netzauge, zusammengesetztes Auge), hochentwickeltes, paariges, mehr oder weniger kugeliges bis flachgewölbtes Lichtsinnesorgan der Gliederfüßer (mit Ausnahme der Spinnentiere und der meisten Tausendfüßer). F. bestehen aus zahlr. einzelnen Richtungsaugen, den *Ommatidien,* von denen 700 (Laufkäfer) bis 10 000 (Libellen) zu einem F. zusammengefaßt sind. Jedes Ommatidium besitzt außen eine Kornealinse; darunter liegen der lichtsammelnde *Kristallkegel* und die Sehzellen, die einen feinen, lichtempfindl. Stäbchensaum tragen. Die einzelnen Stäbchensäume bilden zusammen das *Rhabdomer.* Während der Mensch nur rd. 16 Lichtreize pro Sekunde auflösen kann, liegt diese Grenze bei schnell fliegenden Insekten bei 200–300 Reizen pro Sekunde. Insekten können mit Hilfe der Facettaugen nahes ultraviolettes und polarisiertes Licht sehen.

Beim *Appositionsauge* sind die einzelnen Ommatidien durch Pigmentzellen optisch voneinander getrennt. Im *Superpositionsauge* liegen die Sehzellen etwas tiefer und sind bei Dunkelanpassung nicht durch Pigmente vom nächsten Einzelauge getrennt. So können Lichtstrahlen, die von einem Punkt ausgehen, von mehreren Kristallkegeln auf einen Punkt gelenkt werden. Dadurch erhöht sich die Lichtempfindlichkeit sehr stark. Bei Hellanpassung wandert Pigment in die Ommatidiengrenzen. Dann wird das Superpositionsauge zum Appositionsauge.

Facharbeiter, Arbeiter, der nach meist dreijähriger Ausbildung (auch nach mehrjähriger Tätigkeit in dem Beruf) in einem staatlich anerkannten Ausbildungsberuf die F.prüfung bestanden und den F.brief ausgestellt bekommen hat.

Facharzt, früher Bez. für einen Arzt, der sich nach der Approbation durch mehrjährige Weiterbildung (je nach Fachgebiet drei bis fünf Jahre) eingehende Kenntnisse und Erfahrungen auf einem Spezialgebiet der Medizin erworben hat, z. B. Facharzt für Kinderheilkunde (heutige Bez.: Arzt für Kinderheilkunde).

Fachbereich, Zusammenfassung verwandter Fächer an wiss. Hochschulen (↑Fakultät).

Fächer, Wedel, mit dem ein leichter Luftzug erzeugt wird.

Fächertracheen (Fächerlungen, Tracheenlungen), v. a. bei Spinnentieren vorkommende Atmungsorgane; dünne, dicht aneinanderliegende Einfaltungen der Außenhaut, die paarig an den Hinterleibssegmenten angeordnet sind. Die

Luft gelangt durch eine Atemöffnung in eine größere Einstülpung, von dieser in die Einfaltungen, wo der Gasaustausch über das Blut erfolgt.

Fachgymnasium (berufl. Gymnasium), in einigen Bundesländern eingerichtetes Gymnasium in Aufbauform, das unter Voraussetzung eines Realschul- bzw. gleichwertigen Abschlusses mit einem beruflichen Schwerpunkt zur allg. oder fachgebundenen Hochschulreife führt.

Fachhochschulen, Hochschuleinrichtungen mit relativ spezialisiertem Studienangebot (v. a. in den Bereichen Technik, Landwirtschaft, Wirtschaft, Gestaltung, Sozialarbeit und Sozialpädagogik), die in einem achtsemestrigen anwendungsbezogenen Studium das Diplom (FH) vermitteln.

Fachoberschule, zweij. Einrichtung des berufl. Schulwesens, die allg., fachtheoret. und fachprakt. Kenntnisse vermittelt und zur *Fachhochschulreife* führt.

Fachschule, berufsbildende Tages- oder Abendschule, die i. d. R. nach Abschluß einer Berufsausbildung und nach entsprechender prakt. Berufstätigkeit zu einer vertieften berufl. Fachbildung führt. Abschlüsse: u. a. Meisterprüfung (»großer Befähigungsnachweis«), staatl. geprüfter Techniker, Fachwirt.

Fachwerkbau, Holzbauweise mit Rahmenwerk, dessen Gefache mit Lehm oder [Back]steinen ausgefüllt werden. Das Rahmenwerk besteht aus Schwellen, Ständern (Stielen) sowie Rähmen und Verstrebungen, z. B. Riegel zw. den Ständern (in halber Höhe), Fuß- oder Kopfbänder (Dreiecksverbindungen). Auf den Rähmen ruhen die Deckbalken, die das Dachgestühl oder das nächste Stockwerk tragen. Sicherung durch Zapfung oder Blattung (Einbettung). Starke regionale Unterschiede (u. a. aleman., fränk., niedersächs. F.). Älteste erhaltene Fachwerkbauten stammen aus dem 15. Jahrhundert.

Facies [ˈfaːtsiɛs; lat.], in der *Anatomie* svw. Gesicht; auch [Außen]fläche an Organen oder Knochen.

Fackel, ein am oberen Ende mit leicht und hell brennenden Stoffen (Teerprodukte, Harz, Wachs) versehener Holzstab. In der Antike im kult. Bereich wegen der symbol., Bedeutung des Feuers häufig verwendet; in der Neuzeit v. a. Freiheitssymbol.

Fackellilie (Kniphofia), Gatt. der Liliengewächse in S-Afrika mit rd. 70 Arten. Mehrere Arten sind als Schnittblumen und Gartenpflanzen in Kultur (u. a. die über 1 m hohe *Kniphofia uvaria*).

Fachwerkhaus

Fackellilie.
Kniphofia uvaria

Factoring [engl. ˈfæktərɪŋ], Methode der Absatzfinanzierung. Eine Hersteller- bzw. Händlerfirma verkauft ihre Forderungen (gegen eine Vergütung) aus Warenlieferungen an ein Finanzierungsinstitut, den sog. *Factor.*

Fadejew, Alexander Alexandrowitsch, eigtl. A. A. Bulyga, *Kimry bei Twer 24. 12. 1901, † Peredelkino bei Moskau 13. 5. 1956 (Selbstmord), russ. Schriftsteller. Hatte bis zum Tode Stalins entscheidenden Einfluß auf die sowjet. Literatur; schrieb die Romane »Die Neunzehn« (1927) und »Die junge Garde« (1946, umgearbeitete Auflage 1951).

Faden, 1) *Textiltechnik:* ein meist aus miteinander verdrillten (versponnenen) Natur- oder Kunstfasern bestehendes, dünnes, langes Gebilde. Die Bez. F. und Garn werden häufig synonym verwendet.

2) *Schiffahrt:* Längenmaß; 1 F. = 6 engl. Fuß = 1,829 m.

Fadenglas (Petinetglas), aus Milchglasfäden gedrehte Glasstäbchen werden mit einer Glasblase verschmolzen, aus der das Glasgefäß entsteht.

Alexandr Alexandrowitsch Fadejew

Fadenglas.
Flakon aus farblosem Glas mit weißen Fadeneinlagen; venezianische Arbeit (um 1600; Halle, Staatliche Galerie Moritzburg)

Fagott

Fadenmolch, bis etwa 9 cm langer Wassermolch, v. a. in W-Europa; Oberseite olivbraun bis olivgrünlich, häufig mit dunklen Flecken, Unterseite gelblich.

Fadenwürmer (Nematoden, Nematodes), mit fast 15 000 Arten weltweit verbreitete Klasse meist 0,5 bis 5 mm (im Extremfall bis 8,4 m) langer Schlauchwürmer; Körper wurmförmig, fadenartig dünn; z. T. gefährl. Schmarotzer (z. B. Älchen, Trichine, Spulwürmer, Madenwürmer und Hakenwürmer).

Fading [engl. 'feɪdɪŋ] ↑Schwund.

Faeces ['fɛːtsɛs; lat.] (Fäzes), svw. ↑Kot.

Faenza, italien. Stadt in der Emilia-Romagna, sö. von Bologna, 54 900 E. Museum (Keramiken). Seit dem 15. Jh. Herstellung von Majoliken. Dom (1774), Palazzo del Podestà (12. Jh.), Palazzo del Municipio (13.–15. Jh.). – Das röm. *Faventia* war wegen seines Weinbaus berühmt; im 11. Jh. Kommune; 1509–1860 beim Kirchenstaat (ausgenommen 1797–1814).

Fafner (Fafnir), nord. Sagengestalt; wird in einen Drachen verwandelt und hütet einen Goldhort, wird von Sigurd (Siegfried) getötet, der den Schatz gewinnt.

Fagott [italien.] (italien. Fagotto; frz. Basson; engl. Bassoon), Holzblasinstrument in Baßlage mit Röhre, Grifflöchern und Klappen; die Röhre besteht aus einem kürzeren *Flügel,* einer längeren *Baßröhre,* beide Teile sind durch ein U-förmig gebohrtes Stück *(Stiefel)* verbunden. Der Ton des F. ist in der Tiefe voll und dunkel, in der Höhe leicht gepreßt und näselnd. Der Tonumfang beträgt ₁B–es².

Fahd [arab. faxt] (F. ibn Abd al-Asis), *Riad 1920, König von Saudi-Arabien. Jüngerer Bruder König Faisals; ab 1962 Innen-Min.; übte bereits als Kronprinz und 1. stellv. Min.-Präs. (ab 1975) die eigtl. Regierungsgewalt aus; seit 1982 König.

Fähe (Fehe), *Jägersprache:* die weibl. Tiere bei Fuchs und Marder.

Fahlerze, Kupfersulfidminerale mit wechselnden Anteilen von Antimon- und Arsensulfid; verbreitet in Erzlagerstätten.

Fahndung, alle Maßnahmen im Rahmen eines Strafverfahrens zur Ermittlung gesuchter Personen *(Personen-F.),* die als Täter, Verdächtige, Zeugen, Vermißte oder Flüchtige gesucht werden, oder von Gegenständen *(Sach-F.),* die für ein Strafverfahren von Bedeutung sind. Bei der *Rasterfahndung* wird mit Hilfe der EDV ein größerer Personenkreis auf das Vorliegen einer Kombination bestimmter Merkmale untersucht, die für einen Verdacht begründend gehalten werden (v. a. bei der Terroristen-F.).

Fahne, 1) ein an einer Stange befestigtes Tuch in bestimmten Farben, teils mit Emblemen. Die F. als Kampf- und Siegeszeichen war schon den altoriental. Völkern, den Römern (Feldzeichen), Germanen und Arabern bekannt. Im Hl. Röm. Reich wurde die F. im 12. Jh. Belehnungssymbol (Fahnlehen). Bis zur Einführung der modernen Kriegstechnik war die F. ein militär.-takt. Sammelzeichen für die Mannschaften.

2) *graph. Gewerbe:* Abzug von dem noch nicht zu Buchseiten »umbrochenen« Satz.

Fahneneid, Treue- und Gehorsamseid des Soldaten, seit dem 17. Jh. unter körperl. Berührung der Fahne (»auf die Fahne«) abgelegt. In der Bundeswehr trat an die Stelle des F. für Berufssolda-

Faenza.
Palazzo del Podestà;
12. Jh.

Fahd.
König von
Saudi-Arabien

ten der Diensteid, der wörtlich dem feierl. Gelöbnis der Wehrpflichtigen entspricht.
Fahnenflucht (Desertion), eigenmächtiges Entfernen von seiner Truppe oder Dienststelle in der Absicht, sich der Verpflichtung zum Wehrdienst dauernd oder für die Zeit eines bewaffneten Einsatzes zu entziehen oder die Beendigung des Wehrdienstverhältnisses zu erreichen.
Fahnenschwingen (Fahnenschlagen, Fahnenschwenken), Brauch bei feierl. Aufzügen, Prozessionen und Handwerker- und Schützenfesten.
Fahnlehen ↑Lehnswesen.
Fähnlein, Truppeneinheit im 16./17.Jh. (durchschnittlich 300 Mann stark).
Fähnrich, urspr. der Fahnenträger, später der jüngste Offizier einer Einheit; ab 1899 Bez. für Offizieranwärter im Rang eines Unteroffiziers oder Feldwebels. In der Bundeswehr Offizieranwärter im Rang eines Feldwebels.
Fahrdynamik, Teilgebiet der *Fahrzeugmechanik:* Wirkung von Antriebs- und Bremskräften, Verhalten des Fahrzeugs in Kurven, bei Seitenwind und Straßenunebenheiten, Einfluß der Reifen- und Wagenfederung auf das Schwingungsverhalten.
Fähre, Wasserfahrzeug zum Transport von Personen, Vieh, Gütern, Fahrzeugen auf Binnengewässern oder im Küstenbereich.

Fahrende (fahrende Leute), im MA Nichtseßhafte, z.B. Gaukler, Bärenführer, Spaßmacher, Musikanten, Sänger, Dichter; ab dem 17.Jh. auch Alchimisten, Händler, Komödianten; waren als »unehrl. Gewerbe« eingestuft.
Fahrenheit-Skala, in Großbrit. und den USA verwendete, von Daniel Gabriel Fahrenheit (* 1686, † 1736) 1714 eingeführte Temperaturskala, bei der der Abstand zw. dem Gefrier- oder Eispunkt bei 32 °F und dem Siede- oder Dampfpunkt bei 212 °F des Wassers bei Normaldruck in 180 gleiche Teile unterteilt ist.
Fahrerflucht ↑Unfallflucht.
Fahrerlaubnis, verwaltungsbehördl. Erlaubnis, auf öffentl. Straßen ein Kfz mit einer durch die Bauart bestimmten Höchstgeschwindigkeit von mehr als 6 km/h zu führen (Ausnahmen: Krankenfahrstühle bis 10 km/h und Fahrräder mit Hilfsmotor [Mofa] bis 25 km/h; aber Prüfbescheinigung erforderlich). Die F. ist durch amtl. Bescheinigung *(Führerschein)* nachzuweisen, die erteilt wird, wenn das erforderl. Mindestalter erfüllt und eine Fahrprüfung bestanden ist. Die F. kann entzogen werden *(Führerscheinentzug),* wenn der Inhaber sich als ungeeignet zum Führen von Kfz erwiesen hat.
Fahrgastschiff (Passagierschiff), Schiff zur Beförderung von Fahrgästen. Man unterscheidet: kombinierte *Fracht-und-*

Fahrgestell

Fahrgast-Schiffe, Fährschiffe (u. a. mit Cafeteria, Deckpromenaden, auch Autodecks) und *reine Fahrgastschiffe* (im Liniendienst oder für Kreuzfahrten).

Fahrgestell, svw. ↑Fahrwerk.

Fahrlässigkeit, 1) *allg.:* Mangel an gebotener Aufmerksamkeit.

2) im *Zivilrecht* eine Form des Verschuldens neben Vorsatz. Fahrlässig handelt, wer die im Verkehr erforderl. Sorgfalt außer acht läßt. Welche Sorgfalt erforderlich ist, bestimmt sich nach der konkreten Situation und nach den objektiven Fähigkeiten der jeweiligen Berufs-, Alters- oder Bildungsgruppe des Handelnden. Das Gesetz unterscheidet: *leichte (normale) F., grobe F.* (ungewöhnlich grobe Sorgfaltspflichtverletzung), *konkrete F.* (Haftung in eigenen Angelegenheiten). Im allg. haftet der Schuldner sowohl für leichte wie für grobe Fahrlässigkeit.

Im *Strafrecht* ist F. eine bes. Form der Schuld oder [nach anderer Ansicht] ein bes. Typus der strafbaren Handlung. Man unterscheidet: *unbewußte F.,* wenn der Täter ungewollt eine Sorgfaltspflicht verletzt und dies nicht erkennt, obwohl er dazu objektiv und persönlich in der Lage gewesen wäre, und *bewußte F.,* wenn der Täter die Verletzung des Tatbestandes zwar für möglich hält, aber pflichtwidrig darauf vertraut, daß ein rechtswidriger Erfolg nicht eintreten werde.

Fahrnis (Mobilien), nach geltendem deutschen Recht Bezeichnung für bewegl. Sachen.

Fahrrad. Modernes Aluminiumfahrrad; links Herren-, rechts Damenmodell

Fahrrad, zweirädriges, über Tretkurbel angetriebenes Fahrzeug. Bauformen: u. a. *Tandem* (zweisitzig), *Damenrad* (das obere Rohr des für das *Herrenrad* typ. Dreieckrahmens ist nach unten gezogen), *Kinderrad, Klapprad, Rennrad* (bes. leichte Bauweise), *Kunst-F.* (mit ungekröpfter Vorderradgabel), *Mountainbike (Gelände-F.).* Wesentlich für die Stabilisierung des F. ist die Kreiselwirkung der Räder, die durch die Konstruktion der Lenksäule und die Kröpfung der Vorderradgabel (bewirkt Nachlauf) verstärkt wird.

Fahrrad. Mountainbike; 1987

Fahrrinne, für die *Schiffahrt* bestimmter Teil des Fahrwassers in einem Fluß und vor der Küste, gekennzeichnet durch Seezeichen.

Fahrt, 1) Geschwindigkeit eines [Luft]fahrzeuges relativ zur umgebenden Luft.

2) Geschwindigkeit eines Schiffes in Knoten, d. h. Seemeilen pro Stunde.

Fährte, *Jägersprache:* (im Boden oder Schnee hinterlassene) Fußabdrücke von Schalenwild, Bär, Wolf, Luchs, Otter, Großtrappe und Auerwild. In einer F. sind die schwächeren Trittsiegel die der Hinterfüße. Die Abdrücke des Federwilds heißen *Geläuf;* die des Niederwilds (ohne Reh- und Federwild) und des Haarraubwilds (Hase, Dachs, Fuchs, Marder) *Spur.*

Fahrtschreiber (Tachograph), selbstschreibender Geschwindigkeitsmesser.

Auf einem scheibenförmigen Schaublatt (Laufzeit 24 Stunden) wird der gesamte Fahrtverlauf (Geschwindigkeit, Fahrt- bzw. Haltezeiten) aufgezeichnet.

Fahrwerk (Fahrgestell), Gesamtheit aller Baugruppen eines Kfz, die die Räder führend und federnd mit dem Fahrzeug verbinden und die kraftschlüssige Fortbewegung ermöglichen, bestehend aus Rahmen oder Rahmenbodenanlage einer selbsttragenden Karosserie, Federung mit Stoßdämpfern, Vorder- und Hinterachse, Lenkung, Bremsen und Rädern mit Bereifung. Die *Achsen* dienen zur Aufhängung der Räder. Die älteste Form ist die Starrachse, die beide Räder einer Achse starr miteinander verbindet. Zur Aufnahme von Querkräften (in Kurven) wird zw. Fahrgestell und Achse eine parallel zur Achse liegende, bewegl. Verbindungsstange (Panhardstab) eingebaut. Bei Verwendung der Starrachse als Lenkachse wird das Ende als Faust (Faustachse) oder Gabel (Gabelachse) ausgebildet. In dem faust- oder gabelförmigen Ende wird der Achsschenkelbolzen zur drehbaren Aufnahme des Achsschenkels gehalten, auf dem das gelenkte Rad befestigt ist. Bei Pkw herrscht die Einzelradaufhängung vor; dabei ist das geringe Gewicht der ungefederten Teile von wesentl. Vorteil. Wichtige Arten von Einzelradaufhängungen sind Längs-, Quer- und Schräglenkerachsen. Bei Längslenkerachsen (Kurbelachsen) schwingen die Lenker parallel zur Längsachse; Drehstäbe dienen als Federungselemente, Spurweite und Sturz bleiben beim Einfedern unverändert. Die Doppellängslenkerachse (Doppelkurbelachse) mit übereinanderliegenden Längslenkern wird oft als [lenkbare] Vorderachse verwendet. Die Querlenkerachse mit quer zur Fahrtrichtung liegenden Lenkern ist im Kfz-Bau als vordere Radaufhängung in Form der Doppelquerlenkerachse weit verbreitet; Abfederung meist durch Schraubenfedern. Weit verbreitet ist die Querlenkerachse mit McPherson-Federbein (Vereinigung von Federung, Stoßdämpfern, Nabe und Lenkungsteilen in einer Einheit). Bei der Schräglenkerachse liegt die Drehachse der Lenker horizontal und zeigt schräg etwa auf die Mitte der [Hinter]achse; nur geringe Spurveränderung beim Einfedern. Bei

Faijum. Große unterschlächtige Wasserräder zur Bewässerung der Beckenlandschaft am Jussufkanal

der De-Dion-Achse (hintere Radaufhängung) wird die Anlenkung der Räder durch Schubstreben in Längsrichtung und durch ein Achsrohr quer zur Fahrtrichtung erreicht. Die Seitenkräfte werden von einem Lenker übertragen. Sturz und Spurweite bleiben konstant, das Ausgleichsgetriebe wird am Fahrgestell befestigt.

Bezüglich der Radstellung nennt man den Neigungswinkel des Achsschenkelbolzens in der Fahrzeuglängsebene gegenüber der Senkrechten durch den Radmittelpunkt *Nachlauf.* Die *Spreizung* ist der Neigungswinkel des Achsschenkelbolzens in der Fahrzeugquerebene, der *Sturz* die Neigung der Radebene gegen die Senkrechte. Häufig findet sich ein positiver Sturz, d. h., die Räder stehen oben nach außen. Die *Vorspur* ist die Differenz zw. den Abständen der vorderen und hinteren Felgenränder in Höhe der Radmitten.

Faible [frz. fɛːbl, eigtl. »schwach«], Vorliebe, Schwäche, Neigung.

Faijum, fruchtbare Beckenlandschaft in Ägypten, in der Libyschen Wüste, rd. 1 800 km². Im NW liegt der *Karunsee* (233 km², 45 m u. M.); Hauptstadt der Prov. F. ist *El-Faijum* (227 000 E; Textil-Ind.), das antike Crocodilopolis und

Otto Falckenberg

Fakir
auf einem Nagelbrett

spätere *Arsinoe*. – Das ehem. Sumpfgebiet wurde von den Pharaonen der 12. Dynastie kultiviert (Pyramiden, Palastanlagen, Städte, aus röm. Zeit zahlr. Mumienporträts).

Fairbanks, Douglas [engl. ˈfɛəbæŋks], eigtl. D. Elton Thomas Ulman, *Denver (Colo.) 23. 5. 1883, † Santa Monica (Calif.) 12. 12. 1939, amerikan. Filmschauspieler. Darsteller des amerikan. Stummfilms (u. a. »Der Dieb von Bagdad«, 1924). Mit seiner Frau M. Pickford, C. Chaplin und David Wark Griffith (*1875, † 1948) Begründer der United Artists Corporation Inc.

Fairbanks [engl. ˈfɛəbæŋks], Stadt in Alaska, USA, am Chena River, 22 600 E. Univ.; Freilichtmuseum; internat. ✈.

Fair Deal [engl. ˈfɛə ˈdiːl »gerechte Verteilung«], Schlagwort für ein vom amerikan. Präs. Truman 1949 formuliertes umfassendes wirtschafts- und sozialpolit. Programm, nach dem in Anknüpfung an Roosevelts New Deal der einzelne einen gerechten Anteil am volkswirtschaftl. Gesamtertrag erhalten sollte.

Fairneß [ˈfɛːrnɛs; engl.], ehrenhaftes Verhalten; bes. im Sport als *Fair play*.

Faisal (Feisal), Name arab. Herrscher: *Irak:* **1) Faisal I.,** *Mekka 20. 5. 1885, † Bern 8. 9. 1933, König. Aus der Familie der Haschimiden; maßgeblich am Aufstand der Araber gegen die Türken im 1. Weltkrieg beteiligt; 1920 zum König eines großsyrischen Reichs proklamiert, mußte er der französischen Armee weichen; mit britischer Hilfe 1921 König des Irak.

Saudi-Arabien: **2) Faisal ibn Abd al-Asis ibn Saud,** *Riad 1906, † ebd. 24. 3. 1975 (ermordet), König (ab 1964). 1953 Außen-Min. und Min.-Präs.; bewirkte die Absetzung seines Bruders König Saud; betrieb eine Politik der Anlehnung an den Westen.

Faistenberger, Tiroler Künstlerfamilie der Barockzeit. Andreas F. (*1647, † 1736) war Hofbildhauer in München (Theatinerkirche), Simon Benedikt F. (*1695, † 1759) schuf zahlr. Kirchenfresken in Tirol.

fait accompli [frz. fɛtakõˈpli], vollendeter Tatbestand, Tatsache.

Faith and Order [ˈfeiθ ənd ˈɔːdə; engl. »Glauben und Kirchenverfassung«] ↑ökumenische Bewegung.

Fäkalien [lat.], svw. Kot.

Fakir [arab. »Armer«], frommer Asket und Bettler in islam. Ländern; urspr. nur Muslime; später alle bettelnd umherziehenden, auch nichtmuslim. Asketen.

Faksimile [lat.-engl.], der mit einem Original genau übereinstimmende Nachdruck, bes. von Handschriften.

Faktor [lat.], **1)** wichtiger Gesichtspunkt, maßgebl. Umstand (Bestandteil).

2) *Mathematik:* Zahl oder Größe, mit der eine andere multipliziert wird.

Faktorenaustausch (Genaustausch, Segmentsaustausch, Crossing-over, Crossover), wechselseitiger, im Prophasestadium der ersten meiot. Teilung stattfindender Stückaustausch zw. homologen Chromatidenpartnern bei der Chromosomenpaarung.

Faktorenkopplung (Genkopplung), die Bindung von (im gleichen Chromosom lokalisierten) Erbfaktoren bzw. Genen an ein und dasselbe Chromosom, wodurch sich diese bei der Meiose nicht unabhängig voneinander weitervererben.

Faktotum [lat.], in Diensten bewährter Mensch, der zur Familie, zum Betrieb gehört.

Faktum [lat.], unabänderl. Tatsache; Ereignis, mit dem man sich abfinden muß.

Faktura [lat.-italien.], Rechnung.

Fakultas [lat.], wiss. Lehrbefähigung in einem bestimmten Fach.

Fakultät [lat.], **1)** Lehr- und Verwaltungseinheit einer Univ.; in der BR

Étienne-Maurice Falconet. Reiterstandbild Peters des Großen in Petersburg; 1782 enthüllt

Deutschland seit den 1970er Jahren durch die Gliederung in ↑Fachbereiche abgelöst.

2) *Mathematik:* Bez. für ein endl. Produkt natürl. Zahlen (Funktionszeichen ist das Ausrufezeichen: !; lies: Fakultät): n! = 1 · 2 · 3 ··· (n−1) · n, wobei 0! = 1 definiert ist.

fakultativ [lat.], nach eigenem Ermessen.

Falange Española Tradicionalista y de las J.O.N.S. (J.O.N.S., Abk. für Juntas de Ofensiva Nacional-Sindicalista) [span. fa'laŋxe espa'ɲola traðiθiona'lista i ðe las 'xuntaz ðe ofen'siβa naθio'nalsindika'lista], Kurzform: Falange [eigtl. »Stoßtrupp« (zu Phalanx)], ehem. span. Staatspartei; entstanden 1934, 1936 als Partei faschist. Typs verboten; unter Führung von General Franco Bahamonde 1937 mit anderen Gruppierungen zur Einheitspartei als »Sammelbekken aller patriot. Kräfte« vereinigt und nach seinem Sieg 1939 zur allein zugelassenen Staatspartei erklärt; 1958 zum *Movimiento Nacional* erhoben; löste sich nach dem Tod Francos 1976/77 auf.

falb, gelblich, graugelb, grau.

Falbe, Pferd mit graugelbem Deckhaar und meist dunklerem Langhaar (Mähne, Schweif).

Falbkatze ↑Wildkatze.

Falckenberg, Otto, *Koblenz 5. 10. 1873, † München 25. 12. 1947, dt. Regisseur. Leitete 1917–44 die Münchner Kammerspiele; zahlr. Uraufführungen expressionist. Dramen (G. Kaiser, E. Barlach); bed. Shakespeare-Inszenierungen.

Falconet, Étienne-Maurice [frz. falkɔ'nɛ], *Paris 1. 12. 1716, † ebd. 24. 1. 1791, frz. Bildhauer. Modelle für Sèvres-Porzellane; Reiterdenkmal Peters d. Gr. in Sankt Petersburg (1766–82).

Falk, Adalbert, *Metschkau (in Niederschlesien) 10. 8. 1827, † Hamm 7. 7. 1900, preuß. Politiker. Führte als preuß. Kultus-Min. (1872–79) in Bismarcks Auftrag den Kulturkampf.

Falkberget, Johan Petter [norweg. 'falkbærgə], eigtl. J. P. Lillebakken, *Rugeldalen bei Røros 30. 9. 1879, † Tyvoll bei Røros 5. 4. 1967, norweg. Schriftsteller. Schrieb v. a. Romane über das Leben der Bergarbeiter, u. a. die Trilogie »Im Zeichen des Hammers« (1927–35).

Falken (Falconidae), weltweit verbreitete, etwa 60 Arten umfassende (davon 10 in Europa) Fam. der Greifvögel mit schlankem, etwa 10–35 cm langem Körper (mit Schwanz 15–60 cm lang), schmalen, spitz zulaufenden Flügeln; Schnabel hakig gebogen, mit 1 Paar

Falken

Falken.
Oben: Falkenzahn ◆
Unten: Zehen

Falken.
Oben: Turmfalke ◆
Mitte: Baumfalke ◆
Unten: Wanderfalke

Falklandinseln
Wappen

Hornzähnen am Oberschnabel *(Falkenzahn)*; Zehen mit kräftigen Krallen; töten ihre Beute durch Schnabelbiß in die Halswirbel.
Falken (Sozialist. Jugend Deutschlands – Die F.), der SPD zugeordnete polit. Jugendorganisation; 1946 [wieder] gegr.; Sitz Frankfurt am Main.

Falkenauge, Varietät des Quarzes, Schmuckstein.
Falkenhayn, Erich von, *Burg Belchau bei Graudenz 11. 4. 1861, † Schloß Lindstedt bei Potsdam 8. 4. 1922, dt. General. 1913–15 preuß. Kriegs-Min.; 1914–16 Chef des Generalstabs des Feldheeres. Seine Strategie, im W (im Unterschied zu Hindenburg und Ludendorff) die Kriegsentscheidung zu erreichen, schlug 1916 fehl.
Falklandinseln (engl. Falkland Islands, span. Islas Malvinas), Inselgruppe im südl. Atlantischen Ozean, brit. Kronkolonie, 12173 km², 2000 E, Hauptort Stanley (auf Ostfalkland; 1200 E). Das Klima ist hochozeanisch. Die Bevölkerung, überwiegend brit. Abstammung, betreibt v. a. Schafzucht. Die F. werden von einem Gouverneur verwaltet, dem ein Exekutivrat und ein Legislativrat zur Seite stehen.
Geschichte: 1592 entdeckt; 1820 nahm die La-Plata-Konföderation (Argentinien) die 1811 von den Spaniern aufgegebenen F. in Besitz; 1831 wurde die gesamte Bevölkerung nach dem Festland deportiert. 1833 nahm Großbrit. die F. wegen ihrer strateg. Bed. in Besitz. In der Seeschlacht bei den F. (8. 12. 1914) wurde ein dt. Kreuzergeschwader unter Vizeadmiral Graf Spee von brit. Seestreitkräften vernichtend geschlagen. Der brit.-argentin. Streit um die F. verschärfte sich nach dem Bekanntwerden von Erdölvorkommen: Im April 1982 besetzten argentin. Truppen die Inseln, die nach vergebl. Schlichtungsversuchen der UN bis zum 14. 6. von brit. Streitkräften zurückerobert wurden. Bis 1985 bildeten die F. zus. mit Südgeorgien und den Süd-Sandwich-Inseln die brit. Kronkolonie ↑Falkland Islands and Dependencies.
Falkland Islands and Dependencies [engl. 'fɔ:klənd 'ailəndz ənd di'pendənsiz], bis 1985 brit. Kronkolonie im Südatlantik, 16260 km², umfaßte die ↑Falklandinseln sowie als zugehörige abhängige Gebiete Südgeorgien (3592 km²) und die Süd-Sandwich-Inseln (311 km²).
Falknerei, 1) *Jagdkunde:* die Kunst, Greifvögel für die Beizjagd abzurichten und mit ihnen zu jagen.
2) (Falkenhof) Anlage, in der Jagdfalken gehalten werden.

Fall, Leo, *Olmütz 2. 2. 1873, † Wien 16. 9. 1925, österr. Komponist. Schrieb Operetten, u. a. »Die Dollarprinzessin« (1907).

Fall, 1) *Physik:* zum Erdmittelpunkt gerichtete beschleunigte Bewegung eines Körpers. Wirkt ausschließlich die Schwerkraft, so spricht man vom *freien Fall.* Er kann realisiert werden, indem man einen Körper in einer luftleeren Röhre fallen läßt. Dabei zeigt sich, daß alle Körper unabhängig von Gestalt und Masse gleichschnell fallen. Die *Fall-* oder *Schwere-Beschleunigung* hat in der Nähe der Erdoberfläche den mittleren Wert von $g = 9,80665$ m/s² *(Erdbeschleunigung).*

2) *Sprachwissenschaft:* ↑Kasus.

Falla, Manuel de [span. 'faʎa], eigtl. M. Maria de F. y Matheu, *Cádiz 23. 11. 1876, † Alta Cracia (Argentinien) 14. 11. 1946, span. Komponist. Wesentlich von der span. Volksmusik beeinflußt; bekannt v. a. die Oper »La vida breve« (1905), das Ballett »Der Dreispitz« (1919) und »Nächte in span. Gärten« (1911–15) für Klavier und Orchester.

Fallada, Hans, eigtl. Rudolf Ditzen, *Greifswald 21. 7. 1893, † Berlin 5. 2. 1947, dt. Schriftsteller. Seine Romane, u. a. »Kleiner Mann – was nun?« (1932), »Wer einmal aus dem Blechnapf frißt« (1934), schildern die »kleinen Leute« in ihrer tägl. Not.

Fallbeil, dt. Bez. für Guillotine.

Fallen, in der *Geologie* der Neigungswinkel einer Schichtfläche gegen die Horizontale.

Fallingbostel, Kreisstadt in der Lüneburger Heide, Ndsachs., 10800 E. Luftkurort und Kneippheilbad. – Ersterwähnung um 990.

Fallout [engl. 'fɔːlaʊt] (radioaktiver Niederschlag), radioaktive Stoffe, die durch Kernwaffenexplosionen oder Betriebsunfälle in Kernkraftwerken in die freie Atmosphäre gelangt sind und zus. mit Regen oder Schnee oder als Staub auf die Erde niedergehen.

Fallrecht, Recht, das nicht in Gesetzen gefaßt ist, sondern in exemplar. Streitentscheidungen (v. a. im angloamerikan. Recht).

Fallreep, an der Bordwand eines Schiffes angebrachte Außentreppe.

Manuel de Falla

Fallschirm.
Links: Sportfallschirm mit Steuerschlitzen und Stabilisierungsflächen♦
Rechts: Rechteckgleiter

Fallschirm

Fallschirm, meistens halbkugelförmiger Schirm zum Vergrößern des Luftwiderstands fallender Körper. Sinkgeschwindigkeit um 5,5 m/s (rd. 20 km/h). Verwendung als *Rettungs-F., Lasten-F., Brems-F.* (für landende Flugzeuge) und als *Sport-F.* (tragflächenartig, mit Steuerklappen).

Fallschirmjäger, zu Sprungeinsatz und Luftlandung speziell ausgerüsteter und ausgebildeter Soldat.

Fallstudie (Case-study, Einzelfallstudie), in der *Sozialwiss.* Untersuchung, die sich auf die Beschreibung von typ. Einzelfällen konzentriert.

Fallsucht, svw. ↑Epilepsie.

Fallwind, großräumige, abwärts gerichtete Luftströmung in der Atmosphäre, z. B. der Föhn.

Falschaussage (falsche uneidliche Aussage), die uneidliche vorsätzlich falsche Aussage eines Zeugen oder Sachverständigen vor Gericht, wird mit Freiheitsstrafe geahndet (§ 153 StGB).

Falschbeurkundung, Herstellen einer echten, aber inhaltlich falschen Urkunde. Strafrechtlich geschützt wird nur die inhaltl. Beweiskraft *öffentl.* Urkunden. *F. im Amt* ist mit Freiheitsstrafe bis zu fünf Jahren oder Geldstrafe bedroht.

Falscheid (eidl. Falschaussage), objektiv falsche eidl. Aussage, die der Schwörende – im Gegensatz zum Meineid – für wahr hält; mit Freiheits- oder Geldstrafe bedroht.

Falschgeld ↑Geld- und Wertzeichenfälschung.

Falschmünzerei ↑Geld- und Wertzeichenfälschung.

Fälschung, *allg.* das Herstellen eines unechten Gegenstandes oder das Verändern eines echten Gegenstandes zur Täuschung im Rechtsverkehr.
Das *Strafrecht* enthält zahlr. F.tatbestände, u. a. Geld- und Wertzeichenfälschung, Wahlfälschung, Urkundenfälschung. Im Bereich der *Geschichtsquellen* und *literar.* Erzeugnisse lassen sich zwei Kategorien von F. unterscheiden: 1. F. zur Durchsetzung jurist. oder polit. Ziele (meist Urkunden). Neben reinen Fiktionen (z. B. ↑Konstantinische Schenkung) stehen verschiedene F.- und Verfälschungsmethoden, die bestehende Rechtsverhältnisse zugrunde legen; 2. F. von Quellen aus Gelehrtenehrgeiz. Häufig ist die Fiktion von Gewährsleuten, aber auch die F. von Geschichtswerken und Reihen von Urkunden bes. zu Beginn der modernen Geschichtsforschung.
Kunstfälschung im Bereich der *bildenden Kunst* (die Anfertigung oder Überarbeitung eines Kunstwerkes im Stil einer vergangenen Epoche) dient dazu, einen größeren Kunstwert vorzutäuschen; bereits aus der Antike bekannt. Bei Zweifeln an der Echtheit eines Kunstwerks (z. B. aus stilist. Gründen) Materialuntersuchungen: ↑Altersbestimmung bei Altertümern, Materialvergleiche, Alterssprünge, bei Bildern Infrarot-, Ultraviolett-, Röntgenaufnahmen (bringen evtl. jüngere übermalte Bilder zum Vorschein oder echte Fragmente und spätere Ergänzungen).

Falsett [lat.-italien.], männl., mit Brustresonanz verstärkte Kopfstimme als Diskant- und Altstimme.

Falsifikat [lat.], Fälschung.

Falsifikation [lat.], Widerlegung einer wiss. Aussage durch ein Gegenbeispiel; Ggs. ↑Verifikation.

Falster, dän. Ostseeinsel, 514 km², bis 44 m hoch, Hauptort Nykøbing; Fährhafen Gedser.

Faltboot, zerlegbares Paddelboot (mit zusammenfaltbarer Bootshaut).

Falte, Struktur, die durch bruchlose Verformung von Sedimentgesteinen entsteht. Jede F. besteht aus zwei Schenkeln und der Umbiegung (*Scharnier*). Bei einer *Mulde (Synklinale)* fallen die Schenkel aufeinander zu, bei einem *Sattel (Antiklinale)* weisen sie voneinander weg. Man unterscheidet stehende, schiefe, überkippte und liegende Falten.

Faltengebirge ↑Gebirge (Geologie).

Faltenwespen (Vespidae), mit über 300 Arten weltweit verbreitete Fam. 7–40 mm großer stechender Insekten, davon etwa 50 Arten in M-Europa.

Falter, svw. ↑Schmetterlinge.

Faltungsphasen, Zeiten verstärkter gebirgsbildender Aktivität der Erde.

Falun, mittelschwedische Gemeinde in Dalarna, 53 100 E. Bergbauschule und -museum; Bergbau auf Kupfer- u. a. Erze. – Bis zum großen Bergsturz von 1687 war F. die zweitgrößte Stadt Schwedens.

Falzen, allg. Umbiegen von blattförmigem Material (Papier, Druckbogen, Bleche u. a.) entlang einer Linie (Falzlinie), so daß Fläche auf Fläche zu liegen kommt.

Famagusta, Hafenstadt und Badeort auf Zypern, an der O-Küste, 50 000 E. Ummauerte Altstadt mit Stadttoren, Kastell (v. a. 15. Jh.), Moschee (got. ehem. Kathedrale, 14. Jh.), ehem. Zwillingskirche der Ordensritter (wohl 14. Jh.). – Seine Bedeutung in Antike und MA verdankte F. seiner günstigen Lage als Zwischenstation der west-östl. Handelsschiffahrt nach Syrien und Ägypten.

Familia [lat.], im *antiken Rom* die unter der Gewalt des Familienvaters (Paterfamilias) stehende Lebensgemeinschaft, zu der außer der engeren Familie auch alle zum Hause gehörenden Freien und Sklaven sowie der Besitz gehörten.

Familie [lat.], **1)** *Soziologie:* soziale Gruppe, die in der heutigen Ind.-Gesellschaft i. d. R. aus den Eltern und ihren (unselbständigen) Kindern besteht *(Kern-F.* oder *Klein-F.).* Im allg. Sprachgebrauch wird oft auch die Verwandtschaft als F. bezeichnet; zur besseren Abgrenzung des Begriffes ist in der F.soziologie deshalb der gemeinsame Haushalt für eine F. konstitutiv. Beschränkt sich die F. allein auf die Ehepartner, spricht man von *Gatten-F.,* fehlt ein Elternteil, von *unvollständiger F.,* leben über die Kern-F. hinaus noch (verwandte) Personen im Haushalt, von *erweiterter F.* Die F.formen sind abhängig von der jeweiligen Wirtschafts- und Sozialstruktur. In der Agrargesellschaft waren v. a. Formen der erweiterten F. vorherrschend: 1. die *generationale F.,* in der Söhne mit Frauen und Kindern unter der Herrschaft des Vaters verblieben; 2. Gemeinschaft mehrerer Kern-F., die *Groß-F.,* die dadurch entstand, daß die Söhne nach dem Tod des Vaters nicht auseinandergingen, sondern mit ihren Frauen und Kindern gemeinsam Grund und Boden des Vaters bewirtschafteten. In der Ind.-Gesellschaft hat sich die Form der Kern-F. durchgesetzt, in der eine familiale Arbeits- und Rollenverteilung üblich war. Neben der Regelung der Geschlechtsbeziehung ist daher die primäre Sozialisation der Kinder die wichtigste soziale Funktion der modernen F., wohingegen in früheren Gesellschaften die F. zusätzlich häufig Kult-, Gerichts-, Schutzfunktionen (auch Al-

Famagusta.
Lala-Mustafa-Pascha-Moschee (gotische ehemalige Kathedrale)

tersversorgung durch hohe Kinderzahl) und wirtschaftl. Funktionen hatte. Auf Grund zunehmender berufl. Tätigkeit der Frau wird heute immer mehr die strikte Arbeitsteilung durch partnerschaftl. Lösung sich stellender Aufgaben ersetzt *(Gefährtenfamilie).*

2) *Biologie:* (Familia) systemat. Kategorie, in der näher miteinander verwandte Gatt. zusammengefaßt werden.

Familienberatung, Beratung von Familien v. a. in pädagog., wirtschaftl. und rechtl. Fragen sowie in Fragen der Sexualität und der Familienplanung; Einrichtungen der F. gehören zum großen Teil den freien Wohlfahrtsverbänden an (insbes. »Pro Familia Dt. Gesellschaft für Sexualberatung und Familienplanung e. V.«).

Familienbuch ↑Personenstandsbücher.

Familiengericht, ein ausschließlich für Familiensachen zuständiges Gericht; beim Amtsgericht als eigene Abteilung eingerichtet und mit einem Richter *(Familienrichter)* besetzt.

Familienhilfe, Leistungen der gesetzl. Krankenversicherung an den Versicherten für dessen unterhaltsberechtigte Familienangehörige.

Familienlastenausgleich ↑Kinderlastenausgleich.

Familienname, der Name einer Person, der im Gegensatz zum Vornamen die Zugehörigkeit zu einer Familie kundgibt. Der F. wird bei Ehegatten auch als

Ehename bezeichnet. Das Familiennamensrechtsgesetz vom 16. 12. 1993 ordnete das Namensrecht neu: Bestimmen die Ehegatten keinen gemeinsamen Ehenamen, so behalten sie ihren zur Zeit der Eheschließung geführten Namen. Ein Ehegatte, dessen Geburtsname nicht Ehename wird, kann seinen bisherigen oder Geburtsnamen dem Ehenamen hinzufügen oder voranstellen; dies gilt nicht, wenn der Ehename aus mehreren Namen besteht. Das eheliche Kind führt den Ehenamen seiner Eltern als Geburtsnamen. Ist kein Ehename vorhanden und treffen die Eltern binnen eines Monats keine Entscheidung über den Geburtsnamen des Kindes, überträgt das Vormundschaftsgericht das Bestimmungsrecht auf einen Elternteil.

Familienplanung, Gesamtheit der Bestrebungen, durch Maßnahmen der Geburtenregelung die Anzahl der Kinder den wirtschaftl. und sozialen Verhältnissen der Eltern entsprechend zu planen, um eine gewissenhafte und materiell gesicherte Erziehung und Ausbildung der Kinder zu gewährleisten.

Familienpolitik, Bez. für die Gesamtheit der Maßnahmen, mit denen der Staat Einfluß auf die Gestaltung und Größe der Familie zu nehmen sucht; in der BR Deutschland v. a. die Schaffung familiengerechten Wohnraums, steuerl. Entlastung sowie Kindergeld und Ausbildungsbeihilfen; in den Entwicklungsländern häufig als Bevölkerungspolitik betrieben.

Familienrecht, die gesetzl. Vorschriften über Verlöbnis, Ehe (↑Eherecht, ↑Ehescheidung), ↑Verwandtschaft, Verhältnis von Eltern und Kindern (↑elterliche Sorge, ↑nichteheliche Kinder, ↑Unterhalt), Vormundschaft und Betreuung. Das F. ist im wesentlichen im 4. Buch des BGB geregelt. Seine erste Aufgabe besteht für das F. darin, den Personenstand zu bestimmen, mithin festzulegen, welche Menschen zueinander in familienrechtl. Beziehung stehen.
Wegen der sozialen Bedeutung der Familie wird das F. von *Typenzwang* und *Formstrenge* beherrscht: Andere als die im Gesetz vorgesehenen familienrechtl. Verhältnisse gibt es nicht; die sie regelnden Vorschriften sind grundsätzl. zwingend.

Familiensachen, Angelegenheiten, die in die sachl. Zuständigkeit des Familiengerichts gehören, bes. Ehe- und Scheidungsfolgesachen (z. B. Versorgungsausgleich, Fragen der elterl. Sorge), Streitigkeiten über die gesetzl. Unterhaltspflicht gegenüber dem ehel. Kind oder über Ansprüche aus dem ehel. Güterrecht.

Familienstand ↑Personenstand.

Familienzuschlag, Betrag, um den sich der Hauptbetrag des Arbeitslosengeldes oder der Arbeitslosenhilfe im Hinblick auf unterhaltsberechtigte Familienmitglieder erhöht.

Family of Love [engl. ˈfæmɪlɪ əv ˈlʌv] (Familie der Liebe), bis 1978 ↑Children of God (Kinder Gottes).

Famulus [lat.], früher ein Student, der einem Wissenschaftler assistierte.

Fan [engl. fæn; Kw. aus fanatic »Fanatiker«], begeisterter Anhänger, überschwengl. Verehrer.

Fanal [griech.-frz.], Feuer-, Flammenzeichen; etwas, was den Aufbruch zu neuen (bedeutenden) Ereignissen ankündigt.

Fanatiker [lat.], rücksichtsloser Verfechter eines Glaubens oder einer Idee; **fanatisch,** blindwütig überzeugt.

Fanatismus [lat.], das fanat., aggressive Verfolgen eines Ziels; das fanat. Überzeugtsein von einer Idee.

Fandango [span.], span. Tanzlied im Dreiertakt, begleitet von Gitarre und Kastagnetten.

Fanfare [frz.], **1)** lange, gerade Trompete ohne Ventile.
2) Trompetensignal (auf Töne des Dreiklangs).
3) kurzes Musikstück, meist für Trompeten und Pauken.

Fangarme ↑Tentakeln.

Fangheuschrecken (Fangschrecken, Gottesanbeterinnen, Mantodea), Insektenordnung mit etwa 2 000, hauptsäch-

Fangheuschrecken.
Gottesanbeterin

lich trop. und subtrop., 1–16 cm langen Arten; Vorderbeine zu Fangbeinen umgebildet; lauern regungslos mit erhobenen, zusammengelegten Fangbeinen (daher »Gottesanbeterinnen«) auf Insektenbeute. In Deutschland kommt vereinzelt die 4–6 cm (♂) bzw. 4–8 cm (♀) lange, grüne *Gottesanbeterin* vor.

Fangio, Juan Manuel [span. ˈfaŋxio], *Balcarce 24. 6. 1911, † Buenos Aires 17. 7. 1995, argentin. Automobilrennfahrer. Weltmeister 1951 und 1954–57.

Fango [italien.], vulkan. Mineralschlamm; wird als *F.bad* oder *F.packung* u. a. bei chron. Gelenkerkrankungen verwendet.

Fangschnur, aus Metallgespinst bestehendes Uniformstück (Zierschnur).

Fangschrecken, svw. ↑Fangheuschrecken.

Fangzähne, Eckzähne der Raubtiere.

Fano, italien. Hafenstadt, Seebad in den Marken, 52600 E. In der Altstadt röm. Stadtbogen (von Augustus errichtet), roman.-got. Dom (1113–40), Kirchen und Paläste (13. bis 15. Jh.).

Fanon, Frantz [faˈnõ], *Fort-de-France (Martinique) 20. 7. 1925, † New York 3. 12. 1961, afro-amerikan. Schriftsteller. Kam 1952 als Arzt nach Algerien; war von der Notwendigkeit gewaltsamer Revolution zur Beseitigung des Kolonialismus überzeugt (»Die Verdammten der Erde«, 1961).

Fantasia [griech.-span.], Reiterspiele nordafrikan. Araber und Berber sowie innerasiat. Völker.

Fantasie [griech.-italien.], in der *Musik* ein freies, improvisationsähnl. Instrumentalstück.

FAO [ɛfˈaːˈoː; engl. ˈɛfeɪˈou], Abk. für ↑**F**ood and **A**griculture **O**rganization of the United Nations.

Farabi (Abu Nasr Mohammed al-Farabi, Alfarabi, Avennasar, lat. Alpharabius), *Wasidsch (Farab, Turkestan) um 873, † bei Damaskus um 950, arabischer Philosoph, Mathematiker und Musiktheoretiker türkischer Herkunft. Einer der bedeutendsten Philosophen des Islam; übersetzte Werke Platons und Aristoteles' ins Arabische und kommentierte sie; bedeutender Einfluß auf die scholastische Philosophie.

Farad [faˈraːt, ˈfarat; nach M. Faraday], gesetzl. Einheit der Kapazität, Einheitenzeichen F. Ein Kondensator hat die Kapazität 1 F, wenn eine Ladung von 1 Coulomb eine Spannung von 1 Volt an ihm erzeugt.

Faraday, Michael [engl. ˈfærədɪ], *Newington (heute zu London) 22. 9. 1791, † Hampton Court (heute zu London)

Fano. Augustusbogen am alten Mauerring der Stadt; 2 n. Chr.

Michael Faraday

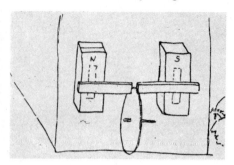

Michael Faraday.
Versuchsanordnung zum Nachweis eines elektrischen Dauerstroms, der entsteht, wenn der äußere Teil einer rotierenden Metallscheibe durch ein Magnetfeld läuft; Skizze aus Faradays Tagebuch vom 28. 10. 1831

25. 8. 1867, brit. Physiker und Chemiker. F. entdeckte das Benzol; 1831 gelang ihm der Nachweis der elektromagnet. Induktion und die Konstruktion des ersten Dynamo; grundlegende Arbeiten zur Elektrolyse, zur elektr. Elementarladung, zur Kristalloptik.

Faraday-Käfig [engl. ˈfærədɪ...; nach M. Faraday], metall. Umhüllung (meistens geerdet) zur Abschirmung eines begrenzten Raumes gegen äußere elektr. Felder.

Faraday-Konstante [engl. ˈfærədɪ...; nach M. Faraday], die Ladungsmenge (96 485 C, *Faraday-Ladung*), die erforderlich ist, um 1 Mol eines chem. einwertigen Stoffes, d. h. 1 Val, elektrolytisch abzuscheiden.

Faraday-Käfig.
Künstlich erzeugter Blitzeinschlag in einen mit einer Person besetzten Faraday-Käfig

Faradaysche Gesetze [engl. ˈfærədɪ...], von M. Faraday gefundene Gesetzmäßigkeiten bei der Elektrolyse: *1. Faradaysches Gesetz:* Die bei der Elektrolyse abgeschiedenen Stoffmengen sind der Stromstärke und der Zeit proportional; *2. Faradaysches Gesetz (Äquivalentgesetz):* Die durch gleiche Elektrizitätsmengen aus verschiedenen Elektrolyten abgeschiedenen Stoffmengen sind den Äquivalentmassen proportional.

Farandole [frz.], provenzal. Volkstanz, bei dem ein Anführer eine lange Kette von Paaren in Schlangen- und Spiralfiguren durch die Straßen leitet.

Farbbücher (Buntbücher), im diplomat. Sprachgebrauch von der Farbe des Bucheinbands hergeleitete Bez. für amtl. Dokumentensammlungen, die von Außenministerien (heute auch andere Regierungsstellen) der Öffentlichkeit zu bestimmten Anlässen unterbreiten. Großbrit. veröffentlichte zuerst *Blaubücher*, das Dt. Reich (ab 1879) *Weißbücher*, Österreich-Ungarn und die USA *Rotbücher*, Frankreich *Gelbbücher*.

Farbe, 1) Stoffe (Farbmittel), die den Farbeindruck von Gegenständen verändern (z. B. Anstrich-, Druck-, Öl-F.), insbes. ↑Farbstoffe oder Pigmente.
2) eine durch Licht ausgelöste und durch das Auge vermittelte Sinnesempfindung (↑Farbensehen, ↑Farblehre).
3) durch die gleichen Zeichen gekennzeichnete Serie von Spielkarten eines Kartenspiels.

Farbechtheit, Widerstandsfähigkeit von Färbungen gegen Einwirkungen z. B. von Laugen, Säuren, Licht, Wasser.

Färben, das Aufbringen eines Farbmittels auf Trägermaterialien beliebiger Art; das Einfärben von Textilfasern in der *Färberei:* in der heißen *Farbflotte* »ziehen« die Farbstoffe auf das Färbegut.

Farbenblindheit, volkstüml. Bez. für ↑Farbenfehlsichtigkeit.

Farbenfehlsichtigkeit (Farbensehstörung, Farbensinnstörung, Dyschromasie), meist angeborene Abweichung vom normalen Farbenempfinden bzw. Farbenunterscheidungsvermögen. Man unterscheidet: *Farbenasthenopie,* schnelle Ermüdbarkeit des (sonst normalen) Farbensehens; *Farbenamblyopie,* selektiv herabgesetztes Farbenunterscheidungsvermögen; *Farbenanomalie,* als F. i. e. S. entweder mit verminderter Empfindungsfähigkeit für eine bestimmte Farbe (anomale Trichromasie), vollständig fehlender Empfindungsfähigkeit für eine Farbe (Dichromasie) oder aber mit dem völligen Verlust des Unterscheidungsvermögens für Farben überhaupt durch Ausfall der Farbensehfunktion der Netzhautzapfen (Monochromasie, Achromatopsie, totale Farbenblindheit). Nach der Young-Helmholtz-Theorie des Farbensehens beruht die *anomale Trichromasie* gewöhnlich auf einer verminderten Empfindungsfähigkeit der rot- oder grünempfindl. Elemente (Protanomalie = Rotschwäche; Deuteranomalie = Grünschwäche), wesentlich seltener der blauempfindlichen (Tritanomalie = Blauschwäche). Bei der *Dichromasie* ist ein Zapfentyp vollständig ausgefallen (Protanopie = Rotblindheit, Deuteranopie = Grünblindheit, Tritanopie = Blaublindheit). Bei der *Monochromasie* sind die Zapfen entweder nur farboder völlig sehuntüchtig.

Farbenperspektive, durch Farbwahl bewirkter Tiefeneffekt, z. B. bei der Bildgestaltung, indem man für die Nähe aggressive Farben (Rot und Gelb), für das Entfernte regressive Farben (blaue Töne) bevorzugt.

Farbensehen, die bes. beim Menschen und bei Wirbeltieren, jedoch auch bei vielen Wirbellosen (v. a. Insekten) vorhandene Fähigkeit ihres Sehapparats, Licht unterschiedl. Wellenlänge bzw. Frequenz als »verschiedenfarbig« bzw. zu unterschiedl. »Farben« gehörig zu unterscheiden. Träger dieser Funktion sind die für das Tagessehen bestimmten Zapfen in der Netzhaut des Auges. Das *menschl. Auge* kann innerhalb eines bestimmten Frequenzbereiches ($8 \cdot 10^{14}$ Hz bis $4 \cdot 10^{14}$ Hz) bzw. Wellenlängenbereichs (400 nm bis 700 nm) der elektromagnet. Strahlung (sichtbarer Spektralbereich) etwa 160 reine Farbtöne und 600000 Farbnuancen unterscheiden. Die ↑Farblehre brachte bezüglich der additiven Farbenmischung folgende Ergebnisse: Die verschiedenen Farbempfindungen können durch Mischung der drei Grundfarben Rot, Grün und Blauviolett hervorgerufen werden. Wenn für alle drei Grundfarben ein bestimmtes Mischungsverhältnis gegeben ist, wird Weiß empfunden. Über das Zustandekommen der Farbempfindung

gibt es bis heute noch keine in allen Einzelheiten befriedigende Erklärung. – Bei *tagaktiven Säugetieren* entspricht der mit dem Sehorgan wahrnehmbare Spektralbereich etwa dem des Menschen; bei manchen Vögeln ist er zu Rot hin verschoben, bei Fischen zu Blau und Ultraviolett. Die Augen von *Nachttieren* und *Dämmerungstieren* enthalten wenige oder gar keine Netzhautzapfen, so daß sie zum F. nicht befähigt sind, während einige Insekten (z. B. Bienen) diese Fähigkeit besitzen. Insekten sehen meist kein Rot, dafür aber Ultraviolett.

Farbensehstörung ↑Farbenfehlsichtigkeit.

Farbensymbolik, vornehmlich in Kult und Brauchtum lebendige Bedeutung der Farben, heute meist nur noch sinnbildlich verstanden. Die Sinngebung der Farben ist in den verschiedenen Kulturen uneinheitlich. – Gelegentlich sind Farben zum Symbol bestimmter Religionen geworden, z. B. *Grün* – Islam, *Gelb* – Lamaismus, *Weiß* – Parsismus. – Zur F. der christl. Kirchen ↑liturgische Farben. – Auf staatl. Gebiet tritt die symbol. Bedeutung von Farben vorrangig in den Fahnen der Nationen zutage, aber auch in der Kennzeichnung polit. Bewegungen: *Rot* für Kommunismus, Sozialismus, *Schwarz* für Anarchismus, Faschismus, Konservatismus, *Braun* für den Nationalsozialismus, *Grün* für landwirtschaftl. oder Umweltorganisationen.

Färberwau ↑Reseda.

Farbfehler (chromat. Abbildungsfehler, chromat. Aberrationen), bei der Abbildung eines Gegenstandes durch ein opt. System (z. B. durch eine Linse) auftretende Fehler, die ihre Ursache in der Abhängigkeit der Brechzahl von der Wellenlänge haben.

Farbfeldmalerei (Color-field-painting), großformatige Bilder mit homogenen Farbflächen in dünnem Farbauftrag; Vertreter u. a. H. Frankenthaler, B. Newman, A. Reinhardt, F. Stella.

Farbfilm ↑Film, ↑Photographie.

Farbfilter, ein Lichtfilter, der nur Strahlung bestimmter Wellenlänge passieren läßt. F. bestehen aus eingefärbtem Glas oder Kunststoff und werden vor das Kameraobjektiv gesetzt (↑Filter).

Farbfrösche (Pfeilgiftfrösche, Dendrobatinae), Fam. zw. 1 und 5 cm großer,

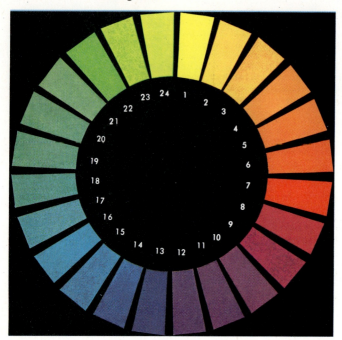

Farbkreis. Der vierundzwanzigteilige Farbtonkreis entsteht durch Zusammenbiegen des Spektrums von weißem Licht unter der Einschaltung von Purpur zwischen Violett und Rot

schlanker, im allg. leuchtend bunt gezeichneter Froschlurche in den trop. Urwäldern M- und S-Amerikas. Bei Arten der Gattungen Dendrobates und Phyllobates sondert die Haut (v. a. bei Streß) ein giftiges Drüsensekret ab, das v. a. im westl. Kolumbien zum Vergiften von Blasrohrpfeilen genutzt wird.

Farbgläser, techn. Flachglasprodukte; Farbe entsteht durch Zugabe färbender Oxide, Sulfide oder Selenide.

Farbkreis (Farbtonkreis), im Kreis angeordnete Folge von Farbtönen, die in sich zurückläuft (unter Einfügung von Purpur zw. Rot und Violett); gegenüberliegende Farbtöne ergeben als Mischfarbe Weiß.

Farblehre, Wiss. von der Farbe als opt. Erscheinung (Gesichtsempfindung, ↑Farbensehen), als farbgebende Substanz (Anstrichfarbe, Farbstoff, Pigment), als Buntheit (im Ggs. zu unbunt = weiß, grau, schwarz), als elektromagnet. Strahlungsart (Licht bestimmter Wellenlängen). Eine Farbempfindung

wird im allg. durch Einwirkung von sichtbarem Licht (Wellenlängenbereich 400–700 nm) auf die farbempfindl. Zäpfchen in der Netzhaut des Auges hervorgerufen. Die Erscheinungsform der Farben ist die des farbigen Lichts (Selbstleuchter) und der Körperfarben (Nichtselbstleuchter). Der *Farbton* ist das Merkmal aller bunten Farben. Das mehr oder weniger starke Hervortreten des Farbtons in einer bunten Farbe bestimmt die *Sättigung.* Jeder Farbe kommt eine *Helligkeit* zu. Mit Hilfe dieser drei Merkmale läßt sich jede Farbe eindeutig beschreiben. In einem *Farbsystem* wird aus der Gesamtheit aller mögl. Farben eine gesetzmäßige Auswahl getroffen, so daß diese Farben, die durch *Farbmaßzahlen* festgelegt sind, empfindungsgemäß gleichabständig sind. Das *DIN-Farbsystem* benutzt zur Kennzeichnung der Farben: *Farbton (T), Sättigungsstufe (S)* und *Dunkelstufe (D);* eine Farbe ist also durch das Farbzeichen *T : S : D* (z. B. 3 : 6 : 2) gekennzeichnet. Die *Farb-*

messung dient der Ermittlung der drei Farbmaßzahlen, die eine *Farbvalenz* kennzeichnen. Diese Zahlen werden allg. auf eine bestimmte Farbtemperatur bezogen.

Farbreiz, eine durch sichtbares Licht bewirkte unmittelbare Reizung der funktionsfähigen Netzhaut, die eine primäre Farbempfindung hervorrufen kann.

Farbstoffe, meist organ. Verbindungen, die andere Stoffe mehr oder weniger waschecht färben können. Man unterscheidet zw. *natürl. F. (Natur-F.),* z. B. Karmin, Purpur, ↑Indigo u. a. sowie *künstl. (synthet.) F.* Die die Farbgebung bedingenden Gruppen in ihren Molekülen werden als *chromophore Gruppen* (Chromophore) bezeichnet; durch sie werden farblose Verbindungen zu F. (Chromogenen); Gruppen mit bas. oder saurem Charakter haben farbverstärkende Wirkung (sie werden als *auxochrome Gruppen* oder Auxochrome bezeichnet). Nach dem färberischen Verhalten unterscheidet man *substantive F.,* die selbständig aus wäßriger Lösung aufziehen, *Entwicklungs-F.,* die aus lösl. Komponenten auf der Faser erzeugt werden, sehr wasch- und lichtechte, wasserunlösl. *Küpen-F.,* die nur in reduzierter Form auf die Faser aufziehen und durch Luftoxidation in den Farbstoff zurückverwandelt werden, und *Beizen-F.,* die mit Hilfe von Metallkomplexen auf der Faser haften; *Reaktiv-F.* bilden mit funktionellen Gruppen der Faser selbst Hauptvalenzbindungen aus. Nach der chem. Struktur unterscheidet man *Azofarbstoffe* mit der Azogruppe −N=N− als charakterist. Merkmal, z. B. Alizaringelb 2 G, *Anthrachinon-F.,* z. B. Indanthrenblau RS, die bes. zur Wollfärbung geeigneten *Indigo-F.;* die *Di-* und *Triphenylmethan-F.* (Auramin, Fuchsin) sind wenig lichtecht und dienen bes. als Druck- und Stempelfarben. Die sehr licht-, säure- und alkalibeständigen *Phthalocyanin-F.* (Heliogenblau) sind wichtige Pigmentfarbstoffe in der Kunststoffindustrie. − Mauvein war der erste synthet. F., der Mitte des 19. Jh. aus Produkten des Steinkohlenteers hergestellt wurde.

Farbtemperatur, die in Kelvin (K) angegebene Temperatur eines schwarzen Strahlers, bei der dieser Licht gleicher Wellenlänge bzw. Farbe aussendet, wie der zu kennzeichnende Strahler (z. B. künstl. Lichtquelle). Je weiter das Spektrum einer Lichtquelle nach Blau verschoben ist, desto höher ist ihre Farbtemperatur.

Farbton ↑Farblehre.

Farbvalenz ↑Farblehre.

Farbwechsel, Änderung der Körperfärbung bei Tieren. Man unterscheidet zwei Formen: 1. den langsam ablaufenden *morpholog. F.,* bei dem es durch Veränderung der Chromatophorenzahl (bzw. Pigmentmenge) oder durch Einlagerung neuer, anderer Pigmente (wie bei der Mauser) zu einem relativ lange andauernden Zustand kommt, und 2. den *physiolog. F.,* der auf einer Wanderung schon vorhandener Pigmente in den Chromatophoren beruht. Dieser F. erfolgt relativ schnell und kann sich rasch wieder umkehren (dient z. B. der Tarnung).

Farbwerk, aus Farbbehälter und Farbübergabewalzen bestehender Teil einer Druckmaschine; dient der Einfärbung der Druckform.

Farce ['farsə; frz.], volkstüml. kom. Theaterstück, verwandt mit der Posse; im 20. Jh. v. a. auch Form der grotesken, absurden, satir. Dramatik.

Farel, Guillaume [frz. fa'rɛl], *Les Fareaux bei Gap 1489, † Neuenburg 13. 9. 1565, schweizer. Reformator. Führte 1534/35 in Genf die Reformation ein.

Farm [lat.-frz.-engl.], in angelsächs. Ländern Bez. für einen größeren landwirtsch. Betrieb.

Farmer, Art [engl. 'fɑːmə], eigtl. Arthur Steward F., *Council Bluffs (Iowa) 21. 8. 1928, amerikan. Jazzmusiker (Trompeter). Einer der bedeutendsten Jazztrompeter, gründete u. a. mit B. Golson die Gruppe »Jazztet« (1959−62, 1982 Neugründung).

Farne (Filicatae, Filicopsida), Klasse der Farnpflanzen mit rd. 10 000 Arten; meist krautige Pflanzen mit großen, meist gestielten und gefiederten Blättern *(Farnwedel).* Auf der Unterseite der (in der Jugend stark eingerollten) Blätter befinden sich in kleinen Häufchen (Sorus) oder größeren Gruppen die Sporenbehälter (Sporangien). − Charakteristisch für die F. ist der Wechsel von zwei Generationen. Beide Generationen, *Gametophyt* und *Sporophyt* (die eigtl.

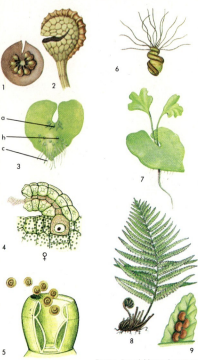

Farne. Entwicklung des Wurmfarns: **1** Schleier von der Innenseite mit Sporenkapseln; **2** aufgesprungene Sporenkapsel; **3** Vorkeim von der Unterseite mit weiblichen (a) und männlichen Geschlechtsorganen (b) sowie Wurzelhaaren (c); **4** weibliches Geschlechtsorgan mit befruchteter Eizelle; **5** männliches Geschlechtsorgan mit Spermatozoiden; **6** einzelnes Spermatozoid; **7** Vorkeim mit junger Pflanze; **8** Wurzelstock mit jungem und ausgewachsenem Blatt; **9** Blattfieder von der Unterseite mit Schleiern

Mia Farrow

Farnpflanze), leben selbständig. Aus einer Spore entwickelt sich ein Gametophyt (Prothallium); auf ihm bilden sich die männl. und weibl. Geschlechtsorgane. Die Befruchtung der Spermatozoid- und Eizellen ist nur in Wasser (feuchter Untergrund, Tautropfen) möglich. Aus der befruchteten Eizelle entsteht der ungeschlechtl. Sporophyt. Aus seinen Sporangien lösen sich die Sporen, die wieder zu Gametophyten auswachsen.

Farnese, italien. Adelsgeschlecht und Dynastie, ben. nach Ort und Schloß Farnese bei Orvieto. Pier Luigi F. (* 1503, † 1547) erhielt 1545 Parma und Piacenza zu erbl. Hzgt.; 1547 wurden die Hzgt. von Kaiser Karl V. eingezogen und 1552/56 seinem Schwiegersohn, Ottavio F., übertragen. 1731 erloschen die F. im Mannesstamm. – Bed.:
1) Farnese, Alessandro d. Ä. ↑Paul III., Papst.
2) Farnese, Alessandro ↑Alexander, Herzog von Parma und Piacenza.
3) Farnese, Elisabeth ↑Elisabeth (Spanien).
4) Farnese, Ottavio ↑Ottavio, Herzog von Parma und Piacenza.
Farnpflanzen (Pteridophyta), Abteilung der Pflanzen mit vier Klassen: Urfarne, Bärlappe, Schachtelhalme, Farne; gemeinsames Merkmal ist ein Generationswechsel zw. Vorkeim und gegl. Pflanze.
Faro [portugies. 'faru], portugies. Stadt an der Algarveküste. 28 200 E. Museen, Fischerei; Korkverarbeitung. 🛬.
Färöer [fɛ'røːər, 'fɛːrøər], vulkan. Inselgruppe im Europ. Nordmeer, Dänemark, 1 399 km², 48 000 E, Hauptort Tórshavn (auf Streymoy). Die Küsten sind durch Fjorde stark gegliedert. Das hochozean. Klima begünstigt den Graswuchs, Grundlage für Schafzucht; Fischerei. – Bei der Lösung Norwegens von Dänemark 1814 verblieben die F. bei Dänemark. Seit 1948 haben die F. weitgehende innere Selbstverwaltung (Parlament, Flagge).
Farrow, Mia [engl. 'færəʊ], * Los Angeles (Calif.) 9. 2. 1945, amerikan. Filmschauspielerin. ∞ 1966–68 mit F. Sinatra, 1970–79 mit A. Previn; wurde 1968 mit R. Polanskis »Rosemaries Baby« bekannt, nach 1982 v. a. in Filmen ihres ehemaligen Lebenspartners W. Allen, u. a. »Zelig« (1983), »The Purple Rose of Cairo« (1985), »Hannah und ihre Schwestern« (1986), »Ehemänner und Ehefrauen« (1993).
Fars, iran. Verw.-Geb. im südl. Sagrosgebirge, 133 298 km², 3,2 Mio. E, Hauptstadt Schiras. Das Gebiet von F. war der Kernraum des pers. Reiches *(Persis)*.
Färse [niederl.] (Sterke), weibl. Rind bis zum ersten Kalben.
Farthing [engl. 'faːðɪŋ »vierter Teil«], ehem. brit. Münze; 1 F. = $^1/_4$ Penny.

Fasanen (Phasianinae) [griech.-lat.],
Unter-Fam. der Fasanenartigen mit
etwa 30 in Asien beheimateten Arten;
farbenprächtige Bodenvögel mit meist
langem Schwanz, häufig unbefiederten,
lebhaft gefärbten Stellen am Kopf und
kräftigen Läufen, die bei Männchen
Sporen aufweisen. – Bekannte Arten
oder Gruppen: *Edel-F.* (Jagdfasan),
♂ etwa 85 cm lang, Gefieder braun,
metallisch schillernd, Schwanz lang,
schmal, hinten stark zugespitzt; ♀ reb-
huhnbraun. Zur Gatt. *Kragen-F.* gehören der in M-China vorkommende
Gold-F. (♂ bis 1 m lang) und der in
SW-China und Birma vorkommende
Diamantfasan (♂ bis 1,7 m lang). Der bis
85 cm lange *Kupferfasan* kommt in Japan
vor; in SO-China verbreitet ist der
Elliotfasan (♂ mit Schwanz etwa 80 cm
lang). Die Gatt. *Ohr-F.* hat drei Arten in
Z-Asien. Im Himalaya und angrenzenden Gebirgen kommen drei Arten der
Gatt. *Glanz-F.,* bes. der *Himalayaglanz-
fasan,* vor. Die Gattungsgruppe *Hüh-*

ner-F. (Fasanenhühner) hat rd. 10 Arten
in Z- und S-Asien; u. a. *Edwardsfasan*
(etwa 65 cm lang). Zu den F. gehören
außerdem die ↑Kammhühner.
Fasanenartige (Phasianidae), mit über
200 Arten fast weltweit verbreitete Fam.
0,12–1,3 m langer Hühnervögel; zu den
F. gehören u. a. Rauhfußhühner, Feldhühner, Truthühner, Fasanen, Pfau,
Perlhühner.
Fasanerie [griech.-lat.-frz.], meist großes, unterholzreiches Gehege zur Aufzucht von Jagdfasanen.
Fasch, 1) Christian Friedrich Carl (Carl
Friedrich), *Zerbst 18. 11. 1736, † Berlin 3. 8. 1800, dt. Komponist. Cembalist
Friedrichs II.; 1791 Gründer der Berliner Singakademie.
2) Johann Friedrich, *Buttelstedt bei
Weimar 15. 4. 1688, † Zerbst 5. 12.
1758, dt. Komponist. Vater von Christian Friedrich Carl F.; seine Ouvertüren, Konzerte, Triosonaten, Kantaten,
Messen markieren den Übergang vom
Barock zur Frühklassik.

Fasanen.
Links: Edelfasan ♦
Rechts: Goldfasan

Faschinen

Faschinen [lat.-frz.], mit Draht zusammengeschnürte Reisigbündel zur Böschungssicherung.

Fasching ↑Fastnacht.

Faschismus [italien.], **1)** das von B. Mussolini geführte Herrschaftssystem in Italien (1922–45).

In der 1919 von Mussolini als »Fasci di combattimento« begründeten Bewegung von Syndikalisten, Frontkämpfern und Interventisten verband sich militanter Nationalismus mit einem lautstarken polit.-sozialen Erneuerungswillen. Doch erst als die Nachkriegskrise Italiens (Unzufriedenheit mit den Ergebnissen des Krieges, mangelnde Koalitionsbereitschaft der Parteien, soziale Auseinandersetzungen) im Sept. 1920 in mehrwöchigen Fabrikbesetzungen einen Höhepunkt erreichte, fand die militante, antisozialist. Taktik des F. die Unterstützung von Ind., Grundbesitz, Kirche, Bürokratie und liberaler Presse. Anfangs eine kleinbürgerl. Protestbewegung, griff der F. nun auf die Gebiete des sozialist. ländl. Genossenschaftswesens in N-Italien über. Bewaffnete Kampfgruppen führten einen Vernichtungskampf gegen die organisierte Linke. Um die regionalen Gruppen im F. besser beherrschen zu können, formte Mussolini die Bewegung im Nov. 1921 zum Partito Nazionale Fascista (PNF) um. Loyalitätserklärungen gegenüber der kath. Kirche und der Monarchie sowie ein liberalist. Wirtschaftsprogramm erhöhten die Koalitionsfähigkeit. Ende Okt. 1922 bahnte sich Mussolini mit Gewalt, Erpressung und Überredung den Weg zur Macht (Marsch auf Rom 27./28. 10. 1922). Am 30. 10. ernannte Viktor Emanuel III. Mussolini zum Min.-Präsidenten. Das wenig umrissene Programm des F. beruhte großenteils auf Ressentiments und Negationen (Antimarxismus, Antiliberalismus usw.). Auf die Lehre des F. wirkten neben dem Futurismus und dem Aktionismus D'Annunzios v. a. der revolutionäre Syndikalismus (im linken Flügel des F.) und der Nationalismus ein. Mit der Gründung des Großrats des Faschismus (15. 12. 1922) und der Institutionalisierung der faschist. Kampfgruppen in einer parastaatl. Parteiarmee begann die Umwandlung des liberalen Systems. Ein neues Wahlgesetz gab der PNF und ihren rechtsliberalen Listenverbündeten in den Wahlen vom April 1924 eine Zweidrittelmehrheit. Das durch die Ermordung des Sozialisten G. Matteotti (10. 6. 1924) signalisierte

Faschismus. Italienische Faschisten beim Marsch auf Rom am 28. 10. 1922; im Vordergrund (mit Krawatte) Benito Mussolini

Drängen des radikalen Flügels des F. nach der Parteidiktatur führte zu einer tiefen Krise des F. und dem Übergang zum Einparteienstaat (Beseitigung der individuellen Grundrechtsgarantien und der Gewaltenteilung, Verbot den nichtfaschist. Parteien, Gleichschaltung von Verwaltung und Justiz, Aufhebung der Pressefreiheit). Die Errichtung eines polit. Sondergerichts und einer Geheimpolizei institutionalisierte die terrorist. Seite des Systems. Ein Netz von Berufs-, Frauen-, Jugend-, Freizeitorganisationen u. a. sollte alle Altersstufen und Lebensbereiche erfassen. Das Führerprinzip wurde auf allen polit. und sozialen Ebenen durchgesetzt. Doch kannte die Wirklichkeit des totalitären Staates dank der unangetasteten Existenz von Kirche (Lateranverträge 1929), Monarchie und Heer eine Reihe von Freiräumen. Mit der Ausschaltung der kath., sozialist. und kommunist. Gewerkschaften und der Errichtung des Korporationensystems erhob der F. den Anspruch, eine transkapitalist. Wirtschaftsordnung geschaffen zu haben. Faktisch kam jedoch die Neuregelung mit der Aufhebung des Achtstundentages, der Betriebsvertretungen und mehrfachen Lohnsenkungen weitgehend der Arbeitgeberseite zugute. Außenpolit. ordnete sich das faschist. Italien anfangs in die von Frankreich und Großbrit. bestimmte europ. Nachkriegsordnung ein. Die Hinwendung zum nat.-soz. Deutschland (gemeinsame Intervention im Span. Bürgerkrieg, »Achse Berlin-Rom«) gipfelte im Kriegseintritt Italiens (Juni 1940) auf dt. Seite. Nach den raschen militär. Niederlagen 1940–43 stellte der konservativ-monarchist. Flügel des F. ein Mißtrauensvotum im Großrat des Faschismus (24./25. 7. 1943), das dem König die Entlassung und Verhaftung Mussolinis ermöglichte. Nach seiner Befreiung durch die Deutschen führte Mussolini in Oberitalien in völliger Abhängigkeit von Dtl. die Republik von Salò (Sept. 1943–April 1945).
2) i. w. S. Bez. für extrem nationalist., nach dem Führerprinzip organisierte antiliberale und antimarxist. Bewegungen und Herrschaftssysteme in verschiedenen Ländern Europas nach dem 1. Weltkrieg.

In fast allen Staaten Europas gab es in den 1920er und 1930er Jahren faschist. Bewegungen: *Deutschland:* ↑Nationalsozialismus, *Spanien:* ↑Falange Española Tradicionalista y de las J. O. N. S., *Großbritannien:* British Union of Fascists, *Frankreich:* Francismus, Parti Populaire Français, *Niederlande:* Nationaal-Socialistische Beweging, *Belgien:* Rexbewegung, *Norwegen:* Nasjonal Samling, *Schweiz:* Frontismus, *Österreich:* Heimwehren, *Ungarn:* Pfeilkreuzler, *Rumänien:* Eiserne Garde, *Slowakei:* Hlinka-Garde, *Kroatien:* Ustascha. Auslöser waren die sozialen und polit. Veränderungen nach dem 1. Weltkrieg und die Furcht vor einer sozialen Revolution. Die Anhänger des F. stammten aus dem alten und neuen Mittelstand, die sich durch das Anwachsen der Arbeiterbewegung wie durch die fortschreitende Industrialisierung in ihrer materiellen Existenz und in ihrem Status bedroht fühlten. In ihrem Ansatz waren die faschist. Bewegungen sowohl antimarxistisch wie antikapitalistisch, gingen jedoch auf dem Weg zur Macht vielfache Kompromisse mit vorhandenen Machtträgern ein. Mit Volksgemeinschaftsparolen versuchte man, die Klassengegensätze zu überwinden und die sozialen Spannungen – unter Verfolgung polit., religiöser und rass. Minderheiten – auf Randgruppen abzulenken.
3) nach marxist. Auffassung eine in kapitalist. Industriegesellschaften bei sozialer, wirtschaftl. und polit. Krisenlage angewandte Form bürgerl. Herrschaft. Heute wird der Begriff häufig unreflektiert auf Phänomene angewandt, auf die er gar nicht oder nur tendenziell zutrifft. ↑Neofaschismus.

Faschodakrise, brit.-frz. Kolonialkonflikt um die Herrschaft über den Sudan 1898/99; entstand, als brit. Kolonialtruppen den Oberlauf des Nils unter brit. Herrschaft zu bringen suchten und 1898 bei Faschoda (heute Kodok) auf frz. Truppen stießen.

Fase, durch Bearbeiten einer Kante entstandene, abgeschrägte Fläche.

Fasern, 1) mehr oder weniger langgestreckte Strukturen im pflanzl. und tier. Organismus, als einzelne Zellen, Zellstränge, Zellstrangbündel oder auch als Zellanteile (z. B. Nerven-F., Muskel-F.).

Fassatal.
Dorf mit der Langkofelgruppe im Hintergrund

**Rainer Werner
Fassbinder**

2) *Textiltechnik:* (Textilfasern) Bez. für lange, feine Gebilde (Spinn-F. begrenzter Länge oder Endlosfäden, sog. Filamente), die zu Garnen versponnen werden können. Man unterscheidet zw. ↑Naturfasern und Chemiefasern.
Faseroptik, svw. ↑Glasfaseroptik.
Faserplatten ↑Holzfaserplatten.
Faserschreiber ↑Filzschreiber.
Fashion [engl. 'fæʃən; zu frz. façon], Mode.
Fasnacht ↑Fastnacht.
Faß, früher meist aus Eichenholz gefertigter Behälter, bestehend aus Faßböden und den von *Faßreifen* gehaltenen *Faßdauben;* heute überwiegend Metallfässer, Kunststoffbehälter, zur Lagerung von als Gärbehälter auch Stahltanks oder mit Glas ausgekleidete Betonbehälter.
Fassatal, Talschaft des oberen Avisio, in den Dolomiten, Trentino-Südtirol.
Fassbaender, Brigitte, *Berlin 3. 7. 1939, dt. Sängerin (Mezzosopran). Debütierte 1961 an der Bayerischen Staatsoper in München; 1974 erstmals an der Metropolitan Opera in New York; bes. als Mozart-Interpretin bekannt; auch Konzert- und Liedsängerin.
Fassbinder, Rainer Werner, *Bad Wörishofen 31. 5. 1945, † München 10. 6.

1982, dt. Dramatiker, Regisseur und Schauspieler. Schrieb zahlr. Stücke und Drehbücher, die er selbst inszenierte oder verfilmte, u. a. »Iphigenie auf Tauris von J. W. von Goethe« (Dr., 1968), »Katzelmacher« (Dr., 1968; Film, 1969), »Angst essen Seele auf« (Film, 1973), »Fontane Effi Briest« (Film, 1974), »Der Müll, die Stadt und der Tod« (Dr., 1976; nach G. Zwerenz), »Die Ehe der Maria Braun« (Film, 1979), »Lili Marleen« (Film, 1980), »Lola« (Film, 1981), »Querelle« (Film, 1982; nach J. Genet), »Die Sehnsucht der Veronika Voss« (Film, 1982); für das Fernsehen u. a. in 14 Folgen »Berlin Alexanderplatz« (1980; nach A. Döblin). Sie zeichnen mit sozialkrit. Absicht und in desillusionierender Weise Außenseiter und Randgruppen der Gesellschaft.
Fasson (Façon) [fa'sõ:], Art, Muster, Form; Schnitt (bei Kleidungsstücken); Haltung (die F. bewahren).
Faßschnecke (Tonnenschnecke), räuberisch lebende Meeresschnecke mit bis 25 cm langer, bräunl., eiförmiger Schale.
Fassung, 1) *Elektrotechnik:* Vorrichtung zum Einsetzen von Glühlampen bei gleichzeitigem Herstellen elektr. Kontakte, z. B. *Schraub-F.* für gewöhnl. Glühlampen, *Bajonett-F.* für Glühlampen v. a. im Kfz-Bereich.
2) *Kunst:* die farbige Bemalung der Bildwerke aus Stein und Holz, im Altertum wie im MA sowie im Barock weitgehend üblich; i. w. S. auch die Bemalung von Skulptur, Plastik und Architektur.
3) *Literaturwiss.:* bestimmte Form eines Textes.
4) *Handwerk:* kunstvoll gearbeitete Halterung für Schmucksteine.
Fast, Howard, Pseud. Walter Ericson, *New York 11. 11. 1914, amerikan. Schriftsteller. Schrieb histor. Romane, u. a. »Spartacus« (1952; verfilmt 1960 von S. Kubrick), »Versuchung der Macht« (1962), »Die Erben« (1985).
Fasten, in der *Religionsgeschichte* die Abstinenz von bestimmten Nahrungsmitteln und Getränken, z. T. totale Enthaltung von Nahrungsaufnahme, die zu bestimmten *Fastenzeiten* oder dauernd geübt wird. In einigen Religionen dient das F. der Buße und Heili-

gung, der Freiheit zum Gebet, der Vision und Erleuchtung, der Vorbereitung auf kultische Handlungen, insbesondere auf den Genuß heiliger Speisen. – Gebotene *Fasttage* sind in der *kath. Kirche* (seit 1966) nur noch Aschermittwoch und Karfreitag, die zugl. *Abstinenztage* sind (Verbot des Genusses vom Fleisch warmbl. Tiere). In den *Ostkirchen* gibt es mehrere F.zeiten (vor höheren Festen) und Fasttage.

Fastenmonat ↑Ramadan.

Fast food [engl. - 'fu:d], Bez. für vorgefertigte, schnell und einfach zubereitbare Speisen (Schnellgerichte). F. f. wird v. a. durch *F.-f.-Unternehmen* in Schnellimbißrestaurants oder an Kiosken vertrieben.

1700 aus Italien (v. a. Venedig). – Öffentl. Feiern mit Tanz, Umzügen *(Rosenmontagszug)* und mannigfachen Formen der Verkleidung charakterisieren die F. als Zeit, in der die gewohnte Ordnung außer Kraft gesetzt ist und im Gewand des Narren verspottet wird (z. B. Etablierung einer »Gegenregierung« [Elferrat], Übergabe des Rathausschlüssels an die Narren).

Fastnachtsspiel, ältester Typ des weltlichen Dramas in deutscher Sprache (H. Rosenplüt, H. Folz, H. Sachs); entwickelt im Rahmen städt. Fastnachtsfeiern, d. h. vermummter Fastengesellschaften; literarisch greifbar etwa zw. 1430 und 1600.

Fasttage ↑Fasten.

Ein fasnacht spil võ den die sich
die weiber nern lossen
☾ Hans folz barbirer

Fastnachtsspiel.
F. von H. Folz. Titelholzschnitt (um 1480)

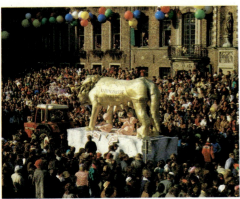

Fastnacht. Karnevalswagen mit der »Kapitalinischen Wölfin« vor dem Düsseldorfer Rathaus

Fastnacht.
Alemannische Fastnachtsmasken

Fastnacht (Fasnacht), urspr. der Abend vor der Fastenzeit, später v. a. die letzten drei Tage, auch die vorhergehende Woche, seit dem 19. Jh. meist die Zeit vom Dreikönigstag bis Aschermittwoch. Das Rheinland begeht den *Karneval,* Mainz und Umgebung F., das schwäb.-alemann. Gebiet die *Fasnet,* Franken die *Fosnat,* der bayr.-österr. Raum den *Fasching.* Das Wort »F.« ist seit etwa 1200 belegt. – Die *Fastnachtsbräuche* des MA sind bes. gut in den Städten faßbar. Bis ins 14. Jh. dominieren zur F. Reiterspiele der Patrizier, dann entwickelt sich ein vielgestaltiges Maskenbrauchtum. Wichtige Einflüsse kamen seit etwa

Faszes

Fatehpur-Sikri. Der »Audienzpalast« Diwan-i-Khas des Großmoguls Akbar; 16. Jh.

Faulbaum. Blüten (oben) und Früchte des Gemeinen Faulbaums

Faszes (Fasces) [lat.], in Rom von den Liktoren getragenes Rutenbündel mit Beil, Symbol der Amtsgewalt der Magistrate; seit der Frz. Revolution mit der Jakobinermütze Sinnbild des Republikanismus; im italien. Faschismus ab 1926 offizielles Staatssymbol.

Faszikel [lat.], Aktenbündel, Heft.

Faszination [lat.], fesselnde Wirkung, Bezauberung; Anziehungskraft.

Fatah (Al-F., El-F.), 1958 gegr. palästinens. Kampforganisation unter der Führung von J. Arafat; Kern der PLO.

fatal [lat.], verhängnisvoll, mißlich.

Fatalismus [lat.], eine Haltung, in der die Annahme einer »blinden« Notwendigkeit allen Geschehens das Handeln bestimmt.

Fata Morgana [italien.], nach einer »Fee Morgana« (auf die der Volksglaube die in der Straße von Messina häufige Erscheinung zurückführte) ben. Luftspiegelung, die in Wüstengebieten Wasserflächen vorgaukelt und entfernte Teile einer Landschaft näherrückt.

Fatehpur-Sikri, ind. Stadt im Unionsstaat Uttar Pradesh, 18 000 E. Vollständig erhaltene Mogulstadt mit Stadtmauer, Palast, Moschee u. a. (alle 16. Jh.). – 1574–86 Hauptstadt des Mogulreiches.

Fatima, *Mekka um 606, † Medina 632, Tochter Mohammeds aus seiner Ehe mit Chadidja. ∞ mit dem Vetter Mohammeds, dem späteren Kalifen Ali ibn Abi Talib; von ihr stammen die einzigen männl. Nachkommen des Propheten ab (↑Fatimiden). Von Schiiten wird sie deshalb wie eine Heilige verehrt.

Fátima, portugies. Wallfahrtsort sö. von Leiria, 7 200 E. Versammlungsplatz mit Basilika, Klosterbauten und Unterkünften am Ort der Erscheinungen Marias (1917).

Fatimiden, von ↑Fatima abstammende islamische Dynastie schiitischer Richtung (909–1171); unterwarfen nach 909 ganz Nordafrika und Sizilien, 969 Eroberung Ägyptens (Verlegung der Residenz in das neugegr. Kairo 973); bei Ausdehnung der F.herrschaft vom Atlantik bis über Syrien und Teile Arabiens begann das westl. Nordafrika wieder selbständig zu werden; ab Anfang des 11. Jh. Niedergang.

Faubourg [frz. fo'bu:r], in Frankreich außerhalb der Befestigungsanlagen erbaute Vorstadt; heute oft in die Stadt integriert.

Faulbaum, Bez. für zwei Arten der Kreuzdorngewächse; *Gemeiner F.,* bis 5 m hoher Strauch oder kleiner Baum in feuchten Wäldern Europas und NW-Asiens; Steinfrüchte ungenießbar; *Amerikan. F.* im westl. N-Amerika.

Faulbrand ↑Brand.

Faulbrut, durch Bakterienbefall hervorgerufene, seuchenartig auftretende, anzeigepflichtige Krankheit der Honigbienenbrut; gekennzeichnet durch schleimige Zersetzung der Larven in ihren Waben.

Fátima.
Versammlungsplatz
mit der neobarocken
Basilika und ihrem
65 m hohen Turm

Faulgas (Biogas), bei der bakteriellen Zersetzung organ. Stoffe sich entwickelndes, brennbares Gas (v. a. Methan).
Faulkner, William [engl. ˈfɔːknə], *New Albany (Miss.) 25. 9. 1897, † Oxford (Miss.) 6. 7. 1962, amerikan. Schriftsteller. Seine Romane schildern Aufstieg und Verfall aristokrat. Südstaatenfamilien. 1949 Nobelpreis für Literatur. – *Werke:* Sartoris (1929), Licht im August (1932), Absalom, Absalom! (1936), Das Dorf (1940), Griff in den Staub (1948), Requiem für eine Nonne (szen. R., 1951), Die Stadt (1957), Das Haus (1959), Die Spitzbuben (1962).
Fäulnis, die Zersetzung von stickstoffhaltigem pflanzl. oder tier. Material (bes. Eiweiße) durch Mikroorganismen (hauptsächlich Bakterien) bei Sauerstoffmangel.
Faulschlamm (Sapropel), **1)** schwarzer Schlamm am Boden nährstoffreicher Gewässer, besonders solcher, die stark abwasserbelastet sind.
2) bei der Abwasserreinigung der in Faultürmen durch anaeroben Abbau organ. Substanzen anfallende Schlamm.
Faultiere (Bradypodidae), Fam. der Säugetiere mit etwa fünf Arten in den Wäldern S- und M-Amerikas; Körper-

länge etwa 50–65 cm, Schwanz bis wenig über 5 cm oder fehlend; Kopf rundlich, sehr weit drehbar, mit sehr kleinen, runden Ohren; Zehen mit stets drei, Finger mit zwei oder drei langen, sichelförmigen, als Klammerhaken dienenden Krallen, Arme deutl. länger als Beine; Fell dicht; ernähren sich vorwiegend von Blättern und Früchten. Zwei Gatt. in M- und S-Amerika: *Ai* (Dreifinger-F.), bis 60 cm lang; *Zweifinger-F.* (bis 65 cm lang), mit den *Unau* als bekannter Art.
Faun ↑Faunus.
Fauna [nach der röm. Göttin Fauna, der Gemahlin des Faunus], **1)** die Tierwelt eines bestimmten, begrenzten Gebietes. **2)** systemat. Zusammenstellung der in einem bestimmten Gebiet vorkommenden Tierarten (in erster Linie zu deren Bestimmung).
Faunus, röm. Wald-, Flur- und Fruchtbarkeitsgott. Der *Faun* symbolisiert in Kunst und Literatur sexuelle Triebhaftigkeit.
Faure, Edgar [frz. fɔːr], *Béziers bei Montpellier 18. 8. 1908, † Paris 30. 3. 1988, frz. Politiker. Jurist; schloß sich nach 1940 der Widerstandsbewegung an; 1945/46 einer der frz. Anklagever-

William Faulkner

Faust

Faultiere. Dreifingerfaultier

treter im 1. Nürnberger Kriegsverbrecherprozeß; ab 1950 mehrfach Min.; 1952 und 1955/56 Min.-Präs.; betrieb als Unterrichts-Min. 1968 die Universitätsreform; 1973–78 Präs. der Nationalversammlung; ab 1978 Mgl. der Académie française; 1979–81 MdEP.

Faust, Johannes, wahrscheinlich eigtl. Georg F., *Knittlingen (Württ.) um 1480, † Staufen (Breisgau) 1536 oder kurz vor 1540, dt. Arzt, Astrologe und Schwarzkünstler. Führte ein unstetes Wanderleben und stand in Verbindung mit humanist. Gelehrtenkreisen. Schon zu Lebzeiten setzte die Sagenbildung ein, bes. durch Übertragung von Zaubersagen auf ihn, in denen er v. a. als Totenbeschwörer auftritt. Sein plötzl. (gewaltsamer?) Tod gab Anstoß zur Sage, der Teufel habe ihn geholt. – Diese Stoffe wurden Grundlage eines Volksbuches: Das erste F.buch erschien 1587 bei J. Spies in Frankfurt am Main. Das älteste überlieferte F.drama ist »The tragical history of Doctor Faustus« (1604, entstanden wohl vor 1589) von C. Marlowe. F.spiele waren bei den engl. Komödianten in Deutschland (zuerst 1608 in Graz bezeugt) und später den dt. Wandertruppen beliebt; das Puppenspiel vom Doktor F. ist ab 1746 bezeugt. Der Stoff wurde v. a. von Dichtern des Sturm und Drang aufgegriffen (F. Müller, F. M. Klinger, der sog. »Urfaust« des jungen Goethe [entstanden 1772–75]). In einer stark veränderten und von Goethe 1790 veröffentlichten Fassung ist die

Goethesche Konzeption, in der das F.drama zum Menschheitsdrama wird, bereits angelegt, wie sie in der Endfassung des Werkes (Teil I, 1808; Teil II, 1832) verwirklicht ist. Im 19. Jh. bearbeiteten C. D. Grabbe und N. Lenau, im 20. Jh. P. Valéry und T. Mann den Stoff. – Unter den musikal. Bearbeitungen zu Goethes »Faust« sind neben Bühnenmusiken und Ouvertüren (R. Wagner) C. Gounods Oper »F.« (1859; auch als »Margarete« bekannt), die »F.-Sinfonie« von F. Liszt (1857) sowie u. a. die dramat. Legende »F. Verdammnis« von H. Berlioz (1846) zu nennen. Die Opern »F.« von L. Spohr (1816) und »Doktor F.« von F. Busoni (1925) knüpfen direkt an die Volkssage an.

Faustball, Rückschlagspiel zw. zwei Mannschaften zu je fünf Spielern auf einem 50 m langen und 20 m breiten Spielfeld, das durch eine 3–5 cm starke Leine (2 m über der Mittellinie an zwei Pfosten befestigt) in zwei gleiche Hälften geteilt ist. Ziel ist es, den Lederhohlball (Umfang 62–68 cm, Gewicht 320–380 g) mit der Faust oder dem Unterarm so in das gegner. Feld zu schlagen, daß dem Gegner ein Rückschlag unmöglich ist. Die Wertung des Spiels (2 × 15 Min.) erfolgt nach Punkten.

Fäustel, 1) (Schlegel) schwerer Hammer (1–8 kg), quaderförmig mit quadrat. Schlagflächen (Bahnen). **2)** kleiner ↑Faustkeil.

Faustkeil (Fäustel), kennzeichnendes Steinwerkzeug vieler Gruppen des Alt- und Mittelpaläolithikums; beidflächige Bearbeitung.

Faustrecht, in der *älteren Rechtssprache* Bez. für tätl. Streitigkeiten und die darauf gesetzte Strafe; heute umgangssprachl. für (unzulässige) Selbsthilfe.

Fauvismus [fo...; frz.], Stilrichtung der frz. Malerei Anfang des 20. Jh. Die »Fauves« (»wilde Tiere«) genannte, zuerst im Pariser Herbstsalon 1905 geschlossen aufgetretene Gruppe von Malern, die, den dt. Expressionisten verwandt, im Ggs. zu den Impressionisten den Ausdruck durch starke, kaum abschattierte Farben zu steigern suchten, bezogen Anregungen von der Kunst der Primitiven, ebenso von mittelalterl. Glasfenstern und alten Holzschnitten. Zu ihnen gehörten u. a. H. Matisse, M. de Vlaminck, A. Marquet, G. Rouault,

Faustkeil

R. Dufy, A. Derain. Die Gruppe löste sich zw. 1907 und 1909 auf.

Fauxpas [frz. fo'pa »Fehltritt«], Taktlosigkeit, gesellschaftlicher Verstoß.

Favelas [portugies.], Elendsviertel in südamerikan., v. a. brasilian. Großstädten.

favorisieren [lat.-frz.], bevorzugen.

Favorit [lat.-frz.], als Sieger zu erwartender Teilnehmer eines sportl. Wettkampfes; jemand, der die Gunst eines einflußreichen Menschen genießt.

Favre, Pierre (Lefèvre) [frz. fɑːvr], latinisiert Petrus Faber, sel., *Villaret (Dép. Savoie) 13. 4. 1506, † Rom 1. 8. 1546, frz. Theologe. Mitbegründer des Jesuitenordens. Gründete 1544 die erste dt. Ordensniederlassung in Köln.

Fawkes, Guy [engl. fɔːks], ≈ York 18. 4. 1570, † London 31. 1. 1606, engl. Verschwörer. Nach Entdeckung der ↑Pulververschwörung hingerichtet. Der Tag des mißlungenen Anschlags (5. 11.) wird heute als *Guy Fawkes Day* mit Feuerwerk gefeiert.

Fax, Faksimile des übertragenen Schriftstücks beim ↑Fernkopieren.

Fayence [fa'jãːs; frz.], bemalte Irdenware mit Zinnglasur. *Majolika* bezeichnet technisch dasselbe; von Mallorca, dem Haupthandelsplatz der span. (maur.) F.erzeugung abgeleitet; heute verwendet für die italien. zinnglasierte Töpferware. Werkstücke aus feingeschlämmten Tonsorten werden an der Luft getrocknet, in Öfen bei 800 bis 900 °C verfestigt, ins Glasurbad getaucht und noch feucht mit Scharffeuerfarben (auch Muffelfarben) bemalt. Zweiter Brand bis 1100 °C.

Geschichte: Die Zinnglasur stammt aus Mesopotamien, auch in China und im Indusgebiet erfunden. Die islam. Kunst, ausgehend von Persien, brachte mit der metallisch glänzenden Glasur (Lüster) eine Blüte der F., deren Technik im 15. Jh. in Italien bekannt wurde (Faenza und Florenz; im 16. Jh. Siena, Deruta, Gubbio, Castel Durante, Urbino, Venedig). Auch bildhauer. Werke (L. Della Robbia). In Frankreich entfalteten sich im 16.–18. Jh. Manufakturen (Rouen, Moustiers-Sainte-Marie), im 17. Jh. in den Niederlanden (↑Delfter Fayencen), auch zahlr. dt. Manufakturen (Hanau, Berlin, Kassel, Straßburg, Ansbach, Bayreuth, Erfurt, Höchst, Flörsheim).

Fazenda [fa'zɛnda; portugies.], Großbetrieb mit Dauerkulturanbau oder Viehwirtschaft in Brasilien.

Fäzes [lat.], svw. ↑Kot.

Fazialis [lat.], svw. Gesichtsnerv.

Fazialisparese, svw. ↑Gesichtslähmung.

Fazies [...tsi-es; lat.] (Facies), *Geologie:* die unterschiedl. (petrograph. und/oder paläontolog.) Ausbildung gleichzeitig entstandener Gesteine.

Fazit [lat.], Ergebnis; Schlußfolgerung.

FBI [engl. 'ɛfbiːaɪ], Abk. für engl. ↑Federal Bureau of Investigation.

FCKW, Abk. für Fluorchlorkohlenwasserstoffe (↑Chlorfluorkohlenwasserstoffe).

FDGB, Abk. für ↑Freier Deutscher Gewerkschaftsbund.

FDJ, Abk. für ↑Freie Deutsche Jugend.

FdP, übl., jedoch nicht parteioffizielle Abk. für ↑Freisinnig-demokratische Partei der Schweiz.

FDP (F. D. P.), Abk. für ↑Freie Demokratische Partei.

Fe, chem. Symbol für ↑Eisen (lat. ferrum).

Feature ['fiːtʃə; engl. »Aufmachung«], in der Presse dokumentar., kritisch kommentierter Bericht, in Hörfunk und Fernsehen hörspiel- bzw. fernsehspielähnl. Dokumentation aktueller Ereignisse.

febril [lat.], fieberhaft, fiebrig, mit Fieber einhergehend (auf Krankheiten bezogen).

Februar [lat.], 2. Monat des Jahres mit 28, in Schaltjahren mit 29 Tagen; alter dt. Name: *Hornung.*

Februarrevolution, 1) die frz. Revolution vom 24. 2. 1848, führte zum Sturz der Julimonarchie, zur Errichtung der 2. Republik und, in europ. Ausweitung, zur ↑Märzrevolution.

2) die erste Phase der russ. Revolution im März (nach dem damaligen russ. Kalender Februar) 1917, die zum Sturz des Zarentums und zur Ausrufung der Republik führte. Das Nebeneinander von bürgerl. Provisor. Reg. und revolutionärer Räteorgane (v. a. Petrograder Sowjet) mündete in die ↑Oktoberrevolution.

Februarunruhen (Februarputsch), bürgerkriegsähnl. Kämpfe in der Rep. Österreich im Februar 1934 zw. dem (1933 verbotenen) sozialdemokrat.

Fayence.
Stockelsdorfer Ofen
(1773)

Prim — Sekond

Terz — Quart

Sixt — Septim

Fechten.
Klingenlagen

Schutzbund und den ↑Heimwehren, führten zur Zerschlagung der österr. Sozialdemokratie.

fec., Abk. für **fecit** [lat. »hat (es) gemacht«], häufig hinter dem Namen des Künstlers auf Bildwerken.

Fechner, Gustav Theodor, *Groß-Särchen bei Muskau (Lausitz) 19. 4. 1801, † Leipzig 18. 11. 1887, dt. Physiker, Psychologe und Philosoph. Vertrat die Theorie von der Allbeseelung des Universums; Begründer der experimentellen Psychologie; schrieb u. a. »Die Tagesansicht gegenüber der Nachtansicht« (1879).

Fechser, unterirdische Abschnitte vorjähriger Triebe, aus deren Knospen sich im Frühjahr die neuen Laubsprosse bilden.

Fechten, Zweikampf mit Sportwaffen, deren Spitzen bzw. Schneiden abgestumpft sind und Fechtkleidung bzw. -masken nicht durchdringen. Man unterscheidet *Florett-Fechten* (auch für Damen), bei dem mit dem Florett, einer leichten Stoßwaffe mit vierkantiger Klinge, ausschließlich der Rumpf zu treffen ist, *Degen-Fechten,* bei dem mit dem Degen, einer dreikantigen Stoßwaffe, der ganze Körper getroffen werden kann, und *Säbel-Fechten,* bei dem mit einem leichten (italien.) Säbel auf Hieb und Stich nur Oberkörper, Kopf und Arme Trefffläche sind. Fünf Treffer (bei Damen vier) auf einer Seite beenden das Gefecht.

Fedajin (arab. Fidaijjun »die sich Opfernden«; Einz. Fidai), Name der im Untergrund gegen Israel kämpfenden palästinens. Araber.

Feder, 1) svw. ↑Vogelfeder.
2) svw. ↑Schreibfeder.

3) Maschinenelement, das sich bei Belastung elast. verformt. Benannt werden F. nach ihrem Verwendungszweck (Uhr-F., Fahrzeug-F. usw.), ihrer Beanspruchung (Zug-, Druck-, Biege-, Torsions- bzw. Verdreh-F.) und/oder Gestalt (Rechteck-, Blatt-, Spiral-, Schrauben-F., Drehstab).
4) Gegenstück zur ↑Nut.

Federal Bureau of Investigation [engl. ˈfedərəl bjuˈrou əv investiˈgeiʃən »bundesstaatl. Ermittlungsabteilung«], Abk. **FBI,** Bundeskriminalpolizei der USA; gegr. 1908 als Bureau of Investigation, heutige Bez. seit 1935.

Federal Reserve System [engl. ˈfedərəl riˈzɜːv ˈsɪstɪm »Bundes-(Währungs-)Reserven-System«], das zweistufige Notenbanksystem in den USA. Es besteht aus dem *Board of Governors,* der für die Geld- und Kreditpolitik zuständig ist (vom Präs. der USA mit Zustimmung des Senats ernannte Mgl.), und den zwölf gemeinwirtschaftlich organisierten *Federal Reserve Banks* (FRB), deren wichtigste Funktionen die Geld- und Kapitalversorgung (Notenausgaberecht) der ihnen angeschlossenen Mitgliedsbanken und deren Überwachung sind.

Federball ↑Badminton.

Federbein ↑Fahrwerk.

Federborstengras, Gatt. der Süßgräser mit etwa 150 Arten, v. a. in Afrika; Nutzpflanzen sind das bis 7 m hohe Elefantengras und die formenreiche Art *Negerhirse* (Perl-, Pinsel-, Rohrkolbenhirse; zur Bereitung von Brei und Bier).

Federgras (Pfriemengras), Gatt. der Süßgräser mit etwa 250 Arten in Steppen und Wüsten der ganzen Welt. Die in M-Europa vorkommenden Arten,

Federmotten.
Federgeistchen
(Spannweite etwa
2,5 cm)

u. a. *Echtes F.* mit bis über 30 cm langen, federigen Grannen und *Haar-F.* mit 10–25 cm langen, kahlen Grannen, sind geschützt. In Spanien und NW-Afrika weit verbreitet ist das bis 1 m hohe *Alfagras*, das u. a. zur Papierfabrikation verwendet wird.

Federkiel ↑Vogelfeder.

Federlinge (Haarlinge, Läuslinge, Kieferläuse, Mallophaga), mit etwa 3000 Arten weltweit verbreitete Ordnung flachgedrückter, 0,8–11 mm großer, flügelloser Insekten, die parasitisch im Federkleid der Vögel und im Fell der Säugetiere leben; fressen Keratin der Hautschuppen, Feder- und Haarteile.

Federmann, Nikolaus, *Ulm um 1505, † Valladolid (Spanien) 22. (oder 23.) 2. 1542, dt. Handelsbeauftragter und Konquistador. Kam 1530, erneut 1534/35 (als Generalkapitän) im Dienste der Welser nach Venezuela; Mitbegründer des heutigen Bogotá.

Federmotten, 1) (Federgeistchen, Pterophoridae) mit etwa 600 Arten weltweit verbreitete Fam. 1–2 cm spannender Kleinschmetterlinge; Vorderflügel meist in zwei, Hinterflügel in drei Zipfel mit Fransen gespalten.
2) (Geistchen, Orneodidae) mit etwa 100 Arten weltweit verbreitete Fam. 1–2 cm spannender Kleinschmetterlinge; Vorder- und Hinterflügel in je sechs Federn gespalten.

Federsee, verlandender See in Oberschwaben, Bad.-Württ., 1,4 km², bis 2,8 m tief; Naturschutzgebiet. – Im Umkreis des ehem. Ufers viele mittelsteinzeitl. Fundstellen sowie neolith. und bronzezeitl. Dorfanlagen.

Federspiel, *Jägersprache:* ein Gerät zum Anlocken des Jagdfalken.

Federung, Element der Rad- bzw. Achsaufhängung insbes. beim Kfz; federt die Räder bzw. Achsen gegenüber der Karosserie ab. Die F. soll ständigen Bodenkontakt der Räder gewährleisten und Fahrbahnstöße auffangen. In der Kfz-Technik werden verwendet: Blattfedern, Drehstäbe, Schraubenfedern, Federbeine, Gummiblöcke u. a. Beim Einfedern wird bei der *Luft-F.* Luft in einem Gummibalg, bei der *hydropneumat. F.* Gas in einem ansonsten mit Hydrauliköl gefüllten Druckgefäß komprimiert.

Federwechsel, svw. ↑Mauser.

Federweißer, bei alkohol. Gärung des Traubenmosts entstehender moussierender, alkohol-, hefe- und vitaminreicher (B_6) Saft. *Der Bitzler* ist im Gärprozeß die Vorstufe, der unruhige *neue Wein* die Folgestufe des Federweißen.

Federzeichnung, mit Feder und Tusche oder Tinte (auch farbig, z. B. Sepia) ausgeführte ↑Zeichnung.

Fedin, Konstantin Alexandrowitsch, *Saratow 24. 2. 1892, † Moskau 15. 7. 1977, russ. Schriftsteller. Schrieb v. a. Romane, u. a. »Frühe Freuden« (1945) und »Die Flamme« (1961).

Fedtschenko, Alexei Pawlowitsch, *Irkutsk 7. 2. 1844, † am Montblanc 15. 9. 1873 (verunglückt), russ. Naturforscher und Asienreisender. Erforschte 1868–71 das Gebiet des Syrdarja; nach ihm ben. der F.-Gletscher, ein rd. 77 km langer Talgletscher im Pamir, Tadschikistan (mit 30 Seitengletschern 992 km²).

Feedback [engl. 'fi:dbæk, eigtl. »Rückfütterung«], svw. ↑Rückkopplung.

Feen, weibl., meist wohlwollende und schöne Märchenwesen mit Zauberkräften; bes. in der irisch-kelt. Mythologie und der altfrz., mhd. Dichtung.

Feet [engl. fi:t], Mrz. von ↑Foot.

Fegefeuer (lat. Purgatorium), nach Lehre der *kath. Kirche* Zustand der Läuterung des Menschen nach dem Tod: diejenigen, die in der Gnade Gottes sterben, werden durch die Sühnetat Christi und die Fürbitte der Kirche im F. gereinigt. – Die bedeutendste dichter. Darstellung des F. findet sich im »Purgatorio« in Dantes »Divina Commedia«.

Fehde, im MA tätl. Feindseligkeit bzw. Privatkrieg zw. Einzelpersonen, Sippen oder Familien zur Durchsetzung von Rechtsansprüchen bis zur Blutrache; ab der german.-fränk. Zeit neben dem ordentl. Rechtsweg wie im Rahmen des Widerstandsrechts als legitimes Mittel grundsätzl. anerkannt; durch das Waffenverbot für Bürger und Bauern, durch die Forderung nach vorheriger Erschöpfung des Rechtsweges, nach förml. Ankündigung *(F. brief, F. handschuh)*, den Sühnezwang (↑Urfehde) und ab dem 11. Jh. durch verschiedene Gottes- und Landfrieden eingeschränkt; im Ewigen Landfrieden von 1495 absolutes F.verbot.

Federlinge.
Hundehaarling

Konstantin Alexandrowitsch Fedin

**Konstantin
Fehrenbach**

Fehlerrechnung (Fehlertheorie), Teilgebiet der angewandten Mathematik, das sich mit den Methoden zur Erfassung der bei der Messung einer Größe auftretenden Fehler befaßt. *Systemat. Fehler* sind die durch die Meßvorrichtungen, durch Umwelt oder durch den Beobachter selbst verursachten Fehler. Sie lassen sich weitgehend beseitigen oder doch hinreichend genau berücksichtigen; Methoden dafür liefert die *Ausgleichsrechnung,* mit deren Hilfe aus einer Reihe von streuenden Meßwerten der wahrscheinlichste Wert ermittelt wird. *Zufällige Fehler* werden durch nicht unmittelbar erfaßbare Einflüsse bewirkt. Sie lassen sich nur im Mittel mit statist. Methoden bestimmen.

Fehlerstrom-Schutzschalter (FI-Schalter) ↑Berührungsspannungsschutz.

Fehlfarbe, 1) *im Kartenspiel* Farbe, die nicht Trumpf ist bzw. einem Spieler fehlt.

2) Zigarre mit mißfarbigem Deckblatt.

Fehlgeburt (Abort), vorzeitiger Abbruch einer Schwangerschaft (während der ersten 28 Wochen), i. d. R. mit Ausstoßung der toten Leibesfrucht; häufig die Folge eines Schwangerschaftsabbruchs. Im Anschluß an die F. muß oft eine Ausschabung (Entfernung von Resten der Nachgeburt zur Vermeidung von Blutungen und aufsteigenden Infektionen) vorgenommen werden.

Fehling, Hermann von (ab 1854), *Lübeck 9. 6. 1811, † Stuttgart 1. 7. 1885, dt. Chemiker. Führte die *Fehlingsche Lösung* (Kupfersulfat- oder Kupfertartratlösung) als Nachweismittel für reduzierend wirkende Stoffe in die analyt. Chemie ein.

Fehlsichtigkeit, Verminderung der Sehleistung bei bestimmten Augeneinstellungen, z. B. Kurzsichtigkeit, Weitsichtigkeit, Alterssichtigkeit.

Fehmarn, Ostseeinsel, 185,3 km², Schlesw.-Holst., durch den 18 km breiten *Fehmarnbelt* von der dän. Insel Lolland, durch den 1 km breiten, seit 1963 von einer Hochbrücke (Straßen- und Eisenbahnverkehr) überspannten *Fehmarnsund* von der Halbinsel Wagrien getrennt. – Bei der Kolonisation des slaw. Wagrien seit Mitte 12. Jh. von dt. Bauern besiedelt. Die Landschaft F. besaß bis ins 19. Jh. Selbstverwaltung.

Fehn (Venn), sumpfiges, mooriges Gelände, oft in Hochmoor übergehend.

Fehrbellin, Stadt in Brandenburg, 3300 E. Bekannt geworden durch den entscheidenden Sieg Kurfürst Friedrich Wilhelms von Brandenburg über die Schweden (28. 6. 1675) unter Feldmarschall W. Wrangel.

Fehrenbach, Konstantin, *Wellendingen (heute Bonndorf im Schwarzwald) 11. 1. 1852, † Freiburg im Breisgau 26. 3. 1926, dt. Politiker (Zentrum). 1918 Reichstags-Präs.; Präs. der Weimarer Nationalversammlung; 1920/21 Reichskanzler.

Feierschicht, allg. Bez. für das vorübergehende Aussetzen der Arbeit bei ungünstiger Geschäftslage oder bei schlechten Witterungsverhältnissen (z. B. im Baugewerbe). Der Arbeitgeber ist, falls nicht anders vereinbart, zur Lohnfortzahlung verpflichtet.

Feiertage, Tage, die einen bes. rechtl. Schutz genießen. Die i. d. R. durch Landesrecht festgelegten *gesetzl. F.* sind Tage allg. Arbeitsruhe, z. B. Sonntage. Einige F. (z. B. Karfreitag) sind durch das Verbot bzw. die Einschränkung von öffentl. Tanzveranstaltungen, öffentl. sportl. Veranstaltungen und öffentl. Versammlungen, Veranstaltungen und Umzügen bes. geschützt. Die *kirchl. F.,* die nicht gesetzl. F. sind, können landesrechtlich als *staatlich geschützte F.* ausgestaltet werden.

Feige [lat.], **1)** (Ficus) Gatt. der Maulbeergewächse mit etwa 1000, hauptsächlich trop. Arten; bekannte Arten sind Banyanbaum, Feigenbaum, Gummibaum, Maulbeerfeigenbaum.

2) Frucht des ↑Feigenbaums.

Feigenbaum (Ficus carica), kultivierte Art der Gatt. Feige; wild wachsend vom Mittelmeergebiet bis NW-Indien, kultiviert und eingebürgert in vielen trop. und subtrop. Ländern. – Der wildwachsende F. bildet drei Feigengenerationen mit unterschiedl. Früchten pro Jahr, davon eßbare im Sept. *(Fichi)* und ungenießbare im April/Mai *(Mamme)* und Juli *(Profichi).* – Die aus dem wilden F. entwickelte Kulturform tritt in zwei Varietäten auf, wovon die *Bocksfeige* (Holzfeige) nur männl. Blüten hat und keine eßbaren Früchte hervorbringt. Die *Kulturfeige* (Eßfeige) hat nur weibl. Blüten und bildet drei Generationen *(Fiori di fico*

Feigenbaum.
Oben: Seitenast mit
Früchten ◆ Unten:
Längsschnitt durch
eine Frucht

[April bis Juni], *Pedagnuoli* [Juni bis November, Haupternte] und *Cimaruoli* [September bis Januar]). Die *Feige* genannte Frucht des F. ist ein grüner oder violetter Steinfruchtstand. Eßbar (mit fleischigem, zuckerhaltigem Fruchtfleisch) sind nur Feigen, deren weibl. Blüten von der Feigenwespe bestäubt wurden. Feigen werden frisch oder getrocknet gegessen und zur Herstellung von Alkohol, Wein und Kaffee-Ersatz verwendet. – Seit dem 1. Jh. n. Chr. im westl. Mittelmeerraum kultiviert; Symbol der Fruchtbarkeit und des Wohlbefindens.

Feigenkaktus ↑Opuntie.

Feigwarze, svw. ↑Kondylom.

Feile, gezahntes oder gerieftes Werkzeug aus gehärtetem Stahl zur spanenden Bearb. von Metall, Kunststoff u. a.

Feingehalt (Feine), bei Edelmetallegierungen das Verhältnis der Masse des *Feinmetalls* (d. h. chem. reines Edelmetall) zur Gesamtmasse der Legierung; bei Münzen das Verhältnis Feingewicht zu Rauhgewicht. Das *Feingewicht* ist das Gewicht des in Münzen enthaltenen Edelmetalls; eine *Feinunze* Gold bedeutet ein Feingewicht von 31,103 g (= 1 oz tr) Gold.

Feininger, Lyonel [engl. ˈfaınıŋə], *New York 17. 7. 1871, † ebd. 13. 1. 1956, amerikan. Maler dt. Abstammung. 1919–33 Lehrer am Bauhaus; 1936 Rückkehr in die USA; begann als Karikaturenzeichner; malte, angeregt vom Kubismus, Straßen, Architekturen und Meeresbilder, komponiert aus prismatisch gebrochenen, sich in zarten Tönen überblendenden Farben.

Feisal, Name arab. Könige, ↑Faisal.

Felber Tauern ↑Alpenpässe (Übersicht).

Felchen (Maränen, Renken, Coregonus), Gatt. bis 75 cm langer, meist heringsartig schlanker Lachsfische mit sieben Arten; meist gute Speisefische. Man unterscheidet die beiden Gruppen Boden- und Schwebrenken. Die *Bodenrenken* leben in Grund- und Ufernähe der Gewässer. Bekannt sind: *Kilch,* 15–30 cm lang, schlank, im Bodensee, Ammersee, Chiemsee und Thuner See; *Sand-F.,* bis 80 cm lang, v. a. in Seen des Alpen- und Voralpengebietes. Die *Schwebrenken* leben vorwiegend in den oberen Wasserschichten. Sie unterteilen

Lyonel Feininger. Der Grützturm in Treptow a. d. Rega (1928)

sich in zwei Formenkreise: 1. *Große Schwebrenken* (Große Maränen) mit den bekannten Arten *Blau-F.,* bis 70 cm lang, in Alpen- und Flachlandseen, und *Schnäpel,* bis 50 cm lang, in der sö. Nordsee *(Nordseeschnäpel)* und in der westl. Ostsee *(Ostseeschnäpel)*; 2. *Kleine Schwebrenken,* u. a. mit *Gangfisch,* bis etwa 30 cm lang, v. a. in den Uferzonen der Alpenseen und des Bodensees; *Kleine Maräne,* etwa 20 cm lang, v. a. in N- und O-Europa sowie in N-Amerika.

Feld, 1) *Physik:* Bez. für eine mit einem bes. physikal. Zustand des Raumes verbundene Erscheinung, die durch *F.größen* beschrieben wird. I. e. S. versteht man darunter ein *Kraftfeld,* d. h. ein durch die an jeder Stelle des Raumes auf einen Probekörper ausgeübten Kraftwirkungen gekennzeichnetes F. (z. B. das *Gravitations-* oder Schwerefeld der Erde, das *elektr. F.* eines Plattenkondensators, das *Magnetfeld* zw. den Polen eines Magneten und das *elektromagn. Strahlungsfeld* eines Senders). Wird allen Punkten des Raumes eine vektorielle Größe zugeordnet, spricht man von einem *Vektorfeld,* wobei die zugehörigen F.größen als *F.stärken* bezeichnet werden. Jedes Vektor-F. kann durch eine Schar von *F.linien* in Verlauf und Stärke kenntl. gemacht werden. Im Ggs. zum *inhomogenen F.* haben im *homogenen F.* die F.größen überall gleichen Betrag und gleiche Richtung.

Feldbahn

Feldhühner.
Oben: Rothuhn ◆
Mitte: Rebhuhn ◆
Unten: Wachtel

Feldsalat.
Gemeiner Feldsalat

Feldspäte.
Orthoklas

2) *Sport:* svw. Spielfeld; auch die Gesamtheit der Teilnehmer an einem Wettkampf.

Feldbahn, leicht verlegbare Schmalspurbahn (meist 600 mm Spurweite).

Feldberg, mit 1 493 m höchster Gipfel des Schwarzwaldes, Bad.-Württ.; an seinem NO-Abhang liegt der *Feldsee*, ein 10 ha großer, 32 m tiefer Karsee.

Feldforschung (Feldstudie), in der *Soziologie, Anthropologie* u. a. systemat., an Ort und Stelle vorgenommenes Sammeln von wiss. auswertbaren Fakten.

Feldgemeinschaft, Agrarverfassung, in der die Grundstücke im Kollektiveigentum einer Siedlungsgemeinschaft stehen und/oder kollektiv bewirtschaftet werden; z. B. der russ. Mir, die südslaw. Zadruga.

Feldhase ↑Hasen.

Feldheer, in der *Bundeswehr* Heeresverbände, die im Verteidigungsfall einem NATO-Befehlshaber unterstehen; Ggs. ↑Territorialheer.

Feldheuschrecken (Acrididae), heute mit über 5 000 Arten (davon etwa 40 in Deutschland) weltweit verbreitete Fam. 1–10 cm großer Insekten; ♂♂ zirpen, indem sie die Hinterschenkel mit gezahnter Leiste über vorspringende Adern der Flügeldecke streichen. Zu den F. gehören u. a. Wanderheuschrecken, Grashüpfer, Sandschrecke.

Feldhühner (Perdicinae), weltweit verbreitete Unter-Fam. der Hühnervögel mit etwa 130 Arten; Schnabel kurz, Schwanz meist kurz, Gefieder i. d. R. tarnfarben. Zu den F. gehören z. B.: *Steinhuhn,* mit Schwanz über 30 cm lang, in felsigen Gebirgslandschaften der subtrop. Regionen Eurasiens; die bekannteste Unterart ist das *Alpensteinhuhn* im Alpengebiet; *Rothuhn,* mit Schwanz etwa 35 cm lang, oberseits graubraun, auf Feldern, Wiesen und Heiden NW- und SW-Europas; *Rebhuhn,* etwa 30 cm lang, v. a. auf Feldern und Wiesen großer Teile Europas. Die Gatt. *Frankoline* hat etwa 40 Arten in den Wäldern, Steppen und Savannen Afrikas sowie Vorder- und S-Asiens; bis 45 cm lang. Die Arten der Gatt. *Wachteln* sind kleine bodenbewohnende Hühnervögel mit sehr kurzem, durch die Oberschwanzfedern verborgenem Schwanz. Die bekannteste Art ist die bis 18 cm lange *Wachtel.*

Feldhüter ↑Feldpolizei.

Feldjäger, 1) in Preußen 1740–1919 berittene Truppe v. a. für den Kurierdienst.

2) in der *Bundeswehr* Truppengattung des Heeres, der der militär. Ordnungs- und Verkehrsregelungsdienst obliegt.

Feldkirch, österr. Bezirksstadt in Vorarlberg, 26 700 E, kath. Bischofssitz. Heimatmuseum in der Schattenburg (13./14. Jh.). Textil-, Holz- und Nahrungsmittelindustrie. Spätgot. Domkirche (1478 vollendet), Rathaus (1493), Patrizierhäuser (15./16. Jh.).

Feldküche, Küchenfahrzeug (volkstümlich *Gulaschkanone*) zur Zubereitung warmer Verpflegung für die Streitkräfte bzw. für die Zivilbevölkerung bei Katastrophenfällen.

Feldlerche ↑Lerchen.

Feldmarschall, vom Hofamt des Marschall abgeleitete militär. Rangbezeichnung; im 16.Jh. Befehlshaber der Reiterei; seit dem 18. Jh. höchste Rangstufe der Generale (General-F.; im allg. nur im Krieg verliehen).

Feldpartei ↑Baseball.

Feldpolizei (Feld- und Forstpolizei), Gesamtheit der staatl. Vollzugsorgane *(Feldhüter, Forsthüter)* zum Schutz von Feld und Forst.

Feldpost, Bez. für das (tariffreie) militär. Postwesen während eines Krieges.

Feldrede ↑Bergpredigt.

Feldsalat (Ackersalat, Valerianella), Gatt. der Baldriangewächse mit etwa 60 Arten auf der Nordhalbkugel; einjährige Kräuter mit grundständiger Blattrosette. Die bekannteste Art ist der *Gemeine F.* (Rapunzel, Valerianella locusta), ein Unkraut auf Äckern und Wiesen, das in seiner Kulturform als Blattsalat gegessen wird.

Feldscher, (früher) militär. Wundarzt.

Feldschlange (Schlangenbüchse, Kolubrine), Geschütz mit kleinem Kaliber und langem Rohr (15. bis 17.Jh.).

Feldspäte, sehr verbreitet vorkommende Gruppe von gesteinsbildenden Mineralen. Chem. sind die F. Alumosilicate v. a. von Natrium *(Natronfeldspat,* $Na[AlSi_3O_8]$), Kalium *(Kalifeldspat,* $K[AlSi_3O_8]$) und Calcium *(Kalkfeldspat,* $Ca[Al_2Si_2O_8]$). Die F. bilden zwei Reihen von Mischkristallen, die *Kalknatron-F. (Plagioklase)* und *Alkali-F. (Orthoklase).* Die F. sind meist weiße bis grauweiße Minerale. *Gemeiner Feldspat* besteht v. a. aus Orthoklasen, die durch Entmischung milchig bis durchscheinend getrübt sind.

Feldstärke ↑Feld.

Feldstecher ↑Fernrohr.

Feldstudie ↑Feldforschung.

Feldtauben ↑Haustauben.

Feldverweis (Platzverweis), Ausschließung eines Spielers vom weiteren Spiel wegen eines groben Verstoßes gegen die sportl. Regeln.

Feldwaldmaus (Waldmaus), Art der Echtmäuse in Eurasien; Körperlänge etwa 8–11 cm, Schwanz meist ebenso lang; Oberseite grau- bis gelblichbraun, Bauchseite grauweiß.

Feldwebel, urspr. in den Landsknechtsheeren nach dem Hauptmann die wichtigste Person in einem Fähnlein, mit schriftl. und takt. Aufgaben betraut; ab dem 18. Jh. ranghöchster Unteroffizier (bei Artillerie und Kavallerie *Wachtmeister* gen.) mit Aufgaben v. a. im inneren Dienst *(Kompanie-F.); in der Bundeswehr und in der Schweiz (Feldweibel)* Unteroffizierdienstgrad.

Feldzeichen, takt. Hilfsmittel zur Kennzeichnung von Truppenverbänden und Einzelkriegern sowie zur Befehlsgebung.

Feldzeugmeister, in den *Landsknechtsheeren* der Befehlshaber der Artillerie.

Felge, 1) *Technik:* Teil des Rades zur Aufnahme der Bereifung; *Holz-F.* mit aufgezogenem Eisenreifen, z. B. bei Fuhrwerken, *Metall-F.* aus gepreßtem Stahlblech und *Alu-F.* aus Aluminiumguß für Kfz. Nach der Form des F.profils bzw. der Tiefe des F.betts unterscheidet man *Kasten-F.* bzw. *Flachbett-* und *Tiefbett-F.* sowie *Hump-F.* (für schlauchlose Gürtelreifen) mit Erhöhung (Hump) in der Felgenschulter. **2)** *Sport:* turner. Übung an Reck, Barren, Stufenbarren und an den Ringen, bei der der Turner eine ganze Drehung aus dem Stand oder Hang zum Stütz ausführt.

Felix V., *Chambéry 1383, † Genf 7. 6. 1451, Gegenpapst (5. 11. 1439 bis 7. 4. 1449). Ab 1416 Hzg. Amadeus VIII. von Savoyen; durch das Basler Konzil nach Absetzung Eugens IV. zum Papst gewählt. F. war der letzte Gegenpapst.

Felke, Emanuel, *Kläden bei Stendal 7. 2. 1856, † Sobernheim 16. 8. 1926,

deutscher evangelischer Geistlicher und Naturheilkundiger. Bekannt wegen seiner Augendiagnostik und seiner naturheilkundl. Behandlungsmethoden mit Lehmbädern und -packungen (»Lehmpastor«).

Fell, Haarkleid der Säugetiere, auch die abgezogene behaarte Haut vor der Verarbeitung.

Fellachen [arab.], die ackerbautreibende Landbevölkerung in den arab. Ländern.

Fellatio [lat.] (Penilinctio), Form des sexuellen Kontaktes, bei der der Penis mit Lippen, Zähnen und Zunge gereizt wird.

Fellbach, Stadt im östl. Bereich des Großraums Stuttgart, Bad.-Württ., 41 400 E. – Got. Lutherkirche (14./15. Jh.), Schwabenlandhalle (1976).

Felleisen, veraltet für Rucksack, Reisesack der wandernden Handwerksgesellen.

Fellenberg, Philipp Emanuel von, *Bern 15. 6. 1771, † Gut Hofwil bei Münchenbuchsee 21. 11. 1844, schweizer. Sozialpädagoge. Gründete unter dem Einfluß J. H. Pestalozzis mehrere Schul- und Erziehungsanstalten, die wahrscheinlich Vorbild der »pädagog. Provinz« in Goethes »Wilhelm Meisters Wanderjahre« waren.

Fellgiebel, Erich, *Pöpelwitz bei Breslau 4. 10. 1886, † Berlin 4. 9. 1944 (hingerichtet), dt. General. Ab 1939 Chef des Wehrmacht-Nachrichtenwesens; an den Vorbereitungen des Attentats vom 20. 7. 1944 gegen Hitler maßgeblich beteiligt.

Fellini, Federico, *Rimini 20. 1. 1920, † Rom 31. 10. 1993, italien. Filmregisseur. Schuf bildkräftige, autobiographisch beeinflußte Filme mit anfangs kritisch realist., dann zunehmend symbolträchtiger Beschreibung einer feudal wirkenden Gesellschaft; ∞ seit 1943 mit G. Masina, Hauptdarstellerin u. a. in seinen Filmen »La Strada« (1954), »Julia und die Geister« (1964) und »Ginger und Fred« (1986). – *Weitere Filme:* »Die Nächte der Cabiria« (1957), »Das süße Leben« (1960), »8 $^{1}/_{2}$« (1963), »Fellinis Satyricon« (1969), »Fellinis Roma« (1972), »Amarcord« (1973), »Die Stadt der Frauen« (1980), »Fellinis Schiff der Träume« (1983), »Die Stimme des Mondes« (1990).

Federico Fellini

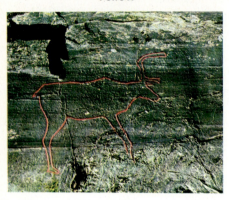

Felsbilder.
Rentier; Norwegen

Felsbilder. Bogenschützen; Libysche Wüste

Felsenbirne.
Oben: Zweige mit
Blüten ◆ Unten:
Früchte der Gemeinen
Felsenbirne

Fellow [engl. 'felov; eigtl. »Geselle«], **1)** in Großbrit. mit Pflichten (Verwaltung) und Rechten (Bezüge, Lehrberechtigung, Forschungsauftrag) ausgestattetes Mgl. eines College; auch Mgl. einer wiss. Gesellschaft.
2) in den USA Student höherer Semesters, der ein Stipendium *(Fellowship)* erhält, meist mit Lehraufgaben verbunden.

Felsbilder, in allen Erdteilen vorkommende gemalte oder gravierte Darstellungen auf Fels. Im Jungpaläolithikum v. a. in SW-Frankreich, den Pyrenäen und im Kantabr. Gebirge Höhlenmalereien und -gravierungen (frankokantabr. Kunst); die dem Mesolithikum zugehörigen F. (O-Spanien, N-Afrika [Tassili der Adjer], Australien) sind in offenen Nischen und unter Überhängen angebracht. Bei den Malereien sind drei Techniken bekannt: 1. Zeichentechnik mit Verwischen; 2. Auftrag gelöster pulverisierter Farbstoffe mit Pinseln aus Tierhaaren; 3. Aufstäuben mittels dünner Röhrenknochen. Bei Gravierungen: Ritzzeichnungen, ausgeschliffene Darstellungen (Skandinavien) und »Picktechnik« (Val Camonica, Lombardei). Die stilist. Unterscheidungsmerkmale lassen meist eine relative Datierung zu, gestützt von der Darstellung von Flora und Fauna. Dem unterschiedl., häufig überschätzten Alter der F., deren Anbringung in Australien noch heute fortlebt, entspricht eine Vielzahl von Deutungsmöglichkeiten; Rituale (Fruchtbarkeits-, Jagd-, Initiationsriten), Beschwörungen, Mytholo-

gie und Naturbeobachtung stehen im Vordergrund. In vielen Fällen war das Entscheidende die Herstellung und Erhaltung der F. selbst, denen als Bild unter Umständen nur noch geringe Bed. zugemessen wurde.
Felsenbein, die das Innenohr (Labyrinth) der Säugetiere umgebende knöcherne Kapsel.
Felsenbirne (Felsenmispel), Gattung der Rosengewächse mit etwa 25 Arten in N-Amerika, Eurasien und N-Afrika; Sträucher oder kleine Bäume. In M-Europa heimisch ist die *Gemeine F.* mit weißen, an der Spitze oft rötlichen Blüten.
Felsendom, Zentralbau, bestehend aus einem achtseitigen Unterbau und einer Kuppel, auf dem Tempelberg in Jerusalem; eines der Hauptheiligtümer des Islam (»Zwischenstation der visionären Himmelfahrt Mohammeds«); 691/692 von dem Kalifen Abd al-Malik erbaut.
Felsengräber, natürl. oder künstlich ausgehauene Felshöhlen als Begräbnisplatz: Oberägypten 3. Jt., Theben (11. Dyn.), Ausbildung der typ. T-Form der F. des Neuen Reichs; achämenid. Herrschergräber (Naksch-e Rostam bei Persepolis); Petra.
Felsenkirchen, in Felshöhlen oder -nischen angelegte mittelalterl. Kirchen in Äthiopien (Lalibäla), in der nabatäischen Kunst (Petra) und in Bulgarien.